Ein komplettes Medienpaket für die gastgewerbliche Ausbildung

ISBN 978-3-582-**40050**-5

ISBN 978-3-582-**40052**-9

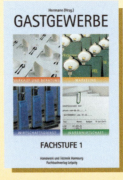

ISBN 978-3-582-**40060**-4

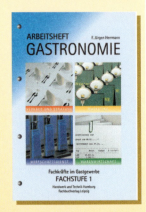

ISBN 978-3-582-**40062**-8

ISBN 978-3-582-**40080**-2

ISBN 978-3-582-**40072**-7

ISBN 978-3-582-**40085**-7

ISBN 978-3-582-**40067**-3

ISBN 978-3-582-**40081**-6

ISBN 978-3-582-**40045**-1

ISBN 978-3-582-**40057**-4

ISBN 978-3-582-**40048**-2

ISBN 978-3-582-**40035**-2

GASTRONOMIE

GRUNDSTUFE

von

F. Jürgen Herrmann

6., durchgesehene Auflage

Handwerk und Technik Hamburg

Fachbuchverlag Leipzig

Herausgeber
F. Jürgen Herrmann

Autoren
Dipl.-Gwl. Dr. Wolfgang Hecker, Dresden
StD Dipl.-Gwl. F. Jürgen Herrmann, Dresden und Lörrach/Baden

Mitarbeiter
Dipl.-Ing.-Pädagogin Veronika Keyl, Weinböhla
Küchenmeister, Fachökonom Dieter Nothnagel, Berlin
Ökonom-Pädagogin Steffi Preuß, Dresden

ISBN 3-582-**40050**-6
ISBN 978-3-582-40050-9

Das Werk und seine Teile sind urheberrechtlich geschützt. Jede Nutzung in anderen als den gesetzlich zugelassenen Fällen bedarf der vorherigen schriftlichen Einwilligung des Verlages. Hinweis zu § 52 a UrhG: Weder das Werk noch seine Teile dürfen ohne eine solche schriftliche Einwilligung eingescannt und in ein Netzwerk eingestellt werden. Dies gilt auch für Intranets von Schulen und sonstigen Bildungseinrichtungen.

Verlag Handwerk und Technik GmbH,
Lademannbogen 135, 22339 Hamburg;
Postfach 63 05 00, 22331 Hamburg – 2006
E-Mail: info@handwerk-technik.de – Internet: www.handwerk-technik.de

Umschlaggestaltung: alias GmbH, 10961 Berlin
Lithos, Satz und Layout: alias GmbH, 10961 Berlin
Druck: J.P. Himmer GmbH & Co. KG, 86167 Augsburg

Vorwort

Das Lehrbuch „Grundstufe Gastronomie" wurde nach dem Bundesrahmenlehrplan erarbeitet und umfasst damit die Grundstufenbildung aller gastronomischen Berufe.

Bezüge zum gastorientierten Handeln wurden hergestellt. Auch durch Untersuchungsaufgaben und Komplexaufgaben am Ende der Lernfelder ist das Buch handlungsorientiert gestaltet. Den Fachsprachen Französisch und Englisch ist mit Blick auf die Internationalität der Gastronomie besondere Beachtung geschenkt worden.
Aspekte der gesundheitsfördernden Ernährung sind konsequent berücksichtigt. Den Lehrplananforderungen entsprechend wurden Fachrechnen und betriebswirtschaftliche Sachverhalte als Unterrichtsprinzip einbezogen.

Das Lehrbuch „Grundstufe Gastronomie" ist in der übersichtlichen Form eines Wissensspeichers gestaltet. Es vermittelt das Fachwissen fundiert, leicht verständlich und anschaulich. Der Lehrbuchaufbau ermöglicht die komplexe, abgestimmte und übergreifende Vermittlung von technologischen Ausbildungsinhalten im wissenschaftlichen Unterricht sowie in Lehrküche, Lehrrestaurant, Empfang und Magazin.
Beim Projektunterricht lässt sich das Lehrbuch als Arbeitsbuch und als fachlicher Leitfaden verwenden.

In der vorliegenden Bearbeitung fand die Abstimmung mit den jetzt vollständig vorliegenden Folgebänden besonderes Augenmerk.

Neue gesetzliche Regelungen wurden eingearbeitet. Das betrifft insbesondere das Lebensmittel- und Futtermittelgesetzbuch, Veränderungen im Gaststättengesetz sowie im Wettbewerbs- und Handelsrecht.
Für die Unterstützung dabei sind wir Frau Dipl.-Lehrerin Carola Lehmann aus Cottbus sowie Herrn Dipl.-Ökonom-Pädagogen Hans-Georg Vorbeck aus Dresden zu Dank verpflichtet.

Vorschläge zur Verbesserung des Lehrbuches werden auch weiterhin gern entgegengenommen.

Dresden und Lörrach/Baden   F. Jürgen Herrmann und
2005   Autorenkollegium

Inhaltsverzeichnis

Lernfeld KÜCHE

1	Von den Zutaten zur Speise	2
2	Lebensmittelbestandteile und ihre Eigenschaften	4
2.1	Kohlenhydrate	6
2.1.1	Vorkommen und chemischer Aufbau	6
2.1.2	Eigenschaften und ernährungsphysiologische Bedeutung	9
2.2	Fette	12
2.2.1	Vorkommen und chemischer Aufbau	12
2.2.2	Eigenschaften und ernährungsphysiologische Bedeutung	14
2.3	Eiweißstoffe	17
2.3.1	Vorkommen und chemischer Aufbau	17
2.3.2	Eigenschaften und ernährungsphysiologische Bedeutung	19
2.4	Wasser	23
2.4.1	Vorkommen	23
2.4.2	Eigenschaften und ernährungsphysiologische Bedeutung	24
2.5	Mineralstoffe	27
2.5.1	Vorkommen und chemischer Aufbau	27
2.5.2	Eigenschaften und ernährungsphysiologische Bedeutung	28
2.6	Vitamine	31
2.6.1	Vorkommen und chemischer Aufbau	31
2.6.2	Eigenschaften und ernährungsphysiologische Bedeutung	32
2.7	Enzyme	36
2.7.1	Vorkommen und chemischer Aufbau	36
2.7.2	Eigenschaften und ernährungsphysiologische Bedeutung	38
2.8	Genussstoffe	39
2.8.1	Vorkommen und Arten	39
2.8.2	Eigenschaften und ernährungsphysiologische Bedeutung	39
2.9	Geruchs- und Geschmacksstoffe	42
2.9.1	Vorkommen und Arten	42
2.9.2	Eigenschaften und ernährungsphysiologische Bedeutung	44
2.10	Bioaktive Substanzen	45
2.11	Zusatzstoffe	47
2.12	Schadstoffe	50
3	Stoffwechsel und Kostformen	51
3.1	Stoffwechsel	51
3.2	Energiebedarf	55
3.3	Kostformen	56
3.3.1	Vollwertige Mischkost	57
3.3.2	Besondere Kostformen	62
3.3.3	Kost für Kranke und Genesende	63
3.4	Energie- und Nährstoffbedarf	66

4	Hygiene im Umgang mit Lebensmitteln	68
4.1	Notwendigkeit der Lebensmittelhygiene	68
4.2	Mikrobiologische Grundlagen	69
4.2.1	Vorkommen, Arten von Mikroorganismen	69
4.2.2	Lebensbedingungen der Mikroorganismen	72
4.3	Schädlinge	74
4.4	Lebensmittelschädigungen und Lebensmittelverderb	74
4.5	Hygienemaßnahmen	76
4.5.1	Persönliche Hygiene	76
4.5.2	Betriebs- und Arbeitsmittelhygiene	77
4.5.3	Hygiene der Zutaten und Speisen	78
4.5.4	Reinigung und Desinfektion	79
4.6	Hygienekontrollen nach HACCP	81
5	Rechtsvorschriften bei der Speisenherstellung	83
5.1	Lebensmittelrechtliche Bestimmungen	84
5.2	Lebensmittelüberwachung	87
6	Arbeitssicherheit und Umweltschutz bei der Speisenherstellung	89
6.1	Arbeitssicherheit	89
6.1.1	Berufsgenossenschaften	89
6.1.2	Unfallschutz	90
6.1.3	Erste Hilfe	91
6.2	Umweltschutz	93
6.2.1	Belastungen der Umwelt und ihre Auswirkungen	93
6.2.2	Umweltschutzmaßnahmen im Gastgewerbe	94
7	Technologischer Prozess der Speisenherstellung	98
7.1	Arbeitsgestaltung	98
7.2	Arbeitsablauf in der Küche	102
7.2.1	Produktionsküche	102
7.2.2	Fertigungs-Endküche	103
7.3	Arbeitsmittel	104
7.4	Arbeitsverfahren	105
7.4.1	Vorbereitungs- und Bearbeitungsverfahren	105
7.4.2	Zubereitungsverfahren	119
7.4.3	Konservierungsverfahren	133
7.4.4	Technologische Verfahren zum entkoppelten Zubereiten	137
7.4.5	Teller-Bankettsystem	139
8	Ausgewählte Zutaten und daraus hergestellte einfache Speisen	140
8.1	Einteilungsmöglichkeiten der Zutaten	140
8.2	Lebensmittelqualität	142
8.3	Neuartige Lebensmittel	143

Inhaltsverzeichnis

8.4	Kartoffeln und Kartoffelspeisen	146
8.4.1	Zusammensetzung und Nährwert	146
8.4.2	Sorten, Qualität und Lagerung	146
8.4.3	Herstellung ausgewählter Kartoffelspeisen	147
8.5	Gemüse und Gemüsespeisen	150
8.5.1	Zusammensetzung und Nährwert	150
8.5.2	Sorten, Qualität und Lagerung	151
8.5.3	Herstellung ausgewählter Gemüsespeisen	154
8.6	Obst und Fruchtspeisen	158
8.6.1	Zusammensetzung und Nährwert	158
8.6.2	Sorten, Qualität und Lagerung	159
8.6.3	Herstellung ausgewählter Fruchtspeisen	161
8.7	Eier und Eierspeisen	164
8.7.1	Zusammensetzung und Nährwert	164
8.7.2	Sorten, Qualität und Lagerung	164
8.7.3	Herstellung ausgewählter Eierspeisen	166
8.8	Milch und Speisen aus Milcherzeugnissen	169
8.8.1	Milch	169
8.8.2	Käse	171
8.8.3	Butter	172
8.8.4	Herstellung ausgewählter Speisen aus Milch und Milcherzeugnissen	173
8.9	Brot und Frühstücksspeisen, belegte Brote	177
8.9.1	Gebäckherstellung	177
8.9.2	Sorten, Qualität, Nährwert, Lagerung	178
8.9.3	Herstellung ausgewählter Frühstücksspeisen und belegter Brote	180
8.10	Speisen aus Teigwaren, Reis und Hülsenfrüchten	184
8.11	Fleisch und Fleischspeisen	189
8.11.1	Zusammensetzung und Nährwert	189
8.11.2	Sorten, Qualität und Lagerung	190
8.11.3	Herstellung ausgewählter Fleischspeisen	194
8.12	Fisch und Fischspeisen	197
8.12.1	Zusammensetzung und Nährwert	197
8.12.2	Sorten, Qualität und Lagerung	197
8.12.3	Herstellung ausgewählter Fischspeisen	199
9	**Beurteilung der Speisen und ihrer Herstellung**	**201**
9.1	Technologischer Prozess	201
9.2	Verzehrfertige Speise	201
9.3	Kontrollverfahren zur Gewährleistung der Speisenqualität	203

Projektorientierte Aufgabe
Rinderroulade, Apfelrotkohl und Salzkartoffeln — 204

Lernfeld SERVICE

10	**Servicepersonal als Gastgeber**	**206**
11	**Räume, Mobiliar, Textilien und ihre Pflege**	**210**
11.1	Räume und Mobilar	210
11.2	Textilien	213
11.3	Gläser	219
11.4	Geschirr, Bestecke	221
12	**Tafelformen, Tischblumen**	**226**
12.1	Tafelformen	226
12.2	Tischblumen	227
13	**Büfettarbeiten**	**228**
14	**Arbeiten im Service**	**230**
14.1	Office	230
14.2	Restaurant	232
14.2.1	Auflegen und Abdecken der Tischtücher	232
14.2.2	Eindecken	334
14.2.3	Gedecke	235
14.2.4	Abdecken	237
14.2.5	Tragetechniken	238
14.3	Einfacher Speisen- und Getränkeservice	241
14.3.1	Speisen	241
14.3.2	Getränke	244
15	**Herstellung von Aufguss- und Mischgetränken**	**245**
15.1	Kaffee	245
15.2	Tee	252
15.3	Teeähnliche Getränke	257
15.4	Kakao	259
15.5	Mischgetränke	261
15.5.1	Milchmischgetränke	262
15.5.2	Alkoholfreie Mischgetränke	263
15.5.3	Alkoholische Mischgetränke	263
16	**Angebotskarten**	**265**
16.1	Speisekarten	266
16.2	Getränkekarten	270
16.3	Dekoratives Gestalten	271
17	**Umgang mit den Gästen**	**278**
17.1	Gästetypen	279
17.2	Gästegruppen	282
17.3	Verkaufsgrundlagen	284
17.4	Gastronomischer Verkaufsablauf	288
17.5	Reklamationen	291
18	**Gästerechnungen, Zahlungsmöglichkeiten**	**292**
18.1	Gästerechnungen	292

18.2	Zahlungsverkehr	292
18.3	Währungsrechnen	295
19	**Beratung fremdsprachiger Gäste**	**296**
19.1	Angebotskarten	296
19.2	Im Restaurant	298
19.3	An der Rezeption	299
19.4	Gästebetreuung	300
19.5	Tage, Zahlen, Termine	301
20	**Grundlagen des Gaststättenrechts**	**302**
20.1	Gaststättengesetz	302

20.2	Jugendschutz, Spiele	304
20.3	Speisen- und Getränkeangebote	305
20.4	Automaten	305
20.5	Wettbewerb	306
20.6	Bewirtung, Zechprellerei, Fundsachen	306
21	**Beurteilung der Servicetätigkeit als Erfolgskontrolle**	**307**

Projektorientierte Aufgabe
Festessen zum Erntedankfest 308

Lernfeld MAGAZIN

22	**Arbeiten im Magazin**	**310**
23	**Warenwirtschaft**	**312**
23.1	**Einkauf**	**312**
23.1.1	Bestellung	313
23.1.2	Warenannahme	314
23.2	**Lagerverfahren**	**314**
23.2.1	Rechtsvorschriften	316
23.2.2	Normallagern	317
23.2.3	Kühllagern	318
23.2.4	Lagern von tiefgefrorenen Lebensmitteln	320
23.3	**Lagerbestände**	**321**
23.3.1	Lagerkennzahlen	321
23.3.2	Schwund	323
23.3.3	Warenumschlag, Warenausgabe und Bestandskontrollen	323
23.4	**Warenlieferung**	**326**
23.4.1	Just-in-Time-Logistik	326
23.4.2	Warenwege zur Gastronomie	326
24	**Information und Kommunikation**	**328**
24.1	Informationsaustausch im Magazin	328
24.2	Informations- und Kommunikationsmittel	329

25	**Schriftstücke**	**331**
25.1	Briefe	331
25.2	Postbearbeitung	334
25.3	Verwaltung von Schriftstücken	335
26	**Kaufverträge**	**337**
27	**Datenverarbeitung im Gastgewerbe**	**342**
27.1	EDV im Magazin	342
27.2	Datenschutz, Datensicherung	343
28	**Beurteilung der Arbeiten im Magazin**	**344**

Projektorientierte Aufgabe
Einkauf und Lagerung von Geflügel 345

Nährwerttabelle	346
Sachwortverzeichnis	349
Literaturverzeichnis	353
Bildquellenverzeichnis	354

KÜCHE

Einfache Speisen unter Berücksichtigung der Rezepturen vor- und zubereiten, sowie anrichten. Lebensmittelrechtliche Forderungen verstehen. Rohstoffe nach sensorischen und ernährungsphysiologischen Kriterien auswählen. Geeignete Verfahren zur Vor- und Zubereitung anwenden. Hygieneregeln begründen und anwenden. Verlust-, Nähr- und Energiewertberechnungen durchführen. Fachsprache berücksichtigen.
(nach dem Bundesrahmenlehrplan)

◐ des ingrédients aux mets
⊕ from the ingredients to the meals

1 Von den Zutaten zur Speise

In der Küche entstehen aus Lebensmittelzutaten, die als **Rohstoffe**, **Halbfertigerzeugnisse** und **Fertigerzeugnisse** vorliegen, verzehrfertige Speisen und Gerichte.
Die Veränderungen von den Ausgangsstoffen zum Erzeugnis vollziehen sich in einem vom **Küchenpersonal** gesteuerten technologischen Prozess. Ziel ist es, den Prozess der Speisenproduktion effektiv zu gestalten. Kosten sollen dabei möglichst gering gehalten, ernährungsphysiologische Kriterien berücksichtigt und die Gästeerwartungen bestmöglich erfüllt werden. Außerdem sind gesellschaftliche Forderungen hinsichtlich Ökologie, Hygiene, Arbeitssicherheit u. a. zu erfüllen.

Lagerung
Dieser technologische Teilprozess kann je nach dem Bearbeitungsgrad der Zutaten vor jedem anderen Teilprozess erforderlich sein (→ 98).

Technologischer Prozess

Der technologische Gesamtprozess der Speisenherstellung lässt sich genauer erfassen, wenn er in wichtige Teilprozesse gegliedert wird.
Jeder technologische Teilprozess besteht wiederum aus einer Reihe von Einzelverfahren.
Die Teilprozesse Vorbereitung/Bearbeitung werden zunehmend aus der handwerklichen Produktion herausgelöst und industriell durchgeführt.

Technologischer Prozess

Zutaten	Vorbereiten Bearbeiten	Zubereiten	Vollenden	Speise / Gericht
Rindfleisch	Schneiden Plattieren Würzen Füllen Wickeln	Schmoren *Sauce:* Binden Würzen Abschmecken	Erwärmen Anrichten	
Rotkohl	Putzen Zerkleinern Schneiden	Würzen Marinieren Dünsten Abschmecken	Warm halten Portionieren Anrichten	
Kartoffeln	Waschen Schälen Zerkleinern	Würzen Kochen Abgießen	Warm halten Portionieren Anrichten	

2

Von den Zutaten zur Speise

Für die Speisenherstellung sind neben den technologischen Elementen weitere Gesichtspunkte zu beachten:

Gesichtspunkte im technologischen Prozess

Lebensmittelrecht	Der Schutz der Gäste vor materieller Übervorteilung sowie vor Beeinträchtigung der Gesundheit muss gewährleistet sein.
Ernährungsphysiologie	Speisen sollten zur gesundheitlich wertvollen und kulinarisch interessanten Ernährung beitragen. Die Werterhaltung der Lebensmittel ist während der gesamten Speisenherstellung bis zum Verzehr zu sichern.
Ökonomie	Die Speisenherstellung muss betriebswirtschaftlich lohnend sein. Beachtet werden müssen Zutaten, Arbeitszeit und Energieverbrauch.
Rezepturen	Mengen und Qualitäten der Zutaten müssen eingehalten werden. Bei Spezialitäten stellen sie oftmals Betriebsgeheimnisse dar.
Hygiene	Der Schutz der Gäste und Beschäftigten vollzieht sich auch durch absolute Sauberkeit.
Ökologie	Umweltschutz wird bei jeder Arbeitstätigkeit beachtet.
Unfallverhütung	Alle Arbeiten bei der Speisenherstellung müssen sicher sein. Auch die Gäste dürfen innerhalb der gastronomischen Einrichtung keinen Gefahren ausgesetzt sein.
Fachsprache	In der klassischen Gastronomie wird zur rationellen und unmissverständlichen Verständigung traditionell die französische Fachsprache verwendet. Der Einfluss des Englischen als Fachsprache der Gastronomen, beispielsweise in der Schiffsküche oder beim Gespräch mit Gästen, nimmt erheblich an Bedeutung zu.

Speise
Verzehrfertiges Einzelerzeugnis, wie Vorspeise, Suppe, Dessert, Gemüsebeilage usw.

Gericht
Vollständige Mahlzeit, bestehend aus verschiedenen Speisenteilen (namensgebender Speisenteil, Wirkstoff- und Sättigungsbeilage), die kulinarisch und ernährungsphysiologisch aufeinander abgestimmt sind.

Speisenfolge/Menü
Kulinarisch abgestimmte **Speisenzusammenstellung.**

Der lebensmitteltechnologische Prozess beschreibt die Umwandlung von Lebensmittelzutaten zu Speisen und Gerichten. Bei den Arbeitsverfahren werden Arbeitsmittel unter Beachtung technologischer, betriebswirtschaftlicher, ernährungsphysiologischer und anderer Gesichtspunkte einbezogen.

Jeder Mitarbeiter in der Küche muss seine tägliche Arbeit nach den aufgeführten Gesichtspunkten selbstständig planen, kontrollieren und bewerten.

● constituants des denrées alimentaires et leurs caractéristiques
● food components and their characteristics

2 Lebensmittelbestandteile und ihre Eigenschaften

Der Mensch muss sich täglich ernähren, um leben zu können. Für die regelmäßige Nahrungsaufnahme benötigt er Lebensmittel, die in unverändertem (rohem) oder verarbeitetem Zustand gegessen oder getrunken werden können.

Zustand	Lebensmittel
unverändert	Frischobst, Frischgemüse, Getreide, Kräuter
verarbeitet	Mehl, Brot, Wurst, Butter, Käse Speisen, Getränke

Nahrungsmittel bilden die Grundlage der Ernährung. Sie sollten täglich in ausgewogenem Mengenverhältnis aufgenommen werden.
Genussmittel enthalten sogenannte Genussstoffe, die anregend auf das Zentralnervensystem wirken.

Lebensmittel	
Nahrungsmittel	Genussmittel
Brot, Teigwaren, Fleisch, Fisch, Obst, Gemüse, Milch, Eier, Butter, Käse	Kaffee, Tee, alkoholische Getränke, Schokoladenerzeugnisse, Tabakwaren

Lebensmittelbestandteile sind die Stoffe, die in einem Lebensmittel natürlicherweise vorkommen oder bei der Herstellung von Lebensmitteln zugesetzt werden bzw. entstehen:

Kohlenhydrate	Vitamine	Etherische Öle
Fette	Ethanol	Fleischbasen
Eiweißstoffe	Alkaloide	Natürliche Farbstoffe
Wasser	Organische Säuren	Zusatzstoffe
Mineralstoffe	Fruchtester	Schadstoffe

Aus chemischer Sicht können die Lebensmittelbestandteile eingeteilt werden in:
Anorganische Stoffe **Organische Stoffe**
z. B. Mineralstoffe, Wasser z. B. Kohlenhydrate, Eiweißstoffe

Da die Lebensmittel Grundlage der Ernährung sind, ist eine Einteilung der Lebensmittelbestandteilgruppen unter ernährungsphysiologischem Aspekt sinnvoll und weit verbreitet.

Lebensmittelbestandteile					
Nährstoffe	Bioaktive Substanzen	Aromastoffe	Genussstoffe	Zusatzstoffe	Schadstoffe

 In der EG-VO 178/2002 werden „Lebensmittel" definiert als „alle Stoffe oder Erzeugnisse, die dazu bestimmt sind oder von denen nach vernünftigem Ermessen erwartet werden kann, dass sie in verarbeitetem, teilweise verarbeitetem oder unverarbeitetem Zustand von Menschen aufgenommen werden."

Nährstoffe *(substances nutritives / nutritive substances)* sind Lebensmittelbestandteile, die die Aufrechterhaltung der Körperfunktionen gewährleisten und deshalb ständig von außen zugeführt werden müssen. Sie sind damit auch chemische Bestandteile des menschlichen Körpers (➔ 5).
Die Energie liefernden Nährstoffe (Kohlenhydrate, Fett, Eiweißstoffe) werden auch Grundnährstoffe genannt.

Lebensmittelbestandteile und ihre Eigenschaften

Nährstoffe					
Grundnährstoffe					
Kohlenhydrate	Fette (Lipide)	Eiweißstoffe (Proteine)	Wasser	Mineralstoffe	Vitamine

Bioaktive Substanzen *(substances bioactives/bioactive substances)* sind gesundheitsfördernde Stoffe, die keine Nährstoffe sind (z. B. Ballaststoffe).

Aromastoffe *(substances aromatiques/aromatics)* sind Lebensmittelbestandteile, die auf die Geruchs- und Geschmacksnerven des Menschen wirken. Zu dieser Gruppe gehören: organische Säuren, Fruchtester, etherische Öle, Fleischbasen.

Genussstoffe *(substances stimulantes/stimulants)* sind Lebensmittelbestandteile, die in geringem Maß genossen, anregend auf das Zentralnervensystem wirken. Wichtige Vertreter sind Ethanol, Coffein, Nikotin. Nikotin wirkt in jeder Menge schädlich.

Zusatzstoffe *(additifs/additives)* sind Lebensmittelbestandteile, die bei der Be- und Verarbeitung sowie Zubereitung den Lebensmitteln zugesetzt werden. Beispiele: Farbstoffe, Konservierungsstoffe, Süßungsmittel

Schadstoffe *(toxines/toxins)* sind unerwünschte Lebensmittelbestandteile, die das Wohlbefinden des Menschen beeinträchtigen oder die Gesundheit schädigen können (➔ 50).

Nach den Hauptfunktionen der Lebensmittelbestandteile im Körper ergibt sich eine weitere Einteilungsmöglichkeit:

Funktionen der Lebensmittelbestandteile			
Baustoffe	**Brennstoffe**	**Wirkstoffe**	**funktionsfördernde Stoffe**
Eiweißstoffe	Fette	Mineralstoffe	Cellulose, Pectine
Wasser	Kohlenhydrate	Vitamine	Geruchs- und Geschmacksstoffe
Mineralstoffe	Eiweißstoffe (bedingt)	Bioaktive Substanzen	Coffein (bedingt)
			Ethanol (bedingt)

Eine völlige Trennung zwischen Bau- und Brennstoffen gibt es nicht. Alle Körperzellen enthalten geringe Mengen an Kohlenhydraten und Fetten. Neben dem Depotfett als Energiereserve gibt es auch Organfette als Baustoffe.

Baustoffe sind Lebensmittelbestandteile, die zum Aufbau des Skeletts, der Gewebe und der Organe dienen.

Brennstoffe (Energieträger) sind Lebensmittelbestandteile, die dem Körper die notwendige Energie für den Wärmehaushalt, die Bewegung und die Organtätigkeit liefern. Die Energie wird in Joule angegeben (➔ 55).

Wirkstoffe sind Lebensmittelbestandteile, die alle Stoffwechselvorgänge im Körper, z. B. Verdauung, Energiebereitstellung steuern.

Funktionsfördernde Stoffe sind Lebensmittelbestandteile, die bestimmte Vorgänge im Körper unterstützen, z. B. Cellulose: regt die Darmtätigkeit an.

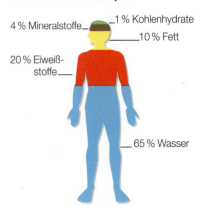

Zusammensetzung des menschlichen Körpers

4 % Mineralstoffe
1 % Kohlenhydrate
10 % Fett
20 % Eiweißstoffe
65 % Wasser

Lebensmittelbestandteile und ihre Eigenschaften

 glucides
 carbohydrates

2.1 Kohlenhydrate

2.1.1 Vorkommen und chemischer Aufbau

Kohlenhydrate kommen vorwiegend in pflanzlichen Lebensmitteln vor. Wichtigste Vertreter sind alle Zucker- und Stärkearten (verwertbare Kohlenhydrate) sowie Cellulose.

Kohlenhydratreiche Lebensmittel	Verwertbare Kohlenhydrate (in %)
Zucker	99,8
Reis	77,7
Honig	75,1
Weizenmehl Type 405	70,9
Roggenmischbrot	44,6
Erbsen, getrocknet	42,4
Bananen	21,4
Kartoffeln, gegart	14,6

Chemischer Aufbau

Kohlenhydrate – auch **Saccharide** genannt – sind organische Verbindungen, die neben Kohlenstoff die Elemente Wasserstoff und Sauerstoff im Verhältnis 2:1 enthalten. In der Natur entstehen sie durch die **Photosynthese** von grünen Pflanzen.

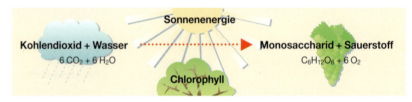

Die Kohlenhydrate werden eingeteilt in
Monosaccharide   Disaccharide   Polysaccharide
(Einfachzucker)   (Zweifachzucker)   (Vielfachzucker)

Monosaccharide    monosaccharides    monosaccharides

Wichtigste Vertreter der Monosaccharide sind: Glucose (Traubenzucker), Fructose (Fruchtzucker) und Galactose (Schleimzucker).

Alle Monosaccharide haben die gleiche Summenformel: $C_6H_{12}O_6$

1 Zählen Sie süß schmeckende Lebensmittel auf.
2 Zählen Sie stärkehaltige Lebensmittel auf.
3 Nennen Sie Lebensmittel mit hohem Cellulosegehalt.
4 Nennen Sie kohlenhydratfreie Lebensmittel.

Unterschiede bestehen im strukturellen Aufbau (Strukturformel), die auch unterschiedliche Eigenschaften bedingen. Überwiegend liegen die Monosaccharidmoleküle in **ringförmiger Struktur** vor. Deshalb wird in diesem Buch ein Monosaccharidmolekül schematisch wie folgt dargestellt:

Monosaccharidmolekül

Kohlenhydrate

Vorkommen		
Glucose	**Fructose**	**Galactose**
Obst, Möhren, Zuckererbsen, Zwiebeln, Schwarzwurzeln, Honig, Blut	Obst, Honig	Bestandteil des Milchzuckers

Ringform

Disaccharide 🇫🇷 *disaccharides*   🇬🇧 *disaccharides*

Disaccharide entstehen durch Verbindung von zwei Monosaccharid-Molekülen

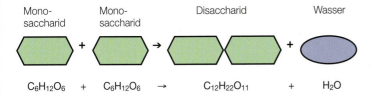

$C_6H_{12}O_6 + C_6H_{12}O_6 \rightarrow C_{12}H_{22}O_{11} + H_2O$

Da bei der Bildung von Disacchariden Wasser entsteht, bezeichnet man diese chemische Reaktion auch als Kondensation. Die bekanntesten Disaccharide sind: Saccharose (Rohr-/Rübenzucker, als Hauhaltszucker bezeichnet), Maltose (Malzzucker), Lactose (Milchzucker)

Alle Disaccharide haben die gleiche Summenformel: $C_{12}H_{22}O_{11}$

Sie unterscheiden sich aber in ihrem chemischen Aufbau und damit auch in ihren Eigenschaften:

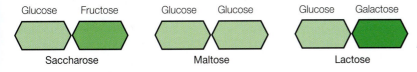

Disaccharide können unter Wasseraufnahme wieder in ihre Ausgangsprodukte zerlegt werden. Diesen Vorgang nennt man Hydrolyse. Er erfolgt durch Einwirkung von Säuren oder Enzymen.

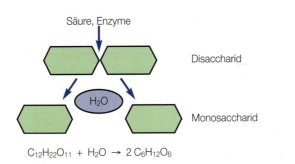

$C_{12}H_{22}O_{11} + H_2O \rightarrow 2\ C_6H_{12}O_6$

Vorkommen		
Saccharose	**Maltose**	**Lactose**
Zuckerrübe Zuckerrohr	gekeimtes Getreide Malzbonbons	Milch, Milcherzeugnisse

1. Erhitzen Sie mittels Bunsenbrenner eine Spatelspitze Zucker und Stärke 2 min in je einem Reagenzglas. Beobachten Sie die Reagenzglaswände.
2. Erhitzen Sie eine Spatelspitze Haushaltszucker 5 min in einem Reagenzglas, und beschreiben Sie den entstehenden Rückstand.
3. Geben Sie in je ein Reagenzglas 5 g Mehl (mit 10 ml Wasser) und 5 ml Kartoffelsaft. Prüfen Sie beide Lösungen mit Iod/Iodkalium-Lösung. Es entsteht eine blauviolette Färbung.
4. Stellen Sie eine Stärkeaufschwemmung her, indem Sie 5 g Weizenstärke in einem Becherglas mit kaltem Wasser verrühren. Geben Sie 5 ml von dieser Stärkeaufschwemmung in ein Reagenzglas und führen Sie die Fehlingsche Probe durch. Zu welcher Erkenntnis kommen Sie?
5. In ein weiteres Reagenzglas geben Sie 5 ml Stärkeaufschwemmung, die Sie mit 2 ml verdünnter Salzsäure versetzen und leicht erhitzen. Führen Sie die Fehlingsche Probe durch. Erklären Sie die auftretende Farbreaktion.

Lebensmittelbestandteile und ihre Eigenschaften

Polysaccharide 🇫🇷 *polysaccharides* 🇬🇧 *polysaccharides*

Polysaccharide sind aus vielen Monosaccharidmolekülen aufgebaut. Die Zahl der Monosaccharidmoleküle, aus der Polysaccharide bestehen können, liegt zwischen 20 und 50 000. Alle Polysaccharide haben die gleiche Summenformel $(C_6H_{10}O_5)n$.

Stärkemolekül

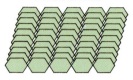

Vorkommen			
Stärke (amidon/starch)	**Dextrine** (dextrines/dextrin(es))	**Cellulose** (cellulose/cellulose)	**Pectine** (pectines/pectins)
Getreide Hülsenfrüchte Kartoffeln	Brotrinde Mehlschwitze	Gerüstsubstanz aller Pflanzen	Schalen von Zitrusfrüchten und Äpfeln

Amylose (kettenförmig)

Stärke besteht nur aus Glucosemolekülen. Als Assimilationsprodukt kommt sie in fast allen Pflanzen vor. Sie besteht aus zwei Komponenten, die sich in ihrer Struktur unterscheiden: **Amylose 20 %, Amylopectin 80 %**

Amylopectin (verzweigt)

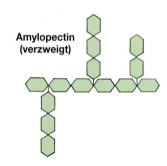

Tierische Stärke wird als Glycogen bezeichnet. Sie ist in der Leber zu 3 bis 10 % und im Muskelgewebe zu 0,2 % enthalten.

Dextrine sind Abbauprodukte der Stärke. Sie bestehen aus 10 bis 20 Glucosemolekülen. Sie können auch durch Einwirkung von Hitze, Säure und Enzyme entstehen.

Cellulose ist in allen pflanzlichen Lebensmitteln enthalten und bildet als Bestandteil der Zellwände die Gerüstsubstanz. **Sie besteht ebenso wie Stärke aus Glucosemolekülen**, die aber anders miteinander verknüpft sind. Dadurch ergeben sich auch die unterschiedlichen Eigenschaften. Cellulose ist in Wasser unlöslich und verkleistert auch nicht. Sie kann vom menschlichen Körper nicht abgebaut werden, da der Mensch kein entsprechendes Enzym hat. Auf Grund der Faserstruktur wirkt aber die Cellulose anregend auf die Darmtätigkeit und **gehört als Ballaststoff in die tägliche Nahrung** (→ 57 f).

*Durch Einwirkung von Hitze bilden sich aus **Stärke** Dextrine z. B. beim Backen in der Brotrinde. Dextrine haben einen schwach süßlichen Geschmack und sind wasserlöslich.*
***Cellulose** kann durch konzentrierte Säuren und Hitzeeinwirkung bis zur Glucose abgebaut werden.*

Pectine (Abkömmlinge der Galactose) sind ebenfalls an der Gerüstsubstanz der Pflanzen beteiligt. Besonders reich an Pectinen sind Pflanzenteile z. B. in Äpfeln, Quitten, Johannisbeeren, Zuckerrüben usw.

Einteilung der Kohlenhydrate

Vorkommen		Chemischer Aufbau			Funktion	
pflanzliche Kohlenhydrate	**tierische Kohlenhydrate**	**Monosaccharide**	**Disaccharide**	**Polysaccharide**	**Brennstoff**	**Ballaststoffe**
Glucose Saccharose Stärke Cellulose	Lactose Glycogen	Glucose Fructose Galactose	Saccharose Maltose Lactose	Stärke Dextrine Cellulose Pectine	alle Kohlenhydrate außer Ballaststoffen	Cellulose Pectine **Speicherstoff** Glycogen

Kohlenhydrate

2.1.2 Eigenschaften und ernährungsphysiologische Bedeutung

Löslichkeit und Hygroskopizität

Kohlenhydrate	Löslichkeit in Wasser
Fructose, Glucose, Saccharose	sehr leicht löslich
Maltose	leicht löslich
Lactose	schwer löslich
Stärke	kaum löslich
Cellulose	unlöslich
Pectine	gelieren in Wasser

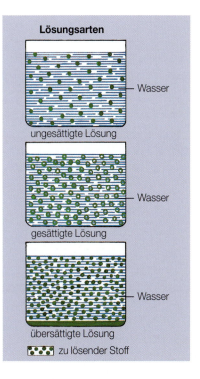

Lösungsarten

Mit steigender Molekülgröße nimmt die Wasserlöslichkeit ab. Alle Kohlenhydrate, die sich in Wasser gut lösen, sind hygroskopisch, d. h., sie nehmen leicht Luftfeuchte auf. Erwünscht ist diese Eigenschaft bei Lebensmittel (z. B. Marzipan, Lebkuchen), die nicht austrocknen sollen.
Feuchtigkeitsaufnahme kann den Verderb von Lebensmitteln begünstigen.
Bei der Lebensmittelverarbeitung können die löslichen Kohlenhydrate leicht herausgelöst werden. Nährstoffverluste sind die Folge (z. B. Vorbereiten von Gemüse).

Quellbarkeit

Hochmolekulare Kohlenhydrate, z. B. Stärke, lagern bei Erwärmung Wasser in ihrem Molekülverband ein und erreichen dadurch ein gutes Wasserbindevermögen, das bei der Gebäckherstellung (Teigausbeute) oder dem Andicken von Suppen und Saucen angewandt wird. Durch die Wasseraufnahme quillt die Stärke. Bei weiterer Erhitzung kommt es zum Verkleistern. Nach dem Abkühlen verfestigt sich der Stärkekleister (z. B. Flammeri). Später beginnt er zu altern und gibt Wasser wieder ab.

Gel-Bildung

Pectine können Wasser binden und gelieren, wobei schnittfeste Gelees entstehen. Diese Eigenschaft wird bei der Herstellung von Konfitüre ausgenutzt.

Süßkraft

Die Bezeichnung als Saccharide (lat. saccharum: Zucker) lässt bereits erkennen, dass der süße Geschmack eine typische Eigenschaft für die löslichen Kohlenhydrate ist. Der Süßgrad wird durch eine Vergleichsmethode bestimmt. Als Bezugsgröße wird Saccharose (= 100) gewählt.

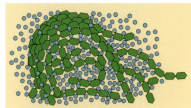

Wasseraufnahme und Quellen der Stärke

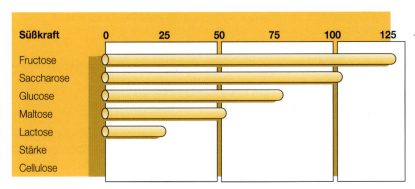

1 Beschreiben Sie Gemeinsamkeiten und Unterschiede zwischen Stärke und Cellulose.
2 Erklären Sie den Begriff Glycogen.
3 Erklären Sie den Begriff „hygroskopisch" und seine Bedeutung beim Umgang mit Lebensmitteln.
4 Warum schmeckt Brot nach längerem Kauen süßlich?
5 Erläutern Sie die Bedeutung der unterschiedlichen Süßkraft von Kohlenhydraten.

Lebensmittelbestandteile und ihre Eigenschaften

Vergärbarkeit
Bestimmte Kohlenhydrate können durch Hefen/Bakterien vergoren werden. Bekannte Gärungsarten sind:

- Alkoholische Gärung

  Einfachzucker $\xrightarrow{\text{Enzym}}$ Ethanol + Kohlendioxid

  $C_6H_{12}O_6 \xrightarrow{\text{Enzym}} 2\,C_2H_5OH + 2\,CO_2$

- Milchsäuregärung

  Einfachzucker $\xrightarrow{\text{Enzym}}$ Milchsäure

  $C_6H_{12}O_6 \xrightarrow{\text{Enzym}} 2\,C_3H_6O_3$

 *Bei einer aeroben Gärung ist Sauerstoff aus der Luft notwendig (→ 73). Erfolgt die Gärung ohne Sauerstoff, spricht man von einer anaeroben Gärung.*

Die Vergärbarkeit hat große technologische Bedeutung (Herstellung von Hefeteig, Sauerteig, Bier, Wein, Sauergemüse, Sauermilcherzeugnissen, Käse). Die bekannteste Gärungsart ist die alkoholische Gärung, während die Milchsäuregärung eine bedeutende gesundheitliche Wirkung hat. Von den Hefeenzymen werden nur Monosaccharide direkt vergoren. Alle anderen Kohlenhydrate müssen vorher abgebaut werden, d. h., sie sind nur indirekt vergärbar (→ 39).

Kohlenhydrat	Direkt vergärbar	Indirekt vergärbar	Abbauendes Enzym
Glucose, Fructose	+	–	–
Maltose	–	+	Maltase
Saccharose	–	+	Saccharase (Invertase)
Lactose	–	+	Lactase
Stärke	–	+	Amylase
Cellulose	–	–	–

Konservierung
Höhere Zuckerkonzentration in Lebensmitteln wirken konservierend. Zuckern stellt für Obst ein Konservierungsverfahren dar (→ 136).

Bräunungsvermögen
Viele Kohlenhydrate haben die Eigenschaft, sich bei Erhitzung gelb bis braun zu färben. Sie können sogar schwarz werden, dann entsteht Kohlenstoff. Die Bräunung ist bei vielen technologischen Verfahren zur Herstellung von Lebensmitteln erwünscht:
- Bräunung von Brot, Kleingebäck, Kuchen
- Braune Mehlschwitze *(roux brun)*
- Braumalz
- Bräunung von Zucker (Couleur, Karamel)

Zur Bräunung (Melanoidine) kann es bei Erhitzung auch durch das Zusammenwirken von Monosacchariden und Aminosäuren (Maillard-Reaktion) kommen.

Hydrolyse
Di- und Polysaccharide können chemisch durch Wasseraufnahme (Hydrolyse) abgebaut werden. Als Katalysatoren wirken Säuren oder Enzyme. Diese Eigenschaft wird technisch bei der Herstellung von Stärkesirup und Traubenzucker genutzt und spielt bei der Verdauung die entscheidende Rolle.

Energiewert
Kohlenhydrate sind wichtiger Brennstoff für den menschlichen Organismus.

| 1 g Kohlenhydrate entspricht einem Energiewert von 17 kJ.

Kohlenhydratstoffwechsel
Di- und Polysaccharide müssen bis zu den Monosacchariden abgebaut werden, ehe sie vom Körper genutzt werden können. Diese Abbauprozesse erfolgen durch verschiedene Enzyme, die der menschliche Körper selbst bildet. Jedes Enzym wirkt nur auf ein spezifisches Kohlenhydrat.

Kohlenhydrat-Verdauung

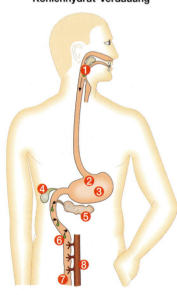

1. Speicheldrüse Amylase
2. Magen
3. Amylase
4. Gallenblase
5. Bauchspeicheldrüse
6. Maltase
7. Zwölffingerdarm/Dünndarm
8. Blutbahn

Kohlenhydrate

Mund: Während des Kauens wird die Nahrung mit Speichel (aus Zungen- und Ohrspeicheldrüse) vermischt. Im Speichel befindet sich das **Enzym Amylase**, das mit dem Abbau der Stärke zu Dextrinen und Maltose beginnt.

Magen: Hier wirkt die Amylase anfangs weiter und spaltet die Stärke zu Maltose.

Zwölffingerdarm/Dünndarm: Die Säfte der Bauchspeicheldrüse und des Dünndarms enthalten alle Enzyme (Maltase, Saccharase, Lactase), die Disaccharide zu Monosacchariden abbauen. **Die Monosaccharide haben eine solche Molekülgröße, dass sie von den Darmzotten des Dünndarms resorbiert werden können** und damit direkt in die Blutbahn gelangen, um im Körper dem Zwischenstoffwechsel zugeführt zu werden. Die ins Blut diffundierten Monosaccharide (Glucose ist am meisten vorhanden) gelangen über die Pfortader zur Leber. Von hier wird die Glucose, die zur Energiegewinnung benötigt wird, sofort über die Blutbahn an die Muskel- oder die Gewebezellen und an das Zentralnervensystem weitergeleitet. **Überschüssige Glucose kann in der Leber in Glycogen umgewandelt und gespeichert werden.** Sinkt durch körperliche Anstrengung der Blutzuckergehalt deutlich unter seinen Normalwert (0,1 g Glucose/100 ml Blut), so wird im Muskelgewebe oder in der Leber Glycogen rasch zu Glucose abgebaut und zur Energiegewinnung herangezogen.

Im menschlichen Körper können bestimmte Mengen an Kohlenhydraten gespeichert werden: Leber etwa 150 g Glycogen, Muskelgewebe etwa 200 g Glycogen, Blut 5 g Glucose (Blutzucker).

Überschüssige Monosaccharide werden in der Leber in Fett umgewandelt und als **Depotfett** im Körper (Unterhautfettgewebe, Bauch, Brust) gespeichert.

Die Glucose im Blut bestimmt den Blutzuckerspiegel. Dieser wird von den zwei Hormonen **Insulin** und **Adrenalin** reguliert:
- Insulin senkt den Glucosegehalt.
- Adrenalin erhöht den Glucosegehalt.

Diese Abstimmung ist bei manchen Menschen gestört. Bei ihnen kommt es zu einem dauernd erhöhten Blutzuckerspiegel. Es kann sogar Glucose im Harn auftreten. Diese Erkrankung ist die sogenannte Zuckerkrankheit (Diabetes mellitus, → 65).

Kohlenhydratbedarf

Die Kohlenhydrate nehmen einen beträchtlichen Anteil der Nahrung ein. **55 % des täglichen Energiebedarfs sollen durch Kohlenhydrate gedeckt werden,** wobei auf eine sinnvolle Verteilung der einzelnen Kohlenhydrate zu achten ist: $^2/_3$ Stärke, $^1/_3$ Mono- und Disaccharide.

Bei normaler Nahrungszufuhr (gemischte Kost) werden am Tag etwa
- 200 bis 250 g Glucose,
- 30 bis 60 g Galactose,
- 10 bis 15 g Fructose

aus dem Dünndarm resorbiert.

Täglich sollten **30 g Ballaststoffe** aufgenommen werden, um die Darmtätigkeit anzuregen. Eine Überversorgung an Kohlenhydraten ist genauso nachteilig wie eine Unterversorgung. Als Empfehlung gilt, dass **täglich mindestens 130 g verwertbare Kohlenhydrate** in der Nahrung enthalten sein sollen.

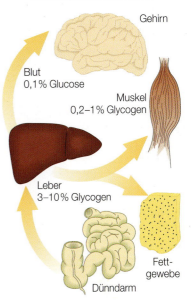

Kohlenhydratstoffwechsel

Gehirn

Blut 0,1 % Glucose

Muskel 0,2–1 % Glycogen

Leber 3–10 % Glycogen

Fettgewebe

Dünndarm

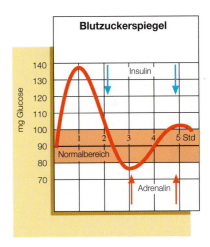

Blutzuckerspiegel

Insulin

Normalbereich

Adrenalin

1. Nennen Sie Eigenschaften der Kohlenhydrate, die technologisch bedeutungsvoll sind.
2. Warum muss Stärke vorher mit kaltem Wasser angerührt werden, bevor man sie in die siedende Flüssigkeit gibt?
3. Erklären Sie die Bedeutung der Kohlenhydrate für den menschlichen Organismus.
4. Begründen Sie die Notwendigkeit einer täglichen Aufnahme von Ballaststoffen.

Lebensmittelbestandteile und ihre Eigenschaften

🇫🇷 *graisses/lipides*
🇬🇧 *fats/lipid(e)s*

2.2 Fette (Lipide)

2.2.1 Vorkommen und chemischer Aufbau

Fette (auch Lipide genannt) kommen in pflanzlichen und tierischen Lebensmitteln vor.

Fettreiche pflanzliche Lebensmittel	Fettgehalt (in %)	Fettreiche tierische Lebensmittel	Fettgehalt (in %)
Pflanzenöle (30–60 % Linolsäure)	99,8	Schweineschmalz	99,7
Kakaopulver, stark entölt	12	Speck, fett	88,7
Margarine	80	Butter	83,2
Mandelkerne, geröstet	53,7	Schlagsahne	30

Viele Menschen leiden an Übergewicht als Folge eines zu hohen Fettverzehrs. Deshalb kommt der Auswahl fetthaltiger Lebensmittel große Bedeutung zu. Eine Gefahr bilden dabei die sogenannten versteckten Fette. Als versteckte Fette werden Fettanteile in Lebensmitteln bezeichnet, die nicht mit dem Auge wahrgenommen werden können.

Lebensmittel	Fettgehalt (in %)
Mayonnaise (80 % Öl)	82,5
Leberwurst, fein	32,3
Vollmilchschokolade	31,5
Camembert (45 % i. Tr.)	22,8

Chemischer Aufbau
Fette sind organische Verbindungen, die ebenso wie Kohlenhydrate nur aus den Elementen Kohlenstoff, Wasserstoff und Sauerstoff aufgebaut sind. Es besteht nur kein konstantes Mengenverhältnis zwischen diesen Elementen, so dass es keine allgemeine Summenformel gibt.
Alle Fette haben den gleichen chemischen Grundaufbau. Sie entstehen aus **Glycerin und Fettsäuren** (Veresterung):

| 1 Molekül Glycerin | + | 3 Moleküle Fettsäure | ⇌ | 1 Molekül Fett | + | 3 Moleküle Wasser |

Ester entstehen bei der Verbindung von Alkoholen und Säuren. Es handelt sich dabei um eine Gleichgewichtsreaktion.
Alkohol + Säure ⇌ Ester + Wasser
Zur Veresterung können organische und anorganische Säuren verwendet werden. Der umgekehrte Weg heißt Verseifung.

Eine weitere Bezeichnung für Fette sind Triglyceride, da mit dem Glycerinmolekül 3 Moleküle Fettsäure verbunden (verestert) sind.

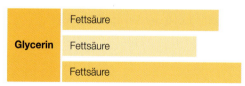

Fettsäuren
Fettsäuren sind durch die Säuregruppe (–COOH) gekennzeichnet (→ 43). Es können drei gleiche Fettsäuren oder verschiedene Fettsäuren angelagert sein. Zu unterscheiden sind gesättigte Fettsäuren und ungesättigte Fettsäuren.

🧪 1 Drücken Sie Sonnenblumenkerne, Mandeln, Käse, Schokolade zerkleinert auf Löschpapier. Halten Sie das Papier gegen das Licht.
2 Prüfen Sie Buttersäure, Palmitinsäure, Stearinsäure und Ölsäure auf Aussehen, Beschaffenheit und Geruch.
Flasche mit Buttersäure wegen starker Geruchsbelästigung nur kurz öffnen.

Fette

Bekannte ungesättigte Fettsäuren:		Bekannte gesättigte Fettsäuren:	
Ölsäure	$C_{17}H_{33}$ COOH	Buttersäure	C_3H_7 COOH
Linolsäure	$C_{17}H_{31}$ COOH	Palmitinsäure	$C_{15}H_{31}$ COOH
Linolensäure	$C_{17}H_{29}$ COOH	Stearinsäure	$C_{17}H_{35}$ COOH
Arachidonsäure	$C_{19}H_{31}$ COOH		

$$\cdots - \overset{H}{\underset{|}{C}} = \overset{H}{\underset{|}{C}} - \cdots$$
Doppelbindung

Gesättigte Fettsäuren enthalten in ihrem Molekülaufbau keine Doppelbindung. **Alle ungesättigten Fettsäuren sind flüssig.** Auf Grund ihrer Doppelbindungen sind sie reaktionsfähiger und können durch Sauerstoff- und Lichteinwirkung leicht verändert werden (Ranzigkeit). Einige mehrfach ungesättigte Fettsäuren kann der menschliche Körper nicht selbst aufbauen, deshalb müssen sie ständig durch die Nahrung aufgenommen werden. Sie werden als **essentielle (unentbehrliche) Fettsäuren** bezeichnet (Linolsäure, Linolensäure, Arachidonsäure).

Fettsäuren	Hauptsächliches Vorkommen	Aggregatzustand	Doppelbindungen	Anzahl C-Atome
Buttersäure	Milchfett	flüssig	–	4
Palmitinsäure	Rindertalg,	fest	–	16
Stearinsäure	Kakaobutter	fest	–	18
Ölsäure	alle Fette	flüssig	1	18
Linolsäure	Speiseöle	flüssig	2	18
Linolensäure	Leinöl, Sojaöl	flüssig	3	18
Arachidonsäure	Fischtran	flüssig	4	20

Omega-3-Fettsäuren haben eine gesundheitsfördernde Wirkung. Sie beugen Stoffwechselerkrankungen insbesondere im Herz-Kreislauf-System vor. Omega-3-Fettsäuren kommen besonders in Pflanzenölen (Lein, Soja, Raps) und Seefischen (Lachs, Makrele, Hering, Sardine, Thunfisch) vor. Neuerdings werden Lebensmittel mit diesen Fettsäuren angereichert. Zu den Omega-6-Fettsäuren gehören Linolsäure und Archidonsäure.

Omega-Fettsäuren

Als Omega-Fettsäuren werden mehrfach ungesättigte langkettige Fettsäuren, die am 3., 6. oder 9. Kohlenstoffatom (gezählt vom Ende der Kohlenwasserstoffkette – *griech. omega = Ende*) eine, sowie in der Kette weitere Doppelbindungen haben, bezeichnet.

$$CH_3-CH_2-\underset{\text{Omega-3}}{CH}=CH-CH_2-\underset{\text{Omega-6}}{CH}=CH-CH_2-\underset{\text{Omega-9}}{CH}=CH-CH_2-CH_2-CH_2-CH_2-CH_2-CH_2-CH_2-C\overset{O}{\underset{OH}{\diagdown}}$$
1 2 3 4 5 6 7 8 9 …

Lecithin hat einen ähnlichen Aufbau wie das Fettmolekül, nur dass an Stelle eines Fettsäurerestes Phosphorsäure (1) und ein Aminoalkohol (2) verestert sind.

Fettbegleitstoffe

Fettbegleitstoffe kommen immer gemeinsam mit Fetten vor. Ihr prozentualer Anteil gegenüber Fetten ist sehr gering. Bekannte Fettbegleitstoffe sind: Lecithin, Cholesterin und Carotin.

Fettbegleitstoffe	Vorkommen	Bedeutung
Lecithin	Eigelb, Hirn, Leber, Herz, Hülsenfrüchte	wirkt durch einen lipophilen und einen hydrophilen Teil als Emulgator (z. B. Mayonnaise)
Cholesterin	Hirn, Eigelb, Leber, Butter	wirkt als Emulgator (Bestandteil des Gallensaftes) – Fettverdauung
β-Carotin	Möhren	roter Farbstoff (z. B. Margarine) – Provitamin (wird im Körper zu Vitamin A umgewandelt)

lipophil
Glycerin | Fettsäure
Glycerin | Fettsäure
           1   2
hydrophil

Ein zu hoher Cholesteringehalt im Blut birgt die Gefahr der Gefäßverengung in sich, die zu Durchblutungsstörungen, Schlaganfall und Herzinfarkt führen kann.

Lebensmittelbestandteile und ihre Eigenschaften

2.2.2 Eigenschaften und ernährungsphysiologische Bedeutung

Konsistenz (Beschaffenheit)
Fette liegen bei Zimmertemperatur in flüssiger (Olivenöl), halbfester (streichfähig, Margarine) oder fester (Palmkernfett) Form vor. Diese Unterschiede ergeben sich aus den Anteilen der unterschiedlichen Fettsäuren am Aufbau der Fette.

> Feste Fette: überwiegend langkettige, gesättigte Fettsäuren
> Flüssige Fette: überwiegend ungesättigte oder kurzkettige Fettsäuren

Betrachtet man z. B. den Anteil von Fettsäuren am Aufbau von Schweineschmalz, wird sichtbar, **dass jedes einzelne Fett ein Gemisch verschiedener Fettmoleküle ist.**

Deshalb haben Fette keinen festen Schmelz- und Erstarrungspunkt, d. h., bei Erwärmung beginnen z. B. feste Fette langsam weich zu werden, bis sie geschmolzen sind. Die Temperaturen, bei denen dieser Schmelzvorgang eintritt, liegen in einem breiten Bereich (Schmelzbereich).

Konsistenz der Fette

Wertvolle Pflanzenöle

Fett	Schmelzbereich in °C
Olivenöl	–3 bis 0
Butter	28 bis 35
Schweineschmalz	34 bis 48
Kakaobutter	23 bis 35
Lammtalg	44 bis 55

Für die Verdauung von Fetten ist der Schmelzbereich besonders wichtig. **Da die Körpertemperatur des gesunden Menschen etwa 37 °C beträgt, sind Fette, deren Schmelzbereich höher liegt, allgemein schwer verdaulich.** So sind Lammfleischspeisen nur dann leichter bekömmlich und haben einen besseren Geschmack, wenn sie heiß verzehrt werden.

 Schweineschmalz besteht aus:

Palmitinsäure	25 bis 32 %
Stearinsäure	8 bis 15 %
Ölsäure	50 bis 60 %
Linolsäure	0 bis 10 %

Der Prozess der Fetthärtung wird auch als Hydrierung bezeichnet.
(Hydrogenium = lat. Wasserstoff)

$C_{17}H_{33}COOH + H_2 \rightarrow C_{17}H_{35}COOH$
Ölsäure   Stearinsäure
ungesättigt   gesättigt

Fetthärtung
Die natürliche Konsistenz der Fette kann außer durch physikalische auch durch chemische Einflüsse verändert werden. So können Öle durch Wasserstoffzufuhr in einen festen Zustand übergeführt werden. Diesen Vorgang bezeichnet man als Fetthärtung.
Die Fetthärtung erfolgt bei Temperaturen von 180 bis 200 °C unter Einwirkung von Nickelkatalysatoren. Dabei werden die Doppelbindungen der ungesättigten Fettsäuren gespalten und Wasserstoffmoleküle angelagert, was zur Änderung der Eigenschaft führt. Dieses Prinzip wird bei der Herstellung von Speisehartfetten angewandt und ist Voraussetzung für die Margarineherstellung.

Löslichkeit und Dichte
Fette sind in Wasser nicht löslich. Auf Grund der geringeren Dichte gegenüber Wasser schwimmt Fett stets obenauf (z. B. Fettaugen auf einer Fleischbrühe, Rahm auf der Milch).

> **In bestimmten Lösungsmitteln (z. B. Benzin, Hexan) sind Fette löslich.** Auf dieser Eigenschaft beruht die Gewinnung von Ölen durch Extraktion. Fette sind selbst auch Lösungsmittel. So werden natürliche Farbstoffe (z. B. Carotin) in Fett gelöst.

Fette

Emulgierbarkeit

Werden Fett und Wasser vermischt, tritt nach kurzer Zeit eine Trennung beider Phasen auf, und die Fettkügelchen treiben nach oben. Setzt man diesem Gemisch einen **Emulgator** zu, bleiben Wasser- und Fettmoleküle in der Schwebe, und es erfolgt keine Trennung. Eine solche Mischung nennt man **Emulsion**. Der Emulgator (z. B. Lecithin → 13) verhindert, dass sich Fettkügelchen zusammenballen und im Wasser wieder nach oben steigen. Durch Einfluss von Kälte und Wärme kann die Emulsion zerstört werden, d. h., der Emulgator wirkt nicht mehr, und die Emulsion löst sich wieder in die Phasen Fett und Wasser auf.

Emulsion (schematisch)

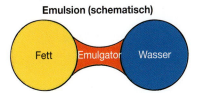

Die Emulsionen werden unterteilt in:
Fett-in-Wasser-Emulsionen (z. B. Milch → 169)
Wasser-in-Fett-Emulsionen (z. B. Butter)

Bei der Herstellung bestimmter Speisen werden Emulsionen als Ziel der Verfahrensführung angestrebt.
- Herstellung von Mayonnaise
  Eigelb (Lecithin) und Öl werden gerührt und dabei gut vermischt.
- Herstellung von Rührkuchen aus Vollei (Emulgator), Zucker, Weizenmehl und Fett.

Fett in Wasser   Wasser in Fett

Rauchpunkt

Beim starken Erhitzen eines Fettes beginnt sich Rauch zu entwickeln, der einen stechenden Geruch hat und Hustenreiz auslöst. Bevor die Siedetemperatur erreicht ist, finden in den Fettmolekülen Veränderungen statt, deren Ergebnis verdampfende Zersetzungsprodukte sind. Sie sind als bläulicher Rauch sichtbar (Rauchpunkt) und können krebserregend sein. Die Fettzersetzung beginnt bereits unterhalb des Rauchpunktes. Deshalb müssen Frittierfette regelmäßig komplett erneuert werden.

 Wichtigstes Zersetzungsprodukt der Fette ist Propenal (Acrolein). Es bildet sich unter Wasserabspaltung aus dem Glycerin.

$$CH_2-OH \quad\quad\quad\quad H-C-H$$
$$CH-OH \quad\longrightarrow\quad C=C-H + 2\,H_2O$$
$$CH_2-OH \quad\quad\quad\quad C=O$$
$$\quad\quad\quad\quad\quad\quad\quad\quad H$$

Glycerin   Acrolein

Die Zersetzungstemperaturen sind je nach Fettart unterschiedlich:
- Butter, Margarine   120 bis 130 °C
- Talg, Schmalz, Speiseöle   180 bis 200 °C
- Frittierfette   240 °C

> Fette, die den Rauchpunkt erreichen, werden so verändert, dass ein Genuss der darin zubereiteten Lebensmittel die Gesundheit schädigen kann.

Fettabbau

Fette können leicht verderben. Dabei verlaufen zwei Prozesse gleichzeitig: Fettspaltung und Fettzersetzung, die man im allgemeinen Sprachgebrauch als Ranzigwerden bezeichnet.
Die **Fettspaltung (Hydrolyse)** ist die Umkehrung der Fettbildung. Sie erfolgt maßgeblich durch die Wirkung von Enzymen. Dieser Fettspaltungsprozess vollzieht sich in wasserhaltigen Fetten (z. B. Butter, Margarine) besonders schnell: Fett + Wasser → Glycerin + Fettsäuren

Bei der **Fettzersetzung** werden die freigewordenen Fettsäuren durch Luftsauerstoff gespalten. Es entstehen gesundheitsbeeinträchtigende Peroxide. Licht und Wärme beschleunigen diesen Vorgang.
Deshalb sind fetthaltige Lebensmittel trocken, kühl und dunkel zu lagern. Trotz bester Lagerbedingungen kommt es aber regelmäßig nach einer gewissen Zeit zum Verderb, da Fette auch eigene Enzyme enthalten, die den chemischen Abbau vollziehen.

1. Wie viel Gramm Fett nimmt ein Mensch zu sich, wenn er täglich 80 g Butter verzehrt (→ 346 ff)?
2. Nennen Sie weitere Lebensmittel, die so genannte versteckte Fette enthalten.
3. Nennen Sie die chemischen Elemente, die am Aufbau von Fett beteiligt sind.
4. Aus welchen chemischen Verbindungen besteht ein Fettmolekül?
5. Erläutern Sie, wodurch sich gesättigte und ungesättigte Fettsäuren unterscheiden.
6. Erklären Sie den Begriff essentielle Fettsäuren.
7. Erklären Sie den Begriff Fettbegleitstoffe.
8. Wovon ist die Konsistenz eines Fettes abhängig?
9. Begründen Sie, warum sich Eigelb zur Herstellung von Mayonnaise eignet.

Lebensmittelbestandteile und ihre Eigenschaften

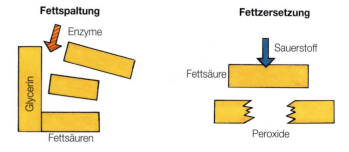

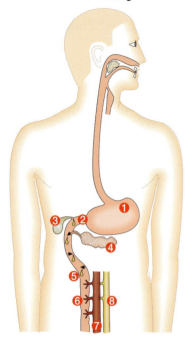

Fettverdauung

① Magen
② Lipasen
③ Gallenblase
④ Bauchspeicheldrüse
⑤ Lipasen
⑥ Zwölffingerdarm/Dünndarm
⑦ Blutbahn
⑧ Lymphbahn

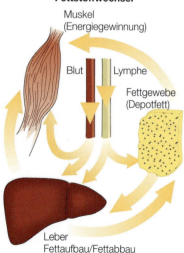

Fettstoffwechsel
Muskel (Energiegewinnung)
Blut   Lymphe
Fettgewebe (Depotfett)
Leber Fettaufbau/Fettabbau

Energiewert
Fette sind ein wichtiger Brennstoff für den menschlichen Organismus. Der Energiewert für Fett ist ein Durchschnittswert. Er kann in Abhängigkeit von der Art der veresterten Fettsäuren schwanken.

| 1 g Fett entspricht einem Energiewert von 37 kJ.

Fettstoffwechsel
Da der menschliche Organismus Nahrungsfette nicht direkt resorbieren kann, müssen sie im Verdauungsprozess in ihre Bestandteile gespalten werden. **Die Fettverdauung erfolgt im Zwölffingerdarm und im Dünndarm.**
Der **Gallensaft** emulgiert die Fette und ermöglicht damit den **Lipasen** (im Saft der Bauchspeicheldrüse und im Saft des Dünndarms) die Spaltung der Fette in Glycerin und Fettsäuren. Diese Bausteine können von den Darmzotten resorbiert werden. In der Darmwand werden z.T. wieder (körpereigene) Fette aufgebaut und über die Lymphbahn zur Leber transportiert. Freie kurzkettige Fettsäuren können dagegen direkt in die Blutbahn gelangen und auf diesem Weg auch zur Leber transportiert werden, wo sie zu körpereigenem Fett aufgebaut werden. Von der Leber gelangen die Fette zur Energiegewinnung in die Muskel- und die Gewebezellen.
Überschüssiges Fett, das nicht zur Energiegewinnung benötigt wird, speichert der menschliche Körper in Form von Depotfett, das somit zu Übergewicht führen kann. Bei Energiebedarf wird Depotfett aus dem Fettgewebe abgezogen und zu den Stellen des Körpers transportiert, wo es zur Energiegewinnung benötigt wird.

Fettbedarf
Die Fettzufuhr durch die Nahrung sollte am Tag maximal 30 % der Gesamtenergiemenge betragen. Diese Fettmenge bezieht sich auf sichtbare und versteckte Fette, wobei man von einem Verhältnis von 1:1 ausgehen kann.
Die empfehlenswerte Fettzufuhr von 75 g setzt sich zusammen aus Streichfett (25 g), Garfett (15 g) und „versteckten" Fetten (35 g).
Bei der Fettauswahl ist darauf zu achten, dass täglich $2/3$ pflanzliches Fett aufgenommen werden, um den nötigen Gehalt an essentiellen Fettsäuren zu gewährleisten.

2.3 Eiweißstoffe (Proteine)

🇫🇷 protéines
🇬🇧 proteins

2.3.1 Vorkommen und chemischer Aufbau

Alle lebenden Organismen und die daraus hergestellten tierischen und pflanzlichen Lebensmittel enthalten Eiweißstoffe (auch Proteine genannt).

Eiweißreiche tierische Lebensmittel	Eiweißgehalt (in %)	Eiweißreiche pflanzliche Lebensmittel	Eiweißgehalt (in %)
Gelatine (Blatt)	84,4	Sojamehl	42,5
Edamer, 45 % Fett i. Tr.	24,8	Linsen	23,5
Rindfleisch (mager)	20,6	Haselnüsse	12
Rotbarschfilet	18,6	Weizenmehl, Type 405	10,6

Chemischer Aufbau

Eiweißstoffe bilden die stoffliche Grundlage des Lebens. Von den Kohlenhydraten und den Fetten unterscheiden sie sich dadurch, dass sie neben den Elementen Kohlenstoff, Sauerstoff und Wasserstoff noch Stickstoff und z.T. Schwefel und Phosphor enthalten.

Grundbausteine der Eiweißstoffe sind die Aminosäuren. Für die menschliche Ernährung sind mindestens 20 verschiedene Aminosäuren von Bedeutung, die sich in ihrem chemischen Aufbau zwar unterscheiden, aber zwei charakteristische Gemeinsamkeiten haben:

Carboxylgruppe (organische Säuregruppe) —COOH
Aminogruppe —NH$_2$

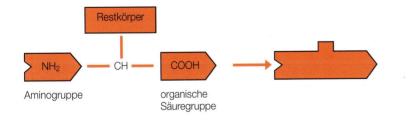

Grundstruktur einer Aminosäure

Wegen ihres Stickstoffgehaltes (15 bis 18 %) werden Eiweißstoffe häufig auch als stickstoffhaltige Substanzen bezeichnet.

Bei allen Aminosäuren, die am Aufbau von tierischen und pflanzlichen Eiweißstoffen mitwirken, befindet sich die NH$_2$-Gruppe am 2. Kohlenstoffatom. Deshalb werden diese Aminosäuren als 2-Aminosäuren (oder auch als α-Aminosäuren) bezeichnet.

$$CH_3-CH_2-\overset{2}{CH}-\overset{1}{COOH}$$
$$|$$
$$NH_2$$

Durch die Länge und die Struktur des Restkörpers (kettenförmige oder ringförmige Anordnung) unterscheiden sich die einzelnen Aminosäuren. Von den bisher bekannten Aminosäuren kann der Mensch die meisten im Körper selbst aufbauen (synthetisieren).

Die Aminosäuren, die der menschliche Organismus nicht aufbauen kann, muss er mit der Nahrung aufnehmen. Sie sind für ihn lebensnotwendig und werden als **essentielle Aminosäuren** bezeichnet (analog den essentiellen Fettsäuren).

Lebensmittelbestandteile und ihre Eigenschaften

1 Füllen Sie in ein trockenes Reagenzglas Stücke eines hart gekochten Eies, in ein zweites Reagenzglas eine Mischung von Federn, Haaren und Horn. Erhitzen Sie die Proben anschließend über kleiner Flamme.
Prüfen Sie die entweichenden Dämpfe auf Geruch und mit feuchtem Lackmus-Papier (rot/blau).

2 Geben Sie ein Eiklar und 150 ml 1%ige Kochsalzlösung in einen Erlenmeyer-Kolben, verschließen Sie diesen mit einem Stopfen, und schütteln Sie kräftig.
Das Filtrat können Sie für Eiweißversuche verwenden.

3 Geben Sie in ein Reagenzglas 3 ml Eiweißlösung, die Sie mit 1 ml Natronlauge alkalisch machen. Anschließend tropfen Sie vorsichtig 2 ml verdünnte Kupfersulfatlösung dazu. Beobachten Sie die Farbreaktion (Biuret-Reaktion)!

4 Geben Sie in ein Reagenzglas 5 ml Bleiacetatlösung, und tropfen Sie so lange Natronlauge zu, bis sich der entstandene Niederschlag wieder gelöst hat. Danach geben Sie 2 ml Eiweißlösung zu und kochen die Probe auf, bis Sie eine Farbveränderung feststellen.

5 Geben Sie in ein Reagenzglas 3 ml Eiweißlösung und 2 ml konzentrierte Salpetersäure, und erhitzen Sie das Gemisch bis zum Sieden. Nach dem Abkühlen geben Sie vorsichtig Natronlauge im Überschuss zu. Beobachten Sie die Farbreaktionen (Xanthoproteinreaktion)!
Vorsicht beim Umgang mit Salpetersäure (Schutzbrille, Schutzhandschuhe)!

Aminosäuren können sich unter Abspaltung von Wasser miteinander verbinden. Diese chemische Verknüpfungsstelle wird als **Peptidbindung** bezeichnet, und das Reaktionsprodukt ist ein **Dipeptid**.

Dipeptidbildung

Diese chemische Reaktion der Verbindung von zwei Aminosäuren (unter Wasserabspaltung) bezeichnet man als Kondensation (vergleiche Bildung von Disacchariden). Auf diese Weise können sich viele (unterschiedliche) Aminosäuren zu langen Molekülketten (Polypeptide) verbinden. Diese Polypeptide, die über verschiedene Stufen entstehen, ergeben schließlich die Eiweißstoffe, auch **Proteine** genannt.
Beim Eiweißaufbau werden verschiedene Strukturen unterschieden:

Primärstruktur, Sekundärstruktur, Tertiärstruktur, Quartärstruktur

Unter der **Primärstruktur** versteht man die Anordnung der Aminosäuremoleküle = **Aminosäuresequenz**. Die **Primärstruktur** ist bestimmend für die Eigenschaften der Eiweißstoffe. Bei Abbauvorgängen (Hydrolyse) wird sie zerstört.

Unter der **Sekundärstruktur und der Tertiärstruktur** versteht man die räumliche Anordnung einer Polypeptidkette.

Unter der **Quartärstruktur** versteht man die räumliche Anordnung mehrerer Polypeptidketten zu einem Eiweißmolekülverband.

Verketten sich Polypeptidketten zu kugelförmigen Gebilden, spricht man von **globulären Proteinen**.
Verdrahten sich Polypeptidketten zu faserförmigen Gebilden, bezeichnet man diese als **fibrilläre Proteine** (Faserproteine).

Einfache Eiweißstoffe bestehen nur aus Aminosäuren. **Zusammengesetzte Eiweißstoffe** enthalten außer den Aminosäuremolekülen noch eine **eiweißfremde Verbindung**. Ihre Einteilung erfolgt nach Art der eiweißfremden Gruppe.

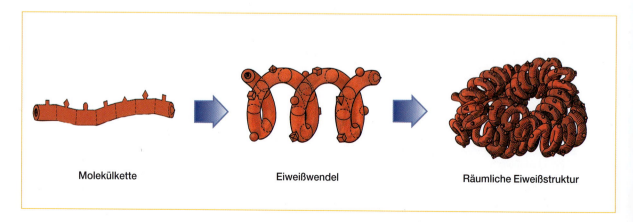

Molekülkette — Eiweißwendel — Räumliche Eiweißstruktur

Eiweißstoffe

Einfache und zusammengesetzte Eiweiße				
einfache Eiweiße	Vorkommen	zusammen-gesetzte Eiweiße	eiweiß-fremde Gruppe	Vorkommen
Albumine	Blut, Milch, Ei, Muskelfleisch, Hülsenfrüchte	Phosphor-proteine	Phosphor-säure	Milch (Casein), Ei
Globuline	Blut, Milch, Ei, Fleisch	Nucleo-proteine	Nucleinsäure	Zellkern Zellplasma
Gliadine/ Gluteline	Weizen, Roggen, Gerste, Mais	Glyco-proteine	Kohlen-hydrate	Magen- und Darmschleim, Speichel, Gleitstoff in Gelenken,
Skleroproteine (Gerüsteiweiß-stoffe)	Bindegewebe, Knochen, Knorpel, Sehnen, Gräten (Kollagen, Elastin)	Chromo-proteine	Metallionen (Fe^{++}, Mg^{++})	Blutfarbstoff (Hämoglobin)
Keratine	Haare, Horn Nägel. Wolle, Federn			Muskelfarbstoff (Myoglobin)
				Actomyosin (Muskeleiweiß)
				grüne Pflanzen-teile (Chlorophyll)

1 Zählen Sie eiweißreiche Zutaten auf.
2 Nennen Sie eiweißhaltige Speisen.
3 Erklären Sie den Unterschied zwischen einfachen und zusammengesetzten Proteinen.
4 Beschreiben Sie die vier Eiweißstrukturen.
5 Wodurch unterscheiden sich die drei Grundnährstoffe in ihrem chemischen Aufbau?
6 Versuchen Sie, aus dem Namen Amino-säure auf den chemischen Aufbau zu schließen.
7 Zählen Sie die Eiweißstoffe auf, die in der Milch vorkommen.

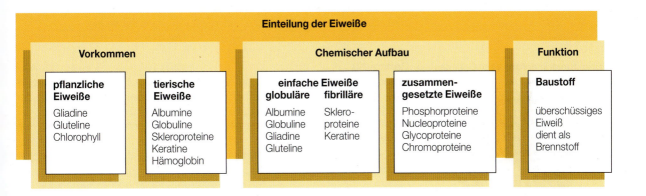

2.3.2 Eigenschaften und ernährungsphysiologische Bedeutung

Löslichkeit
Eiweißstoffe bilden aufgrund ihrer Molekülgröße keine echten Lösungen. Es entstehen nur kolloide Lösungen (→ 24). Einige Eiweißstoffe sind in Wasser, andere dagegen nur in Salzlösungen oder Ethanol löslich.

Wasserbindevermögen
In einer kolloidalen Eiweißlösung sind die Eiweißmoleküle von Wassermole-külen umgeben und werden somit in der Schwebe gehalten.

Moleküle mit einer hohen relativen Molekülmasse (Makromoleküle) können keine echten Lösungen bilden. Sie lagern nur die Lösungsmittelmoleküle auf Grund elektrochemischer Anziehungskräfte (Hydratation) um sich und bleiben deshalb in der Schwebe. Solche „unechten Lösungen" bezeichnet man als kolloidale Lösungen.

Lebensmittelbestandteile und ihre Eigenschaften

Diese Eigenschaft der Eiweißmoleküle, Wasser anzulagern (**Hydratationswasser**), hat für die Herstellung von Lebensmitteln große Bedeutung.

Wasseranlagerung an Eiweißmoleküle

- Für die Teigherstellung ist es wichtig, dass die Eiweißstoffe des Mehls ebenfalls genügend Wasser aufnehmen. Das Klebereiweiß (Gluten) kann bis zur doppelten Menge seines Gewichtes Wasser binden. Klebereiweiß bildet sich, wenn Gliadine und Glutenine des Weizenmehls sich mit Wasser verbinden (➔ 118).

Die Eigenschaft der Eiweißstoffe, Wasser zu binden, hat auch eine wichtige **physiologische Bedeutung**. Da sich in Hydratationswasser auch andere Stoffe (z. B. Monosaccharide, Vitamine, Mineralstoffe) lösen können, werden sie von den Eiweißstoffen absorbiert und transportiert (Grundlage des Nährstofftransportes im Blut).

Durch Zugabe von Kochsalz beim Kuttern wird das Fleischglobulin in Lösung gebracht und verstärkt damit das Wasserbindevermögen des Brätes.

Quellfähigkeit

Skleroproteine sind zwar in Wasser nicht löslich, aber sie können quellen und dabei ebenfalls Wasser binden.

- So werden z. B. Schwarten und bindegewebereiche Fleischteile in kaltem Wasser angesetzt und mehrere Stunden gekocht. Während dieser Zeit wird ein quellfähiges Gerüsteiweiß, das Kollagen, gelöst. Nach dem Abkühlen bildet sich eine schnittfeste Gallerte (Herstellung von Sülzwurst, Schlachtschüsseln, Aspikspeisen).

Getrocknetes Kollagen nennt man Gelatine. Industriell hergestellte Gelatine wird als Geliermittel in der Küche und in der Patisserie verwendet.

Strukturveränderung beim Gerinnen

Gerinnung

Unter Gerinnung (Denaturierung) versteht man eine nicht wieder umkehrbare Veränderung der natürlichen Beschaffenheit der Eiweißstoffe. Bei der Gerinnung werden die Sekundär-, die Tertiär- und die Quartärstruktur der Eiweißstoffe zerstört. Die Polypeptidketten strecken sich, und es entsteht eine ungeordnete Struktur.
Die Gerinnung von Eiweißstoffen kann physikalische, chemische und biochemische Ursachen haben.
Als Folge der Denaturierung tritt eine Änderung der Eigenschaften der Eiweißstoffe auf. Diese Veränderungen können erwünscht (z. B. Stocken der Rühreier) bzw. unerwünscht (z. B. saure Kaffeesahne) sein.
Im allgemeinen Sprachgebrauch wird geronnenes Eiweiß auch als **ausgeflocktes oder koaguliertes Eiweiß** bezeichnet.

Gerinnung durch Hitze: Eiweißstoffe werden durch Hitzeeinwirkung verändert. Bereits bei Temperaturen ab 60 °C können Eiweißstoffe denaturieren.

- Herstellen von Eierspeisen (z. B. pochierte Eier, Rühreier, Omeletts)
- Herstellen von Fleisch-, Geflügel- und Fischspeisen (z. B. Schnitzel, Rouladen)
  Beim Garen gerinnt das Muskeleiweiß, die Poren des Fleischstückes schließen sich, der Zellsaft bleibt enthalten, die Speise wird verzehrfähig.
- Backen von Brot, Kleingebäck
  Das Klebereiweiß gerinnt bei 72 °C, und es bildet sich die Struktur des Weizengebäckes (Klebergerüst des Brotes).

Eiweißstoffe

- Kochen von Milch
  Auch dabei kommt es zur Gerinnung. Sichtbares Zeichen sind die **Milchhaut** und die **flockige Eiweißschicht** am Topfboden. Die geronnene Eiweißmenge (bestehend aus Albumin und Globulin) ist gering, da der Hauptanteil des Milcheiweißes aus Casein besteht, das bei Hitze nicht gerinnt.

Gerinnung durch Säure: Viele Eiweißstoffe gerinnen bei der Einwirkung von **Säuren**. (Herstellen von Sauermilchgetränken, Sauermilchkäse). Das „**Dicklegen**" der Milch ist ein biochemischer Vorgang, bei dem mittels Milchsäurebakterien aus dem Milchzucker Milchsäure gebildet wird, die dann das Casein gerinnen lässt.

Gerinnung durch Lab: Durch Zusatz von Lab (Enzym des Kälbermagens) gerinnen die Eiweißstoffe der Milch und bilden den **Käsebruch** (Dicklegen der Milch), der zu Labkäse weiter verarbeitet wird (➔ 170f).

Hochprozentiges Ethanol fällt flüssiges Eiweiß aus. Deshalb kann übermäßiger Ethanolgenuss zum Tode führen.

1 Geben Sie in ein Reagenzglas 5 ml Eiweißlösung, die Sie langsam erhitzen. Was beobachten Sie?
2 Geben Sie in ein Reagenzglas 5 ml Milch, die Sie mit einigen Tropfen Essig versetzen. Welche Beobachtung machen Sie?
3 Geben Sie in ein Reagenzglas 5 ml Milch, und setzen Sie 1 ml Lab zu. Erwärmen Sie die Lösung auf etwa 37 °C, und beobachten Sie die Veränderungen.
4 Geben Sie in ein Reagenzglas 5 ml Eiweißlösung! Anschließend tropfen Sie 5 ml Ethanol (96 %ig) zu. Beobachten Sie die Reaktion.

Hydrolyse
Eiweißstoffe sind ebenso wie Kohlenhydrate und Fette **durch Wasser (Hydrolyse) in ihre Grundbausteine spaltbar.** Dabei erfolgt der Abbau mit Hilfe von Enzymen, (Proteinasen). Durch die Hydrolyse wird die Primärstruktur der Eiweißstoffe zerstört. Dieser chemische Prozess verläuft über Zwischenstufen und setzt schließlich Aminosäuren frei. Dieser Abbau vollzieht sich bei der Eiweißverdauung. Unerwünscht ist der Eiweißabbau bei Verderb- und Fäulnisprozessen (z. B. verdorbenes Fleisch oder Fisch).
Technische Bedeutung hat die Hydrolyse bei der Herstellung von Speisewürze. Aus Weizengluten werden durch Säureeinwirkung Aminosäuren freigesetzt.

Eiweißstoffwechsel
Die Eiweißstoffe müssen bis zu ihren Grundbausteinen (Aminosäuren) abgebaut werden, damit der menschliche Organismus sie resorbieren und dem Zwischenstoffwechsel zuführen kann.
Der Abbau (Hydrolyse) erfolgt stufenweise durch spezifische Enzyme, die der menschliche Körper selbst bildet.

Die Eiweißverdauung beginnt im Magen, wo zunächst die Magensalzsäure die noch in natürlicher Struktur vorliegenden Eiweißstoffe gerinnt und damit den Enzymen eine bessere Angriffsfläche bietet. Das **Enzym Pepsin** beginnt mit dem Abbau der Eiweißstoffe. Im Magen werden aber nicht mehr als 15 % der Eiweißstoffe zu Aminosäuren gespalten.

Erst im **Zwölffingerdarm** und dem sich anschließenden Dünndarm erfolgt der vollständige Abbau. Die dazu notwendigen Enzyme (**Peptidasen**, wie z. B. **Trypsin, Erepsin**) stammen aus dem Saft der Bauchspeicheldrüse.

Im **Dünndarm** liegen schließlich nur noch Aminosäuren vor. Sie werden durch die Zotten des Dünndarms resorbiert, gelangen in das Blut und werden über die Pfortader zur Leber transportiert, wo der Eiweißzwischenstoffwechsel beginnt.

Eiweißverdauung

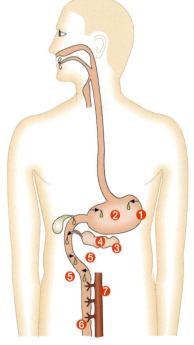

1 Magen
2 Pepsin
3 Bauchspeicheldrüse
4 Trypsin
5 Erepsin
6 Zwölffingerdarm/Dünndarm
7 Blutbahn

Lebensmittelbestandteile und ihre Eigenschaften

Die Aminosäuren werden hauptsächlich zum **Aufbau körpereigenen Eiweißes** verwendet. Dieser Prozess findet in allen Zellen des Körpers statt. Außerdem werden **Aminosäuren zur Bildung von Enzymen und Hormonen** benötigt.

Überschüssige Aminosäuren nutzt der Körper zur Energiegewinnung. Als Abbauprodukt fällt neben **Wasser** und **Kohlendioxid Harnstoff** an, der über den Urin ausgeschieden wird.

Energiewert

| 1 g Eiweiß entspricht einem Energiewert von 17 kJ.

Eiweißbedarf

Die Eiweißzufuhr soll täglich 10 bis 15 % des Gesamtenergiebedarfs betragen. Die Energiegewinnung aus Protein ist von untergeordneter Bedeutung, solange keine Kost mit stark verringertem Kohlenhydrat- und Fettanteil verzehrt wird.

Eiweißstoffe haben als Baustoffe den Abbau bzw. den Verschleiß der körpereigenen Eiweißstoffe auszugleichen. Insofern sollte ein Gleichgewicht zwischen Aufnahme und Abbau der Eiweißstoffe bestehen.
Nach Altersgruppen wird eine unterschiedliche Eiweißzufuhr empfohlen.

Die biologische Wertigkeit errechnet sich dadurch, dass eine oder mehrere essentielle Aminosäuren nur zu einem bestimmten Prozentsatz im entsprechenden Eiweiß enthalten sind. Man spricht von der begrenzenden Aminosäure für die Gesamtwertigkeit (Gesetz des Minimums). So ist z. B. in der Milch die Aminosäure Threonin nur zu 45 % enthalten, während die Aminosäure Lysin mit 128 % im Überschuss vorhanden ist.
Demgegenüber sind im Klebereiweiß des Weißbrotes 44 % Lysin und 67 % Threonin enthalten.
Werden beide Lebensmittel gemeinsam verzehrt, ergänzen sich die unterschiedlichen Aminosäuren und erhöhen die Gesamtwertigkeit der Nahrung. Durch sinnvolle Kombination von Lebensmitteln (gemischte Kost) kann eine Erhöhung der biologischen Wertigkeit der Nahrung erreicht werden.
Speisen mit ergänzender Eiweißwertigkeit: Brot mit Käse, Milch, Ei, Wurst, Fisch usw. Getreideflocken mit Milch; Grießbrei mit Frischobst; Teigwaren (Nudeln) mit Fleisch; Spaghetti Bolognese; Reis mit Fleisch, Ei usw.; Milchreis mit Frischobst; Pellkartoffeln mit Matjeshering; Kartoffeln mit Ei; Kartoffelbrei mit Milch; Pellkartoffeln mit Kräuterquark.

Eiweißstoffe sind regelmäßig mit der Nahrung zuzuführen, da der menschliche Organismus Proteine nicht in größerem Umfang (wie z. B. Fette) speichern kann.

Biologische Wertigkeit

Neben der notwendigen Eiweißmenge hat die biologische **Wertigkeit** der aufgenommenen Eiweißstoffe eine große ernährungsphysiologische Bedeutung. **Die Anteile der essentiellen Aminosäuren (→ 17) bestimmen den Wert der Eiweißstoffe.** Da der menschliche Organismus diese Aminosäuren selbst nicht bilden kann, ist er auf ihre Zufuhr angewiesen, um körpereigenes Eiweiß aufzubauen.

Vollwertiges Eiweiß enthält alle essentiellen Aminosäuren in einem für den Körper passenden Verhältnis. Diesen idealen Zustand findet man in keinem Lebensmittel, da stets eine oder mehrere essentielle Aminosäuren in einem für den Körper ungenügenden prozentualen Anteil enthalten sind. Der Maßstab für die Berechnung der biologischen Wertigkeit ist die Bildung von Körpereiweiß.

| Unter der biologischen Wertigkeit versteht man die Menge an Körpereiweiß in Gramm, die aus 100 g des Nahrungseiweißes gebildet werden kann.

1. Erklären Sie das Wasserbindevermögen von Eiweiß.
2. Begründen Sie, dass Brühen mit kaltem Wasser angesetzt werden.
3. Erläutern Sie, wie es zur Bildung der Milchhaut beim Kochen von Milch kommt.
4. Erklären Sie die Sonderstellung der Eiweißstoffe unter den Grundnährstoffen.
5. Begründen Sie die Notwendigkeit der regelmäßigen Zufuhr von Nahrungseiweiß.
6. Erklären Sie den Begriff vollwertiges Eiweiß!

2.4 Wasser

eau
water

Das Wasser hat für die Ernährung und die Lebensmittelherstellung eine zweifache Bedeutung:
- Wasser als **Bestandteil von Lebensmitteln**
- Trinkwasser als **Zutat bzw. Hilfsstoff zur Lebensmittelherstellung**

Wasser (Trinkwasser) ist ein wichtiger Nährstoff, der zum Aufbau des menschlichen Organismus und zur Aufrechterhaltung aller physiologischen Vorgänge im Körper notwendig ist (Blutkreislauf, Verdauungssäfte).

2.4.1 Vorkommen

Die überwiegende Zahl der Lebensmittel ist wasserhaltig. Wasser kommt in Lebensmitteln als freies und gebundenes Wasser vor.

Lebensmittel	Wassergehalt (in %)	Lebensmittel	Wassergehalt (in %)
Gurken	96	Forelle	74,8
Vollmilch	87,5	Hühnerei	74,1
Äpfel	85,1	Rindfleisch, mager	74,1
Kartoffeln, gegart	79,6		

Freies Wasser (→ 73) befindet sich zwischen den Zellen der Lebensmittel und ist dort kapillar gebunden. Es wird u.a. von Mikroben zum Wachstum genutzt und ermöglicht ihnen ihre Aktivität. Deshalb wird das freie Wasser auch als aktives Wasser bezeichnet und mit einer Maßzahl angegeben: a_w-Wert (aktiver Wasserwert). Je höher der a_w-Wert, desto größer ist die Gefahr des Lebensmittelverderbs.
Gebundenes Wasser befindet sich innerhalb der Zellen, wo es entweder Nährstoffe gelöst hat oder als Hydratationswasser (→ 24) an Nährstoffen haftet.

Zur Herstellung von Lebensmitteln (z.B. Speisen, Aufgussgetränke, Bier) und für technische Zwecke (z.B. Lebensmittelreinigung) wird Wasser verwendet. Es muss Trinkwasserqualität aufweisen und folgende Anforderungen erfüllen:
- Keine krankheitserregenden Keime
- Keine giftigen (toxischen) Stoffe wie Blei, Arsen, Chrom, Phenole, Kresole
- Klar und kühl sein, angenehmen frischen Geschmack
- Farb- und geruchlos
- Mittlerer Härtegrad (→ 25)

Das in der Natur vorkommende Wasser entspricht selten diesen Anforderungen. Deshalb wird es im Wasserwerk entsprechend behandelt, d.h. aufbereitet, wie z.B. filtriert, enthärtet, entsäuert, enteisent.

Unentbehrliches Wasser

Obwohl rund 2/3 der Erdoberfläche aus Wasser bestehen, gibt es in vielen Ländern der Erde akuten Wassermangel, denn das Meerwasser ist als Trinkwasser nicht unmittelbar nutzbar.

Kreislauf des Wassers

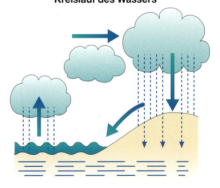

*Der **Nitratgehalt** des Trinkwassers nimmt durch Umweltbelastungen zu. Zulässig sind 50 mg Nitrat/1 l Wasser. Als häufigste **Wasserverunreinigung** findet man Bakterien aus Fäkalien, (Coli-Bakterien). Zur biologischen Wasseruntersuchung wird der Coli-Test herangezogen. Die zulässige Keimzahl je 100 ml Wasser beträgt weniger als 1 coliformer Keim (→ 76).*

Lebensmittelbestandteile und ihre Eigenschaften

2.4.2 Eigenschaften und ernährungsphysiologische Bedeutung

Wasser als Dipol

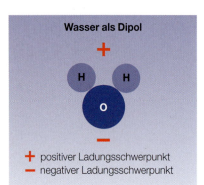

+ positiver Ladungsschwerpunkt
− negativer Ladungsschwerpunkt

Hydratationswasser

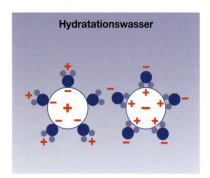

Lösungsmittel

Ursache für die Eigenschaft des Wassers, bestimmte Stoffe (z. B. Mono- und Disaccharide oder Salze) zu lösen, ist sein **Dipolcharakter**. Das Sauerstoffatom und die Wasserstoffatome bilden eine Dreiecksstruktur, wodurch zwei Ladungsschwerpunkte entstehen.

Ein Wassermolekül ist deshalb in der Lage, die Kohäsionskräfte des zu lösenden Stoffes zu überwinden und damit den Lösungsvorgang zu bewirken.

Die Wassermoleküle lagern sich um den zu lösenden Stoff entsprechend den vorhandenen Ladungen. Diesen Vorgang bezeichnet man als Hydratation, und das umgebene Wasser ist das Hydratationswasser.

In Abhängigkeit von der Größe und der Art der gelösten Teilchen innerhalb des Lösungsmittels werden echte Lösungen, kolloidale Lösungen, Suspensionen und Emulsionen (➔ 15) unterschieden.

Lösungsart	Teilchengröße	Eigenschaft	Beispiele
Echte Lösung	bis 10^{-7} cm	gegen Licht völlig klar	Salzlösungen Saccharoselösung
Kolloidale Lösung (feinverteilte Teilchen)	10^{-7} bis 10^{-5} cm	gegen Licht getrübt	Eiweißlösungen
Suspension (Aufschwemmung)	größer als 10^{-5} cm	trüb, undurchsichtig	Milch, Stärke im kalten Wasser

Bei echten Lösungen ist die Löslichkeit der festen Stoffe begrenzt. Je nach Sättigungsmenge unterscheidet man:
- ungesättigte Lösungen: Sättigungsmenge ist noch nicht erreicht
- gesättigte Lösungen: Sättigungsmenge ist erreicht
- übersättigte Lösungen: durch Erwärmen wird die Sättigungsmenge überschritten, nach dem Abkühlen bildet sich ein Bodensatz

Beispiele für Lösungsvorgänge bei der Lebensmittelherstellung sind das Waschen von Obst und Gemüse, das Herstellen von Aufgussgetränken (Kaffee, Tee), von Speiseeis oder von Läuterzucker (➔ 9).

Quellungsmittel

Verschiedene hochmolekulare Stoffe, wie Stärke, Pectine und bestimmte Eiweißstoffe, (➔ 9 und 20), die in Wasser nicht löslich sind, lagern Wasser in ihre Zwischenräume ein und quellen dabei auf. Quellung ist also eine Volumenvergrößerung unter Wasseraufnahme.

1. Geben Sie in je ein Reagenzglas 2 g Kochsalz und 2 g Eiklar. Anschließend füllen Sie beide Gläser mit 10 ml Wasser auf. Beurteilen Sie die Lösungen.
2. Füllen Sie 2 Becherglaser mit je 20 ml Wasser. Dem ersten Glas setzen Sie 5 g Haushaltszucker zu. In das zweite Glas wird so lange Zucker zugegeben, bis sich ein Bodensatz bildet. Anschließend erwärmen Sie dieses Glas, bis der Bodensatz verschwunden ist. Erläutern Sie die beiden Lösungen.

Wasser

Aggregatzustände

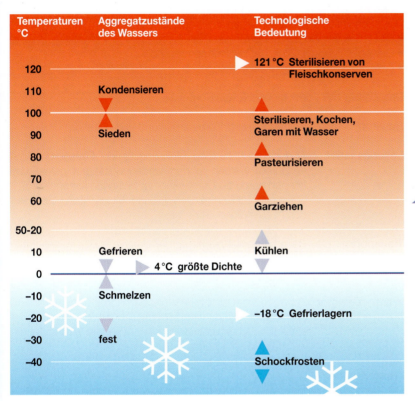

 Die Abhängigkeit des Siedepunktes des Wassers vom Druck wird im Folgenden deutlich:
867 hPa ≙ 95,7 °C
1917 hPa ≙ 120 °C
14907 hPa ≙ 200 °C
Dieser Zusammenhang von Druck und Siedepunkt wird z. B. beim Sterilisieren im Autoklaven (→ 137) ausgenutzt.

 1 Bringen Sie Beispiele, bei denen Wasser als Lösungsmittel bei der Herstellung von Lebensmitteln verwendet wird.
2 Wie unterscheiden Sie echte und kolloide Lösungen?
3 Erläutern Sie den Begriff Dipol.
4 Begründen Sie, warum das Wasser auf der Zugspitze bereits bei 89 °C kocht.
5 Warum wird die Garzeit im Dampfdrucktopf/Druckgarer (→ 124f.) verkürzt?
6 Geben Sie $5 \cdot 10^{-7}$ cm in Dezimalschreibweise an.
7 Geben Sie 0,0000008 cm in Potenzschreibweise an.

Der **Gefrierpunkt** des Wassers liegt bei 0 °C und der **Siedepunkt** bei 100 °C. In beiden Fällen beziehen sich die Werte auf den Normaldruck von 1013 hPa.

Wasserhärte

Oberflächen- und Grundwasser enthalten Mineralstoffe, die sich aus den Erdschichten gelöst haben. Für die Härte des Wassers sind besonders **Calcium- und Magnesiumsalze** verantwortlich.

Je mehr Salze gelöst sind, um so härter ist das Wasser. Die Wasserhärte wird in **Millimol (mmol)** angegeben.
1 mmol ≙ 56 mg Calciumoxid (CaO) je Liter Wasser
Die Wasserwerke geben die Härte des von ihnen gelieferten Leitungswasser abgestuft nach Wasserhärtebereichen an.

Hartes Wasser schmeckt erfrischend, während weiches Wasser einen faden Geschmack aufweist. In hartem Wasser wird die Waschwirkung der Seife herabgesetzt, der Verbrauch von Spül- und Waschmitteln wird erhöht.

Durch hartes Wasser verlängert sich die Garzeit (z. B. bei Hülsenfrüchten und Kartoffeln). Es beeinflusst den Geschmack von Aufgussgetränken und Bier. Bei Verwendung von hartem Wasser in Kochkesseln, Kaffeemaschinen und Heißwasserbereitern setzt sich Kesselstein ab, der zur Verminderung der Heizleistung führt.

Bereiche	Gesamthärte (in Millimol je Liter)
Härtebereich 1 weich	bis 1,3
Härtebereich 2 mittel	1,3 bis 2,5
Härtebereich 3 hart	2,5 bis 3,8
Härtebereich 4 sehr hart	über 3,8

Lebensmittelbestandteile und ihre Eigenschaften

Wasser als Körperbestandteil

Wasser ist der wichtigste anorganische Bestandteil des menschlichen Körpers. Durchschnittlich besteht der Organismus aus 65 % Wasser:
- Blut (10 % der Wassermenge),
- Gewebeflüssigkeit (20 % der Wassermenge) und
- Zellflüssigkeit (70 % der Wassermenge)

Das Wasser dient dem menschlichen Körper als

Baustoff: Bestandteil aller Körperzellen und -flüssigkeiten

Lösungsmittel: Abgebaute Nährstoffe (Monosaccharide, Fettsäuren, Aminosäuren) werden in den Verdauungssäften gelöst und können durch die Darmwand durchdringen (diffundieren). Die in den Zellflüssigkeiten gelösten Mineralstoffe erzeugen den notwendigen Zelldruck.

Transportmittel: Resorbierte Nährstoffe werden durch das Blut im gesamten Körper transportiert. Abgebaute und nicht verwertbare Stoffe werden ausgeschieden (Harn).

Wärmeregulator: Zur Aufrechterhaltung der normalen Körpertemperatur wird bei Hitzeeinwirkung verstärkt Wasser über die Haut ausgeschieden (Schwitzen). Die dazu notwendige Verdunstungswärme wird dem Körper entzogen.

Wasserbedarf

Der Wasserbedarf des Menschen hängt von Alter, Klima, Arbeit und Kochsalzaufnahme ab.

Wasseraufnahme und -abgabe halten sich bei einem gesunden Menschen die Waage. Das wird durch die tägliche Wasserbilanz eines Erwachsenen (70 kg) deutlich:

Wasseraufnahme (in l)		Wasserabgabe (in l)	
Getränke	etwa 1,2	Niere	etwa 1,4
feste Lebensmittel	etwa 1,0	Lunge	etwa 0,5
Wasser aus Nährstoffabbau	etwa 0,3	Haut	etwa 0,5
		Darm (Kot)	etwa 0,1
insgesamt	2,5	insgesamt	2,5

Der Wasserhaushalt des menschlichen Körpers wird hormonell geregelt. Bei hohen Außentemperaturen wird durch Wasserverdunstung „Durst" erzeugt. Die gleiche Signalwirkung entsteht durch stark salzhaltige Nahrung oder hohen Alkoholkonsum.

Die tägliche Wasseraufnahme sollte beim Erwachsenen nicht unter 1 bis 2 l (durchschnittlich 1,2 l) liegen.

Bei Säuglingen und Kleinstkindern können Wasserverluste von 15 % des Körpergewichts (Durchfall, Erbrechen) bereits lebensgefährlich werden.

1. Nennen Sie Anforderungen, die an Trinkwasser gestellt werden.
2. Erläutern Sie den Unterschied zwischen hartem und weichem Wasser.
3. Zu welchen Problemen kann hartes Wasser bei der Lebensmittelherstellung führen?
4. Erläutern Sie die Funktion des Wassers im menschlichen Körper.
5. In welchen Körperteilen des Menschen ist das meiste Wasser enthalten?
6. Ohne Wasser kann der Mensch in der Regel nicht länger als zwei Tage auskommen, ohne Nahrungszufuhr dagegen zwei Wochen. Begründen Sie die Tatsache.
7. Berechnen Sie die Wassermenge eines Menschen von 60 kg Körpergewicht.

Mineralstoffe

2.5 Mineralstoffe

🔵 *matières minérales*
🔴 *minerals*

2.5.1 Vorkommen und chemischer Aufbau

Mineralstoffe sind **anorganische** Stoffe, die sich im Erdboden befinden und nur von Pflanzen unmittelbar aufgenommen werden können. Der Mensch nimmt nur indirekt über pflanzliche und tierische Lebensmittel Mineralstoffe auf. Ausnahmen bilden Trinkwasser und Kochsalz.
Werden Lebensmittel verbrannt, verbleiben die Mineralstoffe als Ascherückstände. Durch Wiegen und chemische Untersuchungen lassen sich Mengen und Arten der Mineralstoffe bestimmen.
Die Einteilung der Mineralstoffe erfolgt je nach dem Anteil im menschlichen Organismus und dem notwendigen Bedarf in **Mengen- und Spurenelemente.**

Spurenelemente sind die Mineralstoffe, die unter 50 mg/kg Körpergewicht vorkommen.

Bisher hat man etwa 40 Spurenelemente im Körper gefunden, von denen noch nicht in jedem Fall die physiologische Wirkung bekannt ist. Einige Spurenelemente, z.B. Blei, Quecksilber, Cadmium und Arsen, wirken schon in geringen Mengen toxisch (giftig).

Mineralstoffe kommen in fast allen Lebensmitteln vor (➜ 30). Mineralwasser enthält mehr als 1000 mg gelöste Mineralstoffe pro Liter Mineralwasser.

Mineralstoffe	
Mengenelemente	**Spurenelemente**
Calcium	Eisen
Natrium	Zink
Kalium	Kupfer
Phosphor	Mangan
Magnesium	Iod
Chlor	Fluor
	Molybdän
	Chrom

Lebensmittel	Mineralstoffgehalt (in %)	Mineralstoffgehalt (in 100 g Lebensmittel)						
		Na (in mg)	K (in mg)	Ca (in mg)	P (in mg)	Fe (in µg)	I (in µg)	Cu (in µg)
Rindfleisch, mager	0,8 bis 1,8	66	360	6	194	2160	–	250
Hering	1,2	117	360	57	250	1100	26	300
Hühnerei	1,0	144	147	56	115	2100	9,7	50 bis 230
Vollmilch	0,7	50	150	120	92	50	11,3	26
Pellkartoffeln	1,0	42	411	6	45	403	4,5	165
Spinat, tiefgefroren	0,9	48	308	116	46	2987	20,1	200 bis 500
Äpfel, ungeschält	0,7	3	144	7	10	480	1,6	90
Haselnüsse	2,4	2	635	225	330	3800	1,5	1280

27

Lebensmittelbestandteile und ihre Eigenschaften

Chemischer Aufbau

> Die Mineralstoffe liegen in den Lebensmitteln nicht elementar, sondern in Form von Ionen vor.

Mineralsalze dissoziieren (zerlegen sich) in wässrigen Lösungen in Kationen (positiv geladene Ionen) und Anionen (negativ geladene Ionen).

Wiegen Sie etwa 4 g getrocknetes Gemüse in einen Porzellantiegel ein. Dann glühen Sie diese Probe 2–3 h bei 800 °C in einem Muffelofen. Nach dem Abkühlen im Exsikkator wiegen Sie den Rückstand. Berechnen Sie den absoluten und den prozentualen Anteil des Rückstandes gegenüber der Einwaage.

2.5.2 Eigenschaften und ernährungsphysiologische Bedeutung

Die wasserlöslichen Mineralstoffe können bei der Vor- und der Zubereitung von Lebensmitteln (→ Tabellen) leicht ausgelaugt werden. Diese unerwünschte Erscheinung kann begrenzt werden, wenn man Lebensmittel
- nicht zu stark zerkleinert,
- nicht unter fließendem Wasser wäscht,
- nicht zu lange im Wasser liegen lässt,
- nicht mit warmem Wasser säubert und
- die Garflüssigkeit so gering wie möglich hält und weiter verwendet.

Auslaugverluste (in %) nach 6-stündiger Aufbewahrung von Kartoffeln in Wasser

Mineralstoff	Unzerkleinert	Zerkleinert
Calcium	0	28
Kalium	5	10

Konstantin wäscht Karotten in einer Schüssel mit kaltem Wasser ab, um sie zum Garen vorzubereiten. Da wird er von einem Auszubildenden gefragt: „Warum wäschst du die Karotten nicht unter dem warmen Wasser des Ausgussbeckens ab? Das reinigt doch intensiver." Wie wird Konstantin antworten?

Auslaugverluste (in %) beim Blanchieren von Gemüse

Mineralstoff	Spinat	Weißkohl	Grünkohl	Rosenkohl
Kalium	79	94	84	54
Natrium	82	94	89	80
Calcium	32	77	34	12
Magnesium	74	77	50	30

Die Eigenschaften der Mineralstoffe führen bei der Vor- und der Zubereitung von Lebensmitteln zu erwünschten und unerwünschten Veränderungen.

Erwünschte Veränderungen
- Als Ionen erhöhen die Mineralstoffe das Wasserbindevermögen der Lebensmittel, z. B. bei der Teigbildung und der Brühwurstherstellung.
- Mineralstoffe geben den Lebensmitteln einen besseren Geschmack (z. B. Salzkartoffeln, gepökelte Fleischerzeugnisse, gesalzene Fischerzeugnisse).

Das Herauslösen von Mineralstoffen erfolgt durch Diffusionsvorgänge. Zwischen den Lebensmitteln und dem Wasser bestehen Konzentrationsunterschiede, die das Bestreben haben, sich auszugleichen.

Mineralstoffe

- Mineralstoffe können die Farbe der Lebensmittel optisch verbessern (z. B. Pökelsalz stabilisiert die rote Fleischfarbe).
- Durch den Zusatz von Kochsalz (NaCl) wird der aw-Wert der Lebensmittel herabgesetzt und damit die Haltbarkeit verlängert (z. B. Salzgemüse, gesalzener Speck, Salzheringe).
- Chlorid-Ionen des Kochsalzes wirken denaturierend auf Eiweißstoffe und machen das Lebensmittel genussreif (z. B. Sardelle).

Unerwünschte Veränderungen
- Metall-Ionen (z. B. Cu^{2+}, Fe^{3+}) fördern die oxidative Fettzersetzung.
- Kupfer-Ionen führen zur Zerstörung von Vitamin C.
- Hartes Wasser kann bei der Herstellung von Spirituosen zu Trübungen und Niederschlägen führen oder den Geschmack negativ beeinflussen.

Bei der Herstellung von Lebensmitteln, z. B. bei der Getreideverarbeitung, können intensive technologische Bearbeitungsprozesse auch einen hohen Mineralstoffverlust zur Folge haben (→ 179f).

Einfluss des Ausmahlungsgrades auf den Mineralstoffgehalt von Weizenmehl

Mineralstoffgehalt	Ausmahlungsgrad (bezogen auf 100 g Mehl)		
	98,5 %	76 bis 80 %	40 bis 60 %
Mineralstoffe	1,7 g	0,82 g	0,4 g

Ausmahlungsgrad entspricht dem Grad der Schalenanteile des Getreidekorns im Mehl. Ein hochausgemahlenes Mehl (z. B. 80 %) enthält viele Schalenanteile, es ist ein dunkles Mehl. Bei einem Ausmahlungsgrad von 98,5 % erhält man Schrot.

*Die **Typenzahl** gibt an, wie viel Gramm Mineralstoffe in 100 kg wasserfreiem Mehl enthalten sind, z. B. Type 405 enthält 405 g je 100 kg wasserfreies Mehl.*

Mineralstoffe als Körperbestandteile

Die Mineralstoffe dienen dem menschlichen Körper als Bau- und Wirkstoffe. Der menschliche Körper kann Mineralstoffe nicht selbst produzieren. Sie müssen regelmäßig mit der Nahrung aufgenommen werden. Sie gehören deshalb zu den **essentiellen Nährstoffen**. Der Mensch scheidet täglich 15 bis 20 g Mineralstoffe aus, die durch die Nahrung ersetzt werden müssen, ansonsten kann es zu Störungen im Körper kommen.

Mineralstoffe im menschlichen Körper (bei 70 kg Körpergewicht).

Calcium	1700 g	Knochen, Zähne
Phosphor	700 g	Knochen
Kalium	100 g	Gewebeflüssigkeit
Chlor	80 g	Gewebeflüssigkeit, Magensäure
Natrium	80 g	Gewebeflüssigkeit
Magnesium	30 g	Gewebeflüssigkeit
Eisen	4 g	Blutfarbstoff
Fluor	1 g	Zähne
Iod	0,5 g	Schilddrüse

1 Ermitteln Sie den Calciumgehalt (in mg) von 1 l Vollmilch.
2 In wie vielen Gramm Haselnüssen ist die gleiche Calciummenge wie in 1 l Vollmilch enthalten?
3 Berechnen Sie die Gesamtmenge an Mineralstoffen, die ein Jugendlicher mit einem Körpergewicht von 55 kg hat, wenn der Anteil am Körpergewicht etwa 4 % beträgt.

Die Mineralstoffe sind ebenfalls verantwortlich für das **Säure-Basen-Gleichgewicht** im Körper. Für den normalen Ablauf des Stoffwechsels ist ein konstanter pH-Wert aller Körperflüssigkeiten notwendig, da sonst die Wirkung der Enzyme beeinträchtigt wird.

Lebensmittelbestandteile und ihre Eigenschaften

Tagesbedarf
Der Tagesbedarf richtet sich nach dem Anteil der täglich ausgeschiedenen Mineralstoffe. Außerdem wird er durch Alter, Geschlecht, Ernährungsweise, der körperlichen und geistigen Tätigkeit usw. bestimmt.
Der Mineralstoffbedarf wird durch eine ausgewogene Ernährung gedeckt.

1 Erläutern Sie die Begriffe Mengen- und Spurenelemente.
2 Nennen Sie Lebensmittel mit hohem Eisengehalt.
3 In welcher Lebensmittelgruppe kommt Iod besonders häufig vor?
4 Begründen Sie, warum die Mineralstoffe als Baustoffe, Wirkstoffe und essentielle Lebensmittelbestandteile bezeichnet werden.
5 Warum haben Säuglinge und Kleinkinder einen relativ hohen Calciumbedarf?

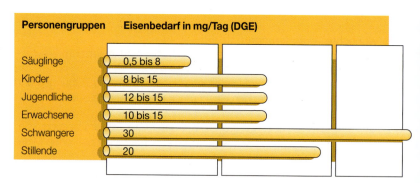

Personengruppen	Eisenbedarf in mg/Tag (DGE)
Säuglinge	0,5 bis 8
Kinder	8 bis 15
Jugendliche	12 bis 15
Erwachsene	10 bis 15
Schwangere	30
Stillende	20

Wichtige Mineralstoffe

Mineralstoff	Tagesbedarf für Erwachsene	Vorkommen	Wirkung	Mangelerscheinungen
Calcium	1 g	Milch, Milcherzeugnisse, Eigelb, Gemüse, Vollkornerzeugnisse, Nüsse	Baustein für Knochen und Zähne, Blutgerinnung, Aktivität von Enzymen	Knochenbrüchigkeit, erhöhte Erregbarkeit der Nerven
Phosphor	0,7 g	Milch, Milcherzeugnisse, Innereien, Fleisch, Fisch, Eigelb, Hülsenfrüchte	Baustein für Knochen und Zähne, Bestandteil von ergiereichen Verbindungen	nicht bekannt
Kalium	2 g	Kartoffeln, Obst, Gemüse, Vollkornerzeugnisse, Nüsse	Regelung des osmotischen Druckes, Erregbarkeit von Nerven und Muskelzellen	Herzmuskelschwäche, Muskelerschlaffung, Wasseransammlung in Geweben
Natrium	550 mg	Kochsalz, Fleisch, Fisch, Käse, Wurstwaren	Regelung des osmotischen Druckes, Regulierung des Wasserhaushaltes	Blutdrucksenkung, Störungen der Reizleitung
Chlor	830 mg	Kochsalz, kochsalzhaltige Lebensmittel	Regelung des osmotischen Druckes, Bildung der Magensalzsäure	Schwierigkeiten bei der Eiweißverdauung im Magen
Magnesium	0,3 bis 0,4 g	Bestandteil des Chlorophylls in allen grünen Pflanzen, Kartoffeln, Nüsse	Enzymaktivator, Erregbarkeit von Muskeln und Nerven	Krämpfe der Skelett- und der Arterienmuskulatur
Eisen	10 bis 15 mg	in allen grünen Gemüsearten, Fleisch, Leber, Eigelb	Bestandteil des Hämoglobins für Sauerstofftransport	Konzentrationsschwäche, mangelnde Infektabwehr, Blutarmut
Iod	180 bis 200 µg	Seefisch, Eier, Milch, iodiertes Speisesalz	Bestandteil des Schilddrüsenhormons	Kropfbildung
Fluor	3,1 bis 3,8 mg	fluoridiertes Trinkwasser, schwarzer Tee	Härtung des Zahnschmelzes	erhöhte Kariesanfälligkeit
Zink	7 bis 10 mg	Rindfleisch, Leber, Erbsen, Getreide	Enzymaktivator, Bildung von Insulin	Zwergwachstum, mangelnde Insulinbildung

Vitamine

2.6 Vitamine

2.6.1 Vorkommen und chemischer Aufbau

🇫🇷 *vitamines*
🇬🇧 *vitamins*

Vitamine sind eine wichtige Gruppe der Lebensmittelbestandteile, die der Mensch im Körper überwiegend nicht selbst bilden kann. Deshalb müssen sie mit der Nahrung aufgenommen werden.

Der Begriff Vitamin setzt sich aus den Worten vita (lat.: Leben) und amin (stickstoffhaltiger Stoff) zusammen. Damit wird einmal auf die Lebensnotwendigkeit hingewiesen, zum anderen war man früher irrtümlicherweise der Meinung, dass alle Vitamine organische Stickstoffverbindungen (Amine) sind.

Vitamine werden mit Großbuchstaben bezeichnet, wobei Vitamine mit ähnlichen Eigenschaften zu einer Gruppe zusammengefasst und mit einem Index versehen werden (z. B. Vitamine des B-Komplexes). Außerdem gibt es für alle Vitamine eine wissenschaftliche Bezeichnung.

Bestimmte Vitamine haben **Vorstufen (sogenannte Provitamine)**, die im menschlichen Organismus zum eigentlichen Vitamin umgewandelt werden können.

Die Vitamine werden nach ihrer Löslichkeit in **wasserlösliche Vitamine** und **fettlösliche Vitamine** eingeteilt.

Vitamine			
Wasserlöslich		**Fettlöslich**	
B_1	Thiamin	A	Retinol
B_2	Riboflavin	D	Calciferol
	Pantothensäure	E	Tocopherol
	Niacin	K	Phyllochinon
B_6	Pyridoxin		
B_{12}	Cobalamin		
C	Ascorbinsäure		

Als Vitamin-C-reich werden Lebensmittel bezeichnet, durch die mit einer Mahlzeit mindestens 50 % der notwendigen Tagesmenge (75 mg) erreicht werden. Vitamin C kann großtechnisch aus Glucose (Monosaccharid) hergestellt werden.

Vitamine kommen in pflanzlichen und tierischen Lebensmitteln vor. **Die meisten Lebensmittel enthalten mehrere Vitamine**, wobei mit dem Bearbeitungsgrad der Lebensmittel deren Vitamingehalt sinkt (→ 32). Am vitaminreichsten erweisen sich demnach Lebensmittel, die nicht oder wenig bearbeitet wurden (z. B. Frischkost).

Die Vitamine kommen nur in sehr geringen Mengen in den Lebensmitteln vor. Die Mengenangaben erfolgen in mg und μg.

Der Vitamingehalt der einzelnen Lebensmittel unterliegt Schwankungen. Unterschiedliche Werte ergeben sich aus
- Tierhaltung und -fütterung
- Witterungs-, Wachstumsbedingungen, Arten und Sorten
- Gewinnung, Bearbeitung/Vorbereitung, Zubereitung und Lagerung.

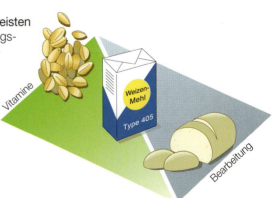

Mit steigendem Bearbeitungsgrad verringert sich der Vitamingehalt der Lebensmittel.

Lebensmittelbestandteile und ihre Eigenschaften

Ursachen für Vitaminverluste

- Überdruck
- Wasser
- Schwer- und Alkalimetalle, deren Salze
- Sauerstoff
- Wärme
- Säuren und Basen
- Licht
- Enzymtätigkeit

Lebensmittel (in 100 g)	Vitamin A in µg	B₁ in mg	B₂ in mg	C in mg
Schweinefilet	6	0,90	0,25	+
Rinderleber	15300	0,28	2,70	23
Heilbutt	32	0,08	0,05	+
Vollmilch	33	0,04	0,18	1,7
Eier	278	0,10	0,05	+
Petersilie	902	0,14	0,20	166
Kartoffeln, gegart	1	0,09	0,05	12,34
Zitronen	3	0,05	0,02	34

+ in Spuren

Chemischer Aufbau

Vitamine sind organische Stoffe. Entsprechend ihrem chemischen Aufbau gehören sie

- zu den **organischen Säuren**:   Vitamin C (Ascorbinsäure)
- zu den **Alkanolen**:   Vitamin A
- zu den **Aminen**:   Vitamin B_1
- zu den **Sterinen**:   Vitamin D
- zu den **Lipochromen**:   ß-Carotin

Vitamine sind gegenüber äußeren Einflüssen empfindlich. Einige Vitamine werden besonders leicht zerstört, wenn mehrere Faktoren gleichzeitig einwirken (z. B. Sauerstoff und Hitze).
Demgegenüber stabilisieren Säuren Vitamin C. So ist es auch zu erklären, dass Sauerkraut (enthält Milchsäure) einen hohen Gehalt an Vitamin C aufweist.

Empfindlichkeit der Vitamine gegenüber äußeren Einflüssen

Vitamin	Fett-löslich-keit	Wasser-löslich-keit	Hitze	Sauer-stoff	Licht	Säuren	Alkalien
A	++	−	+	++	++	++	−
D	++	−	−	+	+	+	−
E	++	−	−	++	++	−	−
B_1	−	++	++	++	−	−	++
B_2	−	++	+	+	++	−	−
C	−	++	++	++	++	−	++

++ sehr empfindlich,   + empfindlich,   − beständig

2.6.2 Eigenschaften und ernährungsphysiologische Bedeutung

Während des Transportes, der Lagerung, der Vor- und der Zubereitung sowie des Abfüllens, des Dosierens und des Verpackens kommt es zu Vitaminverlusten in den Lebensmitteln. Diese Verluste vergrößern sich noch mit der Einwirkungsdauer der Einflussfaktoren auf die Lebensmittel und nehmen mit deren steigendem Zerkleinerungsgrad zu.

Vitamine

Löslichkeit
Die **wasserlöslichen Vitamine** können aus den Lebensmitteln leicht herausgelöst werden. So entstehen Vitaminverluste durch langes Waschen, Wässern und Garen in viel Flüssigkeit (Kochen, Garziehen).

Wasserlöslichkeit der Vitamine

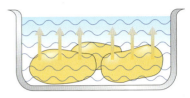

Einfluss der Oberfläche auf Vitaminverluste bei geschälten Kartoffeln

Vitamin	Verluste (in %) nach 12 h in stehendem Wasser	
	unzerkleinert	essfertig zerkleinert
B₁	8	15
C	9	51

Fettlösliche Vitamine bleiben im Wasser ungelöst.
Die Löslichkeit dieser Vitamine in Fett wird für die Ernährung ausgenützt, indem bei der Herstellung von Rohkostsalaten Speiseöl zugesetzt und damit die Aufnahmefähigkeit im menschlichen Körper erhöht wird.

Empfindlichkeit gegenüber Hitze
Hitzeempfindliche Vitamine werden durch höhere Temperaturen angegriffen bzw. zerstört. Solche Verluste treten auf bei der Lagerung von Lebensmitteln, den Garverfahren und bei der Hitzekonservierung (Pasteurisieren, Sterilisieren).

Füllen Sie in zwei Reagenzgläser je 1 g geraspelte Möhren. Dem ersten Reagenzglas geben Sie 5 ml Pflanzenöl und dem zweiten 5 ml Wasser zu. Schütteln Sie beide Gläser stark, und beobachten Sie die Farbveränderungen.

1. Erklären Sie Gemeinsamkeiten und die Unterschiede zwischen Mineralstoffen und Vitaminen.
2. Für welche Lebensmittelbestandteile trifft die Eigenschaft essentiell auch noch zu?
3. Erklären Sie den Begriff Provitamine.
4. Welche Lebensmittel haben Sie gestern verzehrt? Berechnen Sie mit Hilfe einer Nährwerttabelle (→ 346 ff.) oder eines Nährwertberechnungsprogrammes, wie viel Vitamin C Sie damit aufgenommen haben.
5. Suchen Sie weitere säurehaltige Lebensmittel, die Vitamin C enthalten.
6. Nennen Sie Faktoren, die den Auslaugverlust wasserlöslicher Vitamine zusätzlich erhöhen.
7. Beurteilen Sie Vollmilch und Kondensmilch nach ihrem Vitamingehalt.
8. Welche Bedeutung hat die Einhaltung einer optimalen Lagertemperatur auf den Vitamingehalt?

Einfluss der Lagertemperatur auf Vitaminverluste

Gemüse, 2 Tage gelagert	Vitamin	Verlust (in %)		
		+4 °C	+13 °C	+20 °C
Spinat	B₁	0	0	6
	C	8	38	70
Blattsalat	B₁	0	0	5
	C	29	38	46

Empfindlichkeit gegenüber Licht
UV-Licht wirkt vor allem während der Lagerung von Lebensmitteln vitaminzerstörend. Deshalb sollten Lebensmittel möglichst nicht dem Sonnenlicht ausgesetzt werden. Eine zweckentsprechende Verpackung (z. B. dunkles Glas) und eine lichtgeschützte Lagerung können die Vitaminverluste gering halten.

Einfluss des Sonnenlichtes auf Vitaminverluste nach einer Lagerzeit von 3 h

	Verluste (in %)			
	Lagerung im Schatten		Lagerung in der Sonne	
	B₁	C	B₁	C
Blattsalat	5	11	29	39
Grüne Bohnen	2	8	6	13
Wirsingkohl	1	8	12	15

Vitamin-C-Verlust

33

Lebensmittelbestandteile und ihre Eigenschaften

Vitamin-C-Verlust
(in %) durch Sauerstoffeinwirkung nach 24 h Lagerung:

Petersilie	4 °C	20 °C
ganz	8	20
geschnitten	20	45

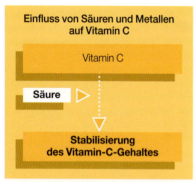

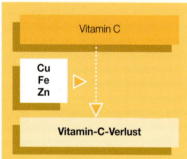

Einfluss des Sauerstoffes
Sauerstoffempfindliche Vitamine werden besonders bei Lagerung, Transport sowie Vor- und Zubereitung von Lebensmitteln zerstört. Deshalb:
- Transportwege so kurz wie möglich halten, kühlen
- Lebensmittel zweckmäßig verpacken
- Sauerstoffzufuhr bei Vor- und Zubereitung so gering wie möglich halten (geschlossene Gefäße)
- Rohstoffe nicht in zerkleinertem Zustand lagern

Einfluss von Säuren und Basen
Wie aus der Tabelle (→ 32) ersichtlich, reagieren Säuren und Basen sehr unterschiedlich auf Vitamine. So wird **Vitamin C durch organische Säure** (z. B. Milchsäure, Essigsäure, Zitronensäure) stabilisiert, während Vitamin A dadurch zerstört wird. Demgegenüber sind die meisten fettlöslichen Vitamine in schwach alkalischem Milieu beständig.

Einfluss von Metallen
Vitamin C ist empfindlich auf die Einwirkung von Metallspuren (z. B. Zink, Kupfer, Eisen).
- So verliert z. B. Meerrettich beim Reiben auf einer Metallreibe etwa 95 % seines Vitamin-C-Gehaltes.
- Die Verwendung geeigneter Werkstoffe (Werkzeuge, Maschinen, Verpackung) beeinflusst den Erhalt von Vitamin C. Als Werkstoffe für Arbeitsmittel in der Lebensmittelherstellung eignen sich besonders Edelstahl, Glas und Kunststoffe.

Aufwertung von Speisen
- Garnierung mit vitaminreichen Lebensmitteln (z. B. Zitronenkeile, Kräuter)
- Zugabe von zerkleinertem Rohstoff zum gegarten Gemüse (z. B. 1/3 rohen Spinat zugeben)
- Zusatz von frischem Obst zum Müsli
- Vollenden von Rohkostsalaten mit Öl (Carotin wird gelöst und im Darm besser resorbiert).

*Konstantin hat den Auftrag bekommen, Möhrenrohkostsalat herzustellen.
Laut Rezept wird die Möhrenrohkost u. a. mit Öl vollendet.
Welche Bedeutung hat das Öl?*

Vitamine als Körperbestandteile
Vitamine sind essentielle Nährstoffe, aber keine Energieträger. Sie gehören zur Gruppe der Wirkstoffe. Ihnen ist gemeinsam, dass sie in kleinsten Mengen im Organismus wichtige Lebensfunktionen ermöglichen. **Die Vitamine wirken** (ähnlich wie die Mineralstoffe) **als Katalysatoren**.
Fettlösliche Vitamine können im menschlichen Körper (Fettgewebe) gespeichert werden.
Wasserlösliche Vitamine sind dagegen nur bedingt im Körper speicherfähig. Bei ihnen ist stärker auf eine regelmäßige Zufuhr zu achten.

Der tägliche Vitaminbedarf kann durch eine vollwertige Mischkost (→ 57ff.) gedeckt werden.
- Bevorzugt Obst, Gemüse und Vollkornerzeugnisse essen
- Vitaminreiche Lebensmittel frisch und roh essen oder schonend verarbeiten

Entsprechend der Vitaminzufuhr im menschlichen Organismus unterscheidet man drei krankhafte Zustände:

Avitaminose:	völliges Fehlen eines Vitamins
Hypovitaminose:	zu geringe Vitaminversorgung
Hypervitaminose:	überhöhte Vitaminzufuhr

1. Beschreiben Sie Beispiele der Vitaminaufwertung von Speisen.
2. Nennen Sie Einteilungsmöglichkeiten der Vitamine.

34

Vitamine

Wichtige Vitamine				
Vitamine fettlöslich	**Tagesbedarf Erwachsener**	**Vorkommen**	**Wirkung**	**Mangelerscheinung**
A Retinol	0,8 bis 1 mg	Leber, Eigelb, Butter	Bestandteil des Sehpurpurs, Beeinflussung des Zellwachstums, Bildung der Haut	Nachtblindheit, Verhornung von Haut und Schleimhäuten
D Calciferole	5 µg	Leber, Eigelb, Butter	Knochenaufbau	Rachitis, Knochenerweichung
E Tocopherole	13 bis 15 mg	Weizenkeimöl, Leber, Eigelb	antioxidative Wirkung, Schutz der Zellmembran	unbekannt
K Phyllochinon	60 bis 80 µg	Sauerkraut, Spinat, Rotkohl Rinderleber, Huhn,	Blutgerinnung, Eigensynthese in der Darmflora	selten: Blutungen

Vitamine wasserlöslich	**Tagesbedarf Erwachsener**	**Vorkommen**	**Wirkung**	**Mangelerscheinungen**
B_1 Thiamin	1 bis 1,3 mg	Vollkornerzeugnisse, Schweinefleisch, Hefe, Kartoffeln	Kohlenhydratabbau	Nervenstörungen, Muskelschwäche, Wachstumsstörungen
B_2 Riboflavin	1,2 bis 1,5 mg	Vollkornerzeugnisse, Schweinefleisch, Leber, Eier, Milch	Stoffwechselvorgänge (Energiegewinnung)	Nervenstörungen, Hautveränderungen
Pantothensäure	6 mg	Hefe, Leber, Weizenkeime	Aktivierung von Fettsäuren	Wachstumsstörungen, Nervenstörungen
Niacin	13 bis 17 mg	Hefe, Leber, Vollkornerzeugnisse, Schweinefleisch	Stoffwechselvorgänge (Energiegewinnung)	Nervenstörungen, Hautveränderungen
B_6 Pyridoxin	1,2 bis 1,5 mg	Fleisch, Fisch, Gemüse, Kartoffeln	Eiweißstoffwechsel	Hautschädigungen, Nervenstörungen
B_{12} Cobalamine	3 mg	Leber, Eigelb, Fleisch, Fisch	Bildung roter Blutkörperchen	Störung der Blutbildung (Anämie)
C Ascorbinsäure	75 bis 100 mg Raucher bauen Vitamin C schneller ab als Nichtraucher. Beim Genuss von 20 Zigaretten/Tag wird 40 % mehr Vitamin C benötigt. Das gleiche trifft auch für Vitamin B_1 zu.	Obst, Gemüse, Kartoffeln	Aufbau des Bindegewebes, Beteiligung am Zwischenstoffwechsel	Anfälligkeit gegen Infektionen, verzögerte Wundheilung

35

🇫🇷 *enzymes*
🇬🇧 *enzymes*

Lebensmittelbestandteile und ihre Eigenschaften

2.7 Enzyme

Alle Lebensvorgänge bei Mensch, Tier und Pflanze sind komplizierte ineinandergreifende biochemische Reaktionen. Sie werden im wesentlichen durch Enzyme gesteuert. **Die Enzyme wirken dabei als Biokatalysatoren**, d.h. sie beschleunigen chemische Reaktionen bzw. sie ermöglichen Reaktionen, die ohne ihre Anwesenheit nicht stattfinden würden. Von den in der Natur vermuteten über 10 000 Enzymen sind bisher etwa 2 000 genauer bekannt.

2.7.1 Vorkommen und chemischer Aufbau

Der Begriff Enzym stammt aus dem Griechischen (zyme: Sauerteig; en: in). Im Lateinischen heißt Sauerteig fermentum.
*In älterer Literatur findet man für Enzyme auch den Begriff **Fermente**. Bei der Aromabildung von Kaffee und Tee wird von Fermentieren gesprochen.*
Alle Enzyme haben eine systematische Bezeichnung. Darüber hinaus gibt es auch Enzyme, deren Namen historisch entstanden sind, z. R. Trypsin, Pepsin, Ptyalin.

Enzyme gehören zu den Wirkstoffen. Jeder Organismus verfügt über **eigene Enzyme,** die er selbst bildet.
Die Enzyme, die in den Lebensmitteln enthalten sind und durch die Nahrung in den menschlichen Körper gelangen, werden als **Fremdenzyme** bezeichnet. Für den Stoffwechsel des Menschen spielen sie keine Rolle, da sie durch die Hitzeeinwirkung bei der Speisenzubereitung oder durch die Magensäure unwirksam gemacht werden.
Mikroorganismen erzeugen Enzyme, die in den Lebensmitteln als Fremdenzyme wirken. Großtechnisch lassen sich aus Kulturen von Mikroorganismen Enzyme gewinnen, die für die Lebensmittelherstellung von Bedeutung sind (z. B. Enzympräparate für die Brot-, die Wein- oder die Käseherstellung).

Chemischer Aufbau
Enzyme sind ihrer chemischen Struktur nach Eiweißstoffe. Ähnlich wie bei den Eiweißstoffen unterscheidet man in

einfache Proteinenzyme	zusammengesetzte Proteinenzyme
bestehen nur aus Peptidketten	enthalten außerdem noch einen Nichteiweißanteil (Coenzym)

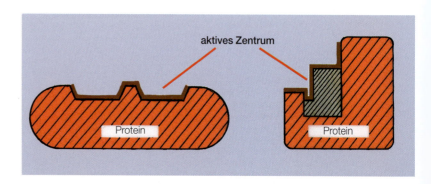

36

Enzyme

Enzyme haben ein sogenanntes **aktives Zentrum**. Dieses ist verantwortlich für die Wirkungsweise des Enzyms. Der Nichteiweißanteil der zusammengesetzten Enzyme (Coenzym) kann aus einem Vitamin (z. B. B_1) oder Spurenelementen (z. B. Fe) bestehen.
Entsprechend der äußeren Form des aktiven Zentrums kann nur ein ganz bestimmter Stoff (**Substrat**) von dem Enzym erfasst und verändert werden (nach dem Schlüssel-Schloss-Prinzip). Am Ende dieses biochemischen Vorgangs steht das Enzym wieder für eine neue Reaktion zur Verfügung.

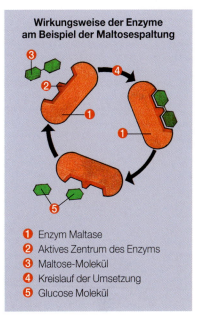

Wirkungsweise der Enzyme am Beispiel der Maltosespaltung

① Enzym Maltase
② Aktives Zentrum des Enzyms
③ Maltose-Molekül
④ Kreislauf der Umsetzung
⑤ Glucose Molekül

Bezeichnung
Der Name eines Enzyms wird wie folgt gebildet:

Name des Substrats	Beispiel: Maltose
+ Endung „ase"	Malt**a**se

Wichtige Enzyme

Name des Enzyms	Reaktion
Maltase	spaltet Maltose
Saccharase (Invertase)	spaltet Saccharose
Lactase	spaltet Lactose
Amylasen	spalten Stärke
Lipasen	spalten Fette
Proteinasen	spalten Eiweißstoffe

Temperaturabhängigkeit
Die Wirkung der Enzyme ist stark temperaturabhängig. Jedes Enzym hat ein **Temperaturoptimum**, bei dem es die größte Aktivität aufweist. Dieser Wert liegt im allgemeinen zwischen 30 °C und 50 °C. Werden 60 °C erreicht und überschritten, gerinnt das Enzymeiweiß. Das Enzym ist damit unwirksam. Bei 100 °C sind die Enzyme völlig zerstört (→ Sterilisieren).
Bei Temperaturen unter 0 °C wird die Enzymtätigkeit sehr stark eingeschränkt, die Enzyme sind aber noch nicht zerstört. Erfolgt eine erneute Erwärmung, beginnen die Enzyme wieder zu wirken.
Beim Kühlen und Gefrieren bleiben die lebensmitteleigenen Enzyme wirksam, wenn auch stark vermindert. Das betrifft insbesondere die Fett abbauenden Lipasen, die erst unterhalb −40 °C inaktiviert werden. Deshalb beschränkt sich die Lagerfähigkeit vom fettreichen Schweinefleisch z. B. auf 6 Monate, dagegen kann mageres Rindfleisch bis zu 12 Monate gefriergelagert werden.

Abhängigkeit vom pH-Wert
Enzyme sind auch pH-Wert-abhängig. Jedes Enzym hat ein spezifisches **pH-Wert-Optimum**. Eine Veränderung des pH-Wertes führt zur Verlangsamung der Reaktionsgeschwindigkeit der Enzyme. Teils werden die Enzyme im sauren, teils im basischen Bereich denaturiert.

Enzym	Vorkommen	pH-Wert-Optimum
Pepsin	Magensaft	1,5 bis 3
Maltase	Darmsaft	5,6
Trypsin	Darmsaft	7 bis 9

*Geben Sie in 3 Reagenzgläser je 5 ml Stärkekleister. Dann setzen Sie allen Gläsern etwa 1ml Amylasepräparat zu. Reagenzglas 1 mit 1 ml verdünnter Natronlauge,
Reagenzglas 2 mit 1 ml verdünnter Salzsäure versetzen.
Alle drei Reagenzgläser werden im Wasserbad bei 60 °C gehalten:
Nach 20 min beginnen Sie, alle 5 min die Iodprobe durchzuführen. Beobachten und interpretieren Sie die Farbreaktionen.*

*1 Erklären Sie, wie man den Namen eines Enzyms bildet.
2 Entwickeln Sie in einer Wortgleichung die Spaltung von Stärke und Saccharose.
3 Erklären Sie den Begriff aktives Zentrum.*

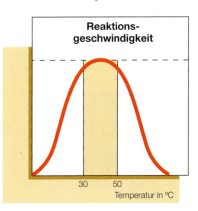

Lebensmittelbestandteile und ihre Eigenschaften

2.7.2 Eigenschaften und ernährungsphysiologische Bedeutung

Regina soll im Restaurant einem Gast erläutern: „Warum sind Hefekuchen höher und lockerer als Mürbteigkuchen?" Was hat Regina geantwortet?

Die Wirkung von Fremdenzymen wird vom Menschen schon lange zur Herstellung verschiedener Lebensmittel genutzt. Aus einer anfänglich erfahrungsgemäßen Nutzung der Enzymwirkung entwickelte sich eine zielgerichtete Anwendung der Enzyme für lebensmitteltechnologische Prozesse.

Käseherstellung

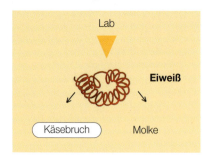

Das Enzym Lab legt die Milch „dick" und erzeugt den „Käsebruch".
Die Dickung kann auch durch Milchsäure erfolgen (→ 21 → 171).

Hefeteigherstellung

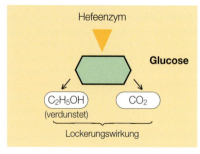

Bierherstellung

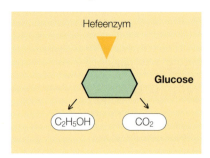

Alkoholische Gärung

Die Fermentation wird nur beim sogenannten schwarzen Tee (→ 252 ff.) angewandt. Durch die Fermentation verändern sich Farbe und Geschmack aber nicht der Coffeingehalt.

Lebensmittelveränderungen
Die in den Lebensmitteln enthaltenen Eigenenzyme sowie die Tätigkeit von Mikroorganismen rufen erwünschte und unerwünschte Veränderungen hervor.

Erwünschte Veränderungen führen zu Verbesserungen von
Aroma   (Fermentation von Kakao, Tee)
- Geschmack (Reifen von Bananen)
- Farbe   (Reifen von Bananen, Kakaobohnen)
- Konsistenz (Reifen von Rindfleisch, Wildbret)

Unerwünschte Veränderungen führen zu Wertminderung und Verderb
- Braunfärbung (geschnittene Äpfel)
- Ranzigwerden (Butter)
- Sauerwerden (Vollmilch, Wein)
- Teigigwerden (Birnen)
- Schimmelbildung (Konfitüre)

Unerwünschte Veränderungen der Enzymwirkung werden durch verschiedene Verfahren bei der Lebensmittelherstellung und der Lagerung verhindert bzw. abgeschwächt, z. B. Sterilisieren, Pasteurisieren, Kühlen, Gefrierlagern (→ 133 ff).

Stoffwechsel
Die ernährungsphysiologische Bedeutung der Enzyme wird im gesamten Stoffwechsel des menschlichen Organismus sichtbar (→ 51 f). In jedem Verdauungsorgan sind Enzyme wirksam, die der Körper selbst bildet, z. B. in der Bauchspeicheldrüse. Die Nährstoffe werden von Enzymen in ihre kleinsten Bausteine gespalten.

Genussstoffe

2.8 Genussstoffe

🇫🇷 *substances stimulantes*
🇬🇧 *stimulants*

2.8.1 Vorkommen und Arten

Den Genussmitteln ist gemeinsam, daß sie Genussstoffe enthalten, die anregend auf das zentrale Nervensystem wirken. Genussstoffe können für den Menschen zu Genussgiften werden, wenn sie regelmäßig und in großen Mengen aufgenommen werden. Bei **Missbrauch** von Genussmitteln besteht die Gefahr gesundheitlicher Dauerschäden, mitunter sogar mit tödlichem Ausgang.

Genussstoffe	Vorkommen
Ethanol	Bier, Wein, Sekt, Spirituosen
Coffein	Kaffee, Tee, Cola
Theobromin	Kakaoerzeugnisse
Nikotin	Tabakwaren

Die meisten Genussstoffe gehören chemisch zur Gruppe der Alkaloide. Den Alkaloiden werden auch die Rauschgifte zugerechnet, die aber nicht zu den Lebensmitteln gezählt werden.

2.8.2 Eigenschaften und ernährungsphysiologische Bedeutung

Ethanol

Von großer Bedeutung ist die Ethanolgewinnung durch die alkoholische Gärung:

$$\text{Einfachzucker (Monosaccharid)} \xrightarrow{\text{Hefeenzyme}} \text{Ethanol} + \text{Kohlendioxid}$$

$$C_6H_{12}O_6 \xrightarrow{\text{Hefeenzyme}} 2\,C_2H_5OH + 2\,CO_2$$

Die optimale Gärtemperatur liegt bei 20 bis 30 °C. Die Gärung hört bei einem Ethanolgehalt von etwa 18 %vol auf, da bei dieser Konzentration die Enzyme inaktiviert werden.

Üblicher Ethanolgehalt ausgewählter alkoholischer Getränke (→ 227)

Alkoholisches Getränk	Ethanolgehalt (in %vol)
Biere	0,5 bis 10
Weine	8 bis 20
Spirituosen	15 und mehr (Eierlikör 14)

Der Alkoholgehalt eines Getränkes wird in %vol angegeben.

Großtechnisch wird Ethanol aus zucker- und stärkehaltigen Rohstoffen, z. B. Obst, Getreide, Kartoffeln, Zuckerrohr, hergestellt. Durch anschließende Destillation gewinnt man hochprozentiges, maximal bis 96 %vol Ethanol.

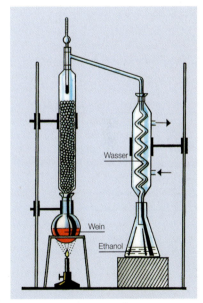

Ethanoldestillation

Füllen Sie in einen Rundkolben 200 ml Rotwein und einige Siedesteinchen. Vervollständigen Sie die Destillationsapparatur entsprechend der Skizze.
Erhitzen Sie den Wein bis 85 °C.
Prüfen Sie das Destillat auf Geruch und Geschmack.
Führen Sie eine Brennprobe durch.

Lebensmittelbestandteile und ihre Eigenschaften

Regina übt im Lehrrestaurant das Flambieren von Ananasscheiben. Sie verwendet dazu Rum (54 % vol), den sie mit dem Flambierlöffel vorher über der Flamme erwärmen soll. Begründen Sie diesen Vorgang.

Aus den Destillaten können durch Mischung mit Wasser und evtl. Geschmacksträgern die verschiedensten Spirituosen hergestellt werden.

Eigenschaften

Ethanol ist eine farblose Flüssigkeit. Es hat einen angenehm aromatischen Geruch und mischt sich in jedem Verhältnis mit Wasser. Ethanol verbrennt mit blassblauer, nicht rußender Flamme und ist in wässrigen Lösungen ab 50 % vol. entflammbar (Voraussetzung zum Flambieren). Es hat eine Dichte von 0,79 g/ml (bei 20 °C) und siedet bei 78,3 °C. Ethanol wirkt auf Eiweißstoffe denaturierend.

> 1 g Ethanol entspricht einem Energiewert von 29 kJ.

Ethanol wird vom menschlichen Organismus im Magen und im Dünndarm resorbiert und gelangt von da in die Blutbahn. In der Leber können je Stunde 7 bis 8 ml reines Ethanol abgebaut werden, wobei giftiges Ethanal entsteht, das Leber, Herz und Gehirn schädigen kann. Der Ethanolabbau erfordert eine erhöhte Zufuhr von Vitamin B_1. Überschüssiges Ethanol verbleibt im Körper und mischt sich mit der Zellflüssigkeit, so auch im Gehirn. Dort kommt es dabei zu zeitweiligen Lähmungserscheinungen, die sich bis zum Rückenmark ausdehnen können. Besonders geschädigt werden die Zellen des wachsenden Organismus.

1. 8 l Neutralethanol (96 % vol) sind mit Wasser auf 38 % vol zu verdünnen. Wie viele Liter Wasser müssen zugegeben werden?
2. Eine Flasche Pilsner (0,5 l) enthält 4,8 % vol Ethanol. Berechnen Sie die Ethanolmenge in ml.
3. Berechnen Sie den Energiewert, der in einem Schoppen (0,2 l) Rotwein (11,5 % vol) enthalten ist. Beachten Sie: 1 ml Ethanol ≙ 0,79 g.

Umgangssprachlich wird Ethanol als **Alkohol** bezeichnet. Ethanol ist der einzige Alkohol, der für Trinkzwecke geeignet ist.
1 ‰ Blutalkohol ≙ 1 ml Ethanol in 1 l Blut.
Unter **Alkoholmissbrauch** versteht man gelegentlichen oder gehäuften übermäßigen Genuss alkoholischer Getränke.
Alkoholismus (Trunksucht, Alkoholabhängigkeit) ist eine Krankheit.

Wirkungen des Ethanols im menschlichen Organismus

Stufe	Aufgenommenes Ethanol (in ml)	Ethanol im Blut (in ‰)	Physische Wirkungen	Psychische Wirkungen
1	35	bis 1	Gefäßerweiterung, erhöhte Herztätigkeit, Rückenmarkreflexe verlangsamt	Heiterkeit, Wärmegefühl, Hungergefühl, Enthemmung, erhöhtes Selbstvertrauen, Rededrang, Urteilsvermögen eingeschränkt
2	40 bis 70	1 bis 2	Bewegungsstörungen, unklare Sprache, unkontrollierte Bewegungen	Rausch, vermindertes Schmerzgefühl, Kurzschlusshandlungen, Schlafbedürfnis
3	60 bis 150	2 bis 3	Verlust der Selbstkontrolle, Torkeln	Vollrausch, geistige Verwirrung, Aggressivität, Erinnerungsverlust
4	175 bis 300	4 bis 5	Atemlähmung, Lebensgefahr	Bewusstlosigkeit, schwere körperliche und geistige Schäden

Die Beeinträchtigung der **Fahrtüchtigkeit** durch Ethanol ist unbestritten. Der Genuss von Alkohol für Kinder und Jugendliche wirkt sich nachteilig auf Wachstum und Entwicklung aus. Schwangere und Kranke sollten alkoholische Getränke meiden.
Das Zusammenwirken von Ethanol und Medikamenten kann unerwünschte Reaktionen zur Folge haben.

Durchschnittlicher Alkoholgehalt verschiedener alkoholischer Getränke
(jedes Glas enthält etwa 10 ml reinen Alkohol)

250 ml Bier • 100 ml Weißwein • 75 ml Rotwein • 25 ml Weinbrand

Genussstoffe

Coffein und Theobromin

Beide Genussstoffe gehören zur Gruppe der Alkaloide. Sie kommen besonders in Kaffee, Tee, Kakao und in Cola vor.

Genussmittel	Coffein (in %)	Theobromin (in %)
Kaffee	1,5	0,002
Tee	2,5	0,065
Kakao	0,2	2,0
Cola	2,5	0,05

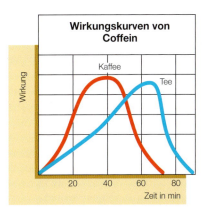

Coffein erweitert die Blutgefäße, steigert die Herztätigkeit, erhöht den Blutdruck und regt das Zentralnervensystem an. Dadurch wird vorübergehend die Müdigkeit beseitigt bzw. das Konzentrationsvermögen gefördert, und es kommt zu einer kurzzeitigen Leistungssteigerung.

Auf Grund der Blutgefäßerweiterung wirkt Coffein auch schmerzlindernd. Außerdem regt Coffein die Nierentätigkeit an (erhöhte Urinausscheidung).

Größere Mengen Coffein führen zu Herzklopfen und Schlafstörungen. Die Verträglichkeit ist individuell verschieden.

Theobromin hat eine nicht so stark anregende Wirkung wie Coffein. Es fördert aber stärker die Harnausscheidung.

Nikotin

Das Alkaloid **Nikotin** kommt in Tabakblättern vor (0,6 bis 8 %) und wirkt, in geringen Mengen aufgenommen, kurzzeitig anregend auf das Nervensystem. Bei erhöhter Dosis (5 bis 10 mg) führt Nikotin zu Lähmungserscheinungen der Nervenzellen. Im Gegensatz zum Coffein wirkt Nikotin blutgefäßverengend. Diese Eigenschaft gilt als Risikofaktor für Personen, die an Herz- und Kreislauferkrankungen leiden. Nikotin schädigt außerdem die Schleimhäute von Mund (Beeinträchtigung der Geschmackspapillen), Speiseröhre, Magen und Darm (Gefahr chronischer Erkrankungen). Durch Nikotin wird der Vitamin-C-Spiegel im Körper gesenkt, was zu größerer Anfälligkeit für Infektionskrankheiten führt.

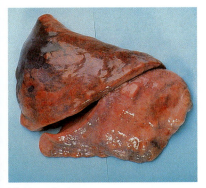

Nichtraucherlunge

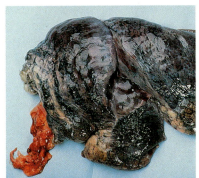

Raucherlunge

Die Gefäßverengung im Körper durch Nikotin kann u. a. zum so genannten „Raucherbein", einer sehr schmerzhaften Erkrankung, führen, die häufig eine Amputation von Fuß oder Bein nach sich zieht. Neben dem Nikotin werden beim Rauchen von Tabak noch weitere gesundheitsschädigende Stoffe (Kohlenmonoxid, Nitrosamine, Schwermetallionen, Teerstoffe) aufgenommen, die krebserregend wirken können.

Gesundheitlich bedenklich ist auch das „Passivrauchen". Bereits nach 2 Stunden Aufenthalt in der Tabakluft kann Nikotin im Urin nachgewiesen werden.

Lebensmittelbestandteile und ihre Eigenschaften

● *substances aromatiques*
● *aromatics*

2.9 Geruchs- und Geschmacksstoffe

2.9.1 Vorkommen und Arten

Im allgemeinen Sprachgebrauch werden Geruchs- und Geschmacksstoffe unter dem Begriff **Aroma** (aroma, griech.: Gewürz) zusammengefasst. Aromastoffe enthalten leicht flüchtige Geruchs- und Geschmacksstoffe, wobei der Geruch zuerst wahrgenommen wird.
Der Mensch kann bestimmte Stoffe in extrem niedrigen Konzentrationen noch wahrnehmen:
- Essigsäure: 1×10^{-10} g/l Luft
- Vanillin: 5×10^{-12} g/l Luft
- Buttersäure: 1×10^{-12} g/l Luft

Der normal veranlagte Mensch kann bis zu 2000 verschieden kombinierte Geruchseindrücke unterscheiden. Durch Training ist eine Steigerung bis auf 10 000 Geruchswahrnehmungen möglich (geschulte Geruchsprüfer).

Lebensmittel enthalten neben Nährstoffen typische Geruchs- und Geschmacksstoffe, die in den Lebensmitteln in sehr kleinen Mengen enthalten sind. Von den menschlichen Sinnesorganen werden sie gut wahrgenommen (z. B. Knoblauch).

Aromastoffe entstehen in den Lebensmitteln durch enzymatische und thermische Prozesse bei der Gewinnung, der Herstellung und der Lagerung auf natürlichem Wege. Zu unterscheiden sind:
Natürliche Aromastoffe liegen in den Lebensmittelrohstoffen vor oder entstehen während Gewinnung, Herstellung und Lagerung aus natürlichen Ausgangsstoffen.
Naturidentische Aromastoffe sind synthetisch hergestellte Aromastoffe, die im chemischen Aufbau den natürlichen Aromastoffen chemisch gleichen (z. B. Vanillin, Essigsäure).
Künstliche Aromastoffe sind künstlich hergestellte Aromastoffe, die den natürlichen Aromastoffen ähneln (z. B Waldmeisteraroma).
Aromastoffe müssen im Zutatenverzeichnis der Lebensmittelverpackungen angegeben werden (➔ 86).

Die Geruchs- und die Geschmacksstoffe sind chemisch sehr unterschiedlich aufgebaut. Als Hauptgruppen kann man unterscheiden:

Geruchsstoffe	Geschmacksstoffe
Etherische Öle	Organische Säuren
Fruchtester	Fleischbasen
	Bitterstoffe
	Gerbstoffe

Organische Säuren

Organische Säuren sind z. B. als Geschmacksstoffe in verschiedenen Obstarten enthalten. Sie werden deshalb auch als Fruchtsäuren bezeichnet. Sie verleihen dem Obst einen erfrischenden Geschmack. Bekannte Fruchtsäuren sind Zitronensäure, Weinsäure, Apfelsäure, wobei das Obst jeweils mehrere organische Säuren gleichzeitig enthält.

Säuregehalt verschiedener Obstarten

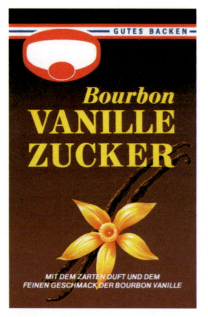

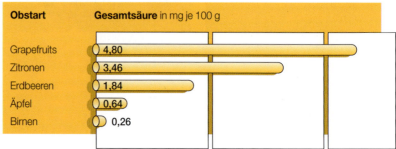

Obstart	Gesamtsäure in mg je 100 g
Grapefruits	4,80
Zitronen	3,46
Erdbeeren	1,84
Äpfel	0,64
Birnen	0,26

Geruchs- und Geschmacksstoffe

In Gemüse und anderen Lebensmitteln kommen organische Säuren vor:

Organische Säure	Salze	Lebensmittel
Essigsäure	Acetat	Essiggemüse, Speisesenf
Zitronensäure	Citrat	Limonade, Geschmacksstoffe für Speisen
Milchsäure	Laktat	Sauermilcherzeugnisse, Sauerkraut, Schlachtfleisch
Oxalsäure	Oxalat	Mangold, Spinat, Kakao, Rhabarber

Geben Sie in 2 Reagenzgläser folgende Stoffe:
Probe 1: 1 ml Oxalsäure
          1 ml Essigsäure
          3 ml Calciumchlorid
Probe 2: 1 ml Rhabarber- oder Spinatsaft
          1 ml Essigsäure
          3 ml Calciumchlorid
Beobachten und vergleichen Sie die Veränderungen beider Proben.

Organische Säuren (→ 12f.) sind gekennzeichnet durch die

Carboxylgruppe – COOH, z. B. Essigsäure CH_3– COOH

Die Salze erhalten die Endung -at

Etherische Öle

Etherische Öle sind geruchs- und geschmacksintensive Stoffe. Sie kommen in Pflanzenteilen (z. B. Blüten, Früchten, Blättern, Stängeln, Zwiebeln) bestimmter Pflanzenfamilien vor. Gewürze enthalten typische etherische Öle.
Der Begriff etherische Öle deutet auf eine ähnliche äußere Beschaffenheit wie bei Speiseölen hin. Im Gegensatz zu diesen verflüchtigen sie sich jedoch leicht (wie Ether) und hinterlassen auf Papier keinen Fettfleck.

Konrad kennt die Eigenschaften der etherischen Öle. Frische Kräuter fügt er der Brühe erst kurz vor dem Servieren zu, damit das Aroma noch erhalten bleibt.

Gewürz	Gehalt an etherischen Ölen (in %)
Pfeffer	1 bis 3
Zimt	2 bis 6
Piment	3 bis 5
Fenchel	3 bis 6
Kümmel	3 bis 7
Muskat	6 bis 12
Nelken	16 bis 20

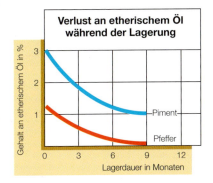

Etherische Öle sind licht- und luftempfindlich und neigen leicht zur Selbstoxidation. Sie verlieren daher bei längerer Lagerung ihren Aromawert. Deshalb sind sie kühl und in geschlossenen Gefäßen (dunkle Gläser) aufzubewahren.

Fruchtester

Fruchtester kommen als Bestandteile der etherischen Öle besonders in verschiedenem Obst vor. Sie werden auch künstlich hergestellt und manchen Lebensmitteln zugesetzt, z. B. Backwaren, Süßwaren und Getränken. Fruchtester entstehen nach der allgemeinen chemischen Gleichung:

Alkohol + organische Säure → Fruchtester + Wasser

Fleischbasen

Fleischbasen sind charakteristischer Bestandteil des Schlachtfleisches und aller aus Schlachtfleisch hergestellten Erzeugnisse.
Kreatin, Kreatinin und **Karnosin** sind die wichtigsten Fleischbasen. Sie verleihen dem Schlachtfleisch den arteigenen Geruch und Geschmack, besonders in gegartem Zustand. In ihrem chemischen Aufbau sind die Fleischbasen den

Zur Bildung von Fruchtestern werden niedermolekulare Alkansäuren mit niedermolekularen Alkanolen verestert, z. B. Bestandteil des Himbeeraromas:
Ethanol + Methansäure (Ameisensäure)
→ Ethylmethanat (Ameisensäureethylester) + Wasser
$C_2H_5OH + HCOOH → C_2H_5–O–CO–H + H_2O$

43

Lebensmittelbestandteile und ihre Eigenschaften

Aminosäuren ähnlich, d.h., sie sind auch stickstoffhaltig. Da sie in Wasser gut löslich sind, werden die Fleischbasen auch als **stickstoffhaltige Extraktstoffe** bezeichnet (z. B. enthalten in Fleischextrakt, – bis 6 % Kreatinin – Fleischbrühwürfeln, Saucen, Suppen). Sie sind appetitanregend, leicht verdaulich und deshalb in Form von Fleischbrühen ein diätetisches Lebensmittel (leichte Vollkost ➜ 64).

Bitterstoffe
Bitterstoffe kommen vorwiegend in pflanzlichen Lebensmitteln vor, entweder als ursprüngliche Bestandteile von Pflanzen: z. B. Hopfen, Grapefruit, Wermut oder als Erzeugnisse von Rohstoffen: z. B. Kaffee, Kakao.
Bekannt sind die Hopfenbitterstoffe Lupulin und Humulin, das Chinin der Chinarinde und das Coffein.
Stark bitter schmeckende Lebensmittel werden abgelehnt, während ein schwacher Bittergeschmack bei bestimmten Lebensmitteln als angenehm empfunden wird, z. B. Chicorée, Grapefruit, Bitterschokolade.

Gerbstoffe
Ähnlich wie die Bitterstoffe kommen **Gerbstoffe** auch vorwiegend in pflanzlichen Lebensmitteln vor. Sie zeichnen sich durch eine zusammenziehende (adstringierende) Wirkung aus. Gerbstoffhaltige Lebensmittel sind Tee, Rotwein, Quitten und unreife Früchte.

Zutaten: Speisesalz, Rinderfett, Geschmacksverstärker Natriumglutamat, Stärke, Aromen, Rindfleischextrakt (mind. 670 mg/l nach EU-Standard), Zwiebeln, Gewürze und Kräuter, Karotten, pflanzliches Öl zum Teil gehärtet, Säuerungsmittel Weinsäure

2.9.2 Eigenschaften und ernährungsphysiologische Bedeutung

Rohstoffe mit zu geringem Eigengeschmack erhalten durch den Zusatz von natürlichen Aromastoffen einen höheren Genusswert (z. B. Kochsalz für Kartoffeln, Gewürze für Wurstwaren oder Feine Backwaren).
Lebensmittel, die während der Herstellung Geruchs- oder Geschmacksstoffe verlieren, können mit Hilfe von natürlichen oder naturidentischen Aromastoffen geschmacklich wieder vervollkommnet werden. Als natürliche Aromaträger eignen sich u. a. Gärungsessig, Zitronen, Wein, Mandeln und Kräuter.
Heute haben sich die Verbrauchererwartungen in Bezug auf Aromastoffe geändert. Gäste wünschen weniger Zusatzstoffe in den Lebensmitteln. Deshalb sind Speisen so zuzubereiten, dass die natürlichen Aromastoffe weitestgehend erhalten bleiben:

- beste Rohstoffe verwenden
- schonende Zubereitungsverfahren auswählen
- moderne Lagerverfahren nutzen

Geruchs- und Geschmacksempfindungen
Für den Gastronomen sind Nase und Zunge wichtige Arbeitsorgane.
Die Geruchs- und die Geschmacksstoffe haben insofern Bedeutung für eine gesundheitsfördernde Ernährung, als sie Reize auf die Geschmackspapillen der Zunge und die Riechfelder der Nase ausüben und damit über Nervenbahnen zur Sekretion der Verdauungssäfte anregen. Aromatische Lebensmittel wirken appetitanregend und verdauungsfördernd. Geruchs- und Gschmacksstoffe bestimmen maßgeblich den Genusswert eines Lebensmittels. Der Mensch kann vier Grundgeschmacksrichtungen mit der Zunge wahrnehmen: **süß, sauer, bitter, salzig.**

1 Nennen Sie Gemeinsamkeiten und Unterschiede der Geruchs- und der Geschmacksstoffe.
2 Erläutern Sie die Entstehung von Fruchtestern.
3 Woher kommt der bittere Geschmack des Bieres?
4 Beurteilen Sie die Kurven (➜ 43) zur Lagerfähigkeit von Gewürzen.

Bioaktive Substanzen

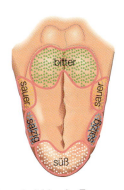

Geschmacksfelder der Zunge

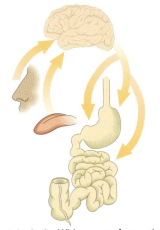

Physiologische Wirkung von Aromastoffen

 Unterschiedsprüfungen dienen zur Schulung der sensorischen Empfindungen.

1 Dreieckstest

Blind verkostet werden 3 Lebensmittelproben (Käsewürfel, Wurstscheiben, Honig usw.). Von einer Sorte werden 2 Proben, von einer anderen Sorte 1 Probe verkostet, beispielsweise zwei gleich große Würfel Emmentaler und ein Würfel Appenzeller Käse.
Der Verkoster soll die unterschiedliche Probe herausfinden.

2 Konzentrationstest

Blind verkostet werden Flüssigkeiten mit unterschiedlicher Konzentration (Fruchtsaft, Kaffee, Milch usw.). Dazu werden zu der Untersuchungsflüssigkeit in verschiedene Becher unterschiedliche Mengen Wasser zugegeben.
Der Verkoster soll die Flüssigkeit nach den Konzentrationen (Zuckergehalt, Säuregehalt, Gerbstoffgehalt usw.) ordnen.

Über die Riechfelder der Nase kann der Mensch sechs Grundgeruchsarten unterscheiden: würzig, harzig, brenzlig, blumig, fruchtig, faulig.

Der Geruchssinn ist viel empfindlicher als der Geschmackssinn.

Geruchs- und Geschmacksstoffe	Physiologische Wirkung
organische Säuren (z. B. Fruchtsäuren)	appetitanregend (erfrischend)
Etherische Öle	appetitanregend, verdauungsfördernd
Fruchtester	appetitanregend
Fleischbasen	appetitanregend, diätetische Bedeutung
Bitterstoffe	wirken schonend auf Magenschleimhäute (z. B. Wermuttee)
Gerbstoffe	wirken beruhigend (z. B. Hopfen)

Die Geruchs- und die Geschmacksstoffe eines Lebensmittels werden immer komplex wahrgenommen und empfunden. Zwischen Riechen und Schmecken besteht eine enge Wechselbeziehung. Neben den Grundrichtungen des Geschmacks gibt es Kombinationen mit anderen Eindrücken (z. B. kühl, brennend, scharf, zusammenziehend), die den typischen Geschmack eines Lebensmittels erzeugen.

2.10 Bioaktive Substanzen

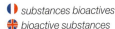 *substances bioactives*
bioactive substances

Als bioaktive Substanzen werden alle gesundheitsfördernden Stoffe bezeichnet, die keine Nährstoffe sind. Der menschliche Organismus benötigt sie nicht unmittelbar, dennoch können sie die Gesundheit langfristig stärken.
Allgemeine Wirkungen: hemmen Krebs, erhöhen Immunkräfte, inaktivieren Mikroben und freie Radikale, verringern Risiken für Herz-Kreislauferkrankungen. Diese Substanzen sind von jeher Bestandteil der natürlichen Nahrung. Sie haben ohne unsere Kenntnis zur Gesundheit beigetragen. Allerdings sinkt gegenwärtig der Anteil an Frischobst in der Nahrung.

Beispiel: Allein im Weißkohl wurden 49 verschiedene sekundäre Pflanzenstoffe nachgewiesen.

Für den Menschen ist es einfach, die natürlichen Nahrungsbestandteile wieder bewusst in die Ernährung einzubeziehen.

Was sind freie Radikale?

Agressive Moleküle im Stoffwechsel, auch durch erhöhten Alkoholverbrauch, Tabakwaren, UV-Licht und Ozoneinwirkungen, Medikamente, Umweltgifte und Stress begünstigt.
Im *Überschuss* können sie Zellen zerstören oder entarten, dann Tumore fördern. Ein gesunder Organismus hat genügend Antioxidantien, die als *Radikalfänger* agressive Moleküle unwirksam machen.

45

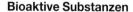

Lebensmittelbestandteile und ihre Eigenschaften

Bioaktive Substanzen

| Ballaststoffe | Substanzen aus milchsauer fermentierten Lebensmitteln | Sekundäre Pflanzenstoffe |

Ballaststoffe
Lebensmittelbestandteile, die den Namen zu Unrecht erhielten. Sie fördern die Darmflora. Dabei entstehen Stoffe, die den Dickdarmkrebs verhindern können. Sie bewirken die Senkung von Cholesterin- und den Blutdruckspiegel. (➔ 5, 8, 57)

Substanzen aus milchsauer fermentierten Lebensmitteln
Lebensmittel, die durch eine natürliche Milchsäuregärung entstanden sind, wie Sauerkraut, Salzgurken, Joghurt. ➔ Milchsäurebakterien können Dickdarmkrebs vorbeugen.

Sekundäre Pflanzenstoffe
Sekundäre Pflanzenstoffe sind Nahrungsinhaltsstoffe mit physiologischer Wirkung. Sie beeinflussen Sekretion, Verdauung, Stoffwechsel und haben insgesamt eine gesundheitsfördernde Wirkung. Besonders bedeutsam ist die Schutzwirkung gegen Krebs.

Pflanzenstoff	Merkmale/Wirkung	Vorkommen
Carotinoide (Vorstufe Vitamin A ➔ 31 ff.)	Antioxidativ, schützt vor Krebs und Herz-Kreislauf-Störungen Bildung von Immunstoffen	Pflanzliche Lebensmittel mit gelb-roter Farbe, Spinat, Grünkohl. Im mit Fett gegarten Gemüse (Paprika) und in rohen Früchten (Kiwi)
Glucosinolate (Senföle)	Wirksam erst nach Kontakt mit Sauerstoff gegen Entzündung und Husten, hemmen krebserregende Substanzen, wie Nitrosamine oder Schimmelpilzgifte	Kohlarten, Kresse, Meerrettich, Senf
Phytinsäure	Energiespeicher bindet freie Eisen-Ionen aus dem Magen-Darm-Trakt, hemmen freie Radikale, günstig für Blutzuckerspiegel	Pflanzensamen, wie Getreide, Hülsenfrüchte, Nüsse
Phytoöstrogene (ähnlich dem Geschlechtshormon Östrogen)	Hormonähnliche Wirkung, beugen Brust- und Gebärmutterkrebs vor	Ballaststoffreiche Lebensmittel, wie Hülsenfrüchte (Soja), Vollkornprodukte, Pflanzenöle, Leinsamen
Phytosterine (pflanzliche Sterine)	Wirken im Verdauungstrakt, senken Cholesterinspiegel, schützen vor Dickdarmkrebs	Fettreiche Samen von Sonnenblumen, Sesam, Soja (kaltgepresste Öle)
Polyphenole Flavonoide	Wirksame Antioxidantien, schützen vor freien Radikalen, beugen Herzinfarkt vor	Kopfsalat, Weizenvollkornmehl, Obst und Gemüse ungeschält
Phenolsäuren (Gerbsäuren)	Verhindern genetische Zellschäden, beugen Krebs vor, Schutz vor Infektionen	Walnüsse, Trauben, schwarzer Tee
Protease-Inhibitoren	Bremsen Krebszellen-Wachstum, Wirkung besonders in der Darmschleimhaut	Hülsenfrüchte, Getreide
Sulfide (schwefelhaltige Verbindungen)	Antibakterielle Wirkung (Antibiotikum), regen Immunabwehr an, beugen Krebs vor, verringern krebserregende Nitrosamine, die beim Erhitzen von Pökelware über 200°C entstehen können	Knoblauch, Zwiebeln, Lauch, Sojabohnen
Terpene	Intensives Aroma; aktivieren Entgiftungsenzyme, schützen vor freien Radikalen	Kräuter (Pfefferminze), Gewürze (Kümmel), Früchte (Zitronen); erst vorm Verzehr zugeben

Zusatzstoffe

2.11 Zusatzstoffe   *additifs* / *additives*

Zusatzstoffe sind Stoffe, die Lebensmitteln zugesetzt werden, um bestimmte Qualitätsmerkmale zu erreichen.

Infolge der industriellen Produktion von Lebensmitteln und der immer stärkeren Verwendung von Convenience-Erzeugnissen gewinnen die Zusatzstoffe an Bedeutung. Das betrifft die Zusatzstoffe, die als Produktionshilfsstoffe, als Konservierungs- und Frischhaltemittel die Produktionskosten herabsetzen und zur Verbesserung der sensorischen Eigenschaften dienen. Forderungen nach gesundheitsfördernder Ernährung bleiben dabei zum Teil unberücksichtigt.
Ein Teil der Zusatzstoffe ist dafür bekannt, dass er z. B. Allergien auslösen kann.
In der EU gibt es einheitliche Rechtsbestimmungen über die Zusatzstoffe.

Gruppen von Zusatzstoffen

Säuerungsmittel und -regulatoren	Geschmacksverstärker
Farbstoffe	Antioxidationsmittel
Konservierungsstoffe	Trenn- und Überzugsmittel
Gelier-, Verdickungs-, Feuchthaltemittel	Süßungsmittel
Emulgatoren	Pack- und Treibgase

Zusatzstoffe sind überwiegend deklarationspflichtig. Zur rationelleren Schreibweise und zur Vergleichbarkeit wurden dreistellige Nummern, sogenannte **E-Nummern**, festgelegt.

Konservierungsstoffe

Zur besseren Haltbarmachung werden bestimmten Lebensmitteln Konservierungsstoffe zugesetzt. **Diese wirken hemmend oder sogar abtötend auf Mikroorganismen**, wodurch diese in einem bestimmten Zeitraum (Haltbarkeitsdauer) keine unerwünschten Veränderungen in Lebensmitteln hervorrufen können. Von den zugelassenen Konservierungsstoffen wird gefordert:
- ein breites Wirkungsspektrum
- gegenüber den Mikroorganismen sowie den lebensmitteleigenen Enzymen eine ausreichende Langzeitwirkung

Wichtige Konservierungsstoffe

Konservierungsstoffe	Anwendungsgebiete
Sorbinsäure E 200 bis 203	Margarine, Käse, Fleischerzeugnisse, Fischerzeugnisse, Konfitüren, Obstsäfte, Wein, Backwaren, Süßwaren
Benzoesäure E 210 bis 213	Sauerkonserven, Obsterzeugnisse, Erfrischungsgetränke
Ameisensäure E 236 bis 238	Obstmuttersäfte
Schweflige Säure E 220 bis 227	Wein

Empfindliche Personen können auf bestimmte Lebensmittelinhaltsstoffe oder Zusatzstoffe allergisch reagieren. Bei diesen Fällen handelt es sich um Pseudoallergien. So können bestimmte Stoffe, insbesondere Farbstoffe, Konservierungsstoffe und Antioxidantien Reaktionen wie Nesselfieber, Asthma, tränende Augen, tropfende Nase u. ä. auslösen.
Allen, die unter diesen Überempfindlichkeitsreaktionen zu leiden haben, hilft ein Blick auf die Zutatenliste, die für sie ungünstigen Zusatzstoffe rechtzeitig zu erkennen und zu vermeiden.

*Sorbinsäure
ist eine ungesättigte Fettsäure
$CH_3-CH=CH-CH=CH-COOH$
Sie wird im Körper vollständig abgebaut.*
*Benzoesäure (C_6H_5-COOH)
wird vom Körper wieder ausgeschieden.*
*Ameisensäure (HCOOH)
ist eine relativ starke Säure und kann deshalb nur in stark sauren Lebensmitteln benutzt werden.*
*Schweflige Säure (H_2SO_3)
ist eine relativ starke aber leicht flüchtige Säure, die zur Konservierung von Lebensmitteln verwendet wird, die nicht zum sofortigen Verzehr bestimmt sind.*

Süßungsmittel
Ständig zunehmender Zuckerverbrauch hat sich zu einem Ernährungsproblem entwickelt. Heute werden in den meisten mitteleuropäischen Ländern pro Tag und Kopf der Bevölkerung zwischen 100 g und 200 g Saccharose verzehrt.

Lebensmittelbestandteile und ihre Eigenschaften

Das führt u. a. zum weiteren Ansteigen von Übergewicht und Diabetes in der Bevölkerung. Als Reaktion auf diese Entwicklung werden süßschmeckende Lebensmittel hergestellt, denen anstelle von Saccharose Süßungsmittel zugesetzt werden, die den Kohlenhydratstoffwechsel des Menschen nicht belasten.

Zu unterscheiden sind **Zuckeraustauschstoffe** und **Süßstoffe**, die sich wesentlich in der Süßkraft unterscheiden.

Zuckeraustauschstoffe		Süßkraft	Süßstoffe		Süßkraft
Sorbit	E 420	0,6	Saccharin	E 954	450
Xylit	E 474	1	Cyclamat	E 952	40
Mannit	E 421	0,5	Aspartame	E 951	200

(Saccharose hat zum Vergleich die Süßkraft 1)

> *Zuckeralkohole sind temperaturstabiler als Saccharose. Bei ihrer Verwendung in Backwaren bleibt deshalb der Bräunungseffekt aus, was auch zu einer geringeren Aromabildung führt. Die gute Temperaturstabilität der Zuckeralkohole lässt beim Zusatz in Konfitüren das „mouthfeeling" fruchtiger und frischer erscheinen.*

Zuckeraustauschstoffe sind von ihrer chemischen Struktur her Zuckeralkohole. So gibt es Mono- und Disaccharidalkohole. Sie besitzen den gleichen Energiewert wie Kohlenhydrate (1 g Zuckeralkohol ≙ 17 kJ). Da Zuckeralkohole im Mund nicht von Bakterien zu Säuren abgebaut werden, kann der Zahnschmelz nicht angegriffen werden. Zuckeraustauschstoffe werden im Körper insulinunabhängig verwertet (→ 66). In größeren Mengen wirken sie abführend. Die **Zuckeraustauschstoffe** kommen zwar in einer Reihe von Früchten (Fructose) vor, werden aber überwiegend aus Monosacchariden hergestellt.

Süßstoffe haben keinen Energiewert. Deshalb eignen sie sich besonders für Diabetikerlebensmittel. Sie werden auch für Lebensmittel verwendet, bei denen die Energie reduziert werden soll (z. B. Light-Produkte).
Durch den Gebrauch von Süßstoffen wird übermäßiger Süßgeschmack zur Gewohnheit.
Die WHO (World Health Organization) empfiehlt, nicht mehr als 2,5 mg Saccharin und 4 mg Cyclamat pro kg Körpergewicht am Tag zu sich zu nehmen.

Aromastoffe und Geschmacksverstärker

Sollen Geruch und Geschmack eines Lebensmittels wiederhergestellt, verbessert, verstärkt, stabilisiert oder erzeugt werden, können ebenfalls Zusatzstoffe verwendet werden. Unterscheiden muss man dabei zwischen **Würzen** und **Aromatisieren**.

> Würzmittel (z. B. Gewürze, Kochsalz, Essig, Küchenkräuter) sind keine Zusatzstoffe.

Das **Aromatisieren** (→ 42) spielt insbesondere bei industriell hergestellten Lebensmitteln eine entscheidende Rolle.

Die Verwendung von Aromastoffen zur Geschmacksverstärkung in Lebensmitteln kann die Gefahr in sich bergen, dass solche Erzeugnisse ernährungsphysiologisch wertvolleren Naturprodukten vorgezogen werden (z. B. trinken Kinder häufiger Limonaden als Mineralwasser).
Aromatisierte Lebensmittel (z. B. Chips) wirken appetitanregend und können damit übergewichtigen Menschen weitere Probleme bereiten.

> **Geschmacksverstärker** sind Zusatzstoffe, die den Geschmack eines Lebensmittels weiter verstärken bzw. Geschmacksfehler vermindern.

Häufig entsteht durch den Einsatz von Geschmacksverstärkern eine sogenannte Geschmacksvereinheitlichung (Convenience Produkte, z. B. Dosensuppen).

> *Durch fachlich richtige und schonende Verwendung von geschmacksintensiven Lebensmitteln (z. B. Sellerie, Knoblauch) und Würzmitteln kann auf Geschmacksverstärker verzichtet werden.*

Wichtige Geschmacksverstärker	
• Glutaminsäure	E 620
• Natriumglutamat	E 621
• Natriuminosinat	E 631

Zusatzstoffe

Geliermittel

Agar-Agar (E 406): asiatische Meeresalge mit stark gelierfähigen Kohlenhydraten. Verwendet als Gelier- und Bindemittel für Süßspeisen und vegetarische Speisen. Getrocknet geschnitten oder pulverisiert gehandelt.

Pectin (E 440): Polysaccharid geeignet zum Binden von Fruchtgelees und Konfitüren. Gelierfähig in Anwesenheit von Säure und Zucker. Vorkommen in Äpfeln und in Zitrusfrüchten.

Lebensmittelfarbstoffe

Jedes Lebensmittel hat von Natur aus eine bestimmte typische Farbe (z. B. Zitrone – gelb), die der Verbraucher kennt und erwartet. Während der Herstellung und Lagerung können im Lebensmittel Farbveränderungen auftreten, die unerwünscht sind. Entweder verblasst die Farbe, verändert sich der Farbton, oder es tritt eine Entfärbung des Lebensmittels ein. Deshalb werden bestimmten Lebensmitteln Farbstoffe zugesetzt. Lebensmittel kann man färben mit

- **färbenden** Lebensmitteln
- **Naturfarbstoffen**, die in Lebensmitteln vorkommen
- **synthetischen Farbstoffen**, die in der Natur nicht vorkommen
- **anorganischen Farbstoffen** (Pigmente)

Färbende Lebensmittel	Farbton	Farbstoff
Rote Bete	rot	Betanin
Spinat	grün	Chlorophyll
Paprikaextrakt	rot	Capsanthin
Karottenextrakt	orange	Carotin
Eigelb	gelb	Riboflavin
Tomatensaft	rot	Lycopin
Safran	orangegelb	Krozetin
Annattostrauch	orangegelb	Bixin

Lebensmittel, denen Farbstoffe zugesetzt werden, sind zu kennzeichnen, indem die E-Nummer oder die Verkehrsbezeichnung aufgeführt wird.

Ziele der Lebensmittelfärbung sind:
- Farbverstärkung von Erzeugnissen (z. B. Himbeerkonfitüre)
- Erzielung einer gleichmäßigen Farbe; aufgrund wechselnder Farbqualität der Rohstoffe (z. B. Gemüsekonserven)
- Rückgewinnung des Farbtones von Erzeugnissen, die durch Verarbeitung oder Lagerung Farbverluste erlitten haben (z. B. Fruchtkonserven)
- Farbgebung farbloser Produkte (z. B. Margarine).

Chemische Lockerungsmittel

Chemische Lockerungsmittel sind Zusatzstoffe, die vorrangig zur Herstellung von Gebäcken verwendet werden. Es handelt sich dabei um chemische Stoffe, die während des Backens Kohlendioxid entwickeln. Diese Gasentwicklung führt zur porigen Struktur der Backwaren. Die Lockerungsgase verflüchtigen sich beim Backprozess, so dass kaum eine geschmackliche oder geruchsmäßige Beeinflussung auftritt.

Ammoniak ist gesundheitlich bedenklich, daher darf Hirschhornsalz nur bei flachem Gebäck (z. B. Pfefferkuchen) verwendet werden.

Wichtige Lockerungsmittel und ihre Wirkungen:

				Gasbildung	
Backpulver	$NaHCO_3$	+ Weinsäure	→Hitze→	$CO_2 + H_2O$	+ Seignettesalz
Pottasche	K_2CO_3	+ Milchsäure	→Hitze→	$CO_2 + H_2O$	+ Kaliumlactat
Hirschhornsalz	NH_4HCO_3		→Hitze→	$CO_2 + H_2O$	+ Ammoniak

1. Informieren Sie sich im aktuellen Verzeichnis einer Verbraucherzentrale über die einzelnen Zusatzstoffe.
2. Erklären Sie die Bedeutung der Süßungsmittel.
3. Wodurch unterscheiden sich Zuckeraustauschstoffe und Süßstoffe?
4. Nennen Sie Beispiele für Light-Produkte.
5. Nennen Sie die vier Grundgeschmacksrichtungen.
6. Erklären Sie den Begriff „Aroma".
7. Was sind Geschmacksverstärker?
8. Unterscheiden Sie „Aromatisieren" und „Würzen".

Lebensmittelbestandteile und ihre Eigenschaften

🇫🇷 toxines
🇬🇧 toxins

2.12 Schadstoffe

Schadstoffe in Lebensmitteln beeinträchtigen das Wohlbefinden des Menschen oder sie schädigen die Gesundheit. Sie kommen z.T. natürlicherweise in Lebensmitteln vor (Blausäure in Bittermandeln), können bei Gewinnung, Herstellung und Lagerung in den Lebensmitteln (Nitrosamine) entstehen oder gelangen durch Umwelteinflüsse (Boden, Wasser, Luft) in die Lebensmittel.

Übersicht über die Schadstoffarten		
Herkunft der Schadstoffe	**Schadstoffarten**	**Mögliche Verminderung**
Natürlicherweise in Lebensmitteln	• Bittermandeln • Solanin in Kartoffeln	Wässern, Schälen, Kochen
Rückstände aus der Tier- und der Pflanzenproduktion	• Tierarzneimittel • Mittel zur Maststeigerung • Pflanzenschutz- und Schädlingsbekämpfungsmittel • Wachstumsregulatoren • Reifungsmittel • Nitrate	Auswahl der Zutaten von regionalen Erzeugern
Schadstoffe durch unsachgemäße Lagerung und Zubereitung	• Gifte von Schimmelpilzen und Bakterien (z. B. Botulinusgift in Wurstkonserven Aflatoxine, Salmonellen) • Zinn in Dosenkonserven • Weichmacher aus folienverpackten Lebensmitteln • Benzpyrene beim Grillen • Acroleine beim Frittieren	Warenpflege, sachgemäße Lagerung und Zubereitung
Schadstoffe durch Umweltverschmutzung	• Dioxine in fetthaltigen Lebensmitteln • Cadmium und Blei in pflanzlichen Lebensmitteln • Cadmium in Leber und Nieren von Rindern • Quecksilber in Fischen • Radioaktive Stoffe	Sachgemäße und kritische Auswahl der Zutaten

❗ Von den Pflanzenschutzmitteln sind die Chlorkohlenwasserstoffe (DDT, HCB, HCH) besonders bedenklich, da sie im Körper schwer abbaubar sind. Sie sind in Deutschland verboten.

§ Zum Schutz des Menschen vor einer starken Schadstoffbelastung existieren in Deutschland eine Reihe gesetzlicher Bestimmungen (→ 83): Trotz aller gesetzlichen Regelungen ist nicht zu übersehen, dass ständig neue chemische Stoffe entwickelt und in der Lebensmittelherstellung eingesetzt werden.

❗ Jede Lebensmittelfachkraft sollte sich ihrer Verantwortung bewusst sein, und den Schadstoffgehalt in den Lebensmitteln so gering wie möglich halten, indem sie
- die gesetzlichen Bestimmungen einhält
- natürliche Herstellungsmethoden anstrebt
- sparsam mit Zusatzstoffen umgeht
- sorgfältig die Lebensmittel auswählt
- reifes Obst und Gemüse verwendet. Da dort die geringsten Schadstoffmengen auftreten.

Angst, Schlaflosigkeit, Depressionen, Agressionen, Schwindel, Kopfschmerzen,

Allergien, Atemwegserkrankungen, Störungen des Immunsystems, Missbildungen, Krebs

Abgeschlagenheit, Durchfall/Verstopfungen, Herz-/Kreislaufkrankheiten

50

3 Stoffwechsel und Kostformen

🇫🇷 métabolisme et alimentation
🇬🇧 metabolism and nutrition

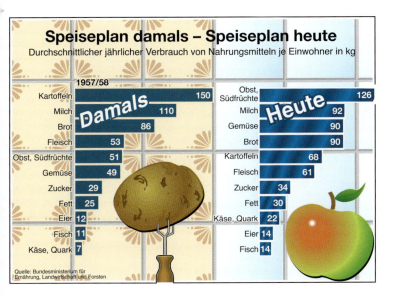

Die Ernährung des Menschen hat sich in den letzten 150 Jahren wesentlich gewandelt. Trotz Verringerung der körperlich schweren Arbeit nehmen viele Menschen eine zu energiereiche Nahrung auf. Während besonders in den wohlhabenden Industrieländern Teile der Bevölkerung überernährt sind (zu viel Fett, zu viel Eiweißstoffe, zu viel Zucker, zu viel Kochsalz, zu viel Alkohol, zu wenig Ballaststoffe, zu wenig Calcium), sind in großen Teilen Afrikas, Asiens und Südamerikas Mangelernährung oder Hunger anzutreffen.

Im Laufe von 70 Jahren werden vom Menschen durchschnittlich an Nährstoffen umgesetzt:

Wasser	56 t
Kohlenhydrate	14 t
Eiweißstoffe	2,5 t
Fette	2,5 t
	75 t

Wievielmal übersteigt dieser Wert das durchschnittliche Körpergewicht eines Menschen von 75 kg?

3.1 Stoffwechsel

Der menschliche Organismus
- nimmt ständig Nahrung und Sauerstoff auf,
- wandelt Nährstoffe in körpereigene Stoffe um,
- gewinnt aus Nährstoffen Energie und
- scheidet unverdauliche Stoffe wieder aus.

Diese Vorgänge werden als Stoffwechsel bezeichnet:

Verdauung
Die Verdauung ist ein komplizierter Prozess der Lebensmittelzerkleinerung und des Abbaus der Lebensmittelbestandteile.

Verdauungsorgane
Mund: Die Nahrung wird aufgenommen, zerkleinert, mit Speichel vermischt und geschluckt.
Speiseröhre: Der Schluckreflex löst eine wellenförmige Bewegung (Peristaltik) der Speiseröhre aus, wodurch die Nahrungsbissen in den Magen befördert werden.

Stoffwechsel und Kostformen

Verdauungsorgane

Magen:	Durch die Magenbewegung werden die Nahrungsbissen mit Magensaft vermengt, und es entsteht der Speisebrei. **Die Verweildauer der Speisen** im Magen ist abhängig von der Menge der Nahrung, ihrer Zusammensetzung, dem Zerkleinerungsgrad und anderen Faktoren, wie z.B. dem pH-Wert.
Dünndarm:	Er hat eine Länge von 4 bis 5 m. Der erste Abschnitt (etwa 20 cm lang) ist der **Zwölffingerdarm**, in den die Säfte der **Gallenblase** und der **Bauchspeicheldrüse** gelangen. Durch die Bewegung des Darmes (Peristaltik) wird der Speisebrei mit den Verdauungssäften vermischt und weiterbefördert. Die **Dünndarmzotten** nehmen die abgebauten Lebensmittelbestandteile auf **(Resorption)** und geben sie ins Blut und in die Lymphe ab.
Dickdarm:	Es findet noch eine **Restverdauung** statt, wobei Kohlendioxid, Methan und schwefelhaltige Gase entstehen. Außerdem wird von den Darmbakterien Phyllochinon (Vitamin K) produziert. Die unverdauten Speisebreireste werden durch Wasserentzug eingedickt und als Kot ausgeschieden.

❶ Speicheldrüsen
❷ Speiseröhre
❸ Magen
❹ Leber
❺ Gallenblase
❻ Bauchspeicheldrüse
❼ Zwölffingerdarm
❽ Dünndarm
❾ Dickdarm
❿ After

Lebensmittel	Verweildauer im Magen
Kaffee, Tee	30 min
Milch, Reis	1 bis 2 h
Brot, Salzkartoffeln, magere Wurst, Milch	2 bis 3 h
Gemüse, gekochtes Rindfleisch	3 bis 4 h
Hülsenfrüchte, fettes Schweinefleisch	4 bis 5 h
Gänsebraten, Ölsardinen	5 bis 6 h

Verdauungsdrüsen und Sekrete
Die Sekretbildung erfolgt in der Schleimhaut der verschiedenen Verdauungsdrüsen. Die **Verdauungssäfte** (Sekrete) enthalten neben Schleimstoffen wichtige Enzyme, die die Verdauung ermöglichen.

*Bei der Verdauung unterscheidet man die **Anatomie** (Aufbau der Verdauungsorgane) und die **Physiologie** (Wirkungsweise der Verdauungsorgane). Wichtige physiologische Funktionen des Verdauungskanals sind **Motorik** und **Sekretion**. Beide Vorgänge bewirken die mechanische und die chemische Zerkleinerung der Nahrung.*
Die Zähne erzeugen beim Kauen große Kräfte:
- *Schneidezähne: 11 bis 25 kg*
- *Backenzähne: 29 bis 90 kg*

Hieraus ist erkennbar, dass die Gesundheit des Gebisses von großer Bedeutung ist.

Verdauungsdrüsen	Verdauungssäfte	Tägliche Mengen	Verdauungsenzyme
Mundspeicheldrüsen	Speichel	1,0 bis 1,5 l	Amylase
Drüsen des Magens	Magensaft (enthält Salzsäure)	0,5 bis 1,0 l	Pepsin (Proteinase)
Leberdrüsen	Gallensaft (Gallensäuren als Emulgator)	0,25 bis 1,1 l	
Bauchspeicheldrüse	Bauchspeicheldrüsensaft	0,8 bis 1,1 l	Trypsin (Proteinase) Lipasen Amylase
Drüsen des Dünndarms	Darmsaft	2,0 bis 3,0 l	Erepsin (Proteinase) Lipasen Maltase

Stoffwechsel

Verdauungsvorgang

In den einzelnen Verdauungsorganen erfolgt durch die Einwirkung der Verdauungssäfte der enzymatische Abbau der Lebensmittelbestandteile bis zu den Grundbausteinen, die resorbiert werden können.

Verdauungsorgane	Verdauungsvorgang
Mund	Die Amylase der Mundspeicheldrüse beginnt den Stärkeabbau Stärke $\xrightarrow{\text{Amylase}}$ Dextrine, Maltose
Magen	Amylase wirkt noch so lange weiter, bis sie von der Salzsäure unwirksam gemacht ist. Die im Magen gebildete Salzsäure denaturiert die Eiweißstoffe, so dass deren Abbau erfolgen kann Eiweißstoffe $\xrightarrow{\text{Pepsin}}$ Polypeptide
Zwölffingerdarm	Die Bauchspeicheldrüse liefert neben dem Trypsin auch Amylasen, die den Stärkeabbau weiterführen Stärke $\xrightarrow{\text{Amylase}}$ Dextrine $\xrightarrow{\text{Amylase}}$ Maltose Die Eiweißverdauung wird fortgesetzt Polypeptide $\xrightarrow{\text{Trypsin}}$ Dipeptide Der Gallensaft emulgiert die Fette, so dass der Fettabbau beginnen kann.
Dünndarm	Vollständiger Abbau der Kohlenhydrate Maltose $\xrightarrow{\text{Maltase}}$ **Glucose** Vollständiger Abbau der Eiweißstoffe Dipeptide $\xrightarrow{\text{Erepsin}}$ **Aminosäuren** Vollständiger Abbau der Fette Fette $\xrightarrow{\text{Lipase}}$ **Glycerin** + **Fettsäuren**

📎 *In das Darmstück, das so lang ist wie 12 nebeneinanderliegende Finger (Zwölffingerdarm), münden Galle und Bauchspeichel, die wichtig für den weiteren Abbau aller Nährstoffe sind. Die Magensalzsäure wird im Zwölffingerdarm durch das dort herrschende basische Milieu neutralisiert.*

📎 ***Amylasen bauen** die Stärke über Dextrine bis teilweise zu Maltose ab. Je länger jeder Bissen gekaut wird, desto intensiver ist der Abbau der Stärke. (Beim Kauen von trockenem Brot entsteht nach 3 bis 5 min ein **süßlicher Geschmack im Mund**.)*
*Der Magensaft ist durch seinen **hohen Gehalt an Salzsäure** gekennzeichnet (→ 73). Durch die Magensalzsäure werden auch viele Bakterien abgetötet. Die Magenschleimhaut schützt das Magengewebe vor der Einwirkung der Salzsäure und des Pepsins (Eigenverdauung).*
*In der Schleimhaut des Dünndarms liegen viele Drüsen, die den **Darmsaft** absondern. Der Darmsaft vermischt sich mit der Galle und den Sekreten der Bauchspeicheldrüse, so dass damit alle Enzyme den vollständigen Abbau der Nährstoffe bewirken können.*

Resorption

Im Dünndarm sind alle Lebensmittelstoffe soweit abgebaut, dass sie die Darmwand passieren können. Sie liegen **niedermolekular, wasserlöslich** oder **emulgiert** vor.
Die Resorption erfolgt durch die Dünndarmzotten, die als Ausstülpungen die gesamte Dünndarmwand bedecken. Durch die Darmzotten vergrößert sich die Resorptionsfläche beträchtlich. Die Resorption ist im Wesentlichen ein Diffusionsvorgang, der in den Darmzotten stattfindet.
Die wasserlöslichen Substanzen, wie Monosaccharide, kurzkettige Fettsäuren, Glycerin, Aminosäuren, aber auch Mineralstoffe (in Form von Ionen) und wasserlösliche Vitamine werden von den Blutgefäßen aufgenommen, während die langkettigen Fettsäuren in die Lymphgefäße gelangen.

Prinzip der Resorption

Darminhalt	Blutgefäße	Lymphgefäße
Monosaccharide	→	
Aminosäuren	→	
Glycerin	→	
Fettsäuren		→

Aufbau einer Dünndarmzotte

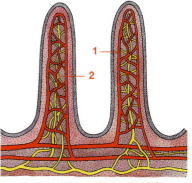

1 Blutgefäße **2** Lymphgefäße

Auf 1 cm² Dünndarmfläche befinden sich 2 000 bis 4 000 Darmzotten. Die gesamte Resorptionsfläche des menschlichen Dünndarms beträgt etwa 4 500 m².

Stoffwechsel und Kostformen

Zwischenstoffwechsel

Der Zwischenstoffwechsel umfasst alle biochemischen Reaktionen, denen die resorbierten Nährstoffe nach ihrem Durchtritt durch die Darmwand bis zur Ausscheidung ihrer Abbauprodukte unterliegen.

Sämtliche biochemischen Reaktionen des Zwischenstoffwechsels laufen innerhalb der Zellen ab.

Durch den Zwischenstoffwechsel werden im menschlichen Organismus körpereigene Stoffe auf- bzw. abgebaut (Baustoffwechsel) sowie Energie erzeugt und verbraucht (Energiestoffwechsel).

Umwandlungsmöglichkeiten der Grundnährstoffe

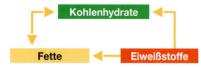

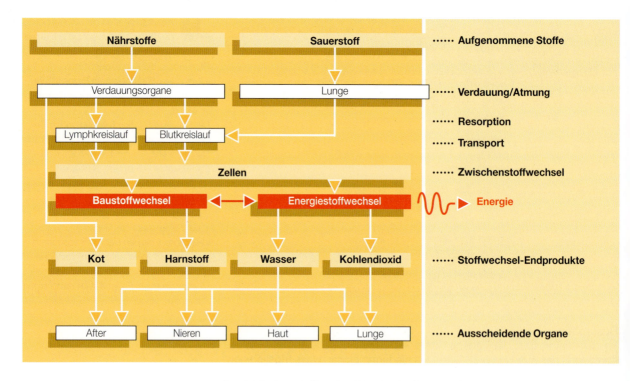

Der Zwischenstoffwechsel ist durch eine ständige enge Verzahnung von Bau- und Energiestoffwechsel gekennzeichnet. Die Abbauvorgänge der Nährstoffbestandteile verlaufen über stufenweise Einzelreaktionen, bei denen jeweils Energie freigesetzt wird. Diese entstandene Energie wird zu etwa 60 % als Wärmeenergie zur Aufrechterhaltung der Körpertemperatur (37 °C) benötigt. Die restliche Energie wird im Körper chemisch gebunden, damit sie nicht verloren geht und dem Körper für die verschiedensten Funktionen zur Verfügung steht.

Als Energiespeicher und -überträger wirkt im Körper das Adenosintriphosphat (ATP), das in allen Zellen vorkommt.

Die abgebauten Nährstoffe werden zu körpereigenen Substanzen um- bzw. aufgebaut:

1 Erklären Sie den Begriff Stoffwechsel.
2 Wodurch unterscheiden sich Verdauung und Zwischenstoffwechsel?
3 Beschreiben Sie die Verdauungsvorgänge der drei Grundnährstoffe.
4 Erläutern Sie den Vorgang der Resorption.

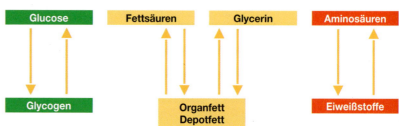

3.2 Energiebedarf

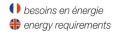

besoins en énergie
energy requirements

Der menschliche Organismus benötigt für alle Lebensvorgänge Energie. Das gleiche gilt für jede Art von Tätigkeit, sei es bei der Arbeit oder in der Freizeit. Die Energie erhält der Körper durch Verbrennung der energiereichen Nährstoffe (→ Seite 66).

 Die Energiemenge wird in Joule gemessen.
1 000 Joule = 1 Kilojoule (kJ)
James Prescott Joule (1818 bis 1889) war ein englischer Physiker.
Früher wurde der Energiewert in kcal angegeben.
1 kJ   = 0,239 kcal
1 kcal = 4,184 kJ (~ 4,2 kJ)

1 g Kohlenhydrate	liefert 17 kJ
1 g Fett	liefert 37 kJ
1 g Eiweißstoffe	liefert 17 kJ

1 g **Ethanol** liefert 29 kJ
(kein Nährstoff, nur bedingt als Energiespender wirksam)

Im Ruhezustand muss der Organismus lebenswichtige Funktionen aufrechterhalten, wie z. B. Gehirntätigkeit, Atmung, Stoffwechselvorgänge, Herztätigkeit, Erhaltung der Körpertemperatur.

Grundumsatz
Grundumsatz (auch Grundbedarf) ist die Energiemenge, die der Mensch bei völliger Ruhe, 12 Stunden nach der letzten Nahrungsaufnahme leicht bekleidet durchschnittlich benötigt. Die Höhe ist abhängig von Alter, Geschlecht, Gewicht und Klima.

Als Faustregel für den täglichen Grundumsatz eines Erwachsenen rechnet man: **100 kJ je kg Körpergewicht**

Leistungsumsatz
Jede körperliche und geistige Tätigkeit erhöht den Energiebedarf des Menschen. Die Energiemenge, die ein Mensch für zusätzliche Leistungen über den Grundumsatz hinaus benötigt, wird als Leistungsumsatz bezeichnet.

Interessant sind einige Angaben über den Energieverbrauch für Arbeiten im Gaststätten- und Hotelbereich:

Tätigkeit	kJ/h
Abwaschen	400
Kartoffelschälen	704
Teigkneten	600
Fensterputzen	828
Staubsaugen	704
Bügeln	762

Leistungsumsatz besteht aus Arbeitsumsatz und Freizeitumsatz

Da in vielen Berufen die reine Muskelkraft zugunsten der geistigen Arbeit abnimmt, sinkt auch der Arbeitsumsatz. Im Allgemeinen ändert der Mensch aber seine Essgewohnheiten kaum, so dass durch eine erhöhte Energiezufuhr die Gefahr des Übergewichtes besteht. In solchen Fällen sollte mehr **Augenmerk auf den Freizeitumsatz** gelegt werden.

Gesamtumsatz
Der Gesamtumsatz setzt sich aus Grundumsatz und Leistungsumsatz zusammen: Anstatt von Gesamtumsatz kann man auch von **Gesamtenergiebedarf** sprechen. Heute wird der **Gesamtumsatz** experimentell ermittelt und davon der ebenfalls experimentell und rechnerisch ermittelte **Grundumsatz** abgezogen → PAL S. 56.

 Berechnen Sie den Energiewert mithilfe der Nährwerttabelle (→ 346ff.) von folgenden Lebensmitteln:
20 g Butter
50 g Schlagsahne (30 % Fett)
½ Liter Pilsener

Durchschnittlicher Tagesenergiebedarf

| Alter | Frau, 165 cm, 60 kg | | | Mann, 172 cm, 70 kg | | |
	Grundumsatz	Gesamtumsatz	PAL-Wert	Grundumsatz	Gesamtumsatz	PAL-Wert
15	6 200 kJ	10 000 kJ	1,6	8 000 kJ	12 000 kJ	1,5
25	6 000 kJ	9 000 kJ	1,5	7 300 kJ	11 000 kJ	1,5
45	5 600 kJ	8 500 kJ	1,5	6 800 kJ	10 000 kJ	1,5
65	5 200 kJ	7 500 kJ	1,4	6 200 kJ	9 000 kJ	1,5
75	5 000 kJ	7 000 kJ	1,4	5 800 kJ	8 000 kJ	1,4

Stoffwechsel und Kostformen

Werden Energiezufuhr und Energieverbrauch eines Menschen ins Verhältnis gesetzt, ergeben sich drei Möglichkeiten einer **Energiebilanz**:

Energiezufuhr − Energiebedarf	Energiezufuhr − Energiebedarf	Energiezufuhr − Energieverbrauch
0	**positiv**	**negativ**
ideale Ernährung	Überernährung	Unterernährung
	Gewichtszunahme und Folgeerkrankungen	Gewichtsabnahme und Folgeerkrankungen

▎ *Aufschlussreich ist eine Gegenüberstellung des Energieverbrauchs von Freizeitleistungen und Energieinhalt von ausgewählten Lebensmitteln:*
- 20 min Spazierengehen (5 km/h)
  ≙ 1 Praline (210 kJ)
- 35 min Joggen (10 km/h)
  ≙ 1 Bratwurst (1470 kJ)
- 60 min Radfahren (20 km/h)
  ≙ 1 Stück Torte (2100 kJ)
- 60 min Brustschwimmen
  ≙ 1 Portion Erdnüsse (1300 kJ)
- 30 min Tanzen
  ≙ 1 Glas Bier (660 kJ)

Körperlicher Aktivitätsgrad (PAL)

PAL kommt aus dem Englischen „*physical activity level*", übersetzt als „körperlicher Aktivitätsgrad".
Die Beziehungen zwischen Gesamtumsatz und Grundumsatz können durch die Ermittlung eines Quotienten, als körperlicher Aktivitätsgrad (PAL), sichtbar gemacht werden.

> Der körperliche Aktivitätsgrad wird als Mehrfaches des Grundumsatzes angegeben.

Aus der Tabelle auf Seite 55 ist zu entnehmen:
Gesamtumsatz einer 45-jährigen Frau **5600 kJ Grundumsatz, 8500 kJ, PAL-Wert 1,5**.
Berechnung:

$$Pal = \frac{8500 \text{ kJ}}{5600 \text{ kJ}} = 1,5 \ (18); \quad \text{Probe: } 5600 \text{ kJ} \times 1,5 \ (18) = 8500 \text{ kJ}$$

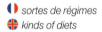
sortes de régimes
kinds of diets

3.3 Kostformen

▎ *Die **Ernährungsgewohnheiten** in anderen Ländern sind uns als **Regional**- oder **Nationalgerichte** bekannt.*

Aus **Ernährungsgewohnheiten** entstanden charakteristische Zusammenstellungen der Nahrung, die als Regional- und Nationalspeisen bekannt sind. Heute verändern sich die Ernährungsgewohnheiten unter dem Einfluss des internationalen Handels, der ganzjährigen Verfügbarkeit aller Lebensmittel, des Tourismus und der Ernährungsaufklärung. Verschiedene **Kostformen** haben sich im Laufe der Menschheitsentwicklung teils auf der Grundlage **anatomischer Gegebenheiten** (z. B. Gebiss, Darmlänge) unbewusst und teils als Ergebnis der Ernährungsaufklärung bewusst herausgebildet.
Zu unterscheiden sind **Kostformen für Gesunde** und **besondere Kostformen für Kranke und Genesende**. Ausgesprochene Krankenkost (Diät) wird in der Gastronomie nicht zubereitet. Dagegen wird **leichte Vollkost (Schonkost)** in Restaurants im Allgemeinen angeboten.

Kostform ist die qualitative und mengenmäßige Zusammenstellung sowie Zubereitung der Nahrung, die der Mensch über einen längeren Zeitraum regelmäßig zu sich nimmt.

56

Kostformen

3.3.1 Vollwertige Mischkost
🇫🇷 alimentation mixte complète
🇬🇧 mixed wholesome food

In der Gastronomie wird vor allem eine vollwertige Mischkost angeboten. Außerdem ist es heute üblich, **Kinderkost** und **Seniorenkost** als besondere Varianten der vollwertigen Mischkost anzubieten.
Eine **vollwertige Mischkost** besteht aus pflanzlichen und tierischen Lebensmitteln. Sie entspricht der Anatomie der menschlichen Verdauungsorgane und bietet alle Voraussetzungen, sich vollwertig, sättigend und bekömmlich zu ernähren.

Die WHO[1] hat den Begriff Gesundheit formuliert:
„Gesundheit ist nicht nur das Freisein von Krankheiten, sondern auch psychisches und soziales Wohlbefinden."

[1] World Health Organization (Weltgesundheitsorganisation)

Vollwertigkeit:	Alle Nährstoffe sind in ausreichender Menge und im optimalen Verhältnis in der Nahrung enthalten.
Sättigungswert:	Der notwendige Energiewert ist in der Nahrung enthalten, eine ausreichende Verweildauer im Magen ist gegeben.
Bekömmlichkeit:	Die Nahrungsbestandteile sind leicht verdaulich. Der Genusswert entspricht den Verbrauchererwartungen.

Kost für Jugendliche und Erwachsene
Der Grundsatz der Vielseitigkeit und Ausgewogenheit wird im Ernährungskreis der **Deutschen Gesellschaft für Ernährung (DGE)** bildlich im Zusammenhang mit 10 Regeln für eine gesundheitsfördernde Ernährungs- und Lebensweise dargestellt.

Regel I Vielseitig – aber nicht zu viel
Die Nahrung soll aus pflanzlichen und tierischen Lebensmitteln zusammengestellt werden. Zur besseren Übersicht werden die Lebensmittel im Ernährungskreis in sieben Gruppen eingeteilt. Von der DGE wird empfohlen:
- reichlich pflanzliche Lebensmittel und Getränke (Gruppen ❶, ❷, ❸, ❼)
- ausreichend tierische Lebensmittel (Gruppen ❹, ❺)
- wenig Fett und fettreiche Lebensmittel (Gruppe ❻)

Regel II Getreideerzeugnisse – mehrmals täglich und reichlich Kartoffeln
- Täglich Vollkornerzeugnisse essen (z. B. Vollkornbrot, Naturreis, Müsli). Sie haben einen hohen Gehalt an Ballaststoffen, Vitaminen, Mineralstoffen und sekundären Pflanzenstoffen.
- Backwaren aus hellem Mehl meiden.
- Kartoffeln sind fettarm.

Regel III Reichlich Gemüse und Obst – 5 Portionen täglich
Diese Lebensmittel gehören in den Mittelpunkt der Ernährung, da sie reichlich Vitamine, Mineralstoffe, bioaktive Substanzen, wertvolles Pflanzeneiweiß, Ballaststoffe, aber wenig Energie enthalten.
- Täglich Obst und Gemüse roh, als Saft oder nur kurz gegart verzehren.

❶ Getreide, -erzeugnisse, Kartoffeln
❷ Gemüse, Hülsenfrüchte
❸ Obst
❹ Milch, -erzeugnisse
❺ Fisch, Fleisch, Eier
❻ Öle, Fette
❼ Getränke

Stoffwechsel und Kostformen

| Regel IV | Täglich Milch und Milcherzeugnisse; einmal wöchentlich Fisch-, Fleisch-, Wurstspeisen; Eierspeisen in Maßen |

- Bereitstellung von Calcium aus der Milch, Iod, Selen und ungesättigte Fettsäuren aus dem Seefisch.
- Fleisch liefert Eisen und Vitamin-B-Komplex.
- Fettarme Erzeugnisse bevorzugen.

| Regel V | Wenig Fett und fettreiche Lebensmittel |

- Fettreiche Speisen schmecken meistens gut, allerdings hat Fett den höchsten Energiewert (1 g Fett ≙ 37 kJ).
  - Zu viel aufgenommenes Fett wird im Körper gespeichert (Fettpolster).
  - Auf versteckte Fette achten (z. B. Wurst, Käse, Sahne, Desserts).
  - Nicht mehr als 30 % der täglichen Gesamtenergiemenge als Fett aufnehmen (davon 2/3 pflanzliche Fette).
  - 10 % des täglichen Fettbedarfs sollten in Form von essentiellen Fettsäuren gedeckt werden, fettlösliche Vitamine werden bereitgestellt.

| Regel VI | Zucker und Salz in Maßen |

- Zucker sparsam wie ein Gewürz benutzen.
- Süßigkeiten, süße Getränke fördern Karies.
- Zu viel Zucker wird im Körper in Fett umgewandelt.
- Wenig Salz, vor allem iodiertes verwenden.

| Regel VII | Reichlich Flüssigkeit |

- Täglich 1,5 l Flüssigkeit trinken.
- Die täglich notwendige Flüssigkeitsmenge sollte durch Mineralwasser, verdünnte Obst- und Gemüsesäfte oder ungesüßten Tee gedeckt werden.
- Alkoholische Getränke nur gelegentlich konsumieren.

| Regel VIII | Schmackhaft und schonend zubereiten |

- Kurze und schonende Zubereitungsverfahren bei niedrigen Temperaturen erhalten Nährstoffe und Eigenaroma der Lebensmittel (→ 120f).
- Rohstoffe vor dem Zerkleinern waschen.
- Wenig Wasser oder Fett zum Garen benutzen.
- Speisen nicht lange warm halten oder wieder erwärmen.
- Speisen mit frischen Kräutern oder Rohgemüseanteil aufwerten.

| Regel IX | Zum Essen Zeit nehmen |

- Das Auge isst mit.
- Langsames Essen fördert das Sättigungsgefühl.

| Regel X | In Bewegung bleiben |

- Auf das Wohlfühlgewicht achten.
- Durch reichliche Bewegung auf Fitness und Wohlbefinden achten.

Der Energiebedarf des **Jugendlichen** liegt vergleichsweise über dem Erwachsener. Bei **Erwachsenen** soll die Kost ebenso die gesunde Lebensweise unterstützen, insbesondere ernährungsbedingten Krankheiten vorbeugen.

Tagesenergierichtwerte der DGE (→ 55).

Ernährungspyramide

Neben dem Ernährungskreis informiert die Ernährungspyramide, wie eine ausgewogene Ernährung gewährleistet wird. Die Ernährungspyramide zeigt sehr deutlich die Mengenanteile der Lebensmittelgruppen, die verzehrt werden sollten.

Empfohlene Energieverteilung auf den Tag

Mahlzeiten	Energietagesmenge
1. Frühstück	25 %
2. Frühstück	10 %
Mittagessen	30 %
Zwischenmahlzeit	10 %
Abendbrot	25 %

1. Worin besteht die Gefahr des übermäßigen Verzehrs von Süßwaren und Feinen Backwaren?
2. Begründen Sie die Bevorzugung pflanzlicher Fette gegenüber tierischen.
3. Erläutern Sie, welche Funktion die Ballaststoffe für den Organismus haben.
4. Erklären Sie die Gefahr, die bei zu hohem Kochsalzverbrauch besteht.
5. Warum sollten kaltgepresste Öle den Vorzug gegenüber raffinierten erhalten?
6. Erarbeiten Sie einen Tagesspeiseplan, in dem 5 Portionen Obst und Gemüse täglich enthalten sind.

Kostformen

Tagesnährstoffbedarf nach Altersgruppen nach DGE

Nährstoffe	Maß-einheit	15–18 Jahre Weibl.	15–18 Jahre Männl.	19–25 Jahre Weibl.	19–25 Jahre Männl.
Grundnährstoffe					
Eiweißstoffe	g	46	60	48	59
essentielle Fettsäuren	g	9	11	8	10
Saccharose	g	58	73	52	64
Ballaststoffe	g	30	30	30	30
Vitamine					
A	mg	0,9	1,1	0,8	1,0
D	µg	5	5	5	5
E	mg	12	15	12	15
B_1	mg	1,0	1,3	1,0	1,3
B_2	mg	1,2	1,5	1,2	1,5
C	mg	100	100	100	100
Mineralstoffe					
Kalium	g	2–4	2–4	2–4	2–4
Calcium	g	1,2	1,2	1	1
Phosphor	g	1,3	1,3	0,7	0,7
Magnesium	mg	350	400	310	400
Eisen	mg	15	12	15	10

1 Der Tagesenergiebedarf einer Jugendlichen beträgt durchschnittlich 9000 kJ. Berechnen Sie, wie sich der angegebene Bedarf auf fünf Mahlzeiten entsprechend der Empfehlungen auf Seite 58 verteilt.

2 Um wie viel Prozent liegt der Energiebedarf einer 25-jährigen Frau höher als der einer 75-jährigen Seniorin?

3 100 g Haselnüsse enthalten 226 mg Calcium. Wie viel Gramm Haselnüsse müsste eine 18jährige Schülerin essen, um den Tagesbedarf an Calcium zu decken?

Die **Ernährung überwiegend geistig Tätiger** muss sich an einen verminderten Energiebedarf anpassen. Zu bevorzugen sind Gemüse, Obst, Vollkornbrot, weniger fett- und zuckerhaltige Speisen. **Qualität geht vor Quantität!** Besser ist es allerdings, für einen regelmäßigen Bewegungsausgleich in der Freizeit zu sorgen.
Allgemein weniger gut verträglich sind stark blähende Speisen, wie Kohlgemüse, Hülsenfrüchte und Zwiebelgemüse.

Kinderkost

🇫🇷 *alimentation pour enfants*
🇬🇧 *food for children*

Die **körperliche und geistige Entwicklung** des Menschen wird in besonderem Maße für die Heranwachsenden durch die Ernährung mitbestimmt. Zweckmäßige altersgerechte Kost schafft günstige und notwendige Bedingungen für eine ausgeglichene Entwicklung. Sie muss dem erhöhten Bedarf an Eiweiß, Vitaminen und Mineralstoffen Rechnung tragen.
Die Kost soll nach Speisenmenge, Speisenart, Zubereitungsart und Nährstoffrelation altersgemäß sein. Deshalb kann eine optimale Ernährung für Kinder und Jugendliche nur **altersdifferenziert** erreicht werden.

Kostmerkmale

Ein **natürliches Nahrungsbedürfnis** erleichtert eine angemessene Verpflegung der Kinder und Jugendlichen. Ausdruck dessen ist beispielsweise das Verlangen nach rohem Obst oder Gemüse. Als **Pausenverpflegung** für Schulkinder eigenen sich Frischobst, Rohkost, Nüsse, Vollkornbrot, Milchprodukte, Käse, fettarme Wurst. Als Getränke sind Fruchtsäfte, ungesüßte Tees oder Mineralwasser zu empfehlen.

Eiweißbedarf

Alter in Jahren	Eiweiß g/kg Körpergewicht
1 – 3	1,0
4 – 14	0,9

10 bis 20 % der Schüler gehen ohne Frühstück zur Schule und essen auch in den Unterrichtspausen nichts. Konzentrationsmängel und Lernstörungen sind die Folge.

Stoffwechsel und Kostformen

Kostmerkmale sind **Eiweißreichtum** (Bedeutung der Schulmilch!), **Vitamin- und Mineralstoffreichtum** (Ca) sowie angemessener Energiegehalt und Ballaststoffanteil. Zu viel **Süßigkeiten** oder **Fettreiches** führen später zum **Übergewicht**.

Der **Energiebedarf** je kg Körpergewicht nimmt bei Heranwachsenden ständig ab, da der Grundumsatz sinkt. Der absolute Energiebedarf steigt indessen. Der Energiebedarf ist außerdem von der körperlichen Aktivität der Heranwachsenden abhängig.

Naschen nicht verbieten, aber einschränken. Bei Getränken ist der Zuckergehalt vielfach zu hoch. Zuckerreiche Getränke erzeugen noch mehr Durst.
Der **Eiweißbedarf** ist bei kleinen Kindern je kg Körpergewicht am größten, da bei ihnen die Wachstumsrate am höchsten ist. Milch und Milcherzeugnisse sind als Eiweißlieferanten besonders geeignet.

Der **Fett- und Kohlenhydratbedarf** wird nach den gleichen Grundsätzen wie bei Erwachsenen berechnet. Außerdem muss eine **altersgemäße** Kost, die abwechslungsreich, schmackhaft und gut kaufähig ist, angeboten werden.

Sportlerkost

🇫🇷 *alimentation pour sportifs*
🇬🇧 *food for sportsmen*

Wie bei einer Arbeitstätigkeit erhöht sich bei sportlicher Betätigung, die bekanntlich sehr unterschiedlich ist, der Leistungsbedarf durch gesteigerte Muskelaktivität, also durch eine vergrößerte Stoffwechselrate. Deshalb kann Sportlerkost mit der Ernährung von **Menschen bei vermehrtem Arbeitsumsatz** verglichen werden. Der Energiebedarf bei **Leistungssportlern** steigt bis auf 30 000 kJ, während für **Breitensportler** keine besonderen Energierichtsätze gelten.

Ein Flüssigkeitsverlust von 5 % kann zu Schwindel- und Durchblutungsstörungen führen. Innerhalb von zwei Stunden nach dem Wettkampf sollten 50 % der Flüssigkeitsmenge wieder ausgeglichen sein.

Ein Sportler wiegt vor dem Wettkampf 60 kg und danach nur noch 57 kg.
1 Ermitteln Sie durch Kopfrechnen den Gewichtsverlust in %.
2 Wie viel Liter sollte der Sportler innerhalb von zwei Stunden nach dem Wettkampf mindestens trinken?

Kostmerkmale

Bei Ausdauerleistungen hat sich eine betont **kohlenhydratreiche Kost** bewährt. Die Kohlenhydrate dienen der Auffüllung der Glycogenreserven; dabei sollte nicht nur auf **Traubenzucker**, sondern auch auf **Polysaccharide** (Stärke) und Ballaststoffe geachtet werden.
Für Sportler wird eine **natürliche Kost**, die entsprechend den Grundsätzen der **vollwertigen Mischkost** vielseitig sein soll, bereitet. Die **Vollwertigkeit** bezieht sich nicht vorrangig auf die Grundnährstoffe, sondern gleichermaßen auf den Wirkstoffgehalt.

Selbst für Leistungssportler ergibt sich nur ein **geringfügig erhöhter Eiweißbedarf**. Während des Trainings sollen Sportler zur Muskelbildung 2 g/kg Körpergewicht aufnehmen. Als Eiweißspender eignen sich Milch und -erzeugnisse, fettarmes Fleisch und Fisch. Auch pflanzliche Eiweißträger, wie Getreide und Hülsenfrüchte sind zu empfehlen. Wert sollte auf Fette mit **ungesättigten Fettsäuren** und **fettlöslichen Vitaminen** (A, D, E) gelegt werden.

Auf den Ausgleich der Mineralstoffverluste (Na, K, Mg, Ca, Fe, I) und Wasserverluste durch Schwitzen ist zu achten.

Regeln für Sportlerkost
- Abwechslungsreiche Kost, möglichst Frischkost, Obst, Gemüse, Vollkorn- und Milchprodukte, Kartoffeln, Reis.
- Keine zu großen Hauptmahlzeiten, Zwischenmahlzeiten einlegen.

Kostformen

- Nicht nur auf Fleischspeisen orientieren, Fisch und pflanzliche Eiweißträger in die Kost einbeziehen.
- Wenig Zucker und Süßigkeiten.
- Reichlich trinken. Geeignet sind Mineralwasser, auch vermischt mit Frucht- und Gemüsesäften. Coffeinhaltige und alkoholische Getränke meiden.
- Auf gewerblich angebotene Sportlernahrung kann verzichtet werden.

Seniorenkost

🇫🇷 *alimentation pour les personnes âgées*
🇬🇧 *diet for the aged*

Beim alternden Menschen ist das **Optimum der Leistungsfähigkeit** überschritten. Nach dem Ausscheiden aus der Berufsarbeit ergibt sich für ältere Menschen meist ein besonders deutlicher **Einschnitt in ihre Lebensweise,** der auch für die Ernährung Konsequenzen hat.
Aufgrund verminderter körperlicher Belastungen kommt es zum Muskelrückgang und zur **Verlangsamung von Stoffwechselvorgängen,** schließlich nimmt die Widerstandsfähigkeit des überwiegend unbelasteten Körpers ab. Eine **gesunde Lebensweise,** die eine gesundheitsfördernde zweckmäßige Ernährung einschließt, kann günstige Auswirkungen haben:

- Starken Leistungsabfall verhindern. Die körperliche Widerstandskraft stärken.
- Stoffwechselbedingten Krankheiten vorbeugen (z. B. Mangelerscheinungen).

> In der Gastronomie werden kleinere Portionen von geeigneten Gerichten als Seniorenteller angeboten.

Kostmerkmale

Für ältere Menschen empfiehlt es sich, auf **regelmäßige Speiseneinnahme** zu achten. Um Überbelastungen des Magen-Darm-Trakts auszuschließen, sollten Speisen in **kleineren Portionen** und kürzeren Abständen eingenommen werden. **Fünf Tagesmahlzeiten** verursachen für nichtberufstätige Menschen keine organisatorischen Schwierigkeiten. Kostumstellungen, die Veränderungen in den Ernährungsgewohnheiten bedingen, dürfen nur allmählich und nach entsprechender Ernährungsberatung vorgenommen werden. Der Energiebedarf geht allgemein zurück. Grund- und Leistungsbedarf werden geringer. Kohlenhydrate sollen 50 bis 55 % des Energiebedarfs decken. Der Anteil der Fettenergie an der Gesamtenergie soll 30 % nicht übersteigen. Das sind bei Frauen nicht über 55 g Fett/Tag, bei Männern maximal 61 g Fett/Tag. **Über- und Untergewicht** sind unbedingt zu vermeiden. **Essentielle Stoffe** müssen ausreichend aufgenommen werden. Eiweiß, Vitamine und Mineralstoffe müssen in gleicher Menge wie bei Jüngeren in der Nahrung vorhanden sein. Als ideale Calciumquelle kommen Milch und Milcherzeugnisse in Betracht. Durch Ballaststoffe muss der Darmträgheit vorgebeugt werden. Dafür sind Vollkornbrot und andere Getreideerzeugnisse geeignet. Allerdings sind schwer verdauliche Lebensmittel für die Seniorenkost nicht zu empfehlen. Durch vielseitige Kost und abwechslungsreiches Würzen (Kräuter) kann der Appetitlosigkeit vorgebeugt werden. Mit Salz ist sparsam umzugehen, insbesondere bei der Gefahr von Bluthochdruck. Der Gefahr von Altersdiabetes soll durch Einschränkung des Zuckerverbrauchs entgegengewirkt werden.
Senioren müssen **ausreichend trinken** (1,5 bis 2 l). Geeignet sind dafür Mineralwässer, Kräuter- und Früchtetees oder verdünnte Säfte. Die Zubereitung der Speisen sollte nährstoffschonend erfolgen. Bei **Kaubeschwerden** ist Kurzbraten mit anschließendem Pürieren besser als langes Weichkochen.

1. Nennen Sie Lebensmittel, die bei der energiereduzierten Kost bevorzugt und solche, die eingeschränkt werden sollten. Begründen Sie Ihre Meinung.
2. Ein älteres Ehepaar bittet um eine Empfehlung für ein Mittagsgedeck. Es wünscht ein Fleischgericht mit Buttergemüse und möglichst mit einer Kartoffelbeilage. Stellen Sie das Gedeck zusammen, und begründen Sie die Zusammenstellung.
3. Erarbeiten Sie den Mittagsspeiseplan einer Bergwandergruppe.
4. Beurteilen Sie die Eignung von „Knusperriegeln" und ähnlichen Artikeln für ein vollwertiges Schulfrühstück.
5. Stellen Sie sich ein schmackhaftes, vollwertiges Schulfrühstück zusammen.
6. Erstellen Sie einen Tagesspeiseplan für Senioren.
7. Wodurch unterscheidet sich die Kost für Jugendliche von derjenigen für Erwachsene?

Stoffwechsel und Kostformen

3.3.2 Besondere Kostformen

Wertstufen für die Einteilung von Lebensmitteln

Stufe 1   Sehr empfehlenswert
Nicht/gering verarbeitete Lebensmittel (unerhitzt)

Etwa die Hälfte der Nahrung
Gekeimtes Getreide, Ölsamen, Ölfrüchte
Vorzugsmilch, Mineralwasser
Frische Kräuter und Gewürze, frisches Obst

Stufe 2   Empfehlenswert
Mäßig verarbeitete Lebensmittel
(vor allem erhitzt)

Etwa die Hälfte der Nahrung
Vollkornprodukte
Erhitztes bzw. tiefgekühltes Gemüse und Obst, Pellkartoffeln
Erhitzte Hülsenfrüchte, blanchierte Keime
Kalt gepresste Öle, ungehärtete Pflanzenmargarine
Pasteurisierte Vollmilch, -produkte
Fleisch, Fisch, Eier 1- bis 2-mal/Woche
Kräuter- und Früchtetees
Verdünnte Frucht- und Gemüsesäfte
Gemahlene Gewürze, getrocknete Kräuter
Iodiertes Meersalz
Honig, Trockenobst als Süßungsmittel

Stufe 3   Weniger empfehlenswert
Stark verarbeitete Lebensmittel
(vor allem konserviert)

Nur selten verzehren
Nicht-Vollkornprodukte
Gemüse- und Obstkonserven
Kartoffelfertigmischungen
Sojamilch, Tofu usw.
Extrahierte, raffinierte, gehärtete Fette und Öle
H-Milch, -produkte
Fleisch-, Wurst-, Fischwaren
Tafelwasser, Fruchtnektar, Kakao, Tee,
Bier, Wein
Kochsalz
Wärmebehandelter Honig, geschwefeltes Trockenobst, Dicksaft, Sirup

Stufe 4   Nicht empfehlenswert
Übertrieben verarbeitete Lebensmittel

Möglichst nicht essen
Getreidestärke, Ballaststoffpräparate
Vitamin- und Mineralstoffpräparate
Tiefkühlfertiggerichte
Pommes frites
Sojafleisch
Nuss-Nougat-Creme, gehärtete Margarine
Kondensmilch, Milch- und Käse-Imitate
Schmelzkäse, Milchpulver, Limonaden, Fruchtsaftgetränke, Instant-Kakao, Sportlergetränke, Spirituosen
Aromastoffe, Geschmacksverstärker
Zucker, Süßigkeiten, Süßstoffe

Vollwert-Ernährung
🇫🇷 *alimentation complète*
🇬🇧 *whole-value nutrition*

Gesundheit und Leistungsfähigkeit des Menschen, die körperliche und geistige Entwicklung durch sinnvolle Ernährung stehen als Ziele im Vordergrund. Die menschlichen Abwehrkräfte sollen gegenüber Krankheiten gestärkt werden.
Durch diese Kostform soll der Mensch bestmöglich mit allen **essentiellen Lebensmittelbestandteilen** versorgt werden. Ausgehend von der Ansicht, dass jede Lebensmittelbearbeitung den Gehalt an wertvollen Inhaltsstoffen vermindert, sollen die Lebensmittel möglichst frisch und wenn ernährungsphysiologisch vertretbar unverarbeitet und naturbelassen gegessen werden. Ein **gelegentlicher Verzehr** von Eiern, Fleisch und Fisch ist innerhalb der Kostform möglich.
Bei der Vollwert-Ernährung werden gesundheitliche, ökologische, psychologische und soziale Aspekte berücksichtigt. Als gesellschaftliche Ziele sind die **Senkung der Ausgaben im Gesundheitswesen** zu sehen. Durch die geringe Bearbeitung sollen Lebensmittel- und Energieverluste vermieden und die Umweltbelastungen damit verringert werden. In der Gastronomie werden die Gästewünsche nach Vollwert-Ernährung zunehmend berücksichtigt.

Regeln für Vollwert-Ernährung
- Reichlich Verzehr unerhitzter Kost.
- Möglichst Verwendung von Erzeugnissen aus anerkannten ökologischen Landwirtschaftsbetrieben.
- Bevorzugung von Erzeugnissen regionaler Herkunft und Saisonangeboten.
- Überwiegend ovo-lacto-vegetabile Ernährung.
- Vorwiegend niedriger Verarbeitungsgrad, also naturbelassene Kost.
- Schadstoffe dürfen und Zusatzstoffe sollten nicht in der Kost enthalten sein.
- In dieser Kostform gibt es keine strengen Verbote, sondern begründbare Empfehlungen, die sich weitgehend mit denen der DGE decken.

Vegetarische Kost
🇫🇷 *alimentation végétarienne*
🇬🇧 *vegetarian nutrition*

Es werden drei Formen der vegetarischen Kost unterschieden:
- rein vegetarische Kost (vegane Kost)   *régime végétarien strict/strict vegetarian diet*
- lacto-vegetabile Kost   *régime lacto-végétarien/lacto-vegetarian diet*
- ovo-lacto-vegetabile Kost   *régime ovo-lacto-végétarien/ovo-lacto-vegetarian diet*

Eier und Eiererzeugnisse	Milch und Milcherzeugnisse	Pflanzliche Lebensmittel
		Vegane Kost
	Lacto-vegetabile kost	
Ovo-lacto-vegetabile Kost		

Alle drei Formen der vegetarischen Kost bevorzugen hohe Rohkostanteile in der Nahrung. Außerdem verzichten Vegetarier weitestgehend auf Alkohol und Nikotin. Sie führen ein körperlich aktives Leben.

Kostformen

Vegane Kost
Diese Kost schließt den Verzehr tierischer Lebensmittel aus. Sie ist oft weniger durch ernährungsphysiologische, als vielmehr durch weltanschauliche oder ethische Aspekte begründet. Durch die Verwendung von Obst und Gemüse als Hauptbestandteile der Mahlzeiten kann der Wirkstoffbedarf (Vitamine, Mineralstoffe) sehr gut gedeckt werden. Aufgrund des Cellulosegehaltes von Obst und Gemüse werden dem Organismus Ballaststoffe reichlich, eventuell sogar übermäßig zugeführt. Auf Deckung des Eiweiß- und Energiebedarfs muss besonders geachtet werden. Zur Eiweißbedarfsdeckung dienen insbesondere Hülsenfrüchte, Torfu und Getreide. Der angemessene Verzehr vollwertiger Sojaprodukte ist unverzichtbar. Der Energiewert kann durch eine vollwertige Kombination von Samen, Nüssen, Pflanzenölen mit Obst, Gemüse, Getreide, Hülsenfrüchten, Sprossen und Algen gesichert werden.
Vegane Kost ist für Kinder, Schwangere und Stillende nicht zu empfehlen.
Pflanzliche Rohkost hat nur als **Ergänzungskost** eine ernährungsphysiologische Berechtigung; im geringen Maße hat sie diätetische Bedeutung. Im Allgemeinen ernähren sich Rohköstler ausschließlich von pflanzlichen Lebensmitteln. Sie lehnen jede thermische Zubereitung ab. Dadurch sinkt die Palette der möglichen Nahrungsbestandteile. Beispielsweise scheiden Kartoffeln und alle Backwaren für die Ernährung aus. Der maßgebliche Nachteil besteht in dem Eiweiß- und Energiemangel, wie auch im großen Volumen der Nahrung.

Erweiterte vegetarische Kost
Zu dieser Kostform, auch als fleischfreie Vollkost bezeichnet, gehören die lacto-vegetabile Kost und die ovo-lacto-vegetabile Kost. Für diese milde Form der vegetabilen Kost werden lediglich solche Lebensmittelrohstoffe ausgeschlossen, die durch **Tötung von Tieren** gewonnen werden. Lacto-vegetabile Kost enthält neben den pflanzlichen Lebensmitteln auch Milch und Milcherzeugnisse. Bei der ovo-lacto-vegetabilen Kost können außerdem Eier **und Eiererzeugnisse** verwendet werden.
Beide Formen der erweiterten vegetarischen Kost gewährleisten eine ausgeglichene Eiweißbilanz. Schonende Garverfahren und ein ständiger Anteil an Rohkost charakterisieren weiterhin diese Kostformen.

Beispiel eines ovo-lacto-vegetabilen Tagesspeiseplanes

1. Frühstück: Vollkornbrot, Butter, Käseplatte, Obst, Tee
2. Frühstück: Müsli mit Obstspießchen
Mittagessen: Blumenkohl holländischer Art Getreidebratling, Salzkartoffeln, Kompott
Abendessen: Salatplatte mit pochiertem Ei

Gemüsebratlinge mit Zutaten

Magersucht - eine sichtbare Krankheit
Fälschlicherweise Appetitlosigkeit genannt, denn Magersüchtige verspüren großen Appetit, den sie jedoch verleugnen. Sie erstreben ein Schlankheitsideal durch extrem niedriges Gewicht, stets mit der Angst dick zu werden. Nach der Gewichtsabnahme hunger sie weiter, selbst bei bedrohlicher Gesundheitsschädigung. Betroffen sind überwiegend Frauen zwischen 15 und 25 Jahren. Für die Behandlung der psychisch-körperlichen Erkrankungsursachen ist ärztlicher Rat erforderlich.

Bulimie - eine verheimlichte Krankheit:
Von der Ess-Brechsucht sind überwiegend Frauen zwischen 15 und 35 Jahren betroffen. Nach heimlichen Fressanfällen mit Energieaufnahme folgt durch die krankhafte Angst vor dem Dickwerden das Erbrechen. Für Außenstehende bleibt die Krankheit oft verborgen, da die Kranken kein oder wenig Übergewicht haben. Neben Depressionen können körperliche Erkrankungen u.a. von Zahnschmelz, Magen-Darm, Haaren, Herz-Kreislauf auftreten. Die ärztliche Behandlung ist erforderlich.

3.3.3 Kost für Kranke und Genesende
🇫🇷 *alimentation pour malades et convalescents*
🇬🇧 *food for sicks and convalescents*

Reduktionskost
🇫🇷 *régime amaigrissant*
🇬🇧 *reducing diet, slimming diet*

Das Servicepersonal wird zunehmend nach dem **Energiegehalt** der angebotenen Speisen befragt. Da etwa 30 % der Bevölkerung überernährt sind, müssen auch in der Gastronomie Speisen angeboten werden, die „leicht" sind und den gesundheitlichen Bestrebungen der Gäste zum Abnehmen gerecht werden. Energiereduzierte Speisen werden auch auf Speisekarten und Speiseplänen der Gemeinschaftsverpflegung als Reduktionskost gesondert aufgeführt.
Reduktionskost ist durch einen **beschränkten Energiegehalt** gekennzeichnet. Die Kost sollte höchstens auf 3 600 kJ/Tag reduziert werden. Bei strengen Formen, also beim Fasten, treten meistens Beschwerden wie quälendes Hungergefühl, Schwindel, Kopfschmerz, Sodbrennen auf. Weiterhin können gesundheitliche Schäden durch Nährstoffmangel entstehen. Deshalb dürfen **Fastenkuren** nur unter ärztlicher Kontrolle durchgeführt werden. Dagegen können einzelne Fastentage der Gesundheit förderlich sein.

Stoffwechsel und Kostformen

Saft-, Obst-, Reis-, Reis-Obst-Tage, einmal wöchentlich durchgeführt, entschlacken den Körper und beschränken die Energiezufuhr.
Verschiedentlich propagierte Schlankheitskuren wie Hollywoodkur, Eierkur, Punktdiät u.a. belasten wegen der Einseitigkeit der Nährstoffaufnahme den Stoffwechsel und sind abzulehnen.

> Als Richtwert für die Bestimmung des Normalgewichts wird der Body-Mass-Index zugrunde gelegt. Bei dieser Berechnung wird das Verhälnis von Körpergewicht in kg zu Körpergröße in m zum Quadrat berechnet.

$$BMI = \frac{\text{Körpergewicht in kg}}{(\text{Körpergröße in m})^2} \qquad \text{Beispiel:} \quad \frac{74 \text{ kg}}{(1{,}76)^2} = 23{,}8 \text{ BMI}$$

Vor der **Gewichtsabnahme**, die nur etwa **0,5 kg/Woche** betragen sollte, ist zu überlegen, was und wie viel wird gegessen. Eine energiereduzierte Mischkost soll zu veränderter Lebensmittelauswahl und Essverhalten und zu einem veränderten Leben führen. Bewegung durch Sport unterstützt die Gewichtsabnahme.

Regeln für Reduktionskost
- Es gelten die Regeln der vollwertigen Mischkost bei Reduzierung des Energiegehaltes.
- Mehr Frischobst und Frischgemüse möglichst roh essen. Vollkornerzeugnisse und Kartoffeln einplanen. Insgesamt reichlich Ballaststoffe aufnehmen.
- Verfeinerte, energiereiche Lebensmittel meiden (Weißzucker, Weißmehl).
- Schonende Garverfahren (Dämpfen, Dünsten) und Garverfahren ohne Fett (Grillen) auswählen.
- Speisen wenig salzen, aber reichlich Flüssigkeit aufnehmen.

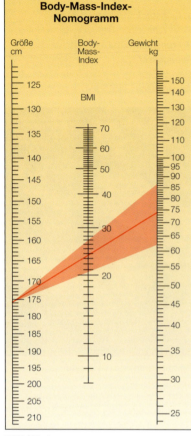

BMI-Werte
Normalgewicht: Frauen 19–24,
Männer 20–25
Übergewicht: Werte darüber
Untergewicht: unter 19

Leichte Vollkost

🇫🇷 *alimentation complète légère*
🇬🇧 *light wholefood*

Diese Kost wird auch als **Schonkost** bezeichnet. Sie dient der Entlastung des Magen-Darm-Trakts und des gesamten Stoffwechsels. Prinzipiell darf alles verzehrt werden, was **gut bekömmlich** ist. Dabei muss die leichte Vollkost auch vollwertig sein. Alle **Wirkstoffe und essentiellen Stoffe** müssen vorhanden sein. Bezüglich des Energieghaltes und der Nährstoffe gelten die Grundsätze für die vollwertige Mischkost. Die Kost ist insgesamt reizarm zu gestalten.

Beispiel eines Tagesspeiseplanes für leichte Vollkost

1. Frühstück
Mehlsuppe, Weißbrot, Butter, Bienenhonig
2. Frühstück
Milch und Zwieback
Mittagessen
Poelierte Kalbsschnitte, Blumenkohl, Petersilienkartoffeln, Heidelbeerjoghurt
Vesper
Weißbrot, Butter, Apfelgelee, Kräutertee
Abendessen
Mischbrot, Butter, fettarme Wurst, Putenbraten (ungepökelt), Magerquark mit Kräutern und Sojasprossen, Möhrenrohkost, Glas Gemüsesaft und Milchmalzkaffee

Regeln für leichte Vollkost
- **Speisen möglichst natürlich würzen.**
  Keine Würzsaucen. Keine scharfen Würzmittel wie Gewürzpaprika, Cayenne, Curry, Meerrettich, Senf, dafür frische Kräuter verwenden.
- **Möglichst mehr kleinere Mahlzeiten planen.**
  Mindestens fünf kleinere Mahlzeiten einnehmen.
- **Zeit nehmen zum Essen**
  Ruhe und Tischkultur sind weitere Bedingungen für gute Bekömmlichkeit.
- **Keine Garverfahren mit Krustenbildung anwenden.**
  Kein Braten, kein Frittieren, kein Rösten. Grillen (fettarm bei gesundem Magen) kann unter Umständen erlaubt sein. Empfohlene Garverfahren sind Garziehen, Dünsten, Dämpfen, Garen in Folie, Mikrowellengaren.

Kostformen

- **Fettarm und zuckerarm zubereiten.**
  Butter und Sonnenblumenöl in geringen Mengen werden gut vertragen. Süßigkeiten meiden, ebenso Konditoreierzeugnisse.
- **Salzarm essen.** Wenig Salz zum Würzen, nach Bedarf bei Tisch nachsalzen. Keine gepökelten und geräucherten Lebensmittel, da sie reichlich Salz enthalten und schwer verdaulich sind. Auch Würzsaucen (Sojasauce, Eiweißhydrolysate) sind stark salzhaltig, ebenso Brühwürfel.
- **Alkoholische, kohlendioxidhaltige Getränke und Kaffee nicht verwenden.**
  Kein Bohnenkaffee, schwacher schwarzer Tee wird vertragen.
- **Cellulosearmes und leicht verdauliches Gemüse verwenden.**
  Kein Rettich, keine Zwiebeln, Kohlarten, Hülsenfrüchte, Pflaumen, Gurken.
- **Mittlere Temperaturen bei der Speiseneinnahme.**
  Mäßige Verzehrtemperatur beachten, keine eisgekühlten Speisen.
- **Nicht rauchen.** Tabakrauch belastet u. a. den Magen und den Kreislauf.
- **Lebensmittel, die Beschwerden hervorrufen, vom Kostplan absetzen.**

Hühnerfrikassee, Conveniece-Erzeugnis

Kost für Diabetiker

🇫🇷 régime du diabète
🇬🇧 diet for diabetes

Diabetes (Zuckerkrankheit) wird durch **Insulinmangel** hervorgerufen. Dabei ist der **Blutzuckerspiegel erhöht**, und im Urin kann Glucose enthalten sein. Beim Diabetiker erzeugt die Bauchspeicheldrüse **zu wenig oder gar kein Insulin**. Daraus folgen Störungen im Kohlenhydratstoffwechsel. Da der Stoffwechsel der drei Grundnährstoffe eng miteinander verknüpft ist, kommt es im Verlaufe der Erkrankungen auch zu **Fett- und Eiweißstoffwechselstörungen**.

Zu unterscheiden sind **zwei Diabetes-Typen:**

Typ 1 **Absoluter Insulinmangel** besteht.

Typ 2 **Relativer Insulinmangel** besteht. Insulin wird verringert, verzögert oder uneffektiv produziert.

Diabetiker vom **Typ 1** müssen bei der Ernährung die Berechnung der Kohlenhydrate berücksichtigen. Eine strenge Diät muss jedoch nicht mehr eingehalten werden, da nach entsprechender Insulinaufnahme die Kost relativ selbständig bestimmen werden kann. Bei der Steigerung der körperlichen Aktivität (z. B. Sport, veränderte Berufsfähigkeit) muss die Kohlenhydratzufuhr erhöht oder die Insulinzufuhr reduziert werden. Für die Durchführung einer Diät und einer Insulintherapie ist eine qualifizierte Schulung Vorraussetzung.
Beim **Typ 2** genügt mitunter schon die Einhaltung einer **vollwertigen Mischkost** (→ 57) bei Einschränkung der verdaulichen Kohlenhydrate und einer verringerten Gesamtenergiezufuhr.

Berechnung
Der Gehalt an verdaulichen Kohlenhydraten wird in Broteinheiten oder Kohlenhydrateinheiten ausgedrückt.
Austauschtabellen mit entsprechenden Einheiten erleichtern die Auswahl von kohlenhydrathaltigen Lebensmitteln.

> **1 Broteinheit (BE)** entspricht **12 g verwertbare Kohlenhydrate**.
> **1 Kohlenhydrateinheit (KHE)** entspricht **10 g verwertbare Kohlenhydrate**.

> **Diabetikerkost** gehört nicht nur ins Krankenhaus, sondern muss auch in der Gastronomie und Gemeinschaftsverpflegung angeboten werden.
> *Diabetiker sind im Allgemeinen voll berufstauglich und nehmen uneingeschränkt am gesellschaftlichen Leben teil. In diesem Sinne sind sie keine „Kranken". Fast 4 Mill. Deutsche sind zuckerkrank; dieser großen Personengruppe muss auch in der Gastronomie Rechnung getragen werden.*

Apfelkuchen für Diabetiker
als Convenience-Erzeugnis 100 g ≙ 2,8 BE

> **Beispiele**
> *12 g verwertbare Kohlenhydrate,
> also 1 Broteinheit sind in 25 g Weißbrot,
> 250 g Milch, 20 g Haferflocken,
> 40 g Pommes frites, 110 g Erbsen,
> 90 g Ananas oder 100 g Apfelsaft enthalten.*

Stoffwechsel und Kostformen

1 Welche gesundheitlichen Ziele hat sich die Vollwert-Ernährung?

2 Erläutern Sie die Sozial- und Umweltverträglichkeit von folgenden Lebensmittelangeboten: frische Erdbeeren im Winter, Ananas in Dosen, Rindfleisch aus Argentinien, deutsche Möhren im Sommer.

3 Welche Speisen werden Sie älteren Gästen mit Kaubeschwerden unter Beachtung der Vollwertigkeit empfehlen?

4 Vergleichen Sie die Vollwert-Ernährung mit vollwertiger Mischkost.

5 In Deutschland liegt der tägliche Salzverzehr bei etwa 15 g. Beurteilen Sie das.

6 Stellen Sie einen Tagesspeiseplan nach der ovo-lacto-vege-tabilen Kostform auf

7 Beurteilen Sie:
Mehr als 40 % der Diabetiker, jedoch nur 1 % der Nichtdiabetiker haben Diabetiker in ihrer Verwandtschaft. Mehr als 80 % der Diabetiker sind älter als 45 Jahre.

8 Wiegen Sie eine Weißbrotscheibe ab, und beurteilen Sie, ob es sich dabei tatsächlich um eine Broteinheit handelt.

9 Sie haben erfahren, dass 220 bis 260 g verwertbare Kohlenhydrate täglich aufgenommen werden sollen. Rechnen Sie die Menge in Broteinheiten und Kohlenhydratelnheiten um.

Regeln für Diabetiker-Diät

- Bei Übergewicht zunächst das Körpergewicht normalisieren.
- Begrenzung der Fettzufuhr (unter 30 % der Tagesenergiemenge), angepasste Energiemenge.
- Die Zubereitung soll schonend und möglichst fettarm erfolgen.
- Tägliche Eiweißaufnahme zwischen 10 und 20 % der Tagesenergiemenge.
- Anstatt löslicher Kohlenhydrate (Mono- und Disaccharide) unlösliche Kohlenhydrate (Stärke) in ballaststoffreicher Kost (Cellulose) verwenden.
- 50 % der Tagesenergiemenge sollen aus Kohlenhydraten kommen, das sind 220–260 g. Die verwertbaren Kohlenhydrate müssen berechnet werden.
- Täglich 6–7 kleinere Mahlzeiten. Verteilung der Kohlenhydrate auf diese kleineren Mahlzeiten.
- Traubenzucker in reiner Form oder als Bestandteil von Lebensmitteln bzw. Speisen sind ungeeignet. Süßstoffe und Zuckeraustauschstoffe begrenzt verwenden (➔ 47f).
- Wirkstoffreiche Kost zubereiten. Obst und Gemüse zur Wirkstoff- und Ballaststoffversorgung regelmäßig aufnehmen. 2–3 BE als Obst aufnehmen (90 g Ananas, 110 g Apfel, 90 g Birne). 200 g Gemüse, Salate, Pilze, außer Bohnen, Mais und Rote Bete, ohne Berechnung verwenden.
- Brot, Kartoffeln und Getreideerzeugnisse müssen berechnet werden. Stets Vollkornerzeugnisse bevorzugen.
- Mindestens 1 BE durch Milch oder Milcherzeugnisse aufnehmen, um Ca-Zufuhr zu gewährleisten (z. B. 250 g Milch oder Joghurt aller Fettstufen).

3.4 Energie- und Nährstoffbedarf

🇫🇷 énergie et en substances nutritives
🇬🇧 energy and nutrient requirement

Für die gesundheitsfördernde Ernährung müssen **Nährstoffe** und **Energie** im ausgewogenen Verhältnis aufgenommen werden.

Energiegehalt

| Der Energiegehalt von Lebensmitteln wird in Kilojoule (kJ) gemessen.

Nährstoffe

Berechnet werden die **Grundnährstoffe** Kohlenhydrate, Fette und Eiweißstoffe. Sie liefern folgende verwendbare Energiemengen in Gramm:

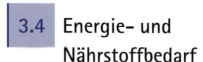

Kohlenhydrate: **17 kJ**   Fette **37 kJ**   Eiweißstoffe **17 kJ**

Wichtig ist auch die aufgenommene Menge an Wirkstoffen, also an Vitaminen und Mineralstoffen. Schließlich werden auch andere Lebensmittelbestandteile mit besonderer physiologischer Wirkung berechnet, wie essentielle Stoffe und Cholesterin.

Bei Aufnahme größerer Alkoholmengen scheidet der menschliche Organismus energiereiche Verbindungen aus. Der Energiegehalt des Ethanols wird dann nicht mehr voll ausgenutzt.

Als Energielieferant hat außerdem nur noch der Alkohol in mäßigen Mengen eine Bedeutung.

Ethanol: **29 kJ**

Energie- und Nährstoffbedarf

Mit dem **Dreisatz** lassen sich Nährstoff- und Energiewerte einfach ermitteln. Durch **Addition** können aus den Einzelmengen die Gesamtmengen an Nährstoffen und Energie errechnet werden.

Gerundet werden die Gramm- und Kilojoule-Angaben innerhalb der Rechnungen auf zwei Stellen nach dem Komma, im Ergebnis auf ganze Zahlen. Zur einfacheren Berechnung werden Literangaben von Flüssigkeiten in Gramm umgerechnet, dabei wird 1 Liter stets als 1 kg angenommen.

Nährstoff- und Energiegehalte können Nährstofftabellen (→ 346) oder der CD-ROM Küchenprofi-Rezepturverwaltung entnommen werden, dabei beziehen sich die Angaben in der Tabelle jeweils auf 100 g des Lebensmittels.

Beispielaufgabe

Hotelfachfrau Helga vergleicht jeweils einen halben Liter Vollmilch (Trinkmilch 3,5 % Fett) mit entrahmter Milch (Magermilch) hinsichtlich Energiewert, Anteil an Grundnährstoffen und Vitamingehalt.

Tabellenwerte (→ 346 ff.)

Lebensmittel 100 g	Eiweiß g	Fett g	Kohlenhydrate g	Vitamine	A µg	B$_1$ mg	C mg
Trinkmilch 3,5 % Fett	3,3	3,5	4,76		33	0,04	1,7
Trinkmilch, entrahmt	3,5	0,1	5,0		2	0,04	2,0

Lösungsweg

```
100 g Vollmilch ≙ 3,3 g Eiweiß       16,5 g Eiweiß       × 17 kJ/g = 280,5 kJ
500 g Vollmilch ≙  x  g Eiweiß       17,5 g Fett         × 37 kJ/g = 647,5 kJ
                ×  16,5 g Eiweiß     23,8 g Kohlen-      × 17 kJ/g = 404,6 kJ
                                           hydrate
                                                                   1332,6 kJ
```

Lösung

Lebensmittel 500 g	Eiweiß g	Fett g	Kohlenhydrate g	kJ	Vitamine	A µg	B$_1$ mg	C mg
Trinkmilch 3,5 % Fett	16,5	17,5	23,8	1332,6		165	0,2	8,5
Trinkmilch, entrahmt	17,5	0,5	25,0	741,0		10	0,2	10

Bewertung

- Eiweiß- und Kohlenhydratgehalt sind annähernd gleich.
- Der Fettgehalt in der entrahmten Trinkmilch ist gering, dadurch beträgt der Energiegehalt auch nur annähernd die Hälfte.
- Bei der fettreichen Vollmilch ist das fettlösliche Vitamin A reichlich vertreten.
- Die beiden wasserlöslichen Vitamine sind in beiden Milchsorten in etwa gleicher Menge enthalten.

Insgesamt ist die entrahmte Trinkmilch als ein sehr wertvolles Lebensmittel einzuschätzen und bis auf Fettgehalt und Vitamin A der Trinkvollmilch gleichwertig.

1. Ermitteln Sie den Fettgehalt von jeweils 100 g :
Roggenbrot, Weißbrot, Butter, Margarine, Aal, Flunder, Gans, Brathähnchen, Blumenkohl, Spargel, saure Sahne 10 %, mageres Rindfleisch, Leberwurst, fein , Salami.

2. Wie viel Energie enthalten die folgenden Rohstoffeinsatzmengen?
80 g Lachs, 150 g Schweineschnitzel, 50 g Roggenbrot, 200 g Salzkartoffeln.

3. Eine Portion Emmentaler (45 % Fett i.Tr.) wiegt 55 g. Errechnen Sie die enthaltenen Nährstoffe in g.

4. Errechnen Sie den Nährstoff- und Energiegehalt von einem Paar Wiener Würstchen (120 g) und einem Weizenbrötchen (45 g).

5. Eine Zwischenmahlzeit besteht aus 2 Tassen Tee mit Zucker (8 g) sowie einem Stück Aprikosenkuchen (2 g Eiweiß, 7 g Fett, 37 g Kohlenhydrate). Ermitteln Sie die aufgenommenen Nährstoffe in g sowie den Energiegehalt der Zwischenmahlzeit.

6. Errechnen Sie den Nährstoff- und Energiegehehalt von einer Portion Käsespätzle. Rezeptur für 10 Portionen Käsespätzle (→ 187).

hygiène des denrées alimentaires
food sanitation

4 Hygiene im Umgang mit Lebensmitteln

4.1 Notwendigkeit der Lebensmittelhygiene

 Im Lebensmittel- und Futtermittelgesetzbuch sind Forderungen an Lebensmittel festgelegt, die auch die hygienische Unbedenklichkeit betreffen:
§ 5 Es ist verboten, Lebensmittel für andere derart herzustellen oder zu behandeln, dass ihr Verzehr gesundheitsschädlich [...] ist.

Lebensmittel sollen ernährungsphysiologisch hochwertig sein (Nährwert, Genusswert) und gute technologische Eigenschaften aufweisen. An erster Stelle steht jedoch die **gesundheitliche Unbedenklichkeit**.

Lebensmittel sind empfindlich gegenüber Umgebungseinflüssen, wie Wärme, Licht, Luft, Feuchte. Sie verderben durch enzymatischen Lebensmittelabbau und durch das Wirken übertragener Mikroorganismen. Chemische Giftstoffe und andere Schadstoffe können ebenfalls in die Lebensmittel gelangen. Derartig verunreinigte, verdorbene oder vergiftete Lebensmittel sind mitunter schwer erkennbar und können gefährliche Erkrankungen auslösen.

Der **hygienischen Beurteilung** von Lebensmitteln und der Erhaltung ihrer Verzehrfähigkeit kommt im Interesse der Verbraucher vorrangige Bedeutung zu.

Die Lebensmittelhygiene (griechisch: **hygieia** = **Göttin der Gesundheit**, Hygiene = Gesundheitslehre) untersucht die Ursachen und die Auswirkungen der **Lebensmittelverunreinigung**, des Lebensmittelverderbs und **Möglichkeiten**, sie zu vermeiden.

Zu Verunreinigungen und zum Verderb von Lebensmitteln kann es innerhalb des gesamten Lebensmittelverkehrs kommen, also bereits bei der Produktion, bei der Lagerung, im Handel, aber auch später bei der Zubereitung.

Ursachen für Lebensmittelverunreinigung und Lebensmittelverderb:
- mechanische Beschädigungen (Stoß, Schlag usw.)
- Übertragung von Mikroorganismen durch Unsauberkeit oder technologische Fehler
- Umweltbelastungen (z. B. Pflanzenschutzmittel, Düngemittel, Schädlingsbekämpfungsmittel)
- Auftreten von Parasiten (z. B. Spulwürmer, Finnen, Trichinen)
- Schädlingsbefall oder Verunreinigung durch Haustiere (z. B. Insekten, Würmer, Nagetiere)
- enzymatischer Abbau, (z. B. durch Überlagerung)

Persönliche Hygiene

Betriebs- und Arbeitsmittelhygiene
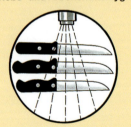

Hygiene der Zutaten und Speisen

Teilbereiche der Lebensmittelhygiene

Die Lebensmittelhygiene gliedert sich in die Teilbereiche:

- Persönliche Hygiene
- Betriebs- und Arbeitsmittelhygiene (einschließlich Bedarfsgegenstände)
- Hygiene der Zutaten und Speisen

Mikrobiologische Grundlagen

Das **Ziel** der Lebensmittelhygiene besteht in der **Verhinderung des Lebensmittelverderbs** und damit im **Schutz vor Gesundheitsschäden**. Voraussetzung für einen optimalen Verbraucherschutz ist, dass bei Herstellung, Handel, Lagerung und Zubereitung die Grundsätze der Lebensmittelhygiene strikt beachtet werden. Rechtsvorschriften und die Überwachungsorgane gewährleisten den **Verbraucherschutz**. Andererseits kann sich jeder Einzelne durch verantwortungsvollen Umgang mit Lebensmitteln selbst schützen.

Wirksame Lebensmittelhygiene stellt auch ein **wirtschaftliches Erfordernis** dar. Kosten entstehen nicht nur durch Lebensmittelverluste, sondern beispielsweise auch durch Arbeitsausfall und erforderliche medizinische Versorgung bei Lebensmittelvergiftungen oder durch Schadenersatzansprüche. Zu Kosten kommt es außerdem vielfach nach Beanstandungen durch Bußgeldbescheide. Bei schwerwiegenden Verstößen drohen sogar Betriebsschließungen und Berufsverbote.

Die Lebensmittelhygiene hat eine **verkaufspsychologische Seite**: Sauberkeit und Appetitlichkeit stärken das Vertrauen der Gäste und beeinflussen damit den Umsatz günstig.

> *In der Gastronomie werden von den zuständigen Überwachungsorganen immer wieder schwerwiegende Mängel festgestellt.*
> *Typische Beanstandungen sind:*
> - *Unsauberkeit und Unordnung*
> - *bauliche Mängel*
> - *verdorbene Lebensmittel*

4.2 Mikrobiologische Grundlagen

Für den Lebensmittelverderb bis hin zur Lebensmittelvergiftung sind **biochemische Abbaureaktionen** in den Lebensmitteln verantwortlich.

Ursachen für den Lebensmittelverderb	Auswirkungen auf die Lebensmittel
Mikroorganismen	Gären, Schimmeln, Faulen, Säuern
Lebensmittelenzyme	Abbau der Grundnährstoffe
Umgebungseinflüsse (z. B. Luft, Feuchtigkeit)	Fette, Vitamin C und Aromastoffe werden verändert
Strukturänderungen in Lebensmitteln	Austrocknung, Quellung oder Aromaverlust – Altwerden führt ebenfalls zum Verderb

Arbeit mit dem Mikroskop

4.2.1 Vorkommen, Arten von Mikroorganismen

Mikroorganismen werden auch als Kleinstlebewesen oder kürzer als Mikroben oder Keime bezeichnet.
Der Name **Kleinstlebewesen** hat seine Berechtigung, denn diese Organismen sind einzeln mit bloßem Auge nicht wahrnehmbar.
Mikroorganismen haben einen Durchmesser zwischen 5 bis 20 µm (1 Mikrometer sind $1/1\,000\,000$ m). Bei größerer Vermehrung zu mehreren Millionen können Anhäufungen als sogenannte Kolonien sogar ohne optische Hilfsmittel festgestellt werden. Unter dem Mikroskop lassen sich verschiedenste Arten und Formen unterscheiden.

Hygiene im Umgang mit Lebensmitteln

Vorkommen und Übertragung der Mikroorganismen

Mikroorganismen sind in der Natur **allgegenwärtig** (ubiquitär). Sie sind nicht an einen bestimmten Standort gebunden. Mikroorganismen sind selbst nicht sehr beweglich, deshalb benötigen sie Transportmittel. In Lebensmitteln finden sie günstige Wachstums- und Vermehrungsbedingungen; Lebensmittel gelten als von Mikroorganismen bevorzugte Nährböden.

Auf dem Brot sind sie als Schimmel, auf der Wurst als schmierige Schicht und auf dem Obst als Faulstellen unerwünscht. Sie schädigen Lebensmittel, verursachen den Verderb oder rufen Erkrankungen hervor. Andererseits tragen Mikroorganismen zum Kreislauf in der Natur bei, indem sie Abfälle in verwertbare organische Stoffe umsetzen (Kompost) oder Gewässer, insbesondere Abwasser (biologische Kläranlagen), reinigen.

Kulturmikroben können in technologischen Prozessen unentbehrlich sein.

Arten von Mikroorganismen

Für die Lebensmittelhygiene und die Lebensmittelproduktion sind die drei Mikroorganismenarten **Bakterien**, **Hefen** und **Schimmelpilze** von Bedeutung. Sie unterscheiden sich maßgeblich durch die Art der Vermehrung.

	Bakterien	Hefen	Schimmelpilze
Vermehrung durch:	Teilung	Sprossung oder Sporen	Fadenwerk mit Fruchtkörpern und Sporen

Bakterien

Bakterien weisen unterschiedliche äußere Formen auf:
Stäbchenform, Kugelform, Kommaform, Schraubenform

Die Bakterienformen können einzeln, in langen Ketten, als paketförmige oder unregelmäßige Ablagerungen vorkommen. Bakterien vermehren sich durch **Teilung**, indem sich eine Mutterzelle einschnürt und dadurch zwei neue Tochterzellen erzeugt.

Bazillen sind Bakterien, die unter ungünstigen Lebensbedingungen, z. B. Nahrungsmangel, Wassermangel, Hitzeeinwirkung, als Überlebensform Sporen ausbilden. Bei Einwirkung von Säuren oder Desinfektionsmitteln entstehen durch Abgabe von Zellsaft Sporen. In der Spore ruht die gesamte zum Überleben notwendige Zellsubstanz. **Sporen** verfügen über eine hohe Widerstandsfähigkeit gegenüber ungünstigen Umwelteinflüssen. Beim Entstehen günstigerer Lebensbedingungen entwickeln sich aus den Sporen wieder intakte Bakterien.

Bakterien können als Ausscheidungsgifte (Exotoxine) oder als Innengifte (Endotoxine) in höchstem Maße unerwünscht wirken.

Exotoxine sind Giftstoffe, die als Stoffwechselprodukte von Bakterien ausgeschieden werden.

Endotoxine sind Giftstoffe, die erst nach dem Zerfall der Bakterienzellen freigesetzt und beim Menschen erst durch die Verdauung wirksam werden.

Vorkommen und Übertragung der Lebensmittelvergifter

Mikroorganismen
Fäulniserreger, Krankeitserreger
Begünstigt durch Unsauberkeit, Unordnung, mangelnde Warenpflege, Fehler in der Verfahrensführung

▼

Überträger
Mensch, Insekten, Bedarfsgegenstände, Lebensmittel, Luft

▼

Speisen
Besonders gefährdet: Fleisch, Fleischerzeugnisse, Geflügel, Fischerzeugnisse, Milch, Obst, Gemüse, Eier, Speiseeis

▼

Verbraucher
Einzelerkrankungen, Massenerkrankungen

Bakterienvermehrung — **Sporenbildung**

Wichtige Bakterienarten

Salmonellen

Clostridien

Staphylokokken

Laktobazillen

Mikrobiologische Grundlagen

Erwünscht sind Bakterien dagegen beispielsweise bei der Herstellung von Gärungsessig (Essigsäurebakterien), Sauermilcherzeugnissen, Sauerkraut, Salzgurken (Milchsäurebakterien) oder bei der Rohwurstreifung (Mikrokokken).

Bei Lebensmittelinfektionen werden Krankheiten durch Keime verursacht (z. B. Salmonellen), während bei einer Lebensmittelintoxikation die Erkrankung durch Stoffwechselprodukte ausgelöst wird (z. B. von Staphylokokken).

Hefen

Hefen sind ovale bis rundliche einzellige Pilze. Sie kommen in der Natur als sogenannte **wilde Hefen** vor. Die Lebensmittelproduktion nutzt in großem Maße **Reinzuchthefen** für biochemische Prozesse. So dienen sie unter anderem zur Herstellung von Backwaren (**Backhefe**), Wein (**Weinhefe**) und Bier (**Bierhefe**). Durch entsprechende Lebensbedingungen (Temperatur, Feuchte) kann Hefewachstum gesteuert werden. Die **ungeschlechtliche** Vermehrung geschieht durch Sprossung, d. h. durch Ausbildung von Tochterzellen, die ihrerseits Sprossverbände bilden. Verschiedene Hefen vermehren sich durch **Fortpflanzungszellen**, die als Sporen bezeichnet werden. Diese Sporen sind nicht mit den gleichnamigen Dauerformen zu verwechseln, die insbesondere für Bazillen typisch sind.

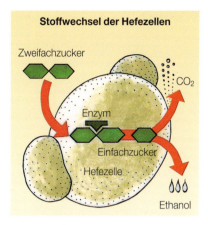

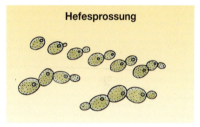

Schimmelpilze

Schimmelpilze sind anspruchslose Mehrzeller. Sie gedeihen noch auf relativ trockenen Lebensmitteln und lassen sich nach Form und Farbe unterscheiden:

Form	Farbe
Köpfchen-, Gießkannen-, Pinselform	Grau, Gelb, Grün, Schwarz

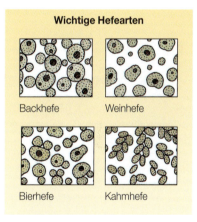

Die Vermehrung der Schimmelpilze (Sporenpilze) erfolgt durch Sporen. Auf Nährböden bilden Sporen ein Fadengeflecht, auch **Myzel** genannt, das dann in den Nährboden hineinwächst. Aus dem Geflecht wachsen Fruchtkörper. Es entstehen Schimmelrasen. Formen und Farben der Fruchtkörper sind für unterschiedliche Schimmelarten typisch.

Durch **Luftbewegung** werden die Sporen übertragen, beispielsweise in unerwünschter Weise durch den Luftstrom im Kühllager. Schimmelpilze zersetzen das als Nährboden dienende Lebensmittel enzymatisch und rufen dadurch Aroma-Veränderungen hervor. Diese können als **Kulturschimmelbildung erwünscht** sein (Edelpilzschimmel: Camembert-, Roquefort-Schimmel oder Edelpilzbelag auf Rohwürsten). Überwiegend stellen sie jedoch bei wildem Schimmel als **Lebensmittelvergifter** eine große Gefahr dar. Stoffwechselprodukte der Schimmelpilze können stark giftig (toxisch) sein. Derartige Giftstoffe werden **Mykotoxine** genannt. Eine besonders gefährliche Gruppe stellen die in Nüssen vorkommenden Aflatoxine dar. Die **Aflatoxine** gelten als leberschädigend.

Hygiene im Umgang mit Lebensmitteln

4.2.2 Lebensbedingungen der Mikroorganismen

Für die Vermehrung und die Ausbreitung der Mikroorganismen sind **bestimmte Lebensbedingungen** wesentlich. Fehlen günstige Lebensbedingungen, stellen die Mikroorganismen das Wachstum und die Vermehrung ein. Verschiedene Mikroorganismen bilden Überlebensformen **(Sporen)**, andere sterben ab.

> Mikroorganismen brauchen besondere Lebensbedingungen hinsichtlich:
> Nahrung, Wasser (a_w-Wert), Temperatur, pH-Wert,
> Sauerstoff, sowie Salzkonzentration

Nahrung
Die meisten Mikroorganismen decken den Energiebedarf aus dem Abbau organischer Verbindungen, besonders von Kohlenhydraten, Eiweißstoffen und Fetten. Deshalb stellen viele Lebensmittel, die reich an Grundnährstoffen sind, hervorragende Nährböden dar. Gleiches gilt für Abfälle oder Verschmutzungen mit entsprechenden Nährstoffen. Die Mikroorganismenarten verwerten verschiedene Nährstoffe besonders gut:

Mikroorganismenvermehrung in einem Lebensmittel

Zeit	Mikroorganismen
13 Uhr	3 267 800
12 Uhr	409 600
11 Uhr	51 200
10 Uhr	6 400
9 Uhr	800
8 Uhr	100

Mikroorganismenart	Nährstoffe	Lebensmittel
Hefen	Mono- und Disaccharide	Obst
Bakterien (Fäulniserreger)	Eiweißstoffe	Fleisch, Fisch, Milcherzeugnisse
Schimmelpilze	Eiweißstoffe, Fett Mono- und Disaccharide	Brot, Milcherzeugnisse

*Jede Mikroorganismenart hat einen Temperaturbereich, in dem die Vermehrung besonders stark ist **(Temperaturoptimum)**, und eine Mindesttemperatur, unterhalb der keine Vermehrung mehr möglich ist **(Temperaturminimum)**. Die Kenntnis der besonderen Temperaturansprüche von Mikroorganismenarten, die Lebensmittelverderb oder -vergiftungen verursachen, ist für die Lagerhaltung wichtig. Bei allen Erhitzungsverfahren erfolgt eine sichere Abtötung der vorhandenen Mikroorganismen, wenn die Lebensmittel für einige Minuten im Kernbereich auf 90 bis 98 °C erhitzt werden.*

Temperatur
Das Wachstum der Mikroorganismen ist von der Temperatur abhängig. Die günstigste Wachstumstemperatur der meisten Mikroorganismen liegt allgemein **zwischen 30 und 40 °C** (ähnlich der Körpertemperatur). Allerdings gibt es Mikroorganismengruppen, die auch bei niedrigeren oder höheren Temperaturen **optimale Wachstumsbedingungen** haben.

Nach dem jeweiligen Temperaturoptimum lassen sich Mikroorganismen folgendermaßen in Gruppen einteilen:
psychrophil (kälteliebend)   0 bis 20 °C Temperaturoptimum
mesophil (mittlere Temperaturen liebend)   20 bis 40 °C Temperaturoptimum
thermophil (wärmeliebend)   40 bis 60 °C Temperaturoptimum

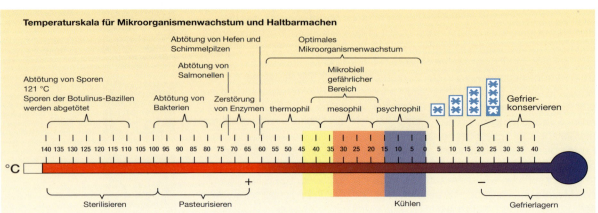

Mikrobiologische Grundlagen

Wasser

Mikroorganismen benötigen das Wasser als Baustoff, Transport- und Lösungsmittel: Vom Wassergehalt in Lebensmitteln ist nur ein Teil für die Mikroorganismen verwendbar: das frei verfügbare Wasser (**aktives Wasser** → 23).

pH-Wert

Für die Entwicklung der Mikroorganismen ist das Milieu ihrer Umgebung von großer Bedeutung. Dieses Milieu kann **neutral**, **sauer** oder **basisch** sein. Die unterschiedlichen Mikroorganismenarten benötigen einen speziellen pH-Wert für ihre optimale Entwicklung.

a_w-Wert-Messgerät

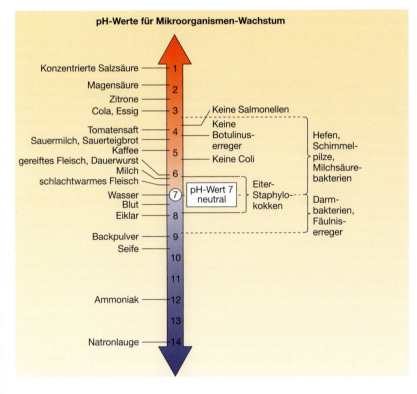

Wachstumsgrenze der Mikroorganismen (Minimum)

Mikroorganismen	a_w-Wert	Lebensmittel
	1,00	reines Wasser
	0,98	Hackfleisch
	0,97	Bierschinken
	0,95	frisches Gemüse
Bakterien	0,93	
Hefepilze	0,88	
Schimmelpilze	0,80	gereifter Hartkäse
	0,60	Trockenobst
	0,50	Mehl

Sauerstoff

Verschiedene Mikroorganismenarten benötigen Sauerstoff. Sie werden als **aerobe** Mikroorganismen bezeichnet. Die **anaeroben** Mikroorganismen entwickeln sich dagegen nur ohne Sauerstoff. Schließlich gibt es Mikroorganismen, die mit oder ohne Sauerstoff existieren können. Sie werden als **fakultativ anaerob** (fakultativ [lateinisch]: wahlfrei – aerob [griechisch]: Sauerstoff zum Leben brauchend) bezeichnet.

aerobe Mikroorganismen	Essigsäurebakterien, Bazillen, Schimmelpilze
fakultativ anaerobe Mikroorganismen	Hefen, Fäulniserreger, Eitererreger
anaerobe Mikroorganismen	Botulinus-Bazillen, Hefen

1 Zählen Sie hygienisch risikoreiche Lebensmittel auf und begründen Sie.
2 Worin besteht das Ziel der Lebensmittelhygiene?
3 Nehmen Sie eine Gliederung der Hygiene in Teilgebiete vor.
4 Geben Sie eine Einteilung der Mikroorganismen in drei Gruppen.
5 Beschreiben Sie die Lebensbedingungen der Mikroorganismen.
6 Berechnen Sie, mittels der Grafik in welcher Zeit sich die Mikroorganismen jeweils verdoppeln.

Hygiene im Umgang mit Lebensmitteln

 parasites
pests

Ein Viertel der Weltgetreideernte wird jährlich durch Schädlinge vernichtet.
Bei einer jährlichen Welternte von durchschnittlich 1,8 Milliarden Tonnen Getreide wäre das ein jährlicher Verlust von 0,45 Milliarden Tonnen Getreide.

4.3 Schädlinge

Schädlinge ernähren sich von Lebensmitteln, insbesondere von solchen, die als Verunreinigungen im Arbeitsbereich verbleiben. **Schmutz, Unordnung** und **defekte Lagereinrichtungen** begünstigen die Schädlingsentwicklung genauso wie entsprechende klimatische Bedingungen (Wärme und Feuchte).
Eine wirksame und dabei ungefährliche Schädlingsbekämpfung stellen ständige gewissenhafte **Warenpflege** und **Sauberkeit** dar. Angelieferte Lebensmittel müssen vor der Einlagerung sorgfältig auf Schädlinge untersucht werden. Bei Schädlingsbefall ist die Warenannahme zu verweigern.
Der Einsatz **chemischer Bekämpfungsmittel** sollte nur dann erwogen werden, wenn einem bereits vorhandenen Schädlingsbefall nicht mehr anders begegnet werden kann. Dabei sind die vorgeschriebenen Vorsichtsmaßnahmen, insbesondere die gesetzlichen Bestimmungen, zu beachten.

Lebensmittelschädlinge

Schmeißfliege mit Eiern und Made

Küchenschabe

Mehlmilbe

Mehlmotte

Schädlinge	Vorkommen	Bekämpfung
Nagetiere		
Mäuse, Ratten	Lebensmittel-lagerräume	Schutzgitter an Fenstern, ständige Kontrolle von Öffnungen im Bauwerk, (z. B. von Schleusen, Abflüssen), Lockfallen, Giftköder
Insekten		
Fliegen, Schaben, Motten, Milben, Käfer	Feuchte Lebensmittel, feuchtwarme Arbeitsräume, Getreide, Mehl, Brot	Beseitigung der Brut, Fliegengitter anbringen, Kontrolle der Winkel, Spalten, Ritzen von Betriebsräumen. Nicht benötigte Lebensmittel verpacken, abdecken oder zurückbringen in geschützte Lagerräume

Schädlingsbekämpfungsmittel dürfen nicht mit Lebensmitteln in Berührung kommen. Sie sind getrennt von Lebensmitteln zu lagern und gehören demzufolge nicht in Produktions-, Verkaufs- oder Lebensmittellagerräume. Bei der Schädlingsbekämpfung sind die Lebensmittel zu schützen, oder besser vorher auszuräumen.

4.4 Lebensmittelschädigungen und Lebensmittelverderb

Mikroorganismen sind dann **unerwünscht**, wenn sie Lebensmittel schädigen oder den Lebensmittelverderb herbeiführen. Stets unerwünscht sind die bereits beschriebenen Lebensmittelschädlinge. Sie richten Fraßschäden an, verunreinigen Rohstoffe und übertragen Krankheitserreger.
Lebensmittelschädlinge und Mikroorganismen können beim Menschen **typische Erkrankungen** hervorrufen:
- **Darmerkrankungen** werden häufig durch Infektionen mit Bakterien verursacht.

 Was ist eigentlich Fäulnis?
Fäulnis ist ein überwiegend von Bakterien, aber auch von Hefen und Schimmelpilzen verursachter enzymatischer Abbauprozess, der über Zwischenstufen zu Abbauprodukten wie Ammoniak, Kohlendioxid und Schwefelwasserstoff führt.

Lebensmittelschädigungen und Lebensmittelverderb

- **Infektionen** mit Wurmparasiten führen zu schleichend verlaufenden Erkrankungen.
- **Lebensmittelvergiftungen** werden auch durch in Lebensmittel gekommene, zugesetzte oder sich in den Lebensmitteln entwickelnde **Giftstoffe** (z. B. bei verschimmelten Lebensmitteln, Pflanzenschutz- oder Tierarzneimittel-Rückständen) verursacht.
- **Allergien**, die meist auf Eiweißunverträglichkeit beruhen.

Bestimmte Formen des Lebensmittelverderbs nehmen unsere **Sinnesorgane** leicht wahr. Damit ist es möglich, verdorbene Lebensmittel auszusondern und zu vernichten. Andere Verderbformen sind ohne besondere Hilfsmittel kaum erkennbar und deshalb besonders gefährlich.

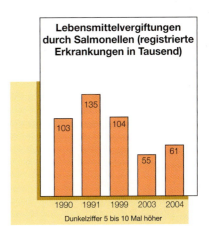

Wahrnehmbarer Lebensmittelverderb	Nicht wahrnehmbarer Lebensmittelverderb
Farbveränderung Schimmelbildung Gärung Fäulnis Säuerung Ranzigkeit Schädlingsbefall	Mikroorganismenbefall (z. B. Salmonellen) Toxinbildung (z. B. Pilzgifte) Chemische Verunreinigungen (z. B. Reinigungsmittelrückstände) Physikalische Verunreinigungen (z. B. Glasscherben)
Ungenießbar – kein Verzehr → **Abfall**	Auf den ersten Blick genießbar – Verzehr möglich → **Lebensmittelvergiftung**

Mikroorganismenbefall gilt als gefährlich, weil er mit bloßem Auge nicht wahrnehmbar ist. Vorsicht ist vor den weitverbreiteten drei Lebensmittelvergiftungen **Eiter-Staphylokokken**, **Salmonellen** und **Botulinus-Bazillen** geboten. Aber auch **Coli-Bakterien**, **Schimmelpilze** sowie der enzymatisch oder mikrobiell bedingte **Eiweißabbau** verursachen Lebensmittelvergiftungen.

Lebensmittel-vergifter	Merkmale Wirkung	Anfällige Lebensmittel
Eiter-Staphylo-kokken	Eitererreger, bei Temperaturen über 80 °C abgetötet, dagegen sind verschiedene der erzeugten Gifte durch Hitze nicht inaktivierbar, 3–6 h Inkubationszeit (Zeit von der Ansteckung bis zum Ausbruch einer Krankheit). Erbrechen, Durchfall, Kollaps, Kreislaufstörungen. Übertragbar aus eiternden Wunden, aus Nasen- und Rachenschleim auf Lebensmittel.	Salate, Cremen, Milch, Frischmilch, Konditorerzeugnisse, Fleischerzeugnisse, Fisch, Fischerzeugnisse
Salmonellen	Darmbakterien, bei Temperaturen über 70 bis 80 °C abgetötet. Bei massenhaftem Auftreten: Übelkeit, Erbrechen, Fieber. Vorsicht vor Ausscheidern (Menschen, die Salmonellen übertragen, ohne selbst zu erkranken). Meldepflichtige Krankheit.	Tierische Lebensmittel, Geflügelfleisch, insbesondere gefroren, Eier, Eiererzeugnisse, Wild, Frischmilcherzeugnisse, Schlachtfleisch, insbesondere Hackfleisch und andere nicht durchgarte Speisen

Vorsicht Ehec – Berichte über Darmbakterien!
Ehec (Abkürzung für enterohämorrhagische Escherichia coli) können Infektionen mit Todesfolge auslösen. Die Bakterien kommen in den Därmen von Rindern, Schafen und Ziegen vor. Sie können bei Vernachlässigung von Hygienegrundsätzen auf Fleisch und in die Milch gelangen oder auch durch Schmierinfektionen von Mensch zu Mensch übertragen werden. Der Verzehr von Rohmilch, Frischkäse aus Rohmilch, rohem Fleisch (Tartar) sowie nicht durchgegarten Speisen (Roastbeef rosa) ist von besonders gefährdeten Personengruppen (Kleinkinder, alte und abwehrgeschwächte Menschen) zu meiden. Gelagerte Speisen sollten bis auf 70 °C erhitzt werden, damit die Ehec-Bakterien abgetötet werden.

1. Erklären Sie den Begriff Toxin.
2. Warum begünstigt das Warmlagern von Lebensmitteln den Verderb durch Mikroorganismen?
3. Begründen Sie, warum insbesondere eiweißreiche und wasserreiche Lebensmittel verderbgefährdet sind.

Hygiene im Umgang mit Lebensmitteln

Mikrobielle Lebensmittelvergiftungen werden begünstigt durch
- *ungenügendes Durchgaren (Kerntemperatur [Temperatur im Kern des Lebensmittels] unter 80 °C während weniger als 10 min),*
- *langes Warmhalten unter 70 °C,*
- *unzureichende Abkühlung der Speisen, im Temperaturbereich von 25 bis 45 °C besonders gefährlich,*
- *ungenügende Reinigung und Desinfektion,*
- *Schmierinfektionen, Ausscheider*

Lebensmittel-vergifter	Merkmale Wirkung	Anfällige Lebensmittel
Botulinus-Bazillen	Anaerobe Bodenbazillen. Bei 121 °C nach 20 Minuten einschließlich der Sporen abgetötet. Sie erzeugen ein hitzeempfindliches Nervengift (zerstört in 30 Minuten bei 80 °C). Meist über Geruch. Muskellähmungen enden oft tödlich. In Deutschland werden jährlich Todesfälle verzeichnet. Meldepflichtige Krankheit.	Fleisch-, Gemüse- und säurearme Obstkonserven, vakuumierte Fleisch- und Wursterzeugnisse (botulos – Wurst), Schinken und andere Räuchererzeugnisse. Anhaftende Erde (Clostridien) an Lebensmitteln.
Coli-Bakterien	Im Stuhl vorkommend, gelten als Indikatoren für fäkale Verunreinigungen, verursachen Darminfektionen.	Trinkwasser, eiweißreiche Lebensmittel
Schimmelpilze	Im Pilzgeflecht (Myzel) können sich Mykotoxine bilden, d. h. von Schimmelpilzen gebildete Giftstoffe. Sie sind wasserlöslich und durchdringen meist das gesamte Lebensmittel. Schimmelpilze sind leberschädigend und krebserregend.	Erdnüsse, Hasel-, Walnüsse, Mandeln, Getreide, Kokosraspel, Mohn
Giftige Eiweiß-abbaustoffe	Eiweiß wird enzymatisch, inbesondere mikrobiell abgebaut. Dabei entstehen zunächst freie Aminosäuren, dann aber auch giftige Abbaustoffe, wie Schwefelwasserstoff usw. Schließlich entstehen auch die physiologisch wirksamen biogenen Amine, die ebenfalls Gesundheitsstörungen hervorrufen können (z. B. Blutdruckabfall, Migräne).	Eiweißreiche Lebensmittel, insbesondere Fisch oder Fleisch, Käse

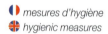

🇫🇷 mesures d'hygiène
🇬🇧 hygienic measures

4.5 Hygienemaßnahmen

Die Herstellung qualitätsgerechter Speisen setzt die Sauberkeit der Betriebsräume, der Arbeitsmittel und des Personals voraus.
Die sichtbare Sauberkeit bietet allerdings keine ausreichende Gewähr für die Herstellung hygienisch einwandfreier Erzeugnisse. Erst die „mikrobiologische Sauberkeit" gewährleistet Sicherheit. Diese betrifft alle Stufen der Lebensmittelherstellung einschließlich des Personals. Dazu gehört auch die Überwachung der Reinigungs- und der Desinfektionsmaßnahmen. Schließlich zählt dazu auch die mikrobiologische Kontrolle von Leitungswasser und Raumluft.

4.5.1 Persönliche Hygiene

Ein Gramm Kot enthält allgemein über 100 Milliarden Mikroorganismen.
Unter den darin vorkommenden 400 verschiedenen Arten lassen sich auch zahlreiche Lebensmittelvergifter nachweisen.

Im Gastgewerbe besteht die Gefahr, dass Mitarbeiter bei ihrer Tätigkeit Mikroorganismen auf Speisen übertragen. Häufig geschieht das durch **schmutzige** Hände und **unsaubere** Arbeitskleidung. Besonders beim Wechsel von „unrein" (z. B. Straße) zu „rein" (z. B. Küche) sind die Hände zu waschen, vielfach ist auch ein Kleiderwechsel erforderlich. Verdorbene Lebensmittel, Schmutz und **ansteckende Krankheiten** der Mitarbeiter kommen als weitere Quellen für die Verbreitung von Krankheitskeimen in Betracht.

Hygienemaßnahmen

Forderung	Begründung
Körper und Kleidung sauber halten, geeignete, saubere Berufskleidung (Schutzkleidung) tragen. Keine Straßenschuhe im Betrieb tragen.	Übertragung von Schmutz und Mikroorganismen vermeiden. Schmutzige Kleidung wirkt außerdem ekelerregend.
Ausreichende Kopfbedeckung tragen. Beispielsweise genügen bei langen Haaren Schiffchen nicht.	Haare könnten in die Lebensmittel gelangen. Unhygienisch da mit Mikroorganismen belastet und ekelerregend! Starke Keimbelastung der Kopfhaut (u.a. Staphylokokken). Lange Haare stellen auch eine Unfallgefahr dar!
Handschmuck und Armbanduhr ablegen.	Gründliche Reinigung der Hände und der Arme ist sonst unmöglich. Außerdem besteht Unfallgefahr.
Rauchverbot beachten.	Asche oder Kippen können in Lebensmittel gelangen. Lebensmittel könnten Rauchgeschmack annehmen.
Vor Arbeitsbeginn und nach dem Toilettenbesuch Hände waschen, auch Unterarme gründlich reinigen.	Verschmutzungs- und Infektionsgefahr der Lebensmittel!
Wunden an Händen und Armen sorgfältig und mit wasserundurchlässigem Material verbinden, Handschuhe tragen.	Wunden können mit Mikroorganismen (z. B. Eitererregern) infiziert sein.
Sich beim Husten und beim Niesen von den Lebensmitteln abwenden, Einwegtaschentücher verwenden!	Im Nasen- und Rachenbereich befinden sich auch beim gesunden Menschen Mikroorganismen (insbesondere Staphylokokken) die durch Tröpfcheninfektion übertragen werden können
Erkrankungen dem Vorgesetzten unmittelbar anzeigen. Beschäftigte dürfen keine ansteckenden oder ekelerregenden Krankheiten haben.	Gerade durch wenig beachtete grippale Infekte sind Übertragungen auf Lebensmittel möglich. Personen mit infizierten Wunden und Hautinfektionen dürfen nicht mit Lebensmitteln umgehen.

 Das Infektionsschutzgesetz schreibt im Einzelnen vor, bei welchen Erkrankungen Personen nicht im Lebensmittelverkehr beschäftigt werden dürfen (→ 86).

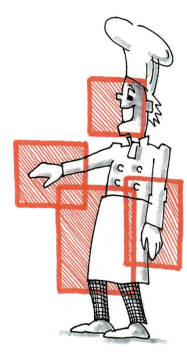

Hygienisch risikoreiche Zonen

4.5.2 Betriebs- und Arbeitsmittelhygiene

Betriebs- und Arbeitsmittelhygiene bezieht sich auf die Betriebsräume und auf Werkzeuge, Geräte, Maschinen, Anlagen und Transportmittel. Für die Einhaltung der Hygieneforderungen ist eine entsprechende Ausstattung erforderlich z. B. leicht zu reinigende Arbeitsplatten, Reinigungsgeräte usw. Auf die Trennung von „rein" zu „unrein" ist zu achten. Gründliche, systematische und regelmäßige Reinigungen und Desinfektionen stellen hygienische Grundforderungen dar. Des weiteren muss auf die regelmäßige Schädlingsbekämpfung geachtet werden.

Hygiene im Umgang mit Lebensmitteln

Forderung	Begründung
Fußböden massiv, fugendicht, fettbeständig, wasserundurchlässig und leicht zu reinigen.	Schmutz und Mikroorganismen dürfen sich auf dem Fußboden nicht festsetzen.
Wände 2 m hoch, hell, glatt und abwaschbar gestrichen oder mit Fliesenbelag versehen.	Auf hellen Wänden ist der Schmutz gut sichtbar, auf glatter Fläche kann er leicht entfernt werden.
Toiletten mit fließendem kaltem und warmem Wasser, Seifenspender und Papierhandtüchern, mit Desinfektionsmöglichkeiten, Personaltoiletten von Gästetoiletten getrennt.	Durch unsaubere Hände könnten Mikroorganismen leicht auf Lebensmittel übertragen werden.
Saubere Personalräume, Einrichtungen wie Schränke vorhanden.	Straßenkleidung ist mit Schmutz und Mikroorganismen behaftet und hat im Betrieb nichts zu suchen.
Betriebsfremde Gegenstände vom Arbeitsbereich fernhalten.	Schmutz und Mikroorganismen können in den Arbeitsbereich übertragen werden.
Trennen der reinen von den unreinen Arbeitsverfahren.	Vorbereitungs-, Reinigungs- von Zubereitungsverfahren voneinander trennen, damit Mikroorganismen und Schmutz an den Lebensmitteloberflächen nicht auf die Speisen übertragen werden können.
Betriebsbereich sauber halten. Die Arbeitsleistung darf nicht zu Lasten der Hygiene gehen.	Optische und mikrobiologische Sauberkeit gewährleistet die einwandfreie Qualität der Lebensmittel.
Zwischenreinigungen durchführen. Verunreinigungen, die beim Arbeiten entstehen, sofort beseitigen!	Mikroorganismen dürfen sich nicht festsetzen und vermehren. Schmutz lässt sich kurz nach dem Entstehen am besten entfernen.
Nicht an Laufzeit- und Reinigungsintervallen von Spülmaschinen manipulieren. Reinigungsmittel nach Vorschrift verwenden.	Gefahr der nicht vollständigen Reinigung, da von Produzenten die günstigste Wirkungsweise getestet wurde.
Tiere dürfen sich nicht in Arbeitsräumen aufhalten.	Tiere können durch Belecken, Betasten und Haare unter anderem Mikroorganismen, Schädlinge und Schmutz übertragen.

▶ *Bedarfsgegenstände, die mit Lebensmitteln in Berührung kommen, müssen gesundheitlich unbedenklich sein. Metallteilchen oder Splitter dürfen nicht in die Lebensmittel gelangen. Hygienisch geeignete Materialien dafür sind:*
- *rostfreier Stahl*
- *Kunststoffe*
- *Keramik*

4.5.3 Hygiene der Zutaten und Speisen

Ziel ist es, den Gästen hygienisch einwandfreie, qualitativ hochwertige Speisen anzubieten.
Nicht nur bei der Auswahl der Rezepturbestandteile müssen die hygienischen Grundsätze befolgt werden, sondern auch während und nach der Herstellung. Auch im Service beachtet die Fachkraft die Einhaltung hygienischer Forderungen. Sie schützt die Speisen vor unerwünschten Gästeeinflüssen durch Verkaufswagen, Vitrinen usw. In der Küche müssen Abfälle und verdorbene Lebensmittel schnell von den übrigen Lebensmitteln getrennt werden.

Forderung	Begründung
Lebensmittel vor Verwendung auf Gebrauchsfähigkeit prüfen. Lebensmittel sind so zu behandeln, dass sie stets einwandfrei bleiben.	Mikroorganismen, Schmutz, Schädlinge, ungünstige klimatische Bedingungen usw. können zum Verderb von Lebensmitteln führen.
Bei tiefgefrorenem Fleisch, Wild und insbesondere Geflügel ist vor dem Auftauen die Verpackung zu entfernen.	Vorhandene Mikroorganismen entwickeln sich in der Verpackung besonders gut.

Hygienemaßnahmen

Forderung	Begründung
Vorsicht beim Umgang mit der Auftau-flüssigkeit von Fleisch, Wild und insbesondere Geflügel! Auftauflüssigkeit weggießen, ohne dass andere Lebensmittel damit in Berührung kommen.	Die Auftauflüssigkeit kann in verstärktem Maße Mikroorganismen enthalten.
Verzehrfertige Speisen nicht mit den Händen berühren.	Gäste empfinden Ekel. Schmutz und Mikroorganismen können übertragen werden.
Abfälle, besonders verdorbene Lebensmittel, sofort in dafür vorgesehenen Behälter (Abfalllager) beseitigen.	Abfälle stellen Krankheitserreger dar. Lebensmittel, die in den Schmutz gefallen sind, gelten als verdorben, wenn eine unbedenkliche Reinigung nicht mehr möglich ist (z.B. zu Boden gefallene Wurstscheibe).

4.5.4 Reinigung und Desinfektion

🔵 *nettoyage et désinfection*
🔴 *cleaning and desinfection*

Gemäß der Lebensmittelhygiene-Verordnung ist jeder Lebensmittelbetrieb zur planmäßigen Reinigung und Desinfekation verpflichtet.

Arbeit mit Reinigungsgerät

Reinigung

Entfernen von Schmutz, wobei den Mikroorganismen der Nährboden entzogen wird.

Eine hygienische Produktion im Lebensmittelbetrieb erfordert gründliche Reinigungen. Durch fachgerechte Reinigungsarbeiten bleiben auch die Arbeitsmittel länger funktionsfähig. Folgende Reinigungsverfahren, die meist miteinander kombiniert werden, sind zu unterscheiden:
- mechanische Reinigung (Abkratzen, Abkehren, Abbürsten, Abschaben usw.)
- Reinigung mit Wasser
- Reinigung mit Wasser und Reinigungsmitteln

Im Lebensmittelbetrieb ist zur Reinigung grundsätzlich nur Trinkwasser erlaubt. Nach jeder Reinigung mit Reinigungsmitteln muss mit klarem Trinkwasser nachgespült werden.

Desinfektion

Maßnahmen zum Inaktivieren (Abtöten) von Mikroorganismen bzw. zur Verminderung deren Anzahl.

Reinigung und Desinfektion haben das Ziel, Infektionsketten zu unterbrechen. Sie müssen sich deshalb in Durchführung und Wirkung ergänzen.

Desinfektionsmittel wirken nur in unmittelbarem Kontakt mit den Mikroorganismen. Vor jeder Desinfektion ist eine gründliche Reinigung erforderlich.

Desinfektionsmittel müssen
- unbedenklich für den Menschen,
- farblos, geruchlos und geschmacklos,
- vielseitig einsetzbar, schnell und sicher wirksam,
- gut benetzend und oberflächenschonend,
- umweltschonend sein.

Die Wirkung einer Desinfektion hängt von der Konzentration der Desinfektionslösung, der Temperatur und der Einwirkdauer ab. Desinfektionsmittel dürfen nicht mit Lebensmitteln in Berührung kommen. Sie müssen nach der erforderlichen Einwirkungszeit gründlich abgespült werden.

1 *Unter günstigen Lebensbedingungen teilen sich Bakterien alle 20 min. Errechnen Sie die Anzahl Mikroorganismen, die in 5 h aus anfänglich 150 Mikroorganismen entstehen würde.*

2 *Bei einer bakteriologischen Untersuchung wurden je cm^2 eines Arbeitstisches im gereinigten Zustand bis zu 27 Mikroorganismen und im ungereinigtem Zustand bis zu 153 Mikroorganismen festgestellt. Wie hoch wäre jeweils die Gesamtkeimzahl in 2 h, wenn sich die Mikroorganismen alle 20 min verdoppeln?*

3 *Ein Desinfektionsmittel soll im Verhältnis 1:500 verdünnt werden. Wie viele ml sind für einen 12-l-Eimer erforderlich?*

4 *Nennen Sie die wichtigsten Lebensmittelvergifter, und schildern Sie die Gefahren, die von ihnen ausgehen.*

5 *Zählen Sie Lebensmittelschädlinge auf, und beschreiben Sie ihre Wirkung auf Lebensmittel.*

6 *Was ist bei der Reinigung von Arbeitsmitteln in der Lebensmittelproduktion zu beachten?*

7 *Nennen Sie Regeln für die persönliche Hygiene.*

8 *Begründen Sie die Notwendigkeit, Desinfektionsmittel streng nach Gebrauchsanweisung zu verwenden.*

Hygiene im Umgang mit Lebensmitteln

Reinigungs- und Desinfektionsplan *(Beispiel nach Zobel)*

Der Reinigungs- und Desinfektionsplan stellt eine Auflistung der Gegenstände eines Lebensmittelbetriebes einschließlich Böden und Wände und deren Reinigungs- und Desinfektionshäufigkeit dar.

Desinfizieren und Trocknen von Transportwagen

Arbeitsmittel	Reinigung	Desinfektion
Arbeitstische einschließlich Wandflächen	nach Einsatz	nach der Reinigung bei Verarbeitung von Rohei Geflügel, Fleisch, Fisch
Handwerkzeug, Geräte, Maschinen, Schneidebretter, Bedarfsgegenstände zur Aufbewahrung von Lebensmitteln	nach Einsatz	nach der Reinigung
Herd, Backofen, Konvektomat, Salamander, Mikrowellengerät	nach Einsatz	
Behälter zur Speisen- und Getränkeausgabe, Türgriffe, Griffe, Bedienungsfelder an Geräten, Waschbecken, Ausgüsse	täglich	
Spülmaschine, Geschirrrücklauf, Ausgabetheke,	täglich	
Abfallbehälter	täglich leeren, reinigen, neue Beutel einlegen	täglich, bei Beutel-Einsatz wöchentlich
Kaffeemaschine	täglich, Entkalkung nach Vorschrift	
Trockentücher, Anfasser	täglich, bei mindestens 70 °C waschen	
Toiletten, Waschraum	täglich, nicht vom Küchenpersonal	täglich
Fußböden, Abflüsse	täglich	wöchentlich
Kühlschränke, Böden von Kühl- und Gefriereinrichtungen	wöchentlich	wöchentlich
Wände, Fliesen, Türen	wöchentlich	
Abzugshaube, Filter, Lüftungsfilter	vierzehntägig	
Vorratsschränke, Regalflächen im Lagerbereich	monatlich	

Eine würfelförmige Kühlzelle mit einer inneren Seitenlänge von 230 cm soll nach dem Abtauen und Reinigen desinfiziert werden. Je m² Innenfläche sind 0,25 l einer 10%igen Desinfektionslösung aufzusprühen.
1. Ermitteln Sie die Menge an gebrauchsfertiger Desinfektionslösung.
2. Ermitteln Sie die Menge an benötigtem Konzentrat.
3. Wie hoch sind die Kosten, wenn je Liter Konzentrat 11,78 € zu bezahlen sind?

Die Desinfektionsmittel stets streng nach Gebrauchsanweisung verwenden: **Gebrauchsanweisung vorher lesen**! Dosierung und Einwirkzeit beachten.

Zu geringe Konzentrationen könnten die Widerstandsfähigkeit (Resistenz) der Mikroorganismen vergrößern. Zu hohe Konzentrationen wären nicht nur unwirtschaftlich, sondern bilden auch eine Gefahr für den Menschen.

4.6 Hygienekontrollen nach HACCP

Für die **Qualitätsarbeit** im Küchenbereich sind Eigenkontrollen von Arbeitsgestaltung, Qualität und Quantität der angebotenen Speisen, aber auch regelmäßige Hygienekontrollen unerlässlich.

Eigenkontrollen sollen gewährleisten, dass **Mindestanforderungen** in Lebensmittelbetrieben erfüllt sind, so dass einwandfreie Erzeugnisse hergestellt und in den Verkehr gebracht werden.
Die **europäische Hygienerichtlinie 93/43/EWG** will folgende Hygieneforderungen erstmals europaweit durchsetzen:
- Verbesserung des Lebensmittelhygiene-Niveaus
- Stärkung des Verbrauchervertrauens hinsichtlich der Lebensmittelhygiene
- Gewähr, dass nur hygienisch unbedenkliche Lebensmittel in den Verkehr gebracht werden; Schutz der Volksgesundheit

Solche Zielsetzungen entsprechen prinzipiell dem deutschen Lebensmittelrecht. Neu ist, die **Hygieneeigenkontrolle** durchzuführen, die nach einem Konzept der Gefahrenidentifizierung und Bewertung erfolgen muß, z. B. HACCP. In der EG-Richtlinie (Artikel 3/2) heißt es dazu sinngemäß:

> Die **Lebensmittelunternehmen** stellen die für die **Lebensmittelsicherheit kritischen Punkte im Prozessablauf fest** und tragen dafür Sorge, dass angemessene **Sicherheitsmaßnahmen** festgelegt, durchgeführt, eingehalten und überprüft werden. Bei der Ausgestaltung des HACCP-Systems werden folgende Grundsätze verwendet.
> - Analyse der potentiellen **Hygienerisiken für Lebensmittel** im technologischen Prozess (Gefahrenanalyse)
> - Erkennen der **Punkte in diesen Prozessen**, an denen gesundheitliche Risiken für Verbraucher auftreten können; Festlegung von **kritischen Kontrollpunkten**
> - Festlegung von **kritischen Grenzwerten**
> - Festlegung und Durchführung wirksamer **Prüf- und Überwachungsverfahren** für die steuerbaren Kontrollpunkte
> - Festlegung von **Steuerungs- und Korrekturmaßnahmen**
> - Überprüfung der kritischen Kontrollpunkte und der Prüf- und Überwachungsverfahren in **regelmäßigen Abständen** und bei jeder Änderung der Prozesse in den Lebensmittelunternehmen.
> - Datensicherung, Dokumentation der Kontrolldaten

Zu unterscheiden sind Kontrollpunkte (CP) und kritische Kontrollpunkte (CCP), deren Nichtbeherrschung im technologischen Prozess zu unerwünschten Veränderungen führt:

Kontrollpunkt (CP)	Bei falscher Verfahrensführung tritt eine Qualitätsminderung, aber kein hygienisches Risiko auf. **Beispiel:** Fleisch zu lange gegart, deshalb zäh.
Kritischer Kontrollpunkt (CCP)	Bei falscher Verfahrensführung entsteht ein gesundheitliches Risiko für den Verbraucher. Alle CCP müssen dokumentiert werden. **Beispiel:** Warmhalten bei 70 °C
Kritische Grenzwerte	Aus hygienischer Sicht lassen sich Anforderungen und Merkmale als Standards festlegen. Kritische Grenzwerte sind die möglichen Abweichungen vom Sollwert. **Beispiel:** Lagerung von Fleisch (Sollwert +2 °C) bis maximal 7 °C.
Lenkungspunkt	Kritischer Kontrollpunkt, der technologisch zu steuern ist.

H (engl. hazard) Gefahr,
A (engl. analysis) systematische Untersuchung,
C (engl. critical) kritisch,
C (engl. control) Kontrolle,
P (engl. points) Punkte
Gefahrenanalyse und kritische Kontrollpunkte – Steuerung

Lebensmittelrechtlich ist jeder Lebensmittelhersteller zur Eigenkontrolle verpflichtet.
Jeder, der selbstständig Produkte herstellt, behandelt oder in den Verkehr bringt oder dem die Verantwortung hierfür wirksam übertragen ist (Verantwortlicher), hat selbst dafür Sorge zu tragen, dass die Rechtsvorschriften für Lebensmittel und Bedarfsgegenstände eingehalten werden und hat dies insbesondere durch die Vornahme der zumutbaren Eigenkontrollen sicherzustellen.

Bestandteile eines Hygienekonzeptes
- Überprüfung von Gebäude, Einrichtung und Geräten
- Reinigungsplan
- Schädlingsbekämpfungsplan
- Abfallentsorgungsplan (→ 94)
- Hygiene-Schulung
- Eigenkontrollen
- Sicherung der Rückverfolgbarkeit (Rückstellproben)

Hygiene im Umgang mit Lebensmitteln

Im Gastronomiebetrieb läuft eine Vielzahl von Prozessen ab, die sich auch überschneiden, gleichzeitig und im ständigen Wechsel durchgeführt. In Großbetrieben ist die Umsetzung des HACCP-Systems problemlos möglich, während für kleinere Betriebe die Kosten bedenklich hoch sind.

Umsetzung der Eigenkontrolle

Rückstellproben

Rückstellproben sind Bestandteil der Eigenkontrolle, die eine hygienische Herstellung dokumentieren können.
Sie sollten bei der Zubereitung von größeren Speisemengen von jeder hergestellten Charge entnommen und in dafür geeigneten Lagern sicher aufbewahrt werden. Die Aufbewahrungsfrist bis zum angenommenen Verzehr muss einschließlich einer zugerechneten Inkubationszeit reichen. Beispielsweise sind das bei frisch hergestellten und danach direkt angebotenen warmen Speisen unter Berücksichtigung der Inkubationszeit von Salmonellen 48 Stunden. Möglich ist aber auch die Kältekonservierung.
Rückstellproben für roheihaltige Lebensmittel (➔ 347).

Allgemeine Maßnahmen nach HACCP	Beispiel für die Umsetzung im Gastronomiebetrieb
Kontrollorganisation	Hygieneregeln werden schriftlich festgehalten und regelmäßig geprüft
Wareneinkauf, Wareneingang	Hygieneprüfung des Lieferanten entsprechend Spezifikation (Vorgaben) nach Augenschein oder Temperaturkontrollen
Lagerhaltung	Regelmäßige Kontrolle der Lagerbedingungen (Temperatur, Luftfeuchte, Sauberkeit)
Produktionsbedingungen	Kontrolle der Verfahrensführungen, z. B. der Kern- oder der Warmhaltetemperaturen
Bedarfsgegenstände	Überprüfung des Handwerkzeugs, Abstriche auf Nährböden
Betriebshygiene, Personalhygiene	Ständige Kontrollen aktenkundig machen, Kontrolle der Gesundheitsausweise
Erzeugniskontrolle	Ausgabekontrolle, Rückstellproben
Versand, Transport, Umwelteinflüsse	Angemessene Verpackung bei Außer-Haus-Lieferung, Einhaltung von Transporttemperaturen

HACCP-Konzept: Herstellung von Kalbsbraten im Konvektomaten

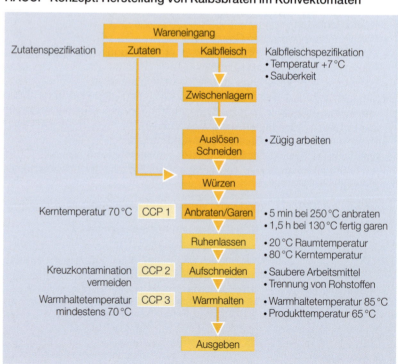

1. Welche Bedeutung hat HACCP für die gastronomische Praxis?
2. Erklären Sie die Begriffe kritischer Punkt, kritischer Kontrollpunkt sowie kritischer Grenzwert.
3. Was ist beim Wareneinkauf im Sinne des HACCP-Konzeptes zu beachten?
4. Erklären Sie den Sinn von Datensicherung und Dokumentation innerhalb des HACCP-Konzeptes.
5. Führen Sie als Arbeitsgruppe eine hygienische Eigenkontrolle in Ihrem Ausbildungsbetrieb durch, und werten Sie diese schriftlich aus.
6. Erarbeiten Sie einen Reinigungsplan für Ihren Arbeitsbereich.
7. Setzen Sie mit dem Schlagwort „Kontrolle der Kontrolle" auseinander.

5 Rechtsvorschriften bei der Speisenherstellung

🇫🇷 *prescriptions légales concernant la préparation des mets*
🇬🇧 *legal prescriptions for the preparation of meals*

Die Ernährungswirtschaft ist in unserer Zeit dadurch gekennzeichnet, dass **große Mengen Lebensmittel** in zentralen Produktionsstätten erzeugt werden. Hinzu kommt der **weltweite Transport** von Lebensmitteln.
Konsumenten schätzen es, Lebensmittel und landesübliche Spezialitäten aus allen Kontinenten zu jeder Zeit verzehren zu können. Andererseits ist es in der Produktion von Lebensmitteln und bei der Zubereitung von Speisen zu einer Konzentration gekommen. Der Verbraucher isst häufig außer Haus (in Kantinen und Restaurants), verwendet Halbfertig- und Fertigerzeugnisse. Bei fehlerhafter Lebensmittelherstellung besteht deshalb eine wachsende Gefahr der Massenerkrankungen.
Die berufliche Tätigkeit einer Lebensmittelfachkraft wird im Interesse der Verbraucher durch unterschiedliche Rechtsbestimmungen geregelt. Diese Vorschriften bestehen aus **Geboten** und **Verboten,** die behördlich überwacht werden.
Eine große Hilfe bei der Information über aktuelle Rechtsvorschriften bietet hier die **Fachpresse**. Auch die Berufsverbände informieren den Berufsstand. Schließlich geben alle Einrichtungen der amtlichen Lebensmittelüberwachung sachkundige und verbindliche Auskunft zu den geltenden Bestimmungen.

§ *Im Gegensatz zu allgemeinen Rechtsgrundsätzen ist im Lebensmittelrecht alles das verboten, was nicht kraft Gesetz erlaubt ist.*

§ *Rechtsvorschriften werden im Bundesgesetzblatt, dem Amtsblatt der EU und auszugsweise in der Fachpresse veröffentlicht.*

> Die wichtigsten Ziele der Rechtsbestimmungen in der Ernährungswirtschaft bestehen in der umfassenden Durchsetzung der Lebensmittelhygiene, im Gesundheitsschutz sowie im Schutz der Verbraucher vor materieller Übervorteilung, z. B. vor Irreführung oder Täuschung.

Zu unterscheiden sind lebensmittelrechtliche und gewerberechtliche Bestimmungen, wobei das europäische Lebensmittelrecht zunehmend nationale Regelungen ersetzt. Gaststättenrecht → 302 ff.

Europäisches Lebensmittelrecht
🇫🇷 *droit alimentaire européen*
🇬🇧 *european food law*

Eine wirksame europäische Lebensmittelgesetzgebung und Lebensmittelüberwachung sind im Interesse der Wettbewerbsgleichheit und des Verbraucherschutzes notwendig. Als generelle Probleme im europäischen Lebensmittelrecht steht die Lösung folgender Aufgaben an:
- der freie europäische Lebensmittelverkehr
- die Angleichung (Harmonisierung) der Rechtsvorschriften der Mitgliedstaaten
- die abgestimmte amtliche Lebensmittelüberwachung
- eine gemeinsame Qualitätspolitik

Ein Meilenstein im Hinblick auf den freien Warenverkehr mit Lebensmitteln war ein Urteil des Europäischen Gerichtshofes von 1979, das besagt, dass Waren, die in einem Mitgliedstaat der Europäischen Union (EU) rechtmäßig hergestellt worden sind, auch in allen andern EU-Staaten verkauft werden dürfen.
In den letzten 5 Jahren sind wichtige Rechtsvorschriften für Lebensmittel harmonisiert worden. In der gesamten EU gilt gleiches Recht für z. B. die Kennzeichnung von Lebensmitteln, für Zusatzstoffe (Farbstoffe, Konservierungsmittel, Süßstoffe u. a.), für Pflanzenschutzmittel, für Kontaminanten, neuartige Lebensmittel und die Lebensmittelhygiene. Diese Bestimmungen werden i.d.R. als Verordnungen des Rates und des Parlamentes erlassen und stellen so unmittelbar geltendes Gemeinschaftsrecht dar. Die Mitgliedstaaten müssen jedoch i. d. R. die Zuständigkeiten für den Vollzug sowie die Straf- und Ordnungsstrafbestimmungen in ihren Ländern regeln.

⚠️ **Lebensmittel:**
Im Sinne der EG-VO 178/2002 alle Stoffe oder Erzeugnisse, die dazu bestimmt sind oder von denen nach vernünftigem Ermessen erwartet werden kann, dass sie in verarbeitetem, teilweise verarbeitetem oder unverarbeitetem Zustand von Menschen aufgenommen zu werden.
Zu „Lebensmitteln" zählen auch Getränke, Kaugummi sowie alle Stoffe – einschließlich Wasser –, die dem Lebensmittel bei seiner Herstellung oder Ver- oder Bearbeitung absichtlich zugesetzt werden.

Nicht zu „Lebensmitteln" gehören:
Futtermittel, lebende Tiere, Pflanzen vor dem Ernten, Arzneimittel, kosmetische Mittel, Tabak und Tabakerzeugnisse, Betäubungsmittel und psychotrope Stoffe sowie Rückstände und Kontaminanten.

Rechtsvorschriften bei der Speisenherstellung

🇫🇷 *prescriptions légales concernant les denrées alimentaires*
🇬🇧 *food regulations*

5.1 Lebensmittelrechtliche Bestimmungen

Lebensmittel- und Futtermittelgesetzbuch (LFGB)

Im deutschen Lebensmittelrecht wurde am 1. September 2005 ein neues Rahmengesetz wirksam. Das Lebensmittel- und Futtermittelgesetzbuch (LFGB) hat damit das bisher geltende Lebensmittel- und Bedarfsgegenständegesetz (LMBG) abgelöst. Durch das neue Gesetzbuch wurde die grundlegende EU-Verordnung (Basisverordnung) für Lebensmittelrecht Nr. 178/2002 in nationales deutsches Recht umgesetzt.

Neu in diesem Lebensmittel- und Futtermittelgesetzbuch ist die gemeinsame Behandlung von Lebensmitteln und Futtermitteln in einem Gesetzwerk nach dem Prinzip „Von Stall und Feld bis zum Teller". Futtermittel, ihre Produktion, Verarbeitung und Vertrieb werden – entsprechend den Auffassungen der EU – als erste Glieder einer Lebensmittelkette angesehen und im LFGB miterfasst. Dadurch sind gesetzliche Grundlagen für eine erhöhte Lebensmittelsicherheit geschaffen. In der Vergangenheit waren kontaminierte Futtermittel verschiedentlich die Ursache für Lebensmittelkrisen (z. B. BSE, Dioxin) in unterschiedlichem Ausmaß.

Das neue Gesetzwerk soll ermöglichen, die Lebensmittelherstellung, insbesondere Verstöße gegen geltendes Recht lückenlos zurück zu verfolgen und dadurch aufdecken zu können.

Mit dem LFGB wurde das deutsche Lebensmittelrecht übersichtlicher. Verschiedene eigenständige Gesetze, wie das Fleisch-, das Geflügelfleischhygienegesetz, das Säuglingsnahrungswerbegesetz und das vorläufige Biergesetz wurden aufgehoben.

Im LFGB sind folgende Grundsätze verwirklicht:
Schutz der Gesundheit: Lebensmittel müssen sicher sein, d. h. gesundheitsschädliche oder für den Verzehr ungeeignete Lebensmittel dürfen weder hergestellt noch gehandelt werden. Gleiches gilt für Futtermittel, die an Nutztiere verfüttert werden. Sie dürfen weder die Gesundheit von Mensch und Tier beeinträchtigen noch den Naturhaushalt beeinträchtigen.

Schutz vor Täuschung: Der Verbraucher darf materiell durch verfälschte, nachgemachte oder im Wert nicht unerheblich geminderte Lebensmittel nicht übervorteilt werden. Ferner darf die Werbung, Kennzeichnung/Aufmachung eines Lebensmittels nicht irreführend sein. Auf keinen Fall dürfen Lebensmitteln arzneiliche Wirkungen zugesprochen werden.
Beispiele: Verfälscht wäre ein Honig sein, dem Rohrzucker zugesetzt wurde, nachgemacht wäre ein Apfelsaft, der aus Wasser Zucker und Apfelaroma hergestellt wurde.

Sachgerechte Unterrichtung: Der eindeutigen und richtigen Verbraucherinformation wird großer Wert beigemessen. Das betrifft u. a. Angaben über Menge, Preis, Zutaten, Behandlungsverfahren von Lebens- und Futtermitteln.

Das LFBG gilt für Lebensmittel, Futtermittel, kosmetische Mittel und Bedarfsgegenstände (Materialien und Gegenstände mit Lebensmittelkontakt – z. B. Töpfe, Gläser, Keramik, Küchenmaschinen – sowie Erzeugnisse, die nicht nur vorübergehend mit der menschlichen Haut in Berührung kommen – z. B. Leibwäsche).

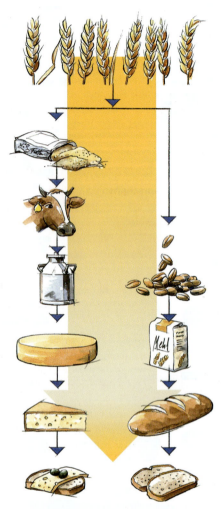

Geltungsbereich des Lebensmittel- und Futtermittelgesetzbuches

§ **Bedarfsgegenstände** *sind Materialien und Gegenstände, die dazu bestimmt sind, mit Lebensmitteln, mit kosmetischen Mitteln, mit den Schleimhäuten des Mundes und mit dem menschlichen Körper nicht nur vorübergehend in Berührung zu kommen.*
Dazu gehören auch Spielwaren und Gegenstände zur Körperpflege.

Lebensmittelrechtliche Bestimmungen

Das Lebensmittel- und Futtermittelgesetzbuch beinhaltet Folgendes:
1. Abschnitt (§§ 1 bis 4) Allgemeine Bestimmungen
2. Abschnitt (§§ 5 bis 16) Verkehr mit Lebensmitteln
3. Abschnitt (§§ 17 bis 25) Verkehr mit Futtermitteln
4. Abschnitt (§§ 26 bis 29) Verkehr mit kosmetischen Mitteln
5. Abschnitt (§§ 30 bis 33) Verkehr mit sonstigen Bedarfsgegenständen
6. Abschnitt (§§ 34 bis 37) Gemeinsame Vorschriften für alle Erzeugnisse
7. Abschnitt (§§ 38 bis 49) Überwachung
8. Abschnitt (§§ 50 bis 52) Monitoring (System der Beobachtung, Messung und Bewertung von gesundheitlich unerwünschten Stoffen)
9. Abschnitt (§§ 53 bis 57) Verbringen in das und aus dem Inland
10. Abschnitt (§§ 58 bis 62) Straf- und Bußgeldvorschriften

LFGB-Rahmen
Gesetze
Infektionsschutzgesetz, Weingesetz
Verordnungen
Lebensmittelhygieneverordnung, Hackfleischverordnung, Speiseeisverordnung, Diätverordnung Lebensmittelkennzeichnungsverordnung, Nährwertkennzeichnungsverordnung, Mineral- und Tafelwasserverordnung, Fruchtsaftverordnung, Milcherzeugnisverordnung, Butterverordnung, Käseverordnung
Leitsätze
Leitsätze für Dauerbackwaren, für Margarine, für Fleisch und Fleischerzeugnisse
Richtlinien, Normative, Gerichtsentscheide

Das LFGB regelt als Rahmengesetz nur allgemeine Sachverhalte, so dass Aussagen über bestimmte Lebensmittel und Stoffen in Lebensmitteln in speziellen Verordnungen festgeschrieben werden.

Deutsches Lebensmittelbuch
Für Sachverhalte die nicht auf dem Verordnungsweg einer Regelung zugeführt wurden, können die Festlegungen im Deutschem Lebensmittelbuch herangezogen werden. „Das Deutsche Lebensmittelbuch ist eine Sammlung von Leitsätzen, in denen Herstellung, Beschaffenheit oder sonstige Merkmale von Lebensmitteln, die für die Verkehrsfähigkeit der Lebensmittel von Bedeutung sind, beschrieben werden" (§ 15 LFGB). Leitsätze des Deutschen Lebensmittelbuches gibt es beispielsweise für Fleisch und Fleischerzeugnisse, Fisch und Fischerzeugnisse, Feine Backwaren, Margarine, Honig usw.

- Die Leitsätze enthalten Angaben zu Gewinnung, Herstellung, Beschaffung sowie andere Lebensmittelmerkmale, die für die Verkehrsfähigkeit, die durch verbindliche Auffassung über Beschaffenheit und Zusammensetzung eines Lebensmittels (Verkehrsauffassung) gegeben ist, von Bedeutung sind.
- Leitsätze stellen keine verbindlichen Rechtsnormen dar. Sie geben die herrschende allgemeine Verkehrsauffassung wieder.

Richtlinien, Normative, Gerichtsentscheidungen
Die **Richtlinien** stellen eine Art Vorstufe zu den Leitsätzen dar. Sie können von Herstellerverbänden eventuell in Zusammenarbeit mit Landesbehörden aufgestellt werden und erhalten bei einer Veröffentlichung im Bundesgesundheitsblatt eine ähnliche Bedeutung wie die Leitsätze.
Schließlich erstellen die Berufs- und die Herstellerverbände **Normative** für Lebensmittel. Auch gerichtliche **Grundsatzurteile** können bei Rechtsentscheidungen hinzugezogen werden.

Lebensmittelhygiene
Mit den Verordnungen des Europäischen Parlaments und des Rates 852/2004; 853/2004 und 854/2004, dem sogenannten „Hygienepaket" ist ein EG-einheitliches Hygienerecht verabschiedet worden, dass ab 01.01.2006 angewendet werden soll. Die Verordnung (EG) Nr. 852/2004 über Lebensmittelhygiene behandelt die allgemeinen Grundregeln für die Herstellung sicherer Lebensmittel. Schwerpunkte sind
- Betriebshygiene (z. B. Produktionsräume, Wasser, Abfälle, Abwasser)
- Prozesshygiene (z. B. Maschinen und Anlagen, Reinigung und Desinfektion, Gefahrenanalyse und kritische Kontrollpunkte im Prozeß)
- Personalhygiene (z. B. persönliche Hygiene, Verhalten am Arbeitsplatz)

Das aus dem Jahre 1516 stammende Reinheitsgebot gilt als die erste lebensmittelrechtliche Bestimmung für ein Lebensmittel.

Das erste umfassende deutsche Lebensmittelgesetz stammt aus dem Jahre 1879 und galt fast 48 Jahre ohne größere Änderungen.

1 Nennen Sie Ziele des deutschen Lebensmittelrechts.
2 Warum ist das LFGB ein Rahmengesetz?
3 Wo kann sich der Gastwirt über Rechtsvorschriften und eingetretene Veränderungen informieren?
4 Ordnen Sie den folgenden Lebensmitteln die echten Lebensmittel zu:
Persipan-Rohmasse,
Kunsthonig,
Fettglasur,
Seelachsschnitzel,
Deutscher Kaviar.

Rechtsvorschriften bei der Speisenherstellung

Ein im Rahmen der Prozesshygiene wichtiges Instrument ist die Gefahrenanalyse auf der Grundlage des HACCP-Konzeptes (Hazard Analysis and Critical Control Point – Gefahrenanalyse und kritische Lenkungspunkte). Der Unternehmer hat auf der Grundlage dieses Konzeptes die kritischen Lenkungspunkte in seinem Produktionsprozess zu identifizieren, zu bewerten und zur Abwehr gesundheitlicher Gefahren auch zu beherrschen.

Damit eine gute Verfahrenspraxis durch die Unternehmen gewährleistet werden kann, sollten nach der VO 852/2004 Leitlinien für eine gute Hygienepraxis und für die Anwendung des HACCP-Konzeptes erarbeitet werden. Ein Entwurf des Deutschen Hotel- und Gaststättenverbandes e.V. (DEHOGA) „Leitlinie für eine Gute Hygiene-Praxis in der Gastronomie" liegt bereits vor.

Konkretisiert wird das Hygienerecht in der Bundesrepublik durch eine Allgemeine Verwaltungsvorschrift über die Durchführung der amtlichen Überwachung der Einhaltung von Hygienevorschriften für Lebensmittel tierischen Ursprungs (AVV Lebensmittelhygiene – AVV LmH), deren Verabschiedung 2005 geplant ist.

1 Nennen Sie Personen, die im Lebensmittelbetrieb nicht beschäftigt werden dürfen.
2 Beschreiben Sie Ihr eigenes Hygieneverhalten. Nennen Sie Beispiele, wie dadurch Gesundheitsstörungen verhindert werden können.
3 Stellen Sie einen Katalog für persönliche Hygienemaßnahmen auf.

Infektionsschutzgesetz (IFSG)

Das Infektionsschutzgesetz vom 20.7.2000 dient dem Schutz der Bevölkerung vor übertragbaren Krankheiten sowie der Erkennung und Bekämpfung von Infektionskrankheiten. **Vorbeugung, Beratung** und **Eigenverantwortung** bei der Infektionsverhütung sind darin gesetzlich vorgeschrieben.

Im Abschnitt 8 des Gesetzes wird auf die gesundheitlichen Anforderungen an das Personal beim Umgang mit Lebensmitteln eingegangen.

§ 42 benennt **Tätigkeits- und Beschäftigungsverbote** in Küchen, sonstigen Gemeinschafts-verpflegungs-Einrichtungen sowie allgemein beim gewerbsmäßigen Herstellen, Behandeln oder Inverkehrbringen von Lebensmitteln und entsprechenden Bedarfsgegenständen für folgende Personen (Ausnahme private Hauswirtschaft):

Tätigkeits- und Beschäftigungsverbote bestehen für
- Personen, die an Typhus, Paratyphus, Cholera, Shigellenruhr, Salmonellose, einer anderen infektiösen Gastroenteritis, einer Virushepatitis **erkrankt** oder **verdächtig** sind.
- Personen mit infizierten Wunden oder mit Hautkrankheiten, bei denen die Möglichkeit der **Krankheitsübertragung über Lebensmittel** besteht.
- Personen, die die Krankheitserreger Shigellen, Salmonellen, Coli- oder Cholera-Erreger ausscheiden.

Verpackte Lebensmittel müssen mindestens sechs Angaben aufweisen:
1 Verkehrsbezeichnung
2 Mengenangabe
3 Mindesthaltbarkeitsdatum/Verbrauchsdatum
4 Name und Anschrift des Herstellers, Verpackers oder Händlers
5 Zutatenverzeichnis
6 Alkoholgehalt (nur bei Getränken mit mehr als 1,2 %vol Alkohol)

§ 43 geht auf **Belehrungen und Bescheinigungen des Gesundheitsamtes** ein. Danach dürfen Personen die o. g. Tätigkeiten nur dann erwerbsmäßig ausüben bzw. mit diesen Tätigkeiten erstmalig nur dann beschäftigt werden, wenn eine bis zu drei Monate alte Bescheinigung des Gesundheitsamtes bzw. eines durch das Gesundheitsamt beauftragten Arztes vorliegt.

Vor Ausstellung der Bescheinigung sind die Antragsteller vom Gesundheitsamt oder dem beauftragten Arzt in mündlicher und schriftlicher Form über die genannten Sachverhalte zu belehren. Der Antragsteller muss schriftlich bestätigen, dass ihm keine Tatsachen für ein Tätigkeitsverbot bekannt sind.

Liegen Anhaltspunkte für Hinderungsgründe vor, müssen diese durch ein **ärztliches Zeugnis** entkräftet werden. **Nach Tätigkeitsaufnahme** sind Beschäftigte verpflichtet, den Arbeitgeber über neu auftauchende Hinderungsgründe zu informieren.

Der **Arbeitgeber** seinerseits hat die Beschäftigten über gesundheitliche Anforderungen und Tätigkeitsverbote **jährlich aktenkundig zu belehren**. Gesundheitsbescheinigung und Dokumentation der letzten Belehrung sind vom Arbeitgeber aufzubewahren.

Lebensmittelkennzeichnungsverordnung (LMKV)

In der Lebensmittelkennzeichnungsverordnung sind die grundlegenden Vorschriften für die Kennzeichnung von Lebensmitteln aufgeführt. Kennzeichnungspflichtig sind alle Lebensmittel in Fertigpackungen (➔ 86). Nach zusatzstoffrechtlichen Bestimmungen sind jedoch z. B. auf Speisekarten in geeigneter Form auch bei lose abgegeben Lebensmitteln bestimmte Stoffe kenntlich zu machen: z. B. Konservierungsstoffe, Farbstoffe, Süßstoffe, Phosphat, Schwefeldioxid, Chinin und Coffein.

5.2 Lebensmittelüberwachung

surveillance des entreprises de production alimentaire
surveillance of the food-processing enterprises

Die Zuständigkeit für die Überwachung der im LFBG fixierten Sachverhalte liegt gemäß § 38 LFBG bei den Ländern. Diese haben sich bei ihren Überwachungsmaßnahmen jedoch an den Rahmen der durch die Verordnung (EG) Nr. 882/2004 über amtliche Kontrollen zur Überprüfung der Einhaltung des Lebensmittel- und Futtermittelrechts sowie der Bestimmungen über Tiergesundheit und Tierschutz vorgegeben ist, zu halten. In der Bundesrepublik wurde 2004 eine Allgemeine Verwaltungsvorschrift über die Grundsätze zur Durchführung der amtlichen Überwachung lebensmittelrechtlicher und weinrechtlicher Vorschriften (AVV RÜb) erlassen, in der die Grundregeln der Überwachungsmaßnahmen festgeschrieben sind.

Zuständige Kontrollorgane

In den meisten Bundesländern gibt es einen dreistufigen Behördenaufbau:

- Oberste Landesbehörde
- Mittlere Behörde
- Untere Lebensmittelüberwachungsbehörde

Die Obersten Landesbehörden sind die Ministerien bzw. die Senatsbehörden in den Stadtstaaten, die für den Vollzug der Lebensmittelüberwachung zuständig sind. Die Länder ordnen diese Aufgabe den Landwirtschaftsministerien, den Gesundheitsministerien oder den Umweltministerien zu.
Mittlere Behörden sind beispielsweise die Regierungspräsidien oder die Bezirksregierungen.
Die unteren Lebensmittelüberwachungsbehörden können Lebensmittelüberwachungs- und Veterinärämter bzw. Ordnungsämter sein. In diesen Ämtern sind Lebensmittelkontrolleure beschäftigt, die mit hohem Sachverstand eine Kontrolle durchführen.
Untere Behörden sind auch die Gesundheitsämter, die insbesondere bei Lebensmittelvergiftungen zusammen mit den Lebensmittelüberwachungsämtern tätig werden.
Werden bei Kontrollen Proben zur Untersuchung entnommen, stehen dafür in den meisten Bundesländern Untersuchungsämter zur Verfügung, die ausschließlich im „amtlichen" Auftrag tätig sind. Die Untersuchungsergebnisse erhalten die unteren Lebensmittelüberwachungsbehörden zur Auswertung in den Betrieben.

Auszug aus dem Lebensmittel- und Futtermittelgesetzbuch

§ 5 Es ist verboten, „Lebensmittel für andere derart herzustellen oder zu behandeln, dass ihr Verzehr gesundheitsschädlich im Sinne des Artikels 14 Abs. 2 Buchstabe a der Verordnung (EG) 178/2002 ist."

§ 11 Es ist verboten, „Lebensmittel unter irreführender Bezeichnung, Angabe oder Aufmachung in den Verkehr zu bringen oder für Lebensmittel allgemein oder im Einzelfall mit irreführenden Darstellungen oder sonstigen Aussagen zu werben. ..."

In Deutschland müssen jährlich je 1000 Einwohner wenigstens 5 Lebensmittelstichproben sowie 0,5 Proben eines Bedarfsgegenstandes bzw. kosmetischen Mittels je 1000 Einwohner entnommen und einer Untersuchung zugeführt werden.
Durchschnittlich werden Lebensmittelbetriebe (Produktions-, Handelsbetriebe, Gaststätten, Großküchen) jährlich ein- bis zweimal überprüft.
Die Untersuchungsbehörde erarbeitet über das Untersuchungsergebnis einen Befund und leitet diesen an die zuständige Verwaltungsbehörde weiter. Beanstandungen können dann zu Bußgeld- und Strafverfahren führen.

Rechtsvorschriften bei der Speisenherstellung

Die Kontrollhäufigkeit richten sich nach dem Risiko, das von einem Lebensmittelbetrieb ausgehen kann.

Neben diesen speziellen Kontrollorganen für Lebensmittelbetriebe gibt es andere, die für alle Gewerbebetriebe zuständig sind, z. B. das Gewerbeaufsichtsamt und die Berufsgenossenschaft.

Arbeitsbereiche
Die Lebensmittelüberwachung erstreckt sich auf vier Bereiche.

1. Personalhygiene
2. Lebensmittelhygiene
3. Betriebshygiene
4. Einhaltung gewerberechtlicher Bestimmungen

Befugnisse der Kontrollorgane

Lebensmittelüberwachung ist Ländersache. Den Prüfern (geschultes Behördenpersonal) ist es erlaubt, Lebensmittelproben für Untersuchungszwecke zu entnehmen. Sie fertigen dabei einen Probenentnahmebericht an.

Probe

Der Überprüfte kann eine Zweitprobe (Gegenprobe) verlangen, die versiegelt wird und schnellstens einer anerkannten Untersuchungsstelle zugeführt werden muss.

Der **Betriebsinhaber** ist verpflichtet, den Beamten Zutritt zu allen Betriebsräumen zu gewähren und sie in ihrer Kontrolltätigkeit zu unterstützen. Er hat die **Probenentnahme** zu dulden und muss bei Bedarf entsprechendes Verpackungsmaterial bereitstellen.

Praktische Lebensmittelkontrolle

Bei der praktischen Lebensmittelüberwachung sollten sich die Betroffenen von einem beanstandeten Lebensmittel folgende Kenntnisse verschaffen:

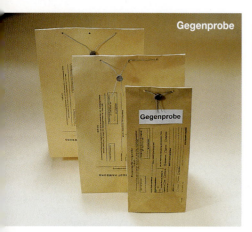
Gegenprobe

1. Name des Lebensmittels, korrekte Verkehrsbezeichnung
2. Zustand der Verpackung, Art der Werbung
3. Name des Herstellers oder des Importeurs
4. Mindesthaltbarkeitsdatum / Verbrauchsdatum
5. Ort und Zeit des Einkaufs
6. Lagerbedingungen vor dem Verkauf bzw. der Zubereitung
7. Bei loser Ware: Verkaufshinweise!
8. Festgestellter Mangel bezüglich Aussehen, Geruch, Geschmack
9. Bei Erkrankungen: Zeit vom Verzehr bis zum Auftreten der Beschwerden
10. Wurde ein Arzt hinzugezogen?

Aufgaben der Untersuchungsämter

Die chemischen, medizinischen und tierärztlichen Untersuchungsämter arbeiten eng mit den Überwachungsbehörden zusammen. Sie untersuchen die entnommenen Proben und übermitteln die Untersuchungsergebnisse den zuständigen Überwachungsbehörden.

Untersuchungsämter beurteilen im Auftrag der Überwachungsbehörden bei den vorliegenden Proben insbesondere:

- Kennzeichnungspflicht, Preisauszeichnung
- Verfälschungen, Nachahmungen, Irreführung
- Farbe, Geruch, Geschmack, Frische, mikrobiellen Befall
- Einhaltung der Höchstmengen (Schadstoffe)
- Unerlaubte Zusatzstoffe
- Verbotene gesundheitsbezogene Werbung

1. Beschreiben Sie Aufgaben der Lebensmittelüberwachung.
2. Nennen Sie Befugnisse der Kontrollbeamten.
3. Beschreiben Sie den Vorgang der Entnahme von Lebensmittelproben.
4. Zählen Sie Informationen auf, die Sie über ein beanstandetes Lebensmittel haben müssen.
5. Informieren Sie sich über die Organisationsformen der Lebensmittelüberwachung in Ihrem Bundesland.
6. Durch die amtliche Lebensmittelüberwachung werden jährlich je 1000 Einwohner sieben Lebensmittelproben entnommen. Wie viel Proben sind das insgesamt, wenn in Deutschland 80 Millionen Menschen leben?
7. Wie viel Prozent Beanstandungen liegen insgesamt vor, wenn auf 100 Proben nur drei gerechtfertigte Beanstandungen kommen?

6 Arbeitssicherheit und Umweltschutz bei der Speisenherstellung

◑ *sécurité du travail et protection de l'environnement dans la production alimentaire*
◑ *working safety and environmental protection in food processing*

6.1 Arbeitssicherheit

Lebensmittelproduktion stellt an die Beschäftigten **hohe körperliche und geistige Anforderungen.** Mit steigender Belastung der Beschäftigten nehmen auch die Unfallgefahren zu. Das Unfallrisiko vergrößert sich im Verlaufe eines jeden Arbeitstages durch das natürliche Nachlassen von Konzentration und Spannkraft. Außerdem steigt es insbesondere durch Unkenntnis der Arbeitsaufgaben, durch Unaufmerksamkeit, Leichtsinn oder gar durch bewusstes Missachten von Sicherheitsvorschriften. Wichtig ist deshalb, die Unfallquellen genau zu kennen und die Unfallverhütungsvorschriften gewissenhaft zu beachten.

Durch die Arbeitssicherheit werden Arbeitsunfälle und Berufskrankheiten vermieden. Diese belasten nicht nur den Arbeitnehmer und seine Familie, die Unfallfolgen führen auch zu materiellen Verlusten in der Volkswirtschaft.

Im Arbeitsprozess gefährdete Körperteile
- Augen 3 %
- Kopf und Hals 10 %
- Arme 11 %
- Rumpf 7 %
- Hände 40 %
- Beine 12 %
- Füße 17 %

6.1.1 Berufsgenossenschaften

◑ *associations professionnelles*
◑ *trade co-operative associations*

In Deutschland besteht für den Unfallschutz in der gewerblichen Wirtschaft bereits über 100 Jahre eine Unfallversicherung. Sie stellt einen Teil der Sozialversicherung dar.
Träger dieser gesetzlichen Unfallversicherung sind die Berufsgenossenschaften, die als öffentlich-rechtliche Einrichtungen der Arbeitssicherheit dienen. Sie verwalten sich unter staatlicher Aufsicht selbst.

Die Berufsgenossenschaften erfüllen drei Aufgaben:
- Verhütung von Arbeitsunfällen
- Leistungen zur Rehabilitation der Unfallverletzten
- Entschädigung für Unfallfolgen durch Geldleistungen

Versichert sind alle Personen der Mitgliedsbetriebe, die in einem Arbeits-, Dienst- oder Ausbildungsverhältnis stehen. Als Versicherungsfälle gelten **Arbeitsunfälle, Wegeunfälle und Berufskrankheiten.**
Die Unternehmer der Mitgliedsbetriebe bezahlen Beiträge im Umlageverfahren.

Für die Gastronomie ist die **Berufsgenossenschaft Nahrung und Gaststätten** in Mannheim zuständig.

Deutsche Sozialversicherung: Krankenversicherung, Unfallversicherung, Pflegeversicherung, Rentenversicherung, Arbeitslosenversicherung

Arbeitssicherheit und Umweltschutz bei der Speisenherstellung

6.1.2 Unfallschutz

🇫🇷 *protection contre les accidents*
🇬🇧 *prevention of accidents*

Unfallanzeige

Der **Betriebsleiter** oder sein Beauftragter hat jeden Arbeitsunfall mit einer Arbeitsunfähigkeit von mehr als drei Tagen innerhalb von drei Tagen zu melden. Dafür sind die vorgeschriebenen Unfallanzeigen in zweifacher Ausfertigung an die zuständige Bezirksverwaltung der Berufsgenossenschaft zu schicken.
Jede Unfallanzeige muss außerdem an das Gewerbeaufsichtsamt, bei tödlichen Unfällen auch an die Polizeibehörde, geschickt werden. Schwere Unfälle sind sofort telefonisch, telegrafisch oder per Telefax zu melden.
Eine **vorgedruckte Unfallanzeige** ist vollständig auszufüllen: Darauf muss der Arbeitsbereich genau bezeichnet und beschrieben werden. Die berufliche Tätigkeit des Verletzten soll ebenfalls eindeutig daraus hervorgehen.

Jährliche tödliche Arbeitsunfälle auf 1 Million Erwerbstätige

Jahr	Anzahl
1971	185
1976	129
1981	96
1986	55
2002	26
2004	14

Das Risiko, am Arbeitsplatz tödlich zu verunglücken, hat sich in den letzten 20 Jahren in Deutschland erheblich verringert.

 Berechnen Sie den prozentualen Rückgang der tödlichen Arbeitsunfälle von 1971 bis 2002.

 Berufsgenossenschaft Nahrungsmittel und Gaststätten

Sicherheitsprüfzeichen

 Sicherheitsprüfzeichen der Berufsgenossenschaft bestätigt die Einhaltung der Unfallverhütungsvorschriften (GS = geprüfte Sicherheit)

 Sicherheitsprüfzeichen der Prüfstelle des Verbandes Deutscher Elektroingenieure bescheinigt die Sicherheit von Elektrogeräten

 Sicherheitsprüfzeichen des Technischen Überwachungsvereins bestätigt die Sicherheitsüberprüfung von Kraftfahrzeugen und technischen Anlagen

Aufgaben der Berufsgenossenschaft

Unfallverhütung
- mit allen geeigneten Mitteln

Erste Hilfe
- Maßnahmen sicherstellen

Rehabilitation (Wiederherstellung)
- mit allen geeigneten Mitteln (ohne Höchstbetragsregelung)
  - medizinische Maßnahmen (Heilbehandlung)
  - berufliche Wiedereingliederung (Berufshilfe)
  - gesellschaftliche Wiedereingliederung

Entschädigung
- Verletztengeld
- Abfindungen
- Renten
- Sterbegeld

Versicherungsfälle

Arbeitsunfälle*
- im Zusammenhang mit betrieblicher Tätigkeit

Wegeunfälle*
- auf dem direkten Weg zur Aufnahme der Arbeit oder von da nach Haus

Berufskrankheiten*
- Krankheiten, die in der Berufskrankenverordnung aufgeführt sind: z. B. Lärmschwerhörigkeit, von Tieren auf Menschen übertragene Krankheiten, Allergien und Hauterkrankungen

* wenn:
- Person versichert ist
- Unfall/Krankheit durch betriebliche Tätigkeit verursacht ist und
- Körperschäden oder Gesundheitsschäden die Folge sind

Einweisung neuer Mitarbeiter

Neuen Beschäftigten ist von erfahrenen Mitarbeitern der künftige Arbeitsplatz vorzustellen. Als Schwerpunkte der Einweisung gelten:
- Unterweisungen an den Arbeitsmitteln
- Hinweise auf besondere Gefahrenquellen
- Hinweise für Ordnung und Sauberkeit im Arbeitsbereich

Arbeitssicherheit

Unfallgefahren und Unfallverhütung

Gefahrenquellen	Vermeidung von Unfällen
Rutsch- und Sturzgefahren (Böden, Treppen, Leitern)	Schmutz auf dem Fußboden sofort beseitigen. Geeignetes Schuhwerk tragen (rutschfeste Schuhsohlen, Bedienungsschuhe, Küchenschuhe usw.).
Verbrennungsgefahren (Gargeräte)	Gefäße mit heißem Fett möglichst nicht bewegen. Heißes Fett darf nicht mit Wasser in Berührung kommen. Fettdünste müssen stets gut abziehen können.
Schnitt- und Stichverletzungen (Schneidwerkzeuge)	Bei Schneidemaschinen vorhandene Zuführeinrichtungen benutzen. Maschinen müssen standfest aufgestellt sein. Umgang mit Messern → S.111
Verletzungen durch elektrischen Strom	Reparaturen an elektrischen Geräten und Anlagen bleiben ausschließlich Fachleuten vorbehalten. Mängel an Elektrogeräten sofort melden! Bei Reinigungsarbeiten Netzstecker herausziehen!
Brandgefahren (Gas, Feuer, brennbare Stoffe)	Rechtzeitige Information über Standort, Bedienungsweise und Einsatzmöglichkeiten der vorhandenen Feuerlöscher. Sicherheitsvorschriften im Umgang mit leicht brennbaren Flüssigkeiten und festen Stoffen beachten!
Verletzungsgefahren durch sonstige Arbeitsmittel Ventilatoren, Druckbehälter, Kohlensäureflaschen (CO_2-Flaschen), Gasverbrauchsgeräte und Aufzüge u.a.	Bedienungsvorschriften der Maschinen und Anlagen müssen bekannt sein. Nicht ohne vorherige Unterweisung an unbekannten Geräten oder Maschinen arbeiten! Nur Arbeitsmittel mit GS-Zeichen (geprüfte Sicherheit) anschaffen.

Der Notruf muss folgende Informationen enthalten:
- **Wo** geschah es?
  Unfallort, Straße, Hausnummer
- **Was** geschah?
  Kurze Beschreibung der Unfallsituation
- **Wie viele** Verletzte?
  Zahl der Verletzten
- **Welche** Art der Verletzung?
  Insbesondere lebensbedrohliche Verletzungen schildern
- **Warten** auf Rückfragen
  Gegebenenfalls Telefonnummer und Name des Anrufers

1 Nennen Sie typische Unfallgefahren aus Ihrem Arbeitsbereich.
2 Begründen Sie die Notwendigkeit, neue Mitarbeiter in den Arbeitsbereich gründlich einzuweisen.
3 Erläutern Sie die Bedeutung der Sicherheitsprüfzeichen.
4 Wann muss eine Unfallanzeige geschrieben werden?
Wer ist dafür verantwortlich?
5 Nennen Sie die Aufgabengebiete der Berufsgenossenschaft.

6.1.3 Erste Hilfe

🇫🇷 *premiers secours*
🇬🇧 *first aid*

Unfälle können sich im Arbeitsprozess jederzeit ereignen. Durch eine schnelle und wirkungsvolle Erste-Hilfe-Leistung lassen sich oftmals Menschenleben retten. Je nach Betriebsgröße muss nun laut Unfallverhütungsvorschrift der Berufsgenossenschaft ein kleiner oder großer Verbandskasten zur Verfügung stehen. Damit die innerbetriebliche erste Hilfe umfassend gesichert werden kann, muss in jeder Betriebsstätte ein ausgebildeter Ersthelfer vorhanden sein.
In Betrieben mit mehr als 20 Mitarbeitern sollen mindestens 10 % der Mitarbeiter eine Erste-Hilfe-Ausbildung nachweisen können. Betriebssanitäter sind in Betrieben mit mehr als 500 Beschäftigten erforderlich.
Mitarbeiter mit schweren Unfällen werden nach einer eventuellen Versorgung durch den Ersthelfer an einen Unfallarzt übergeben. Die Einweisung in eine berufsgenossenschaftliche Unfallklinik kann ärztlicherseits erforderlich sein.

Arbeitssicherheit und Umweltschutz bei der Speisenproduktion

Erste-Hilfe-Maßnahmen bei Wunden

- Wunden nicht berühren, nicht auswaschen (Ausnahme: bei Verbrennungen und Verätzungen Kühlung bzw. Spülung mit Wasser).
- Keine Anwendung von Puder, Salben, Sprays, Desinfektionsmitteln. Nur grobe Fremdkörper selbst entfernen. Blutkontakt sollte wegen der bestehenden Infektionsgefahr vermieden werden. Mit sterilen Wundauflagen (Mulllagen) bedecken und mit Heftpflaster befestigen.
- Bei jeder Wunde besteht die Gefahr einer Tetanus-Infektion. Gegebenenfalls nachträglich gegen Tetanus impfen.
- Bei starken Blutungen Notarzt rufen! Verletzte Stelle hochhalten oder hochlegen, Druckverband anlegen (nicht am Hals).

Sofortmaßnahmen

1. Betriebshelfer, andere geschulte Personen – im Bedarfsfall auch Personen ohne besondere Schulung – leisten sofort erste Hilfe. Alle Verletzungen müssen umgehend versorgt werden.
2. Bei schweren Unfällen muss der sofortige Transport in ein Krankenhaus veranlasst werden. Die **Notrufnummer 112** gilt bundesweit.
3. Schwere Verletzungen müssen ärztlich behandelt werden.

Pflichten der Beschäftigten für die Arbeitssicherheit:
- Persönliche Schutzausrüstung benützen
- Arbeitsschutzanweisungen befolgen
- Festgestellte Mängel melden und beseitigen
- Verletzungen sofort versorgen und melden
- Maßnahmen der Arbeitssicherheit unterstützen

Kleiner Verbandskasten (DIN 13157)

Anzahl	Artikel
1	Heftpflaster
8	Wundschnellverbände
5	Fingerkuppenverbände
5	Wundschnellverbände
10	Pflasterstrips
5	Verbandpäckchen
2	Verbandtücher
6	Kompressen 10 x 10
2	Augenkompressen
1	Rettungsdecke
6	Fixierbinden
1	Netzverband für Extremitäten
1	Dreieckstuch
1	Schere
10	Vliesstoff-Tücher
2	Folienbeutel
4	Einmalhandschuhe
1	Erste-Hilfe-Broschüre
1	Inhaltsverzeichnis

1. In einem Gastgewerbebetrieb hatten fünf Küchenarbeiter einen Arbeitsunfall beim Umgang mit heißem Fett. In der Küchenbrigade arbeiten insgesamt 21 Mitarbeiter.
Wie viel Prozent erlitten einen Arbeitsunfall?
2. Statistisch gesehen ereignen sich Arbeitsunfälle verstärkt zu Wochenbeginn. Nimmt man die Arbeitsunfälle in einer Woche mit 100 % an, dann ergibt sich folgende prozentuale Verteilung:

Tag	Prozent
Montag	20 %
Dienstag	19 %
Mittwoch	18 %
Donnerstag	16 %
Freitag	17 %
Sonnabend	7 %
Sonntag	3 %

Berechnen Sie die Anzahl der Arbeitsunfälle je Wochentag bezogen auf 48 000 jährliche Arbeitsunfälle im Gaststättenwesen.

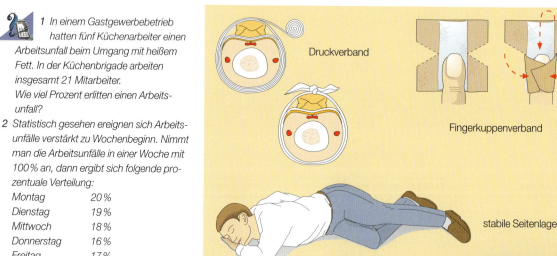

Druckverband · Fingerkuppenverband · stabile Seitenlage · Schocklage

Umweltschutz

6.2 Umweltschutz

🇫🇷 protection de l'environnement
🇬🇧 environmental protection

6.2.1 Belastungen der Umwelt und ihre Auswirkungen

Umwelt nennt man den gesamten Lebensraum der Menschen. Dazu gehören Landschaft, Wälder, Boden und Gewässer. Die Umwelt ist für alle Menschen gleichermaßen Bewegungsraum, Nahrungsquelle, Produktionsraum sowie Ort der Erholung und Entspannung.

Umweltverunreinigungen in Lebensmitteln

Umweltbelastende Stoffe gelangen auch in die Nahrungskette. Umweltverunreinigungen in Lebensmitteln nennt man Schadstoffe, insbesondere toxische Metall-Ionen, krebserregende Kohlenwasserstoffe, Nitrat, Nitrit, Nitrosamine, chlorierte Kohlenwasserstoffe, Radionuklide. Weiterhin zählen dazu aus Verpackungsmitteln übergegangene Stoffe, wie z. B. Plast-Weichmacher.
Rückstände aus Agrarchemikalien (Düngemittel, Unkraut- und Schädlingsbekämpfungsmittel) und von Tierbehandlungen (Tiermedikamente) gelangen ebenfalls in die Nahrungskette des Menschen, ebenso wie Umweltverunreinigungen als Abgase oder durch Abwässer.

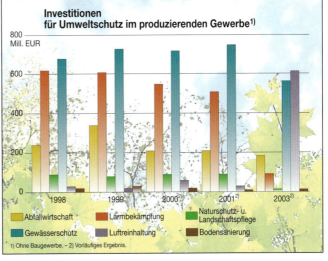

Umweltschutz beginnt schon bei der Lebensmittelherstellung. Er beinhaltet aber auch eine naturverträgliche Abfallbeseitigung sowie Entsorgung und Wiederverwendung von Abfallstoffen.
Neben den unvermeidbaren Belastungen (z. B. Verkehrslärm, Abgase, Abwässer), die durch unsere Wohlstandsgesellschaft entstanden sind, gibt es aber auch Belastungen, die klein gehalten oder vermieden werden könnten, beispielsweise Belastungen durch unnötigen Verpackungsmüll, durch die Luftverschmutzung, durch übermäßigen Autoverkehr. Auch auf Konservierungs-, Farb- und andere Lebensmittelzusatzstoffe könnte oftmals verzichtet werden.

Was ist Wohlstandsmüll?
Das sind Abfälle, die vor allem in der Wohlstandsgesellschaft neu anfallen oder in ihr ungeheure Ausmaße angenommen haben, insbesondere
- *Verpackungsmittel,*
- *ausgesonderte Konsumgüter.*

Beitrag des Einzelnen

Umweltschutz geht jeden Einzelnen an. Die Verantwortung äußert sich in der täglichen Arbeit und auch im Privatleben. Jeder kann durch sein Verhalten viel zum Umweltschutz beitragen.
Die Abfallverwertung erfordert Ordnung und Sauberkeit. Das bezieht sich insbesondere auf die Sortierung der Abfälle. Umweltschutz lässt sich nur in Übereinstimmung mit den Hygieneanforderungen durchsetzen.

 In der Öffentlichkeit ist verschiedentlich folgende Meinung zu hören: „Gegenüber den großen Umweltsündern in Industrie und Wirtschaft müssen die Regierungen endlich mehr durchgreifen. Als Einzelner kann man leider nicht viel für den Umweltschutz tun!"
Versuchen Sie, diese Meinung zu entkräften.

Arbeitssicherheit und Umweltschutz bei der Speisenherstellung

6.2.2 Umweltschutzmaßnahmen im Gastgewerbe

Was bedeutet der grüne Punkt?

Von den Herstellern werden Verpackungen mit dem grünen Punkt versehen, die nach dem Gebrauch einer Wiederverwendung zugeführt werden können. Dafür sind entsprechende Wertstoffbehälter (gelbe Beutel oder Container) vorgesehen. Mit dem grünen Punkt sollte auf freiwilliger Basis der Weg für eine geordnete und organisierte Wiederverwendung der Verpackungsstoffe beschritten werden.

Anstatt auf wiederverwendbare Verpackungen und Müllvermeidung setzt ein Teil der Industrie auf Müllverbrennung.

Im Gastgewerbebetrieb bestehen technische Möglichkeiten, Umweltbelastungen vertretbar zu vermindern.

Lebensmittel regional einkaufen

Der Transportaufwand für Lebensmittel hat sich innerhalb von dreißig Jahren verdoppelt. Das kostet Energie und belastet die Atmosphäre, insbesondere bei Flugzeug- und LKW-Transporten. Für lange Transporte ist meist ein zusätzlicher Verpackungsaufwand erforderlich. Regionaler Einkauf ist ein Beitrag zum Umweltschutz. Der Kontakt zum Erzeuger führt zu Qualitätsverbesserungen und kann das Vertrauen des Gastes stärken.

Küche
- Gemüse, Obst, Fleisch- und Wurstwaren saisongerecht bei örtlichen Lieferanten bestellen. Dadurch kann auch die Herkunft des Fleisches erfahren werden. Frische Kräuter möglichst aus eigenem Anbau.
- Gefrierware ist ernährungsphysiologisch wertvoll, aber energiemäßig und verpackungsmäßig teuer. Deshalb nur so viel wie unbedingt nötig verwenden.

Service
- Getränkeeinkauf vom regionalen Erzeuger (Mineralwasser, Bier, Wein).
- Getränke aus ökologischem Landbau mit anbieten.

Magazin
- Durch kalkulierten Einkauf Abfall vermeiden und Lagerfläche sparen.
- Convenience-Erzeugnisse sind verpackt und verursachen Abfall. Deshalb diese Erzeugnisse stets zielgerichtet einsetzen.

Was bedeutet der Umweltengel?

Diese Kennzeichnung erhalten Erzeugnisse, die unabhängige Gutachtergremien hinsichtlich Herstellung, Verwendung und Entsorgung als umweltfreundlich einstufen. Umweltverbände, Verbraucherorganisationen und die Wirtschaft vergeben den symbolischen Umweltengel gemeinsam.

Abfälle vermeiden, trennen und Wertstoffe gewinnen

Wachsende Abfallmengen führen zur Verknappung des Deponierraumes und letztlich zur Verteuerung der Müllentsorgung. Deshalb sind Abfallvermeidung, Abfalltrennung und Gewinnung von Wertstoffen eine ökonomische Aufgabe. Die Verpackungsverordnung verpflichtet Hersteller und Händler, Verpackungen nach dem Gebrauch kostenlos zurückzunehmen und einer erneuten Verwendung oder stofflichen Verwertung zuzuführen.

> Der beste Umweltschutz ist Müllvermeidung. Die beste Abfallbeseitigung ist die Wiederverwertung.

Für Europa findet die Euroblume Anwendung.

Küche
- Großgebinde, Mehrzweckverpackungen, Pfandflaschen und Nachfüllpackungen bevorzugen. Einmalverpackungen nur dann akzeptieren, wenn das Material wiederverwendet werden kann.
- Verpackungen mit dem grünen Punkt nach Sorten getrennt sammeln.
- Für viele Verpackungen besteht nach der Verpackungsordnung Rücknahmepflicht. Mit den Lieferanten entsprechende Vereinbarungen treffen, insbesondere bei Kartonagen, Kisten, Säcken, Kannen, Eimern.
- Abfall nach rohen pflanzlichen und sonstigen Spezialabfällen trennen. Schlachtabfälle von mehr als 10 kg täglich müssen in Tierkörperbeseitigungsanstalten entsorgt werden.
Speisenabfälle müssen vor der Verfütterung in behördlich zugelassenen Anlagen auf 90 °C erhitzt werden.

Fachgerechte Sortierung des Mülls

94

Umweltschutz

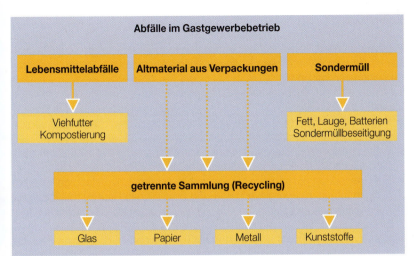

Biomüll, kühl gelagert

- Auf Aluminium- und Frischhaltefolien möglichst verzichten. Mehrzweck-Kunststoffbehälter eignen sich für unterschiedliche Einsatzgebiete.
- In der Küche verwendete Metalle nach Sorten sammeln, insbesondere Weißblech und Aluminium.
- Fett- und Stärkeabscheider durch Spezialfirmen entsorgen lassen.
- Ungebleichte Kaffeefilter verwenden.
- Müllbeutel aus Recyclingkunststoff, für Grünabfälle Beutel aus paraffingetränktem Papier verwenden, die sich auf dem Kompost zersetzen.

Service
- Kein Einweggeschirr und -besteck verwenden.
- Portionspackungen für Butter, Konfitüre, Honig, Käse u. a. vermeiden.
- Auf Angebotskarten auch kleine und halbe Portionen anbieten.

Magazin
- Kronkorken in die Weißblechsammelbehälter geben.
- Altglas nach Farben sortieren. Porzellanscherben gehören in den Restmüll, nicht ins Altglas.
- Müllvolumen durch Pressen verringern.

 Was ist Recycling?
Recycling (re = zurück, cyclus = Kreis) bedeutet Rückführung in den Kreislauf, also Wiederverwertung. Die Umwelt wird durch Recycling weniger belastet. Der Abfall stellt einen neuen Rohstoff, einen Sekundärrohstoff, dar. Durch Wiederverwendung werden Rohstoffvorräte geschont, wird Energie gespart, also die Umwelt weniger belastet.

Umweltschutz rechnet sich.
Umweltschutz steht betriebswirtschaftlichen Interessen keinesfalls entgegen. Nach einer Unternehmerbefragung lassen sich die meisten Unternehmensziele im Einklang mit der Schonung der Natur verfolgen.

Fett- und Stärkeentsorgung

Fettabscheider: Fettreste belasten Abflusssysteme und Kläranlagen. Sie erstarren in den Rohren der Kanalisation und bilden eine Verstopfungsgefahr. Außerdem erschweren sie den biologischen Abbau in den Kläranlagen. Durch die geringere Dichte des Fettes kann in einem besonderen Kanalsystem des Fettabscheiders das Fett vom Abwasser getrennt werden.

Stärkeabscheider: Sie sind in Kartoffelschälmaschinen eingebaut, um die Kartoffelstärke zurückzuhalten. Dadurch werden zusätzliche Umweltbelastungen vermieden, und gleichzeitig wird der Kanalverstopfung durch Stärkeabsatz entgegengewirkt.

Verbrauchtes Fett aus der Fritteuse gilt als Sondermüll. Es darf nur getrennt gelagert werden. Fettabfälle sind einer Recycling-Firma zu übergeben. Altfett eignet sich nach der Aufbereitung für technische Zwecke.

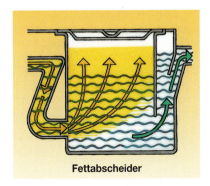

Fettabscheider

Arbeitssicherheit und Umweltschutz bei der Speisenherstellung

Energie sparen

Experten meinen, dass sich im Gastgewerbe durch umweltgerechtes Verhalten bis zu einem Viertel der bisherigen Energiekosten ohne weitere Investitionen einsparen lassen.

Küche
- Regelmäßige Überprüfung der Heizungsanlagen, zentrale Wasserversorgung und Wärmerückgewinnung anstreben.
- Wärmegeräte nicht ständig in Bereitschaft halten. Geräte mit Sensorplatte verbrauchen erst bei aufgesetztem Gargefäß die volle Energie.
- Bei Gasgeräten auf sauberes Flammenbild achten. Unvollständige Verbrennungen führen zu Energieverlusten und zusätzlichen Raumluftbelastungen.
- Lüftungsanlagen angemessen einsetzen. Günstig sind automatische Regelungen.
- Kühlschränke nicht mit durchgehender Tür verwenden, dann kann die Kälte besser im Schrank bleiben. Verdampfer-Kühlgeräte während Niedrig-Tarifzeiten abtauen.
- Spülmaschinen möglichst verstärkt in Niedrig-Tarifzeiten verwenden (Lastspitzen vermeiden!). Ggf. Zeitschaltuhren verwenden.

Service
- Licht nur nach Bedarf einschalten. Durch Dimmer und Lichtregelanlagen können Energieeinsparungen bis zu 40 % erreicht werden.
- Energiesparlampen in Bereichen mit langer Einschaltdauer verwenden. Ausgesonderte Energiesparlampen gehören zum Sondermüll.
- Lüftungsanlagen angemessen einstellen. Nach DIN ist eine 10- bis 12-malige Erneuerung der Raumluft je Stunde vorgesehen.
- Auf elektrische Händetrockner verzichten.

Magazin
- Möglichst bei Tageslicht arbeiten. Kunstlicht ermüdet (→ 101).

Wasser sparen, Abwasser entlasten

Für sauberes Wasser ist ein steigender technischer Aufwand erforderlich, der sich in höheren Wasser- und Abwasserpreisen ungünstig bemerkbar macht. Wasser sparen ist im ökonomischen und ökologischen Interesse. Allerdings dürfen damit keine Komforteinbußen der Gäste verbunden sein.

Küche
- Einhebel-Mischventile für Wasser anbringen.
- Den Härtegrad des Wassers beachten. Falls erforderlich, Enthärtungsanlagen einbauen lassen.

Service/Beherbergung
- Regelmäßige Kontrolle der Wasserverbrauchsstellen.
- An Gläserspültheken ist aus hygienischen Gründen ständig laufendes Wasser vorgeschrieben. Die Mehrfachnutzung dieses Wassers in WC-Anlagen sollte erwogen werden.
- Durch Einbau von Sensoren an den Handwaschbecken der Gästetoiletten kann bis zu 60 % Wasser gespart werden. Offene Wasserhähne und mit Seife verschmierte Armaturen können so vermieden werden.
- Durchflussbegrenzer.

1 Ein Elektroherd (20 kWh) braucht jährlich in 2000 Betriebsstunden für 6000 € Elektroenergie. Ein Gasherd mit gleicher Leistung verbraucht Energie für 1300 €. Hinzu kommen für einen Gastank 340 € jährliche Leasingkosten, für die Leitungsmontage 1100 € und für die Anschaffung des Gasherdes 5000 €. Nach wie vielen Monaten hat sich der Wechsel amortisiert?

2 Eine Kippbratpfanne mit 10 kW, täglich 4 Stunden in Betrieb, verursacht elektrisch betrieben Energiekosten von 6 €. Gas würde 0,03 €/kWh kosten. Ermitteln Sie die Ersparnisse bei 270 Betriebstagen, wenn man ausschließlich mit Gas arbeitet. Wie viel kostet 1 kWh Elektroenergie?

3 Im Gästeraum wurden 18 Glühlampen mit je 25 W gegen Energiesparlampen mit je 5 W ausgetauscht.
Wie viel Elektroenergie wird jährlich (365 Tage) bei einer durchschnittlichen täglichen Einschaltzeit von 18 Stunden eingespart? Der Verbraucherpreis für Elektroenergie je kWh beträgt durchschnittlich 0,14 €.

4 Kostenvergleich portionsverpackter Honig mit Eimerware:
Benötigt werden jährlich 60 kg Honig (3000 Portionen).
- Portionshonig: Portionshonig/Karton (120 Portionen zu 20 g)   8,96 €
- Eimerware: (12,5 kg/Eimer)   36,95 €
Ermitteln Sie die Preisdifferenz bei Ersatz des Portionshonigs durch lose Ware. Der Mehraufwand an Arbeitszeit, Spülmitteln usw. soll sich durch Einsparungen an Abfallkosten ausgleichen.

5 In einem Hotel wird die WC-Spülmenge um 190 m³ gesenkt.
Ermitteln Sie die Einsparung in Euro bei einem Wasser/Abwasserpreis von 3,25 €/m³.

Umweltschutz

- Durch Begrenzung der Füllmenge und Wassersparttasten kann in WCs bis zu 50 % Wasser gespart werden.

Magazin
- Lösungsmittelhaltige Flüssigkeiten nicht in die Kanalisation gießen.

Reinigungsmittel umweltgerecht einsetzen

Hygiene gehört zum Markenzeichen im Gastgewerbe. Allerdings wurden in den letzten Jahren chemische Reinigungsmittel verwendet, die zwar bequem zu handhaben sind, die aber das Abwasser belasten und auch für die Benutzer oft gesundheitsschädigend sind. Deshalb ist es ratsam, sich an alte Hausmittel zu erinnern (→ 211).

Küche
- Verwendung milder Reinigungsmittel: Reinigungs- und Maschinenspülmittel ohne Zusatz von Phosphat, Formaldehyd, Chlor oder Sulfat verwenden. Verzicht auf Weichspüler und Desinfektionsmittel. Durch automatische Dosierung Spülmittelverbrauch optimieren.
- Durch Wartung der Maschinen optimale Dosierung sichern.
- Schmierseife und Essigreiniger eignen sich für die Grundreinigung.
- Heißes Wasser (etwa 70 °C) unter Zugabe von Soda säubert und desinfiziert umweltfreundlicher als andere chemische Substanzen.
- Insektizide vermeiden. Leimbandfänger u. a. eignen sich ebenfalls.

Service / Beherbergung
- Silber elektrolytisch reinigen.
- Durch Trennen von stark und weniger verschmutzten Servietten und Tischtüchern können differenzierte Waschtemperaturen und Waschmittelmengen angewandt werden.
- Möglichst Verzicht auf Kochwaschgang und Vorwaschgang.
- Hotelgäste bestimmen Handtuch- und Wäschewechsel.
- Seifenspender für die Hotelgäste.

Maximumüberwachung
Elektroenergie-Lieferanten berechnen in Gastronomiebetrieben nicht nur den Gesamtverbrauch, sondern auch die Höchstabnahme über 15 min., die Maxima (Spitzenwerte). Um solche Belastungsspitzen zu vermeiden und damit zusätzliche Kosten zu sparen, können Überwachungsanlagen mit akustischem Signal und/oder mit Lastabwurf gebaut werden. Lastabwurf bedeutet, dass bei Erreichung eines Spitzenverbrauchs bestimmte Geräte automatisch abgeschaltet werden. Wenn die Stromspitzen um 10 kW gesenkt werden, kann das eine jährliche Einsparung von fast 1500 € bringen.

Für Sanitäranlagen und Fußböden in gastronomischen Einrichtungen, mit starkem Gästewechsel, wie Bahnhofsgaststätten, Raststätten u. Ä., sind chemische Desinfektionsmittel notwendig.

Lieber Gast,
Umweltschutz fängt schon im Kleinen an. In Ihrem Badezimmer zum Beispiel. Helfen Sie mit, täglich Tonnen an Waschmitteln zu sparen. Wie? Ganz einfach. Indem Sie Ihre Frottierwäsche eventuell auch 2 × verwenden.

2 × benutzen
Bitte lassen Sie Ihre Wäsche einfach hängen.

Täglich wechseln
Bitte legen Sie Ihre Wäsche in die Badewanne/Dusche.

Dear Guest,
environmental protection is often a matter of little steps. In your bathroom, for instance. Help us saving tons of washing powder and water. How to do it? Very easy. You could agree to use your towels a second day.

Second use
Please let your towels hang.

Daily change
Please lay your towels into the bath tub.

1 Erläutern Sie, wie Abfälle in Ihrem Ausbildungsbetrieb umweltgerecht entsorgt werden oder entsorgt werden könnten.
2 Führen Sie eine Pro-und-Kontra-Diskussion über den Einsatz von Mehrwegflaschen.

7 Technologischer Prozess der Speisenherstellung

🇫🇷 procédés technologiques de la fabrication des mets
🇬🇧 technological process of meal production

Grundstruktur

🇫🇷 structure de base
🇬🇧 basic structure

Der **technologische Prozess** der Herstellung von Speisen beginnt mit der Zutatenanlieferung und endet mit der Übergabe der verzehrfertigen Speisen an die Servicekräfte.

	Lagerung	Vorbereitung	Zubereitung	Vollendung
Verfahren (Beispiele)	Normallagern (Trockenlagern)	Putzen	Thermisches	Verfeinern
	Kühllagern	Waschen	Biochemisches	Portionieren
	Gefrierlagern	Schneiden	Mechanisches Zubereiten	Garnieren

7.1 Arbeitsgestaltung

🇫🇷 organisation du travail
🇬🇧 work organization

> Rentabilität ist das Verhältnis von Unternehmensgewinn zum eingesetzten Kapital in einer bestimmten Zeit.

Betriebsabläufe beurteilt man zunächst unter dem Gesichtspunkt der **Rentabilität** und **Konkurrenzfähigkeit**.
Einerseits soll die Erzeugnisqualität verbessert, andererseits müssen die Herstellungskosten, insbesondere der Arbeitszeitaufwand, gesenkt werden. Der Einsatz moderner Technik im Zusammenwirken mit einer zweckmäßigen Arbeitsgestaltung kann zur Senkung der Herstellungskosten führen. Die Arbeit gestaltet sich außerdem körperlich leichter, sicherer und humaner (menschlicher). Denn es hat sich gezeigt, dass Leistungssteigerungen dann optimal sind, wenn neben einer perfekten technologischen Arbeitsgestaltung (Arbeitsorganisation) auch **menschliche Gesichtspunkte** (z. B. günstige Umgebungseinflüsse und positive zwischenmenschliche Beziehungen) berücksichtigt werden.

> Eine falsche Arbeitsplatzbeleuchtung (zu wenig oder zu viel Licht, zu weiche oder zu harte Kontraste, Blendwirkungen) kann zu Augenbrennen, Ermüdung oder Kopfschmerzen führen.

Der Mensch möchte sich im Arbeitsbereich, in dem er sich fast ein Drittel des Tages aufhält, wohl fühlen. Arbeit wird von ihm dadurch weniger als Belastung empfunden. Der Beschäftigte gewinnt Freude an seiner Tätigkeit, insbesondere dann, wenn sie ihn körperlich und geistig weder unter- noch überfordert, wenn er erfolgreich und anerkannt ist.
Durch die **humane Arbeitsgestaltung** kann demzufolge die notwendige Leistungsbereitschaft und Leistungsfähigkeit der Mitarbeiter gefördert werden. Darüber hinaus kann eine zweckmäßige Arbeitsgestaltung vorzeitigen Ermüdungs- und Erschöpfungszuständen oder gar Gesundheitsschäden (z. B. Berufskrankheiten) der Arbeitnehmer entgegenwirken.

Arbeitsgestaltung

Ergonomie

🇫🇷 *ergonomie*
🇬🇧 *ergonomics*

Mit den Problemen einer zweckmäßigen und humanen Arbeitsgestaltung befasst sich die Ergonomie.

> Die Ergonomie (griechisch: ergon = Arbeit; nomo = Gesetz) ist die Wissenschaft von den Leistungsmöglichkeiten und Leistungsgrenzen des arbeitenden Menschen.

Die Ergonomie untersucht Möglichkeiten einer menschenwürdigen Arbeitsgestaltung. Die **menschliche Leistungsfähigkeit** soll unter Beachtung technischer, wirtschaftlicher und humaner Gesichtspunkte optimal genutzt und die Leistungsbereitschaft im Arbeitsprozess entwickelt werden. Der technische Fortschritt ermöglicht durch ergonomische Arbeitsgestaltung die Erfüllung sicherheitstechnischer Forderungen. Damit leistet die Ergonomie gleichzeitig einen Beitrag zur Unfallverhütung (→ 90).

Geistige Arbeit

Arten der Arbeit

Man unterscheidet die vorwiegend körperliche von der vorwiegend geistigen Tätigkeit. Körperliche Arbeit kann leicht oder schwer, geistige Arbeit kompliziert oder einfach sein. Je nachdem, welcher Arbeitsanteil bei der vorwiegend körperlichen Tätigkeit jeweils auf Mensch und technisches Arbeitsmittel entfällt, unterscheiden sich Handarbeit, mechanisierte Arbeit und automatisierte Arbeit voneinander.

Körperliche Arbeit

Arbeitselemente

🇫🇷 *éléments du travail*
🇬🇧 *work elements*

Ein **Arbeitsvorgang** lässt sich in einzelne Arbeitselemente zerlegen. Solche Elemente sind Arbeitskraft, Arbeitsaufgabe, Arbeitsgegenstand (Einsatzmittel), Arbeitsmittel (Betriebsmittel), Arbeitsverfahren (Arbeitsablauf), Arbeitserzeugnis (Arbeitsergebnis) und Umgebungseinflüsse (Umwelteinflüsse).

Das bestmögliche **Zusammenwirken aller Elemente** des Arbeitsprozesses (technologischer Prozess) führt zur umfassenden Lösung der Arbeitsaufgabe. Die stets wirkenden Umgebungseinflüsse müssen bei einer humanen Arbeitsgestaltung mit beachtet werden.

Arbeitsaufgabe
Herstellung von Blattsalat, angerichtet auf Glastellern
Arbeitskraft
Koch
Arbeitsgegenstand
Kopfsalat, Salatsauce
Arbeitsmittel
Messer, Schüsseln, Glasteller
Arbeitsverfahren
Putzen, Waschen, Schneiden, Marinieren
Arbeitserzeugnis
portionierter Blattsalat
Umgebungseinflüsse
Raumklima, Licht

Arbeitskraft

🇫🇷 *main-d'œuvre*
🇬🇧 *man power*

Der Mensch, gleichgültig ob er vorwiegend körperlich oder geistig tätig ist, hat die größte Bedeutung im Arbeitsprozess. Er bleibt insbesondere dort unentbehrlich, wo Kreativität (Schöpferkraft) und Flexibilität (Anpassungsfähigkeit, Wendigkeit) notwendig sind. Jede Arbeitsaufgabe erfordert von der Arbeitskraft besondere persönliche Eigenschaften, z. B. Sorgfalt, Ausdauer, Zuverlässigkeit, Kraft, Geschick, Belastbarkeit und Verantwortungsgefühl.

Technologischer Prozess der Speisenherstellung

Das menschliche Leistungsvermögen bestimmen maßgebend persönliche Faktoren des jeweiligen Arbeitnehmers, wie Alter, Geschlecht, Konstitution, Ernährungs- und Gesundheitszustand. Als bedeutsam erweisen sich weiterhin die Ermüdungs- und die Erholungsabschnitte während des Arbeitstages. Das Leistungsvermögen steigt zu Arbeitsbeginn schnell an, lässt aber vor Arbeitsschluss wieder nach.

Die **Wiederherstellung** des Arbeitsvermögens kann durch sinnvolle Arbeitspausen erreicht werden. Danach sind kurze Pausen von etwa 15 min am wirkungsvollsten. Bei der vorherrschenden und besonders anstrengenden stehenden Arbeit können Sitzmöglichkeiten für Kurzpausen einen zusätzlichen Erholungseffekt schaffen.

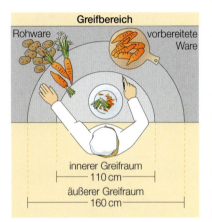

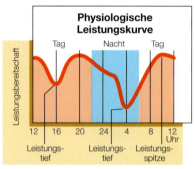

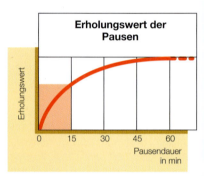

Arbeitsplatzgestaltung

🇫🇷 aménagement du poste de travail
🇬🇧 work place layout

Neben den genannten die Arbeitskraft betreffenden Faktoren nimmt die Arbeitsplatzgestaltung, insbesondere die Gestaltung der Arbeitsmittel, der Arbeitsräume sowie der Umwelteinflüsse wie Beleuchtung, Lärm, Klima usw., einen entscheidenden Einfluss auf Arbeitsleistung, Arbeitseinstellung und Gesundheitszustand der Arbeitnehmer.

Ergonomische Arbeitsplatzgestaltung heißt:
- Beachtung der menschlichen Leistungsfähigkeit bei der Lösung von Arbeitsaufgaben
- Sicherheitstechnische Gestaltung der Arbeit: Unfallquellen müssen beseitigt werden
- Gestaltung der technischen Arbeitsmittel und des Arbeitsraumes unter Beachtung der Körpermaße
- Beachtung und Gestaltung der Umgebungseinflüsse
- Zweckentsprechende Beleuchtung und Farbgestaltung

1 Nennen Sie Arbeitsaufgaben aus Ihrem Wirkungsbereich, wobei die genannten persönlichen Eigenschaften benötigt werden.

2 Ein Arbeitsraum ist 10,2 m lang, 6,8 m breit und 3,3 m hoch.

2.2 Berechnen Sie den vorhandenen Luftraum, wenn Einrichtungsgegenstände 10 m³ einnehmen.

2.3 Ermitteln Sie die Anzahl der möglichen Beschäftigten, die in diesem Raum auf Dauer arbeiten dürfen, wenn je Beschäftigten 15 m³ Luft zur Verfügung stehen müssen.

Arbeitsraum, Arbeitsplatz und Arbeitsmittel

🇫🇷 agencement du poste de travail, poste de travail et moyens de travail
🇬🇧 work(ing) room, working place and working devices

Arbeitsräume, Arbeitsplätze und Arbeitsmittel sollen zweckmäßig gestaltet sein, damit die Arbeitsaufgabe optimal erledigt werden kann. Die Arbeitsmittel erfordern von der Arbeitskraft bestimmte **Körperhaltungen** beim Stehen, Sitzen, Heben und Tragen.

Für die Gestaltung von Arbeitsplätzen und Arbeitsmitteln (Arbeitsplatten) hat die vorgesehene Arbeitshöhe besondere Bedeutung. Im Gastgewerbe werden die meisten Arbeiten im Stehen ausgeführt. Stehende Arbeit stellt eine über-

Arbeitsgestaltung

durchschnittliche körperliche Belastung dar. Der Energieverbrauch dafür ist gegenüber vergleichbarer sitzender Tätigkeit etwa doppelt so groß. Die Tätigkeit in gastgewerblichen Berufen (z. B. Restaurantfachleute) ist außerdem durch Laufarbeit gekennzeichnet. Tragen und Heben gelten für alle Berufe im Gastgewerbe als typisch.

Arbeitshöhe

Arbeitstische sollen eine geeignete Arbeitshöhe für stehende oder sitzende Tätigkeit haben. Den Füßen muss dabei ein entsprechender Bewegungsraum gegeben werden. Die Breite der Arbeitstische muss dem **Greifbereich** des Arbeitenden entsprechen. Dadurch kann eine ermüdungsarme Arbeit ermöglicht werden.

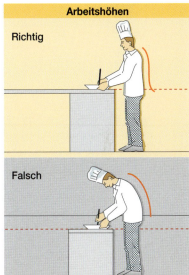

Heben und Tragen

Heben und Tragen stellen mitunter besonders kraftaufwendige und gefährliche Tätigkeiten dar. Eine richtige Körperhaltung und der Einsatz von entsprechenden Hilfsmitteln kann die Belastung des Körpers erheblich vermindern.

Umgebungseinflüsse und Unfallquellen

Von **schädlichen** Umgebungseinflüssen sollten Arbeitnehmer möglichst verschont werden. Im Interesse einer optimalen Arbeitsleistung und einer humanen Arbeitswelt müssen die Umgebungseinflüsse günstig gestaltet werden. Das betrifft Raumklima, Beleuchtung, Farbgebung, Form und Gliederung der Arbeitsräume, Arbeitskleidung und Arbeitsmittel. Umgebungseinflüsse beeinflussen die Arbeitssicherheit. **Unerwünschte Umgebungseinflüsse** können durch den technologischen Betriebsablauf entstehen, z. B. Erschütterungen, Lärm, Hitze, Kälte, Temperaturwechsel, Staub, Schmutz, Gifte und Unfallgefahren.

Klima

Belastend wirken sich Temperatur- und Luftfeuchteschwankungen aus, genauso wie Zugluft oder mangelhafte Durchlüftung.
Klimaanlagen regulieren Temperatur und Luftfeuchte in notwendiger Weise. Andererseits erfordern technologische Verfahrensführungen bestimmte Raumklimas. Temperierte Räume in der Konditorei sind genauso erforderlich wie kühle Räume in der kalten Küche. Daraus ergeben sich für die Mitarbeiter unvermeidbare Belastungen.

Tageslicht soll von vorn oder von links auf den Arbeitsplatz einfallen. Beim Rechtshänder wird dadurch der Schatten der Arbeitshand nicht störend am Arbeitsplatz sichtbar.
Kunstlicht wird am besten parallel zum Fenster und vor dem Körper angebracht. Gut geeignet sind blendfreie und reflexionsarme Leuchtstoffröhren.

Arbeitsbeleuchtung

Richtige Beleuchtung bildet die Voraussetzung für gutes Sehen, dieses wiederum gilt als eine Bedingung für allgemeines Wohlbefinden. Die Arbeitsbeleuchtung beeinflusst die Konzentrationsfähigkeit und damit die Leistungsfähigkeit der Arbeitskraft. Gleichzeitig trägt sie zur Arbeitssicherheit bei.
Gutes Licht bedeutet geeignete Beleuchtungsstärke, harmonische Helligkeitsverteilung, geringe Blendwirkung und angemessene Lichtrichtung sowie Lichtfarbe.
Je schwieriger die **Sehaufgabe**, umso mehr Licht ist erforderlich. Zeichen- oder Garnierungsarbeiten stellen solche schwierigen Sehaufgaben dar. Ältere Menschen benötigen für die gleiche Arbeitsaufgabe mehr Licht als jüngere.

 Beurteilen Sie die ergonomische Gestaltung Ihres Arbeitsplatzes.

Technologischer Prozess der Speisenherstellung

🇫🇷 déroulement du travail dans la cuisine
🇬🇧 work routine in the kitchen

7.2 Arbeitsablauf in der Küche

Der Arbeitsablauf ist so zu organisieren, dass durch die sinnvolle Nutzung der Arbeitszeit, der vorhandenen Arbeitsmittel und durch den effektiven Mitarbeitereinsatz die Speisen und Getränke in vorgegebener Zeit zur Verfügung stehen.

Die Arbeitsbelastungen können gerade in der Küche im Verlaufe des Arbeitstages schwanken. Das wirkt sich stets ungünstig auf die Arbeitskräfte aus, ist jedoch oft nicht zu vermeiden.

Küchentyp und **technische Ausstattung** bestimmen Küchenorganisation und Arbeitsablauf. Zwei Formen der Prozessgestaltung sind zu unterscheiden:

> Teamarbeit ist die Voraussetzung für einen reibungslosen Arbeitsablauf und ein gutes Arbeitsklima innerhalb der Küchenbrigade sowie in der Zusammenarbeit mit anderen Abteilungen des Gastgewerbebetriebes.

| Arbeitsablauf nach Posten
| Arbeitsablauf nach Arbeitserzeugnissen

7.2.1 Produktionsküche

🇫🇷 cuisine de production
🇬🇧 preparation kitchen

Die Arbeitsaufgabe wird aufgeteilt und von **Spezialisten auf den Posten** erledigt (Postenküche). Restaurant- und Hotelküchen haben im Allgemeinen vier Posten:

Saucen	Gemüse	Kalte Küche	Küchenkonditorei
Fleisch, Saucen, Fisch	Gemüse, Suppen, Beilagen	Salate, Vorspeisen, Büfett	Süß- und Eierspeisen, Gebäck

Die Küchenbrigade stellt die **umfangreiche Palette von Speisen** nach der Bestellung her. Die Arbeitsbelastung ist von der Anzahl der Bestellungen abhängig. Der Gast erhält **überwiegend frisch aus den Rohstoffen** hergestellte Speisen.

> Durch die Verwendung von Convenience-Erzeugnissen lässt sich die Arbeitsbelastung auch in der Postenküche reduzieren.

Lagern	Vorbereiten	Zubereiten	Anrichten	Servieren
Küchenbrigade in Postenteilung			Servicemitarbeiter	Gast

Küchenbrigade

🇫🇷 brigade de cuisine
🇬🇧 cooking brigade (team)

Der Charakter der gastronomischen Einrichtung bestimmt die Größe der Küchenabteilung. Unterschiedliche Anforderungen ergeben sich durch Betriebsart, Betriebsgröße, Küchenorganisation, Öffnungszeiten und Speisenangebot. Prinzipiell lassen sich Küchenbrigaden nach der Küchengröße unterscheiden:

Kleine Küchenbrigade	Mittlere Küchenbrigade	Große Küchenbrigade
Küchenchef	Küchenchef	Küchenchef
		Stellvertretender Küchenchef
	Partieköche	Partieköche
Köche	Köche	Köche
Jungköche	Jungköche	Jungköche
Auszubildende	Auszubildende	Auszubildende

102

Arbeitsablauf in der Küche

Funktionen in der Küchenbrigade

Funktion	französische/englische Bezeichnung	Funktionsbereich
Küchenchef	chef de cuisine/ chef / executive chef, head chef	Gesamtleitung der Küche, Einkauf, Menüplanung, Dienstplan, Ausbildungsverantwortlicher
Stellvertretender Küchenchef	sous-chef sous-chef	Vertretungsaufgaben für den Küchenchef, auch für Berufsausbildung verantwortlich.
Vertretungskoch	tournant, roundsman / swing cook / relief cook	Aufgaben auf dem jeweiligen Posten, löst Postenköche ab
Saucenkoch	saucier sauce chef / saucier	Herstellen von Fonds, Saucen, Buttermischungen, von Schmorstücken, oft auch als stellvertretender Küchenchef tätig
Bratenkoch	rôtisseur roast cook	Herstellen von Kurzbratstücken, großen Braten und frittierten Speisen
Fischkoch	poissonnier fish cook	Herstellen von Fisch-, Krusten-, Schalen- und Weichtiergerichten
Gemüsekoch	entremétier vegetable cook	Herstellen von Gemüse-, Kartoffel-, Eier-, Reis-, Teigwarenspeisen, von Klößen und Knödeln, Suppen
Koch der Kalten Küche	garde-manger garde-manger / pantry chef	Vorbereiten von Fisch-, Muschel-, Krustentier-, Geflügel-, Wild-, Wildgeflügelspeisen; Herstellen von Salaten und unterschiedlichen Pasteten, Fischfarcen; Anrichten kalter Platten, Dressings; kalte Speisen und Saucen
Küchenfleischer	boucher butcher	Zerlegen, Auslösen, Portionieren von Schlachtfleisch, Herstellen von Brät und Farcen sowie von Rohfleisch- und Wurstspezialitäten
Küchenkonditor	pâtissier pastry cook / pastry chef	Herstellen von Kuchen, Torten, Kleingebäck, Süßspeisen, Eisspeisen, Obstsalaten, Pastetenhüllen
Diätkoch	régimier diet cook	Herstellen von Diätkost (Zusammenarbeit mit Diätassistentin und Arzt) und leichter Vollkost, insbesondere im Gesundheitswesen

Chef de partie
Leiter eines Postens, dem ausgebildete Mitarbeiter unterstellt sind.
Der Stellvertreter heißt Demi-chef de partie.
Commis
Köche mit abgeschlossener Berufsausbildung.

Produktionsküche (Postenküche)

Fertigungs-Endküche

7.2.2 Fertigungs-Endküche 🇫🇷 cuisine de finition 🇬🇧 finishing kitchen

Der **Arbeitsablauf** erfolgt nach **Arbeitserzeugnissen**. Beispielsweise hat sich der Einsatz eines Kochs und einer Hilfskraft im Kochcenter bewährt.
Dieser Arbeitsablauf nach Arbeitserzeugnissen war bisher besonders in der **Gemeinschaftsverpflegung** zu finden. Eine vorher festgelegte Speisenmenge wird für eine bestimmte Essenszeit hergestellt. Das ermöglicht, die Vorbereitungs- und einen Teil der Zubereitungsarbeiten vorzuplanen. Die Küchenbrigade wird nach den angebotenen Speisen, nicht mehr nach Posten gegliedert. In der Übersicht sind **drei Herstellungsverfahren** in der Gemeinschaftsverpflegung einander gegenübergestellt:

Beispiel:
Gericht 1 wird in traditioneller Weise aus den Rohstoffen hergestellt.
Gericht 2, garfertige Convenience-Erzeugnisse werden eingesetzt.
Gericht 3, ein gekühltes Fertiggericht aus der industriellen Speisenproduktion wird bezogen und verwendet.

Herstellen von 3 Gerichten mit vorzugebender Gästezahl

1	Lagern	Vorbereiten	Zubereiten	Anrichten
2	Lagern		Zubereiten	Anrichten
3	Lagern		Regenerieren	Anrichten

Service oder Selbstbedienung

Technologischer Prozess der Speisenherstellung

🇫🇷 *moyens de travail*
🇬🇧 *working devices*

7.3 Arbeitsmittel

Für die Durchführung der Arbeitsverfahren setzt man unterschiedliche Arbeitsmittel ein.
Effektives Arbeiten erfordert die richtige Auswahl und den fachgerechten Umgang mit den Arbeitsmitteln.

Einteilung der Arbeitsmittel mit Beispielen

Handwerkszeuge		Arbeitsmittel, durch Muskelkraft unmittelbar von Hand geführt.	Messer Beil Kelle Bratgabel Ausstecher
Geräte		Arbeitsmittel, bestehend aus einer Verbindung von Einzelteilen ohne zwangsläufige Bewegung. Unter Ausnutzung physikalischer Gesetze wird nützliche Arbeit verrichtet oder Energie umgewandelt.	Herd Kühlschrank Fritteuse Waage Fruchtpresse Transportmittel, Behälter
Maschinen		Verbindung von Einzelteilen, die motorgetrieben sind und zwangsläufige Bewegungen ausführen. Verrichten nützliche Arbeit oder wandeln Energie um.	Mixer Kutter Wolf Aufschnittmaschine, Spargelschälmaschine Universal-Küchenmaschine
Anlagen		Kombination von Arbeitsmitteln (Maschinen, Geräte u.a.). In sich geschlossene Einheiten mit eigenen Produktionsaufgaben.	Garanlage Schockgefrieranlage Klimaschrank Klimaräucheranlage
Automaten		Mikroelektronisch gesteuerte, sich selbst regulierende Produktionseinheiten.	Garautomat Waschautomat

1 Erklären Sie den Begriff Lebensmitteltechnologie.
2 Beschreiben Sie den technologischen Gesamtprozess der Speisenherstellung.
3 Nehmen Sie eine Einteilung der in der Speisenherstellung verwendeten Arbeitsmittel vor.

Jeder Gastronom muss mit den besonderen Arbeitsmitteln seines Berufes fachgerecht und sicher umgehen können. Dabei stehen die Arbeitssicherheit und Gesundheitsschutz im Vordergrund.

7.4 Arbeitsverfahren

◐ procédés de travail
⊕ working procedure

Zunächst scheinen die vielfältigen Arbeitsvorgänge, die vom Rohstoff zum verzehrfertigen Erzeugnis führen, sehr unübersichtlich und unterschiedlich zu sein. Beim gründlichen Beobachten lassen sich jedoch vier Gruppen von Verfahren herausfinden: **Lagern, Vorbereiten/Bearbeiten, Zubereiten, Vollenden**.

Beispiel

ungeschälte Kartoffeln → **Lagern** Normallagern im Kartoffelkeller → **Vorbereiten** Schälen, Schneiden → **Zubereiten** Kochen, Dämpfen → **Vollenden** Schwenken mit gehackter Petersilie → Petersilienkartoffeln

7.4.1 Vorbereitungs- und Bearbeitungsverfahren

◐ méthodes de préparation et de traitement
⊕ methods of preparation and treatment

Durch Vorbereitungs- und Bearbeitungsverfahren soll im Wesentlichen Folgendes erreicht werden:

- Entfernung von Fremdbestandteilen
- Abtrennung von ungenießbaren, geschmacksbeeinträchtigenden, geringwertigen oder wertlosen Bestandteilen
- Formveränderung entsprechend dem Verwendungszweck (z. B. Herstellung unterschiedlicher Schnittformen)
- Konsistenz- und Geschmacksveränderungen

Die Vielzahl der Vorbereitungs- und Bearbeitungsverfahren lässt sich entsprechend der Zielstellung in Gruppen zusammenfassen:

Gruppen der Vorbereitungs- und Bearbeitungsverfahren

Trennen	Lockern	Zerkleinern	Vereinigen	Formen	Mischen
Waschen	Blanchieren	Schneiden	Panieren	Dressieren	Schlagen
Wässern	Marinieren	Filetieren	Spicken	Binden	Kneten
Schälen	Weichen	Raspeln	Bardieren	Tournieren	Emulgieren
Putzen	Mürben	Reiben	Würzen		
Parieren		Schnitzeln			

Waschen

◐ lavage
⊕ washing

Waschen ist eine Behandlung mit Wasser **zum mechanischen Abtrennen** von Fremdbestandteilen, die an den Lebensmittelrohstoffen anhaften.

Ziel: Sichtbare Sauberkeit stellt das Ziel des Waschens dar.

Schmutzteilchen auf Lebensmitteln

105

Technologischer Prozess der Speisenherstellung

Vorgang: Verwendet wird allgemein **kaltes Wasser**, das kurz, aber intensiv (brausen, schwenken) einwirken soll. Die Rohstoffe werden vorzugsweise ungeschält und unzerteilt gewaschen. Dadurch soll das unerwünschte Herauslösen wasserlöslicher Inhaltsstoffe (Mono- und Disaccharide, einige Eiweißstoffe, Mineralstoffe, wasserlösliche Vitamine) vermieden werden.
Dessen ungeachtet ist ein kurzes Abspülen von vorbereiteten Rohstoffen unmittelbar vor der Zubereitung oftmals unumgänglich.

Anwendung: Frischgemüse, Frischobst, Kartoffeln, auch Fisch und Fleisch

Wässern

🇫🇷 *trempage*
🇬🇧 *soaking, steeping*

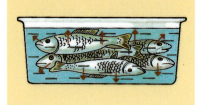
Prinzip Wässern

Wässern ist das Herauslösen von unerwünschten Stoffen durch Wasser oder wässrige Flüssigkeiten (Milch).

Ziel: Durch Wässern können Lebensmitteln **wertlose, schädliche oder den Geschmack beeinträchtigende Stoffe**, beispielsweise Bitterstoffe, entzogen werden. Allerdings gehen dadurch auch wertvolle Inhaltsstoffe wie wasserlösliche Vitamine, Mineralstoffe oder Eiweißstoffe verloren.

Vorgang: Die Rohstoffe werden in **reichlich kaltes Wasser**, mitunter in Milch (Nieren, Leber), eingelegt oder mit lauwarmem Wasser gründlich abgespült. Unter Umständen muss das Wasser wiederholt gewechselt werden. Manchmal ist es notwendig, die Rohstoffe unter fließendem kalten Wasser abzuspülen. Abzulehnen ist es, zerkleinertes Obst, Gemüse und Kartoffeln längere Zeit im Wasser liegen zu lassen, weil dadurch wertvolle Inhaltsstoffe (Vitamine, Mineralstoffe, Mono- und Disaccharide, Eiweißstoffe) herausgelöst würden.

Anwendung: Endivien, Innereien, Salzfisch (Sardellen) und andere durch Salzen konservierte Lebensmittel

1. Beim Lagern von geschälten Kartoffeln in Wasser entstehen bei Vitamin C stündlich Auslaugverluste von 13 % und bei Vitamin B_1 von 5 %. Ermitteln Sie die Vitaminverluste in mg bei einer Portion Kartoffeln von 250 g.
2. Vorbereiteter Kohlrabi enthält 64 mg Vitamin C/100 g. Beim kurzen intensiven Abspülen gehen davon 9 % verloren. Würde der Kohlrabi im stehenden Wasser gewaschen werden, wäre der Vitaminverlust 40 % höher.
2.1 Ermitteln Sie den Vitamin-C-Gehalt einer garfertigen Portion Kohlrabi von 180 g nach dem Abspülen.
2.2 Um wie viel mg geringer wäre der Vitamin-C-Gehalt dieser Portion nach dem Waschen im stehenden Wasser?

Schälen und Putzen

🇫🇷 *épluchage*
🇬🇧 *peeling and cleaning*

Schälen ist das manuelle oder maschinelle **Abtrennen der Außenschichten überwiegend pflanzlicher Lebensmittel.**
Putzen ist ein ähnliches Vorbereitungsverfahren zum Abtrennen weiterer unerwünschter Bestandteile wie welke Blätter, Faulstellen, Schmutz usw. Dazu zählt auch das Entschuppen von Fischen.

Ziel: Durch Schälen werden die **ungenießbaren oder schlecht verdaulichen Außenschichten der Rohstoffe entfernt.** Gleichzeitig gehen neben unerwünschten Fremdbestandteilen mitunter auch wertvolle Lebensmittelbestandteile (z. B. bei Kartoffeln und Getreide) verloren. Entfernt werden auch Pflanzenteile, die nicht der Verbrauchererwartung entsprechen (z. B. Stielansätze von Tomaten). Holzige oder verschmutzte Außenblätter und welke Blätter sind ebenfalls abzutrennen (Putzen). Obst und Gemüse werden geschält, um schwer- oder unverdauliche Schalen zu beseitigen. Zum Teil handelt es sich dabei um Cellulose, z. B. holzige Fasern beim Spargel. Zu schälen sind ebenfalls Obst und Gemüse mit möglichen Pflanzenbehandlungsmittel-Rückständen oder aus luftverschmutzten Standorten. Äußerlich chemisch behandelte Früchte (z. B. Zitrusfrüchte) dürfen nur ohne Schale verwendet werden.

Schälverluste in %	
Möhren	25
Kartoffeln	23
Kohlrabi	45
Schwarzwurzeln	40
Spargel	35
Zwiebeln	15

Arbeitsverfahren

Vorgang: Zum Schälen dienen als herkömmliche Arbeitsmittel kleine spitze Messer, die sich gleichzeitig zum Putzen der Vertiefungen (Augen) oder zum Entfernen von Schad- und Faulstellen eignen, sowie Sparschäler (→ 112).

Während gegarte Rohstoffe vorzugsweise manuell geschält werden, setzt man zum Schälen der ungegarten Rohstoffe in industriellen Betrieben maschinelle Schälanlagen ein, die überwiegend automatisiert sind.

Arbeitsmittel

Schäler/Sparschäler *éplucheur, économe* peeler	Gerät zum verlustarmen Entfernen von Obst- und Gemüseschalen	
Wasch- und Schälmaschine *machine à laver et à décortiquer* washing and peeling machine	Maschine zum Waschen und Schälen von Kartoffeln und Wurzelgemüse	
Fischentschupper *écailleur à poisson* fish scaler	Metallwerkzeug mit Griff zum Entfernen von Fischschuppen	

Anwendung: Kartoffeln, Gemüse, Obst, auch Entschuppen von Fischen. Geschälte, in Ascorbinsäure eingelegte und vakuumierte Kartoffeln sind einige Tage haltbar.

1 Ermitteln Sie die Schälverluste in kg von: 26 kg Möhren, 42 kg Kartoffeln, 7,5 kg Kohlrabi, 12,3 kg Schwarzwurzeln, 5,4 kg Zwiebeln.
2 Die Spargelsaison beginnen die Küchenchefs der Region mit einem öffentlichen Spargelschälen. Dabei werden 78 kg geschälter Spargel zum Verkauf angeboten. Wie viel Spargel stand zum Schälen zur Verfügung?

Parieren

🇫🇷 *parer*
🇬🇧 *paring*

Parieren bedeutet **Zurechtschneiden, Formgeben, Zurechtstutzen** von Fleisch, Geflügel und Fisch.

Ziel: Ästhetisch ansprechende, verkaufsgerechte, insbesondere aber gargerechte Formen sollen erreicht werden. Das Eindringen von schädlichen Mikroorganismen wird erschwert.

Vorgang: Ausgebeintes Schlachtfleisch sowie andere tierische Rohstoffe enthalten außer dem reinen Muskelfleisch Haut, Sehnen, Knorpel und Fettgewebe. Diese wertlosen oder geringwertigen Bestandteile müssen vor der Zubereitung vorsichtig, möglichst ohne Verluste an Muskelfleisch, mit dem Messer entfernt werden. Die dabei anfallenden Abschnitte nennen sich Parüren und bestehen vorwiegend aus Bindegewebseiweiß (Kollagen, Elastin). Sie werden zum Ansetzen von Suppen und Saucen verwendet.

Anwendung: Fleisch, Geflügel, Fisch

107

Technologischer Prozess der Speisenherstellung

Blanchieren 🇫🇷 *blanchir* 🇬🇧 *blanching*

| Blanchieren ist ein kurzes Überbrühen.

Ziel:
- **Farberhaltung** durch Inaktivierung der Enzyme (Sellerie)
- **Konsistenz- und Volumenveränderungen** (Spinat, Lauch, Senfgurken)
- **Beseitigung von unerwünschten Geruchs- und Geschmacksstoffen** (verschiedene Kohlarten)
- **Herabsetzung der Keimzahl** (Inaktivierung von Mikroorganismen auf der Rohstoffoberfläche, z. B. Knochen, Gemüse vor dem Gefrierkonservieren)

Vorgang: Die Lebensmittel kommen kurzzeitig in **siedendes Wasser, heißen Wasserdampf oder in feuchte Heißluft**.
Das Wasser kann je nach Rohstoff Salz oder andere Zusätze (z. B. Essig, Zitronensaft) enthalten.
Die Temperatur darf beim Blanchieren nach Zugabe der Rohstoffe **nicht unter 65 bis 70 °C** absinken. Die gestaffelte Zugabe des Blanchiergutes verhindert einen unerwünschten Temperaturabfall.
Die Blanchierdauer ist auf das unbedingt erforderliche Maß zu beschränken. Gegebenenfalls sollte das Blanchiergut mit kaltem Wasser (Eiswasser) schnell abgekühlt (abgeschreckt) werden. Dadurch wird ein Nachgaren verhindert.
Nachteilig ist, dass beim Blanchieren Auslaugverluste an wasserlöslichen Eiweißstoffen (bis zu 50 %) und Mineralstoffen (bis 90 %) auftreten können.
Vitaminverluste können sowohl durch Auslaugen als auch durch Hitze (Vitamine A, C, Carotin) verursacht sein.

Anwendung: Brühknochen, Weißkohl für Kohlrouladen, Senfgurken, Pfirsiche, Tomaten vor dem Abziehen der Haut
Gemüse vor dem Gefrierkonservieren oder nach dem Tournieren (Gurken, Karotten, Zucchini)

Prinzip Blanchieren

1. Ein Roastbeef von 7,32 kg wird pariert. Dabei fallen 19 % Knochen und danach beim Zurechtschneiden 16 % Sehnen, Fett und Abschnitte an. Wie viel wiegt das garfertig parierte Roastbeef?
2. Seelachs ohne Kopf wiegt 4,5 kg und wird zum Dünsten vorbereitet. Der Vorbereitungsverlust beträgt 29 %. Eine garfertige Portion Seelachs soll 180 g wiegen. Errechnen Sie die Anzahl der garfertigen Portionen (auf ganze Portionen abrunden).
3. Aus einem Steinbutt werden 11 Portionen zu 250 g pochierfertig hergestellt. Wie schwer war der Steinbutt, wenn der Vorbereitungsverlust 29 % betrug?

Marinieren 🇫🇷 *mariner* 🇬🇧 *marinating*

| Unter Marinieren wird das **Einlegen** oder **Benetzen** von Rohstoffen mit meist **säurehaltigen Gewürzlösungen** verstanden.
| Marinaden für Wildfleisch haben die besondere Bezeichnung Beize.

Ziel: **Bindegewebsreiche, feste Fleischarten** (z. B. derbes Rindfleisch, Wildbret) erfordern vor dem Garen eine **Gefügelockerung**, die durch das Marinieren erreicht werden kann. Gleichzeitig tritt dabei eine Geschmacksverbesserung ein. Das Fleisch erhält eine mürbe Konsistenz und einen würzigen Geschmack.
Bei **Rohstoffen mit lockerer Konsistenz** (z. B. Fisch, Obst) beschränkt sich das Marinieren auf **Geruchs- und Geschmacksverbesserungen**.
Weitere Zielsetzungen des Marinierens bestehen im **Vermeiden von enzymatisch bedingten Verfärbungen** (beispielsweise Obst, Gemüse), im **Aufhellen** sowie im kurzfristigen Haltbarmachen.

Marinieren kann auch als Zubereitungsverfahren eingesetzt werden, beispielsweise bei der Herstellung von mariniertem Hering oder Lachs.
Mazerieren stellt eine Verfahrensvariante des Marinierens dar. So bezeichnet man insbesondere das Aromatisieren von Obst und Gebäck mit Spirituosen

Arbeitsverfahren

(Likör, Cognac), auch mit Zitrone usw. Dabei gehen Inhaltsstoffe des mazerierten Gutes in die Mazerierflüssigkeit über, die mitverwendet wird.

Vorgang: Zu unterscheiden sind
- das Einlegen in säurehaltige Marinaden und
- das intensive Benetzen mit säure- oder gewürzhaltigen Flüssigkeiten

Zum **Einlegen** von derbem Schlachtfleisch (Fleisch von älteren Tieren) und Wild eignen sich würzige, kalte oder abgekühlte, kochsalzfreie, säurehaltige Aufgüsse (Essig, Rot- oder Weißwein, Buttermilch, saure Sahne). Die Säure der Marinade bewirkt die Auflockerung des Bindegewebes durch Eiweißabbau. Salz gehört nicht in Marinaden, da es durch osmotische Vorgänge den Saft aus dem Fleischstück ziehen würde, und das Ergebnis nach dem Garen wären trockene, feste Schmorstücke.

Zum **Benetzen** von Fisch und Gemüse werden üblicherweise Zitronensaft oder Essig, auch Senf, meist zusammen mit festen Würzmitteln (gemahlener Pfeffer, Chili, gehackte Kräuter usw.) auf die vorzubereitenden Rohstoffe gebracht. Obst wird mit Zitronensaft benetzt. Eingelegte Lebensmittel sind kühl zu lagern.

Anwendung: Gefügelockerung: Rindfleisch, Wild, Wildgeflügel
Aromatisierung und Farberhaltung: Obst, Gemüse, Fisch

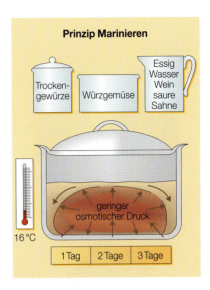

Sauerbratenmarinade

6 l	Wasser
4 l	Gärungsessig (5%ig)
0,5 kg	Zwiebeln
0,3 kg	Möhren
	Gewürze: einige Lorbeerblätter, Piment-, Pfefferkörner

- Aufkochen, dann Rindfleisch für etwa drei Tage in die abgekühlte kochsalzfreie Marinade einlegen.
- Eingelegtes Fleisch abdecken, kühl lagern und zwischenzeitlich drehen.

 Ermitteln Sie den prozentualen Säuregehalt der angegebenen Sauerbratenmarinaden-Flüssigkeit.

Marinieren kann auch ein Zubereitungsverfahren sein (z. B. bei mariniertem Hering oder Lachs). Als Mazerieren, eine Verfahrensvariante des Marinierens, bezeichnet man das Aromatisieren von Obst und Gebäck mit Spirituosen (Likör, Cognac), oder mit Zitrone.

Weichen

🇫🇷 tremper
🇬🇧 soaking, steeping

Weichen ist ein Verfahren, bei dem das durch Trocknen entzogene **Wasser** dem Rohstoff wieder zugeführt wird.

Ziel: Durch Wasseraufnahme und Quellung lockert sich das **Rohstoffgefüge** und vergrößert sich das **Volumen**. Das Weichen ist insbesondere vor Zubereitungsverfahren anzuwenden, bei denen der Rohstoff während der Zubereitungszeit nicht genügend Wasser aufnehmen kann.

Vorgang: Die Rohstoffe bleiben so lange im Wasser, bis sie **genügend Flüssigkeit aufgenommen** haben, d. h., bis sie **ausgequollen** sind. Beim Weichen quellen verschiedene Inhaltsstoffe (Eiweißstoffe, Stärke, z.T. Cellulose). Meist wird **kaltes, zuvor abgekochtes Wasser** verwendet. Unerwünscht ist das dabei auftretende Auslaugen. Deshalb muss das Weichwasser knapp bemessen und nach Möglichkeit weitergenutzt werden.
Ausnahme: Bei geschwefelten Trockenfrüchten (Apfelringe, Aprikosen, Rosinen) darf es dagegen nicht mitverwendet werden.

Anwendung: Rosinen, Backpflaumen und anderes Trockenobst, Trockenpilze, Trockenfleisch, Trockenfisch, Gelatine, Trockengemüse, z. B. Zwiebeln

Füllen Sie je ein kleineres Becherglas etwa zur Hälfte mit Linsen und zu einem Zehntel mit Gelatinepulver. Gießen Sie die Gläser anschließend mit Wasser auf. Lassen Sie die Gläser etwa 24 h stehen. Erläutern sie Ihre Beobachtung.

Technologischer Prozess der Speisenherstellung

Plattieren

Vor dem Plattieren	Nach dem Plattieren

Muskelbündel mit Bindegewebe

Wirkungsweise des Fleischsteakers

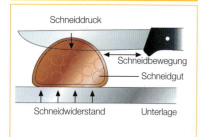

Gesteaktes Fleisch möglichst frisch und nicht auf Vorrat herstellen! Fleischsaftverluste beeinträchtigen nicht nur das Aussehen, sondern können nach dem Garen auch zu zähen, trockenen Fleischspeisen führen.

Mürben

 attendrir / tenderizing

Unter Mürben sind die mechanische Gefügelockerung und das Formen von Fleischstücken zu verstehen.

Ziel: Fleischstücke erhalten eine mürbe Konsistenz und wölben sich beim Garen (Kurzbraten, Grillen, Schmoren) nicht mehr.

Vorgang: Plattieren: Das Fleischstück wird möglichst unmittelbar vor dem Garen mit einem stumpfen Klopfwerkzeug (Fleischklopfer, flache Seite des Küchenbeils) kurz, aber kräftig bearbeitet. Das Klopfen führt zur Veränderung der Zellstruktur; Zellen platzen, Bindegewebsschichten lockern sich.
Steaken: Fleischsteaker bestehen aus zwei sich gegeneinander drehenden, mit kleinen Messern bestückten Walzen. Dadurch werden die Bindegewebsfasern des Fleisches zerschnitten. Gleichzeitig verweben alle Fleischbestandteile miteinander. Die Fleischstücke erhalten eine größere, flachere Form.
Gemürbte Lebensmittel müssen umgehend verarbeitet werden. Als unerwünschte Erscheinung können Fleischsaftverluste auftreten. Gut gereifte, zarte Edelfleischteile (Filet, Roastbeef) werden weder plattiert noch gesteakt.

Anwendung: Schlachtfleisch (Koteletts, Schnitzel, Steaks usw.), Geflügel (Geflügelbrust, Portionsstücke), Wild und Wildgeflügel

Schneiden

 trancher / cutting

Unter Schneiden versteht man die **mechanische Zerkleinerung** von Lebensmitteln zu unterschiedlichen Formen.

Ziel: Die **Schnittformen** sollen dem vorgesehenen Verwendungszweck und den Rohstoffeigenschaften entsprechen.

Zielsetzungen des Schneidens können im Einzelnen sein:
- Vergrößerung der Rohstoffoberfläche (z. B. Bratgemüse)
- Verzehrgerechte Größe (z. B. portioniertes Fleisch)
- Ästhetisches Aussehen (z. B. feine Würfel als Suppeneinlagen)
- Garzeitverkürzung (z. B. zerteilte geschälte Kartoffeln zum Kochen)
- Konsistenzveränderungen (z. B. Hackmasse)

Arbeitsmittel

Prinzip des Schneidens

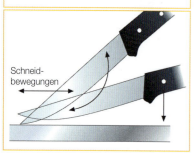

Schneidemaschine für Brot und Wurst *trancheur universel* *slicing machine*	Von Hand oder elektrisch betriebenes Rundmesser zum Aufschneiden von Wurst, Schinken, Käse, Brot, Gemüse.
Kutter *cutter* *cutter*	Tisch- oder Standgerät (10–100 l), langsam rotierende Schüssel mit vertikal zur Drehrichtung schnell rotierendem Messerflügel; zum Durchmischen und Feinstzerkleinern von Fleisch, Fisch, Gemüse, Obst.
Abziehstahl *fusil à aiguiser* *sharpening steel*	Handwerkszeug zum Nachschärfen von Messern.

Arbeitsverfahren

Vorgang: Die Auswahl der Arbeitsmittel zum manuellen oder maschinellen Schneiden erfolgt nach den Zielsetzungen des Schneidens. Das Schneiden mit dem Messer stellt eine Grundfertigkeit für alle Gastronomen dar.

Drei Schneidearten werden unterschieden:

Messerschnitt
Scherschnitt
Schneid-Mahl-Zerkleinerung

Messerschnitt
Die Schneidwirkung bei herkömmlichen Messern beruht auf der keilförmigen Schneide und ihrer Schärfe.
Zum fachgerechten Schneiden gehört neben der stabilen, rutschfesten Schneideunterlage nicht zuletzt das gepflegte, scharfe Messer.
Der Messerschnitt ist durch eine gleichmäßige Schnittbewegung (Zügigkeit) gekennzeichnet, die ziehend oder drückend sein kann.

Zum maschinellen Schneiden stehen unterschiedliche Maschinen, wie Aufschnitt- und Brotschneidemaschinen, Speckschneider, Kutter, zur Verfügung.

Wichtige Messer
Bei den Messern sind genietete Klingen von solchen mit eingearbeiteten Kunststoff-Griffschalen zu unterscheiden. Messergriffe sollen ergonomisch gearbeitet, also der Hand rutschfest angepasst sein. **Messerstähle** sind je nach Verwendungszweck fest oder elastisch.

Vorsicht beim Umgang mit Messern!
Die meisten Unfälle in der Ernährungswirtschaft sind auf unsachgemäßen Umgang mit Messern zurückzuführen. Deshalb gilt:

- Nicht zum eigenen Körper hin arbeiten.
- Der Messergriff muss fest in der Hand liegen.
- Gut geschärfte Schneidwerkzeuge verwenden.
- Auf trockene Hände und trockenen Messergriff achten.
- Niemals mit Messern in der Hand umherlaufen.
- Messer nicht mit der Messerschneide nach oben ablegen.
- Messer nicht zwischen oder in Lebensmittel eingestochen ablegen.
- Nicht nach fallenden Messern greifen.
- Messer nicht im Wasser liegen lassen.
- Schneidwerkzeuge nicht zweckfremd (beispielsweise als Dosenöffner) verwenden.

Messerpflege
- Säuberung nach jedem Gebrauch.
- Lagerung in Messertasche oder -koffer.
- Mit dem Stahl öfters schärfen.
- Nach längerer Benutzung schleifen lassen.

Wirkung der Messerschärfe

Scharfes Messer: scharfe Klinge
Schneidedruck wirkt auf kleine Fläche

Stumpfes Messer: stumpfe Klinge
Schneidedruck verteilt sich auf große Fläche

Klingenprofile

Richtiges Klingenprofil 20°

Falsch: zu steiler Schnitt Rundschliff

Falsch: Hohlschliff Schneidgut geht nach oben

 Ausbeinen und Ausbrechen: Fleisch von den Knochen trennen.
Ausbrechen wird das Auslösen von gegarten Fleischstücken genannt.
Ausbeinen wird das Auslösen von rohen Fleischstücken genannt. Geschlossene Muskelfleischstücke sollen erhalten bleiben. Entlang der natürlichen Nähte (Vliese) schneiden.
Filetieren: Schneiden, z. B. von Fischschnitten, vor und nach dem Garen.
Tranchieren: Fachgerechtes Zerlegen in verzehrfertige Portionsstücke von Schlachtfleisch, Geflügel, Wild oder Fisch.

Messerrolle/Messertasche

Technologischer Prozess der Speisenherstellung

Ausbeinmesser *couteau à déssosser* boning knife	12–18 cm, schmale bis mittlere Klinge; zum Auslösen und Parieren von Schlachtfleisch und Wild	
Buntmesser *couteau à décorer* decorating knife	10 cm, leicht gewellte Klinge; für gegartes Gemüse; zum Verzieren	
Filetiermesser *couteau à fileter* filleting knife	16–20 cm, schmale, flexible Klinge; zum Filetieren und Ziselieren von Fisch	
Fleischermesser *couteau de boucher* butcher's knife	20–35 cm, vorn spitz; zum Schneiden von Fleischportionen	
Gemüse-/Officemesser *couteau d'office* paring knife	7–12 cm, zum Formen und Nachputzen von Gemüse, Pilzen, Früchten, Kartoffeln	
Käsemesser *couteau à fromage* cheese knife	Verschiedene Größen (13–36 cm); mit oder ohne abgekröpfte dünne (Weichkäse) oder stärkere Klinge (Hartkäse)	
Koch-/Küchenmesser *couteau de cuisine/couteau de chef* kitchen knife	16–26 cm, lange, breite Klinge; allseitig einsetzbar zum Schneiden von Fleisch, Fisch, Gemüse, Obst	
Lachsmesser *couteau à saumon* salmon slicing knife	29–30 cm, vorn abgerundete, dünne Klinge mit Kullenschliff; zum Schneiden von Lachs, Stör	
Schlagmesser *couteau à battre* splitting knife	33–45 cm, massive, schwere Klinge; zum Teilen von Geflügel, Rückenknochen, Schalentieren	
Tourniermesser *couteau à tourner* tourné knife	6 cm, Schneide leicht gebogen; günstig zum Formen	
Tranchiermesser *couteau à trancher* carving knife	25–36 cm, lange, schmale Klinge, auch mit Wellenschliff; zum Schneiden von Fleisch- und Wurstwaren	

Prinzip Scherschnitt

Scherschnitt

Das **Prinzip des Scherschnitts** wird im Wolf angewandt. Durch die Bewegung der Messerflügel entsteht ein Schneiddruck. Dadurch wird an den starren Lochscheiben ein entgegengesetzt wirkender Schneiddruck hervorgerufen (Scherwirkung). Die Schnecke transportiert neues Schneidgut heran und drückt damit die zerkleinerten Rohstoffe weg.

Arbeitsverfahren

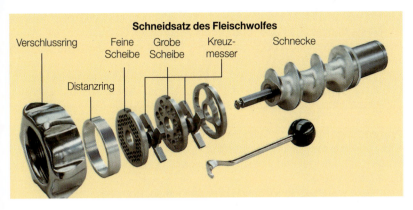

Fleischwolf
hachoir à viande
food chopper

Tisch- oder Standgerät mit Schneidsätzen zum Grob- und Feinzerkleinern von Fleisch, Fisch und Gemüse (Spinat, Grünkohl).

Der Schneidsatz darf weder zu fest noch zu locker mit der Überwurfmutter angezogen werden. **Schneidsatz zu fest:** Metallabrieb kann entstehen. **Schneidsatz zu locker:** Ein exakter Schnitt ist nicht möglich; es entsteht zerquetschtes, schmieriges Fleisch. Bindegewebe bleibt an den Messern hängen.

Schneid-Mahl-Zerkleinerung

Diese Zerkleinerungsform stellt eine **Kombination des Schneidens mit dem Mahlen bzw. Schlagen** dar, die in der Kolloidmühle angewandt wird, So können Lebensmittel feinst zerkleinert werden, z. B. Saucen, homogene Pasten.

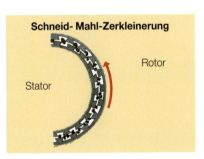

Mixer
🇫🇷 *mixeur/mixer*
🇬🇧 *cutter*

Mixmesser werden von einem hochtourigem Motor betrieben. Zum Mischen, Emulgieren, Zerkleinern, Pürieren von Gemüse, Obst usw. Herstellen von Mischgetränken, Farcen, Montieren von Saucen

Raspeln, Schnitzeln, Reiben, Pürieren
🇫🇷 *râper, déchiqueter, moudre, mouliner*
🇬🇧 *grating, shredding, mashing, mashing*

Raspeln, Schnitzeln, Reiben und Pürieren stellen die feinste Zerkleinerung (Raspel, Schnitzel, Mus, Püree) fester Rohstoffe dar.

Ziel: Neben der feinen Zerkleinerung ist bei wasserreichen Rohstoffen vielfach eine Konsistenzveränderung erwünscht.

Vorgang: Manuell erfolgen Raspeln, Schnitzeln, Reiben und Pürieren mit Hilfe von Arbeitsmitteln aus Metall, Glas oder Kunststoff.
Die Beschaffenheit der Raspel-, Schnitzel-, Reibe- und Pürierflächen bestimmt den Feinheitsgrad.

1. Nennen Sie Lebensmittel, die unbedingt blanchiert werden müssen. Begründen Sie Ihre Meinung.
2. Stellen Sie Vorteile und Nachteile beim Blanchieren gegenüber.
3. Begründen Sie, warum Marinaden stets ohne Salzzugaben hergestellt werden müssen.
4. Erläutern Sie die unterschiedlichen Schneidarten.
5. Nennen Sie unterschiedliche Schnittformen und ihre Anwendung.
6. Zählen Sie zehn Regeln für den Umgang mit Messern auf.
7. Nennen Sie Vorschriften zur Reinigung von Maschinen, die zur Herstellung von Hackfleisch dienen. Begründen Sie Ihre Antwort (→ 196).
8. Begründen Sie die Notwendigkeit der feinen Zerkleinerung von Rohkost und die Vervollständigung durch Ölzugaben.

Technologischer Prozess der Speisenherstellung

Reibeflügel   Reibezylinder

Raspelzylinder   Schnitzelzylinder

Die Raspel- und Reibflächen bestehen aus vielen kleinen, besonders geformten Messern oder aus kegel- und pyramidenförmigen Erhebungen, die geradlinig an das Schneidgut gedrückt werden. Es fehlt die gleichmäßige Schneidbewegung (Zügigkeit des Messerschnittes).
Zum Raspeln, Schnitzeln, Reiben und Pürieren stehen entsprechende Maschinen zur Verfügung, beispielsweise Handhobel und -reiben, Küchenmaschinen mit Raspel- und Reibeeinsätzen, Muskatreiben usw.

Anwendung: Reiben von Würzmitteln (Muskat, Zwiebeln, Meerrettich), Käse, altbackenen Semmeln und Weißbrot
Reiben und Raspeln von Nüssen, Mandeln, Schokolade, Obst (Äpfel) und Gemüse (Gurken)
Schnitzeln von Obst (Äpfeln) und Gemüse (Gurken, Rotkohl)
Hobeln von Weiß- und Rotkraut, Waffelkartoffeln

Arbeitsmittel

Universalhobel/Mandoline *mandoline/rabot universel* *mandoline/vegetable slicer*	Zum Hobeln von Gemüse, Obst und Kartoffeln.
Universalküchenmaschine *machine universelle* *food processor*	Maschine mit unterschiedlichen Schneideeinrichtungen zum Schneiden von Streifen, Würfeln, Scheiben, Stiften sowie zum Reiben, Passieren, Kuttern (Blitzen).

Spicken   🇫🇷 larder
                  🇬🇧 larding

Spicken oder Lardieren ist das **Einbringen von Speckstreifen** in fettarme Rohstoffe.

Ziel: Durch Spicken soll Folgendes erreicht werden: **Verbesserung des Aussehens, Geschmacksverbesserung, saftigere Konsistenz.**

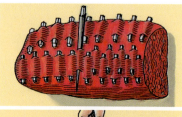

Vorgang: Vorbereitete Rohstoffe werden mit einer **Spicknadel oder durch Messereinschnitte** in die Rohstoffoberfläche geführt. Spickspeck darf nicht zu tief eingebracht werden, da er sonst nicht garen würde.

Wichtig ist die Verwendung von gleichmäßig geschnittenen, gekühlten Speckstreifen oder -keilen. Beim Spicken kommt es besonders auf Gleichmäßigkeit und ein gutes Aussehen an.
Die Tranchiermethode bzw. Besonderheiten beim Verzehr bestimmen die Spickart.
Im Allgemeinen geht die Spickrichtung **mit der Fleischfaser.** Ausnahmen bilden Rückenstücke (gegen die Faser gespickt) und Portionsstücke (sternförmig gespickt).
Zum energiearmen Spicken eignen sich auch Gemüsestreifen, Backobststücke oder Knoblauchstücke.

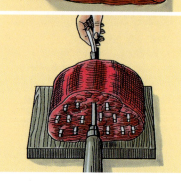

Arbeitsmittel

Spicknadel *aiguille à larder / larding pin*	Zum Einziehen von feinen Speckstreifen in Magerfleisch, Wild, von Gemüse in Fisch
Spickstab *lardoir / larding pin*	Hohlnadel zum Einziehen von stärkeren Spickspeckstreifen ⌀ 1 cm in Schmorfleischstücke

114

Arbeitsverfahren

Panieren 🇫🇷 *paner*   🇬🇧 *bread-crumbing*

Wiener Panierung

Panieren ist das **Einkrusten** bzw. Umhüllen von gewürzten, teils in Mehl gewälzten **Speisen, die zum Braten oder Frittieren** bestimmt sind.

Ziel: Das Panieren dient der **Erhöhung des Genusswertes** von Speisen.
Panierungen verringern den Austritt von Flüssigkeit aus dem Gargut. Gegenüber unpanierten Portionsstücken entstehen wesentlich geringere Garverluste, der Fettanteil ist jedoch erhöht. Außerdem schützt die Umhüllung Gargut mit empfindlicher Struktur.

Vorgang: Portionsstücke werden gewürzt, mehliert und anschließend mit einer Panierung umhüllt. Geschlagenes Ei dient meist als Bindemittel.
Zu beachten ist, dass die Speisen möglichst erst unmittelbar vor dem Garen paniert werden, da die Panierung Flüssigkeit aufnehmen und sich lösen würde.

❶ Paniergut
❷ Mehlschicht / Gewürze
❸ Eischicht
❹ Panierbrot

Panierungsbestandteile:

Wiener *(viennoise, Viennese style):*	Mehl, Ei, Panierbrot (Semmelbrösel)
Englische *(anglaise, English style):*	Mehl, Ei, Weißbrotkrume
Mailänder *(milanaise, Milanese style):*	Mehl, Ei, Reibkäse, Weißbrotkrume
Pariser *(parisienne, Parisian style):*	Mehl, auch anschließend durch zerschlagenes Ei ziehen

Beispiel: Vergleich der Garverluste	
Schnitzel nature	25 bis 30% Garverlust
Schnitzel paniert	4 bis 6% Garverlust

Anwendung: Fleisch, Fisch, Wurst, Kartoffeln, Obst, Gemüse

Bardieren 🇫🇷 *barder*   🇬🇧 *barding*

Ein besonderes Verfahren bildet das Bardieren. Das Gargut wird **mit dünnen Speckplatten ganz oder teilweise abgedeckt.** Das Fleischstück erhält dadurch einen Schutz vor zu starker Bräunung und vor Austrocknung.
Die Befestigung erfolgt durch Bindegarn, damit die Oberfläche im Unterschied zum Spicken unverletzt bleibt.

Anwendung: Schlachtfleisch, Wild, Magerfische (Hecht), Geflügel

Bardiertes Geflügel

Würzen 🇫🇷 *assaisonner*   🇬🇧 *seasoning*

Würzen ist die Zugabe von Würzmitteln zur Geschmacksabrundung.

Ziel: Durch **geschmacksintensive Lebensmittel** können Speisen vollendet bzw. geschmacklich abgerundet werden.
Zu den Würzmitteln zählen Kochsalz und Gewürze. Andere Lebensmittel, wie frische Kräuter, Gemüse oder Spirituosen, eignen sich ebenfalls zum Würzen. Würzmittel erhöhen nicht nur den **Genusswert** der Lebensmittel, sondern beeinflussen gleichzeitig die Verdaulichkeit günstig.
Allgemein ist die **Unterstreichung des Eigengeschmacks** der grundlegenden Lebensmittelbestandteile erwünscht.

 Unter der Bezeichnung Würzmittel sind Gewürze, Gewürzkräuter, Würzgemüse, Essig, Speisesenf, Speisesalz, Fleischextrakt, Glutamat (Salz der Aminosäure Glutaminsäure), tischfertige Saucen, Würzsaucen zusammengefasst. Im weiteren Sinne sind darunter alle Würzstoffe zur Speisenabrundung zu verstehen (z. B. Angostura, Rotwein).
Gewürze sind getrocknete Pflanzenteile mit typischen Geschmackseigenschaften.

Technologischer Prozess der Speisenherstellung

Zusatz von alkoholischen Getränken ebenfalls erst zum Herstellungsschluss, wenn das Ethanol – mit einem Siedepunkt von 78 °C – im Gargut bleiben soll.

Vorgang: Beim Würzen gilt es, die Besonderheiten der Würzmittel zu beachten: **Trockengewürze** werden sofort bei der Speisenherstellung zugegeben. Sie müssen zunächst aufquellen, ehe die Aromastoffe frei werden (➔ 42).
Würzgemüse kommt unter Beachtung der Garzeit zum Gargut hinzu. Zum Schluss soll es gar sein.
Würzkräuter enthalten leichtflüchtige etherische Öle, die sofort frei werden. Sie dürfen deshalb erst kurz vor Herstellungsschluss zugegeben werden.

Anwendung: Alle Speisen und Fertigerzeugnisse

Trockengewürze

Würzgemüse

Würzkräuter

Dressieren

🇫🇷 dresser
🇬🇧 dressing

Unter **Dressieren von Geflügel** ist das Formgeben durch Binden (Bridieren) oder Einstecken zu verstehen.
Das **Dressieren cremiger oder pastöser Lebensmittel** dient zu Formgebung und Portionierung.

Ziel: Beim Dressieren wird ein ästhetisches Aussehen angestrebt.

Vorgang
Binden: Zunächst muss das Geflügel auf dem Rücken liegen. Mit der **Bindenadel** (Bridiernadel) – mit verknotetem Faden – werden die Schenkel-Enden durchstochen. Nachdem das Geflügel auf die Brustseite gelegt wurde, zieht man die Hals- und die Brusthaut über den Rücken und sticht die Nadel durch die Mitte der nach hinten gedrückten Flügelknochen, wobei die Hals- und die Brusthaut mit erfasst wird. Danach ist der Bindfaden festzuziehen und zu verknoten.

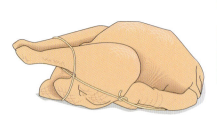

Binden

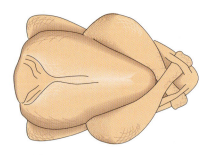

Einstecken

Einstecken: Die Rumpfhaut des Geflügels ist beiderseits einzuschneiden. Die Geflügelkeulenenden sind kreuzweise durch diese Öffnungen zu stecken.

Dressieren von Cremes: Mit dem Spritzbeutel (Dressiersack) können pastöse Lebensmittel in unterschiedlicher Form auf Backbleche, in Portionsgefäße, aber auch auf Platten, Teller usw. gebracht werden. Dieses Aufbringen stellt gleichzeitig ein Portionieren dar.

Formen plastischer Lebensmittel: Durch Drücken, Pressen, Rollen oder Ausstechen können Lebensmittel manuell oder maschinell geformt werden.

Arbeitsverfahren

Arbeitsmittel

Bindenadel *aiguille à brider* *trussing needle*	Stahlnadel zum Formen von Geflügel und Schlachtfleisch
Spritzbeutel *sac/poche à douille* *piping bag/pastry bag*	Aus dichtem Gewebe oder Einmalmaterial mit konischen, runden oder sternförmigen Ausspritztüllen zum Spritzen, Formen und Garnieren

Dressieren mit dem Spritzbeutel

Anwendung: Zum **Binden** von Bratgeflügel, **Einstecken** von Kochgeflügel, **Dressieren** von Spritzkartoffeln, Teigen, Massen, Cremes, Sahne, Formen von Kartoffelzubereitungen, Hackmassen, Teigen, Kloßmassen usw.

Tournieren

 tourner
shaping

Tournieren ist das **Ausstechen, Formgeben, Formen oder Abdrehen** von Lebensmitteln.

 Ziselieren ist das Einschneiden von Rohstoffen
- zum gleichmäßigen Garen (Fisch, Rindfleisch)
- zur Verzierung (Schälen von Zitrusfrüchten)

Ziel: Verzehrgerechte und attraktive Formen.

Vorgang: Mit dem **Messer** oder mit **speziellen Ausstechern** werden aus Gemüse, Obst, Brot oder Kartoffeln unterschiedliche Formen hergestellt. Auch Eier eignen sich zum Tournieren. Dafür gibt es besondere Schneidegeräte. Das **Ausformen von Klößen oder Knödeln** wird auch als Tournieren genannt.

Arbeitsmittel

Apfel-Ananasausstecher *vide-pommes/vide-ananas* *apple corer/pineapple corer*	Rostfreies Gerät mit Griff zum Ausstechen von Apfelkerngehäusen und Ananasstrünken.
Ausstecher *emporte-pièce* *cutters*	Verschiedene Weißblech-, Chromstahl- oder Kunststoffformen zum Ausstechen von Gemüse, Früchten, Brot, Teig.
Kannelierer (Dekormesser) *canneleur* *channel knife*	Gerät zum keilförmigen Einschneiden (Verzieren) von Gemüse (Gurken) und Früchten (Zitronen, Orangen).
Löffelausstecher *cuillère à pommes de terre parisienne* *parisienne knife/ball cutter*	Runder oder olivenförmiger Ausstecher für Kartoffeln, Gemüse, Obst

Anwendung: Gemüse, Obst, Kartoffeln, Eier, Brot, Klöße, Knödel

Technologischer Prozess der Speisenherstellung

Schlagen

🇫🇷 *fouetter*
🇬🇧 *whisking*

Schlagen ist ein **Mischungsvorgang, bei dem Luft in dickflüssige oder zähflüssige Lebensmittel eingearbeitet** wird.

Ziel: Das Schlagen bewirkt eine **Volumenvergrößerung** und führt vielfach auch zu einer Geschmacksverbesserung.

Vorgang: Mit einem **Schlagbesen** (Handrührgerät, Küchenmaschine, Schneebesen, Blender, Mixer) wird gemischt und Luft unter den Rohstoff gezogen. Dabei wird die viskose Flüssigkeit zerteilt, und Luftbläschen werden eingeschlossen. Die Viskosität (Zähigkeit) nimmt zu.
Beim Schlagen von **Eischnee** dürfen keine Eigelbreste am Eiklar anhaften. Die Eier müssen exakt getrennt sein. Das Fett des Eigelbs würde die Bildung von Eiweißhüllen um die Luftbläschen verhindern.
Beim Schlagen von **Sahne** muss die Temperatur unter 10 °C bleiben, sonst würde das Milchfett zusammenfließen, eine Emulsion käme nicht zustande. Günstige Temperaturen für Sahne und Aufschlaggeräte liegen bei 4 bis 6 °C. Die Sahne muss vor der Verarbeitung gereift (abgelagert) sein und ist deshalb erst einen Tag nach der Gewinnung zu verwenden!

Anwendung: Eiklar, Schlagsahne

Kneten

🇫🇷 *pétrir*
🇬🇧 *kneading*

Unter Kneten ist die intensive mechanische Bearbeitung der Rezepturbestandteile zu verstehen, die zur **Teigbereitung** führt.

Ziel: Ziele des Knetens sind zunächst das **Vermischen des Mehles** mit den übrigen Rezepturbestandteilen, das Erreichen und das Beschleunigen von **Lösungs- und Quellungsvorgängen** und bei weizenhaltigen Teigen die **Klebergerüstbildung**. Das Kneten begünstigt oder ermöglicht die Wasseraufnahme des Mehles.

Vorgang: Der Knetprozess besteht aus den zwei Phasen Vermischung und Teigbildung.
Ein **Mischungsvorgang** mit der Hand oder der Knetmaschine leitet den Knetprozess ein. Dabei lösen sich **wasserlösliche** Rezepturbestandteile (Zucker, Salz) und Inhaltsstoffe des Mehles (Eiweißstoffe).

Teigbildung: Im Verlauf des Knetens kommt es durch Wasseraufnahme zum Verquellen der **unlöslichen** Eiweißstoffe und der Schleimstoffe (Pentosane im Roggenmehl). Die **verquollenen** Mehlbestandteile vernetzen, verkleben miteinander und bilden schließlich den dehnbaren, elastischen Teig (→ 20).

Anwendung: Herstellung aller Teige

Eischnee richtig geschlagen
Eischnee zu lange geschlagen
Eischnee zu kurz geschlagen

 Stellen Sie aus 200 g Weizenmehl und etwa 140 g Wasser einen mittelfesten Teig her. Kneten Sie den Teig unter fließendem Wasser so lange, bis eine klebrige Masse zurückbleibt. Teilen Sie die Masse. Den ersten Teil backen Sie in der Backröhre, den zweiten Teil stülpen Sie über das Ende einer Glasröhre und blasen auf der anderen Seite vorsichtig Luft hinein. Was beobachten Sie? Ziehen Sie Schlussfolgerungen.

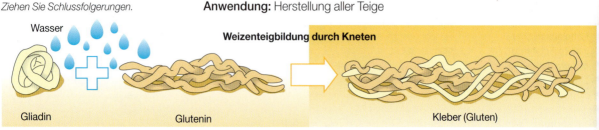

Weizenteigbildung durch Kneten
Gliadin + Wasser + Glutenin → Kleber (Gluten)

Arbeitsverfahren

Emulgieren émulsionner   emulsify

Emulgieren ist das intensive Mischen (Rühren, Schlagen) von **fetten und wässrigen Lebensmitteln/Lebensmittelbestandteilen** zu relativ stabilen Mischungen.

Ziel: Beabsichtigt sind die feinste Verteilung von fettreichen mit wasserreichen Lebensmitteln sowie eine Stabilisierung dieser Mischungen.

Vorgang: Emulsionen werden durch Rühren oder Schlagen mit meist scharfkantigen Arbeitsmitteln (Mixer, Kutter, Schneebesen) hergestellt. Stabile Emulsionen entstehen durch gleich temperierte Rohstoffe (Zimmertemperatur). Emulsionen sind umso stabiler, je feiner sich die emulgierten Teilchen ineinander verteilen. Durch Zugabe oder natürliche Anwesenheit von Emulgatoren (Lecithin, Eiweißstoffe) lassen sich Emulsionen stabilisieren.
Emulsionen können sich durch Hitze oder Kälte entmischen.

Zu unterscheiden sind zwei Arten von Emulsionen:
- **Fett-in-Wasser-Emulsionen:** Gemische, in denen verhältnismäßig wenig Fett in viel Wasser verteilt ist (Milch)
- **Wasser-in-Fett-Emulsionen:** Gemische, in denen wenig Wasser in verhältnismäßig viel Fett verteilt ist, z. B. Butter (→ 15).

Anwendung: Mayonnaise, holländische Sauce, Eierlikör, Creme

Herstellung von Mayonnaise
1 Verrühren Sie intensiv mit einem Schneebesen ein Eigelb unter Zugabe von etwas Salz und einigen Tropfen Zitronensaft. Geben Sie dazu tropfenweise 125 g Speiseöl. Die verwendeten Zutaten müssen Zimmertemperatur aufweisen.
2 Wiederholen Sie die Herstellung, indem Sie die gesamte Menge Speiseöl gleich zu Beginn zugeben.
Beschreiben Sie die hergestellten Erzeugnisse und begründen Sie auftretende Erzeugnismängel.

1 Beurteilen Sie die Bedeutung des Spickens in der Küche.
2 Erläutern Sie das richtige Spicken eines Schmorbratens.
3 Beschreiben Sie die Besonderheiten beim sachgerechten Würzen.
4 Unterscheiden Sie die unterschiedlichen Formen des Dressierens von Lebensmitteln.
5 Erklären Sie den Begriff Emulsion.
6 Beschreiben Sie den Vorgang des Knetens.
7 Nennen und begründen sie Ziele, die mit der Lebensmittelvorbereitung verfolgt werden.

7.4.2 Zubereitungsverfahren   méthodes de préparation   preparation methods

Die Vielzahl der Zubereitungsverfahren lässt sich in drei Gruppen einteilen, von denen die Garverfahren am wichtigsten sind.

Zubereitungsverfahren		
Mechanisch	**Thermisch (Garverfahren)**	**Biochemisch**
Beispiele	Beispiele	Beispiele
Raspeln	Kochen	Säuern
Reiben	Backen	Salzen
Drücken	Braten	Pökeln
Feinschneiden	Schmoren	Räuchern
		Schmoren

Durch die Zubereitung der Lebensmittel soll im Wesentlichen Folgendes erreicht werden:

- Verzehrgerechte Konsistenz
- Gute Verdaulichkeit und Bekömmlichkeit
- Erhöhter Genusswert durch Aroma- und Farbstoffbildung
- Weitgehende Erhaltung der essentiellen Stoffe
- Entfernung oder Zerstörung von schädlichen Inhaltsstoffen und Keimen

Technologischer Prozess der Speisenherstellung

Mechanische Zubereitungsverfahren   🇫🇷 *méthodes de préparation mécaniques*
🇬🇧 *mechanical preparation methods*

Die mechanische Bearbeitung der Lebensmittel führt zur Zerkleinerung, zur Gefügelockerung und damit zu Konsistenzänderungen. Dadurch erhalten die so zubereiteten Lebensmittelrohstoffe eine meist bessere Verdaulichkeit. Konsistenzänderungen und Würzungen ergeben neue typische Geschmacksrichtungen (z. B. bei Rohkostsalaten).

Die mechanischen Zubereitungsverfahren stimmen im Wesentlichen mit den Vorbereitungs- und Bearbeitungsverfahren überein. Bedeutungsvoll ist die mechanische Zubereitung für die Herstellung von Roh- und Frischkost.

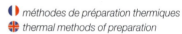

Weißkohlkopf → Putzen → Schneiden → Würzen → Drücken → Anrichten → Weißkohlrohkost

Thermische Zubereitungsverfahren   🇫🇷 *méthodes de préparation thermiques*
🇬🇧 *thermal methods of preparation*

Die thermischen Zubereitungsverfahren erhielten die umgangssprachliche Bezeichnung Garverfahren. Ihre Beurteilung ergibt sich nach folgenden Gesichtspunkten:

- Art und Menge des wärmeübertragenden Mediums (Wasser, Fett, Luft)
- Temperaturhöhe und Temperaturverlauf des wärmeübertragenden Mediums
- Art des Energietransports vom Gargerät bis zum Gargut

Arten des Energietransportes

Kontakt	Konvektion	Strahlung
Wärmeübertragung zwischen benachbarten Teilchen	Stoffteilchen führen bei Lageveränderungen Wärmeinhalt mit (Wärmeströmung)	Energietransport durch elektromagnetische Wellenstrahlung

Für die Auswahl eines geeigneten Garverfahrens sind unterschiedliche Gesichtspunkte entscheidend:
- geplante Verwendung des Lebensmittel
- küchentechnische Möglichkeiten
- ernährungsphysiologische Forderungen

Arbeitsverfahren

Wärmeübertragendes Medium (überwiegend)			
Wasser	**Fett**	**Luft**	**Ohne (Kontakt)**
Kochen	Braten	Backen	Rösten
Garziehen	Frittieren	Grillen	
Dünsten			
Dämpfen			

Bei Verfahren zum entkoppelten Zubereiten werden Garverfahren und andere technologische Verfahren kombiniert (→ 140).

Veränderungen der Lebensmittelbestandteile beim Garen

Beim Garen treten sowohl **erwünschte** als auch **unerwünschte** Veränderungen auf.

Erwünschte Veränderungen	Mögliche Ursachen
Konsistenzveränderungen, Aroma- und Farbstoffbildung	Lockerung der Lebensmittelstruktur durch Eiweißquellung, Eiweißgerinnung, Stärkeverkleisterung sowie Schmelzen des Fettes, Nährstoffumwandlungen, Nährstoffabbau
Beseitigung unerwünschter Stoffe	Hitze tötet Mikroorganismen ab, inaktiviert lebensmitteleigene Enzyme

Ergebnis: bessere Verdaulichkeit und Bekömmlichkeit, höherer Genusswert

Neben unerwünschten Veränderungen, die unvermeidlich sind, gibt es auch solche, die durch **falsche Verfahrensführung**, ungünstige Rohstoffauswahl, mangelhafte Hygiene usw. verursacht werden. Durch fachgerechte und verantwortungsvolle Arbeit lassen sich diese unerwünschten Veränderungen verhindern.

Unerwünschte Veränderungen	Mögliche Ursachen
Nährstoffveränderungen (Grundnährstoffe)	Falsche Verfahrensführung, z. B. zu hohe Temperaturen
Nährstoffverluste (Vitamine, Mineralstoffe, Eiweiße, Mono- und Disaccharide)	Hitze- und Sauerstoffeinwirkung, zu viel Garflüssigkeit
Masseverluste	Verlust an Gutsflüssigkeit, beispielsweise durch Überschreiten der Garzeiten

Als **schonend** bezeichnen Fachleute die Garverfahren, bei denen unerwünschte Lebensmittelveränderungen gering bleiben. Nährstoffe und Eigenaroma werden beim schonenden Garen besser erhalten. Zu den schonenden Garverfahren zählen insbesondere Garziehen, Dämpfen, Dünsten.

Stärkeveränderungen
Natürliche Stärke — Stärke, Wasser

Verkleisterte Stärke
Stärkemoleküle quellen durch Wasser auf

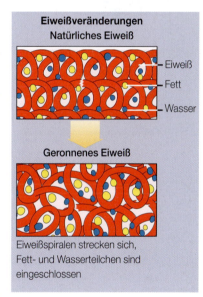

Eiweißveränderungen
Natürliches Eiweiß — Eiweiß, Fett, Wasser

Geronnenes Eiweiß
Eiweißspiralen strecken sich, Fett- und Wasserteilchen sind eingeschlossen

1 Erläutern Sie eine Einteilungsmöglichkeit für Zubereitungsverfahren.
2 Nennen Sie wichtige thermische Zubereitungsverfahren.
3 Nehmen Sie eine Einteilung der Garverfahren nach dem wärmeübertragenden Medium vor.

Technologischer Prozess der Speisenherstellung

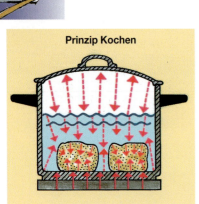

Prinzip Kochen

Kochen
🇫🇷 *bouillir*
🇬🇧 *boiling*

Kochen ist ein Garen in **wässriger Flüssigkeit**, die das Gargut allseitig bedeckt. Die Kochtemperatur liegt bei Normalbedingungen – entsprechend dem Siedepunkt des Wassers – **bei 100 °C**. Kochen wird vielfach mit Garziehen (Köcheln) kombiniert.

Ziel: Besonders **schwer aufschließbare, unempfindliche Rohstoffe** mit fester Konsistenz, einem hohen Gehalt an Cellulose oder mit festen Bindegewebsschichten können zubereitet werden.
Die Kochflüssigkeit erhält durch Auslaugen des Gargutes einen beachtlichen ernährungsphysiologischen Wert.
Der Zweck des Kochens kann auch in der Gewinnung einer gehaltvollen Kochflüssigkeit (Knochenbrühe, Fleischbrühe) bestehen.

Vorgang: Die vorbereiteten Zutaten gibt man entsprechend der Zielsetzung entweder in siedende oder in kalte Garflüssigkeit.

Gehaltvolles Kochgut erwünscht, das Kochgut heiß ansetzen!
Gehaltvolle Kochflüssigkeit erwünscht, das Kochgut kalt ansetzen!

Die große Menge Kochflüssigkeit führt zu einer gleichmäßigen und intensiven Wärmeeinwirkung auf das Kochgut. Wird das Kochgut **kalt angesetzt**, findet bei Temperaturen bis 60 °C ein Konzentrationsaustausch statt. Wasserlösliche Bestandteile gehen in die Kochflüssigkeit über. Das sind wasserlösliche Kohlenhydrate, Eiweißstoffe, Aminosäuren, Fleischbasen, Vitamine und Mineralstoffe. In gleichem Maße dringt wässrige Kochflüssigkeit in das Gargut ein.
Beim **Ansetzen in siedender Kochflüssigkeit** entsteht durch die sofort einsetzende Eiweißgerinnung (Eiweißdenaturierung) eine undurchlässige Schicht. Die „Poren" des Kochgutes schließen sich. Der Konzentrationsaustausch tritt nur in geringem Maße ein. Inhaltsstoffe verbleiben im Kochgut: Es ist „saftig".
Verschiedene Zutaten (Teigwaren, Reis, Brühen, Suppen) ohne Deckel kochen.

Anwendung: Kartoffeln, Hülsenfrüchte, Teigwaren, Eier, Fleisch, Gemüse

Arbeitsmittel

Kochkessel *marmite* *kettle*	Koch- oder Druckkochkessel (bis 120 °C/1 bar), mit oder ohne Kippvorrichtung, doppelwandig, mit indirekter Energiezufuhr, dadurch verkürzte Anheizzeit und Vermeidung des Anbrennens.	
Herd *fourneau* *range*	Universell einsetzbares Gargerät mit oder ohne Backröhre.	

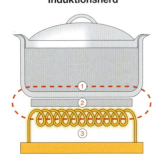

Induktionsherd

① Magnetfeld ② Glaskeramik
③ Induktionsspule

Unter Glaskeramikkochfeldern (Ceran) wird durch Induktionsspulen elektrischer Wirbelstrom erzeugt. Glaskeramikherdflächen lassen elektrische Wirbelströme ungehindert durch. Erst am Stahltopfboden (muss magnetisch sein) werden sie in Wärme umgewandelt. Dadurch wird die Elektroenergie gezielt sparsam genutzt.

Arbeitsverfahren

Garziehen

🇫🇷 *pocher*
🇬🇧 *poaching*

Garziehen, auch als **Pochieren** bezeichnet, ist ein schonendes Garverfahren in reichlich **wässriger Flüssigkeit**. Die Gartemperaturen liegen zwischen 70 und 98 °C.

Ziel: Thermischen Zubereitung von empfindlichen Lebensmitteln im wässrigen Medium bei größtmöglicher **Schonung der Konsistenz**.

Vorgang: Zu unterscheiden sind das direkte und das indirekte Pochieren.
Direktes Pochieren: Wie beim Kochen gibt es zwei Zielsetzungen. Man unterscheidet das Ansetzen mit kalter Garflüssigkeit (z. B. bei ganzen Fischen, bei Rollpasteten) und das Einlegen in siedende Garflüssigkeit (z. B. bei Portionsstücken Fisch, pochierten Eiern, Fleischklößen).
Indirektes Pochieren: Garziehen kann auch durch indirekte Wärmeübertragung im Wasserbad erfolgen. Das Gargut wird in Gefäße gegeben (z. B. Förmchen) und zieht so abgedeckt im Wasserbad gar. Häufig wendet man das Garziehen in der Kombination mit anderen Garverfahren an (z. B. Kochen – Garziehen).
Als unerwünschter Vorgang tritt Garziehen bei warm gehaltenen Speisen auf. Deshalb sollten beim Warmhalten fertiger Speisen die Nachgarzeiten beachtet werden. Ist das Warmhalten unumgänglich, dann dürfen die Speisen zuvor nicht zu weich, z. B. nur bissfest, gegart sein.

Anwendung: Hackfleischmassen, Kartoffeln, Fisch, Gemüse, Brüh- und Kochwurst, junges Geflügel, Eier, Eierstich, Klöße

Garziehen

Garziehen im Wasserbad

Arbeitsmittel

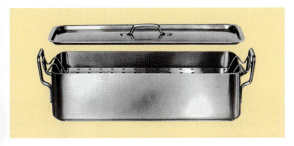

Fischkessel
poissonnière
fish kettle

Längliches Gefäß mit Siebeinsatz, breite Formen für Plattfische, insbesondere Steinbutt (turbotière), auch als Anrichtegeschirr für Fisch

Temperaturverlauf beim Garziehen

1 Nennen Sie Lebensmittel, die gekocht werden.
2 Beschreiben Sie die Veränderungen der Lebensmittelbestandteile während des Kochens.
3 Erläutern Sie die Herstellung einer gehaltvollen Fleischbrühe.

Technologischer Prozess der Speisenherstellung

Prinzip Dämpfen

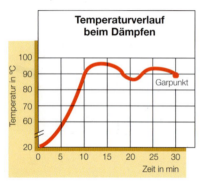

Temperaturverlauf beim Dämpfen

Dämpfen

 cuire à la vapeur
steaming

Dämpfen ist eine Zubereitungsart im **strömenden Wasserdampf** bei Temperaturen von **100 °C**. Entsteht beim Dämpfen Überdruck, dann können die Temperaturen bis auf 120 °C steigen.

Ziel: Lebensmittel lassen sich mit relativ wenig Garflüssigkeit schonend zubereiten. Wertvolle Inhaltsstoffe laugen nur in geringem Maße aus.

Vorgang: Zum Garen eignet sich ein verschließbares Gargefäß. Darin soll sich eine wässrige Flüssigkeitsmenge befinden, die $1/4$ bis $1/10$ der Gargutmenge beträgt. Ein oder mehrere Siebeinsätze trennen die Garflüssigkeit vom vorher gesalzenen und gewürzten Gargut.

Eine besondere Verfahrensvariante stellt das **Überdruckgaren** dar. Bei erhöhtem Druck (zwischen 1 und 2 bar) verstärkt sich im Dämpfgefäß die Garwirkung, und die Garzeit verringert sich. Bei richtiger Verfahrensführung gilt dieses Verfahren als vitaminschonend. Zur Vitaminerhaltung sollte jedoch der erzeugte Dampf zunächst die noch im Drucktopf vorhandene Luft vor dem Verschließen herausdrücken, indem man das Sicherheitsventil noch einige Zeit offen lässt. Die Garzeit muss genau eingehalten werden. Eine Kontrolle des Garpunktes ist während des Druckgarens nicht möglich.

Zum Druckgaren wurden der **Dampfdrucktopf** und der **Steamer** (Dampfschnellgarer; engl. *steam*: Dampf) entwickelt.

Als Nachteil beim Dämpfen gilt, dass keine Übertragung von Geschmacksstoffen durch das Garmedium auf das Lebensmittel möglich ist.

Anwendung: Unter Normalbedingungen wird vorwiegend wasserreiches Gargut gedämpft, bei dem starke Konsistenzveränderungen nicht erforderlich sind: Obst (empfindliches Stein- und Beerenobst), Gemüse, Kartoffeln, Hefeklöße, böhmische Knödel, Fisch, Fleisch- und Wurstwaren (Kochschinken, Hackfleischmassen in Formen, Leberkäse).

Zum **Druckgaren** eignet sich auch Gargut mit festerer Konsistenz (Schlachtfleisch, Kohl).

Arbeitsmittel

Dampfdrucktopf *marmite autoclave, marmite à pression/ pressure cooker, autoclave*	Druckfestes Gefäß mit Deckel und Ventil; Garen bei 120 °C, Überdruck 1 bar; verkürzt Garzeit und schont Nährstoffe; Dämpfen, Blanchieren.	
Kombigarer *combisteamer, aero-steamer/ aero-steamer, combination steamer*	Heißluftgarer mit Dampferzeuger; trockenes Heizluftgaren und Dampfgaren können im Wechsel oder in der Kombination erfolgen, wodurch sich unterschiedliche Garverfahren im Wechsel durchführen lassen: Heißluft, Kombigaren, Dämpfen, Dünsten, Blanchieren, Backen und Regenerieren.	

Beispiel Dampfkartoffeln
- *Dämpftopf bis zur Markierung oder bis etwa 1 cm unter den Siebeinsatz mit Wasser füllen.*
- *1,5 kg geschälte, zerkleinerte Kartoffeln in den Siebeinsatz geben, etwa 10 g Salz überstreuen.*
- *Siebeinsatz einsetzen, Wasser zum Sieden bringen, dabei Temperatur regulieren, bei Dampfentwicklung Deckel auflegen und 25 min dämpfen.*

Vergleichen Sie die Garzeiten der Kartoffeln mit denen beim Kochen und beim Garen im Dampfdrucktopf.

Arbeitsverfahren

Druckgarer/ Steamer *steamer steamer/ jet-cooker*	Gerät mit separatem Dampferzeuger; Energie wird mit Druck bei Temperaturen bis 120 °C übertragen, auch drucklos anwendbar.

Dünsten   🇫🇷 *étuver*   🇬🇧 *stewing*

Das Dünsten ist ein Garen im abgedeckten Gefäß mit **wenig Garflüssigkeit oder im eigenen Saft** bei gleich bleibender Temperatur von 100 °C. Geringe Mengen Fett kann man zugeben.

Ziel: Besonders **wasserreiche Rohstoffe** mit empfindlicher **Zellstruktur** lassen sich durch Dünsten ohne Bräunungsreaktion schonend zubereiten. Gedünstete Speisen eignen sich wegen der guten Verdaulichkeit für die leichte Vollkost und für die Herstellung von Diätspeisen (➔ 63f).
Bei diesem schonenden Garverfahren entsteht arteigener, aromatischer Dünstfond in geringen Mengen, der für die Vollendung der Speisen wichtig ist.

Vorgang: Vorbereitete wasserreiche Rohstoffe (z. B. Pilze) gibt man mit wenig oder ohne Flüssigkeit und teils unter geringem Fettzusatz in ein abgedecktes Gefäß.
Dünstgut (Gemüse) kann man im Emulsionsfett (Butter, Margarine) auch kurz anschwitzen. Dabei erhöhen sich die Gartemperaturen kurzfristig bis auf 130 °C. Stark wasserhaltige Rohstoffe geben beim Garen so viel Flüssigkeit ab, dass sich ein Flüssigkeitszusatz erübrigt. Diese Rohstoffe dünsten im eigenen Saft. Die Gartemperatur liegt bei 100 °C. Dünsten kann als eine Kombination von **Kochen und Dämpfen** angesehen werden.

Garen in der Folie stellt eine Form des Dünstens im eigenen Saft dar.

Poëlieren: verdampft das Wasser aus dem aufgedeckten Gargefäß, so erfolgt ein Übergang zum Braten und/oder Rösten. Diese Kombination bezeichnet man wegen der Farbgebung (Bräunungsreaktion) als **Hellbraundünsten** oder **Poëlieren**.

Glasieren: *(glacer, glaze)* stellt eine weitere Variante des Dünstens, insbesondere für Gemüse mit natürlichem Zuckergehalt, wie junge Möhren, junge Erbsen, Rübchen, Perlzwiebeln oder Maronen, dar.
Vor Garende wird der Deckel vom Gargefäß entfernt. Der wässrige Teil des Dünstfonds verdunstet, in der Fachsprache als **Einkochen** bezeichnet. Zurück bleibt ein sirupartiger Fond, der beim Schwenken des Gargefäßes das Gemüse als Glasur überzieht. Üblich ist die Zugabe von wenig Zucker und Butter, um die Glasur zu verstärken. Das Gemüse wird durch Glasieren geschmacklich und optisch aufgewertet.

Anwendung: Schlachtfleisch mit kurzer oder mittlerer Gardauer, Geflügel, Fische (Portionsstücke), Krusten- und Schalentiere, Obst, Gemüse, Pilze

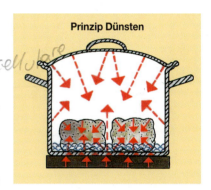

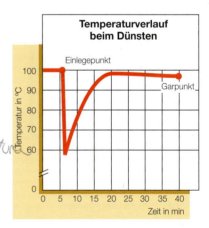

1. Beschreiben Sie zwei Verfahrensvarianten beim Dämpfen.
2. Nennen Sie Rohstoffe, die sich besonders zum Dünsten eignen.
3. Welche Garverfahren bezeichnet man als schonend? Begründen Sie Ihre Antwort.

125

Technologischer Prozess der Speisenherstellung

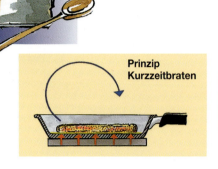

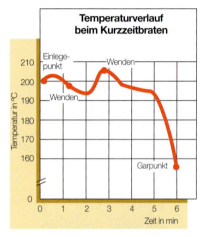

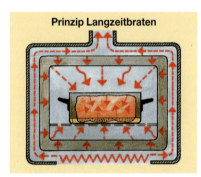

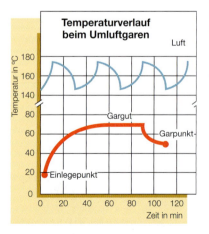

Braten rôtir
roasting

Braten ist ein Garverfahren mit **Anfangstemperaturen von über 200 °C und meist abfallendem Temperaturverlauf**. Geringe Mengen hoch siedendes **Fett** bilden das wärmeübertragende Medium. Das Bratgut erhält eine kräftig braune Farbe.

Ziel: Zubereitung von vorwiegend **kleinen oder großen zarten Fleischstücken** in geringen Mengen heißem Fett und die Bildung von Bratensatz zur Saucenbereitung.

Vorgang: Es werden zwei Formen des Bratens unterschieden:
- Braten von Portionsstücken
- Braten von größeren Fleischstücken im Bratofen

Braten von Portionsstücken in unabgedecktem Bratgefäß in relativ kurzer Zeit: Dazu gehört auch das **Sautieren** (Schwingen), bezeichnet nach dem Schwenken des Gargefäßes. Sautieren ist ein sehr kurzes Braten kleiner zarter Fleischstücke (Fünfminutengerichte) bei Temperaturen von 160 bis 220 °C.
Fleischstücke in feinen Schnittformen (Streifen, Blättchen, Würfel) müssen außen schnell Farbe bekommen, sollen aber innen allgemein nicht vollständig durchgegart sein (dunkles Fleisch: rosa). Um ein rasches Erhitzen zu gewährleisten, ist der Pfanneninhalt entsprechend gering zu halten. Sauce wird separat hergestellt; das Gargut darf darin nicht mehr aufkochen.

Braten von größeren Fleischstücken im Bratofen: Als Wärmeüberträger dienen Heißluft und Wärmestrahlung. Das gesalzene und gewürzte Bratgut kommt in heißes Fett mit Temperaturen von 180 bis 200 °C und ist meist mehrfach zu wenden. Nach Ausbildung der Bratkruste senkt man die Temperatur. Ständiges **Begießen** mit Bratfett stellt eine Voraussetzung für die Herstellung saftiger Bratenstücke dar. Zur Erzeugung von Bratensatz, der Grundlage für eine arteigene Sauce, und zur Geschmacksgebung wird Würzgemüse (Zwiebeln, Möhren, Sellerie, Lauch ➜ 116) mitgebraten.

Umluftgaren: Beim Garen größerer Bratstücke kann man neben dem herkömmlichen Braten das Garen im Heißluftdämpfer (Konvektomat) mittels Heißluft oder Kombination aus Heißluft und Dampf anwenden. Dabei wird die Temperatur im Garraum gleichmäßig auf 150–170 °C gehalten, so dass es zur langsamen Erwärmung im Gargut kommt.
Das Gargut muß nicht gewendet werden. Es entsteht ebenfalls Bratensatz zur Saucenherstellung.

Anwendung: Zartes Schlachtfleisch, Wild, Geflügel, Fisch, Kartoffeln

126

Arbeitsverfahren

Arbeitsmittel

Stielkasserolle flach *sautoir* *sautoir/sauté pan (straight-sided)*	Für geringe Mengen, zum Sautieren, Pochieren, Kochen, Dünsten, Schmoren usw.	
Sauteuse *sauteuse* *sauteuse*	Für verschiedene Garverfahren, insbesondere Sautieren. Dünsten	
Stielbratpfanne *poêle lyonnaise* *sauté pan/ sauteuse*	Aus Stahl, auch antihaftbeschichtet (Teflon-Pfanne) zum Kurzbraten und Sautieren. Besondere Ausführungen: Omelettpfanne *(poêle à omelettes, omelet pan)* Crêpes-Pfanne *(poêle à crêpes, crepe pan)*	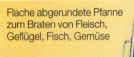
Bratpfanne *rôtissoire* *roasting pan*	Flache abgerundete Pfanne zum Braten von Fleisch, Geflügel, Fisch, Gemüse	
Kippbratpfanne *rôtissoire basculante /* *tilting fry pan*	Starkwandiger Tiegel aus Chromnickelstahl oder Gusseisen mit Schwenkeinrichtung und Auslaufschnaupe, elektro- oder gasbeheizt, zum Schmoren, Braten, auch Dünsten, Dämpfen, Pochieren, Kochen; Thermostateinstellung von 50 bis 300 °C.	
Bratautomat	Gargerät, bestehend aus Ober- und Unterpfanne; Transport des Gutes erfolgt durch ein Kettensystem und Mitnehmerstäbchen; gleichmäßiges Garen der Nahrungsmittel von beiden Seiten durch einen automatischen Wendevorgang; Vorteile: variabel einstellbare Fettspiegel und automatiche Fettfilterung.	

Vorsicht Nitrosamine!

Bei Temperaturen ab 200 °C kann das Nitrit des Pökelsalzes zusammen mit Aminen, den Abbaustoffen der Aminosäuren, leberschädigende und krebserregende Nitrosamine bilden. Deshalb dürfen gepökelte Fleischerzeugnisse, sogenannte rote Ware, nicht zum Braten oder Grillen verwendet werden.
Für rote Ware ist die Bezeichnung Bratwurst oder Grillwurst verboten.

1. Erläutern Sie den Unterschied zwischen Kurzbraten und Langzeitbraten.
2. Ein bratfertiges Filetsteak wiegt vor dem Braten 220 g und nachdem Braten 175 g. Ermitteln sie den prozentualen Bratverlust.
3. In der Kalten Küche werden 3 kg aufgeschnittenes gebratenes Roastbeef benötigt. Der Bratverlust wird mit 26 %, der Aufschnittverlust mit 4 % angenommen. Ermitteln Sie die nötige Menge an pariertem Frischfleisch.

127

Technologischer Prozess der Speisenherstellung

Schmoren *braiser* / *braising*

Schmoren oder Braisieren ist ein Garen **zunächst in geringen Mengen heißem Fett, später mit Garflüssigkeit** und kräftig brauner Farbgebung. Die Gartemperaturen sinken von 220 auf 100 °C (eventuell bis 90 °C) ab.

Ziel: Thermisches Zubereiten von tierischen Rohstoffen **mit fester Struktur** (bindegewebsreich, grobfasrig) in geringen Mengen Fett und später in wässriger Garflüssigkeit. Es werden **eine intensive Bräunung** des Gargutes sowie ein gehaltvoller, farbintensiver Fond für die Saucenherstellung, jedoch keine Kruste erzielt.

Vorgang: Der Schmorvorgang verläuft in drei Phasen: Anbraten, Dünsten und Kochen bzw. Garziehen.

Erste Phase: Wenig Bratfett wird im geöffneten Gefäß auf eine Temperatur von 180 bis 200 °C erhitzt. Das gesalzene, gewürzte Schmorgut wird hineingegeben und von allen Seiten im heißen Fett angebraten. Bratgemüse, eventuell auch Mehl können mit gebräunt werden. Um das Fleisch entsteht eine aromatische, röststoffreiche Bratkruste. Gleichzeitig entweicht aus dem Gargefäß Wasserdampf (Garflüssigkeit).

Zweite Phase: Durch Zugabe geringer Mengen Flüssigkeit wird abgelöscht. Die Bratkruste sowie der Bratensatz im Schmorgeschirr lösen sich in der wässrigen Flüssigkeit. Dabei fällt die Temperatur ab und das Schmorgut dünstet. Durch den mehrfachen Wechsel von Anbraten und Ablöschen entsteht der wertvolle, inhaltsreiche braune Saucenfond.

Dritte Phase: Mit heißer Flüssigkeit, meist einer entsprechenden Brühe, wird aufgefüllt. Das Schmorgut kocht bei 100 °C oder pochiert bis zum Garpunkt weiter. Die Sauce wird allgemein noch entfettet und gebunden, eventuell mit Sahne oder Wein verfeinert.

Anwendung: Schlachtfleisch (größere Stücke von älteren Tieren), Geflügel, Nieren, Gulasch, Wild, Fisch mit fester Struktur (Hecht, Karpfen), Gemüse („Bratgemüse" als Zusatz zu Schmorfleisch), braune Ragouts

Prinzip Schmoren
Anbraten

Anbraten und Ablöschen

Fett-Wasser-Gemisch

Kochen und Garziehen

Wässrige Garflüssigkeit (etwa 1/4 des Gargutes)

1. 5,9 kg Schweinebug werden zu Gulasch verarbeitet. Die Verluste durch Parieren betragen 2 %, durch das Schmoren 31 %. Wie viel Portionen zu 180 g lassen sich aus dem Fleisch herstellen?
2. Benötigt werden 32 Portionen Sauerbraten zu je 160 g servierfertigem Fleisch. Wie viel garfertiges Rindfleisch ist anzufordern, wenn der Schmorverlust bei 19 % liegt?

Arbeitsmittel

Schmorpfanne
braisière / stewing pan
Relativ hohe Wände, mit Deckel und Griffen; zum Schmoren und Poelieren von Fleisch und Gemüse.

Arbeitsverfahren

Frittieren

🇫🇷 *frire*
🇬🇧 *deep-frying*

Frittieren ist ein Garen in heißem, **das Gargut vollständig umgebendem Fett** bei gleich bleibenden Temperaturen zwischen **160 und 180 °C**. Dieses Garverfahren erhielt in der Umgangssprache auch die Bezeichnung **Backen im Fettbad**.

Ziel: Garen durch kurzzeitige, intensive Hitzeeinwirkung. Es werden eine rösche Kruste und eine **gleichmäßige Bräunung** angestrebt. Die gebildeten Röststoffe führen zur Geschmacksverbesserung und zu einem attraktiven Aussehen der Erzeugnisse.

Vorgang: Das vorbereitete Frittiergut wird in ein mit Siebeinsatz ausgerüstetes heißes Fettbad gegeben. Verwendet werden fast ausschließlich temperaturgeregelte Frittiergeräte, was zweckmäßig ist, da bei einer Erhitzung des Frittierfettes über 180 °C die Gefahr der Bildung krebserregender (kanzerogener) Stoffe besteht. Das Frittiergut kann nature, paniert oder in Teighülle gegart werden. Wasserreiche Lebensmittel müssen vor dem Frittieren abtrocknen. Verschiedentlich wird Frittiergut zunächst vorgegart und in einem zweiten Arbeitsgang fertig frittiert (Kartoffeln, Gemüse). Das Frittieren muss bei gleichmäßigen Temperaturen erfolgen:

Unterer Bereich	160 °C:	wasserreiches Frittiergut
Oberer Bereich	180 °C:	Frittiergut mit geringem Wassergehalt, fertiges Frittiergut, das nur noch erwärmt werden muss

Die **Frittierfettqualität** ist ständig zu prüfen. Verbrauchtes Fett muss insgesamt ausgewechselt werden. Auf eine Überalterung des Frittierfettes deuten hin: dunkle Fettfarbe, eine zäher werdende Konsistenz, unangenehmer Geruch und Geschmack, starkes Schäumen, Rauchentwicklung bereits bei Temperaturen unter 180 °C.

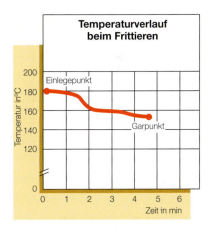

Arbeitsmittel

Fritteuse
friteuse
deep-fryer

Stand-, Tisch- oder Einbaugerät mit Thermostat und Fettfilter zum Frittieren von Fleisch, Fisch, Gemüse, Obst, Pilzen, Kräutern, Gebäck usw.

Fritteuse anstatt Fett-Topf!
Im Fett-Topf ist die Temperatur schlecht regelbar. Verbrannte Schwebeteilchen wirbeln auf und haften als dunkle Punkte am Frittiergut.
In der Fritteuse gelangen Frittierrückstände in eine geringer erhitzte Zone unter den Heizschlangen. Sie können entfernt werden. Das Fett ist länger verwendbar.

Paniertes Fischfilet nimmt beim Frittieren 10 g Frittierfett (99,9 % Fett) auf. Dagegen hat das gleiche Fischfilet unpaniert eine 80 % geringere Fettaufnahme. Wie viel höher ist der Energiegehalt des panierten Fischfilets?

Anwendung: Schlachtfleischstücke im Backteig, paniert oder nature, Geflügelstücke, Fischfilets und kleine ganze Fische im Backteig oder mehliert, Fleischkrusteln, Siedegebäck (z. B. Krapfen, Berliner Pfannkuchen, Spritzkuchen), Kartoffeln, Gemüse, Früchte, Suppeneinlagen (Backerbsen, Brandmassekrapfen)

Technologischer Prozess der Speisenherstellung

Backen

🇫🇷 cuire au four
🇬🇧 oven-baking

Das Backen im Ofen ist eine thermische Zubereitung durch Einwirkung von Heißluft bei Temperaturen zwischen 180 und 250 °C.

Ziel: Herstellen von Backwaren aus Teigen und Massen. Zubereitung großer Fleischstücke und Geflügel unter Bildung einer gebräunten Backkruste.

Vorgang: Das Backgut kommt mit oder ohne Form meist in die bereits erhitzte Backröhre.
Der obere Temperaturbereich (etwa 250 °C) wird angewandt, wenn das Backgut bereits thermisch zubereitet ist und sich nur noch eine Kruste bilden soll (Überbacken von Speisen).
Der mittlere Temperaturbereich (etwa 200 °C) eignet sich für Backgut, das thermisch noch nicht zubereitet ist (z. B. Kuchen).
Der untere Temperaturbereich (150 bis 180 °C) wird angewandt bei Backwaren, in denen während der thermischen Zubereitung die Gargutflüssigkeit langsam austrocknen soll.

Anwendung: Teige und Massen, Fleisch und Fleischwaren, ganzes Geflügel

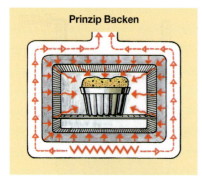

Prinzip Backen

Temperaturverlauf beim Backen

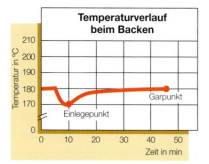

Backdauer und Temperaturbereiche

Gebäckart	Backdauer in min	Temperaturbereich in °C
Weizenkleingebäck	20 bis 25	230 bis 250
Hefefeingebäck	10 bis 15	190 bis 220
Mürbeteiggebäck	15	180 bis 200
Biskuitgebäck	20 bis 35	180 bis 210
Baiser-Schalen	über Nacht getrocknet im ausgeschalteten Ofen	120 bis 150

Temperatur	Veränderungen der Zutaten beim Backen	Beispiele
30 °C	Intensive Quellung der Stärke, Vergärung der Einfachzucker	Alle Teige, außer Mürbeteige
30 bis 40 °C	Verflüssigung des Backfettes	Feine Backwaren
40 bis 50 °C	Beginn der Stärkeverkleisterung	Hefeteiggebäck
50 °C	Intensiver Stärkeabbau durch Amylase	Hefeteiggebäck
55 bis 60 °C	Zerstörung der Hefeenzyme	Hefeteiggebäck
50 bis 72 °C	Eiweißgerinnung im Backgut	
65 °C	Zymase-Wirksamkeit beendet	
70 °C	Schimmelpilze werden abgetötet	
78 °C	Alkohol (Ethanol) verflüchtigt sich	Hefeteiggebäck
70–80 °C	Amylase-Wirksamkeit beendet	Hefeteiggebäck
60–100 °C	Wirksamkeit des Backpulvers als Triebmittel (CO_2)	Backpulvergebäck
80 °C	Maltose karamellisiert	Alle Gebäckarten außer Baisers
90 °C	Stärkeverkleisterung abgeschlossen	Alle Gebäckarten außer Baisers
90–100 °C	Wirksamkeit des Ammoniumhydrogencarbonats als Triebmittel, Gasbildung	Lebkuchen
100 °C	Lockerung durch Wasserdampf, Eiweißstoffe und Kohlenhydrate bilden Melanoidine (→ 10)	
100–120 °C	Thermischer Stärkeabbau zu hellen, gelben Dextrinen	Gebäckarten mit Krustenbildung
110–150 °C	Glucose und Saccharose karamellisieren Aus Stärke bilden sich dunkle Dextrine	Gebäckarten mit Krustenbildung
150–200 °C	Aus Mono-, Disacchariden, Stärke, Eiweißstoffen und Fett entstehen Röstprodukte	Gebäckarten mit Krustenbildung
200–250 °C	Beginn der Kohlebildung aus Kohlenhydraten, Fetten und Eiweißstoffen	

Arbeitsverfahren

Grillen

🇫🇷 *griller*
🇬🇧 *grilling, barbecuing (USA)*

Grillen ist ein Garen durch **Strahlungs- und Kontaktwärme** bei Höchsttemperaturen zwischen 250 und 350 °C.

Ziel: Bei **zarten** und mürben, **meist kleineren Fleischstücken** angewandt.

Vorgang: Das Gargut kann fettarm, mit einer aromatischen Röstkruste zubereitet werden. Die Wärmeübertragung beim **herkömmlichen Grillen** erfolgt vorwiegend durch Wärmestrahlung, beim **Infrarotgrillen** durch die Infrarotstrahlung. Durch das Grillen entsteht eine aromatische Röstschicht. Durch starke Veränderungen der Nährstoffe und durch entstehende Röststoffe eignet sich Grillen nicht für die leichte Vollkost. Beim **herkömmlichen Grillen** liegt das eingefettete Gargut auf einem Grillrost oder steckt an einem Grillspieß. Im Luftstrom wirken Temperaturen von 250 bis 350 °C auf das Gargut ein. Austrocknen des Grillgutes kann durch Bestreichen mit Fett verhindert werden. „Grillkaros" lassen sich als Abdruck der heißen Grillstäbe beim Wenden errreichen. Beim **Infrarotgrillen** befindet sich das Gargut in der Strahlungszone eines Infrarotstrahlers. Durch kurzzeitiges Infrarotgrillen können Speisen **gratiniert** werden. Übergestreuter Käse bzw. Käsesaucen schmelzen, erhalten eine ansehnliche Farbe und schließlich eine schmackhafte Kruste, z. B. überbackenes Kalbsragout.

Anwendung: Kleinere Fleischstücke (z. B. Steaks, Würste), Fisch, Geflügel, Spanferkel, Lamm, Gemüse

Gratinieren stellt eine Form des Überkrustens dar. Es handelt sich um ein kurzzeitiges Grillen im Grillgerät oder in der Backröhre.

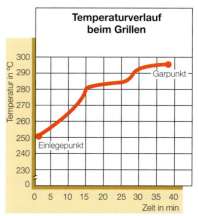

Rösten

🇫🇷 *rôtir*
🇬🇧 *roast*

Rösten ist ein Garen mittels **Kontaktwärme** bei Temperaturen zwischen 300 °C und 350 °C.

Ziel: Wärmeeinwirkung bei gleichzeitiger Bildung starker Röst- und Farbstoffe

Vorgang: Das Röstgut wird auf Herdplatten oder Bleche, Toaster oder in Pfannen gebracht. Im Unterschied zum Grillen wird während des Röstvorgangs meist kein oder nur sehr wenig Fett zugesetzt. Es wird ohne zusätzliches wärmeübertragendes Medium gegart.

Die Anwendung von Strahlungswärme ist ebenfalls möglich. Aufgrund der intensiven Wärmeeinwirkung wird nur kurzzeitig geröstet.
Die Nährstoffveränderungen sind denen beim Grillen ähnlich. Durch kurze, hohe Hitzeeinwirkung sollen vor allem Röststoffe gebiedet und eine intensive, braune Farbgebung erreicht werden. Das Röstgut ist dem Austrocknen sehr stark ausgesetzt.

Anwendung: Rösten ist nur begrenzt anwendbar: Bräunen von Mehl, Brot (Toast), kleine Fleisch- und Fischscheiben, zartes Geflügel, Obst (Bratäpfel, Mandeln), Röstgemüse (Zwiebeln), Kaffeebohnen (→ 248).

Salamander
Grill mit Oberhitze; stufenlos regelbar; zum Glasieren, Gratinieren, auch zum Warmhalten

Technologischer Prozess der Speisenherstellung

Mikrowellengaren

🇫🇷 *cuir au four à micro-ondes*
🇬🇧 *cooking in a microwave oven*

Beim Mikrowellengaren bewirkt **Hochfrequenzstrahlung** den Garzustand in kürzester Zeit.

Ziel: Schnelle und schonende Zubereitung. Vorteile sind die kurze Garzeit und die hygienische Handhabung.

Vorgang: Vorzugsweise eignet sich das Verfahren zum **Auftauen und zum Wiedererwärmen (Regenerieren)**, weniger zum Garen.

Mikrowellen haben eine Wellenlänge von 12,25 cm und schwingen mit einer Frequenz von 900 bis 2 500 MHz (Hochfrequenz). Diese energiereichen Strahlen durchdringen Oberflächen von nicht reflektierenden Körpern.
Ein mit Metall ausgekleidete Garraum reflektiert die Mikrowellen. Dadurch erhöht sich die Strahlungsdichte. Der Garraum erwärmt sich bei dem Vorgang nur ganz unwesentlich. Die Strahlung bewirkt im Inneren des Gargutes eine **Molekülbewegung**. Die wasserhaltigen Zellbestandteile kommen in Schwingung und werden dabei durch **Reibungswärme** erhitzt. Das Gargut gart innen gleichmäßig, jedoch ohne Krustenbildung oder Bräunung. Die Veränderungen entsprechen dem Garen im wässrigen Medium.

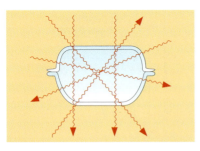

Metallgeschirr ungeeignet, da reflektierend. **Porzellan-, Glas-, Kunststoffgefäße**, auch **Pappe** geeignet, da durchlässig für Mikrowellen, die sich dabei geringfügig erwärmen.

Anwendung: Fleisch, Fisch, Eier (ohne Schale), Gemüse und Kartoffeln

Arbeitsmittel

Mikrowellengerät
four à micro-ondes
microwave oven

Auftauen von Einzelportionen (Gefrierkost), Regenerieren; als Ergänzungsgeräte; in der industriellen Speisenproduktion Einsatz von leistungsfähigen Mikrowellentunneln.

Garen mit trockener und feuchter Hitze

Beim Kombigaren werden sowohl **trockene** als auch **feuchte Garverfahren** angewandt. Dampf und Heißluft wirken je nach Bedarf gleichzeitig, nacheinander oder einzeln dosiert auf das Gargut ein. Garverfahren wie Braten, Backen, Schmoren, Dämpfen sowie auch das Regenerieren von Speisen lassen sich mit dieser modernen Technologie ausführen.
Die Verfahrensführung kann optimal auf das Gargut abgestimmt werden. Das Gargut ist beispielsweise durch Klimasteuerung vor Austrocknen, wie es mitunter bei trockenen Verfahren unerwünscht auftritt, geschützt.
Zum Kombigaren werden **Kombigarer** → 124, auch als **Kombi- oder Heißluftdämpfer** bezeichnet, eingesetzt. Kippbratpfannen, Backöfen, Kochkessel, Bratstraßen und andere Gargeräte sind dadurch ersetzbar.
PC's lassen sich mit den multifunktionalen Anlagen vernetzen. Dadurch können Rezepturen eingelesen und die Verfahrensführung ferngesteuert werden. Im Rahmen von HACCP-Konzepten benötigte Daten wie Garzeiten, Gar- oder Kerntemperaturen sind gleichzeitig erfassbar. (Cook and hold → 138)

---

1. Erklären Sie den Begriff Sautieren.
2. Nennen Sie typische Unterschiede zwischen Braten und Schmoren.
3. Beschreiben Sie das Wirkungsprinzip des Mikrowellengarens.
4. Nennen Sie Gründe für die Tatsache, dass wasserreiches Gargut im Mikrowellengerät schneller gart als wasserärmeres.
5. Erläutern Sie das Niedertemperatur-Garen → Cook and hold 138 bei Einsatz eines Kombigarers.

Arbeitsverfahren

7.4.3 Konservierungsverfahren 🇫🇷 *méthodes de conservation* 🇬🇧 *preserving methods*

Unter Konservierung versteht man die **Behandlung von Lebensmitteln zur Verlängerung ihrer Haltbarkeit.** Je nach Lebensmittelart und der angestrebten Lagerdauer werden unterschiedliche physikalische, biochemische und chemische Konservierungsverfahren angewandt.

Ziel: Die Qualität der konservierten Lebensmittel soll möglichst wenig von der der Frischware abweichen.

Wirkung der Konservierungsverfahren:
1 Inaktivierung der lebensmitteleigenen Enzyme
2 Inaktivierung der Mikroorganismen durch Verschlechterung der Reaktions- bzw. Lebensbedingungen (➔ 72).

Wichtige Konservierungsverfahren:
Kühlen, Zuckern, Salzen, Sterilisieren, Tiefgefrieren, Säuern, Trocknen, Pasteurisieren

Das Hürdenkonzept
Zum Haltbarmachen werden unterschiedliche Konservierungsverfahren gleichzeitig eingesetzt, um Erzeugnisse stabil und sicher zu machen. Die Schutzwirkungen der Verfahren können als „Hürden" für die Mikroorganismen dargestellt werden, da sie deren Lebensbedingungen beeinträchtigen. Durch eine sinnvolle Kombination der angegebenen Hürden 1–6 werden Lebensmittel optimal haltbar gemacht.

Hürde 1: Erhöhung der Temperatur: Sterilisieren, Pasteurisieren
Hürde 2: Senkung der Temperatur: Gefrieren, Kühlen
Hürde 3: Verminderung des freien Wassers: Trocknen, Räuchern
Hürde 4: Veränderung des pH-Wertes: Säuern, Reifen
Hürde 5: Verminderung des Sauerstoffgehaltes: Vakuumieren
Hürde 6: Zugabe von chemischen Stoffen: Konservierungsstoffe

Pasteurisieren 🇫🇷 *pasteurisation* 🇬🇧 *pasteurization*

Pasteurisieren (Louis **Pasteur**, franz. Bakteriologe 1822–189) ist ein physikalisches Konservierungsverfahren, bei dem Temperaturen unter 100 °C angewandt werden, um die Mikroorganismen- und Enzymtätigkeit einzuschränken.

Vorgang: Durch Pasteurisieren werden Lebensmittel bei Schonung der Lebensmittelinhaltsstoffe begrenzt haltbar gemacht. Die ursprünglichen Rohstoffeigenschaften bleiben zum Teil erhalten.
Flüssigkeiten fließen über Flächen-, Platten- oder Röhrenwärmeaustauscher und kühlen danach rasch ab. Flaschen oder Dosen durchlaufen Bandautomaten, die die Temperatur in Abhängigkeit von der Zeit regeln. Hitzeresistente Mikroorganismen (Sporenbildner) bleiben erhalten. Der Pasteurisierungseffekt bei der Hocherhitzung ist besser als bei der Kurzzeiterhitzung, dafür sind aber stärkere Veränderungen der wertvollen Lebensmittelbestandteile zu verzeichnen. Geringe geschmackliche Veränderungen kann man nicht ausschließen.

Anwendung: Empfindliche Lebensmittel, wie Milch, Bier und Obstsäfte.

Haltbarmachen von Lebensmitteln bedeutet neben der Inaktivierung der lebensmitteleigenen Enzyme vorrangig, die Lebensbedingungen der Mikroben zu verschlechtern oder ihnen die Lebensgrundlagen ganz zu entziehen, durch:
Wasserentzug (z. B. Trocknen, Gefrieren)
ungünstigen Temperaturbereich (z. B. Kühllagern)
ungünstigen pH-Wert (z. B. Säuern)
Sauerstoffabschluss (z. B. Sterilkonservieren)

Beispiel:
Gewürzgurken würden durch Sterilisieren die knackige Konsistenz verlieren. Deshalb wendet man zum Haltbarmachen Temperaturen von 80 °C an. Neben dieser ersten Hürde ist eine zweite Hürde durch den Essigsäuregehalt von bis zu 2 % aufgestellt. Eine dritte Hürde ist durch den Luftabschluss vorhanden. Durch diese drei Hürden werden die Eigenschaften einer Sterilkonserve erreicht.

Milchpasteurisation
Dauererhitzung 30 min bei 62 bis 65 °C
Kurzerhitzung 30 bis 40 s bei 71 bis 74 °C
Hocherhitzung 10 s bei 85 °C
Pasteurisierte Milch hält sich gekühlt drei bis sechs Tage. Geschmack und Nährstoffgehalt sind kaum verändert.

Technologischer Prozess der Speisenherstellung

Konservenarten	Lagerfähigkeit	
	Zeit	Temperatur
Halbkonserven	6 Monate	unter 5 °C
Dreiviertelkonserven	1 Jahr	unter 10 °C
Vollkonserven	4 Jahre	bis 25 °C
Tropenkonserven	1 Jahr	bei 40 °C

Sterilisieren

🇫🇷 *stérilisation*
🇬🇧 *sterilizing*

Sterilisieren ist ein physikalisches Konservierungsverfahren, bei dem Lebensmittel durch **Hitzeeinwirkung** von **über 100 °C** haltbar gemacht werden. Sterilisierte Lebensmittel sind langfristig haltbar und gleichzeitig gegart.

Vorgang: Sterilisiert (lat. steril: keimfrei, unfruchtbar) wird bei Temperaturen von 100 bis 130 °C. Dosen oder Gläser, verschlossen mit Deckeln, werden unter Normaldruck im Wasserbad, in strömendem Dampf oder unter Überdruck im Autoklaven erhitzt.
Autoklaven (Rotationsautoklaven oder kontinuierlich arbeitende Autoklaven) sind Sterilisationsapparate, die unter erhöhtem Druck arbeiten.
Die Hitze tötet Mikroorganismen einschließlich der vorhandenen Sporen ab und denaturiert gleichzeitig die lebensmitteleigenen Enzyme. Luftabschluss verhindert das erneute Eindringen von Mikroorganismen.
Durch die Hitzeeinwirkung erhalten die Nahrungseiweißstoffe eine bessere Verdaulichkeit. Unerwünscht sind dagegen Vitaminverluste (A, B, C). Aromaveränderungen und Verfärbungen (Farbveränderungen beispielsweise bei Obst und Gemüse) treten ebenfalls auf.
Temperaturen von 120 °C inaktivieren die gefährlichen Botulismus-Bazillen (Clostridium botulinum) sofort, Temperaturen von 100 °C erst nach 10 min; bei 80 °C sind sogar 30 min erforderlich. Botulinus-Toxin ist nicht hitzeresistent (nicht widerstandsfähig gegenüber Hitze; → 76).

Anwendung: Gemüse, Obst, Fleisch, auch Fertigspeisen usw.

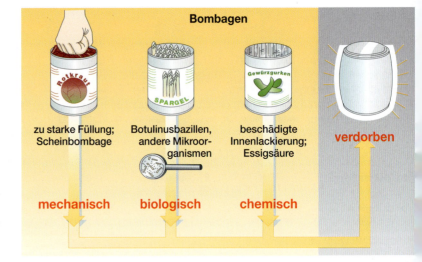

Bei fehlerhafter Konservierung können Bombagen entstehen, d. h., bei Dosen wölben sich die Deckel. Ursache dafür ist meist Überdruck im Inneren durch Gasbildung. Zu unterscheiden sind mechanische, biologische und chemische Bombagen.

Tiefgefrieren

🇫🇷 *surgélation*
🇬🇧 *freezing*

Beim Tiefgefrieren werden Lebensmittel durch **Kälteeinwirkung** (Wärmeentzug) von **–30 bis –40 °C** haltbar gemacht

Vorgang: Tiefgefrierkonservierung: Die vorbereiteten Lebensmittel werden roh, blanchiert, gegart oder auch in tischfertigem Zustand luftdicht verpackt. Die Ware gefriert danach durch Luft-, Flüssigkeits- oder Kontaktkühlung, mitunter auch durch direkte Berührung mit dem Kältemittel.

134

Arbeitsverfahren

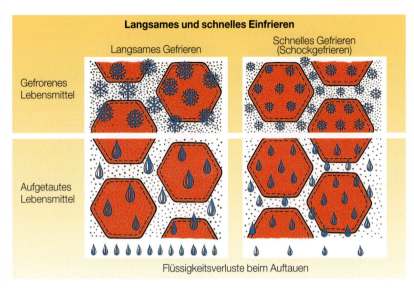

Beim **Schockgefrieren** werden Temperaturen zwischen –30 und –40 °C und hohe Gefriergeschwindigkeiten (mindestens 5 cm pro Stunde) angewandt.
Die **Eiskristallbildung** setzt in den Lebensmitteln bei Kerntemperaturen von –0,5 bis –5 °C verstärkt ein. Deshalb darf das Gefriergut diesem Temperaturbereich nicht lange ausgesetzt werden, was beim Schockgefrieren der Fall ist. Bei einer Gefriergeschwindigkeit von weniger als 1 cm je Stunde bilden sich große Eiskristalle, die die Zellwände von pflanzlichem Lebensmitteln zerstören. So eingefrorene Lebensmittel verlieren nach dem Auftauen viel Zellflüssigkeit. Qualitätsminderungen treten auf. Durch zu schnelles Auftauen von Fleisch und Fisch kommt es ebenfalls zu größeren Verlusten.
Tiefgefrierlagerung: Die Tiefgefrierlagerung erfolgt üblicherweise bei Temperaturen von **mindestens –18 °C**. Für die Qualität des Gefriergutes ist die Einhaltung der **Tiefgefrierlagerkette** von ausschlaggebender Bedeutung. Bei Temperaturen unter –15 °C werden die meisten Mikroorganismen unwirksam. Enzymatische und oxidative Veränderungen nehmen mit sinkender Temperatur ab, gehen aber zum Teil stark verlangsamt weiter. Damit ist die unterschiedliche Lagerfähigkeit von Lebensmitteln in Abhängigkeit von der Lagertemperatur zu erklären (→ 320).

Anwendung: Obst, Gemüse, Fisch, Fleisch, Convenience-Erzeugnisse

 1 Bewerten Sie die grafische Darstellung.
2 Die Herstellungskosten von 10 Portionen Gemüsesuppe aus Frischware betragen 25,79 €. Durch Einsatz von Gefriergemüse sinken diese Kosten auf 10,39 €. Wie viel Prozent der ursprünglichen Herstellungskosten sind das?

Trocknen
🟠 *séchage*
🌐 *drying*

> Trocknen ist ein physikalisches Konservierungsverfahren, bei dem der Wasserentzug durch **Verdunsten, Verdampfen oder Sublimieren** erreicht wird.

Vorgang: Der Wasserentzug führt zur Reduzierung der Enzym- und der Mikrobentätigkeit im Lebensmittel. Lebensmittel werden dadurch haltbar. Sie verlieren an Masse und erhalten gleichzeitig günstigere Transport- und Verpackungseigenschaften. Zu unterscheiden sind nach der **Art des Wasserentzuges** folgende Trocknungsverfahren:
Verdunstungstrocknung: Der Wasserentzug erfolgt unterhalb 100 °C mit Hilfe von Kanal- und Bandtrocknern im Gegenstrom.

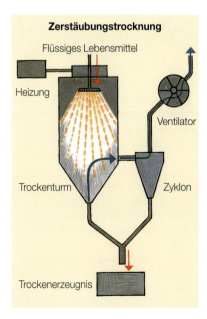

Technologischer Prozess der Speisenherstellung

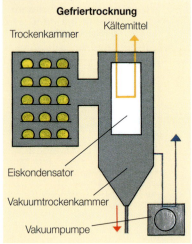

Gefriertrocknung
- Trockenkammer
- Kältemittel
- Eiskondensator
- Vakuumtrockenkammer
- Vakuumpumpe

Neues Konservierungsverfahren: Forscher arbeiten an der Ikon-Druckwechseltechnologie, bei der Keime ohne energieaufwendige Erhitzung durch wechselnden Druck zerstört werden.

Vakuumiergerät

1. Erklären Sie den Begriff Konservierung.
2. Begründen Sie, weshalb die Konservierungsverfahren Trocknen, Salzen und Zuckern auf dem gleichen Haltbarmachungsprinzip beruhen.
3. Trockengewürze sollen verpackt bei geringer Luftfeuchte gelagert werden. Begründen Sie diese Anforderungen.
4. In welchen Fällen ziehen Sie Tiefgefrierware einer Frischware vor?
5. Nennen Sie Beispiele für in Deutschland erlaubte Anwendungsmöglichkeiten der Bestrahlung von Lebensmitteln.

Verdampfungstrocknung: Der Wasserentzug erfolgt bei Temperaturen über 100 °C und wird in Walzentrocknern (130 bis 160 °C) und Zerstäubungstrocknern (150 bis 200 °C in 10 bis 30 s) durchgeführt.

Gefriertrocknung: Diese Sonderform der Verdampfungstrocknung beruht auf der Eigenschaft des Wassers (des Eises), im Vakuum zu sublimieren (Sublimation: unmittelbarer Übergang eines festen Stoffes in den Gaszustand), d. h., Eis geht unter vermindertem Druck sofort in den gasförmigen Zustand über, es sublimiert. Die Gefriertrocknung erhielt deshalb auch die Bezeichnung Sublimationstrocknung. Das Trockengut wird gefroren, dann wird ihm bei 0,2 bis 2 mbar durch Heizplatten Sublimationswärme zugeführt. Die Temperaturen betragen bei der Sublimation −30 bis −10 °C und steigen zum Ende der Trocknungszeit nicht über 30 bis 50 °C an. Dieses Verfahren ist besonders schonend und erhält die ursprünglichen Lebensmitteleigenschaften am besten.

Anwendung: Verdunstungstrocknung: Stockfisch, Klippfisch, Obst (Korinthen, Rosinen, Äpfel), Küchenkräuter
Verdampfungstrocknung: Milchpulver, Eipulver
Vakuumtrocknung: Fruchtkonzentrate, Kondensmilch
Vakuumgefriertrocknung: Pilze, Gemüse, Kaffee, Milch, Gewürze
Angewandt auch bei besonderen Verpflegungsformen wie Armeeverpflegung oder Kosmonauten- bzw. Astronautenverpflegung

Konservierungsverfahren	Wirkungsweise	Anwendung
Ethanol (Alkohol) zugeben	Ethanol wirkt bakterienabtötend (bakterizid); Einlegen in Ethanol	Rumfrüchte, Wodkakirschen
Begasen	Schutzgas (CO_2, N_2) verhindert den Befall mit aeroben Mikroorganismen und Schädlingen; Lagerung; unter CO_2-Druck	Fruchtsäfte, Fruchthalbfertigerzeugnisse
Bestrahlen	Kurze Bestrahlung mit β-, γ- oder UV-Strahlen – die radioaktive Bestrahlung ist in Deutschland gegenwärtig noch verboten; erlaubt sind in Einzelfällen die nur oberflächenwirksamen UV-Strahlen Kräuter u. Gewürze, die mit ionisierten Strahlen behandelt sind, dürfen jedoch nach Deutschland eingeführt werden	Gewürze, Gemüse, Obst, Fisch, Geflügel, Trinkwasser Erlaubt: UV-Bestrahlung zur Entkeimung von Kühlraumluft und von Trinkwasser, von Obst- und Gemüseerzeugnissen sowie von Käseoberflächen
Chemisch konservieren	Zerstörung bzw. Hemmung der Mikroorganismen durch chemische Konservierungsmittel; Konservierungsstoffe können zu Allergien führen	Zitrusfrüchte, Salate, Fischpräserven
Filtrieren	Mikrofilter halten Mikroorganismen, insbesondere Hefen, und Trübstoffe zurück	Klärung und Haltbarmachung von Bier, Wein und Fruchtsäften
Konzentrieren	Erhitzen mit dem Ziel der Flüssigkeitsreduzierung (a_w-Wert-Senkung)	Kochen von Fruchtsaft im Vakuum, Kondensmilch
Luftzufuhr unterbinden	Mikroorganismen von außen können nicht ans Lebensmittel; verhindert Verdunstung und Oxidation	Verpacken von Lebensmitteln, Umhüllen mit Schrumpffolie, z. B. von Fleisch, Wurst, Käse
Überziehen	Schutzschicht verhindert Mikroorganismenbefall; Verdunstung und Oxidation	Wachsen von Äpfeln und Käse
Vakuumieren	Auspumpen der Luft, keine Mikroorganismen von außen; aerobe Mikroorganismen werden gehemmt	Vakuumieren von Fleisch- und Wurstwaren
Zuckern	Vermischen mit Zucker oder Erhitzen mit Zuckerlösung; Wasserentzug (a_w-Wert-Senkung)	Kandierte Früchte, Konfitüre

Arbeitsverfahren

7.4.4 Technologische Verfahren zum entkoppelten Zubereiten

🇫🇷 méthodes technologiques de désassemblage
🇬🇧 technological methods for disassembled preparation

Verfahren zum entkoppelten Zubereiten haben inzwischen in verschiedenen **Bereichen der Gastronomie** Einzug gehalten, so dass ein effektives und leistungsfähiges gastronomisches Versorgungsangebot erreicht werden kann. Dabei handelt es sich um Kombinationen der bereits beschriebenen Herstellungsverfahren.
Die Verfahrensführung, erfordert den Einsatz moderner Arbeitsmittel zum Zubereiten, Haltbarmachen und Lagern. Gleichzeitig kann ein hoher hygienischer Standard gewährleistet werden.

Entkoppeln ist das Abtrennen der Speisenzubereitung vom Verzehr durch Kühlen oder Gefrieren. Vor dem Anrichten sind die Speisen zu regenerieren, also auf Verzehrtemperatur zu erhitzen.

| Vorbereiten | Zubereiten | Haltbarmachen | Lagern | Regenerieren | Anrichten |

Vorteile dieser Verfahren liegen in einer rationellen Produktion, im geringeren Mitarbeiterbedarf, in geringeren Kosten für Räume und Geräte sowie für Lagerhaltung von Frischware, in der Verminderung von Abfall und Wasserverbrauch, in gleich bleibender und kontrollierbarer Qualität sowie in der Nutzung von Einkaufsvorteilen. **Nachteile:** Frische, Farbe und Nährstoffgehalt können beeinträchtigt werden.

„Cook and chill" (engl.: kochen und kühlen)
- Zubereiten der Speisen in Chargen oder ggf. portionieren.
- Schockkühlen der Speisen auf 1 bis 3 °C innerhalb von 120 min nach Garende.
- Kühllagern bei 0 bis 2 °C, abgedeckt, ohne zusätzliche Verpackung, bis zu 3 bis 5 Tagen möglich.
- Kurz vor Verwendung im Heißluftdämpfer oder mit Induktionswärme auf mindestens 70 °C Kerntemperatur regenerieren.
- Anrichten.

„Cook and freeze" (engl.: kochen und gefrieren)
- Zubereiten der Speisen in Chargen, ggf. portionieren.
- Schockgefrieren bei –30 bis –40 °C.
- Gefrierlagern bei etwa –18 °C.
- Kurz vor Verwendung in der Mikrowelle regenerieren, im Kombidämpfer oder in anderen Gargeräten auf mindestens 70 °C Kerntemperatur garen.
- Anrichten.

Technologischer Prozess der Speisenherstellung

Auch Gastro-Norm-Behälter eignen sich zum Vakuumieren, Clip-Verschluss ermöglicht sicheren Transport. Hohe Temperaturbeständigkeit, auch Gefrieren sowie Erhitzen im Mikrowellengerät möglich.

„*Sous-vide*" (franz.: unter Vakuum)
In den USA entwickelt, wird dieses Verfahren bereits in der Schweiz und in Frankreich in der Großverpflegung und der Systemgastronomie eingesetzt.
- Frischerzeugnisse vorbereiten, würzen, eventuell auch teilgaren.
- Vorbereitete, abgekühlte Speisen in hitzestabilen Spezialbeuteln im Vakuumiergerät vakuumieren und dann im Heißluftdämpfer schonend garen (65 bis 99 °C).
- Danach innerhalb 90 min auf eine Kerntemperatur von 2 bis 3 °C schockkühlen; ohne wesentliche Qualitätsverluste im Kühlraum bei 0 bis 3 °C lagerbar.
- Bei Bedarf Speisen innerhalb von 2 bis 3 Wochen im Heißluftdämpfer oder durch Sautieren (Gefriergemüse) regenerieren auf mindestens 70 °C.
- Anrichten.

„*Cook and hold*" (engl.: fortdauernd kochen)
Darunter ist das Niedertemperatur-Langzeitgaren (NT-Garen) zu verstehen, das wie das entkoppelte Zubereiten zu den modernen Verfahren zählt.
- Garen bei 70 bis 99 °C im Kombigarer über 4–12 Stunden.
- Eventuell Kerntemperatur über 50 °C einstellen.
- Das Garen setzt sich aus einer Angarphase bei 120 °C, einer Reife- und einer Warmhaltephase (etwa 55 °C) zusammen.
- Anrichten.

Durch schonendes Heißluftdämpfen entstehen **geringere Garverluste** und das Fleisch bleibt **saftig**. Besonders geeignet für große Fleischstücke, insbesondere für Roastbeef, Putenbraten, Rinderbraten usw., bei denen **genaue Kerntemperaturen** besonders wichtig sind. Die Gefahr besteht, dass temperaturempfindliche Lebensmittelbestandteile zerstört werden.

Arbeitsmittel

Gastro-Norm-Behälter (-Schalen)
éléments gastronormes
gastronorm containers
Grundmaß 1/1: 53 x 32,5 cm; international genormte Lager- und Zubereitungsbehälter (Euronorm 631); Grundmaß wird im Zweier- oder Dreiersystem geteilt.

Garautomat
automate de cuisson
automatic cooker
kontinuierlich arbeitend als Teil von Produktionsanlagen zum Braten, Frittieren, Backen, Dämpfen.

Schockkühler
cellule de refroidissement rapide
blast-freezer
Gerät zum schnellen Abkühlen heißer Lebensmittel, für entkoppeltes Kochen; nimmt Beschickungswagen nach dem Heißluftdämpfen (→ 127) auf.

Arbeitsverfahren

7.4.5 Teller-Bankettsystem

🇫🇷 *système de banquet par assiettes*
🇬🇧 *banquett system by plates*

Bei Banketten entsteht in der Küche ein großer Arbeitsdruck. Wenn beispielsweise bei Veranstaltungen zeitliche Verschiebungen auftreten, kann das beim Angebot von kurz gebratenen Speisen problematisch sein.

In modernen Großküchen wird das Bankettsystem angewandt, bestehend aus entkoppeltem Zubereiten mit Regenerieren (→ Cook and chill). Für dieses System werden Tellergestell, Konvektomat und Thermohaube benötigt.
Die Speisen, wie Kartoffeln und Gemüse bis hin zu Fleischmedaillons, werden auf den Punkt gegart, schockgekühlt und sorgfältig auf den Tellern angerichtet. Die Teller kommen anschließend auf Tellerwagen ins Kühllager. Ruft der Service die warmen Gänge ab, werden diese Teller in den Konvektomaten geschoben. Regenerierzeiten, Luftfeuchte und Temperaturen sind in Abhängigkeit von den verwendeten Speisen unterschiedlich. Die Regenerierzeit ist außerdem abhängig von der Speisenmenge je Portion sowie vom Gerätetyp. Sie kann bei einer Lufttemperatur von 70–110 °C beispielsweise 5–7 Minuten betragen.
Schon bei der Planung muss darauf geachtet werden, dass nur Speisen auf einem Teller angerichtet werden, die beim Regenerieren die gleichen Anforderungen stellen.
Nach Ablauf der Regenerierzeit können die heißen Teller unter der Thermohaube etwa 15 Minuten die Temperatur halten. Während dieser Zeit kann ein zweiter Tellerwagen in den Konvektomaten geschoben werden, damit alle Teller zur gleichen Zeit serviert werden können.
Die Vorteile bestehen darin, dass morgens mehr Personal zur Zubereitung eingesetzt werden kann, während abends zur Veranstaltung nur noch wenig Personal benötigt wird. Dann müssen die Teller lediglich regeneriert und sauciert werden.
Ein Nachteil ist, dass feuchte Gerichte wie Lauch oder Pilzragout nicht regeneriert werden können. Durch zu viel Luftfeuchte würden die Speisenteile „nass" werden.
Für Großveranstaltungen mit 500–700 Gästen werden höchstens zwei Konvektomaten, dafür aber zehn Thermowagen mit Tellergestellen benötigt.

Entkoppelte Zubereitung

- Vorbereiten
- Garen (z. B. im Heißluftdämpfer)
- Schockkühlen
- Kalt portionieren und anrichten
- Kühl lagern bis 72 h
- Regenerieren durch Heißlegen
- Sauce zugeben, garnieren
- Servieren

Kalt portionieren

Kühllagern

Regenerieren

🇫🇷 *ingrédients sélectionnés et mets simples produits de ces ingrédients*
🇬🇧 *selection of ingredients and simple meals produced with them*

Für die Bäckerin sind Brot und Kleingebäck Erzeugnisse. Für den Koch stellen diese Erzeugnisse Zutaten dar.

8 Ausgewählte Zutaten und daraus hergestellte einfache Speisen

8.1 Einteilungsmöglichkeiten der Zutaten

Sollen die unterschiedlichen Zutaten geordnet werden, ergeben sich Einteilungsgesichtspunkte aus technologischer (Bearbeitungsgrad) und aus ernährungsphysiologischer Sicht (Nährstoffgehalt).

Nährstoffgehalt

Kohlenhydratreich	Fettreich	Eiweißreich	Wirkstoffreich
Kartoffeln	Pflanzliche Speisefette	Fleisch, -erzeugnisse	Obst
Getreide	Butter	Fisch, -erzeugnisse	Gemüse
Getreideerzeugnisse	Margarine	Eier	
Brot, Kleingebäck	Schlachtfette	Milch, -erzeugnisse	

Die Übersicht enthält **typische Lebensmittelgruppen**. Das schließt nicht aus, dass es innerhalb dieser Gruppen nicht auch Vertreter mit überwiegend anderer Zusammensetzung gibt. Fleisch ist ein eiweißreiches Lebensmittel. Zum Fleisch gehört auch der Speck, der jedoch hauptsächlich aus Fett besteht.

Bearbeitungsgrad

Nach dem Bearbeitungsgrad der verwendeten Zutaten lassen sich

| Rohstoffe | Halbfertigerzeugnisse | Fertigerzeugnisse |

unterscheiden. Im Gegensatz zu den Rohstoffen, die noch weitgehend unbearbeitet sind, fasst man Halbfertigerzeugnisse und Fertigerzeugnisse unter der Bezeichnung vorgefertigte Lebensmittel zusammen.

Vorgefertigte Lebensmittel

Die Lebensmittelindustrie übernimmt Vor- und Zubereitungsarbeiten, so dass der Endabnehmer sich den meist arbeitsintensiven Herstellungsaufwand erspart. Die Lebensmittel sind hygienisch unbedenklich. Durch ihren Einsatz fallen weniger Abfälle an, die Personalkosten werden geringer. Diese Lebensmittel werden auch als **bequeme Lebensmittel – Convenience Food –** bezeichnet (engl. *convenience:* Bequemlichkeit; *food:* Lebensmittel, Speise, Nahrung).
Vorteile von Convenience-Erzeugnissen sind Zeiteinsparung, einfachere Vorratshaltung, verminderter Arbeitsaufwand sowie einfachere Kalkulation und Senkung der Raum- und Personalkosten.
Nachteile des Einsatzes von Convenience-Erzeugnissen sind, dass Frische und Originalität der daraus hergestellten Erzeugnisse nicht immer entsprechend gewährleistet werden können. Es besteht die Gefahr der Vereinheitlichung des Angebots (Einheitsgeschmack, gleiche Erzeugnisse unterschiedlicher Anbieter).

Beispiel für Vollconvenience	Halbconvenience
• fertige Cremes und Mousse	• geschälte Kartoffeln
• Saucenfonds, im Portionsbeutel oder als Großgebinde	• ungegartes tourniertes Gemüse, wie Möhrenkugeln
• gegarte Terrinen, Salate, Saucen	• geputzte Pilze und Zuckerschoten
	• geschnittene Salate
	• portionierte Schlachtfleischstücke
	• Fischfilets

Einteilungsmöglichkeiten der Zutaten

Vorbereitungsfertige (küchenfertige) Lebensmittel Aufwendige und grobe Vorbereitungsarbeiten, wie Waschen, Schälen, Putzen, übernimmt z.T. die Industrie.	**Beispiele** Ausgenommenes Geflügel, gewaschene Kartoffeln, gewaschene Möhren	
Garfertige Lebensmittel Sämtliche erforderlichen Vorbereitungsarbeiten übernehmen Industrie, Handwerk, Handel usw. Lebensmittel eignen sich sofort zum Garen.	**Beispiele** Portioniertes Fleisch, vorfrittierte Pommes frites, geschälte Kartoffeln, Teigwaren	
Anrichtefertige Lebensmittel Lebensmittel liegen bereits gegart vor und müssen noch aufgewärmt oder aufgegossen und angerichtet werden.	**Beispiele** Dosensuppen, gegarte Speisen, Kaffee-Extrakt-Pulver	
Verzehrfertige Lebensmittel Lebensmittel liegen verzehrfertig vor.	**Beispiele** Garnierte Speisen, Fertigdesserts, Fruchtsäfte, Wurstkonserven, portioniertes Speiseeis	
Instant-Lebensmittel (mischfertig) Vorgefertigte oder vorbehandelte Erzeugnisse, insbesondere Konzentrate, die in kurzer Zeit (engl. *instant*: Augenblick) zum Teil ohne Erhitzen verzehrfertig gemacht (gelöst, gequollen) werden können.	**Beispiele** Milchpulver, Kakaopulver, Kartoffelpüreepulver, Saucen- und Cremepulver, gekörnte Brühe	

Einsatz von Convenience-Erzeugnissen

Da in der heutigen Zeit die Arbeitskräfte sehr teuer sind, gewinnen Convenience-Erzeugnisse immer mehr Marktanteile.
Zu unterscheiden ist zwischen Voll- und Halbconvenience (Tabelle → 140).
<u>Vollconvenience</u> stellen fertige Speisen oder Speiseteile dar, die stets gleich aussehen. Deshalb fehlt ihnen die individuelle Note. Aus diesem Grund finden sie nicht so großen Anklang.
<u>Halbconvenience</u> ist sehr wirtschaftlich, da keine Vorbereitungsarbeiten anfallen. Parrier und Schnittverluste treten nicht auf. Jedes Stück Fleisch hat gleiche Größe, und jedes Stück Gemüse sieht wie das andere aus. Selbst die gehobene Gastronomie kann auf Halbconvenience nicht verzichten.

Führen Sie eine Pro-und-Kontra-Diskussion über den Einsatz von Convenience-Erzeugnissen.

8.2 Lebensmittelqualität
🇫🇷 qualité des denrées alimentaires
🇬🇧 food quality

Beispiel
Der Konservenhersteller kauft Pfirsiche im Zustand der so genannten **technischen Reife**. *Die Früchte sind fest genug für die technologischen Prozesse, wie maschinelles Schälen, Füllen, Erhitzen usw.*
Der Patissier wählt dagegen Früchte aus, die völlig ausgereift und aromatisch sind, sich jedoch trotzdem manuell gut schälen lassen. Für die Herstellung von Obstsalat eignen sich beispielsweise Früchte im Zustand der **Genussreife**.

Die Qualitätsbezeichnung kennzeichnet **Güte** und **Wert** eines Lebensmittels. Zur Beurteilung von Lebensmitteln ziehen die Prüfer alle Eigenschaften und Merkmale heran, die das Lebensmittel charakterisieren. Dazu zählen neben den **sensorischen** Eindrücken insbesondere **Nährwert** und **Eignungswert**.
Der Eignungswert beschreibt die Ernte-, Transport-, Lager- und Verarbeitungseigenschaften. Die erwünschten technologischen Eigenschaften können abhängig vom Verwendungszweck recht unterschiedlich sein.
Beurteilungsgrundlage bilden die für einzelne Lebensmittel festgelegten Rechtsbestimmungen, insbesondere Handelsklassen und Gütemerkmale.
Eine Qualitätsbeurteilung nach diesen Gesichtspunkten führen die meisten Hersteller intern – meist sensorisch – regelmäßig durch. Daneben existieren aber auch chemische, physikalische und mikrobiologische Prüfverfahren.

Nährwert	Genusswert	Eignungswert
Nährstoffgehalt	Aussehen	Haltbarkeit
Energiegehalt	Farbe	Verarbeitungs-
Gehalt an	Aroma	eigenschaften
essentiellen Stoffen	Geschmack	pH-Wert
(Schadstoffgehalt)	Form	
	Konsistenz	

Prüfverfahren

Sensorik[1]	Prüfungen / Analysen
Unterschieds-, Rangordnungs-, Bewertungsprüfung	– physikalische
	– chemische
Beliebtheitstest (→ 45)	– mikrobiologische

[1] Sensorik (lat.) ist die Lehre von den Sinnesempfindungen (Farbe, Geruch, Geschmack, Konsistenz).

Bei der Qualitätsbeurteilung ist auch die **Herkunft** der Lebensmittel interessant. Der für elektronische Scannerkassen angebrachte **EAN-Code** (europäische Artikelnummerierung, heute weltweit als internationale Artikelnummerierung) gibt in verschlüsselter Form darüber Aufschluss.
Erzeugnisse aus dem **ökologischen Anbau** stellen eine besondere Lebensmittelqualität dar, die von den Verbrauchern immer stärker angenommen wird.

Gütezeichen

Gütezeichen sind Ausweise für die Lebensmittelqualität. Sie werden auf Antrag des Herstellers bei der Vergabestelle, beispielsweise bei der CMA (Centrale Marketinggesellschaft der deutschen Agrarwirtschaft), erworben. Dazu müssen bestimmte Qualitätsnormen eingehalten werden. Der Hersteller fügt sich der Qualitätsüberwachung durch neutrale Prüfer.

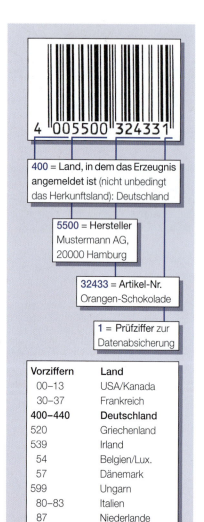

Artikelnummerierung

Neuartige Lebensmittel

CMA-Gütezeichen Markenqualität aus deutschen Landen		*Die EG-Öko-Verordnung vom 24.6.91 schafft innerhalb der EU **harmonisierte Bedingungen** für die Erzeugnisse des ökologischen Landbaus. Die EU-Mitgliedsländer gewährleisten dabei die Kontrolle hinsichtlich Bezeichnung, Erzeugung, Kennzeichnung und Werbung. Die Düngung der pflanzlichen Öko-Rohstoffe erfolgt ausschließlich mit wirtschaftseigenen Düngern. Für den Pflanzenschutz sind chemisch-synthetische Mittel verboten. Erzeugnisse des ökologischen Landbaus erhalten in Deutschland die Bezeichnungen „ökologisch", „biologisch" oder „organisch". Öko-Lebensmittel müssen mindestens zu 95 % aus Erzeugnissen des ökologischen Landbaus bestehen.*
Deutscher-Adler-Gütezeichen Amtliches Gütezeichen, Gütezeichen der Landwirtschaftskammern, Gütezeichen der DLG **Beispiele:** Butter, Eier, Käse		
Gütesiegel aus den Ländern **Beispiele:** Mecklenburg-Vorpommern, Bayern	 	Staatliches Bio-Siegel für Produkte des ökologischen Landbaus

8.3 Neuartige Lebensmittel

🇫🇷 nouvelles denrées alimentaires
🇬🇧 novel food

 Das Ökosiegel kennzeichnet Lebensmittel aus kontrolliert ökologischer Landwirtschaft

Als **neuartige Lebensmittel**, in der Novel-Food-Verordnung vom 15.5.97 aufgeführt, sind Lebensmittel zu verstehen, die durch Anwendung neuer Technologien oder unter Verwendung neuer Rohstoffe hergestellt wurden:
- Lebensmittel, die aus **genetisch veränderten Organismen** bestehen, diese enthalten oder daraus hergestellt wurden
Beispiel: Antimatschtomate oder das Tomatenmark daraus
- Lebensmittel mit neuer oder gezielt **veränderter Molekularstruktur**
Beispiel: unverdauliche Fettersatzstoffe
- Lebensmittel, die aus **Mikroorganismen, Pilzen oder Algen** bestehen oder aus diesen isoliert werden
Beispiel: Schimmelpilzerzeugnisse

Novel-Food-Lebensmittel dürfen nur dann **in den Verkehr gebracht** werden, wenn **keine Gefahr** für die Verbraucher besteht, wenn **keine Irreführung** zu befürchten ist und wenn – bei normalem Verzehr – im Vergleich zu herkömmlichen Lebensmitteln **Ernährungsmängel ausgeschlossen** sind.

Gentechnisch veränderte Lebensmittel
Durch die **Gentechnologie** wird nicht nur den Kundenerwartungen nach hoher Qualität entsprochen, sondern auch rationeller produziert.
Allerdings wirft die Anwendung der Gentechnologie eine Menge neuer **gesundheitlicher, ethischer** (Ethik: Lehre vom sittlichen Wollen und Handeln des Menschen), **wirtschaftlicher und sozialer Probleme** auf.

*In Zellkernen befinden sich fadenförmige Kernschleifen, so genannte **Chromosomen**, die aus Proteinen und Nukleinsäuren bestehen. Diese enthalten im Wesentlichen die Erbinformationen. Die Abschnitte innerhalb der Chromosomen bezeichnet man als **Gene**. Chromosomen sind in Anzahl und Gestalt für jedes Lebewesen artspezifisch.*

143

Ausgewählte Zutaten und daraus hergestellte einfache Speisen

Tomaten mit längerer Haltbarkeit. Sie sehen nach längerer Lagerung und trotz Abbau der Vitamine noch erntefrisch aus.

Karpfen erreichen ein um 20 % höheres Gewicht, nachdem ihnen ein Wachstumshormon von Forellen eingepflanzt worden ist.

Bei gentechnisch hergestellten *Milchprodukten* geht es vorrangig um neue Geschmacksrichtungen. So kann man gentechnisch Joghurtbakterien züchten, die zusätzlich ein Erdbeeraroma ausscheiden.

Käse wird bereits heute in verschiedenen Ländern mit einem gentechnisch veränderten Lab-Enzym hergestellt.

Begriff

Mit Hilfe der Gentechnologie werden die natürlichen Erbanlagen von Mikroorganismen, Pflanzen und Tieren zum Zwecke der menschlichen Nutzung verändert.

Gentechnisch veränderte Lebensmittel gelangen zum Verbraucher:
- durch direkte gentechnische Veränderung der unmittelbaren tierischen und pflanzlichen Rohstoffe
- durch gentechnisch veränderte Mikroorganismen, die biochemische Prozesse zur Lebensmittelherstellung steuern
- durch gentechnisch hergestellte Zusatzstoffe

Pflanzliche Lebensmittel: Durch gentechnische Veränderungen sollen insbesondere Nährstoffanteile oder Geschmackseigenschaften verändert, die Haltbarkeit verbessert, die Widerstandsfähigkeit gegenüber Krankheiten und Spritzmitteln erhöht werden.

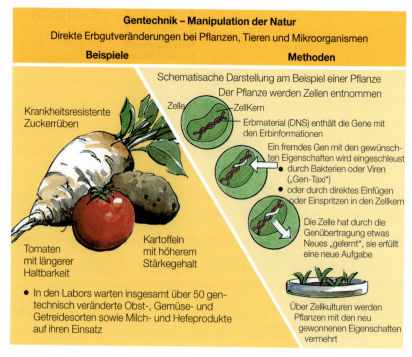

Erbmaterial wird sichtbar

Tierische Lebensmittel: Gentechnische Verfahren vermögen **Züchtung** und **Produktion** der Nutztiere zu vereinfachen. Die Herstellung von Fleischerzeugnissen wird dadurch sicherer und billiger.

Gefahren

Gentechnisch veränderte Mikroorganismen können im menschlichen Darm mit anderen **Mikroorganismen in Wechselwirkung** treten und dabei genetische Informationen austauschen. Es besteht die Gefahr, dass dadurch aus harmlosen Darmbakterien gefährliche Krankheitserreger werden könnten.
Neben den gewünschten Stoffen können gentechnisch beeinflusste Mikroorganismen auch unerwünschte **gesundheitsschädigende Stoffe** ausscheiden oder sie können widerstandsfähig gegenüber Antibiotika werden.

144

Neuartige Lebensmittel

Durch genveränderte Lebensmittel ist eine Ausbreitung von Allergien zu befürchten.

> Es besteht die Gefahr, dass gentechnisch veränderte Organismen sich unerwünscht, unkontrolliert vermehren und sich weiter verändern. Ökosysteme können beeinflusst werden.

Die Forscher bauen den Pflanzen Gene ein, die sie unempfindlich gegenüber Unkrautbekämpfungsmitteln (Herbizide) machen; so sterben bei der Unkrautbekämpfung nur die Unkräuter ab. Solche Pflanzen könnten sich aber auch mit Unkräutern kreuzen, die ebenfalls gegenüber den Spritzungen unempfindlicher werden. Dann müsste im Endergebnis noch mehr Gift auf die Pflanzflächen.

Durch **gentechnische Verfahren** kann nicht nur Ansprüchen nach schneller und sicherer Produktion von maßgeschneiderten Lebensmitteln gefolgt werden, sondern sie ermöglichen auch eine billigere Produktion durch Einsparung von Arbeitskräften.

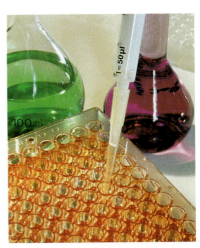

Genetisch veränderte Pflanzenkulturen

Befürworter der Gentechnologie verwenden das Argument, dass mit der Erzeugung gentechnisch veränderter Lebensmittel der Hunger in der Dritten Welt bekämpft werden kann.

Kritiker der Gentechnologie entgegnen, dass sich dadurch die Abhängigkeit der armen Länder von den Industrieländern verstärkt. Traditionelle Getreidesorten beispielsweise, die die Bauern über Generationen gezüchtet haben, würden dem gentechnisch manipulierten Hochleis-tungssaatgut weichen. Dafür müssen entsprechende Pflanzenschutzmittel mitgekauft werden.

Kennzeichnung

Gentechnisch erzeugte Produkte sind in der EU nicht verboten. Sie bedürfen jedoch einer Kennzeichnung, wenn ein gentechnisch veränderter Bestandteil mehr als 0,9 Prozent beträgt.

Ein Produkt, das bekanntermaßen mit gentechnisch veränderten Lebensmitteln hergestellt wurde, muss auch dann gekennzeichnet werden, wenn der Anteil weniger als 0,9 Prozent beträgt.
Auf dem Etikett des gentechnisch veränderten Produktes muss stehen „Dieses Produkt enthält genetisch veränderte Organismen" oder „… hergestellt aus genetisch verändertem (Name des Organismus)."
Eine Regelung für Fleisch, Milch oder Eiern von Tieren, die mit gentechnisch verändertem Futter gefüttert wurden, gibt es nach wie vor nicht.

> Im Interesse der Verbraucher wird eine eindeutige Lebensmittelkennzeichnung von gentechnisch veränderten Lebens- und Futtermitteln verlangt. Das betrifft auch die Deklaration auf Speisekarten.

1 Beschreiben Sie das Wesen der Herstellung von gentechnisch veränderten Lebensmitteln.
2 Urteilen Sie über die Vorteile, die genetisch veränderte Lebensmittel für Produzenten, den Handel, das Gastgewerbe sowie für Verbraucher bringen.
3 Urteilen Sie über Nachteile und Gefahren, die durch Herstellung und Verwendung von genetisch veränderten Lebensmitteln entstehen.
4 Schildern Sie die Rechtslage für den Einsatz von gentechnisch veränderten Lebensmitteln in Deutschland.

Ausgewählte Zutaten und daraus hergestellte einfache Speisen

🇫🇷 *pommes de terre et mets de pommes de terre*
🇬🇧 *potatoes and potato dishes*

König Friedrich II. führte 1750 die aus Südamerika stammenden Kartoffeln zunächst gegen den Willen seiner Untertanen in Preußen ein. Er wollte das knapp gewordene Brot durch ein anderes billiges Grundnahrungsmittel ersetzen. Bald war der Kartoffelanbau aus Preußen und aus dem übrigen Deutschland nicht mehr wegzudenken.

2004 wurden in Deutschland pro Kopf der Bevölkerung 67 kg Kartoffeln verzehrt. Vergleichsweise lag der Pro-Kopf-Verbrauch
im Jahre 1890 bei 400 kg
im Jahre 1900 bei 600 kg
im Jahre 1945 bei 200 kg

8.4 Kartoffeln und Kartoffelspeisen

Kartoffeln sind unterirdisch wachsende Sprossknollen der Kartoffelpflanze, die als **Nährstoffspeicher** dienen.
Auf Grund des Nährwertes, der guten Verfügbarkeit und Lagerfähigkeit sowie des Preises gelten Kartoffeln in Deutschland als Grundnahrungsmittel.

8.4.1 Zusammensetzung und Nährwert

Nach der **thermischen** Zubereitung (Garen) werden Kartoffeln für den Menschen genießbar und bekömmlich.
Durch den **Stärkegehalt** (15,4 %) sind Kartoffeln wichtige Energieträger. Außerdem liefern Kartoffelspeisen besonders in den Wintermonaten ständig **Vitamin C** und Vitamine der B-Gruppe.
Der Stärke- und Eiweißgehalt (➔ 346 ff.) ist ausschlaggebend für den Kochtyp (z. B. mehlig – stärkereich, relativ wenig Eiweiß).
In der menschlichen Ernährung wirken Kartoffeln auf Grund des **Basenüberschusses** (K) ausgleichend auf die sonst überwiegend säureüberschüssige Nahrung.
Bei entsprechender Zubereitung gelten Kartoffelspeisen als gut verdaulich. Allerdings werden sie durch Zugabe von Öl, Mayonnaise oder durch Frittieren schwerer verdaulich und energiereich.

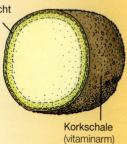

Querschnitt Kartoffel
Außenschicht (reich an Eiweiß, Stärke und Mineralstoffen)
Korkschale (vitaminarm)

Vor der allgemeinen Ernte angebotene Kartoffeln erhalten die Bezeichnung Frühkartoffeln oder volkstümlich „neue Kartoffeln". Frühkartoffeln müssen bis spätestens 10. August des Erntejahres verladen worden sein. Neben diesen zum Sofortverbrauch bestimmten sehr frühen Sorten baut die Landwirtschaft mittelfrühe, mittelspäte bis sehr späte Sorten an.

8.4.2 Sorten, Qualität und Lagerung

Die im Handel angebotenen Kartoffeln unterscheiden sich nach:
- Knollenform
- Schale
- Kocheigenschaft
- Größe
- Stärkegehalt
- Erntezeit
- Fleischfarbe

Die Qualitätsvorschriften richten sich nach der Handelsklassenverordnung.

Form/Mindestgröße/Lage der Augen	Innenfarbe/Schale	Stärkegehalt	Kochtyp
langoval / 30 mm rundoval / 35 mm Augen flach bis tief	gelb bis weiß, gelb bis tiefgelb, gelb bis dunkelgelb rau, genetzt gelb, locker	mehr bis weniger	fest kochend, vorwiegend fest kochen, mehlig kochend

Zum **Einkellern** eignen sich die mittelfrühen bis sehr späten Kartoffelsorten, die ab Mitte September bis Mitte Oktober geerntet werden. Für die Wintereinlagerung bestimmte Kartoffeln sollen sortenrein, gesund, unbeschädigt, trocken und sauber sein. Die Schütthöhe bei der Kartoffellagerung darf nicht über 40 cm betragen.

Kartoffeln und Kartoffelspeisen

8.4.3 Herstellung ausgewählter Kartoffelspeisen

Die Zubereitungsmöglichkeiten sind sehr **vielfältig**, da sich der **neutral schmeckende Rohstoff** mit vielen anderen Zutaten mit unterschiedlichen Gar- und Zubereitungsverfahren zu nährstoffreichen Speisenteilen verarbeiten lässt. Für die vielfältigen Kartoffelspeisen bilden rohe oder zuvor gegarte Kartoffeln (Pell- oder Salzkartoffeln) die Grundlage.
Kartoffeln können zu vielfältigen Formen verarbeitet werden.

Kartoffeln werden kühl, frostfrei, luftig und dunkel bei Temperaturen von 4 bis 6 °C gelagert. Nach zu kalter Lagerung, bei Temperaturen unter 0 °C, schmecken Kartoffeln süß. Der enzymatische Abbau der Stärke geht nur bis zur Glucose, da kälteempfindlichere Enzyme die Glucose zur Energiegewinnung nicht weiter bis zu Kohlendioxid und Wasser abzubauen vermögen.

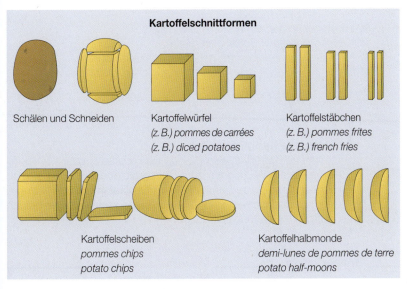

Kartoffelschnittformen:
- Schälen und Schneiden
- Kartoffelwürfel (z. B.) pommes de carrées (z. B.) diced potatoes
- Kartoffelstäbchen (z. B.) pommes frites (z. B.) french fries
- Kartoffelscheiben pommes chips potato chips
- Kartoffelhalbmonde demi-lunes de pommes de terre potato half-moons

Kartoffeln bilden auch Rohstoffe für Convenience-Erzeugnisse (Chips, Pommes frites, Klöße, Puffer, Kroketten, Schupfnudeln, Rösti, Kartoffelsalat).

Vermeidung von Nährstoffverlusten
- Kartoffeln möglichst mit Schale, jedoch stets gut entkeimt kochen.
- Geschälte Kartoffeln nicht lange im Wasser, niemals jedoch unter fließendem Wasser liegen lassen.
- Kochwasser von geschälten Kartoffeln möglichst mitverwenden.
- Garzeit so kurz wie möglich wählen. Kartoffelspeisen nicht lange warm halten.(→ 28)

Rohstoff/Halbfertigerzeugnisse	Gar-/Zubereitungsverfahren	Arbeitsmittel	Speisenbeispiel
rohe Kartoffeln	frittieren	Fettbad	Pommes frites
	backen	Röhre	Kartoffelgratin
	kochen	Topf	Salzkartoffeln
	in der Folie garen	Folie	Folienkartoffeln
gekochte Kartoffeln (Pell- oder Salzkartoffeln)	in Sauce kochen	Topf	Rahmkartoffeln
	sautieren	Topf, Pfanne	Macaire-Kartoffeln
	sautieren	Pfanne	Röstkartoffeln
	braten	Pfanne	Bratkartoffeln
	kochen, passieren	Topf	Kartoffelbrei
	backen	Röhre	Herzoginkartoffeln
	frittieren	Fettbad	Krustelkartoffeln

1. Auf eine frisch aufgeschnittene rohe Kartoffelscheibe werden zwei Tropfen Iodkalium-Iodid getropft. Welche Erklärung haben Sie für Ihre Beobachtung?
2. Reiben Sie drei rohe Kartoffeln, und verdünnen Sie den Brei mit Wasser, schütteln Sie kräftig, und seihen Sie dann unter Abpressen durch ein Tuch ab. Das Filtrat setzt einen weißen Niederschlag ab, der mehrmals ausgewaschen wird. Den Niederschlag prüfen Sie, wie oben beschrieben. Worum handelt es sich?

1. Beurteilen Sie den ernährungsphysiologischen Wert von Kartoffelspeisen.
2. Beschreiben Sie Qualitätsmerkmale für Kartoffeln.
3. Begründen Sie Nährstoffverluste durch unsachgemäße Verarbeitung.
4. Führen Sie eine Pro- und Kontra-Diskussion über die Notwendigkeit der Einkellerung von Kartoffeln.

Ausgewählte Zutaten und daraus hergestellte einfache Speisen

Kartoffelbrei
🇫🇷 *purée de pommes de terre*
🇬🇧 *potato purée, mashed potatoes*

Für Kartoffelbrei, regional **Kartoffelpüree** oder **Kartoffelstock** genannt, bilden Salzkartoffeln die Grundlage. Kartoffelbrei muss eine cremige Konsistenz haben. Auf Grund seiner Bekömmlichkeit ist Kartoffelbrei für Kinderkost und leichte Vollkost geeignet. Durch das Unterheben von geschlagener Sahne wird Kartoffelbrei zu lockerem **Kartoffelsahneschnee** (*pommes de terre mousseline, mousseline potatoes*) verfeinert.

1,5	kg	heiße Salzkartoffeln
0,15	kg	Butter
0,3	l	Vollmilch
		Salz, Muskat

- Frisch gekochte Salzkartoffeln heiß pürieren.
- Kartoffelmasse mit Butter glatt rühren.
- Mit Salz, nach Belieben mit geriebenem Muskat würzen.
- Unter ständigem Rühren heiße Milch zugießen, glatt rühren.

Gebratene Kartoffelspeisen

Gebratene Kartoffelspeisen lassen sich aus Salz- oder Pellkartoffeln herstellen. Wichtig ist, zum Braten **hitzebeständige Fette** zu verwenden, also keine Emulsionsfette. **Qualitätsmerkmale** von gebratenen Kartoffelspeisen sind eine arteigene gleichmäßige braune Bratfarbe, gute Formerhaltung und ausgewogene Geschmacksgebung.

Bratkartoffeln
🇫🇷 *pommes de terre sautées*
🇬🇧 *roasted potatoes*

1,5 kg	geschälte Pellkartoffeln
0,1 l	Speiseöl oder
0,1 kg	Speck
	Salz, Pfeffer

- Gekochte kleine ganze Kartoffeln oder Kartoffelscheiben in heißem Öl oder sautiertem Speck hellbraun braten. Salzen, pfeffern.

Zwiebelkartoffeln (*pommes de terre aux oignons, onion potatoes*), auch **Lyoner Kartoffeln** genannt, bilden eine Variation der Bratkartoffeln und werden unter Verwendung von Butterreinfett hergestellt, mit in Butter leicht gebräunten Zwiebelscheiben vermengt und mit gehackter Petersilie bestreut.

Frittierte Kartoffelspeisen
🇫🇷 *pommes frites*
🇬🇧 *deep-fried potatoes*

Kartoffelschnittformen vor dem Frittieren abspülen, abtropfen lassen und abtrocknen.

Unfallgefahr! Anhaftendes Wasser kann spritzen oder Fett zum Schäumen bringen.

Beim richtigen Namen genannt
Sprachlich richtig werden Kartoffeln als Erdäpfel bezeichnet: **pommes de terre.** *In der Küchensprache wird* **de terre** *weggelassen, wenn dadurch keine Verwechslungen mit Äpfeln entstehen könnte.*

Stärkereste verkleistern bei Hitze sofort und verkleben die Schnittformen. Wasser und Stärkereste begünstigen außerdem den Fettverderb durch Fettzersetzung oder Trübstoffe (→ 129).

148

Kartoffeln und Kartoffelspeisen

Kartoffelformen zum Frittieren

Qualitätsmerkmale für frittierte Kartoffelschnittformen sind stets eine gold- bis mittelbraune Farbe sowie eine knusprige Konsistenz. Bei größeren Kartoffelschnittformen soll das Innere weich bleiben. Frittierte Kartoffeln niemals abdecken, damit das Kondenswasser die Kruste nicht aufweicht.
Da das Frittiergut im Fett schwimmen muss, soll die Fritteuse stets gefüllt sein.

Mengen:	1,5 kg	geschälte Kartoffeln
	0,4 l	Frittierfett (10 Portionen)

Feinere Schnittformen in einem Arbeitsgang bei 170 °C frittieren (➔ 131), gut abtropfen lassen, sofort salzen.

Streichholzkartoffeln
pommes de terre allumettes
shoestring potatoes
2–3 mm dick, 4–5 cm lang

Kartoffelscheiben
pommes chips
potato chips
2 mm dick

Grobe Schnittformen: Zuerst bei etwa 130 °C **vorfrittieren**. Blanchieren ist dafür ein irreführender Küchenausdruck. Dabei nehmen die Schnittformen noch keine Farbe an. Nach Bedarf portionsweise bei 170 °C fertig frittieren, abtropfen lassen, salzen.

Stäbchenkartoffeln
pommes frites
French fries
1 cm dick, 5–7 cm lang

Frittierte Kartoffelwürfel
pommes de terre bataille
deep-fried potato dice
Würfel mit 1 cm Seitenlänge

1. Beurteilen Sie die Verwendung von Kartoffel-Convenience-Erzeugnissen aus betriebswirtschaftlicher Sicht. Erkundigen Sie sich in Ihrem Ausbildungsbetrieb.
2. Bei der Untersuchung von 200 g geschälten Kartoffeln werden 3,6 g Eiweißstoffe ermittelt.
   Berechnen Sie den prozentualen Eiweißgehalt in den untersuchten Kartoffeln.
3. Ermitteln Sie den Energiegehalt einer Portion Pellkartoffeln (200 g).
4. Berechnen Sie den prozentualen Anteil am täglichen Vitamin-C-Bedarf von 100 mg, den diese Portion Pellkartoffeln deckt (17 mg Vitamin C/100 g Pellkartoffeln).
5. Für 40 Portionen frittierte Kartoffelwürfel mit einem Portionsgewicht von 130 g werden Kartoffeln geschält und geschnitten. Der Schälverlust beträgt 24 %, der Schneideverlust 15 %.
   Wie viele kg ungeschälte Kartoffeln sind erforderlich?

Kartoffelsalat
salade de pommes de terre
potato salad

1,5 kg	geschälte Pellkartoffeln
0,04 l	Essig (5 %)
0,08 l	Speiseöl
0,25 l	Fleischbrühe oder Fond
0,15 kg	Zwiebeln
	Salz, Pfeffer, Zucker, Kräuter

- Eiweißreiche, stärkearme, vorzugsweise kleine Kartoffeln (fest kochend) in der Schale kochen, schälen und noch warm in Scheiben in eine ebenfalls noch warme Marinade hineinschneiden oder mit heißer Marinade übergießen.
- Bei Verwendung stärkehaltiger Kartoffeln wird die Marinade leicht gebunden, was mitunter erwünscht ist.
- Marinade besteht aus heißer Fleischbrühe oder heißem Fond, geriebenen Zwiebeln oder feinen Zwiebelwürfeln, Essig, Öl, Salz, Pfeffer und ein wenig Zucker. Möglich ist auch die Zugabe von etwas Senf. Die Kartoffeln in der Marinade schwenken, bis der Salat gebunden ist.

Mayonnaisesalat *(salade de pommes de terre à la mayonnaise, potato salad with mayonnaise)* – Kartoffelsalat mit etwas Marinade übergießen, dann mit Mayonnaise versetzen.
Kartoffelsalat Hausfrauenart *(salade de pommes de terre bonne femme, potato salad bonne femme)* mit Würfeln von Gewürzgurken, Äpfeln und Tomaten vermengen, dann ausgelassene Speckwürfel darüber geben.

🇫🇷 légumes et mets de légumes
🇬🇧 vegetables and vegetable dishes

 In Deutschland werden pro Kopf der Bevölkerung wöchentlich etwa 1,6 kg Gemüse verzehrt. Ermitteln Sie die je Einwohner in Deutschland jährlich verzehrte Gesamtmenge an Gemüse in Kilogramm.

Ausgewählte Zutaten und daraus hergestellte einfache Speisen

8.5 Gemüse und Gemüsespeisen

Als Gemüse bezeichnet man **essbare Pflanzen oder Pflanzenteile** meist einjähriger Pflanzen (Ausnahmen: Spargel, Rhabarber).
Speisepilze sind die essbaren Fruchtkörper hoch entwickelter Pilze.

Die Zubereitung der **Speisepilze** ähnelt der von Gemüse, weshalb Speisepilze diesem Abschnitt zugeordnet wurden.

Einteilung

Blatt- und Kohlgemüse	Stängel- und Sprossgemüse	Wurzel- und Knollengemüse	Blütengemüse	Zwiebel- oder Lauchgemüse	Frucht- und Samengemüse	Speisepilze
Spinat	Spargel	Möhren	Blumenkohl	Küchenzwiebel	Erbsen, Bohnen	Champignons
Kopfsalat	Chicorée	Schwarzwurzeln	Brokkoli	Lauch (Porree)	Gurken, Tomaten	Steinpilze
Endivie	Bambusschösslinge	Sellerie	Artischocken	Schalotten	Paprika, Kürbis	Pfifferlinge
Eskariol	Rhabarber	Kohlrabi		Knoblauch	Auberginen	Trüffeln
Kopfkohl	Bleichsellerie	Rote Bete			Melonen	
Rosenkohl		Radieschen			Zucchini	
		Kohlrüben			Gemüsemais	
		Meerrettich				

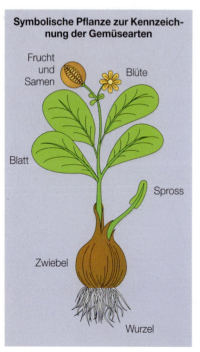

8.5.1 Zusammensetzung und Nährwert

Die Zusammensetzung (→ 346 ff.) unterscheidet sich je nach Gemüseart sehr stark. Gemüse gehört zu den **wirkstoffreichen und energiearmen Lebensmitteln**. Den Hauptanteil stellt das Wasser mit 65 bis 97 %. Kohlenhydrat- und Eiweißanteile kommen in geringem Maße vor. Der Fettgehalt ist bedeutungslos. Gemüse vermag damit die energiereiche Nahrung auszugleichen.
Verschiedene Gemüsesorten enthalten Vitamine in beachtlicher Menge, besonders Vitamin A (Carotin), B-Vitamine sowie Vitamin C. Für eine gesundheitsfördernde Ernährung ist der Gehalt an basenbildenden Mineralstoffen (Calcium, Eisen, Kalium, Magnesium) bedeutungsvoll. So enthalten alle chlorophyllreichen (grünen) Gemüsearten Magnesium.
Geruchs- und Geschmacksstoffe, teilweise erst durch die Zubereitung entfaltet, verleihen vielen Gemüsearten (Feingemüse) einen hohen Genusswert.
Erheblich ist der Ballaststoffgehalt (Cellulose, Pectine) insbesondere in Gemüsearten wie Weißkohl, Blumenkohl und Möhren.
Der Genusswert der Speisepilze liegt im arteigenen Geschmack. Lediglich Vitamine der B-Gruppe kommen in nennenswerter Menge vor.
Schadstoffe können durch übermäßige Düngung, Schädlingsbekämpfung oder Luftverschmutzung (Blei) ins Gemüse gelangen.

Gemüse und Gemüsespeisen

8.5.2 Sorten, Qualität und Lagerung

Die allgemeinen Güteklassen lassen sich mit denen des Obstes vergleichen (→ 158). Folgende Mindestforderungen gelten: Gesundheit und Sauberkeit; ohne Fremdgeruch und -geschmack; ohne übermäßige äußere Feuchtigkeit. Eine Beurteilung nach Geschmack, ernährungsphysiologischem Wert, Schadstoffgehalt (Nitratgehalt, Rückstände usw.), aber auch nach der technologischen Eignung fehlt. Darauf legt der Verbraucher jedoch hinsichtlich einer gesundheitsfördernden Ernährung zunehmend Wert.

Wichtige Gemüsearten

Gemüseart	Verarbeitung	Gemüseart	Verarbeitung
Artischocken *artichauts / artichokes* 	Stiel abbrechen, Bodenblätter und holzige Stellen ausschneiden, Boden glatt schneiden, aushöhlen, mit Zitrone einreiben. Verwendung für Vorspeisen, Suppen Salate.	**Auberginen** *aubergines / aubergines, egg plants* 	Waschen, Stielansatz entfernen, evtl. schälen, teilen, Aromabildung durch Garen (Braten). Verwendung für Mischgemüse oder zum Füllen.
Bleichsellerie *céleri en branches / branch celery* 	Blätter abschneiden und als Würzgemüse verwenden. Putzen und waschen, schälen, in Essigwasser lagern (Farberhaltung), ganz oder in Stücken garen. Verwendung roh oder gegart für Salate, Beilagen als Würzgemüse.	**Blumenkohl** *chou-fleur / cauliflower* 	Strunk zurückschneiden, Hüllblätter entfernen, in Salzwasser einlegen, um mögliches Ungeziefer herauszulösen. Waschen, teilen, in Salzwasser gar ziehen oder dämpfen. Verwendung für Beilagen, selbstständige Gerichte, roh oder gegart für Salate.
Chicorée *endives / chicory* 	Welke Blätter entfernen, Strunk herausschneiden, waschen, Streifen schneiden. Verwendung für Salat oder für Beilagen.	**Gemüsepaprika** *poivrons / sweet peppers* 	Kerngehäuse entfernen, waschen. Ganz, als Ringe oder Streifen. Verwendung für Salat, zum Füllen oder als Würzmittel.
Grüne Bohnen *haricots verts / French beans* 	Stielansatz und Bohnenspitzen abschneiden, waschen, brechen, schneiden oder ganz garen. Verwendung für Salate, Suppen, Eintöpfe, Beilagen.	**Gurken** *concombres / cucumbers* 	Schälen, schneiden. Bei Freilandware ist die Bitterprobe erforderlich. Verwendung für Salate, auch zum Füllen.
Knoblauch *ail / garlic* 	Dient vorwiegend zum Würzen. Verwendung als Würzmittel und für Saucen.	**Kopfsalat** *laitue pommée / butterhead lettuce* 	Als Freiland- und Treibhausgemüse angeboten. Treibhaussalat ist locker, ohne größere Abfälle. Nach dem Marinieren fällt Kopfsalat schnell zusammen. Verwendung für Salate, Chiffonade, Suppen, Garnierungen.

Ausgewählte Zutaten und daraus hergestellte einfache Speisen

Wichtige Gemüsearten

Gemüseart	Verarbeitung	Gemüseart	Verarbeitung
Krause Endivie chicorée / endive 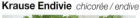	Bitterstoffreich. Verwendung für Salate und Beilagen.	**Kopfkohl** chou / cabbage 	Sammelbezeichnung für Weißkohl, Rotkohl und Wirsing. **Weißkohl:** Fest geschlossene hellgrüne bis dunkelgrüne Blätter. Verwendung für Sauerkraut, Kohlgemüse oder Salat. **Rotkohl:** Fest geschlossene rötlich bis dunkelblaue Blätter. Nach Säurezusatz Rotfärbung. Verwendung für Salate oder Gemüse. **Wirsing:** Lockere Blätter.
Eskariol scarole / escarole 	Auch als römischer Kohl bezeichnet. In Stücke schneiden. Verwendung für Salate.		
Möhren carottes / carrots	Kleine runde Sorten werden auch als Karotten bezeichnet. Waschen, schälen, putzen, abspülen, in Scheiben, Würfel, Streifen oder Stifte schneiden oder raspeln. Verwendung für Beilagen, Salate, Frischkost, Suppen, Saft.	**Grüne Erbsen** petits pois / green peas 	Auch Pflückerbsen genannt, sehr arbeitsaufwendig, meist als Konserven (Gefrier- und Sterilkonserven) angeboten. Verwendung für Gemüse, Salate und Suppen.
Porree (Lauch) poireaux / leeks 	Wurzel abschneiden, schmutzige und welke Blätter entfernen, waschen, in Stücke schneiden. Der weiße Teil gilt als besonders wertvoll. Verwendung für Suppen, Eintöpfe, Beilagen, Salate.	**Rosenkohl** choux de Bruxelles / Brussels sprouts 	Außenblättchen entfernen. Durch Frosteinwirkung milder und schmackhafter. Verwendung für Beilagen, Salate und Suppen.
Spargel asperges / asparagus 	Schälen und abspülen, gebündelt oder in Stücken garen. Verwendung für Beilagen, Gerichte, Suppen, Salate.	**Spinat** épinards / spinach 	Wurzelansätze abschneiden, schmutzige und welke Blätter entfernen, stets garen. Unterschieden wird Blatt- und Wurzelspinat. Nicht warm halten oder aufwärmen. Verwendung für Suppen, Beilagen, zum Füllen.
Tomaten tomates / tomatoes 	Waschen, Tomatenauge ausschneiden, zum Füllen aushöhlen, Ecken, Scheiben. Verwendung für Salate, Suppen, Saucen, Beilagen, gefülltes Gemüse und zum Garnieren.	**Zucchini** courgettes / zucchini 	Wohlschmeckend bis zu einer Länge von etwa 15 cm. Waschen, Stiel-Ende abschneiden. Junge, kleine Früchte ungeschält verwenden, ansonsten schälen und entkernen. Verwendung für Beilagen, Salate. Blüten im Backteig frittieren.
Zwiebeln oignons / onions 	Als Küchen-, Gemüsezwiebel und rote Zwiebel angebaut. Äußere Schale vom Wurzelansatz her entfernen, in Würfel, Scheiben oder Ringe schneiden. Verwendung als Würzgemüse, für Salate, Saucen.	**Kohlrabi** chou rave / kohlrabi 	Blätter und Stiele entfernen. Waschen, schälen und holzigen Teil entfernen. Verwendung für Beilagen, Salate, auch zum Füllen.

152

Gemüse und Gemüsespeisen

Gemüseerzeugnisse

Erzeugnisse	Merkmale
Gemüsesaft	Unverdünnter Saft einer Gemüseart unter Zusatz von Aromastoffen und geschmacksgebenden Zusätzen
Gemüsecocktail	Unverdünnter Saft aus verschiedenen Gemüsearten, hergestellt unter Zusatz von Aromastoffen und geschmacksgebenden Zusätzen
Gefriergemüse	Erntefrisches Gemüse, vorbereitet, blanchiert, dann zwischen Gefrierplatten oder durch Kaltluft im Gegenstrom bei –30 bis –40 °C schnell eingefroren (➔ 134)
Gemüse-sterilkonserven	Vorbereitetes, sortiertes Gemüse, gegebenenfalls blanchiert, in Dosen gefüllt und dann im Autoklav mit Überdruck und bei Temperaturen zwischen 108 und 120 °C sterilisiert
Trockengemüse	Vorbereitetes, sortiertes, blanchiertes Gemüse, geschnitten oder anders zerkleinert, in Trocknungsanlagen bei 50 bis 70 °C getrocknet (➔ 135).
Gärungsgemüse	Durch natürliche Milchsäuregärung hergestellt, angewandt bei Gurken, Sauerkraut, Bohnen und Paprika
Essiggemüse	In würzige Essigsäurelösung eingelegtes Gemüse, angewandt bei Gurken, Mixed Pickles, Bohnen, Gemüsepaprika, Roter Bete, Sellerie, Zwiebeln usw.

Gemüsekonserven bieten den Vorteil einer **lückenlosen Bevorratung**. Durch Verwendung von Konserven (Konservierung ➔ 133 f.) lässt sich der Bearbeitungsaufwand bei Gemüse erheblich senken.

Tiefgefrorenes Gemüse kann mitunter die gleiche Frischware qualitativ übertreffen, die vom Erzeuger zum Verbraucher einen langen Transportweg zurücklegen musste. Im Allgemeinen allerdings entsprechen Wirkstoffgehalt, Konsistenz und Aroma nicht den Erzeugnissen aus Frischgemüse. Deshalb legen viele Gastronomiebetriebe Wert auf die Verwendung von Frischgemüse.

Lagerung

Frischgemüse ist möglichst nicht länger als einen Tag bei 0 bis 10 °C und einer relativen Luftfeuchte von 80–95 % zu lagern.

Wasserreiches Gemüse mit großer Oberfläche (Blattsalat) eignet sich besonders schlecht für die Lagerung. Durch die große Oberfläche verdunstet leicht Wasser: Das Gemüse neigt zum Welken, d. h. zu hohem Frische-, Masse-, Geschmacks- und Vitaminverlust. Abdecken mit Folie, feuchtem Küchenkrepp oder Besprengen mit Wasser ist zu empfehlen.

Empfindliches Gemüse muss auch vor mechanischen Beschädigungen (Stoß, Schlag) geschützt werden.

Weißkohl, Rotkohl, Zwiebeln, Möhren, Sellerie und Rüben können in geeigneten Lagereinrichtungen monatelang lagern. Gemüse sollte nicht dem Sonnenlicht ausgesetzt werden.

Bei der üblichen Verwendung gehen durch Einwirkung von Sonnenlicht, Hitze, Luft und Wasser 20–50 % der Vitamine verloren (➔ 31 f).

Durch übermäßige **synthetische** *(Düngemittel)* oder **organische** *(Jauche)* **Stickstoffdüngung** steigt die Nitratbelastung im Gemüse. Das täglich mit der Nahrung aufgenommene Nitrat, durchschnittlich 100 mg, stammt nur zu 1 % aus dem Trinkwasser, zu etwa 15 % aus gepökelten Fleischerzeugnissen, jedoch bis zu 80 % aus dem Gemüse. Zu den Gemüsearten, die Nitrat speichern können, gehören Mangold, Radieschen, Rettich, Rote Bete, Salate und Spinat. Besonders belastet ist Treibhausware. Die **Gefährlichkeit des Nitrats** besteht darin, dass es im menschlichen Organismus mikrobiell in Nitrit umgewandelt werden kann. Das Nitrit kann dann durch Veränderung des Hämoglobins den Sauerstofftransport beeinträchtigen oder zusammen mit Aminen (Abbaustoffe der Aminosäuren) krebserregende Nitrosamine bilden. Für Kleinkinder besteht eine besondere Gefahr.

- Gemüse frisch zubereitet verwenden, nicht aufbewahren (Rote-Bete-Saft) oder wieder erhitzen (Spinat)
- äußere Blätter, Stielansätze, Blattrippen entfernen
- verstärkt Freilandgemüse verwenden
- im Zweifelsfall Garflüssigkeit nicht mit verwenden, da 80 % der Nitrate ins Kochwasser gelangen

1. Erklären Sie den Begriff Gemüse und geben Sie Beispiele für Blatt-, Wurzel-, Spross-, Zwiebel-, Blüten-, Frucht- und Stängelgemüse.
2. Beschreiben Sie Vor- und Nachteile bei der Verwendung von Gemüsesterilkonserven.
3. Beurteilen Sie die Lagerfähigkeit von unterschiedlichen Gemüsearten.
4. In 100 g Sauerkraut sind 20 mg Vitamin C enthalten. Der durchschnittliche Tagesbedarf beträgt mindestens 75 mg. Wie viel Sauerkrautrohkost müsste man verzehren, wenn das Vitamin C nur vom Sauerkraut stammen soll?
5. Berechnen Sie den Energiegehalt von 200 g grüner Gurke.
6. Blumenkohl hat einen Kochverlust von 5 %. Wie viel Rohware muss man einsetzen, wenn die gegarte Portion 300 g wiegen soll?

Ausgewählte Zutaten und daraus hergestellte einfache Speisen

8.5.3 Herstellung ausgewählter Gemüsespeisen

Geben Sie in drei Reagenzgläser je 1,5 ml Tillmans Reagens. Tropfen Sie in jedes Reagenzglas abwechselnd Zitronen-, Orangen- oder Grapefruitsaft, bis sich die blaue Flüssigkeit entfärbt und nur noch die natürliche Saftfarbe erkennbar ist. Die benötigte Saftmenge erlaubt einen Rückschluss auf den Vitamin-C-Gehalt des jeweiligen Fruchtsaftes.

Vorbereitung
Gemüse möglichst in unzerkleinertem Zustand gründlich waschen. Soweit möglich, ist das Gemüse vor der Verarbeitung zu schälen oder zu schaben. Äußere Deck- und Hüllblätter sollten entfernt werden.

Verarbeitungsmöglichkeiten
Gemüse wird roh verwendet als Frischkost (Rohkost), insbesondere für Salatplatten. Es eignet sich für gegarte Beilagen und als Würzmittel.
Zum Garen wird Gemüse heiß angesetzt; die Garzeiten müssen unbedingt eingehalten werden. Als **Qualitätsmerkmal** für gegartes Gemüse gilt eine bissfeste, nicht zu weiche Konsistenz.

Portionsmengen
Gegarte Beilage	0,2 kg	Rohkost	0,1 – 0,2 kg
Salat	0,15 kg	Grüne Salatbeilage	0,05 – 0,08 kg

Herstellungsgrundsätze
- Kleine Mengen zubereiten; durch Warmhalten werden Vitamine und Aromastoffe zerstört.
- Garverfahren mit geringer Garflüssigkeit bevorzugen, wenn möglich Kochwasser weiterverwenden. Gemüse möglichst heiß ansetzen.
- Mechanische Zubereitung ist dem Garen vorzuziehen (Waldorf-Salat anstatt gegarter Selleriesalat).
- Typische Rohstoffeigenschaften unterstreichen. Mit frischen Kräutern aufwerten.
- Geschirr richtig temperieren.
- Farbenspiel beachten. Gemüsespeisen wirken durch die typischen Gemüsefarben.

Gemüsebeilagen

Blumenkohl 🇫🇷 *chou-fleur* / 🇬🇧 *cauliflower*

2–3   Blumenkohl (je Portion etwa 0,2 kg)
       Salz

- Möglichst frisch ganz oder zerteilt in reichlich Salzwasser bissfest kochen oder im Dämpfeinsatz garen.
- Gut abtropfen lassen.
- Zum Überbacken geeignet.

Blumenkohl englische Art *(anglaise / English style)*
Blumenkohl mit zerlassener Semmelbutter übergießen oder Butter separat servieren.

Gurkenoliven, Gemüsemischung,
frittierter Blumenkohl,
Brokkoli mit Mandeln,
Ratatouille, tournierte Gemüse

Gemüse und Gemüsespeisen

Grüne Bohnen

haricots verts
French beans, string beans

Als Rohkost ungeeignet, da in rohem Zustand die Stickstoffverbindung **Phasin** giftig wirken kann.

■ Grüne Bohnen mit wenig Bohnenkraut in Salzwasser bissfest kochen, dann abgießen.
■ Mit zerlassener Butter oder in ausgelassenen Speckwürfeln anschwenken.
■ Sehr feine hellbraun angeschwitzte Zwiebelwürfel dazugeben.
■ Mit weißem Pfeffer und Bohnenkraut würzen.
■ Mit gehackter Petersilie bestreuen.

Grüne Bohnen

Grüne Erbsen

petits pois
green peas

Verwendet wird frische Ware, überwiegend jedoch Tiefgefrier-, teilweise Dosenware.

1,5 kg	frische oder tiefgefrorene junge Erbsen bzw. 2 Dosen (850 ml)
0,15 kg	Butter
	Salz, weißer Pfeffer, Zucker

■ Mit Butter dünsten; Dosenware ist bereits gar.
■ Mit Salz, weißem Pfeffer und einer Prise Zucker würzen.

Grüne Erbsen eignen sich zum Füllen von Gemüsekörbchen, Tomaten oder Kartoffelnestern.

Grüne Erbsen Bauernart *(paysanne, farmer's style)*

■ Erbsen mit nudelig geschnittenem Kopfsalat mischen, zusammen mit Zwiebelwürfeln, Butter, Salz, Puderzucker, wenig Wasser dünsten.
■ Anrichten, mit Petersilie bestreuen.

Grüne Erbsen

Möhren (Karotten)

carottes
carrots

Rundliche Möhrensorten werden als **Pariser Karotten** bezeichnet. Die rote Farbe ist durch das fettlösliche Carotin (Provitamin A) bedingt, das durch Fettzugabe beim Dünsten herausgelöst und nach dem Garen vom Menschen gut aufgenommen werden kann.

2 kg	frische Möhren
0,2 kg	Butter
0,1 l	Wasser
	Salz, Zucker, gehackte Petersilie

Glasierte Karotten *(glacées, glaced)*

■ Mit wenig Wasser, Salz, Zucker und Butter dünsten, bis die Flüssigkeit verdunstet ist.
■ Im restlichen sirupartigen Fond schwenken.

Karotten

Rotkohl (Rotkraut)

chou rouge
red cabbage

Geschätzt als typisches Wintergemüse zu Wild und Gans. Vervollkommnet mit Schmalz, Äpfeln, Backpflaumen, Orangen oder Maronen. Kann am Vortag mit Pfeffer, Zucker, Rotwein, Orangensaft, Essig, Johannisbeergelee mariniert und bis zum Verarbeiten abgedeckt werden.

2 kg	frisches Rotkraut
0,3 kg	Schmalz oder Öl
0,3 kg	Zwiebeln
0,2 kg	Äpfel
	Salz, Zucker, Essig, Lorbeer, Piment

Beim Öffnen einer Packung Tiefgefriergemüse entdecken Sie eine übermäßige Eiskristallbildung. Beurteilen Sie diese Erscheinung (→ 320).

155

Ausgewählte Zutaten und daraus hergestellte einfache Speisen

Apfelrotkohl *(aux pommes / with apples)*

- Feine Streifen zusammen mit Zwiebelscheiben und Schmalz (Öl) dünsten.
- Salz, Zucker, Essig, Lorbeer, Piment, kurz vor Gar-Ende Apfelspalten zugeben.

Sauerkraut (Sauerkohl) — choucroute / sauerkraut

Gilt als typischer **Bestandteil der deutschen Küche**. Sauerkraut ist darüber hinaus ein preiswerter Vitamin-C-Spender (→ 31 ff.) und sollte deshalb vitaminschonend zubereitet werden. Aufwärmen kann jedoch zur Geschmacksverbesserung führen, wie schon Wilhelm Busch wusste: „Von welchem sie (Witwe Bolte) besonders schwärmt, wenn er nochmals aufgewärmt."

1,5 kg	frisches Sauerkraut
0,3 kg	Zwiebeln
0,1 kg	Schmalz
0,1 kg	Speck
0,5 l	Fleischbrühe
	Salz, Pfeffer, Lorbeerblatt, Piment

Gemüseplatte mit zweierlei Spargel, Karotten, Kaiserschoten, Fenchellöffel mit Erbsen, Prinzessbohnen, gelben Zucchini, Grilltomate, Teltower Rübchen, Brokkoli und tournierten Kartoffeln

Sauerkraut deutsche Art *(allemande / German style)*

- Zwiebeln mit Gänseschmalz dünsten.
- Sauerkraut und gebratene Speckwürfel zugeben.
- Mit etwas Fleischbrühe dünsten.

Spargel — asperges / asparagus

Spargel *(Spargelzeit von April bis 24. Juni)* wird stets in Salzwasser gekocht. Zugabe von wenig Butter, einer Prise Zucker und Zitrone ist möglich. Verbreitete Angebotsformen sind frischer Stangenspargel nature mit zerlassener Butter, mit holländischer Sauce. Spargel eignet sich als Gericht oder als Beilage. Für *eine Mahlzeit werden 0,5 kg Frischware gerechnet.*

- Spargel vom Kopf her schälen, waschen.
- In sprudelnd siedendem Salzwasser kochen. Spargel muss noch etwas bissfest sein.
- Abtropfen lassen, in Butter schwenken oder zerlassene Butter separat.

Weißer und grüner Stangenspargel (Convenience-Erzeugnis)

Salate aus ungegartem Gemüse — salades de légumes crus / raw-vegetable salads

Zu dieser Gruppe gehören die verschiedenen Blattsalate und die Gemüserohkost. Diese Salate werden nicht nur mit Radieschenscheiben und Lauchzwiebeln, sondern auch mit Körnern, Samen, Nüssen und Sprossen vollendet.
Körner, Samen: Sonnenblumenkerne, Pistazien, Kürbiskerne, Sesam
Sprossen: Soja, Alfalfa, Radieschen, Hopfen, Bambus, Erbsen, Linsen

Chicoréesalat — salade d'endives / chicory salad

- Mit Fenchel und Weizensprossen oder Pistazien: 2 Teile Chicorée und 1 Teil Fenchel in feine Streifen schneiden und sofort mit Zitrone, Salz, wenig Zucker, Pfeffer und Sonnenblumenöl marinieren.
- Zur geschmacklichen und optischen Aufwertung mit Mandarinensegmenten, Tomatenfleischwürfeln *(tomates concassées)*, grünen Erbsen oder Maiskörnern vermischen.
- Vor dem Anrichten nochmals abschmecken. Zuletzt mit gerösteten Weizensprossen oder Pistazien bestreuen.

156

Gemüse und Gemüsespeisen

Krautsalat
🇫🇷 salade de chou blanc
🇬🇧 white cabbage salad

1,5 kg	junger Weißkohl
0,5 kg	Möhren
	Essig, Öl, Salz, Pfeffer, 1 Prise Zucker, Kümmel

- **Frühkrautsalat:** Vom Weißkohl Außenblätter und Strunk entfernen. Zartes Frühkraut in feine Streifen schneiden.
- Mit Marinade aus Salz, Essig, Kümmel und Öl vermischen. Geschälte Möhren hobeln.
- **Variante:** Mit Zitrone, Joghurt, Salz und Pfeffer marinieren. Rosinen zugeben. Einige Zeit durchziehen lassen.
  Möhren durch Äpfel oder Zwiebeln je nach Geschmacksrichtung ersetzen.

Waldorf-Salat
🇫🇷 salade Waldorf
🇬🇧 Waldorf salad

0,75 kg	roher Sellerie
0,75 kg	Äpfel
1	Zitrone
0,1 kg	Mayonnaise
0,1 kg	Schlagsahne
0,1 kg	Walnusskerne
	Salz, 1 Prise Zucker, Kopfsalatblätter

- Sellerie und Äpfel in Würfel oder feine Streifen schneiden, mit Zitrone marinieren.
- Schlagsahne und gehackte Walnüsse unter die Mayonnaisesauce mengen. Zum Anrichten eignen sich Kopfsalatblätter, zum Garnieren Erdbeeren.

Salate aus gegartem Gemüse
🇫🇷 salades de légumes bouillis
🇬🇧 salads of boiled vegetables

Artischockensalat
🇫🇷 salade de fonds d'artichauts
🇬🇧 salad of artichoke bottoms

2 Dosen	Artischocken (Dose 850 ml)
0,1 kg	Paprikawürfel
0,125 l	Essig-Öl-Kräutersauce
	Schnittlauch, Kerbel

- Gekochte oder gedünstete Artischockenböden in Viertel oder Scheiben schneiden.
- Mit Essig-Öl-Kräutersauce, französischer Sauce oder Eiersauce vermischen.
- Beim Anrichten mit fein geschnittenem Schnittlauch, bunten Paprikawürfeln und gehacktem Kerbel bestreuen.

Rote-Bete-Salat, Rote-Rüben-Salat
🇫🇷 salade de betteraves rouges
🇬🇧 beetroot salad

2 kg	Rote Bete
0,15 kg	Zwiebeln
0,05 kg	Meerrettich
0,1 l	Weinessig
0,05 l	Öl
	Salz, Zucker, Kümmel

- Gekochte Rote Bete schälen und mit dem Buntmesser (→ 112) in dünne Scheiben schneiden. Feine Zwiebelscheiben zugeben.
- Fond aus Weinessig, Wasser, Salz, Zucker und Kümmel siedend heiß über die Rote Bete gießen. Nach dem Auskühlen geriebenen Meerrettich und etwas Öl zugeben. Gut durchziehen lassen.

1. Beurteilen Sie den Einsatz von Konserven bei der Herstellung von Artischockensalat. Verändern Sie die Rezeptur für die Verwendung von Frischware.
2. Grüne Bohnen werden in verschiedenen Handelsformen angeboten:
   Dosenkonserven
   850-ml-Dose, 255 g Aufguss   1,48 €
   400-ml-Dose, 280 g Abtropfgew.   0,88 €
   Tiefgefrierbohnen
   500 g netto   1,73 €
   Berechnen Sie die Materialpreise für eine Portion zu 120 g.
3. Wie viele Portionen ergeben sich jeweils aus 1 kg Frischgemüse?

Gemüseart	Vorbereitungsverlust	Portionsgröße
Blumenkohl	28 %	200 g
Grüne Bohnen	12 %	150 g
Möhren	20 %	160 g
Rotkraut	15 %	160 g

Waldorfsalat

Artischockensalat

Rote-Bete-Salat

🇫🇷 *fruits et mets de fruits*
🇬🇧 *fruits and fruit dishes*

Ausgewählte Zutaten und daraus hergestellte einfache Speisen

8.6 Obst und Fruchtspeisen

Obst ist der Sammelname für essbare Früchte und Samen von mehrjährigen Pflanzen, die sowohl kultiviert als auch in der Wildform vorkommen können.

 In Deutschland werden pro Kopf der Bevölkerung wöchentlich folgende Mengen an Obst verzehrt:
Frischobst
(einschließlich tropischem Saftobst) 1965 g
Zitrusfrüchte 665 g
Schalenobst 490 g
Trockenobst 210 g

Einheimische Obstsorten kommen zumeist kultiviert vor. Wildfrüchte sind seltener. Sie werden allgemein in einer selbstständigen Gruppe zusammengefasst. Sanddorn, Eberesche und Schlehe stellen wichtige Vertreter dar.

Einteilung

Kernobst	Steinobst	Beerenobst	Schalenobst	Südfrüchte
Äpfel	Aprikosen	Brombeeren	Walnüsse	Ananas
Birnen	Pflaumen	Stachelbeeren	Haselnüsse	Orangen
Quitten	Pfirsiche	Heidelbeeren	Erdnüsse	Bananen
	Kirschen	Himbeeren	Paranüsse	Grapefruits
		Johannisbeeren	Cashew-Nüsse	Mandarinen
		Preiselbeeren	Kokosnüsse	Zitronen
		Hagebutten	Mandeln	
			Maronen	

Der Gesetzgeber erlaubt ohne Kennzeichnung den Oberflächenschutz von Zitrusfrüchten und Bananen durch Zusatzstoffe (E 233) → 47 ff.

EU-Gütemerkmale

Extra

Hervorragende Qualität, sehr geringe Schalenfehler

Klasse I

Gute Qualität, geringe äußere Fehler

8.6.1 Zusammensetzung und Nährwert

Kernobst, Steinobst, Beerenobst und Südfrüchte ähneln sich hinsichtlich der Zusammensetzung. Sie weisen einen hohen Wasseranteil auf und erhielten deshalb auch die Bezeichnung Saftobst.
Dagegen nimmt das Schalenobst eine Sonderstellung ein. Es ist wasserarm, jedoch reich an den Grundnährstoffen Kohlenhydrate (bis 33 %), Fette (bis 40 %) und Eiweißstoffe (bis 33 %).

Obst ist zumeist zuckerreich (Trauben- und Fruchtzucker), enthält Vitamine und Mineralstoffe.
Der Genusswert wird durch die enthaltenen Aromastoffe bestimmt. Saftiges Obst löscht den Durst, regt durch den Fruchtsäuregehalt (Zitronen-, Wein-, Apfelsäure) den Appetit an und stärkt insgesamt das Wohlbefinden.

Klasse II

Äußere Fehler stärker ausgeprägt, Fruchtfleisch frei von größeren Mängeln

Schalenobst ist energiereich. Im fettreichen Schalenobst sind die fettlöslichen Vitamine A (Carotin) und E zu finden, während im Saftobst vorwiegend die wasserlöslichen Vitamine C, B_1 und B_2 vorkommen.

Klasse III

Wie Klasse II, nur mit großflächigeren Schalenfehlern

Obst enthält das Wasser ausschwemmende Kalium, aber wenig Natrium. Bedeutungsvoll ist auch der Gehalt an Ballaststoffen (Cellulose, Pectin), die in der Nahrung allgemein zu wenig vorhanden sind. Der Mensch nimmt täglich etwa 11 g Ballaststoffe durch Obst und Gemüse auf. Cellulose regt die Darmtätigkeit an, während Pectine cholesterinsenkend und durch ihren Einfluss auf die Darmflora „darmreinigend" wirken.

Obst– und Fruchtspeisen

8.6.2 Sorten, Qualität und Lagerung

Obst muss bestimmten Anforderungen hinsichtlich der äußeren Eigenschaften entsprechen. Deshalb wurden in Deutschland **Handelsklassen** eingeführt, die inzwischen teilweise durch EU-Güteklassen ersetzt wurden.

Folgende Mindestanforderungen gelten für alle Güteklassen:
- Gesundheit und Sauberkeit der Früchte
- Ohne sichtbare Zusatzstoffe
- Ohne Fremdgeruch und -geschmack
- Versandreife der Früchte

Die EU-Güteklassen schließen Eigenschaften, die den inneren Wert betreffen, wie Geschmack, insbesondere Säuregehalt, ernährungsphysiologischer Wert, Schadstoffgehalt, technologische Eignung, leider nicht ein. Die Verbraucher interessieren sich unter dem Gesichtspunkt einer gesundheitsfördernden Ernährung jedoch immer mehr für diese Eigenschaften.

Kennzeichnung Südfrüchte, abgepackt

Südfruchthandel Halle		
Orangen, Navel		
Spanien, Kl. I		
gewachst	1000 g 1.60 €	800 g	1.28

Exotische Früchte *fruits exotiques / tropic(al) fruits*

Frucht	Merkmale/Verwendung	Frucht	Merkmale/Verwendung
Ananas *ananas / pineapple* 	Grüngelb-orangefarbene Frucht, säuerlich-süßes aromatisches Fruchtfleisch, reich an Vitamin A, C ■ Meist Scheiben, in Fruchtsalaten, zum Füllen und als Saft, zu Fleischspeisen	**Avocado** *avocat / avocado* 	Grünschwarze, birnenförmige Frucht mit großem Kern, fetthaltiges, gelbes, nussartig schmeckendes Fruchtfleisch, reich an Vitamin A, B, C ■ Längs aufschneiden, Kern entfernen, zum Füllen geeignet
Cherimoya *chérimole / cherimoya* 	Runde Frucht, im Herzen grün bis helllila, ungenießbare schwarze Kerne, reif bei schwärzlicher Verfärbung der Haut, süßlich schmeckend, reich an Vitamin C, Calcium ■ Längs durchschneiden, Kerne entfernen, Fruchtsalate, Milchmixgetränke	**Feige** *figue / fig* 	Frucht des immergrünen Feigenbaumes, genussreife Früchte haben gelblich-violette Schale, überreife Früchte sind matt und klebrig, reich an Vitamin A, B ■ Schälen, aufschneiden, auslöffeln, mit Käse oder Schinken verarbeiten, Kompott, Fruchtsalate; gekühlt verwenden
Granadilla *grenadille / gran(a) dilla* 	Der Passionsfrucht ähnlich, jedoch mit glatter Haut, Fruchtfleisch bräunlicher, reich an Vitamin A, B_{12}, C ■ Wie Passionsfrucht	**Granatapfel** *grenade / pomegranate* 	Rund, in Orangengröße, mit gelblich-rötlicher Schale, innen in Fächern Kügelchen mit dunkelrotem saftigen Fruchtfleisch und weißen Kernen, süß-säuerlicher Geschmack, durstlöschend ■ Halbieren, mit Löffel entleeren, Dessert, bestehend aus Fruchtfleisch und Wein
Guave *goyave / guava* 	Birnenförmige oder runde Frucht mit dünner grüngelber Haut, im Inneren aromatisches Fruchtmark mit essbaren Kernchen, druckempfindlich, reich an Vitamin A, B, C ■ Wie roher Apfel verzehrbar, Fruchtsalate, Quarkspeisen	**Kaki** *kaki / kaki* 	Dunkelgelbe bis orangefarbene zarte Frucht mit zartem Fruchtfleisch, sehr süß, reich an Vitamin A ■ Sorte „Sharron" kann unreif verzehrt werden; Verzehr mit Schale, Fruchtsalate

159

Ausgewählte Zutaten und daraus hergestellte einfache Speisen

Exotische Früchte

Frucht	Merkmale/Verwendung	Frucht	Merkmale/Verwendung
Kaktusfeige *figue de Barbarie/ Indian fig* 	Stachelige Frucht, meist rasiert gehandelt, grünrötlich bis lachsfarben, orangefarbenes Fruchtfleisch mit essbaren Kernen und birnenartigem, säuerlichem Geschmack, reich an Vitamin B, C ■ Längs aufteilen, leicht abführende Wirkung	**Kiwi** *kiwi/ kiwi* 	Ovale Frucht mit grünlichbrauner Haut grünes Fruchtfleisch mit schwarzen verzehrbaren Kernchen und säuerlichem Geschmack, reich an Vitamin C ■ Halbieren, mit Löffel Fruchtfleisch entnehmen, Fruchtsalate, Garnierungen
Mango *mangue/ mango* 	Ovale grüne bis gelborangefarbene Frucht mit glatter Haut und gelbem, leicht faserigem Fruchtfleisch mit Kern, reich an Vitamin A, Calcium, Eisen ■ Längs des Kerns durchschneiden, Vorspeisen, Fruchtsalate, Joghurt	**Litschi** *lichee/ litchi* 	Haut gleicht der einer Himbeere und lässt sich leicht entfernen, zartes aromatisches, leicht säuerliches Fruchtfleisch, reich an Vitamin C ■ Geschält, Cocktails, Desserts, Fruchteis, Beilage zu Fleisch
Mispel *nèfle/ medlar* 	Oval-längliche Frucht mit gelblicher Schale und gelbem festem Fleisch mit ein bis vier Kernen, aromatisch süß, wenig haltbar ■ Roh verzehrbar	**Mangostane** *mangoustan/ mangosteen* 	Runde dunkelviolette Frucht mit dicker Schale, weißes durchsichtiges Fruchtfleisch, reich an Vitamin C ■ Frucht teilen und Stücke entnehmen, Fruchtsalate
Papaya *papaye/ papaya* 	Birnenförmige grüngelbliche Frucht, orangefarbenes Fruchtfleisch, zart und aromatisch, reich an Vitamin A ■ Längs schneiden, Kerne entfernen, mit Löffel entleeren, Vorspeise, Dessert (wie Melone), grüne Früchte wie Gemüse (Kürbis) zubereiten	**Passionsfrucht (Maracuja)** *fruit de la passion/ passionfruit* 	Eiförmige lilafarbene Frucht, gelbes Fruchtfleisch, kleiner genießbarer Kern, starkes Aroma, sauer, reich an Vitamin A, B_{12}, C ■ Teilen, mit Löffel entleeren, Fruchtsalate, Fruchteis
Pepino *pépino/ pepino* 	Runde birnenförmige Frucht mit dünner weißlilafarbener Haut, weißgelbliches, zartes saftiges Fruchtfleisch ■ Wie Melone verwenden, Schale verzehrbar, Vorspeise oder Dessert	**Physalis** *physalis/ dwarf cape gooseberries* 	Gelborangefarbene Beere in einem pergamentartigen Lampion, reich an Vitamin A, B_{12}, C ■ Fruchtsalate, Kompott, Garnierung
Rambutan *ramboutan/rambutan* 	Litschiart ohne stachlige Schale, zart und saftig, reich an Vitamin C ■ Wie Litschi verwenden	**Sternfrucht (Karambole)** *carambole/ carambola* 	Sternförmige, gelbe Frucht, arteigener süß-säuerlicher Geschmack, reich an Vitamin C ■ Ungeschält verzehrbar oder sternförmig geschnitten zu Kompott und als Garnierung

Obst- und Fruchtspeisen

Lagerung: Beim Obst unterscheiden sich hinsichtlich der **Lagereigenschaften:**
- Obstarten, bei denen die Atmungs- und Stoffwechselvorgänge nach der Ernte weitergehen. Diese Obstarten kann man unreif (technische Reife) ernten. Dazu gehören Äpfel und Birnen. Ist eine längere Haltbarkeit bezweckt (Lagerobst), so lagert man das Obst bei Temperaturen von 0 bis 1 °C und einer relativen Luftfeuchte von 90 %.
- Obstarten, die kaum nachreifen: Ananas, Kirschen, Zitrusfrüchte.

Schalenobst: Bei feuchter Lagerung besteht die Gefahr des Befalls mit Schimmelpilzen. Schimmeliges und auch ranziges Schalenobst gilt als verdorben.

*Verschiedene Schimmelpilze können das giftige **Aflatoxin** bilden. Lebensmittel mit einem Aflatoxingehalt über 10 ppb (parts per billion: $1/1000$ g in 100 kg Gesamtmenge) gelten als verdorben und sind zu vernichten. Der Aflatoxingehalt ist nur durch aufwendige Laboruntersuchungen zu ermitteln. Deshalb gilt für den Lebensmittelfachmann generell, dass verschimmelte Lebensmittel verdorben sind und vernichtet werden müssen.*

So schützen wir uns vor Aflatoxinen:
- *Kleine Mengen einkaufen*
- *Risikoreiche Lebensmittel kühl und trocken lagern*
- *Verschimmeltes Brot nicht verwenden*
- *Schimmel auf Lebensmitteln mit hohem Zuckergehalt großräumig entfernen, dann erst verwenden*

Obsterzeugnisse

Erzeugnis	Merkmale
Sterilisierte Früchte	Kompottfrüchte sind gezuckert: leicht gezuckert, 14–17 % stark gezuckert, über 20 %, Dunstfrüchte sind nicht gezuckert.
Fruchtmark	Halbfertigerzeugnis aus fein zerteilten frischen Früchten für Speiseeis und zur Weiterverarbeitung in der Industrie.
Fruchtsaft	Aus frischem oder gefrierkonserviertem Obst unverdünnt und ohne chemische Zusätze hergestellt.
Fruchtnektar	Mischungen von Fruchtsaft/Fruchtmark, Wasser und Zucker ohne chemische Zusätze. Der Fruchtanteil liegt zwischen 25 und 50 %.
Konfitüre	Streichfähige Fruchtzubereitung einer Fruchtart, mit ganzen Fruchtstücken oder passiert, unter Verwendung von Zucker hergestellt.
Marmelade	Streichfähige Fruchtzubereitung aus einer oder mehreren Obstarten unter Verwendung von Zucker hergestellt. Nach EU-Rechtsbestimmungen ist die Bezeichnung Marmelade nur noch für Erzeugnisse aus Zitrusfrüchten verwendbar.
Gelee	Aus Fruchtsäften oder wässrigen Fruchtauszügen hergestellt.
Kandiertes Obst	Aus frischem oder vorbehandeltem Obst, evtl. blanchiert, hergestellt. Die Früchte werden mehrfach bei 50 °C im Vakuum mit einer Zuckerlösung von steigender Konzentration behandelt. Geeignet für die Herstellung von Zitronat (Sukkade), Orangeat, von kandierten Ananasstücken, Feigen, Aprikosen, Kirschen, Birnen, Pfirsichen u. a. Zitronat und Orangeat werden vor der Dickzuckerbehandlung mit einer 10- bis 20 %igen Kochsalzlösung zusätzlich konserviert.
Trockenobst	Vorbereitete zerkleinerte Obststücke werden bei 60 bis 70 °C getrocknet. Vor dem Trocknen ist Schwefeln (kennzeichnungspflichtig) zur Farberhaltung und zur Konservierung erlaubt.

8.6.3 Herstellung ausgewählter Fruchtspeisen

Vorbereitung

Alle Obstsorten (**Tafelobst**) sind möglichst erntefrisch zu verzehren oder zu verarbeiten. Zuvor ist ein gründliches Waschen des unzerkleinerten Obstes, auch mit warmem Wasser, erforderlich. Mit warmem Wasser lassen sich eventuell noch vorhandene Rückstände auf gespritztem Obst besser entfernen.

Beim Verarbeiten darf Obst nicht in geschältem oder zerkleinertem Zustand gelagert oder gar unter Wasser aufbewahrt werden. Dadurch kann Sauerstoff enzymatische Farbveränderungen verursachen. Durch Lagerung im Wasser entstehen Auslaugverluste an wasserlöslichen Inhaltsstoffen.

1. *Nehmen Sie eine Einteilung der Obstarten vor.*
2. *Nennen Sie fünf exotische Früchte, und ordnen Sie Verwendungsmöglichkeiten zu.*
3. *Beschreiben Sie die Mindestanforderungen an die Obstqualität.*
4. *Beurteilen Sie den ernährungsphysiologischen Wert von Frischobst.*
5. *Nennen Sie besonders fett- und eiweißreiche Obstarten.*
6. *Beschreiben Sie die geeignete Lagerung für Obst.*
7. *Erklären Sie die Begriffe Konfitüre, Marmelade und Gelee.*
8. *Begründen Sie Anforderungen an die Vor- und Zubereitung von Obst, um Wirkstoffverluste gering zu halten.*

Ausgewählte Zutaten und daraus hergestellte einfache Speisen

Tafelobst
🇫🇷 *fruits de dessert*
🇬🇧 *dessert fruit*

Gesundheitsbewusste Menschen schätzen frisches Tafelobst. Für das Angebot an Tafelobst sprechen der **geringe Energiewert**, der Ballaststoffgehalt (Cellulosefasern), die **erfrischende Wirkung**, der **Wohlgeschmack** sowie der Gehalt an **Wirkstoffen**, insbesondere an wasserlöslichen Vitaminen und basenbildenden Mineralstoffen. Der Gastronom muss es verstehen, für besondere Zwecke **Obstschalen** oder **Obstteller** zu arrangieren:

- Begrüßungsaufmerksamkeit auf dem Hotelzimmer oder Fruchtkorb an der Rezeption
- Bestandteil von Büfetts, insbesondere Frühstückbüfetts
- Nachtisch als Menüabschluss
- Erfrischungen bei Tagungen
- Aktion im Restaurant während der Saison
- Werbung für gesundheitsfördernde Ernährung
- Bestandteil von Reiseverpflegung usw.

Beim Angebot von Tafelobst:
Auswahl gesäuberter, erstklassiger, reifer, aber nicht überreifer Früchte. Obstteller, Servietten und Besteck bereitstellen.

Rote Grütze
🇫🇷 *gruau rouge*
🇬🇧 *red grits, Swedish pudding*

0,5	kg	rote Johannisbeeren
0,5	kg	Himbeeren
0,3	kg	Erdbeeren
0,7	l	Wasser
0,15	kg	Zucker
0,085	kg	Stärkepulver
0,2	l	Schlagsahne

Rote Grütze
(Convenience-Erzeugnis)

- Beeren waschen und vorbereiten (entstielen, putzen).
- Wasser mit Zucker aufkochen, $2/3$ der Johannis- und der Himbeeren zufügen, aufkochen und passieren, kurz aufkochen, mit Stärke binden.
- Ganze Früchte (Johannis-, Him- und Erdbeeren) in die noch nicht abgekühlte Grütze geben, in Schüsselchen oder Gläser füllen und kühlen.
- Mit halb fester Schlagsahne, oder Vanillesauce (→ 177), aber auch Vanilleeis servieren.

1. Vergleichen Sie den Energiegehalt von 100 g ungeschälten Äpfeln und 100 g gerösteten Erdnüssen.
2. 2 kg Erdbeeren werden geputzt. Es stehen danach 1750 g geputzte Ware zur Verfügung. Wie hoch war der prozentuale Putzverlust?
3. Zur Herstellung von Pfirsichkonfitüre werden auf 8 kg Früchte 9 kg Zucker verwendet. Wie hoch ist der prozentuale Zuckergehalt?
4. Ermitteln Sie die in Deutschland jährlich verzehrte Gesamtmenge an Obst (→ 160), wenn die Gesamtbevölkerung mit 80 Millionen angenommen wird.

Obstsalate

Zu unterscheiden sind Obstsalate *(salades de fruits/macédoines de fruits, fruit salads)* als Süßspeisen und Obstsalate, die herzhaft pikant für die kalte Küche hergestellt werden. Geeignet sind **reife Früchte** bester Qualität, wie beispielsweise Orangen, Ananas, Bananen, Mandarinen, Äpfel und Pfirsiche, die möglichst frisch ohne Kern, Haut oder Schale verarbeitet werden. Angelehnt an die natürliche Form erhalten sie Schnittformen (blättrig, keilförmig, filetartig). Mit Puderzucker, Zitrone und Edelbränden → **mazerieren**. Gehackte Nüsse oder Rosinen können zugegeben werden. Zur Vollendung Feingebäck separat.

Obst- und Fruchtspeisen

Gemischter Obstsalat
salade de fruits assortis
mixed-fruit salad

0,25 kg	Äpfel
0,25 kg	Birnen
0,4 kg	Orangen
0,3 kg	Bananen
0,3 kg	Ananas
0,25 kg	Aprikosen
0,25 kg	Weinbeeren
	Läuterzucker, Zitrone, Kirschwasser oder Maraschino, je nach Geschmack

Arbeitsablauf
- Zuerst säurereiche Früchte, dann säurearme Früchte, zuletzt empfindliches Beerenobst.
- Schnittformen in Anlehnung an die natürliche Struktur wählen (blättrig, keilförmig, filetartig).
- Mit Puderzucker, Zitrone und Edelbränden (bei Antialkoholikern darauf verzichten) oder parfümiertem Läuterzucker mazerieren.
- Gehackte Nüsse und Rosinen zugeben. Gast zuvor befragen.
- Anrichten auf gestoßenem Kristalleis oder Einfüllen in ausgehöhlte Früchte (Orangen, Ananas, Melone). Durch Kaltstellen eisen.
- Evtl. mit Speiseeis und Schlagsahne komplettieren.

Obst schneiden

Zitronensaft zugeben

Salat mischen

Apfel im Schlafrock
pomme en chemise
sleeping apple beauty

10	Äpfel
1,2 kg	Convenience-Blätterteig
0,05 kg	gehackte Haselnüsse
0,1 kg	Erdbeer- oder Kirschkonfitüre
1	Ei
0,06 kg	Zucker
	Zimt

- Teig 2 mm dünn ausrollen, Quadrate von 12 x 12 cm schneiden.
- Ausgestochene Äpfel auf die Teigquadrate legen, jeweils in die Mitte Nüsse und Konfitüre füllen, Zimtzucker darüber streuen.
- Teigecken nach oben zusammenschlagen, mit Ei bestreichen.
- Im heißen Ofen bei 210 °C etwa 15 min backen.

1 Als Begrüßungspräsent sollen 7 Obstteller aus folgenden Obstmengen gleichmäßig zusammengestellt werden:

1 kg Äpfel	je kg 1,55 €
1 kg Bananen	je kg 1,30 €
0,8 kg Pfirsiche	je kg 2,40 €
1,5 kg Orangen	je kg 0,95 €
1,0 kg Weintrauben	je kg 3,60 €
7 Stück Kiwi	Stück 0,19 €

Berechnen Sie den Materialwert für einen Obstteller.

2 Für Obstsalat werden 4,375 kg Bananen geschält. Man erhält 3,375 kg geschälte Früchte. Berechnen Sie den Schälverlust in g und %.

3 Warum werden zum Obstsalat zuerst säurereiche Früchte gegeben?

Apfel im Schlafrock

🇫🇷 œufs et mets aux œufs
🇬🇧 eggs and egg dishes

8.7 Eier und Eierspeisen

Unter Eiern sind stets **Hühnereier** in der Schale zu verstehen. Andere Eierarten müssen näher benannt werden, z. B. Wachteleier.

8.7.1 Zusammensetzung und Nährwert

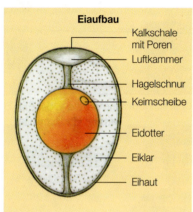

Eiaufbau: Kalkschale mit Poren, Luftkammer, Hagelschnur, Keimscheibe, Eidotter, Eiklar, Eihaut

Das Hühnerei besteht zu 10 % aus der Kalkschale, zu 60 % aus **Eiklar** und zu 30 % aus **Eidotter (Eigelb)**.
Von der verzehrbaren Gesamtmenge des Eies (Vollei) entfallen demzufolge gerundet zwei Drittel auf das Eiklar und ein Drittel auf das Eidotter. Das Eidotter hat einen relativ hohen Eiweiß- und Fettgehalt. Das Eiklar enthält dagegen fast 90 % Wasser (→ 346).

Ernährungsphysiologisch bilden die Eierspeisen wichtige Lieferanten von **biologisch hochwertigen Eiweißstoffen** für die menschliche Ernährung. Die biologische Wertigkeit entspricht ungefähr derjenigen von Milch- oder Fleischeiweiß. Die vielseitige Verwendbarkeit der Eier beruht auf dem weitestgehend neutralen Geruch und Geschmack.
Eierspeisen stellen einen wesentlichen Bestandteil der ovo-lakto-vegetabilen Kost (→ 63) dar. Neben den angegebenen Bestandteilen kommen im Eigelb die Fettbegleitstoffe **Lecithin**, aber auch **Cholesterin** vor. Während Lecithin technologisch als Emulgator und auch sonst ernährungsphysiologisch (Nervennahrung) bedeutungsvoll ist, wird das Cholesterin für die Verengung der Herzkranzgefäße mitverantwortlich gemacht. Die Deutsche Gesellschaft für Ernährung empfiehlt einen wöchentlichen Verzehr von nicht mehr als 2–3 Eiern (meist in Speisen enthalten). Die Verdaulichkeit der Eier hängt maßgeblich von der Zubereitung ab. Speisen mit weich gekochten Eiern gelten allgemein als gut verdaulich, sofern es die anderen Speisenbestandteile ebenfalls sind. Ungegarte und hart gekochte Eier sind schlecht verdaulich.

1. Kochen Sie jeweils ein frisches und ein überlagertes Ei. Schneiden Sie die beiden zuvor abgeschälten Eier längs auf. Vergleichen Sie Größe der Luftkammern und Lage der Eidotter.
2. Füllen Sie eine Mischung von Ei und Milch (1:1) in kleine Becherförmchen (Dariole) und ziehen Sie diese im Wasserbad gar (→ 125). Stellen Sie die Temperaturen mittels Thermometer bei Beginn des Stockens und bis zur vollständigen Gerinnung fest. Beurteilen Sie die Messwerte.
3. Gießen Sie das Eiklar eines Hühnereies mit etwa 200 ml destilliertem Wasser auf, und filtrieren Sie dann. Davon geben Sie einen Teil in ein Reagenzglas, und versetzen Sie den Inhalt mit einigen Tropfen konzentrierter Salpetersäure. Danach erwärmen Sie das Reagenzglas vorsichtig. Nach dem Erkalten geben Sie konzentrierte Ammoniaklösung zu. Achten Sie auf die Farbveränderungen. Diesen Farbnachweis nennt man Xanthoproteinreaktion.

8.7.2 Sorten, Qualität und Lagerung

In Deutschland gilt die in der Eierverordnung festgeschriebene **EU-Norm**, die unterschiedliche Gewichts- und Güteklassen festlegt.

Gewichtsklassen		
Kurzbezeichnung	**Bezeichnung**	**Gewicht**
XL	Sehr groß	73 g und darüber
L	Groß	63 g bis unter 73 g
M	Mittel	53 g bis unter 63 g
S	Klein	unter 53 g
Güteklassen		
Klasse A	**Klasse B**	
oder frisch	oder *2. Qualität* oder *deklassiert für die Nahrungsmittelindustrie bestimmt*	

Eier und Eierspeisen

Qualitätsmerkmale

Zur **Qualitätskontrolle** dient die Durchleuchtung, bei der die Größe der Luftkammer, Blutflecken oder Trübungen sichtbar werden. Eier mit zu großer Luftkammer, mit Blutflecken oder Trübungen gelten als nicht verkehrsfähig. Von der Farbe des Eigelbs kann auf die Fütterung geschlossen werden.

Die Frische der Eier ist die Voraussetzung für die hygienische Unbedenklichkeit. Die Beurteilung der Frische erfolgt auch beim Aufschlagen. Hoch aufgewölbte Eidotter stammen von frischen Eiern. Bei gelagerten Eiern flacht das Eigelb ab, das Eiklar wird flüssiger und läuft auseinander. Solche Eier lassen sich schwer trennen. Durch Schütteln kann ebenfalls die Frische festgestellt werden. Bei älteren Eiern hat sich eine größere Luftkammer gebildet. Die Hagelschnüre sind weniger fest. Beim Schütteln schlägt das Eiinnere gegen die Schale. Schließlich kann die Frische auch durch die Schwimmprobe festgestellt werden: Frische Eier sinken in 10%iger Kochsalzlösung nach unten.

Im Handel werden praktisch nur Eier der Klasse A angeboten.

1. Tag	Legedatum
3. Tag	Letztes Verpackungsdatum
bis zum 7. Tag	Banderole „Extra" erlaubt
18. Tag	Kühlung (+5 bis +8 °C) im Handel erforderlich
22. Tag	Abgabe an Verbraucher nicht mehr zulässig
28. Tag	Ende der Mindesthaltbarkeitsdauer

Kennzeichnung

Eier-Kleinpackungen müssen folgende Deklaration aufweisen: Name, Anschrift, Kennnummer der Verpackungsstelle, Güteklasse, Gewichtsklasse, Anzahl der verpackten Eier, Mindesthaltbarkeitsdatum.

Verbraucherhinweise: Bei Kühlschranktemperatur aufbewahren. Nach Ablauf des Mindesthaltbarkeitsdatums durcherhitzen.

Direkt auf dem Ei ist ein Erzeugercode Pflicht, der über Haltung und Herkunft informiert.

Eierverpackung

1 –	DE –	23457-2
Haltungsform	**Erzeugerland**	**Lagebetrieb, Stall**
0 = Biohaltung	DE = Deutschland	
1 = Freilandhaltung	DK = Dänemark	
2 = Bodenhaltung	ES = Spanien	
3 = Käfighaltung	IT = Italien	

Aufschlagprobe

Frisches Ei   Älteres Ei

Lagerung

Längere Lagerungszeiten sind bei Eiern grundsätzlich zu vermeiden. Frischeier müssen kühl bei 5 bis 8 °C und dunkel aufbewahrt werden. Starker Temperaturwechsel und Fremdgeruch vermindern die Qualität. **Beschädigte** Eier sofort aussortieren!

1. Berechnen Sie den Energiegehalt in kJ von einem Ei der Gewichtsklasse M (55 g).
2. Eier der Gewichtsklasse M (55 g) haben 6 g Schale, 17 g Eigelb und 34 g Eiklar. Berechnen Sie den prozentualen Anteil der drei Bestandteile.
3. Ein Ei wiegt 60 g. Berechnen Sie den Anteil von Eiklar und Eigelb in g.
4. Ermitteln Sie die Anzahl der Eier, die 1 kg Vollei ergeben.

Ausgewählte Zutaten und daraus hergestellte einfache Speisen

8.7.3 Herstellung ausgewählter Eierspeisen

Eier sind nicht nur ein Hauptrohstoff für Eierspeisen, sondern sie dienen in vielfältiger Form als Garnirungselemente von Speisen, darüber hinaus auch als **Lockerungsmittel**, **Bindemittel**, **Färbemittel**, **Emulgator** sowie als **Klärmittel**.

Eierspeisen können **vielfältig** und **geschmacklich differenziert** hergestellt werden. Sie eignen sich als Frühstücksspeisen, können aber auch zu kalten Gerichten komplettiert werden oder als Zwischenverpflegung dienen. Eierspeisen bilden wesentliche Bestandteile kalter Platten (Eierplatten, Schwedenplatten, Vorspeisenplatten) und werden auch auf kalten Büfetts vielseitig eingesetzt.

Eier frisch verwenden, kurzfristig kühl lagern. Beschädigte Eier sind sofort auszusortieren.

| Portionsmengen | Vorspeise 1 Stück | Gericht 2–3 Stück |

 Speisen mit rohen Eiern unbedingt kühlen!

Bei roheihaltigen Speisen (über 30 Portionen), die nicht einem Erhitzungsverfahren unterzogen worden sind, müssen laut Hühnereierverordnung Proben zurückgestellt werden. Diese sind bei einer Temperatur von max. 4 °C für den Zeitraum von 96 Stunden vom Zeitpunkt der Abgabe an den Verbraucher aufzubewahren und mit Datum und Stunde der Herstellung zu kennzeichnen.

Wegen der Salmonellen-Gefahr wird vielfach pasteurisiertes Ei bevorzugt.

Einteilung

Gekocht	Pochiert	Aus der Pfanne	Frittiert	Kalt
Hart gekocht	Im Näpfchen	Setz-/Spiegeleier	Gebacken	Gekocht
Weich gekocht	Verlorene Eier	Rühreier		
Wachsweich gekocht		Omelett		
Eier im Glas		Eierpfannkuchen		

Verarbeitung von Eiern

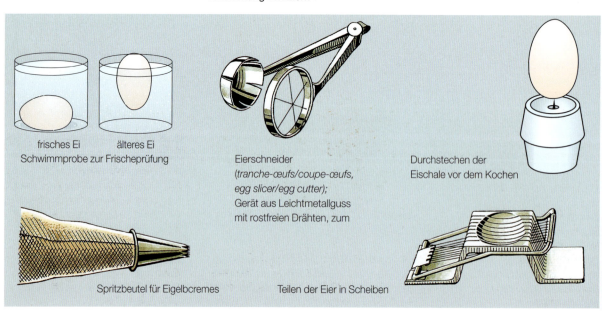

frisches Ei   älteres Ei
Schwimmprobe zur Frischeprüfung

Eierschneider
(tranche-œufs/coupe-œufs, egg slicer/egg cutter);
Gerät aus Leichtmetallguss mit rostfreien Drähten, zum

Durchstechen der Eischale vor dem Kochen

Spritzbeutel für Eigelbcremes   Teilen der Eier in Scheiben

Eier und Eierspeisen

Pochierte Eier italienischer Art
🇫🇷 œufs pochés à l'italienne
🇬🇧 poached eggs Italian style

Pochierte Eier, auch als **verlorene Eier** bezeichnet, werden ohne Schale zubereitet. Sie sind auf Grund der kürzeren Garzeit besser verdaulich als hart gekochte Eierspeisen. Das Eigelb soll beim Servieren noch weich sein.

20	Frischeier
10	Portionen Spaghetti mit Butter und Parmesan
0,8 l	Tomatensauce
0,5 kg	Kochschinken

- Eier einzeln in kleine Gefäße (Schälchen) aufschlagen.
- Mit Kelle oder Gefäß in mit Essig angesäuertes siedendes Wasser geben. Ei etwa 5 min pochieren.
- Mit Schaumkelle Ei aus dem Wasser nehmen und in kaltem Wasser kurz abschrecken.
- Ei parieren und in warmes Salzwasser geben (nicht über 50 °C). Kurzfristig warm halten, jedoch nicht nachgaren lassen.
- Vor dem Anrichten auf Küchenkrepp abtropfen lassen.
- Auf Spaghetti anrichten, mit Tomatensauce nappieren.
- Kochschinkenstreifen darüber verteilen.

Pochierte Eier italienische Art

Ham and eggs
(engl.: Schinken und Eier)
🇫🇷 œufs au jambon
🇬🇧 ham and eggs

20	Frischeier
0,8 kg	Schinken (20 Scheiben)
0,15 kg	Butter
	Salz, weißer Pfeffer

- Schinken in Eierpfanne anbraten.
- Eier darauf schlagen und in der Röhre garen.

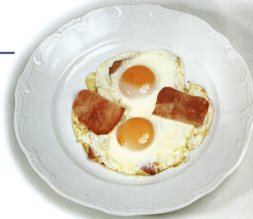
Ham and eggs

Setzeier Bercy
🇫🇷 œufs sur le plat Bercy
🇬🇧 fried eggs Bercy

Frische Eier werden in der Pfanne gestockt. Das Eigelb soll noch nicht fest sein. Das Garverfahren entspricht dem Dünsten.

20	Frischeier
20	Schweinswürstchen zu 0,025 kg (Nürnberger Würstchen oder kleine Würstchen aus Rostbratwurstbrät)
0,2 kg	Butter
	Salz, Tomaten-Ketchup zum Umkränzen

- Eier stets einzeln aufschlagen, salzen.
- Eier sorgfältig in gebutterte Eierpfanne geben, stocken lassen.
- Gestockte Eier auf vorgewärmten Porzellanteller anrichten.
- Gebratene Schweinswürstchen zwischen die Eigelbe oder in der Mitte anordnen, zuletzt mit erhitztem Tomaten-Ketchup umkränzen

1 Auf welche Angaben ist beim Eiereinkauf zu achten?
2 Beurteilen Sie den ernährungsphysiologischen Wert von Hühnereiern. Gehen Sie insbesondere auf die Verdaulichkeit von Eierspeisen ein.
3 Beschreiben Sie, ausgehend vom Eiaufbau, unterschiedliche Prüfmethoden für Frischeier.
4 Vergleichen Sie den Nährwert von Eigelb und Eiklar.
5 Weisen Sie durch Beispiele die Einsatzmöglichkeiten der Hühnereier als Bindemittel, Klärmittel, Emulgator, zur Färbung und zur Lockerung nach.

Ausgewählte Zutaten und daraus hergestellte einfache Speisen

Rühreier mit Spargel
🇫🇷 œufs brouillés aux asperges
🇬🇧 scrambled eggs with asparagus

Rühreier zählen zu den leicht verdaulichen Eierspeisen und werden deshalb auch für die leichte Vollkost (→ 64) verwendet. Eigelb und Eiklar sollen im Rührei vollkommen vermischt sein. Sie werden bei geringer Hitze hergestellt und sollen eine weiche, saftige, lockere Konsistenz aufweisen. Als ergänzende Zutaten eignen sich sautiertes oder gedünstetes Gemüse, Schinken, aber auch Kalbfleisch oder Meeresfrüchte. Angeboten werden Rühreier als Einzelportionen auf Tellern oder auf Vorrat warm gehalten auf Frühstücksbüfetts.

20		Frischeier
1	kg	bissfest gekochte Spargelstücke, weiß und grün
0,2	kg	Butter
0,02	kg	Petersilie
		Salz, weißer Pfeffer

- Eier stets einzeln aufschlagen. Salz zugeben und gut mit einem Schneebesen rühren, evtl. Sahne oder Milch zugeben.
- Abgetropfte Spargelstücke in zerlassener Butter erhitzen und salzen, geschlagenes Ei dazugeben.
- In ausgebutterte heiße Pfanne geben und Eimasse stocken lassen. Gerinnendes Ei ständig mit Holzlöffel vom Pfannenboden wegrühren.
- Fertige Rühreier umgehend auf vorgewärmte Eierplatte geben.
- Anrichten und mit gehackter Petersilie bestreuen.

Rühreier mit Spargel

Eierpfannkuchen Bauernart
🇫🇷 pannequets paysanne
🇬🇧 pancakes farmer's style

Eierpfannkuchen sollen eine **goldgelbe Farbe** haben und von **lockerer Konsistenz** sein. Sie sind nach der Fertigstellung sofort zu servieren.

0,3	l	Vollmilch
0,15	kg	Weizenmehl
15		Frischeier
0,3	kg	Rauchfleisch
0,2	kg	Zwiebeln
		Salz, Schnittlauch

- Milch und Weizenmehl gut verrühren, Eier hinzufügen, zu glatter Masse schlagen, mit Salz würzen.
- Rauchfleisch und Zwiebelwürfel bräunen, vorbereitete Eierkuchenmasse mit Schnittlauchröllchen vermengen und darüber gießen.
- In der Röhre backen.

Eierpfannkuchen Bauernart

Eierpfannkuchen können auch unter Verwendung von Reibkäse, Spargelstücken, Kräutern oder gehackten Tomaten (tomates concassées) hergestellt werden. Zusammen mit Früchten lassen sich auch süße Speisen herstellen.

Crêpes sind kleine dünne Eierpfannkuchen, die keine Farbe nehmen dürfen.

Als **Célestine** bezeichnet man eine Suppeneinlage, die aus Streifen von dünnen Eierpfannkuchen besteht.

 Berechnen Sie den Materialpreis für 4 Eierpfannkuchen Bauernart nach folgenden Einkaufspreisen:

Weizenmehl	0,45 €
Eier	0,13 €
Vollmilch	0,75 €
Rauchfleisch	4,60 €
Zwiebeln	0,90 €

8.8 Milch und Speisen aus Milcherzeugnissen

🇫🇷 lait et mets de produits laitiers
🇬🇧 milk and dishes of milk/dairy products

Im lebensmittelrechtlichen Sinne ist unter Milch **stets Kuhmilch** zu verstehen. Milch anderer Tierarten muss näher gekennzeichnet werden, z. B. Ziegenmilch, Schafmilch.

8.8.1 Milch

Zusammensetzung und Nährwert

Milch ist eine **Fett-in-Wasser-Emulsion**. Sie besteht zu 87,5 % aus Wasser und enthält 12,5 % Trockenmasse (→ 346 ff). Die wasserlöslichen Nährstoffe Eiweiß, Milchzucker, Mineralstoffe und Vitamine sind in der wässrigen Phase der Milch enthalten. Fein verteilt ist das Milchfett in kleinsten Teilchen von weniger als $1/1000$ mm. Darin enthalten sind auch die fettlöslichen Vitamine sowie die Fettbegleitstoffe Lecithin und Cholesterin.

Vergleich von Rohmilch mit homogenisierter Milch

Fettkügelchen

Rohmilch   Homogenisierte Milch

Milch gilt wegen ihrer Inhaltsstoffe und der guten Verdaulichkeit als ein äußerst **wertvolles Lebensmittel**. Milcheiweiß zeichnet sich durch biologische Hochwertigkeit aus. Es enthält alle essentiellen Aminosäuren. Milcheiweißstoffe bestehen zu 80 % aus Casein, des Weiteren aus Albumin und Globulin. Globulin enthält beachtliche Mengen Phosphor. Milchfett ist gut verdaulich, da es in der Milch emulgiert vorliegt.
Milchzucker gilt als verdauungsfördernd. Beim Säuern vergärt (Milchsäuregärung) der Milchzucker zu der ernährungsphysiologisch wertvollen Milchsäure. Milchsauer vergorene Erzeugnisse gehören zu den bioaktiven Substanzen(→ 46). Besonders die fettarmen Sauermilcherzeugnisse sind wichtiger Bestandteil der vollwertigen Ernährung.
Bereits ein halber Liter Milch deckt den täglichen Calciumbedarf des Menschen. Vitamin A kommt im Milchfett vor. Ebenfalls bedeutsam ist der Gehalt an Vitamin B_2.

Sorten, Qualität und Lagerung

Milchsorten, Handelsformen
Milchsorten und Handelsformen lassen sich unterscheiden nach
- der Art der **Wärmebehandlung**: unbehandelt, pasteurisiert, ultrahocherhitzt, sterilisiert
- dem **Fettgehalt**: Milch mit natürlichem Fettgehalt, Vollmilch, teilentrahmte und entrahmte Milch

Kennzeichnung der Milch
Milchsorte
Inhalt
Herstellungsdatum
Molkerei
Wärmebehandlungsverfahren
Fettgehalt
Nährwertangaben

Ausgewählte Zutaten und daraus hergestellte einfache Speisen

Als **Homogenisieren** wird ein Verfahren zum Vermengen und zum gleichmäßigen Verteilen zweier an sich nicht mischbarer Stoffe bezeichnet.
Ein Druck von 150–300 bar drückt Milch durch feine Düsen, damit eine **Feinzerkleinerung und Feinverteilung der Fettanteile** (Fettkügelchen) unter $1/1000$ mm erreicht werden kann. Bei der Milch verhindert Homogenisieren das Aufrahmen. Es führt außerdem zu einer intensiveren „Weißkraft" bei Kaffeesahne.

Sorte	Merkmale
Frische Vollmilch	In der Molkerei bearbeitete (pasteurisierte, homogenisierte) Milch, Fettgehalt mindestens 3,5 %.
Landmilch	Frische Vollmilch mit natürlichem Fettgehalt.
Fettarme Milch	Teilentrahmte Milch, wie frische Vollmilch bearbeitet, jedoch auf einen Fettgehalt von 1,5 bis 1,8 % eingestellt.
Entrahmte Milch	Magermilch, die bei der Rahmgewinnung anfällt. In ihr sind alle wertvollen Milchbestandteile, außer Milchfett (höchstens 0,3 % Fett) und fettlöslichen Vitaminen, enthalten.
Längerfrische Milch	Im FSH-Verfahren (Falling Stream Heater) wird die Milch 1–2 Sekunden auf 125–127 °C erhitzt. Die Trinkmilch wird dadurch länger haltbar und hat im Gegensatz zur H-Milch keinen Kochgeschmack.
H-Milch	Haltbare (H) Milch, die durch Ultrahocherhitzen (135 bis 150 °C) keimfrei gemacht und in sterilen Verpackungen gehandelt wird. Bei Zimmertemperatur und verschlossen hält sie mindestens 6 Wochen. H-Milch gibt es in verschiedenen Fettgehaltsstufen. Typisch ist ein leichter Kochgeschmack.
Sterilisierte Milch	Eine durch längeres Erhitzen bei mindestens 100 °C keimfrei gemachte und luftdicht verschlossene Trinkmilch. Mehrere Monate haltbar, allerdings ist der ernährungsphysiologische Wert (Geschmack, Vitamingehalt, Eiweißwert) stärker als bei pasteurisierter Milch gemindert. Insbesondere ist die essentielle Aminosäure Lysin nicht mehr für den Menschen nutzbar.

1. In lauwarme Milch einige Tropfen Essig oder Zitrone spritzen, dann auf etwa 50 °C erwärmen. Was beobachten Sie?
2. 30 ml Milch werden mit 30 ml Wasser vermischt und dann mit einigen Tropfen Essigsäure versetzt. Der Niederschlag wird filtriert und mit verdünnter Natronlauge neutralisiert. Anschließend wird die Fehlingsche Probe durchgeführt. Erläutern Sie Ihre Beobachtung.

Lagerung: Frischmilch verdirbt leicht, da sie durch ihre Inhaltsstoffe ein guter Nährboden für Mikroorganismen ist. Eine sorgfältige hygienische Behandlung ist erforderlich. Frischmilch muss vor Luft, Licht, Wärme und Fremdgeruch geschützt werden.
Milch und Milcherzeugnisse werden bei 7 bis 8 °C gelagert. Dabei ist auf das Mindesthaltbarkeitsdatum zu achten. Als relativ gut haltbar (bis etwa 14 Tage) gelten die Sauermilcherzeugnisse.

1. Beschreiben Sie die Haltbarmachung der Milch.
2. Erläutern Sie den Zweck des Homogenisierens von Milch.
3. Nennen Sie den Fettgehalt verschiedener Milchsorten.
4. Nennen Sie die Vorzüge der H-Milch.
5. Begründen Sie, warum man Milch als ein ernährungsphysiologisch hochwertiges Lebensmittel bezeichnen kann.
6. Errechnen Sie den Energiewert (Nährwerttabelle 346, CD-ROM Küchenprofi) eines halben Liters Vollmilch.
7. Zu wie vielen Prozent wird der Tagesbedarf an Eiweißstoffen eines 70 kg schweren Erwachsenen durch einen Liter Vollmilch gedeckt?

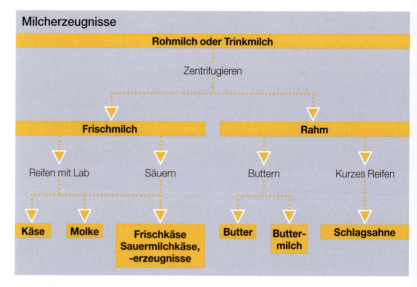

Verwendung
Die Küche benötigt Milch und Milcherzeugnisse als Grundlage für Süß- und Eisspeisen. Milch ist eine wichtige Backzutat. Durch Milchzusatz ergeben sich bessere Teigeigenschaften und sensorische Eigenschaften.

Milch und Speisen aus Milcherzeugnissen

8.8.2 Käse

🇫🇷 *fromage*
🇬🇧 *cheese*

Käse ist das aus Milch oder Milcherzeugnissen durch Lab oder Säuerung dickgelegte fetthaltige Milcheiweiß (Käsebruch) in frischem oder gereiftem Zustand, das im Verlaufe der Herstellung geformt, gepresst und gewürzt wird.

Zu unterscheiden sind

- ❶ Hartkäse
- ❷ ❸ Schnittkäse fest + halbfest
- ❹ Weichkäse
- ❺ Sauermilchkäse
- ❻ Kochkäse / Schmelzkäse
- ❼ Nichtreifender Frischkäse

Frischkäse/ Frischkäsezubereitungen	Weichkäse/ Sauermilchkäse	Hartkäse/ Schnittkäse
Haltbarkeit 2 bis 3 Wochen	Haltbarkeit 1 Monat (Weichkäse)	Haltbarkeit bis etwa 12 Monate
Kühl lagern	Reife Käse bei 3 bis 4 °C lagern	Lagern, im Stück, vor dem Austrocknen schützen

Bei der Kennzeichnung des Fettgehaltes von Käse geht der Hersteller stets vom Fettgehalt in der Trockenmasse (Fett i. Tr.), also ohne Wasser, aus.

Berechnung des Fettgehaltes im Käse

Beispiel: 100 g Emmentaler mit 45 % i.Tr. (Vollfettkäse) enthalten

Trockenmasse 62 %
38 % Wasser

Gesamttrockenmasse (Käsemasse nach Wasserabzug) wird mit 100 % angenommen.

Die Gesamttrockenmasse besteht aus:

45 % Fett — 55 % fettfreie Tr.

Tatsächlicher Fettgehalt:
62 g Trockenmasse; davon sind 45 % Fett ≙ 27,9 g Fett.

Also enthalten 100 g Emmentaler (Vollfettkäse) 27,9 g Fett

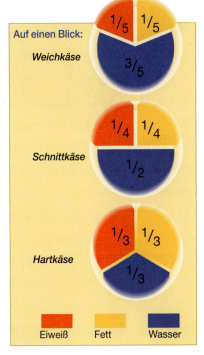

Auf einen Blick:

Weichkäse: 1/5, 1/5, 3/5

Schnittkäse: 1/4, 1/4, 1/2

Hartkäse: 1/3, 1/3, 1/3

Eiweiß — Fett — Wasser

Der Käseverzehr in Deutschland ist in den letzten zehn Jahren ansteigend und erreichte je Einwohner und Jahr 18,3 kg. Wie viel Käse wird demzufolge je Einwohner täglich verbraucht?

Ausgewählte Zutaten und daraus hergestellte einfache Speisen

8.8.3 Butter

beurre
butter

> Butter ist ein aus **Sahne (Rahm,) süß oder gesäuert**, gegebenenfalls unter Zusatz von Milchsäure-Bakterienkulturen, Wasser und Kochsalz gewonnenes streichfähiges Fett.

Zusammensetzung und Nährwert

Die Zusammensetzung der Butter ist **gesetzlich** festgelegt (→ 346 ff). Milchfremdes Fett darf nicht enthalten sein. Der Maximalanteil an Wasser kann 16 %, der Mindestfettgehalt muss 82 % betragen. Eine Ausnahme bildet **gesalzene Butter** ohne Handelsklassenangabe mit einem Mindestfettgehalt von 80 %. Als **Zusatzstoffe** erlaubt der Gesetzgeber Milchsäure, Kochsalz und Carotin.

Für ein Stück Butter von 250 g werden mehr als 5 l Kuhmilch benötigt. 2003 verzehrte man in Deutschland pro Kopf der Bevölkerung 6,6 kg Butter.

Butter zeichnet sich durch relativ **gute Verdaulichkeit** aus, da sie einen niedrigen Schmelzbereich aufweist und als Emulsion vorliegt. Als wichtige Inhaltsstoffe kommen in der Butter **Phosphatide (1 % Lecithin)** vor, die Bedeutung für die Nerventätigkeit haben. Butter enthält außerdem die fettlöslichen Vitamine A und D. Sie hat einen hohen **Genusswert**. Das angenehme **Butteraroma** gilt bei Bezeichnungen wie Buttercreme, Buttergebäck, Buttermischungen, Butterbrot als ein Wertmaßstab. Allerdings enthält Butter als tierisches Fett in beachtlichem Maße Cholesterin (100 g enthalten 231 bis 239 mg).

Sorten, Qualität und Lagerung

Butterverpackung
- Name der Molkerei
- Handelsklasse
- Gütezeichen
- Buttersorte
- Gewicht
- Datum

Herstellung
Die Butterherstellung lässt sich in die Bearbeitungsstufen Rahmgewinnung, Rahmbehandlung und Butterung gliedern.

Rahmgewinnung: Der **Rahm** wird in Zentrifugen von der gereinigten Rohmilch bei Temperaturen von 40 °C **abgetrennt** und **pasteurisiert**. Der Rahm hat dann einen Fettgehalt von 45 bis 50 %.

Rahmbehandlung: Anschließend reift der Rahm, wobei insbesondere das Milchfett wieder erstarren soll, damit ein günstiger Zustand für die Verbutterung herbeigeführt wird. Zur Herstellung von **Sauerrahmbutter** werden dem gewonnenen Rahm Milchsäurekulturen zugesetzt.

Butterung: Der auf Temperaturen von 8 bis 10 °C abgekühlte Rahm kommt in den Butterfertiger. Durch mechanische Einwirkung zerstört dieser die Eiweißhäutchen, die die Fetttröpfchen umhüllen. Diese verkleben miteinander, wodurch das Butterkorn entsteht, von dem die Buttermilch noch abgetrennt werden muss. Anhaftende Milchreste werden vom Butterkorn mit Wasser abgewaschen, was eine gute Haltbarkeit der Butter gewährleistet. Durch intensives Kneten entsteht schließlich die plastische Buttermasse, eine **Wasser-in-Fett-Emulsion**.

1 Zählen Sie Verwendungsmöglichkeiten der Butter auf.
2 Führen Sie eine Pro-und-Kontra-Diskussion zum Einsatz von Butter oder Margarine.

Bei der Herstellung von **Süßrahmbutter** bleibt der Rahm ungesäuert. Ansonsten gleicht die weitere Herstellung derjenigen von Sauerrahmbutter.

Buttersorten

Entsprechend den unterschiedlichen Herstellungsverfahren werden drei Buttersorten unterschieden:
1 **Sauerrahmbutter** aus mikrobiologisch gesäuertem Rahm mit einem frisch-nussartigen Geschmack
2 **Süßrahmbutter** aus ungesäuertem Rahm
3 **Mild gesäuerte Butter** aus ungesäuertem Rahm mit nachträglicher Säuerung des Butterkorns durch Milchsäure oder Milchsäurekulturen (Nizo-Verfahren).

Butter wird in unterschiedliche Qualitätsstufen eingeteilt:
- Markenbutter, Molkereibutter
- Butter: für **Importbutter**, deren Qualität nicht staatlich garantiert wird. Diese Festlegung gilt als ein Ergebnis der Rechtsentwicklung innerhalb der EU.

Butterschmalz (Butterreinfett) ist ein **reines Butterfett** ohne Wasser und Eiweißstoffe. Es entsteht durch das Ausschmelzen von Butter. Butterschmalz hat einen geringeren Preis als Butter und eignet sich als Back-, Brat-, Koch- und Frittierfett.

Butter ist **empfindlich** gegen äußere Einflüsse, wie **Sauerstoff**, **Licht** und **Wärme**. Deshalb sollte sie luft- und lichtgeschützt sowie stets kühl lagern. Abgepackte Butter hat bei Lagertemperaturen von 4 bis 12 °C eine Haltbarkeit bis zu drei Wochen.

8.8.4 Herstellung ausgewählter Speisen aus Milch und Milcherzeugnissen

Butter ist eine Emulsion und lässt sich bei der Gebäckherstellung relativ gut im Teig verteilen. Sie fördert die Teigbildung und bringt Wasser in den Teig. Vielfältige Verwendung findet Butter als Brotaufstrich, zur Herstellung von Buttermischungen (→ 174), Buttersaucen (holländische Sauce) und als Backzutat, insbesondere wenn der Buttergeschmack erwünscht ist.

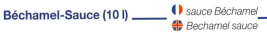

Béchamel-Sauce (10 l) — 🇫🇷 sauce Béchamel
🇬🇧 Bechamel sauce

Die Béchamel-Sauce ist eine **Grundsauce**, da von ihr verschiedene Ableitungen hergestellt werden können. Des Weiteren wird sie zum Binden und beim Überbacken von Gemüse, Kartoffeln und Teigwaren verwendet. Sie soll deckfähig sein.

0,5	kg	Schinkenspeck
0,7	kg	Butter
0,5	kg	Zwiebeln
0,75	kg	Weizenmehl
4,5	kg	Vollmilch
6	l	Kalb- oder Rinderfleischbrühe
		Salz, weißer Pfeffer, Gewürznelken, Lorbeer, Muskat

- Butter, Schinkenspeck und Zwiebelscheiben farblos anschwitzen.
- Weizenmehl anstäuben, dann erkalten lassen.
- Mit heißer Milch und Brühe auffüllen, glatt rühren.
- Würzen, 10–20 min anschwitzen, auskochen und passieren.

Butterherstellung

Ausgewählte Zutaten und daraus hergestellte einfache Speisen

Die Béchamel-Sauce kann auch ausschließlich **aus Milch** ohne Brühe hergestellt werden. Von der Béchamel-Sauce können durch entsprechende Geschmacksträger unterschiedliche Saucenableitungen hergestellt werden:

Käsesauce *(sauce Mornay, Mornay sauce)*: Liaison aus Eigelb und Sahne sowie Reibkäse.
Weiße Zwiebelsauce *(sauce Soubise, Soubise sauce)*: Zwiebelmus und Sahne.
Sahnesauce *(sauce crème, cream sauce)*: Sahne und Butter

Buttermischungen

Kalte Buttermischungen dienen als Brotaufstrich, als Spritzgarnierung oder Füllung.

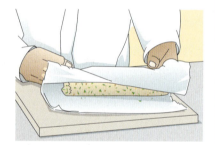
Buttermischungen

Vollendung von Geschmack, Aussehen und Konsistenz				
Aufstrich	**Verfeinerung**	**Bindung**	**Beilage**	**Garnierung**
Toast, Brot, Baguette	Suppen, Saucen	Suppen, Saucen	Auf Salatblatt zu kurz gebratenen gegrillten Speisen	Kalte Platten

Herstellungsprinzip:

Cremig gerührte frische Butter Würzige Zutaten Geschmacklich arteigene Buttermischung

Rollen von Kräuterbutter

Zur Herstellung der Buttermischung soll die **Butter geschmeidig** sein. Dafür wird die Butter warm gestellt und mit dem Schneebesen schaumig gerührt. Sie kann auch geknetet oder bei größeren Mengen mit der Anschlagmaschine cremig gerührt werden. Stets ist darauf zu achten, dass die Butter **nicht zerläuft**, denn nach dem Entmischen der Emulsion wird Butter beim Abkühlen grießig. Geschmeidige Butter vermischt sich gut mit den geschmacksgebenden fein zerkleinerten, meist fettlöslichen Zutaten.

Ausstechen von Butterkugeln mit dem Pariser Ausstecher

Kalte Buttermischung	Zutaten	Verwendung
Dillbutter *beurre d'aneth* dill butter	Salz, Zitrone, weißer Pfeffer, gehackter Dill	Gegrillte, kurz gebratene Fleischspeisen, Fisch-, Krebs-, Eierspeisen, Toast, Sandwiches
Meerrettichbutter *beurre de raifort* horseradish butter	Salz, Zitrone, weißer Pfeffer, geriebener Meerrettich	Gegrillte, kurz gebratene Fleischspeisen, Fischspeisen, geräucherte und gepökelte Fleischspeisen, Schlachtfestspezialitäten
Kräuterbutter *beurre maître d'hôtel* butter Maître d'hôtel	Salz, Zitrone, weißer Pfeffer, gehackte Petersilie (oder andere Kräuter)	Gegrillte, kurz gebratene Fleischspeisen, Fisch-, Krebs-, Eierspeisen, Toast, Sandwiches, Saucen

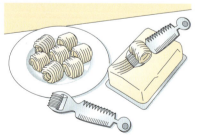
Mit dem Butterschneider hergestellte Butterrollen

Portionieren und Anrichten

Kalte Buttermischungen werden auch mit dem Butterschneider in Scheiben oder mit Pariser Ausstecher zu Kugeln geformt.
Butterschneider bzw. Pariser Austecher vor dem Portionieren in heißes Wasser tauchen und dadurch erwärmen! So lässt sich die Butter leichter bearbeiten. Angerichtet wird die portionierte Butter auf Unterlagen, beispielsweise auf Salatblätter oder Zitronenscheiben, damit die Butter als Beilage zu warmen Speisen nicht vorzeitig schmilzt.
Zum **Montieren** von Saucen oder Suppen müssen die Buttermischungen eisgekühlt sein.

Die Industrie bietet fertige Buttermischungen in bester Qualität.

Grießflammeri
 flamri de semoule
(semolina) flummery

1	l	Milch
0,1	kg	Butter
0,16	kg	Zucker
0,2	kg	Grieß
0,15	kg	Eiklar (4 Stück)

abgeriebene Schale einer ungespritzten Zitrone, Salz

- Milch, Butter, Zucker und Zitronenschale sowie 1 Prise Salz aufkochen.
- Grieß mit dem Schneebesen einrühren, unter Rühren ausquellen lassen.
- Eiklarschnee darunterheben; Flammeri in kalt ausgespülte Förmchen füllen.
- Kühlen, Flammeri bei Abruf stürzen, mit Fruchtsaucen, frischen Früchten oder Schokoladensauce anrichten.

Auf gleiche Weise werden **Flammeris aus Reis**, **Kartoffelstärke** oder **Sago** zubereitet. Des Weiteren ist der Zusatz von Eigelb, Fruchtsaft, Rosinen und Spirituosen möglich.

Vanillesauce
sauce (à la) vanille
vanilla sauce

0,8	l	Vollmilch
0,19	kg	pasteurisiertes Eigelb
0,12	kg	Zucker
1		Vanilleschote oder Vanillezucker

- Vanilleschote halbieren, auskratzen, Inhalt in die Milch geben.
- Eigelb und Zucker cremig rühren. Milch aufkochen, durch ein Sieb gießen und unter Rühren zur Eigelb-Zucker-Mischung geben.
- Bei schwacher Hitze unter ständigem Rühren bis etwa 85 °C, der höchsten Bindung des Eigelbs, erhitzen. Durch ein Spitzsieb gießen.

Joghurtcreme mit Früchten
créme de yaourt aux fruits
yogurt cream with fruits

1,0	kg	Nature-Magerjoghurt
0,5	kg	Frischobst (Erdbeeren, Pfirsiche, Kiwi, Heidelbeeren)
0,1	kg	Zucker
0,1	kg	pasteurisiertes Eigelb

- Joghurt mit Eigelb, Zucker und frischem Obst aufschlagen.
- In Gläser füllen oder mit anderen Süßspeisen kombinieren (Eierkuchen, Speiseeis). Auch auf Geleespiegel anrichten.

 1 Berechnen Sie den Materialpreis von 6 Portionen Grießflammeri nach oben angegebener Rezeptur:

Vollmilch	0,70 €/kg
Butter	3,70 €/kg
Zucker	0,85 €/kg
Grieß	0,75 €/kg
Eiklar	0,10 €/Stück

2 Erstellen Sie die Rezeptur für Joghurtcreme mit Früchten für 6 Portionen.

Ausgewählte Zutaten und daraus hergestellte einfache Speisen

Früchtequark
🇫🇷 *fromage blanc aux fruits*
🇬🇧 *curd cream with fruits*

1,0 kg	Magerquark
0,5 kg	Fruchtmark (Erdbeeren, Himbeeren, Kirschen usw.)
0,5 kg	Zucker
0,1 kg	pasteurisiertes Eigelb

- Passierten Quark mit pasteurisiertem Eigelb und Zucker aufschlagen.
- Geschmacksbestimmendes Fruchtmark zugeben. Frische exotische Früchte stets passieren.
- Durch Verwendung von Sahnequark oder durch Zugabe von geschlagener Sahne kann eine besondere Cremigkeit erzielt werden.
- In Gläsern anrichten, mit Sahne und Fruchtstücken garnieren.

Käsebällchen
🇫🇷 *boulettes de fromage*
🇬🇧 *cheese balls*

0,8 kg	Roquefort
0,2 kg	Butter
4 cl	Weinbrand
	Salz, Pfeffer, Zucker

- Roquefort, Butter und Würzmittel zu einer Masse verarbeiten. Masse gut abkühlen lassen.
- Kleine Bällchen formen. Im Wechsel in gehackten Kräutern, Edelsüßpaprika und geriebenem Pumpernickel wälzen.

Käsetoast
🇫🇷 *toast au fromage*
🇬🇧 *cheese toast*

0,6 kg	magerer Reibkäse
10	Eier
0,2 kg	Kochschinkenstreifen
0,5 kg	fein geraffelte Möhren
10	Vollkorntoasts
	Salz, Pfeffer, Paprika, Muskat, Kräuter

- Auf Toast eine abgeschmeckte Masse aus allen Zutaten aufstreichen.
- Bei 180 °C 5–8 min überbacken.

Gebackener Camembert
🇫🇷 *camembert frit*
🇬🇧 *deep-fried camembert*

10	magere Camemberts, je 100 g
2	Eier
0,3 kg	Reibebrot
	Frittierfett
	grob gemahlener Pfeffer

- Camembert mit Ei und Paniermehl panieren und gut andrücken.
- Kalt stellen und dann goldgelb frittieren. Auf Küchenkrepp abtropfen lassen.
- Wenn trocken, mit Früchten und Preiselbeerkonfitüre anrichten.

Gefrierware Camembert vorgebacken

8.9 Brot und Frühstücksspeisen, belegte Brote

🇫🇷 *pain et mets pour le petit déjeuner, canapés et sandwiches*
🇬🇧 *bread and breakfast dishes, canapés and sandwiches*

Brot wird aus Getreide und/oder Getreideerzeugnissen in gemahlener und/oder geschroteter und/oder gequetschter Form durch **Bereiten eines Teiges, Auswiegen, Formen, Lockern und Backen** (Erhitzen) hergestellt. **Kleingebäck** unterscheidet sich vom Brot durch **Größe und Gewicht**, meist aber nicht durch die Bestandteile.

Zur Herstellung von Brot und Kleingebäck werden verwendet:
- Getreidemahlerzeugnisse (Weizen-, Roggenmehl)
- Zuguss (Trinkwasser, Milch)
- Backhefe, Backmittel (z. B. Teigsäuerungsmittel)
- Kochsalz, Fett, Zucker usw.

Bei verschiedenen Getreidearten (Hafer, Gerste) umhüllen Spelzen das Korn.

8.9.1 Gebäckherstellung

Aus den **vermischten** Rezepturbestandteilen entsteht durch manuelles oder maschinelles Kneten der Teig.
Die **Teigausbeute**, die angibt, wieviel Kilogramm (Liter) Zuguss man auf 100 kg Mehl benötigt, liegt je nach Teigart zwischen **150 und 178**. Bei einer Teigausbeute von 178 kommen auf 10 kg Weizenmehl 7,8 kg Zuguss. Während die Herstellung der **Weizenteige** mit Hefe erfolgt, sollten **Roggenteige** mit mehr als 20 % Roggenmehl durch Sauerteigbildung oder Teigsäuerungsmittel gesäuert werden.
An das **Kneten** schließt sich bis zum **Aufarbeiten** eine Teigruhe an. Als Aufarbeitung (maschinell oder manuell) bezeichnet man das Teilen, das Wirken und das Rollen der Teigstücke. Das Backgut erhält dadurch die gewünschte backfertige Form.
Die **Gärzeit** umfasst den Zeitraum vom Ende der Teigbereitung bis zum Abbacken. Sie beginnt demnach schon während der Teigruhe und dient der Teigreifung (Quell- und Gärungsvorgänge im Teig), insbesondere der Lockerung und der Geschmacksbildung. Beim anschließenden **Backen** quillt zunächst die Stärke durch das infolge Eiweißgerinnung frei werdende Wasser. Gleichzeitig werden Lebensmittelinhaltsstoffe (Stärke, Eiweißstoffe) aufgeschlossen und dadurch besser verdaulich.
Bei **Weizengebäck** umschließt das Klebergerüst die entstandenen Gärungsgase und gewährleistet so Volumen, Lockerung und Verdaulichkeit. Entstandene Dextrine und Röststoffe bewirken die Farb- und die Aromabildung.
Unterschiedliche Zutaten (z. B. das Roggenmehl-Weizenmehl-Verhältnis) und Teigführungen geben den Brot- und den Kleingebäcksorten die besonderen **Geschmacksrichtungen**. Die Gebäckkruste, die beim freigeschobenen Brot 15 bis 20 % beträgt, bestimmt den Geschmackswert maßgeblich mit.

 Durchschnittliche Inhaltsstoffe des Getreidekorns:

Stärke	60 bis 70 %
Cellulose	1 bis 12 %
Eiweißstoffe	8 bis 20 %
Fett	1 bis 5 %
Wasser	10 bis 16 %

Außerdem enthält das Getreidekorn Dextrine, Mineralstoffe (Ca, K, Mg, P) Vitamine der B-Gruppe und Vitamin E.

Getreideerzeugnisse teilt man in Mahlmühlenerzeugnisse und Schälmühlenerzeugnisse ein. Sie unterscheiden sich vor allem in der Verarbeitung.

Mahlmühlenerzeugnisse	Schälmühlenerzeugnisse
Unbespelztes Getreide	**Bespelztes Getreide**
Weizen, Roggen	Hafer, Gerste, Hirse, Reis, Buchweizen
Durch Mahlen von Getreide hergestellte Erzeugnisse, die durch eine Typenzahl gekennzeichnet werden (→ 29).	Durch Enthülsen, Schälen, Quetschen – zum Teil auch durch Dämpfen und Darren – von Getreide hergestellte Erzeugnisse

Ausgewählte Zutaten und daraus hergestellte einfache Speisen

8.9.2 Sorten, Qualität, Nährwert, Lagerung

Brot- und Kleingebäckarten unterscheiden sich durch unterschiedliche Herstellung, Kruste und Oberfläche, Lockerung und Porung, Elastizität, Struktur, Geruch und Geschmack.

Rezepturbeispiel

Grundrezeptur	Weizenbrot	Brötchen
Mehl, Typ 812/550	10,0 kg	10,0 kg
Wasser	6,5 kg	5,6 kg
Salz	0,2 kg	0,2 kg
Backmittel	0,2 kg	0,2 kg
Hefe	0,2 kg	0,3 kg

Brotarten und ihre Besonderheiten

Roggenbrote	Roggen-mischbrote	Weizen-mischbrote	Weizenbrote
z. B. Berliner Landbrot Schlesisches Brot	z. B. Frankenlaib Heidebrot	z. B. Bauernbrot Buttermilchbrot	z. B. Weißbrot Toastbrot

Mehlanteile

Roggenmehl — Weizenmehl

Teiglockerung

Sauerteig — Hefeteig

Geschmack und Frischhaltung

Herzhafte Geschmacksrichtung — Milde Geschmacksrichtung
Gute Frischhaltung — Geringe Frischhaltung

Backmittel ist der Sammelbegriff für eine Reihe von Backzutaten, die bei der Herstellung von Brot und Kleingebäck verwendet werden. Sie haben die Aufgabe, die Backfähigkeit der Mahlerzeugnisse zu verbessern. Die wichtigsten Backmittel sind Getreidestärke, Zuckerarten, pflanzliche und tierische Eiweiße, Fette, Enzyme, Genusssäuren, Salze, Konservierungsstoffe und wasserbindende Substanzen.

Brot und Frühstücksspeisen, belegte Brote

Brot und Kleingebäckarten

Weizenanteil mind. 90 %	Weizenanteil 50 bis 89 %	Roggenanteil 50 bis 89 %	Roggenanteil mind. 90 %
Weizenbrot, Weizentoastbrot, Weizenschrotbrot, Weizenvollkornbrot, Knäckebrot, Spezialbrot, Kleingebäck	Weizenmischbrot, Weizen-Roggen-Schrotbrot, Weizen-Roggen-Vollkornbrot, Knäckebrot, Spezialbrot, Kleingebäck	Roggenmischbrot, Roggen-Weizen-Schrotbrot, Roggen-Weizen-Vollkornbrot, Knäckebrot, Spezialbrot, Kleingebäck	Roggenbrot, Roggenschrotbrot, Roggenvollkornbrot, Knäckebrot, Spezialbrot, Kleingebäck

Nährstoffquelle Brot

Anteil von Brot und Brötchen an der wünschenswerten Zufuhr

- **37%** der Stärke
- **33%** der Ballaststoffe
- **30%** des Eiweißes
- **28%** des Eisens
- **19%** des Vitamin B$_1$
- **4%** des Fetts
- **22%** der Energie

Nährwert

Brot und Kleingebäck stellen wichtige **Kohlenhydratlieferanten** und **Energiespender** dar. Der Stärkeanteil beträgt durchschnittlich 50 %. Außerdem enthalten Brot und Kleingebäck beachtliche Mengen, durchschnittlich 8 %, an Eiweißstoffen, die allerdings nicht vollwertig sind (→ 22).
Brot und Kleingebäck enthalten außerdem Vitamine der B-Gruppe, besonders **Vitamin B$_1$**. An wichtigen Mineralstoffen sind Calcium und Phosphor vorhanden. Die vorhandenen **Ballaststoffe**, insbesondere beim Verbacken von Mehlen mit hohem Ausmahlungsgrad, regen die Darmtätigkeit an. Während Gebäck aus dunklem Mehl einen hohen Nährwert aufweist, ist es wegen des Anteils an Ballaststoffen schwerer verdaulich als Gebäck aus hellem Mehl. Weißbrot und helles Kleingebäck enthalten im Gegensatz dazu weniger Eiweißstoffe, Vitamine und Mineralstoffe. Dafür vertragen es Menschen mit empfindlichem Magen-Darm-Trakt besser. Ansonsten ist jede Brotart für den gesunden Menschen **gut bekömmlich**.

Lagerung

Frisch gebackenes Brot und Kleingebäck trocknen beim Lagern aus. Die Veränderung der Stärke (Rückkristallisation) führt zum Altbackenwerden.
Bei Temperaturen um 0 °C vollzieht sich die Gebäckalterung besonders schnell.
Brot gehört deshalb nicht in den Kühlschrank oder in andere kalte Lagerräume, obwohl dort die Gefahr des Schimmelpilzbefalls geringer ist.
Nur saubere und trockene Lagerbehälter verwenden. Brot in der Originalverpackung aufbewahren. Zur längeren Aufbewahrung Brot tiefgefrieren.

1 Beurteilen Sie folgende Entwicklungen:
- Der Verbrauch an hellen Weizenmehlerzeugnissen stieg in den letzten 150 Jahren auf das 10fache.
- In der Mitte des vergangenen Jahrhunderts lag der Pro-Kopf-Verbrauch an Brot noch bei 160 kg.
- Heute verzehrt man in Deutschland pro Kopf der Bevölkerung etwa 90 kg Brot und Backwaren und hält damit eine Spitzenstellung in Europa.

2 Beschreiben Sie die unterschiedlichen Lagerzeiten für Weizenbrot, Brötchen, Mischbrot, Roggenbrot, Schrotbrot und Knäckebrot.

3 Zeigen Sie die ernährungsphysiologischen Vor- und Nachteile von Weizenbrot und Vollkornbrot in einer Gegenüberstellung auf.

4 Erläutern Sie den Begriff Kleingebäck, und nennen Sie Beispiele.

5 Erklären Sie den Begriff Vollkornbrot.

Unterschiedliche Lagerzeiten ergeben sich für

Weizenbrot	Brötchen	Mischbrot	Roggenbrot	Schrotbrot	Knäckebrot
Lagerzeit abhängig vom Fettanteil 1 bis 3 Tage Toastbrot 1 Woche	6 h lagerfähig Fettbrötchen 2 bis 3 Tage	Je mehr Roggenmehl, um so besser lagerfähig, Weizenmischbrot 3 Tage, Roggenmischbrot 5 Tage	1 Woche lagerfähig	Aus Weizen: 4 Tage Aus Roggen: 7 bis 9 Tage	Trocken, abgeschlossen mehrere Monate

179

Ausgewählte Zutaten und daraus hergestellte einfache Speisen

8.9.3 Herstellung ausgewählter Frühstücksspeisen und belegter Brote

Für die meisten Europäer stellen Brot und Kleingebäck **Grundnahrungsmittel** dar. Sie bilden einen wesentlichen **Sättigungsbestandteil** in kalten Mahlzeiten, dienen aber auch beim warmen Essen als Beilage.
Entsprechend den bestehenden Ernährungsgewohnheiten wird helles Brot immer noch häufiger gegessen als dunkles. Auf Grund der Ernährungsaufklärung besteht jedoch ein Trend zum Verbrauch von dunklem Brot.

Das traditionelle englische Frühstück ist noch vielfältiger: Zunächst early-mornig tea: Tee, der kurz nach dem Aufstehen getrunken wird; heute auch Obst- oder Gemüsesaft als erstes Getränk. Danach sehr reichhaltiges Angebot: Tee mit Milch, vorzugsweise Toast, Butter, Marmelade (nach EU-Recht die eindeutige Bezeichnung für engl. Orangenmarmelade), Eierspeisen, Grapefruit, Obst in Kompottform, weiter Porridge (Haferflockenbrei, mit Wasser gekocht, separat Milch, Zucker). Traditionell werden bacon (Speck), Schinken, Würstchen, Haddocks (geräucherter Schellfisch), Kippers (gepökelter, geräucherter Hering), auch kleine Grillspeisen von Lamm und Kalb gereicht.

Frühstücksspeisen   *petit déjeuner*
breakfast

Viele Gäste schätzen frische Brötchen oder verschiedene Brotsorten, insbesondere Vollkornerzeugnisse, zum Frühstück.

—— **Einfaches Frühstück** ——   *petit déjeuner continental*
continental breakfast

Das einfache Frühstück, oder **kontinentales Frühstück**, besteht aus einem Küchengetränk wie Kaffee, Tee, Kakao, auch Milch, aus verschiedenen Brot- oder Kleingebäcksorten, Butter, Konfitüre, Gelee oder Honig. Das **Croissant-Frühstück** (französiches Frühstück) kann man zum einfachen Frühstück zählen. Ernährungsphysiologisch betrachtet ist das einfache Frühstück in der oft praktizierten Form ohne Obst und Milcherzeugnisse **unausgewogen** und deshalb ungünstig.

—— **Erweitertes Frühstück** —— *petit déjeuner anglais*
English breakfast

Das erweiterte Frühstück, in der Grastronomie auch als **englisches oder garniertes Frühstück** bezeichnet, stellt ein einfaches Frühstück dar, das um ein Sortiment aus Fleisch- und Wurstwaren, Käse und diverse Eierspeisen erweitert wurde. Ernährungsphysiologisch bedeutsam sind Frischobst, Frischgemüse, Fruchtsäfte, Milcherzeugnisse (Joghurt, Quark, Käse), Müesli und Körner.

Beispiel: Einfaches und erweitertes Frühstück für 1 Person

0,30 l	Kaffee oder Tee oder Kakao (nach Bedarf)
	Zucker (für Kaffee und Tee, zur Selbstentnahme, kalkuliert 0,015 kg)
0,02 l	Kondensmilch (7,5 % Fett) (für Kaffee)
0,1 kg	Weizen- und Roggenbrotsortimente oder Kleingebäck
0,02 kg	Butter
0,03 kg	Konfitüre

erweitert durch:

1	gekochtes Ei
0,025 kg	Wurst, Schinkenaufschnitt
0,025 kg	Schnittkäse (45 % Fett i. Tr.)
0,1 kg	Tomaten
	oder
0,05 kg	Müesli und Milch

180

Brot und Frühstücksspeisen, belegte Brote

Vollkornfrühstück
🇫🇷 *petit déjeuner au pain complet*
🇬🇧 *breakfast with whole-meal bread*

Für besonders Gesundheitsbewusste bietet sich das Vollkornfrühstück an.
Beispiel für 1 Person:

3	Vollkornbrötchen zu je 45 g
0,03 kg	Butter
0,05 kg	Magerquark
0,02 kg	kaltgeschleuderter Honig
0,02 kg	Konfitüre extra
0,05 kg	Bananenscheiben
0,15 kg	Kefir mit frischen Früchten (Apfel, Banane)

- Brötchenhälften mit Butter und Magerquark bestreichen.
- Mit Honig oder Konfitüre bestreichen und Bananenscheiben darauf legen.
- Kefir mit Apfel, Banane und etwas Honig mixen.

Sandwiches
🇫🇷 *sandwiches*
🇬🇧 *sandwiches*

Sandwiches sind belegte doppelte Brotscheiben. Beide Brotscheiben werden entrindet und in Rechtecke geschnitten, mit einer Buttermischung bestrichen, mit Belag versehen, zusammengeklappt, etwas beschwert und gekühlt.
Als Belag eignen sich Salatblatt, Wurst, Schinken, Eischeiben, Hühnerbrust u. a.
Benannt nach First Earl of Sandwich (1718–1792), einem leidenschaftlichen Kartenspieler. Er wollte seiner Kartenspielleidenschaft auch noch während der Mahlzeiten frönen. Deshalb forderte er doppelte belegte Brotschnitten, die er ohne Besteck während des Kartenspiels verzehren konnte.

Canapés
🇫🇷 *canapés*
🇬🇧 *canapés*

Canapés sind entrindete, viereckige oder rund ausgestochene Brotscheiben. Sie werden mit Butter oder einer Buttermischung bestrichen, verschiedenartig belegt, ohne dass der Belag übersteht, und angerichtet. Es ist möglich, die Brote leicht mit Aspik zu überziehen.

Auf Grund des geringen Sättigungswertes und der wertvollen Rohstoffe eignen sich Canapés auch als **Vorspeisen oder als festliche Imbissspeisen**. Sie sollen vor allem appetitanregend wirken. In der modernen Küche ist es üblich, auch bei Canapés frisch gezupfte Blattsalate auf den Aufstrich zu legen. Mitunter genügt ein einzelnes Blättchen (Feldsalat). Am besten ist, wenn bunte Platten mit Canapés gefertigt werden. Dabei sind die Canapés sortenrein auf repräsentativen Platten anzuordnen. Dann kann sich der Gast entsprechend seinen Geschmackswünschen selbst bedienen.

1. Berechnen Sie die Zutaten für Brötchen, wenn 4 kg Weizenmehl (T 550) verwendet werden. (Repzeptur ➔ 178).
2. Berechnen Sie die Salzmenge für 25 kg Teig, wenn das Gebäck einen Salzgehalt von 1,8 % haben soll.
3. Zu einem Brötchenteig werden auf 112 kg Weizenmehl 72,8 l Wasser gegeben. Ermitteln Sie die Teigausbeute.
4. Ein Roggenvollkornbrot wiegt nach 36 Stunden noch 2250 g. Der Lagerverlust beträgt 1,4 %. Berechnen Sie die Masse des frischen Brotes.
5. Zwei Roggenmischbrote wogen bei der Anlieferung ofenfrisch insgesamt 3,180 kg. Berechnen Sie das tatsächliche Gewicht der Brote bei einem Austrocknungs- und Lagerverlust von 1,3 %.
6. Baguette-Brot enthält durchschnittlich 37,9 % Wasser. Berechnen Sie den Wasseranteil insgesamt in zwei Weißbrotscheiben zu 20 g.
7. 6 Köche benötigen für die Zubereitung von 160 Sandwiches eine halbe Stunde. Wie lange brauchen 4 Köche für die Zubereitung von 240 Sandwiches?

Ausgewählte Zutaten und daraus hergestellte einfache Speisen

Herstellung
- **Brot** ausstechen ➤ Kleine ansehnliche Formen
- Evtl. toasten ➤ Rösche, geschmackliche Verbesserung
- Bestreichen ➤ Pikante Unterlage
- Belegen ➤ Ausgewählte Edelrohstoffe, appetitanregend, nicht sättigend
- Mit **Aspik** überziehen ➤ Bessere Haltbarkeit, Trennung von Umgebungseinflüssen, z. B. Tabakrauch

Variationen

Geschmacks-bestimmender Rohstoff	Unterlage	Aufstrich	Garnierung
Emmentaler	Mischbrot	Gänseschmalz	Tomatenscheibe, Trauben, Kresse
Geräuchertes Forellenfilet	Toast	Butter	Zitronenwendel, grüner Spargel
Gänseleber-creme	Toast		Halbe Cocktail-kirschen, Trüffel
Kochschinken	Mischbrot	Butter	Grüne und weiße Spargelspitzen
Räucheraal	Toast	Zitronenbutter	Sahnemeerrettich, Dillzweig
Räucherlachs-tütchen	Toast	Dillbutter	Sahnemeerrettich, Tomatenfilet
Roquefort-Creme	Pumpernickel		Birne, blaue Wein-beeren, Walnuss

Baguette-Schnittchen

Eine andere Variante von **kleinen Imbissspeisen** sind Baguette-Schnittchen. Das Baguettebrot wird nicht zu dünn geschnitten und nicht entrindet. Zum Bestreichen eignet sich Butter oder eine Buttermischung.

_____ **Matjes-Baguette** _____ 🇫🇷 baguette au hareng vierge _____
🇬🇧 French bread with matie/white herring

10	Baguettebrotscheiben
0,25 kg	Butter
0,75 kg	Matjesheringsfilet
	Kopfsalat, Tomaten, Zwiebelringe, Dill

- Baguette-Schnittchen mit Butter bestreichen, mit Kopfsalatblättern belegen.
- Matjesfilet in Stücke schneiden und darauf verteilen.
- Mit Tomatenscheiben, Zwiebelringen und Dillspitzen garnieren.

_____ **Toasts** _____ 🇫🇷 toasts _____
🇬🇧 toasts

Toasts sind goldgelb geröstete, erkaltete und belegte Weißbrotscheiben.

Toasts sollen entrindet, etwa 1 cm dick und 5–6 cm groß (rund, länglich, eckig) sein. Werden Brotscheiben zuvor in Butter goldgelb gebraten, dann ist die Bezeichnung **Croûtons oder Melba-Toast** gebräuchlich. Als Belag eignen sich Schinken- und Roastbeef-Röllchen, garnierte Medaillons, Eischeiben mit Sardellen, Räucherlachs, Forellenfilets usw. Toasts eignen sich zu Vorspeisen. Als **warme Speisen** werden sie überbacken.

Brot und Frühstücksspeisen, belegte Brote

Schinken-Spargel-Toast
🇫🇷 toast au jambon et aux asperges
🇬🇧 toast with ham and asparagus

10	Scheiben Toast
0,75 kg	gegarte Spargelstücke
0,5 kg	Kochschinken
0,5 l	holländische Sauce (Convenience-Erzeugnis)

- Kochschinken anbraten und auf Toastscheiben legen.
- Spargelstücke in etwas Butter erhitzen.
- Mit Salz, weißem Pfeffer und Zitronensaft würzen und auf dem Kochschinken verteilen.
- Mit holländischer Sauce überziehen und gratinieren.
- Mit Tomatenecke und grünem Spargel garnieren.

Happen
🇫🇷 amuse-gueule
🇬🇧 amuse-gueule

Happen oder **Coctailhappen** sind kleine ausgestochene, mundgerechte Bissen aus edlen Rohstoffen.

Brot, Käse, Äpfel, gegarter Sellerie oder gegarte Artischocken werden zu mundgerechten Bissen geschnitten, dann belegt, garniert und meist mit Holz- oder Kunststoffspießchen zusammengehalten. Sie bestehen allgemein aus Sockel, Belag, Garnierung und Spießchen.

Variationen

Geschmacks-bestimmender Rohstoff	Unterlage	Garnierung
Ei	Weißbrot	Sardellenröllchen
Obst, Gemüse	Käse	(→ Bild)
Käsecreme	Windbeutelchen	halbe, blaue Weinbeeren
Pastetchen	Lachsmousse	etwas Kaviar
Räucheraal	Apfel	gefüllte Olivenscheibe
Räucherlachs	Kirschtomate	Dillzweig
Tatar	Gurke	Silberzwiebel

1 Stellen Sie mit Wasser und Backhefe eine Aufschlämmung her. Geben Sie einen Tropfen dieser Aufschlämmung auf einen Objektträger, und legen Sie ein Deckglas darüber. Was beobachten Sie unter dem Mikroskop?

2 Bewahren Sie drei frische Kleingebäckstücke je 24 h
bei Zimmertemperatur,
im Kühlschrank,
im Tiefgefrierschrank auf.
Welche Unterschiede stellen Sie hinsichtlich des Altbackenwerdens fest?

1 Erläutern Sie unterschiedliche Formen des Frühstücksangebotes.
2 Erkundigen Sie sich über das Angebot auf einem Frühstücksbüfett.
3 Wie ist der Tisch beim einfachen Frühstück gestaltet (→ 236)?

Käsehappen mit Früchten
🇫🇷 amuse-gueule au fromage et aux fruits
🇬🇧 cheese amuse-gueule with fruits

1 kg	Schnittkäse
0,3 kg	Erdbeeren
0,3 kg	blaue Weinbeeren
6	Kiwi

- Schnittkäse in mundgerechte Würfel schneiden und im Wechsel mit Erdbeeren, blauen Weinbeeren und Kiwischeiben mittels Spießchen garnieren.

183

🇫🇷 *mets de pâtes alimentaires, riz et légumineuses*
🇬🇧 *dishes of pasta, rice and pulse*

8.10 Speisen aus Teigwaren, Reis und Hülsenfrüchten

Teigwaren enthalten als Grundbestandteil Mehl (→ 177). Sie sind wichtige **Sättigungsbeilagen**, teilweise auch Hauptbestandteile von Gerichten. Als Spezialität bieten Küchen hausgemachte Teigwaren aus Weizenmehl, Vollkornmehlen (Dinkel, Roggen, Buchweizen) an. Durch Zugabe von Eiern (→ 164 f.) werden Teigwaren ernährungsphysiologisch aufgewertet. Teigwaren bilden weiter die Grundlage für **Vorspeisen** und **Suppeneinlagen**.

Zubereitung

Grundbestandteile Mehl, Grieß, Wasser und meist Ei zu einem Teig verarbeiten und abtrocknen.
Zubereitungsabschnitte sind **Teigbereiten, Formgeben, Garen** und Servieren. Teigwaren nehmen während des Kochens bzw. Pochierens infolge **Stärkequellung** eine Wassermenge auf, die 100 bis 200 % der Rohstoffmenge beträgt. Aus diesem Grund sind sie stets in reichlich sprudelnd siedendem Salzwasser ohne Deckel zu garen. Für 1 kg Teigwaren rechnet man 3 bis 4 Liter Wasser.

Teigwaren möglichst frisch zubereiten. Sie dürfen nicht zu weich, sondern eher bissfest *(ital. „al dente")* sein.

Portionsmengen	Vorspeise	0,03 kg	Beilage	0,06 – 0,08 kg
	Gericht	0,1 kg	Suppeneinlage	0,015 kg

Teigwarenbeilagen:
grüne Nudeln, Hörnchen, Pelmeni, Ravioli, Bandnudeln, schwarze Nudeln, Safrannudeln, Tomatennudeln, Tortellini.

Speisen aus Teigwaren, Reis und Hülsenfrüchten

Lagerung
Ist dennoch notwendig, die Teigwaren auf Vorrat herzustellen, werden sie **bissfest gekocht**, **abgeschüttet**, durch Abbrausen **gekühlt** und anschließend mit Folien abgedeckt, um das Abtrocknen der gegarten Teigwaren zu vermeiden. **Erwärmt** wird in siedendem Salzwasser. Im Durchschlag abtropfen. Zum Erzielen von Schmelz Teigwaren mit Butterflocken vollenden.

Nudeln
🇫🇷 *nouilles*
🇬🇧 *noodles*

0,35 kg	Weizenmehl
2	Eier
	Salz, Muskat

- Eier in einer Schüssel aufschlagen, wenig Wasser (je nach Mehlqualität) und Weizenmehl zugeben. Mit dem Handballen die Zutaten zu einem festen Teig verarbeiten, anschließend kurze Zeit ruhen lassen.
- Durch Zugabe von Spinatsaft, Safran, Tomatenmark oder fein gehacktem Basilikum lassen sich geschmacklich und farblich Variationen herstellen.
- Nudelteig dünn ausrollen und schneiden.
- Die Garzeit beträgt je nach Stärke der Nudeln 8–10 min bei Trockenware, 3–6 min bei frisch hergestellten Nudeln.

Werden die Nudeln als Sättigungsbeilage gereicht, so sind sie nach dem Abspülen und dem Abtropfen **in Butter zu schwenken**. Je nach Geschmacksrichtung mit Salz und Muskat würzen. Nudeln können auch als **Gerichte** zubereitet werden.

Beispiel: Bandnudeln mit Parmesan, Sahnesauce mit Pilzen (Trüffel) oder Gorgonzolasauce.

Convenience-Teigwaren
Gastronomie und Großverpflegung greifen heute auf die große Palette der industriell hergestellten Teigwaren zurück. Die in guter Qualität angebotenen Teigwaren werden auf der Grundlage von **kleberreichem Hartweizengrieß** erzeugt. **Italien** gilt als das Land der Nudelteigwaren *(ital. pasta asciutta)*, die es in zahlreichen Formen und Farben (*grün* mit Spinat, *gelb* mit Safran, *rot* mit Tomate, *schwarz* mit Tintenfischtinte) gibt.

Käsespätzle
🇫🇷 *spaetzle (frisettes) au fromage*
🇬🇧 *cheese spätzle*

1 kg	Spätzle (Convenience-Erzeugnis)
0,25 kg	Emmentaler (45 % Fett i. Tr.)
0,08 kg	Butter
0,2 kg	Zwiebeln
	Salz, Muskat

- Spätzle nach Gebrauchsanweisung garen.
- In warmem Wasser abspülen, gut abtropfen lassen und in Butter schwenken. Heiße Spätzle in Lagen mit dem geriebenen Käse in längliche Form schichten.
- In heißem Ofen Käse schmelzen, inzwischen gehackte Zwiebeln oder Zwiebelringe in Butter bräunen. Zum Schluss unter die Spätzle mischen und darüber geben.
- Zu Käsespätzle vorzugsweise **grüne Salate** reichen.

Handelsübliche italienische Teigwaren

Chifferi	gerillte Hörnchen
Ditali	kleine runde Nudeln
Farfalle	Nudeln in Schmetterlingsform
Lasagne	Nudelteigplatten
Penne	kurze Nudelstücke, quer geschnitten
Ravioli	gefüllte Nudeltaschen
Rigatoni	kurze Nudelstücke, gerade geschnitten und innen hohl
Tagliatelle	Bandnudeln
Tortellini	gebogene Nudeltaschen
Tortiglioni	kurze Spiralnudeln
Linguine	flache Bandnudeln
Spaghetti	lange dünne runde Nudeln ohne Hohlraum
Cannelloni	Teigrolle, dicke Hohlnudeln, meist mit Hackmasse gefüllt
Vermicelli	extra dünne Nudeln

Ausgewählte Zutaten und daraus hergestellte einfache Speisen

Reisbeilagen 🇫🇷 riz
🇬🇧 rice

Reis wird hauptsächlich als **Beilage** verwendet, eignet sich aber auch zu **Vorspeisen**, **Suppeneinlagen**, zu **Gerichten** oder zu **Süßspeisen** (Milchreis, Reis Trautmannsdorf). Reisbeilagen passen zu den unterschiedlichsten Speisenteilen. Der **geschmacksneutrale Reis** lässt sich mit entsprechenden Geschmacksträgern vielseitig verwenden. Er wird auch bei **eiweißarmer Schonkost** und bei **Kinderkost** eingesetzt.

Reis vergrößert sein Volumen beim Garen durch Quellung um das Zwei- bis Dreifache. Für die Verarbeitung in der Gaststättenküche sind nach den **Reistypen** zu unterscheiden: Langkornreis, Mittelkornreis, Rundkornreis und Wildreis. Nach der **Reisbearbeitung** unterscheidet man Vollkornreis und Weißreis (→ 177).

Bearbeitung	
Paddy-Reis	Vollkornreis mit Spelze
Vollkornreis (Naturreis)	Ungeschliffen, ohne Spelze
Weißreis	Geschliffen, poliert, ohne Silberhaut
Parboiled Reis	Wirkstoffe werden ins Innere gepresst, Außenschicht geglättet
Schnellkochreis	Vorgegart und getrocknet

Reistypen

Langkornreis	Mittelkornreis	Rundkornreis	Wildreis
6 bis 8 mm lang, glasig hart, eiweißreich	5 bis 7 mm lang, verklebt leicht, weniger eiweißreich	4 bis 5 mm lang, quillt und verklebt leicht, geringer Eiweißgehalt	Samen eines Wassergrases, nur reisähnlich

Verwendung			
Beilage, Salate, Risotto, Eintöpfe		Süßspeisen	Mischung mit anderem Reis

Langkornreis natur

Langkornreis geschält

Parboiled-Reis

Wildreis

Rundkornreis, natur

Nährwertvergleich zwischen Vollkornreis und poliertem Reis

| | Eiweiß | Fett | Kohlenhydrate | Mineralstoffe Ca | Mg | P | Vitamine E | B_1 | B_5 | B_6 |
	in %			in mg			in mg			
Vollkornreis entspelzt	7,4	2,2	73,4	23	157	325	1,2	0,41	5,2	0,67
polierter Reis	7,0	0,6	78,4	6	64	120	0,4	0,06	1,3	0,15

Lagerung

Reis stets kühl und trocken und nicht mit geruchsintensiven Lebensmitteln zusammen lagern. Auf diese Weise kann Reis ohne Qualitätseinbuße bis 2 Jahre, Vollkornreis bis 1 Jahr aufbewahrt werden. **Gegarter Reis** lässt sich 3–4 Tage gekühlt lagern. Wird er weiterverwendet, bei mittlerer Hitze unter Zugabe von etwas Wasser erwärmen.

| Portionsmengen | Vorspeise | 0,02–0,03 kg | Beilage | 0,05–0,06 kg |
| | Gericht | 0,07–0,1 kg | Suppeneinlage | 0,01 kg |

Kochreis 🇫🇷 riz au blanc
🇬🇧 boiled rice

6 l Wasser
0,5 kg Reis
Salz

- Wasser mit Salz aufkochen, Reis zugeben, unter Umrühren 18 min kochen.
- Abgießen, mit kaltem Wasser abspülen, zur weiteren Verwendung kalt stellen.
- In gebuttertem flachen Gefäß erhitzen, Butterflocken darauf, salzen.
- Als Variante kann **Butterreis** (riz au beurre) durch Schwenken in 0,05 kg Butter zubereitet werden.

Rundkornreis, geschält

Speisen aus Teigwaren, Reis und Hülsenfrüchten

Risotto — 🇫🇷 risotto 🇬🇧 risotto

0,6	kg	Reis (Langkornreis)
0,1	kg	Zwiebeln
1,5	l	Brühe
0,05	kg	Öl (Olivenöl)
0,05	kg	Butter
0,1	kg	Parmesan
		Salz

- Feine Zwiebelwürfel zusammen mit dem Reis im Öl, ohne Farbe nehmen zu lassen, in flachem Gefäß glasig dünsten.
- Mit siedender Fleischbrühe auffüllen, mit Salz und einer gespickten Zwiebel würzen.
- Aufkochen, zudecken, in der Röhre oder am Herdrand etwa 20 min pochieren.

Die Fleischbrühe muss am Ende des Garvorganges vollständig vom Reis aufgenommen worden sein. Typisch ist die Verwendung von Öl.
Als **Qualitätsmerkmal** gilt bei uns allgemein die Körnigkeit. Zum Vollenden den Risotto mit der Fleischgabel lockern und mit geriebenem Parmesan und Butterflocken vermengen. Bei Verwendung eines speziellen italienischen Rundkornreises wird eine leicht breiige Konsistenz gewünscht.
Als **Geschmacksträger** eignen sich mitgedünstet Safran oder Pilze.

Kochreis

Risotto

Variationen von Risotto und Butterreis	
Risi-Pisi *risi-pisi / risi-pisi*	grüne Erbsen
Schinkenreis *au jambon / ham rice*	Kochschinkenwürfel
Curryreis *au curry / curry rice*	Currypulver
Tomatenreis *aux tomates / tomato rice*	Tomatenfleischwürfel
Gemüsereis *aux légumes / vegetable rice*	Schnittformen von Gemüse, auch Pilze
Pistazienreis *aux pistaches / pistacchio rice*	gehackte Pistazien
Reis Mailänder Art *milanaise / rice Milanesen style*	Risotto mit Safran, vermischt mit Reibkäse

Wildreis

Risotto: Mengenverhältnis Reis : Fleischbrühe im Allgemeinen 1 : 2,5

Milchreis — 🇫🇷 riz au lait 🇬🇧 rice pudding

Milchreis als **selbstständiges Gericht**

0,8	kg	Reis
2,5	l	Milch
0,3	kg	Zucker
0,08	kg	Butter
		Prise Salz, Vanille

- Milch mit Zucker, Butter, Vanille und einer Prise Salz aufkochen.
- Reis zugeben und etwa 30 min quellen lassen.
- Mit schäumender Butter, Zucker und Zimt anrichten.

Milchreis kann auch mit **Eigelb** und **Eiklarschnee verfeinert**, außerdem mit Dünstobst, Sirup oder Rosinen geschmacklich aufgewertet werden. Kalten Milchreis mit frischen Erdbeeren oder Fruchtsaucen kombinieren.

Milchreis

Ausgewählte Zutaten und daraus hergestellte einfache Speisen

Schnellkochreis
🇫🇷 *riz précuit*
🇬🇧 *pre-cooked rice*

Der Vorteil der Schnellkoch-Reiserzeugnisse liegt in der kurzen Zubereitungszeit und in der bei Einhaltung der Gebrauchsanweisung, insbesondere der Garzeiten, garantierten Qualität (Körnigkeit) der Erzeugnisse. Schnellkochreis lässt sich in der Zubereitung genauso variieren wie herkömmlich zubereiteter Reis.

Hülsenfrüchte- und Getreidebeilagen
🇫🇷 *lègumineuses et céréales*
🇬🇧 *pulse and cereals*

Hülsenfrüchtebeilagen sind **stark sättigende Beilagen**, die wegen des **Cellulosereichtums** (Nahrungsfasern) schwer verdaulich sind. Sie sind besonders bei rustikalen Gerichten, beispielsweise bei Schlachtspezialitäten, angebracht. Linsen eignen sich als Beilage für Wildspeisen, **Erbsenmus** insbesondere zu Schlachtspezialitäten, zu Eisbein oder Wellfleisch (Kesselfleisch). Getreidebeilagen aus Mais, Grünkern oder Gerste kommen stärker ins Angebot.

Vorbereitung: Das früher übliche Verlesen der Hülsenfrüchte zum Entfernen aller unerwünschten Fremdbestandteile erübrigt sich heute bei Qualitätsware, so dass nur noch mit Wasser gründlich zu waschen ist. **Erbsen** und **Bohnen** stets einweichen, Linsen dagegen uneingeweicht verarbeiten. Die **Einweichzeit** beträgt mindestens 3 Stunden. Das Einweichwasser enthält stets wasserlösliche Lebensmittelbestandteile wie Eiweißstoffe, Mineralstoffe und Vitamine und sollte möglichst weiterverwendet werden.

Portionsmenge für Beilagen 0,06–0,08 kg
Garzeiten: Linsen 50–90 min, Erbsen 60–120 min, Bohnen 120–150 min

Vollkornnudeln, Dinkel, Grünkern und Hafer als Zutaten für Beilagen

Erbsenmus
🇫🇷 *purée de pois secs*
🇬🇧 *puree of dried peas*

0,8 kg	grüne oder gelbe Trockenerbsen
0,15 kg	Schwarten *oder*
0,25 kg	Bauchspeck
0,1 kg	Zwiebeln
0,05 kg	Butter
	Salz, Gemüsekräuterbündel (Lauch, Möhre, Sellerie, Liebstöckel, Majoran, Lorbeer)

- Eingeweichte Erbsen mit Einweichwasser aufkochen, abschäumen.
- Schwarten oder Speck dazugeben, alles bei geringer Hitze garen.
- Nach etwa halber Garzeit das Gemüsebündel zugeben und eventuell etwas Wasser nachgießen. Bei Gar-Ende Gemüsebündel, Schwarten oder Speck entnehmen.
- Erbsen passieren, eventuell mit Flüssigkeit ausgleichen.
- Erbsenmus erwärmen und mit einer Mischung von gebratenen Speck- und Zwiebelwürfeln (panaché) abschmecken, in Butter gebräunte Zwiebeln darüber geben.

Erbsenmus lässt sich auch aus **frischen Erbsen** herstellen, dann eignet es sich, mit Butter und Sahne verfeinert, zu zarten Fleischspeisen, zum Füllen von Gemüse oder zu Eierspeisen.

1. Vergleichen Sie den ernährungsphysiologischen Wert von Speisen aus Vollkornreis mit denen aus poliertem Reis.
2. Nennen Sie drei wichtige Reisbeilagen und beschreiben Sie die unterschiedliche Herstellung.
3. Welche Speisen können durch Hülsenfrüchtebeilagen vorteilhaft ergänzt werden?
4. Beurteilen Sie den ernährungsphysiologischen Wert von Hülsenfrüchtebeilagen.
5. Beurteilen Sie die Möglichkeiten, bei Einsatz von Convenience-Erzeugnissen geschmacklich differenzierte Hülsenfrüchtebeilagen herzustellen.
6. Ermitteln Sie die benötigte Menge Teigwaren als Suppeneinlage für 28 Portionen.

Fleisch und Fleischspeisen

8.11 Fleisch und Fleischspeisen

🇫🇷 viande et mets de viande
🇬🇧 meat and meat dishes

Fleisch sind im lebensmittelrechtlichen Sinne alle **essbaren Teile von warmblütigen geschlachteten oder erlegten Tieren,** die für den menschlichen Verzehr bestimmt sind.

Zum Fleisch gehören neben dem Muskelfleisch alle anderen verzehrbaren Teile des Tieres wie Innereien, Speck, Fettgewebe, Blut, Därme sowie Knochen.
Im **weiteren Sinne** zählen nach der Begriffsbestimmung auch Geflügelfleisch und Wildbret dazu.
Im **engeren Sinne** wird unter Fleisch nur das **schiere (reine) Muskelfleisch** (Skelettmuskelfleisch) **der Schlachttiere** Rind, Kalb, Schwein und Schaf verstanden. Wird nur von Fleischbrühe, Fleischextrakt usw. gesprochen, sind üblicherweise stets Erzeugnisse aus Rindfleisch gemeint.

8.11.1 Zusammensetzung und Nährwert

Die Zusammensetzung von Schlachtfleisch (→ 346 ff.) kann recht unterschiedlich sein. Das schiere Muskelfleisch ist **sehr mager** (2 bis 5 % Fett). Fettreiche Stücke sind dagegen beispielsweise Speck (Speck, durchwachsen, 60 % Fett), Schweinehals, Rinderrippe oder Rinderbrust (13 bis 15 % Fett).
Kohlenhydrate in Form von Glycogen enthält lediglich ungereiftes Fleisch in geringem Maße (etwa 1 %). Bei der Fleischreifung (→ 191) entsteht daraus Milchsäure. Nur die Leber bildet eine Ausnahme, bei ihr kann der Glycogengehalt bis zu 10 % betragen.

Fleisch bildet in unserer Ernährung die wichtigste Quelle für **hochwertige Eiweißstoffe** (rund 20 %) mit den lebensnotwendigen (essentiellen) Aminosäuren.
Fettreiches Fleisch (z. B. Speck, Schweinebauch) wirkt sättigend und ist energiereich.
Hervorzuheben ist der Gehalt an Kalium und Eisen. Außerdem enthält Fleisch **Vitamine der B-Gruppe.**
Den Genusswert erhält Fleisch durch die vorhandenen Fleischbasen sowie durch die bei der Fleischreifung entstehenden freien Aminosäuren. In geringem Maße mit Fett durchwachsenes (marmoriertes) Fleisch bleibt nach dem Garen saftiger (z. B. gegrillter Schweinekamm) und zeichnet sich durch zarte Konsistenz und besonderen Wohlgeschmack aus.
Die **Verdaulichkeit** der Fleischspeisen hängt wesentlich vom Fettgehalt, von der Fleischbehandlung nach der Schlachtung (→ 191) sowie von der Zubereitungsart ab.

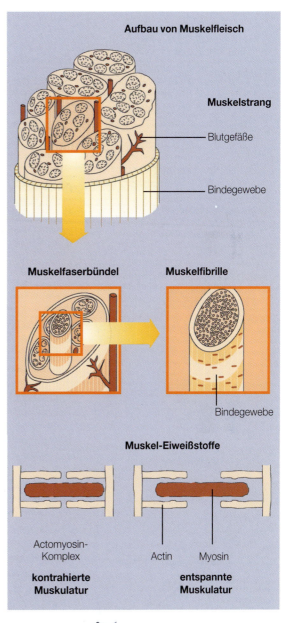

Schwermetallrückstände treten speziell in den Innereien von älteren Tieren (Rindern) auf. Tierarzneimittel-Rückstände können im Fleisch vorkommen, wenn die Züchter gesetzlich vorgeschriebene Arzneimittelmengen und Wartezeiten zum Abbau der Medikamente vor dem Schlachten nicht einhalten.

Ausgewählte Zutaten und daraus hergestellte einfache Speisen

8.11.2 Sorten, Qualität und Lagerung

Fleisch unterliegt einer strengen lebensmittelhygienischen Kontrolle. Dadurch wird nicht zuletzt die Qualität für den Verbraucher gewährleistet.

Schlachttiere

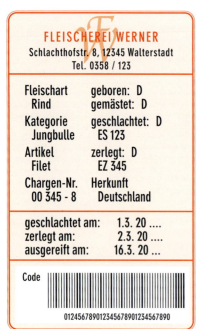

Kalb	Rind	Schwein	Schaf
3–9 Monate alt, bis 175 kg Schlachtgewicht, helles Fleisch, fettarm Ausschließlich mit Milch aufgezogene Vollmilchmastkälber haben beste Fleischqualität	Meist Jungbullen, 18–24 Monate alt, wenig Fett, rote Fleischfarbe Färsen (weiblich) und Ochsen (kastriert, männlich) 2,5–3 Jahre, mehr Fett, aber zart, feinfaserig und aromatisch	etwa 5 Monate alt, 90–100 kg Schlachtgewicht, hellrote Farbe Spanferkel bid 10 kg Schlachtgewicht, 4 Wochen alt, weich, zart	Lamm[1] bis 12 Monate alt, dunkelrot, Hammel, (kastriert) über 1 Jahr alt, rotes Fleisch

[1] Unterteilung in Milch- (bis 6 Monate) und Mastlämmer ist durch Angleichung innerhalb der EU entfallen.

Die Qualität hängt von der **Tierrasse**, dem **Alter** und dem Geschlecht der Schlachttiere sowie von der **Tierhaltung** (z. B. von der Fütterung) ab. Ebenso entscheidend für die Fleischqualität sind die **hygienische Behandlung** sowie das **fachgerechte Schlachten, Transportieren, Lagern und Verarbeiten**.

Qualitätsmerkmale
Aussehen: Die Fleischteile der verschiedenen Tierarten sind durch unterschiedliche Farbtöne und Strukturen gekennzeichnet. Unabhängig davon bestimmen Mastzustand – **Fleisch-Fett-Verhältnis** – und Wasseranteil das Aussehen mit.

Safthaltevermögen, Zartheit: Safthaltevermögen und Zartheit des Fleisches hängen von der Zuchtform und dem Alter, damit vom Eiweiß-Wasser-Verhältnis, vom Anteil an Bindegewebe sowie von Reifegrad und pH-Wert des Fleisches ab.

Geruch, Geschmack: Der Genusswert des Fleisches kommt durch die Entwicklung von Geruchs- und Geschmacksstoffen **bei der Zubereitung** zur Ausprägung. Bei rohem Fleisch achtet der Fachmann hauptsächlich auf den arteigenen Geruch, der auf Frische und hygienische Behandlung hinweist.

Fleischbeschau
Fleisch unterliegt der gesetzlich vorgeschriebenen Fleischbeschau. Die Untersuchung erfolgt durch amtlich bestellte Tierärzte und Fleischbeschauer. In den Handel gelangt ausschließlich für den menschlichen Genuss uneingeschränkt taugliches Fleisch. Die Fleischbeschau dient in erster Linie dem Verbraucherschutz. Durch die Untersuchungen wird ausgeschlossen, dass sich Tierkrankheiten auf den Menschen übertragen und unzulässig mit Schadstoffen belastetes Fleisch in den Handel kommt.

Das EU-Recht kennt nur noch drei Tauglichkeitsstufen:
Tauglich
Tauglich nach Behandlung
Untauglich

Fleisch und Fleischspeisen

Lagerung

Nach dem Schlachten muss das Fleisch zunächst reifen. Man nennt es auch Abhängen. Die **Reifungsdauer** hängt von der Fleischart und vom Fettgehalt ab. So benötigt fettreiches Fleisch kürzere Reifungszeiten als mageres Fleisch. Für Kurzbratstücke vom Rind sind traditionell längere Reifungszeiten üblich. Während der Fleischreifung verändert das Fleisch seine Eigenschaften: Es wird mürbe, zart, aromatisch und besser verdaulich (➔ Übersicht).

Veränderungen des Fleisches nach dem Schlachten

Fleischzustand	Fleischbestandteile Eiweißstoffe	Säure (pH-Wert)	Kohlenhydrate
Schlachtwarmes Fleisch (schlaff, verformbar, kräftig rot)	Actin Myosin	7,2 bis 7,0	Glycogen Glucose
Fleisch während der Muskelstarre (steif, dunkelrot)	Actomyosin-Komplex	5,6 bis 5,3	
Fleischreifung	Eigenenzyme: Abbau von Fleischeiweiß (freie Aminosäuren)	Säure: Quellung der Muskelfasern und des Kollagens	Fleischmilchsäure
Gereiftes Fleisch (mürbe, zart, aromatisch, gut verdaulich, blassrot)		pH-Wert steigt wieder, 6,0	

Was bedeutet BSE?

BSE (**B**ovine **S**pongiforme **E**nzephalopathie), als Rinderwahnsinn bekannt geworden, führt zu einer schwammartigen Veränderung der Rinderhirne. Befallen werden des Weiteren Knochenmark und Innereien. Von der Ansteckung bis zum Krankheitsausbruch vergehen mitunter viele Jahre. Erst nach dem Tod lässt sich diese bisher unheilbare Krankheit nachweisen.

BSE trat zuerst in Großbritannien auf, nachdem Tier- und Knochenmehl aus Schafskadavern (von Schafen, die an der Traberkrankheit verendet waren) an Rinder verfüttert worden war. Bisher sind der BSE Zehntausende von Rindern zum Opfer gefallen. Fälle von BSE gab es auch in Deutschland.

Vorbeugender **Gesundheitsschutz** ist unerlässlich, da sich die Übertragung von BSE auf den Menschen bestätigt hat. Gastronomen sollten über die **Herkunft, Fütterung** und **Zuchtmethoden** der verarbeiteten Schlachttiere vom Lieferanten glaubhaft informiert werden.

Beim angelieferten Fleisch (nicht über 7 °C) handelt es sich stets um gereifte Ware. In der Küche werden Fleisch und Fleischerzeugnisse bei Temperaturen zwischen 2 und 3 °C gelagert. Hygienebestimmungen bei Hackfleisch ➔ 196. **Frischfleischstücke** müssen an Fleischhaken gehängt werden, wobei sich die Fleischteile nicht berühren dürfen. **Kleinere Teile** können auch nach Sorten getrennt auf Blechen gelagert werden. Sie dürfen weder gestapelt noch mit Innereien und Pökelfleisch zusammengebracht werden.

Um Fleisch vor Gewichtsverlusten zu schützen, kann insbesondere Rind- und Kalbfleisch vakuumiert werden. Zusammen mit **Kühlen** verlängert **Vakuumieren** die Haltbarkeit.

> Fleischbezeichnung und Vakuumierdatum auf der Verpackung stets deutlich vermerken.

Rindfleisch

Kalbfleisch

Schweinefleisch

Lammfleisch

Ausgewählte Zutaten und daraus hergestellte einfache Speisen

Grundsätze der Fleischzerlegung

Für eine fachgerechte und wirtschaftliche Verwendung des Fleisches sind Zerlegung und Zuschnitt ausschlaggebend. Die Art der Zerlegung bestimmt maßgeblich den Anteil der wertvollen Kurzbratstücke, die Eignung für bestimmte Garverfahren und die unvermeidbaren Abschnitte.
Die Fleischzerlegung erfolgt in Deutschland allgemein nach den Richtlinien der DLG (Deutsche Landwirtschaftsgesellschaft).

 1 Schinken-Aufschnitt soll sich aus 6 Teilen Kochschinken, 2 Teilen Rollschinken und 5 Teilen Lachsschinken zusammensetzen.
Ermitteln Sie die Mengenanteile jeder Aufschnittart in Gramm auf einer Aufschnittplatte für 2 Personen, wobei je Person mit einer Aufschnittmenge von 200 g gerechnet wird.

2 Berechnen Sie die Rezeptur von Kalbsfrikassee (→ 194) für 4 Personen.
Der Fleischeinsatz verringert sich auf 180 g, alle anderen Rezepturbestandteile im entsprechenden Verhältnis. Erstellen Sie die neue Rezeptur für 10 Portionen.

3 Aus 2,75 kg Schweinefleisch mit 15 % Fett und aus 1,25 kg Schweinefleisch mit 65 % Fett wird Hackfleisch hergestellt.
Wie hoch ist der Fettanteil beim Hackfleisch in Prozenten?

4 Eine Rinderoberschale von 8,135 kg wird zerlegt. Dabei fallen 66 % Rouladenfleisch, 16 % Bratenfleisch und der Rest als Deckel für Rollbraten an.
Berechnen Sie die einzelnen Anteile in kg. Wie viele Rouladen zu 150 g bzw. zu 180 g können aus dem Rouladenfleisch geschnitten werden?

5 Ermitteln Sie mit Hilfe der Nährwerttabelle (→ 346 f.) oder der CD-ROM Küchenprofi den Energiegehalt in kJ von je 100 g magerem Schweinefleisch, Kalbsschnitzel, Hammelkotelett, Brathühnchen, Putenfleisch und Rehrücken (Rehfleisch).

6 Berechnen Sie den Energiegehalt in kJ von 150 g Tatar. Tatar (Hackfleisch aus der Rinderkeule) enthält 20 % Eiweißstoffe und 6 % Fett.

7 Eine Kalbskeule wiegt 12,3 kg und hat einen Knochenanteil von 23 %. Die ausgelöste Keule wird pariert; dabei fallen 8 % Abschnitte (Parüren) an. Berechnen Sie die Anzahl Portionen zu 200 g, die aus der Kalbskeule geschnitten werden können.

8 Ein Schweineschnitzel (siehe Nährwerttabelle → 346 f.) wiegt 125 g. Berechnen Sie den Eiweiß- und den Energiegehalt.

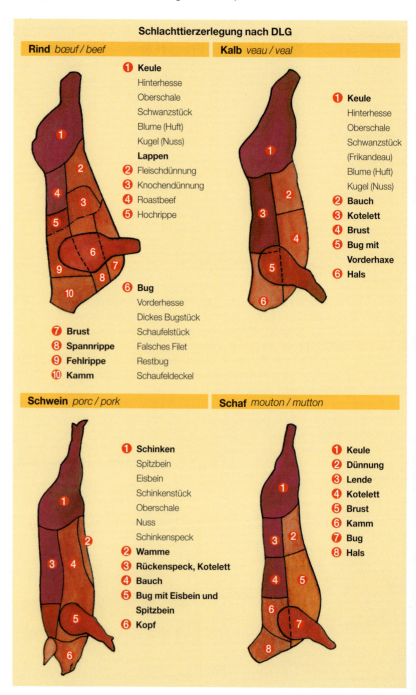

Schlachttierzerlegung nach DLG

Rind bœuf / beef
① Keule
Hinterhesse
Oberschale
Schwanzstück
Blume (Huft)
Kugel (Nuss)
Lappen
② Fleischdünnung
③ Knochendünnung
④ Roastbeef
⑤ Hochrippe
⑥ Bug
Vorderhesse
Dickes Bugstück
Schaufelstück
Falsches Filet
Restbug
Schaufeldeckel
⑦ Brust
⑧ Spannrippe
⑨ Fehlrippe
⑩ Kamm

Kalb veau / veal
① Keule
Hinterhesse
Oberschale
Schwanzstück
(Frikandeau)
Blume (Huft)
Kugel (Nuss)
② Bauch
③ Kotelett
④ Brust
⑤ Bug mit
Vorderhaxe
⑥ Hals

Schwein porc / pork
① Schinken
Spitzbein
Eisbein
Schinkenstück
Oberschale
Nuss
Schinkenspeck
② Wamme
③ Rückenspeck, Kotelett
④ Bauch
⑤ Bug mit Eisbein und Spitzbein
⑥ Kopf

Schaf mouton / mutton
① Keule
② Dünnung
③ Lende
④ Kotelett
⑤ Brust
⑥ Kamm
⑦ Bug
⑧ Hals

Fleisch und Fleischspeisen

Fleischwaren 🇫🇷 *produits de viande* 🇬🇧 *meats products*

Rohpökelwaren *produits de salaison crus* *raw cured meat*	**Kochpökelwaren** *produits de salaison cuits* *boiled cured meat*	**Spezialitäten** *spécialités* *specialities*
Schinken, Bündner Fleisch	Kochschinken	Kalte Braten, Pasteten

Rohpökelwaren

Wurstwaren 🇫🇷 *charcuterie* 🇬🇧 *sausages*

Deutschland gilt als das klassische Land der Wurstherstellung. Etwa 1 500 verschiedene Wurstsorten sind bekannt, wobei regional große Unterschiede festzustellen sind.

Der Fettgehalt der Wurstsorten kann sehr unterschiedlich sein. Angeboten werden ausgesprochen fettarme Sorten (Sülzwurst 5 bis 15 % Fett), andererseits kommen aber auch Erzeugnisse mit erheblichem Fettgehalt auf den Markt (Mettwurst 55 bis 65 % Fett).

Die vielen Wurstsorten lassen sich nach den grundlegenden technologischen Herstellungsunterschieden in drei Wurstarten einteilen: Kochwürste, Brühwürste und Rohwürste.

Kochpökelwaren

 **Kochwürste** *saucisses cuites* *boiled sausages*	 **Brühwürste** *saucisses échaudées* *cooked sausages*	**Rohwürste** *saucisses crues* *raw sausages*
Leberwurst, Blutwurst, Sülzwurst	Weiße Wurstware (ohne Nitritpökelsalz, z. B. Gelbwurst), Räucherware (z. B. Wiener), Halbdauerware (z. B. Krakauer)	Dauerware (z. B. Salami), streichfähige Ware (z. B. Teewurst)
Das Wurstbrät wird aus vorgegartem Fleisch und Speck, teilweise unter Zusatz von Blut, Innereien (auch roh) sowie Schwarten, hergestellt. Zusatz von Gewürzen und meist von Pökelsalz. Haltbar durch Erhitzen auf 85 °C sowie durch Räuchern.	Das Wurstbrät besteht aus rohem, möglichst schlachtwarmen Fleisch, Speck, Trinkwasser, Salz, meist Pökelsalz, und evtl. Kutter–Hilfsmitteln. Allgemein heiß geräuchert. Durch Erhitzen schnittfest.	Das Wurstbrät besteht aus rohem grob bis fein zerkleinertem Fleisch, Fett (Speck), Salz und Gewürzen. Zur Farbbildung, für Haltbarkeit und Geschmacksbildung Pökelsalz zugegeben. Durch Pökeln, Räuchern, Reifen und Trocknen haltbar.
Lagerdauer: gekühlt bis vier Tage (geräucherte Ware)	Lagerdauer: gekühlt bis vier Tage (geräucherte Ware)	Lagerdauer: gekühlt etwa sechs Monate, streichfähige Rohwurst drei Wochen

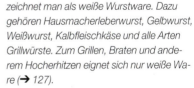
Spezialitäten

📌 Wurstwaren, die ohne Nitritpökelsalz (NPS) hergestellt werden, bezeichnet man als weiße Wurstware. Dazu gehören Hausmacherleberwurst, Gelbwurst, Weißwurst, Kalbfleischkäse und alle Arten Grillwürste. Zum Grillen, Braten und anderem Hocherhitzen eignet sich nur weiße Ware (→ 127).

1 Erklären Sie die biochemischen Prozesse bei der Fleischreifung.
2 Begründen Sie die Lagerbedingungen für Fleisch und Wurstwaren.
3 Beschreiben Sie die Qualitätsmerkmale von Frischfleisch.
4 Geben Sie eine Übersicht über die unterschiedlichen Fleisch- und Wurstwaren.
5 Beurteilen Sie den ernährungsphysiologischen Wert des Fleisches.

Ausgewählte Zutaten und daraus hergestellte einfache Speisen

8.11.3 Herstellung ausgewählter Fleischspeisen

Fleischbrühe — *bouillon ordinaire* / *bouillon / broth*

Die Fleischbrühe bildet die Grundlage für Suppen, helle Saucen, Eintöpfe und andere Speisen. Sie ist fettfrei und klar. Als **Qualitätsmerkmal** gelten des Weiteren ein kräftiger, aromatischer Geschmack. Überwürzen ist abzulehnen.

15	l	Wasser
8	kg	Rinderknochen, Parüren
4	kg	Rinderkochfleisch
0,05	kg	Salz
0,8	kg	Wurzelgemüse

Kräutersträußchen, Lorbeer, Nelken, Pfefferkörner, Thymian

- Rinderknochen sägen oder hacken, Parüren bereitstellen.
- Abwaschen, blanchieren, dann kalt abspülen.
- Rohstoffe kalt ansetzen, langsam erhitzen.
- Aufkochen, nicht wallend kochen. Evtl. Rinderkochfleisch zugeben.
- Kaltes Wasser zugeben, abschäumen.
- Salz und Gewürze zugeben, langsam während etwa 3 h weiterkochen; **Garpunkt des Kochfleisches beachten!**
- Wurzelgemüse zugeben. Wurzelgemüse, auch als Aromaten bezeichnet, etwa 45 min vor Gar-Ende zugeben; geeignet sind Zwiebeln, Möhren, Lauch und wenig Sellerie, auch geröstet zur besseren Farbgebung.
- Kräutersträußchen zugeben. Nachwürzen, passieren, degraissieren.

Wichtige Suppeneinlagen					
Eier	**Fleisch**	**Gemüse**	**Reis**	**Teigwaren**	**Weißbrot**
Eierstich	Klößchen	Würfel	Risotto	Nudeln	Croûtons,
Eigelb	Streifen	Streifen	Risi Pisi	Taschen	Käse-
Eierflocken	Würfel	Blättchen	Kochreis		Croûtons

Kalbsfrikassee — *fricassée de veau* / *veal fricassee*

2	kg	Kalbsbug
0,15	kg	Zwiebeln
0,1	kg	Butter oder Margarine
0,07	kg	Weizenmehl
2	l	Kalbsbrühe oder Bouillon
0,2	l	Weißwein
3		Eigelb
0,3	l	Sahne

Kräutersträußchen, Salz, Zitrone

- Zwiebeln und Kalbfleischwürfel von je etwa 40 g (bei 200 g Portionsgewicht 5 Würfel) in Fett dünsten.
- Entstehenden Dünstfond reduzieren, Mehl anstäuben.
- Mit Brühe auffüllen, aufkochen, Salz und Kräutersträußchen zugeben.
- Fleisch behutsam fertig garen, vor Gar-Ende Weißwein zugießen.
- Gare Fleischwürfel ausstechen.
- Sauce passieren, mit Liaison aus Eigelb und Sahne legieren.
- Mit Salz und Zitrone abschmecken.
- Gegarte Brokkoli und Möhrenstifte gefällig umlegen.

Fleisch und Fleischspeisen

Wiener Schnitzel

🇫🇷 *escalope viennoise*
🇬🇧 *escalope Viennese style*

Serviert werden je 2 Schnitzel mit ➔ Wiener Panierung 115. Dazu Bratkartoffeln, Zitrone und grüne Salate. Bei panierten Schnitzeln liegt der Garverlust nur bei 5 bis 8 %.

1,5	kg	Kalbsschnitzel (je 2 zu 75 bis 100 g)
0,5	kg	Reibebrot
5		Eier
0,15	kg	Weizenmehl
0,4	kg	Butterreinfett
		Salz, Pfeffer, Zitrone

- Fleisch rechtzeitig aus dem Kühllager entnehmen.
- Quer zur Faser portionieren, plattieren (➔ 110), panieren (➔ 116).
- Rösch braten oder in Butterreinfett schwimmend garen, auf Küchenkrepp abtropfen, anrichten.

Rinderrouladen
🇫🇷 *paupiettes de bœuf*
🇬🇧 *beef paupiettes*

1,5–1,8	kg	Rindfleisch (➔ Oberschale 192)
0,15	kg	Zwiebel
0,15	kg	Gewürzgurke
0,15	kg	Speck
0,1	l	Speiseöl
0,2	kg	Tomatenmark
0,1	kg	braune Mehlschwitze
1,5	l	brauner Fond
		Salz, Pfeffer, Senf

- Gleich schwere Fleischscheiben schneiden, plattieren (➔ 110).
- Auf Arbeitsplatte auflegen, würzen, mit Senf bestreichen.
- Zwiebelscheiben, Gurkenstreifen und Speckstreifen darauf legen.
- Fleisch rollen, in gefetteten Gareinsatz eng nebeneinander legen.
- Im Konvektomaten (➔ 129) oder in der Bratröhre anbraten.
- Mit braunem Kalbsfond auffüllen, Tomatenmark zugeben, fertig garen.
- Rouladen herausnehmen, Schmorfond mit brauner Mehlschwitze binden, gut durchkochen, pikant abschmecken, passieren.

Schaschlik

🇫🇷 *brochette*
🇬🇧 *shashlik*

Schaschlik entstammt der **tatarischen Küche**. Ursprünglich wurden auf Holzspieße aufgereihte **Hammelfleischstücke mit Innereien** (Niere, Leber, Herz) und Speck sowie Zwiebeln gegrillt oder gebraten. Heute werden **Fleischspieße** mit Schweine-, Kalb- und Rindfleisch hergestellt. Garverlust 25–30 %. Der Fleischanteil muss mindestens $2/3$ betragen. Eindeutige Kennzeichnung ist erforderlich, z. B. Rinderfiletspieß oder Schaschlik vom Lamm.

1,5	kg	Schweinekeule
0,35	kg	Zwiebeln
0,35	kg	Rauchspeck
		Salz, Pfeffer, Speiseöl

- Fleisch in Scheiben schneiden, plattieren und dann in Stücke schneiden.
- Gulaschgroße Würfel von der Schweinekeule abwechselnd mit Zwiebelstücken, Rauchspeckstücken, auch mit Gewürzgurke oder rotem Gemüsepaprika bestecken.
- Mit Öl einpinseln, grillen, pfeffern, salzen.
  Fleischspieße ergänzen mit Paprikasauce, Ketchup, frittierten Kartoffelvariationen, Reisbeilagen und Frischkostsalaten.

Ausgewählte Zutaten und daraus hergestellte einfache Speisen

Schinkenteller
🇫🇷 *assiette de jambon*
🇬🇧 *ham plate*

Regional unterschiedlich können dafür verschiedene Schinkenarten verwendet werden, auch Schwarzwälder Schinkenspeck, Katenschinken, Parma-Schinken usw. Parma-Schinken wird typisch kombiniert mit Melone.

0,5 kg	Lachsschinken
0,5 kg	Kochschinken
0,5 kg	Rollschinken

- Schinken in dünne Scheiben schneiden und gefällig auf einer Holzplatte mit Melone anrichten.
- Mit Sahnemeerrettich, Mixed Pickles, Landbutter und Bauernbrot servieren.

Brötchen mit Schweinehackfleisch
🇫🇷 *petit-pain à la viande de porc hachée*
🇬🇧 *rolls with minced meat*

Die traditionelle Imbiss-Speise wird je nach Region als Hackepeter-Brötchen, Schweinemett-Brötchen, Thüringer-Mett-Brötchen oder Brötchen mit Schweinegehacktem bezeichnet.
Hackfleischbrötchen werden aus selbst durchgelassenem Schweinefleisch nach Bedarf frisch hergestellt. Bis zu 35 % Fettanteil gelten als verkehrsüblich. In Verkaufseinrichtungen (Verkaufstheken, Vitrinen) sind diese Hackfleischartikel abgedeckt und gekühlt anzubieten. Selbstbedienung auch im Automatenverkauf ist nicht erlaubt.

§ *Schabefleisch aus entsehntem Skelettmuskelfleisch des Rindes, fein gewolft, ungewürzt, auch als **Tatar** bezeichnet. Verkehrsüblich ist ein Fettgehalt von 6 %. Der Name Schabefleisch weist auf die frühere Herstellung durch Abschaben vom Rinderfilet hin.*

0,7 kg Schweinekeule grob pariert
- Fleisch grob wolfen, mit Pfeffer, Salz, gehacktem Kümmel und feinen Zwiebelwürfelchen vermengen.
- Auf Brötchenhälften dick auftragen, ggf. darunter Butter streichen.
- Garnieren mit Gewüzgurke, Mixed Pickles u.Ä.

Hackfleischerzeugnisse sind ganz oder teilweise rohe, zerkleinerte Fleischerzeugnisse, u.a. Schabefleisch (bis 6 % Fett), Hackepeter (bis 35 % Fett), zubereitetes Mett, Brät, rohe Fleischspieße, geschnetzeltes oder gesteaktes Fleisch, die den strengen Bestimmungen der Hackfleisch-Verordnung unterliegen:
Hackfleischerzeugnisse dürfen in der gewerblichen Küche nur zum Zwecke verzehrfertiger Speisen hergestellt oder behandelt werden.
Voraussetzung für die Herstellung ist eine vom Gastraum räumlich abgetrennte Küche, die den Anforderungen der Hygieneverordnung (→ 85 f.) entspricht.

Hackfleisch nur frisch zum **unmittelbaren Verbrauch** zubereiten und nicht selbst einfrieren.
Geräte zur Zerkleinerung von Hackfleisch täglich zweimal gründlich reinigen. Bis zum Verbrauch nicht über +4 °C lagern, beim Angebot in gekühlter Schautheke sind kurzfristig bis +7 °C erlaubt.

196

Fisch und Fischspeisen

8.12 Fisch und Fischspeisen

🇫🇷 *poisson et mets de poissons*
🇬🇧 *fish and fish dishes*

Fische sind **wechselwarme** (Körpertemperatur passt sich der Umgebungstemperatur an) **durch Kiemen atmende Wirbeltiere**. Nach dem Lebensraum lassen sich **Süßwasserfische** und **Seefische (Salzwasserfische)** unterscheiden. Letztere werden in Rund- und Plattfische unterteilt.

8.12.1 Zusammensetzung und Nährwert

Fisch gehört neben dem Fleisch zu den wichtigen **Eiweißlieferanten** in der menschlichen Nahrung (→ 17 f). Nach dem Fettgehalt ist zwischen **Magerfisch** und **Fettfisch** zu unterscheiden. Im Gegensatz zu Schlachtfleisch enthält Fisch wenig Bindegewebe und braucht dadurch nur kurze Garzeiten.

Fisch ist ein wertvolles Nahrungsmittel, da er **biologisch hochwertiges Eiweiß** (bis 20 %), Lecithin sowie die Mineralstoffe Iod (Seefisch), Eisen und Phosphor enthält. Fisch enthält Vitamin B, Fettfisch zusätzlich die fettlöslichen Vitamine A und D. Hervorzuheben ist der Gehalt an mehrfach ungesättigten Fettsäuren (Omega-3-Fettsäuren) verschiedener Fettfische (Fett bis 26 %). Bei entsprechender Zubereitung sind Fischspeisen gut verdaulich. Die gute Verdaulichkeit liegt auch im Mangel an Bindegewebe begründet.

8.12.2 Sorten, Qualität und Lagerung

Frischfisch erkennt man am frischen Geruch, an den klaren und glänzenden Augen sowie an den dunkelrosa bis hellroten Kiemen. Die Schuppen sollten glatt sein und fest anliegen. Frischer Fisch zeichnet sich durch Festigkeit und Elastizität aus. Beim Berühren bleibt kein Abdruck zurück. Braune oder graurote Kiemen deuten auf Überlagerung hin, ebenso Ammoniakgeruch. Das geronnene Blut im Innern darf sich noch nicht schwarzbraun verfärbt haben.
Wegen des geringen Bindegewebsanteils und des hohen Wassergehaltes verdirbt Frischfisch leicht. Nach dem Einkauf sollte Frischfisch sofort der Verpackung entnommen werden. Im abgedeckten Lagergefäß hält er sich bei Kühllagerung (im Eis oder max. +2 °C) etwa einen Tag. Die Gesamtlagerzeit ab Fang beträgt 10 – 18 Tage.

Süßwasserfisch, frisch gefangen und vorbereitet, kann anschließend gefrierkonserviert werden.
Seefisch liefert der Handel meist fangfrisch tiefgefroren und garfertig an. Dadurch wird eine gute Qualität gewährleistet. Bei garfertigem Fisch entfällt Vorbereitungsaufwand.
Frisch angelieferter **Seefisch** darf keinesfalls eingefroren werden. Die Qualität des zuvor kühl gelagerten Frischfisches fiele dadurch weiter ab.
Muscheln und Krebse enthalten wie Fische ein hochwertiges, aber noch leichter verderbliches Eiweiß (16 bis 22 %). Um die Qualität zu sichern, empfiehlt es sich, diese Rohstoffe möglichst lebend einzukaufen.

---

*Auf die Frage, warum **Eskimos** keine Herz-Kreislauf-Erkrankungen kennen, verweisen Ernährungswissenschaftler auf die besondere Ernährung mit Fischen (Sardinen, Heringe, Makrelen, Lachs) sowie mit Wal- und Robbenfleisch. Diesen fettreichen tierischen Lebensmitteln ist ein hoher Gehalt an hoch ungesättigten Fettsäuren gemeinsam. Ungesättigte Fettsäuren wirken der Arteriosklerose (Verkalkung) entgegen und können damit Herz-Kreislauf-Erkrankungen verhindern helfen (Omega-3-Fettsäuren → 13). Insbesondere dem **Lachsöl** schreibt man eine besondere diätetische Bedeutung in der Ernährung zu.*

Fische weisen mitunter einen erheblichen Schadstoffgehalt, insbesondere an Quecksilber, auf. Als überdurchschnittlich belastet gelten u.a. Haifisch, Thunfisch und Heilbutt. Auch Muscheln können zum Teil in bedenklichem Maße Schadstoffe enthalten. Weniger belastet sind Heringe, Makrelen, Seehechte, Schollen.

1 Nennen Sie Merkmale von Frischfisch.
2 Zählen Sie Fische auf, die als Edelfische bezeichnet werden. Begründen Sie diese Qualitätsangabe.
3 Erklären Sie den Begriff grüner Hering.
4 Warum sollten Muscheln und Krebse möglichst lebend eingekauft werden?
5 Beurteilen Sie den ernährungsphysiologischen Wert von Fischspeisen. Vergleichen Sie diesen mit demjenigen von Schlachtfleischspeisen.
6 Nennen Sie die Lagerbedingungen für Frischfisch.
7 Erläutern Sie die Vorteile der Verwendung von gefrorenem Seefisch.

Ausgewählte Zutaten und daraus hergestellte einfache Speisen

Seefische

Fischart / Seefisch	Merkmale / Verwendung	Fischart / Seefisch	Merkmale / Verwendung
Hering *hareng* *herring*	Meistgefangener Fisch mit blaugrün-silbern schimmerndem Körper, etwa 24 cm lang, zartes, fettreiches Fleisch. Frisch gefangen, unbehandelt als grüner Hering bezeichnet, da Kiemendeckel grünlich schimmern. Fischfilet, Räucherfisch, Fischmarinade, Salzfisch	**Seelachs** *lieu noir, colin noir* *saithe*	Dem Kabeljau sehr ähnlich, dunkler Rücken, Seitenlinie hell, bis 120 cm lang, graurötliches, festes, fettarmes Fleisch Fischfilet, Lachs-Ersatz
Kabeljau (Dorsch) *cabillaud, morue fraîche* *cod (fish)*	Braune bis olivfarbene Tupfen, Seitenlinie hell. Bis 150 cm lang, helles, zartes, mageres Fleisch. Nicht geschlechtsreifer Kabeljau und Ostseekabeljau werden als Dorsch bezeichnet. Dorsch hat weißes, lockeres, lamellenartiges Fleisch Frisch- und Gefrierfisch, ganz, geteilt, filetiert, Fischstäbchen	**Seezunge** *sole* *sole*	Edelfisch, Außenseite dunkelgrau, zungenförmig gestreckt, bis 60 cm lang, ausgezeichnetes, festes, schneeweißes Fleisch; Vorkommen: Nordsee und Atlantik. Ganz und filetiert, mit oder ohne Haut
Makrele *maquereau* *mackerel*	Raubfisch, silberfarbig-blau mit schwarzen Querstreifen. Graues, festes, faseriges, fettreiches, wohlschmeckendes Fleisch. Räucherfisch, Vollkonserve	**Steinbutt** *turbot* *turbot*	Edelfisch, bis 1 m lang und 5 kg schwer, Oberseite mit kieselsteinartigen Erhöhungen, weißes festes, sehr wohlschmeckendes Fleisch; Vorkommen: Nordsee und Nordatlantik. Frischfisch
Rotbarsch *sébaste, rascasse du Nord* *redfish, Norway haddock, ocean perch (USA)*	Tiefseefisch von ziegelroter Farbe, 40 bis 60 cm lang. Rückenflosse mit Dornen, festes, wohlschmeckendes Fleisch. Fischfilet, Räucherfisch	**Thunfisch** *thon* *tuna, tunny (USA)*	Raubfisch, 200 bis 500 kg schwer, rötliches, fettreiches Fleisch, kalbfleischähnlich schmeckend; kommt im Mittelmeer, im Atlantik und im Japanischen Meer vor. Räucherfisch, Vollkonserve
Scholle (Flunder, Goldbutt) *carrelet, plie (flet, carrelet/plie)* *plaice (flounder, butt/ white fluke, plaice)*	Außenseite graubraun mit gelben Punkten, glatte Haut, bis 60 cm lang, weißes, mittelfettes, schmackhaftes, festes Fleisch, beste Qualität „Maischolle"; Vorkommen: Ostsee und Nordatlantik. Frisch- und Gefrierfisch, insbesondere als Filets	**Seehecht** *merlu, merluche, merluchon* *colinet hake, merluce, sea luce sea pike, silver hake (GB)*	Raubfisch, bis 10 kg schwer, oben graubraun mit schwarzen Punkten, gelblich weißes, zartes, fettarmes Fleisch. Frisch- und Gefrierfisch geteilt und filetiert

Seit 2002 sind bei Fischen EU-weit neben der Handelsbezeichnung auch Angaben über die Produktionsmethode und das Fanggebiet vorgeschrieben.

Fisch und Fischspeisen

Süßwasserfische

Fischart / Süßwasserfisch	Merkmale / Verwendung	Fischart / Süßwasserfisch	Merkmale / Verwendung
Karpfen *carpe* carp	Vorwiegend als Spiegelkarpfen mit wenig Schuppen, bevorzugt mit etwa 1,5 kg verwendet, zartes, saftiges, wohlschmeckendes, mittelfettes Fleisch; Vorkommen: Teiche und Seen, vorwiegend lebend gehandelt. Frischfisch „blau" zubereitet, Räucherfisch	**Lachs** *saumon* salmon	Wanderfisch, Raubfisch, bis 1,5 m, lang gestreckt, mit kleiner Fettflosse, rötliches, festes, wohlschmeckendes, fetthaltiges Fleisch; Vorkommen: Nordatlantik, Ostsee, Skandinavien, Sibirien, auch gezüchtet. Frischfisch, Lachskotelett, Konserve, Räucherfisch, Lachsöl
Aal *anguille* eel	Schlangenförmiger Wanderfisch, bis 1,5 m lang, wohlschmeckendes, festes, zartes, fettes und gelierfähiges Fleisch; Vorkommen: Binnengewässer und Ostseeküste. Frischfisch, Räucherfisch, Geleeerzeugnisse	**Forelle** *truite* trout	Bach- und Regenbogenforelle, bevorzugt als Portionsfisch von 0,2 bis 0,25 kg verwendet, schlanker, mit Punkten besetzter Körper, weißes bis rötliches, wohlschmeckendes, mittelfettes Fleisch; Forellenwirtschaften, meist lebend gehandelt. Frisch- und Gefrierfisch, ganz und filetiert, Räucherfisch

8.12.3 Herstellung ausgewählter Fischspeisen

Speisefisch wird lebend frisch, gekühlt oder tiefgefroren verarbeitet. Fisch lässt sich schnell und vielseitig zubereiten. Insbesondere Magerfisch eignet sich als Rohstoff für verschiedene Kostformen (→ leichte Vollkost 64).

Fisch blau — poisson au bleu / fish au bleu

10	Forellen oder Schleien bzw. 5 kg Karpfen
5 l	Wasser
0,6 l	Essig (5 %)
	Salz, Zwiebeln, Petersilienstiele, Möhren

- Frisch geschlachteten Karpfen unter Wasser ausspülen, nicht schuppen.
- Essigwasser mit Salz, Gemüse sowie Lorbeerblatt aufkochen.
- Fischfond relativ stark mit Salz und Essig würzen.
- Fisch in siedenden Fond einlegen und langsam gar ziehen lassen.

Forellenfilets in Mandelhülle — filets de truite aux amandes / trout fillets covered with almonds

2 kg	Forellenfilets
0,15 kg	Weizenmehl
2	Eier
0,4 kg	geklärte Butter (Butterreinfett)
0,4 kg	Mandelblättchen
	Salz, weißer Pfeffer, Zitrone

- Forellenfilets würzen, mehlieren, durch zerquirltes Ei ziehen, in Mandelblättchen wenden.
- Filets in heißer Butter auf beiden Seiten kurz braten.

199

Ausgewählte Zutaten und daraus hergestellte einfache Speisen

Gebratene Heilbuttschnitte mit Kräuterbutter
🇫🇷 escalope de flétan au beurre aux fines herbes
🇬🇧 halibut escalope with herb butter

2	kg	Heilbutt
0,15	kg	Mehl
0,2	l	Speiseöl
0,2	kg	Kräuterbutter (→ 174)
		Salz, weißer Pfeffer, Zitrone

- Heilbuttfilet säuern, würzen, salzen und mehlieren.
- In heißem Öl auf beiden Seiten braten.
- Auf vorgewärmter Platte anrichten, eventuell mit Kräuterbutter auf Zitrone oder Salatblatt anrichten.

Kabeljaufilet Müllerinart
🇫🇷 filet de cabillaud meunière
🇬🇧 cod fillet meuniere

2	kg	Kabeljaufilet (Rotbarsch, Seelachs)
0,15	kg	Weizenmehl
0,3	kg	geklärte Butter (Butterreinfett)
0,1	kg	Petersilie
0,3	kg	Zitrone
		Salz, Pfeffer, Worcestershire-Sauce

- Fischfilet portionieren, marinieren, würzen, mehlieren und in heißer Butter beidseitig kurz braten.
- Fisch anrichten, mit 3 Zitronenscheiben belegen, gehackte Petersilie auf den Zitronenscheiben verteilen, auch mit frittierter Petersilie garnieren.
- Mit etwas Salz und Worcestershire-Sauce würzen, zum Schluss heiße Butter über die Petersilie gießen.

Heringssalat
🇫🇷 salade de hareng
🇬🇧 herring salad

1	kg	Matjeshering
0,3	kg	Äpfel
0,3	kg	Zwiebeln
0,3	kg	Gewürzgurken (Glas 850 ml)
0,2	kg	Mayonnaise
		Salz, Pfeffer, Zucker, Essig

- Matjeshering in Würfel schneiden.
- Äpfel, Zwiebeln und Gewürzgurken ebenfalls in gleich große Würfel schneiden und alles vermengen. Mit Mayonnaise anmachen.
- Salat pikant mit Salz, Pfeffer, Zucker und Essig abschmecken.
- Mit Radieschen, Gewürzgurke und gehackten Kräutern oder im Apfelring anrichten.

1. Forellen mit einem Durchschnittsgewicht von 350 g werden blau zubereitet. Der Kilopreis für Forellen beträgt 7,60 €.
   Berechnen Sie den Materialpreis für 1, 4 und 10 Portionen.
2. Für ein Essen werden 12 Portionen Rotbarsch zu je 200 g servierfähig benötigt. Der Zubereitungsverlust wird mit 23 %, der Putzverlust mit 34 % berechnet. Wie viel kg Rotbarsch müssen angefordert werden?
3. Für eine Fischspeise werden 6,5 kg Kabeljaufilet verarbeitet. Der Filetierverlust betrug 45 %.
   Wie viele tischfertige Portionen zu 200 g können hergestellt werden, wenn der Dünstverlust 12 % beträgt?
4. Für Fischfilets werden folgende Garverluste veranschlagt:
   Kurzbraten 27 bis 30 %
   Frittieren (paniert) 5 bis 7 %
   Grillen 29 bis 32 %
   Berechnen Sie die Portionsmenge des gegarten Fisches bei einem Mengenansatz von 200 g.
5. Die Rezeptur für Heringssalat (s. o.) soll für 4 Portionen berechnet werden.
6. Stellen Sie die Rezeptur für Forellenfilets in Mandelhülle auf, die der Verwendung von 10 kg Forellenfilets entspricht.
7. Vergleichen Sie den Eiweißgehalt von 200 g Forelle mit demjenigen von 200 g magerem Rindfleisch (→ 346ff).

200

9 Beurteilung der Speisen und ihrer Herstellung

🇫🇷 *analyse des mets et de leur préparation*
🇬🇧 *analysis of dishes and their preparation*

9.1 Technologischer Prozess

🇫🇷 *procès technologique*
🇬🇧 *technologic(al) process*

Die **Qualität der Zutaten** ist eine notwendige Voraussetzung für die spätere Speisenqualität. Deshalb steht am Anfang des technologischen Prozesses ein überlegter Einkauf auf der Grundlage der Speisenplanung.
Neben ernährungsphysiologischen, betriebswirtschaftlichen, hygienischen, arbeitsschutzmäßigen und ökologischen Überlegungen gelten im technologischen Prozess vorrangig fachliche Gesichtspunkte.

Ernährungsphysiologie	Hochwertige Zutaten, Frische, schonende Garverfahren, Erhaltung der Nährstoffe, kurze Lagerzeiten
Betriebswirtschaft	Kosten, Energie- und Wasserverbrauch, Convenience-Erzeugnisse, Nutzung vorhandener Technik, rezepturgerechtes, kalkulationsgerechtes Arbeiten, Teamarbeit (zweckmäßige Arbeitsteilung)
Hygiene	HACCP, Gewährleistung der Produkt-, der Betriebs- und der persönlichen Hygiene (→ 81 ff).
Arbeitssicherheit, Ökologie	Einhaltung von → Sicherheitsvorschriften, Vorschriften hinsichtlich Verpackung, Lebensmittelabfällen, Abfälle sortieren, Erzeugnisse aus ökologischem Anbau verwenden
Fachwissen	Hat das Personal die handwerklichen Fähigkeiten und wendet es gastronomische Grundsätze an?

9.2 Verzehrfertige Speise

🇫🇷 *mets prêt à la consommation*
🇬🇧 *ready-to-eat dishes*

Qualität kennzeichnet Güte und Wert einer verzehrfertigen Speise. Zur Beurteilung werden **Eigenschaften und Merkmale** herangezogen, die für die jeweilige Speise charakteristisch sind. Dazu zählen neben sensorischen Eindrücken insbesondere Genusswert, ästhetischer Eindruck und Nährwert. Die Speise muss die verkehrsüblichen Bestandteile aufweisen. So wird ein Mindestgehalt von **wertbestimmenden Bestandteilen** verlangt.

Kulinarischer Wert	Aussehen (Form), Geruch, Geschmack, Konsistenz, Verzehrtemperatur, Portionsgröße, Art des Service, Individualität der Speisen
Hygiene	Sauberkeit des Geschirrs, des Anrichtens, die Speise muss gesundheitlich unbedenklich sein
Bezeichnung	Korrekte und verständliche Bezeichnungen, richtige Schreibweise von fremdsprachlichen Ausdrücken
Recht	Klarheit, Wahrheit der Bezeichnungen

Sensorische Proben
Die Proben beziehen sich auf die Bewertung durch Augen, Nase, Zunge und durch Tasten.
Geschmacksqualitäten: salzig, süß, bitter, sauer
6 Aromaklassen: würzig, blumig, fruchtig, harzig, faulig, brenzlig
In Ausnahmefällen können auch chemische oder mikrobiologische Prüfverfahren herangezogen werden (→ 45).

Beurteilung der Speisen und ihrer Herstellung

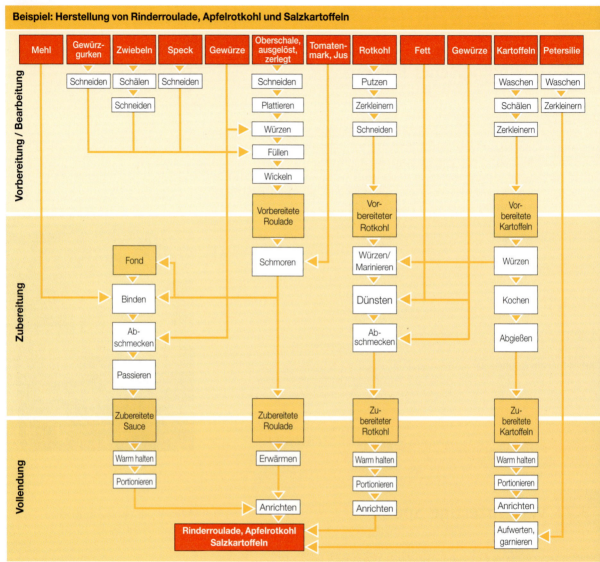

1 Stellen Sie eine Variation des Gerichts nach regionalen Verzehrgewohnheiten zusammen.
2 Informieren Sie sich mit Hilfe eines Küchen-Lexikons über die Herstellung der gewählten Variation.

Variationen von Rinderroulade, Apfelrotkohl und Salzkartoffeln:

Rinderroulade (→ 195)
in Rotweinsauce
mit Hackfleischfüllung
mit Sauerkrautfüllung
ungarische Art

**Rotkohl (→ 155)
und andere
Gemüsebeilagen**
Berliner Art
deutsche Art
elsässische Art
russische Art
westfälische Art
außerdem
Möhren (→ 155)
grüne Erbsen (→ 155)
Schwarzwurzeln

Kartoffeln und andere Sättigungsbeilagen
Petersilienkartoffeln
Kartoffelbrei (→ 148)
Dampfkartoffeln (→ 124)
Kartoffelkroketten
außerdem
Makkaroni, Nudeln (→ 185)
Spätzle
Klöße

202

9.3 Kontrollverfahren zur Gewährleistung der Speisenqualität

Zählen, Messen und **Wiegen** sind grundlegende Kontrollverfahren zur Einhaltung von Speisenqualität und -quantität, insgesamt zur Gewährleistung der Wirtschaftlichkeit eines Gastgewerbebetriebes.
Die Mengenbestimmung hat Bedeutung für den gesamten technologischen Prozess der Speisenzubereitung.

Warenannahme	Lagern	Vorbereiten	Zubereiten	Angebotsgestaltung
Zählen		Messen		Wiegen
Liefermengen	Lagerbestände, Lagerklima	Rezeptur-mengen	Portionsmengen Rezepturen Temperaturen	Angebotsmengen Kalkulationen

Als **Arbeitsgeräte** werden Waagen, Tabellen, Messbecher und Rechner benötigt.

Größen
Beim Rechnen in der Fachpraxis werden fast ausschließlich mathematische Größen verwendet. Darunter sind die **Messzahl** (Zahlenwert, z. B. 9,10) zusammen mit der **Maßeinheit** (z. B. Euro) zu verstehen.
Als Maßeinheiten dienen Grundeinheiten (z. B. Meter, Kilogramm), die interntional einheitlich sind (Système International d'Unités – Internationales Einheitensystem SI). Diese Einheiten können als *Teile* (z. B. Zentimeter) oder als *Vielfaches* (z. B. Kilometer) verwendet werden.

Tischwaagen

Teile und Vielfache der Grundeinheiten

Teile der Grundeinheit	Zahl	Symbol	Vielfaches der Grundeinheit	Zahl	Symbol
Zehntel	0,1	d (Dez)	Zehnfaches	10	dk (Deka)
Hundertstel	0,01	c (Zenti)	Hundertfaches	100	h (Hekto)
Tausendstel	0,001	m (Milli)	Tausendfaches	1000	k (Kilo)
Millionstel	0,000 001	μ (Mikro)	Millionenfaches	1 000 000	M (Mega)
Milliardstel	0,000 000 001	n (Nano)	Milliardenfaches	1 000 000 000	G (Giga)

Messen der Kerntemperatur

In der Gastronomie sind als Maßeinheiten besonders verbreitet: Kilogramm, Gramm, Liter, Hektoliter, Deziliter, Zentiliter, Stück, Bund, Meter, Stunden.

Gewichte
Jede **Kalkulation, Nährstoff- oder Energieberechnung** beruht auf genauen Gewichtsangaben.
In der Umgangssprache spricht man allgemein von Gewicht, meint jedoch eigentlich Masse. Das Gewicht ist in Abhängigkeit von der Erdbeschleunigung auf der Erde veränderlich, die Masse dagegen bleibt stets konstant. **Die Grundeinheit für die Masse ist das Kilogramm.** Davon abgeleitet werden Massen in Gramm, Milligramm oder Tonnen gemessen.

 Umrechnung der Gewichtseinheiten
Umrechnungszahl 1000
1 t = 1000 kg = 1 000 000 g = 1 000 000 000 mg
1 kg = 1000 g = 1 000 000 mg
1 g = 1000 mg

Beurteilung der Speisen und ihrer Herstellung

Projektorientierte Aufgabe
Rinderroulade, Apfelrotkohl und Salzkartoffeln

1 **Kalkulation**
25 Portionen des genannten Gerichts sollen hergestellt werden.
1.1 Schreiben Sie sich die erforderlichen Rezepturen mit Hilfe des Lehrbuches auf.
1.2 Rechnen Sie die Rezepturen (→ 155, 195) auf die erforderlichen 25 Portionen um.
1.3 Kalkulieren Sie die Portionsmengen nach den Richtlinien Ihres Ausbildungsbetriebes.

2 **Herstellung**
2.1 Nennen und begründen Sie Vorbereitungsarbeiten, wenn frische Zutaten verwendet werden sollen.
2.2 Nennen und begründen Sie die erforderlichen Zubereitungsverfahren und die Gargeräte.
2.3 Beschreiben Sie den zeitlichen Ablauf, wenn das Gericht aus frischen Zutaten um 11 Uhr ausgabefertig sein soll.
2.4 Überlegen Sie, welche frischen Zutaten gegen Convenience-Erzeugnisse ausgetauscht werden können.
2.5 Beschreiben Sie Möglichkeiten, wie die vorgeschlagenen Convenience-Erzeugnisse abwechslungsreich und kulinarisch anspruchsvoll verarbeitet werden können.
2.6 Beschreiben Sie die Anrichteweise des Gerichts und fertigen Sie dazu eine Skizze an. Beurteilen Sie insbesondere das Farbspiel.

3 **Speisenangebot**
3.1 Beurteilen Sie die Herstellung des Gerichts *Rinderroulade, Apfelrotkraut und Salzkartoffeln* hinsichtlich Vollwertigkeit, Bekömmlichkeit und Verdaulichkeit.
3.2 Bewerten Sie das Gericht nach kulinarischen Gesichtspunkten. Unterbreiten Sie Vorschläge für ein optimales Arbeitsergebnis.
3.3 Welche Suppe und Nachspeise können Sie vorschlagen?
3.4 Ändern Sie das Gedeck für zwei Gäste ab, die kein Fleisch essen wollen.
3.5 Ein Gast isst kein Schweinefleisch und hat deshalb Bedenken, dass die Rouladen mit Speck gefüllt sind. Welche anderen Füllungen eignen sich ebenfalls?

4 **Hygiene, Unfallschutz**
4.1 *Gruppenaufgabe:* Beurteilen Sie das Gericht hinsichtlich der Einhaltung hygienischer Forderungen.
4.2 Nennen Sie mögliche Unfallschwerpunkte bei der Herstellung.
4.3 Welche Prinzipien des Umweltschutzes müssen beachtet werden?

5 **Betriebswirtschaftliche Beurteilung**
Kosten für Rinderrouladen herkömmlich hergestellt und aus Convenience-Erzeugnissen. 25 Convenience-Rinderrouladen mit Sauce kosten 52,75 €, während die Materialkosten bei herkömmlicher Herstellung insgesamt 30,63 € betragen. Die anteilige Arbeitszeit wird bei herkömmlicher Herstellung mit 55 min und bei Convenience-Erzeugnissen mit 7 min veranschlagt. Lohn-, Betriebs- und Gemeinkosten werden mit 0,71 €/min angenommen. Errechnen Sie den Selbstkostenpreis je Portion nach dem folgenden Schema.

	Frischfleisch	Convenience
Material	…	…
LBG-Kosten	…	…
gesamt 25 Portionen	…	…
Selbstkosten/Portion	…	…

6 **Service**
6.1 Welche Absprachen sind mit dem Servicepersonal hinsichtlich des Service und der Geschirrauswahl zu treffen, wenn dieses Gericht für eine Gesellschaft zeitgleich serviert werden soll?
6.2 Erläutern Sie die sich ergebenden organisatorischen Veränderungen, wenn es sich um ein auf der Karte verzeichnetes Tagesmenü handelt.

SERVICE

Speisen und Getränke
nach verschiedenen Arten
und Methoden servieren.
Arbeiten im Office, im
Restaurant und am Büfett
geplant durchführen.
Aufgussgetränke und
einfache Mischgetränke
zubereiten.
Die Funktion als Gastgeber kennen lernen.
Verkaufsgespräche führen,
einfache Angebotskarten
erstellen und Gäste auf
einfachem Niveau in der
Fremdsprache beraten.
Gästerechnungen erstellen,
Zahlungsarten und Rechtsvorschriften kennen.
(nach dem Bundesrahmenlehrplan)

🇫🇷 *personnel de salle comme hôte*
🇬🇧 *service staff as host*

10 Servicepersonal als Gastgeber

Ständig steigende Ansprüche der Gäste und der Wettbewerb führen zu hohen Erwartungen hinsichtlich umfassender **Betreuung** und **Dienstleistung**. Das Angebot an **Bewirtungsleistungen** reicht von der einfachen Verpflegung und Versorgung über die Pflege von **Tafelkultur** und **Kochkunst** bis hin zur gehobenen **Unterhaltung**. Gastronomen übernehmen dabei gegenüber den Gästen die Rolle von perfekten **Gastgebern**.

Gastgeberfunktion

Von den Servicemitarbeitern hängt es in besonderem Maße ab, ob sich die **Gäste wohl fühlen**. Ausschlaggebend sind gute zwischenmenschliche Kontakte zu den Gästen. Die Qualität der Speisen und der Getränke ist dafür eine Voraussetzung. Wichtig sind auch die sonstigen materiellen Bedingungen beim Service. Dazu gehören insbesondere passende Tischgeräte und Tischdekorationen.

Service als ein Teil der **Tischkultur** befasst sich mit dem unmittelbaren Bewirten der Gäste in unterschiedlichen Servicebereichen (➔ Bilder). Zuvorkommende Bedienung und Freundlichkeit sind äußerst wichtig.

Jeder Gast hat natürlich von seinem Gastgeber bestimmte Vorstellungen, die schon bei Äußerlichkeiten beginnen. Andererseits erwarten die Gastronomen als Gastgeber ebenfalls bestimmte Eigenschaften vom Gast.

Restaurant
Eindecken
Empfang, Beraten
Servieren, Zubereiten am Tisch
Abrechnen

Büfett
Auffüllen, Reinigen, Pflegen
Ausgeben, Ausschenken,
Herstellen von Aufgussgetränken
und alkoholfreien Getränken

Bankett
Vorbereiten von Veranstaltungen
Eindecken
Dekorieren
Bedienen und Betreuen der Gäste

206

Servierpersonal als Gastgeber

Anforderungen an Gastronomen

🇫🇷 *exigences de personnalité d'un gastronome*
🇬🇧 *demands on service staffs' personality*

Gastronomische Berufe erfordern im besonderen Maße die **ganze Persönlichkeit**. Das beginnt schon bei der **Zeitplanung**, denn Gastronomen sind in Zeiten besonders gefordert, in denen andere Menschen ihre Freizeit genießen. Das betrifft neben der **Leistungsbereitschaft** auch das **Leistungsvermögen**. Wichtig für den Berufserfolg sind die positive Einstellung zu anderen Menschen, das Vermögen zum Umgang mit ihnen und die Bereitschaft, für sie Dienstleistungen zu erbringen.

Persönlichkeitsmerkmale idealer Gastronomen

Leistungsvoraussetzungen	Verhalten
Umfassende Fachkenntnisse	Einfühlungsvermögen
Sprachliches Geschick	Höflichkeit, Aufmerksamkeit
Gute Allgemeinbildung	Geduld
Fremdsprachenkenntnisse	Diskretion
Schnelle Auffassungsgabe	Anpassungsfähigkeit
Gutes Gedächtnis	Toleranz

Erwartungen des Betriebes
- Zuverlässigkeit, Ehrlichkeit
- Einsatzbereitschaft, Disponibilität (Verfügbarkeit)
- Umsicht, Disziplin
- kein Alkohol im Dienst
- Gemeinschaftssinn (Teamfähigkeit)
- ständige berufliche Fortbildung

Bereits durch das Äußere kann der Gastronom Sympathie oder Antipathie beim Gast erwecken. Gäste bilden sich vom äußeren Eindruck oft eine Meinung über den Gastronomen. Sie beurteilen in dieser Hinsicht:

- Kleidung
- Körperpflege
- Haltung
- Sprache
- Gesamterscheinung

Idealer Gastgeber
Gute äußere Erscheinung
Aufgeschlossen, sauber
Schnell, freundlich
Ehrlich, zuverlässig
Erfüllt gastronomische Wünsche umfassend und fachgerecht
Verschwiegen

Idealer Gast
Klare Wünsche und erfüllbare Ansprüche
Sachlich, kultiviertes Benehmen
Verträglich

 Was sind VIP-Gäste?
*Abkürzung für die englische Bezeichnung very important persons.
Übersetzt heißt das: sehr wichtige Personen, für das Hotel sehr wichtige Gäste.*

Bar
Auffüllen
Reinigen, Pflegen
Herstellen von Mixgetränken

Etage
Servieren und Abräumen des Zimmerfrühstücks, anderer kleiner Speisen und Getränke

1 Begründen Sie, dass eine Berufsbekleidung auch die Anforderungen an Hygienebekleidung erfüllen muss.
2 Nennen Sie Materialforderungen an die Arbeitskleidung des Kochs und des Servicepersonals (→ 215 ff).
3 Erläutern Sie Besonderheiten bei der Berufsbekleidung von Köchen, die direkt vor dem Gast arbeiten.

207

Servicepersonal als Gastgeber

Restaurantfachfrau
Weiße Bluse, schwarzer Rock oder schwarzes Kleid, evtl. weiße Servierschürze oder lange Schürze, auch Weste, schwarze niedrige Absatzschuhe, Strümpfe in dezenter Farbe.

Restaurantfachmann
Weißes Hemd mit schwarzer Fliege oder Krawatte, schwarzer Anzug oder schwarze Hose, weiße Kellnerjacke oder Weste, auch Bistro-Schürze, schwarze Schuhe mit schwarzen Socken.
Die Schwarz-Weiß-Kleidung wird zunehmend durch farbige, auf den Charakter des Hauses abgestimmte Kleidung abgelöst.

Köchin, Koch
Frisch gewaschene, korrekte Berufskleidung. Umziehen und Waschen nach der Küchenarbeit sind erforderlich. Köchinnen und Köche, die unmittelbar „am Gast" arbeiten, erhalten mitunter eine besondere Berufskleidung mit modischem Schick. Farbige Akzente werden gesetzt. Wichtig bleibt, dass die Wäsche hygienisch, sauber, pflegeleicht und kochecht ist.

Die Übersicht zeigt Beispiele, wie durch die äußere Erscheinung Sympathie (Zuneigung) oder Antipathie (Abneigung, Widerwille) ausgelöst werden kann.

Sympathie	Antipathie
Korrekte Kleidung Hygienische Kleidung	Ungepflegte oder verschmutzte Kleidung Auffälliger, übermäßiger Schmuck
Sauberkeit (Fingernägel, Haut, Haar)	Unsauberkeit (schmutzige Fingernägel und Haut, ungepflegtes Haar)
Freundliches Aussehen	Böse, ernste Blicke „Mustern" des Gastes, Arroganz (anmaßendes Benehmen)
Zuwendung	Übersehen des Gastes

Auf korrekte Bekleidung, Haltung und Sprache, auf angemessene, nicht zu starke Gestik achten. Dazu gehört auch das notwendige Handwerkszeug.
Zum gepflegten Äußeren gehören eine korrekte Arbeitskleidung, persönliche Sauberkeit, angemessene Frisur, gepflegte Hände.

Arbeitsorganisation

🇫🇷 organisation du travail
🇬🇧 organization of work

Servicepersonal arbeitet überall dort, wo der **Gast** bewirtet wird. Organisiert ist das Servicepersonal in **Servicebereichen**, die entsprechend dem Charakter und den Räumlichkeiten des Betriebes unterschiedlich sein können.

Aufgaben im Service können nur **umfassend gelöst** werden, wenn einerseits eine sinnvolle Arbeitsorganisation durch **Arbeitsteilung** und **ergonomische Arbeitsgestaltung** besteht, zum anderen die **Mitarbeiter unter Führung** von qualifizierten Vorgesetzten eng **zusammenarbeiten**. Durch die kollegiale Zusammenarbeit wird eine gute Arbeitsatmosphäre erreicht, die die Zufriedenheit der Mitarbeiter ausmacht und sich letztlich in einer bestmöglichen Gästebetreuung widerspiegelt.

Die Arbeitsorganisation in einem gastronomischen Unternehmen wird durch seine Größe und seine Kategorie bestimmt. In **großen Betrieben** werden die Aufgaben in verschiedene Bereiche unterteilt. Die besonderen Funktionen sind in einer **Stellenbeschreibung** näher erläutert. Personal wird für einen Bereich eingestellt. Für den **Service** ergibt sich eine organisatorische Trennung in **Restaurant, Büfett, Bankett, Bar** und **Etage**.
In **kleineren Betrieben** ist es üblich, dass jeder Mitarbeiter jede Aufgabe verrichten muss und in mehreren Bereichen eingesetzt werden kann.

Funktionen im Service		
Restaurantleiter	🇫🇷 chef de restaurant	🇬🇧 restaurant head
Oberkellner	🇫🇷 maître d'hôtel	🇬🇧 maître d'hôtel, head waiter
Revierkellner/Stationsleiter	🇫🇷 chef de rang	🇬🇧 front waiter
Halbchef/Stellvertreter	🇫🇷 demi-chef de rang, commis de rang	🇬🇧 back waiter, busboy
Gehilfe	🇫🇷 commis de rang	🇬🇧 trainee waiter
Auszubildender	🇫🇷 apprenti(e)	🇬🇧 apprentice

Servierpersonal als Gastgeber

Abteilungen in einem Hotelbetrieb

Restaurant/Bankett
restaurant/banquet
Arbeiten im Service,
an Büfett und Bar

Küche
cuisine/kitchen
Zubereiten von Speisen und
Küchengetränken

Empfang/Hausdamenabt.
réception, intendance
reception, housekeeping
Arbeiten am Empfang und auf
der Etage

Verwaltung/Magazin
administration, magasin
administration, storeroom
Leitung und Buchführung
Lagern und Warenpflege

Zusammenarbeit der Betriebsabteilungen

Zwischen allen **Betriebsabteilungen** ist eine enge Abstimmung und Zusammenarbeit erforderlich.

Das **Servicepersonal** verkauft die Speisen, die in der **Küche** produziert werden, und die Getränke, die **Büfettier** bzw. **Barkellner** fachgerecht gelagert oder gezapft haben. Kollegiale Zusammenarbeit unter den Mitarbeitern eines Betriebes empfindet auch der Gast als wohltuend. Wünsche der Gäste müssen schnell an die Küche weitergeleitet werden, andererseits ist auch die Küche durch besondere Angebotsmaßnahmen im Umsatz zu unterstützen.

Das **Empfangspersonal** sorgt dafür, dass die Hotelgäste zuvorkommend begrüßt werden und ein ihren Wünschen entsprechendes Zimmer erhalten. Die Mitarbeiter am Empfang sind gewissermaßen die ersten Gastgeber, die der Gast kennen lernt. Neben der Zimmerdisposition und der dazugehörigen Buchhaltung führen sie die Korrespondenz mit den Gästen. Sie sind verantwortlich für Information und Verkauf. Dem Service melden sie Gästezahlen für Frühstück, Halb- und Vollpension. Der Empfang informiert insbesondere den Hausdamenbereich über VIP-Gäste.

Der **Hausdamenabteilung** obliegen unter anderen die Reinigung und die Pflege des Hauses, der Wäsche und die Gestaltung des Blumenschmuckes. Dadurch bestehen enge Verbindungen zum Service. Besondere Präsente für Gäste, wie Obstschalen, Wein, Sekt usw., werden vereinbart.

Das **Betriebsbüro** ist mit der Buchführung, dem Schriftverkehr und dem Personalwesen befasst. So muss das Betriebsbüro die Daten aus dem Service buchhalterisch erfassen und Zahlen von Waren sowie die Rechnungen für gastronomische Leistungen bearbeiten.

Im **Magazin** werden Zutaten und Bedarfsgegenstände entgegengenommen, kontrolliert, gelagert, gebucht und ausgegeben. Das Bereithalten aller benötigten Zutaten und Waren ist Voraussetzung für die reibungslose Funktion der Küche. Andererseits kann eine übermäßige und zu umfangreiche Lagerung (→ 312ff.) von Waren viel Kapital binden und die Wirtschaftlichkeit des Betriebes verringern. Der Service erhält aus dem Magazin alles Notwendige für Büfett und Bar.

Zur effektiven Zusammenarbeit gehören Maßnahmen zur Arbeitsgestaltung, zur Arbeitsorganisation und zum Erzielen der Arbeitszufriedenheit.

Sandra wird bei Ausbildungsbeginn als Köchin mit dem Servicebereich bekannt gemacht.

1 Erklären Sie Sandra den Begriff und die Aufgaben des Service.
2 Erläutern Sie die Arbeitsbereiche im Service.
3 Nennen Sie Möglichkeiten, sich als guter Gastgeber zu zeigen.
4 Beschreiben Sie Eigenschaften des Servicepersonals, die nicht mit der Gastgeberfunktion harmonieren.
5 Zählen Sie Eigenschaften eines Gastes auf, die Sie nicht tolerieren können. Begründen Sie Ihre Meinung.
6 Setzen Sie sich in Gruppenarbeit mit Pro und Kontra kritisch mit dem Spruch „Der Gast ist König" auseinander.

🇫🇷 *locaux, linge, matériels de travail et leur entretien*
🇬🇧 *rooms, linen, work(ing) material and their maintenance*

11 Räume, Textilien, Arbeitsmittel und ihre Pflege

11.1 Räume und Mobiliar

🇫🇷 *locaux et mobilier*
🇬🇧 *rooms and furniture*

Einrichtungsgegenstände sollten nicht allein **zweckmäßig**, sondern dem **Charakter** der gastronomischen Einrichtung und den **Gästeerwartungen** angepasst sein. Zur Zweckmäßigkeit gehören die Möglichkeit eines fachgerechten Service und die Gewährleistung von Ordnung und Sicherheit.

Tische und Stühle

🇫🇷 *tables et chaises*
🇬🇧 *tables and chairs*

Maße der Gaststättenmöbel sind nach **ergonomischen Maßstäben** (→ 99 ff.) festgelegt. Sie sind Personen mit durchschnittlicher Körpergröße angepasst und müssen auch bei abweichender Größe noch akzeptabel sein. Vor allem muss die Standsicherheit vom Servierpersonal geprüft werden. Zum gastronomischen Service gehören Kleinkinderstühle, zumindest aber Sitzpolster.
Die **Tischhöhe** beträgt 72–76 cm. Die **Sitzflächen** der Stühle sollen 45 cm hoch sein. **Tischvergrößerungen** werden meist durch Zusammenstellen von Tischen oder auch durch Stecktische oder Verlängerungen (Allongen) erreicht (→ 226).

Serviertische

🇫🇷 *guéridons, tables de service, tables servantes*
🇬🇧 *side-tables, service tables*

Serviertische sind Arbeits- und Abstelltische. Dazu gehören der Beistell- und der Servicetisch.
Der **Beistelltisch** wird **an den Gasttisch** gestellt und zum Tranchieren, Filetieren, Anrichten, Vorlegen sowie für den Wein- und Schaumweinservice benötigt. Er bietet Ablageflächen für Platten, Schüsseln, zum Nachservice usw.
Servicetische/Serviceschränke bilden Arbeitsplatz und Abstellfläche für das Servierpersonal.
Zusätzliche Wege werden durch ihren Einsatz gespart. Schmutziges Geschirr darf auf Servicetischen abgestellt, aber nicht gelagert werden. Der Servicetisch enthält alle für den Service benötigten Arbeitsmittel. Vorbereitet wird er für den bevorstehenden Service anhand der Speisen- und der Getränkekarte. Das **Verhältnis** zwischen Arbeits- und Stellfläche ist 2 : 1.

Servierwagen

(chariots de service; service trolleys) dienen neben den genannten Zwecken auch zum Transport von Speisen und zum Rücktransport des gebrauchten Tafelgeschirrs.

Serviceschrank

armoire de service
service cupboard

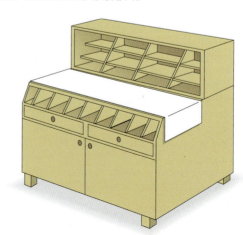

1. Möbel für die Neuausstattung eines Restaurants werden zu einem Listenpreis von 38 245 € angeboten. Der Händler gewährt einen Preisnachlass (Rabatt) von 23 %. Ermitteln Sie den verminderten (rabattierten Betrag) Preis.
2. 200 Polsterstühle werden zum Listenpreis von insgesamt 22 300 € mit 20 % Rabatt eingekauft. Der Käufer bezahlt 7 500 € an, der Restbetrag wird mit einem Aufschlag von 6,2 % in 12 Monatsraten beglichen.
   2.1 Ermitteln Sie den Restbetrag nach Abzug des Rabattes und der Anzahlung.
   2.2 Wie hoch ist eine Monatsrate?
   2.3 Errechnen Sie den Stückpreis eines Stuhles.

210

Räume und Mobiliar

Pflege von Räumen und Mobiliar

Die **Raumpflege** obliegt insbesondere dem hoteleigenen Hausdamenbereich, wird aber zunehmend von jedem anderen Mitarbeiter erwartet. Nur in einer sauberen und gepflegten Atmosphäre kann sich der Gast wohl fühlen.

Raumpflegearbeiten umfassen eine trockene oder feuchte Schmutzentfernung und die anschließende Oberflächenschutz- oder -glanzbehandlung.

Die Hausdamenabteilung ist für die Gesamtreinigung von Hotelzimmern, Etagenoffice, Wäschebereich, Personalräumen, Hotelhalle sowie Treppenhäusern verantwortlich. In Restaurant-, Fitness- und Bürobereichen wird nur die Bodenreinigung von der Hausdamenabteilung übernommen. Alle weiteren Reinigungsarbeiten gehören in den Aufgabenbereich der Restaurantfachleute, wie zum Beispiel das Pflegen von Mobiliar, Gardinen, Türen, Office.

Da jeder gastronomische Mitarbeiter in seinem Arbeitsbereich für Reinigung und Pflege mitverantwortlich ist, sind Grundkenntnisse erforderlich.
Eine **Fachkraft** muss aus der großen Palette angebotener Reinigungs- und Pflegemittel auswählen können.
Hygienische Sauberkeit und Verantwortung am Umweltschutz müssen miteinander in Einklang gebracht werden, denn keines der **Reinigungs- und Pflegemittel** ist gänzlich unbedenklich.

Grundsätze für den Einsatz von Reinigungs- und Pflegemitteln
1. Bestimmen der Oberflächenbeschaffenheit des zu reinigenden Materials.
2. Bestimmen von Schmutzart und -intensität.
3. Bevorzugen von milden, weniger aggressiven Mitteln und Hausmitteln.
4. Verzicht auf phosphat-, formaldehyd-, chlor- und sulfathaltige Mittel.
5. Einhalten der Dosiervorschriften und Anweisungen.
6. Niemals verschiedene chemische Reinigungsmittel miteinander mischen.

Reinigungsmittel lösen und entfernen sichtbaren Schmutz. Sie werden nach ihrem Lösungsmittelanteil unterschieden.

Reinigungsmittelarten

Lösungsmittelfrei

Ohne Scheuermittelanteil, auf Seifenbasis, mit natürlichen Tensiden (Schmierseife, Neutralseife, Spülmittel, grüne Seife) für Kunststoff, Glas, Keramik, wenn diese stark mit Fett verschmutzt sind

Mit synthetischen Tensiden (Allzweck- und Universalreiniger) für alle feucht abwischbaren Flächen aus Kunststoff, Glas, Keramik, Edelstahl, Steinzeug

Mit Desinfektionsmittel (auf der Basis von Ethanol zum Abtöten von Mikroben) im Sanitärbereich

Mit Scheuermittelanteil, auf Mineralbasis (Bimsstein, Talkum) für rohes Holz, Steinfußboden, Rostflecken in Badewannen und Waschbecken

Lösungsmittelhaltig

Spezialreiniger für Fußböden, Fenster, Backöfen, Metalle

Aceton (fruchtartig riechendes, leicht flüchtiges, farbloses, sehr stark wirkendes chemisches Lösemittel) zum Entfernen von Lack-, Harz-, Teer- und Klebstoffverschmutzungen

Fleckenwasser zum Entfernen von Flecken jeglicher Art

Salmiak (Ammoniumchlorid) zum Entfernen von Farbflecken

Nehmen Sie Hausmittel!
Altbewährte Hausmittel mit natürlicher Reinigungskraft belasten die Umwelt weniger als chemische Reinigungsmittel. Sie sind wesentlich preiswerter.
Schmier- oder Neutralseife *für intensive und allseitige Reinigung einsetzbar; damit keine Streifen zurückbleiben, ist ein Nachpolieren erforderlich.*
Spiritus *ist zum Putzen von Fenstern, Fliesen und Silber sowie zum Desinfizieren von Abflüssen und Waschbecken möglich.*
Essig und/oder Zitronensäure *als 3%ige Lösung ist ideal geeignet zum Entkalken, Bleichen, Weichspülen, Auffrischen von Farben und zur leichten Desinfektion. Lösungsmittelhaltige Mittel möglichst vermeiden. Ist der Einsatz unvermeidlich, unbedingt gut lüften.*

1. *Erläutern Sie die täglich anfallenden Reinigungsarbeiten in Ihrem Restaurant.*
2. *Beschreiben Sie die Reinigungsaufgaben der Restaurantfachleute.*
3. *Begründen Sie die Tatsache, dass alter Schmutz stärkere Mittel und mehr Kraftaufwand erfordert.*
4. *Zur Reinigung eines Bades werden 5 l einer 3%igen Essiglösung benötigt.*
4.1 *Bestimmen Sie die erforderlichen Mengen an Essig (10% Säure) und Wasser.*
4.2 *Begründen Sie den Einsatz dieser Essiglösung gegenüber anderen chemischen Sanitärmitteln.*

Räume, Textilien, Arbeitsmittel und ihre Pflege

 Was sind Tenside?

Tenside vermindern die Oberflächenspannung und lösen deshalb den Schmutz leichter. Sie werden aus natürlichen pflanzlichen und tierischen Ölen oder synthetisch aus Erdöl hergestellt.

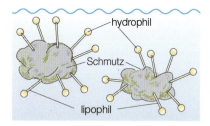

Pflegemittel werden angewandt, um Oberflächen verschiedener Materialien wie Holz, Metall, Kunststoff, Glas, Silber, Leder Glanz und Schmutzabweisung zu verleihen. Sie werden ebenfalls nach ihrem Lösungsmittelanteil benannt:

Pflegemittel	Arten und Anwendung
Lösungsmittelfrei	Selbstglanz-Emulsionen für Fußböden, ersparen das Nachpolieren. Polituren für Möbel, Türen, Leder, deren Eigenschaften sie erhöhen, wie Glanz und Schmutzabweisung.
Kombiniert	Spezialmittel für Fußböden, Möbel, Leder, Silberputzwatte und -tücher sowie Stahlwollputzkissen. In einem Arbeitsgang werden Materialien gereinigt und gepflegt, wodurch sich Zeit- und Arbeitsaufwand verringern.

Für die Reinigungs- und Pflegearbeiten gibt es spezielle Arbeitsmittel.

Maschinen	Geräte	Behälter	Weitere Arbeitsmittel
Staubsauger	Putz- oder Etagenwagen	Eimer	Putztücher
Nasssauger	Leitern	Körbe	Fensterleder
Hochdruckreiniger	Teppichkehrer		Schwämme
Shampoonierer	Feuchtwischgeräte		Besen
Bohnermaschinen	Feuchtwischmopps		Bürsten
Waschmaschinen			
Trockner			

Grundtätigkeiten der Reinigung und der Pflege werden täglich ausgeführt. Sie bedürfen einer zielgerichteten, logischen Reihenfolge und der Einhaltung bestimmter Richtlinien:
- Gereinigt wird von der äußersten Ecke des Raumes systematisch zur Tür, in gefliesten Räumen wie z. B. Küchen zum Bodeneinlauf hin.
- Bei einer Gesamtreinigung arbeitet man von oben nach unten.
- Größere Flächen werden schlangenartig von oben nach unten poliert, insbesondere bei Edelstahlmobiliar, Fensterscheiben, Glastüren und Fliesen.
- Alles, was sich hoch oder beiseite stellen lässt, ermöglicht ein zügiges und gleichmäßiges Arbeiten.
- Nach feuchter Anwendung trockenreiben bzw. nachpolieren.

Anionische Tenside

Elektrisch negativ geladen

Wasserhärteempfindlich

Verbinden sich mit den positiv geladenen Teilen im Wasser

Biologisch gut abbaubar

Nicht-ionische Tenside

Bilden im Wasser keine Ionen

Wasserhärteunempfindlich und neutral

Bei niedrigen Temperaturen gute Schmutzlösung und gutes Fettlösevermögen

Giftig für die Umwelt, da nicht abbaubar

 Im Restaurant bestehen Tische, Stühle und Bilderrahmen aus Naturholz, und der Fußboden ist versiegeltes Parkett.
Begründen Sie die dafür erforderlichen Reinigungs- und Pflegemaßnahmen.

Grundsortiment an Reinigungs- und Pflegemitteln

Grundtätigkeit	Zweck	Anwendungs-bereich	Zusätze
Kehren/Moppen	Entfernen von trockenem, lockerem Schmutz	Alle Fußböden außer Teppich	Keine
Staubsaugen/Staubwischen	Entfernen sichtbarer und nicht sichtbarer Staubteilchen	Textiles Material (Teppiche, Tapeten, Vorhänge), trockene Flächen, Möbel	Keine
Wischen	Entfernen von anhaftendem Schmutz, der gelöst werden muss	Fußböden, Fensterbretter, Fensterrahmen, wasserunempfindliche Flächen	Temperiertes Wasser mit leichter Seifenlösung (grüne Seife); milder Allzweckreiniger
Desinfizieren (wenn erforderlich)	Abtöten von Mikroorganismen	Alles im Sanitärbereich, Türklinken	Heißes Wasser und Essig oder Desinfektionsmittel
Polieren	Erzeugen von Oberflächenschutz und/oder Glanz	Möbel, versiegeltes Parkett, PVC Fußböden, Spiegel, Fensterscheiben, Metalle	Spezial-Parkettpflegemittel, Pflegeemulsionen
Bohnern/Wachsen	Erzeugen von Oberflächenschutz und/oder Glanz	Unversiegeltes Holz, Steinholz, Korklinoleum, Linoleum	Bohnerwachs, Hartflüssigwachs

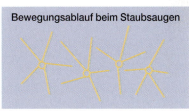

Bewegungsablauf beim Staubsaugen

Gliedern der zu reinigenden Fläche in kleine Abschnitte. Dabei gleichmäßige Führung des Staubsaugers.
In Räumen mit viel Mobiliar so genanntes „Insel-Saugen" anwenden: Von einem Punkt ausgehend fächerförmig arbeiten.

Bewegungsablauf beim Wischen

Ausführen von achtförmigen Bewegungen, ohne Unterbrechung, um Schmutz ständig mitzuführen.

11.2 Textilien

textiles
textiles

Materialien aus Naturfasern, chemischen Fasern oder Mischfasern werden für **Raumtextilien**, **Hotel-** und **Hauswäsche** sowie **Berufskleidung** verwendet. Dadurch ist das Repräsentieren jeglicher Stilrichtung möglich: ob rustikal, elegant oder sehr modern, stets als harmonische Ergänzung zu den Einrichtungsgegenständen und als individuelle Note des Hauses.

Verwendung von Textilien im Gastgewerbe

Raumtextilien	Hotel- und Hauswäsche	Berufskleidung
Möbelstoffe	Tischwäsche	Oberbekleidung in Form von Blusen, Röcken, Kleidern, Kostümen, Westen, Hosen, Hemden, Jacken, Anzügen, Kitteln, Schürzen usw.
Textile Auslegeware	Hand-, Geschirr- und Gläsertücher	
Teppiche, Vorhänge	Bettwäsche	
Gardinen, Markisen	Bettdecken und Kissen einschließlich ihrer Füllung	

Anforderungen und Gebrauchseigenschaften

Aussehen	Pflegeeigenschaften	Trageeigenschaften	Haltbarkeitseigenschaften
Form, Farbe	Waschverhalten	Warmhaltevermögen	Strapazierfähigkeit
Fall	Hitzbeständigkeit	Feuchtigkeitsaufnahme und -abgabe	Nassfestigkeit
	Formbeständigkeit	Dehnbarkeit	Formbeständigkeit
		Elektrostatische Aufladung	

Räume, Textilien, Arbeitsmittel und ihre Pflege

Materialauswahl

Zu den **Materialanforderungen** zählen Farb- und Strukturharmonie, gute Pflegeeigenschaften sowie langfristige Nachkaufmöglichkeit. Beim Einkauf ist auf die Gebrauchseigenschaften zu achten. Berufskleidung für Mitarbeiter, die Speisen zubereiten, sollte aus hygienischen Gründen kochecht sein.

Einteilung wichtiger Faserstoffe

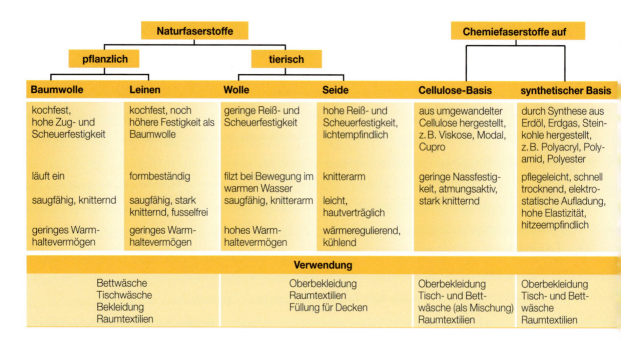

1. Welche Eigenschaften haben Baumwolle und Leinen gemeinsam?
2. Welche Eigenschaften von Leinenwaren übertreffen die von Textilien aus Baumwolle?
3. Nennen Sie die Gründe, warum Leinen für Gläser- und Geschirrtücher so gut geeignet ist!
4. Die Restaurantleiterin will Tischdecken einkaufen. Sie hat die Wahl zwischen folgenden Materialien:
   100 % Baumwolle
   100 % Viskose
   100 % Polyester
   Für welches Material sollte sie sich entscheiden? Begründung!
5. Im Hotel wird oft Bettwäsche verwendet aus 60 % Baumwolle / 40 % Polyester. Welche Eigenschaften sind von diesem Material zu erwarten?

Mundservietten

🇫🇷 serviettes
🇬🇧 napkins, serviettes

Servietten bilden zunächst dekorative Elemente bei der Tafelgestaltung und dienen dann dem Gast als Mundtuch. Insbesondere vor dem Trinken sollten Servietten benutzt werden, damit kein Fett an die Gläser gelangt, was bei Bier zum Verlust der Blume führt. Außerdem schützen Servietten die Kleidung vor hinunterfallenden Speisebestandteilen, wenn die Servietten ihren Platz auf dem Schoß des Gastes haben.
Stoffservietten werden den Aufgaben am besten gerecht, sind jedoch durch Anschaffung und Pflege zunächst teuer. **Zellstoffservietten** sind nur auf kurze Sicht billiger und einfacher einzusetzen, aber auch weniger dekorativ. Außerdem müssen sie als Abfall entsorgt werden.

Mundserviettenformen

Aus hygienischen Gründen sollte die Serviette beim Brechen nur so oft wie unbedingt notwendig angefasst werden.
Einfache Serviettenformen werden beim Brechen wenig angefasst. Solche Formen sind zum Beispiel: einfache, doppelte und dreifache Welle, Tafelspitz (auch als aufgestelltes Dreieck bekannt), einfache Bischofsmütze, Pfeiler.

Textilien

Dekorative Formen werden oft hin und her gewendet und sind zum Teil auch sehr zeitaufwendig. Beispiele: Stern, Ahornblatt, Artischocke, Pfau, Lilie usw.

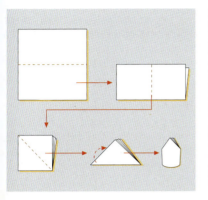

Einfach gebrochene Serviette: einfache Bischofsmütze

Dekorativ gebrochene Serviette: Lilie

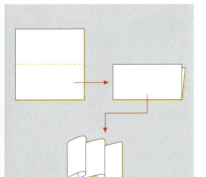
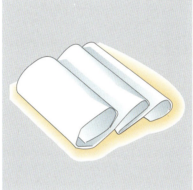

Einfach gebrochene Serviette: dreifache Welle

1 Ermitteln Sie Längen, Breiten bzw. Durchmesser von Tischtüchern mit einem Überhang von 30 cm:
1.1 für einen quadratischen Tisch mit 80 cm Tischkantenlänge.
1.2 für einen rechteckigen Tisch mit 120 cm Länge und 80 cm Breite.
1.3 für einen runden Tisch mit einem Durchmesser von 80 cm.
2. Berechnen Sie die Kosten in einer Woche bei einem täglichen Verbrauch von 120 Servietten:
2.1 für weiße Zellstoff-Servietten.
2.2 für Zellstoff-Servietten mit Dekomuster.
2.3 für weiße Stoffservietten mit vierjähriger Nutzungsdauer.
3 Regine überlegt, warum ihr Chef die teuren Stoffservietten kauft. Stellen Sie einen Kostenvergleich an.

Handservietten

🇫🇷 serviettes de service
🇬🇧 serviettes/napkins

Die Handserviette gehört zum Handwerkszeug des Servierpersonals. Sie schützt, genutzt als Tragetuch, vor Verbrennungen und Verschmutzungen der Berufsbekleidung. Die Handserviette kann auch zum Nachpolieren benutzt werden. Sie wird über dem **linken Arm** getragen, in der **linken Hand** zusammengelegt gehalten oder auf dem **Servicetisch** abgelegt.
Handservietten dürfen niemals zweckentfremdet eingesetzt werden.

Preisvergleich von Zellstoff- und Stoffservietten

Material	Zellstoff (Vlies)		Stoff
Farbe	Weiß	Dekomuster	Weiß
Größe (cm)	40 × 40	40 × 40	40 × 40
Packung (Stück)	1000	1000	10
Preis je Einheit (€)	30,50	41,20	9,55
Entsorgungsgebühr je Woche (€)	3,65	3,65	Waschgebühr wöchentlich 19,40

Tischtuchunterlagen

🇫🇷 dessous de nappe
🇬🇧 moltons

Für Tischtuchunterlagen (Moltons) eignet sich flauschiges **Baumwollgewebe** oder Schaumstoff, der auf den Tisch gelegt wird, bevor die Tischdecke aufgezogen wird. Auf Banketttischen ist Filz bereits in die Tischplatte eingearbeitet. Tischtuchunterlagen sollen das Verrutschen der Tischdecke verhindern, Geräusche beim Aufsetzen von Geschirr- und Besteckteilen dämpfen und die Tischplatte vor heißen Gegenständen schützen, beispielsweise vor erwärmten Platten, Kannen oder Tellern.

215

Räume, Textilien, Arbeitsmittel und ihre Pflege

Tisch mit Skirting

Skirtings
🇫🇷 *juponnage*
🇬🇧 *skirtings*

Skirtings (engl. *skirt* = Rand, Saum) sind vorbereitete Stoffe, auch Papier, zum Umspannen von Büfetttischen. Sie werden in verschiedenen Stoffen, Oberflächen (glatt, gekräuselt, plissiert) und Farben, mit Klettverschluss, Gummizug oder Druckknopfverschlüssen angeboten.

Textilkennzeichnungsgesetz (TKG) *Entsprechend dem TKG müssen die jeweils verwendeten Faseranteile von in Europa hergestellten Textilien gekennzeichnet sein.*

100 % Baumwolle
95 % Polyester
5 % Elastan

Tischtücher
🇫🇷 *nappes*
🇬🇧 *tablecloth*

Tischtücher sind der Größe des Tisches angepasst. Es gibt quadratische, rechteckige und runde Tücher. Das Tischtuch hängt 25–30 cm an jeder Seite über. Auf Festtafeln und Banketttischen werden Tafeltücher gedeckt, die größer als Tischtücher sind. Das Auflegen ist dadurch zeitsparender (→ 232).

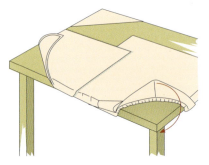

Arten von Tischtuchunterlagen

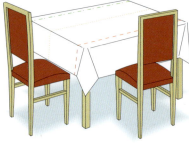

Überhang eines Tischtuches

Internationale Pflegekennzeichen

Waschen
- 〔95〕 Kochwäsche im Normalwaschgang
- 〔95〕 Pflegeleichte Kochwäsche im Schonwaschgang
- 〔60〕 Buntwäsche im Normalwaschgang
- 〔60〕 Pflegeleichte Buntwäsche im Schonwaschgang
- 〔40〕 Buntwäsche im Normalwaschgang
- 〔40〕 Pflegeleichte Feinwäsche im Schonwaschgang
- 〔40〕 Pflegeleichte Feinwäsche im Spezialschonwaschgang
- 〔30〕 Pflegeleichte Feinwäsche im Schonwaschgang
- Handwäsche vorgeschrieben
- Nicht waschen

Chloren
- Chloren möglich
- Nicht Chloren

Trocknen
- Trocknen im Wäschetrockner (Tumbler) mit niedriger Temperatur
- Trocknen im Wäschetrockner (Tumbler) mit normaler Temperatur
- Trocknen im Wäschetrockner (Tumbler) nicht möglich

Bügeln
- Starke Einstellung (ca. 200°)* z.B. für Baumwolle, Leinen
- Mittlere Einstellung (ca. 150°)* z.B. für Wolle (muss gedämpft werden), Seide, Viskose
- Schwache Einstellung (ca. 100°)* z.B. für synthetische Chemiefasern
- Nicht bügeln

Chemisch reinigen
- (A) Allgemein übliche Lösemittel erlaubt
- (P) Perchlorethylen, das gebräuchlichste Reinigungsmittel für alle Normalfälle
- (F) Fluorkohlenwasserstoff- oder Benzin-Reinigung
- Der Balken unter dem Kreis weist darauf hin, dass die textile Ware besonders schonend gereinigt werden
- Nicht chemisch reinigen

* Diese Temperaturen sind nur als Richtwerte zu verstehen.

Maße von Tischen mit zugehörigen Tischtüchern

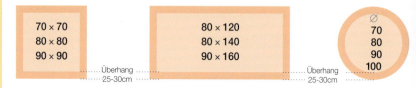

Deckservietten
🇫🇷 *napperons*
🇬🇧 *table mats*

Deckservietten werden auf die Tischtücher gelegt, um Tischwäsche zu sparen. **Farbig** stellen sie auch abwechslungsreiche Tischdekorationen dar. **Sets** sind Platzdeckchen, die gern für rustikale Tische verwendet werden.

Handelsübliche Deckservietten-Maße:

80 × 80
90 × 90
100 × 100

Textilpflege

Das Textilangebot ist auf unterschiedliche Verbrauchergruppen und -erwartungen ausgerichtet. Bei der Anschaffung wird der Gebrauchswert eine bedeutende Rolle einnehmen, der auf Haltbarkeits-, Pflege- und Trageeigenschaften abgestimmt ist.

Textilien

Textilien unterliegen starken Beanspruchungen; erfahrungsgemäß durchlaufen Hotel- und Hauswäschestücke 15-mal im Monat die Wäscherei, Frottierwäsche ist in der Regel nach vier Jahren erneuerungsbedürftig.
Um den Textilien eine längere Lebensdauer und ein stets gutes Aussehen zu verleihen, gilt es, Pflegemaßnahmen fachgerecht durchzuführen.

Aus hygienischen und ästhetischen Gründen werden Textilien regelmäßig gepflegt. Die Textilpflege ist dabei abhängig von der Materialart. Textile Polstermöbelbezüge und textile Fußböden werden regelmäßig mit einer Bürste oder dem Staubsauger entstaubt und von Flecken befreit. Für Textilien, die aus verschiedenen Stoffarten bestehen, ist eine chemische Reinigung empfehlenswert (z. B. Kostüme, Anzüge, Westen u. a.). Sie würden beim Waschen einlaufen.
Alle Textilien, die waschbar sind, haben den Vorteil steter Sauberkeit und Frische. Dies ist besonders wichtig für Tischwäsche, alle Tücher, Gardinen, Bettwäsche und Berufskleidung.
Für eine optimale Textilpflege ist es eine Voraussetzung, die jeweilige Stoffart zu kennen. Gütezeichen und Pflegesymbole des Herstellers geben Hinweise auf die Textilbehandlung. Diese sind ersichtlich in eingenähten Etiketten, als Wäschefähnchen, auf Webkanten oder auf dem Verpackungsmaterial.

Pflegeverfahren waschbarer Textilien

Als Ergebnis von sachgerecht aufeinander folgenden Verfahrensschritten sind Sauberkeit, Form- und Werterhalt anzustreben.

Pflegemaßnahmen bei Textilien umfassen die Hauptprozesse Sortieren, Waschen, Trocknen und Bügeln.

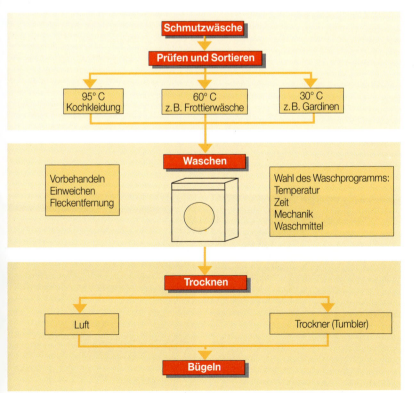

1 Nennen Sie Vorteile von Tischwäsche aus Chemiefasern.
2 Vergleichen Sie Einsatzmöglichkeiten von weißer und farbiger Tischwäsche.
3 Erläutern Sie am Beispiel Ihres Ausbildungsbetriebes besondere Anforderungen an die Tischwäsche.
4 Erklären Sie die Symbole auf folgenden Wäscheetiketten:

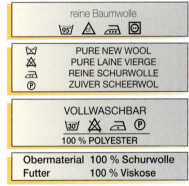

5 Ordnen Sie entsprechend der Materialzusammensetzung die folgenden Textilien zu:
 • Gardinen aus Polyester
 • abgefütterte Kostümjacke
 • Schafwolldecke
 • Kochbekleidung
6 Begründen Sie Vor- und Nachteile des Einsatzes von Natur- und Chemiefasern bei den oben genannten Textilien.
7 Restaurantfachfrau Regina ist sich unsicher, ob sie ihre Seidenbluse mit der Hand oder maschinell waschen sollte. Helfen Sie ihr mit einem begründeten Urteil.

Räume, Textilien, Arbeitsmittel und ihre Pflege

Prüfen und Sortieren
Das Prüfen und Sortieren der Wäsche dient dem Erhalt der **ursprünglichen Textileigenschaften**. Es schützt vor unliebsamen, wertmindernden Veränderungen, wie Verformen, Verfärben, Knittern oder gar Zerreißen. Pflegesymbole sind hilfreich bei der Entscheidung über Art und Temperatur des Waschens, über Chloren, Bügeln, Chemisch-Reinigen und Trocknen.

Gesichtspunkte für das Sortieren				
Faserart	Farbechtheit	Temperatur-verträglichkeit	Verschmutzungsgrad	Mechanische Beanspruchbarkeit

Waschen
Textilien, die mit Wasser gereinigt werden können, tragen die Bezeichnung **Wäsche**. Die Waschwirkung ist von verschiedenen Faktoren abhängig:
- von der **Temperatur**, der Menge und dem **Härtegrad** des **Wassers**
- von der **Waschzeit**
- von der Auswahl des **Waschmittels**
- vom **Waschverfahren**

Trocknen und weiteres Nachbehandeln
Das **Trocknen** erfolgt an der Luft, in Trockenräumen oder maschinell im Wäschetrockner. Dadurch wird der Wäsche die Restfeuchte entzogen, die nach dem Schleudern noch vorhanden ist.
Je nach Art der Wäschestücke schließen sich weitere Arbeitsgänge an:

Arbeitsschritte	Erläuterung
Ausbessern	Beschädigungen wie offene Nähte reparieren, Knöpfe annähen.
Glatt streichen	Mit den Handflächen glatt streichen, Fläche und Druck der Hände sind bei Wollwaren und Frottierwäsche ausreichend.
Bügeln	Anwenden von Temperaturen im Bereich von 50 °C bis 220 °C in Abhängigkeit vom Material, um Glanz und Schmutzabweisung zu verleihen.
Mangeln	Glätten unter Druck durch rotierende Walzen in beheizter Mulde oder nur zwischen kalten Walzen.
Legen	Wäschestücke schrankfertig machen, unter Beachtung der Fächergröße und der Brüche bei Tischwäsche.
Lagern	Einsortieren nach Farbe, Größe und Wäscheart, dabei frisch gepflegte Wäsche unter die noch vorhandene legen, geschlossene Kanten nach vorn.

Trocknungsverfahren im Vergleich

VORTEIL

Lufttrocknen	
im Raum	im Freien
wetterunabhängig	weich, duftig

Maschinelles Trocknen
wetterunabhängig
auf geringstem Platz
gewünschter Trocknungsgrad kann eingestellt werden

NACHTEIL

Lufttrocknen	
im Raum	im Freien
Extraraum	wetterabhängig
meist Trockenstarre (hart)	evtl. Einfluss der Luftverschmutzung

Maschinelles Trocknen
hohe Anschaffungs- und Energiekosten
möglicher Abrieb der Wäsche

1. Claus hat Dienst in der Wäscherei des Ausbildungsbetriebes. Sein Aufgabengebiet umfasst die Pflege von Küchen-, Tisch-, Bett- und Frottierwäsche.
1.1 Begründen Sie, nach welchen Gesichtspunkten er die Wäschestücke sortieren sollte.
1.2 Welche geeigneten Waschtemperaturen sollte er auswählen?
1.3 Für die stark verschmutzte Küchenwäsche will Claus eine höhere Waschmitteldosis und 60 °C Waschtemperatur wählen.
Beurteilen Sie dieses Vorgehen.
2. Erläutern Sie die Feststellung, dass jeder Waschprozess die Umwelt belastet.
3. Erkundigen Sie sich über die Bedeutung von Spartasten und Kurzprogrammen an Waschautomaten. Erläutern Sie Ihre Erkenntnisse.

Bügelbrett

Mangel

11.3 Gläser

verres
glasses

Durch Gläser können die Getränke dem Gast **vorteilhaft dargeboten** werden.

Für unterschiedliche Getränkearten werden besondere Gläser ausgewählt, die sich nach **Größe, Form, Materialzusammensetzung, Herstellungsaufwand** und **regionalen** sowie **traditionellen Gegebenheiten** unterscheiden.

Anforderungen des Gastronomen
Gute Standfestigkeit, Fehlerfreiheit Unempfindlichkeit Pflegeleicht/spülmaschinenfest Nachkauf bis zu 10 Jahren

Anforderungen des Gastes
Sauberkeit, Glanz, ästhetische Formen

Wichtige Gläserformen

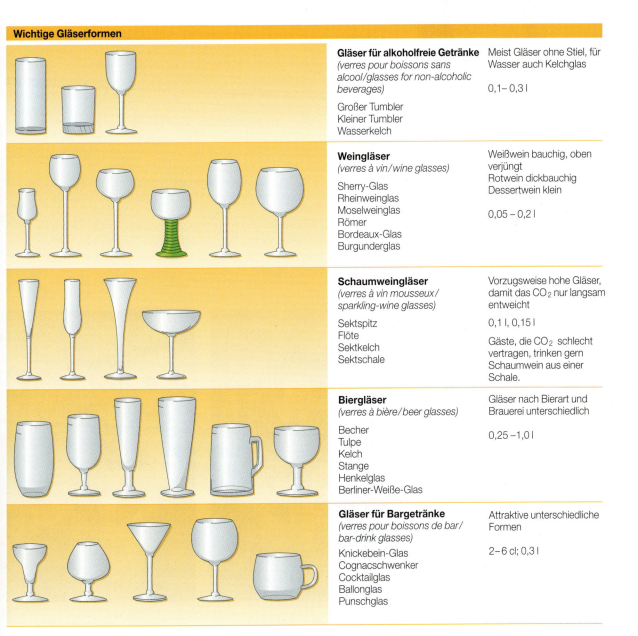

Gläser für alkoholfreie Getränke (verres pour boissons sans alcool/glasses for non-alcoholic beverages)	Meist Gläser ohne Stiel, für Wasser auch Kelchglas	
Großer Tumbler Kleiner Tumbler Wasserkelch	0,1– 0,3 l	
Weingläser (verres à vin/wine glasses)	Weißwein bauchig, oben verjüngt Rotwein dickbauchig Dessertwein klein	
Sherry-Glas Rheinweinglas Moselweinglas Römer Bordeaux-Glas Burgunderglas	0,05 – 0,2 l	
Schaumweingläser (verres à vin mousseux/ sparkling-wine glasses)	Vorzugsweise hohe Gläser, damit das CO_2 nur langsam entweicht	
Sektspitz Flöte Sektkelch Sektschale	0,1 l, 0,15 l Gäste, die CO_2 schlecht vertragen, trinken gern Schaumwein aus einer Schale.	
Biergläser (verres à bière/beer glasses)	Gläser nach Bierart und Brauerei unterschiedlich	
Becher Tulpe Kelch Stange Henkelglas Berliner-Weiße-Glas	0,25 –1,0 l	
Gläser für Bargetränke (verres pour boissons de bar/ bar-drink glasses)	Attraktive unterschiedliche Formen	
Knickebein-Glas Cognacschwenker Cocktailglas Ballonglas Punschglas	2–6 cl; 0,3 l	

Räume, Textilien, Arbeitsmittel und ihre Pflege

Gläserspülgerät

Pflege der Gläser

Glas erfüllt auf Grund seiner glatten Oberfläche die hygienischen Anforderungen bestens. Alle Gläser müssen nach dem Gebrauch gründlich mit warmem Wasser manuell oder in der Gläserspülmaschine gereinigt werden. Danach wird das Glas mit klarem Wasser gespült. Das Spülen ist wichtig, da sonst die Bukettstoffe der Getränke beeinträchtigt werden, Reste von Reinigungsmitteln im Glas verbleiben oder sich beim Bier die Schaumkrone nicht entwickeln kann. Nach dem Spülen wird das Glas mit einem fusselfreien Tuch poliert. Bei Stielgläsern ist darauf zu achten, dass der Glasfuß nicht abgedreht wird. Polierte Gläser werden mit der Öffnung nach unten (Staub, Dämpfe) in möglichst verschlossene Gläserschränke einsortiert. Vor jedem Gebrauch müssen sie nochmals nachpoliert werden. Dazu werden die Gläser in lauwarmes Wasser getaucht oder über Wasserdampf gehalten.

Bei der Benutzung von Spülmaschinen ist zu beachten, dass die Gläser mit keinen anderen Gebrauchsgegenständen (z. B. Geschirr) zusammen in die Maschine gestellt werden dürfen. Gläser könnten verschmieren und trüben! Bei Spülmaschinen, die ohne eingebaute Wasserenthärtungsanlage arbeiten, ist es wichtig, Wasserenthärter (je nach Härtegrad des Wassers) zu verwenden. Die Gläser müssen schräg in spezielle Körbe einsortiert werden. Sie dürfen einander nicht berühren, da sie sonst durch das Anstoßen springen könnten. Alles Wasser soll ablaufen, damit die Gläser hinterher glänzen. Nur die für die jeweilige Maschine vorgeschriebenen Spülmittel verwenden. Der Wasserdruck darf nicht zu hoch sein, da die Gläser sonst an den Sprühdüsen „tanzen".

Bevor die Servierkräfte die Gläser zum Gast bringen, müssen sie diese auf Sauberkeit kontrollieren und gleichzeitig beschädigte Gläser aussortieren.

> Gläser dürfen nicht im Trinkbereich angefasst werden, weder beim Eindecken noch beim Ausheben. Das verstößt gegen hygienische Vorschriften; der ästhetische Eindruck wird gemindert, und die Servierregeln werden verletzt.

Bedarfsgegenstände

Im lebensmittelrechtlichen Sinne (→ 84) handelt es sich bei Gläsern um Bedarfsgegenstände. Daraus sind die besonderen hygienischen Anforderungen an die Gläser und der Umgang mit ihnen abzuleiten.

1 Erklären und begründen Sie den Unterschied der Formen eines Weiß- und eines Rotweinglases.
2 Beschreiben Sie die Form eines Rotweinglases hinsichtlich eines optimalen Trinkgenusses.
3 Ordnen Sie unterschiedlichen Biersorten passende Glasformen zu.
4 Kenner lehnen Sektschalen ab. Beurteilen Sie diese ablehnende Haltung.
5 Beurteilen Sie die Zweckmäßigkeit von handgeschliffenen Kristallgläsern in der Gastronomie.
6 Welche Eigenschaften müssen Spülmittel aufweisen?
7 Frauke meint, Pressglas sei für das Gastgewerbe am günstigsten, es sei billig, unempfindlich und pflegeleicht. Beurteilen Sie diesen Standpunkt.

Polieren eines Stielglases

Polieren eines Becherglases

Bestecke, Geschirr

11.4 Bestecke, Geschirr

🇫🇷 *couverts, vaisselle*
🇬🇧 *cutlery, tableware*

Bestecke
Bestecke bestimmen die Tischkultur mit und sind im lebensmittelrechtlichen Sinne **Bedarfsgegenstände**. In hygienischer, ästhetischer und **funktionaler Hinsicht** werden an sie besondere Anforderungen gestellt.

Der Name Besteck stammt aus dem Mittelalter. Zum Mahl brachte jeder sein Essgerät mit, entweder um den Hals gebunden oder in den Stiefelschaft gesteckt.

Besteckarten
Zu unterscheiden sind **Grundbestecke, Spezialbestecke, Servierhilfsgeräte** und **Verschiedenes**. Bestecke werden aus Edelstahl, seltener aus Silber hergestellt.

Anforderungen des Gastronomen	Anforderungen des Gastes
Pflegeleicht	Sauberkeit
Spülmaschinenfest	Glanz
Keine Oxidation	Keine Beschädigungen
Nachkaufmöglichkeit 10 Jahre	Bequeme Handhabung (Funktionalität)
	Ästhetische Formen

Grundbestecke
🇫🇷 *couverts de base*
🇬🇧 *basic cutlery*

Bezeichnung	Merkmale, Verwendung	
Großes Besteck *grand couvert* *large cover*	Besteck für Hauptspeisen, bestehend aus großem Löffel, großer Gabel und großem Messer, für unterschiedliche Gerichte; Löffel: Suppen; Gabel und Messer: alle Hauptgänge außer Fisch; Gabel und Löffel: Vorlegebesteck oder Spaghettibesteck	
Mittelbesteck *couvert moyen* *medium cover*	Bestehend aus Mittellöffel, Mittelgabel und Mittelmesser, in verschiedenen Kombinationen einsetzbar; Löffel: klare Suppen in der Suppentasse; Löffel und Gabel (Entremets-Besteck): warme Desserts, andere Desserts auf flachen großen Tellern; Gabel und Messer: Frühstück, Vorspeisen, Käsespeisen, Zwischengerichte	
Kleines Besteck *couvert à dessert* *dessert cover*	Bestehend aus kleiner Gabel und kleinem Löffel für Desserts und Eisspeisen mit Früchten, auf mittelgroßem Teller, im Glas oder in der Schale angerichtet; Windbeutel, Eclairs; Löffel: für Kaffee, Tee, Cremes, außerdem für exotische Suppen; für Mokka werden Mokkalöffel verwendet; Gabel (Kuchengabel): für Torten, Kuchen	

Räume, Textilien, Arbeitsmittel und ihre Pflege

Ausgewählte Spezialbestecke

🇫🇷 couverts spéciaux
🇬🇧 special cutlery

Bezeichnung	Merkmale, Verwendung	
Buttermesser couteau à beurre butter knife	Messer zum Bestreichen von Brot und Toast bei separat gereichter Butter	
Eierlöffel cuillère à œuf egg spoon	Löffel zum Verzehr von Frühstückseiern; aus Horn oder Kunststoff, da sich Silber in Verbindung mit Schwefel schwarz färbt	
Eislöffel cuillère à glace ice-cream spoon	Löffel für Eisspeisen, am Auslauf etwas eckig, mehr zum Abstreichen geeignet, in verschiedenen Längen	
Fischbesteck couvert à poisson fish knife and fork	Gabel und Messer; Messer nicht zum Schneiden, sondern zum Entgräten	
Gourmetlöffel cuillère à sauce gravy ladle, sauce ladle, sauce spoon	Sehr flacher, großer Löffel zum Aufnehmen von Sauce	
Obstbesteck couvert à fruits fruit knife and fork	Bestehend aus Messer und Gabel; zum Schälen und Zerkleinern von Obst	
Steakmesser couteau à grillade steak knife	Messer zum Schneiden von Steaks, wird an Stelle des großen Messers eingedeckt	

Servierhilfsgeräte

🇫🇷 outils de service
🇬🇧 service tools

Bezeichnung	Merkmale, Verwendung	
Fischfiletierbesteck couteau et fourchette à poisson fish knife and fork	Gabel mit kurzen Zinken wie Fischgabel, Schaufel in der Form wie Fischmesser, aber beide Teile wesentlich größer, zum Zerlegen und zum Portionieren von größeren Fischen	
Käsemesser couteau à fromage cheese knife	Käsemesser mit Säge und gebogener Messerspitze, die mit zwei Spitzen endet; zum Abschneiden und Anspießen von Käse	
Kelle louche ladle	Bowlen-/Flambier-/Suppenkelle, unterschiedliche Größen, aus Metall, Kunststoff oder Glas; zum Ausgeben von Getränk/ Suppe bzw. zum Übergießen des Flambiergutes mit der angezündeten Spirituose	
Salatbesteck service à salade salad servers	Gabel meist in gewölbter Form wie Löffel, mit drei oder vier Zinken; Löffel etwas größer als großes Besteck; zum Fertigstellen und zum Portionieren von Salat	
Tranchierbesteck service à découper carving fork and knife	Zweizinkige Gabel und großes langes Messer zum Zerlegen von Geflügel, Fleisch, Wild	

222

Bestecke, Geschirr

Geschirr, Geräte

🇫🇷 *vaisselle, ustensiles*
🇬🇧 *tableware, utensils*

Geschirr und Geräte sind ebenfalls Bedarfsgegenstände, an die besondere Anforderungen in hygienischer, ästhetischer und funktionaler Hinsicht zu stellen sind.

Anforderungen an Geschirr

Anforderungen des Gastronomen	Anforderungen des Gastes
Haltbarkeit (Schlagfestigkeit, Unterglasurdekors)	Sauberkeit
Stapelbarkeit	Glanz
Pflegeleicht	Keine Beschädigungen
Spülmaschinenfest	Bequeme Handhabung
Nachkauf bis zu 10 Jahren	Ästhetische Formen

Geschirrarten

Zu unterscheiden sind im Wesentlichen **Teller, Tassen, Platten, Formen, Schüsseln, Kannen** und **Kännchen**.

Wichtige Tellerarten

🇫🇷 *assiettes*
🇬🇧 *plates*

Bezeichnung	Merkmale, Verwendung	
Teller, sehr groß *assiette, très grande* *plate, extra large*	Englischer Teller, Ø 27–31 cm; für Tellergerichte im A-la-carte-Geschäft, Portionsfleisch, Stangenspargel, T-Bone-Steak	
Teller, groß *assiette, grande* *plate, large*	Menüteller, französischer Teller, Ø 24–26 cm; für Vorspeisen, Hauptspeisen, die vorgelegt und nachserviert werden, Nachspeisen, Zwischengerichte	
Teller, mittelgroß *assiette, moyenne* *plate, medium*	Mittelteller, Ø 18–21 cm; für Frühstück, Obst, Brot, Gebäck, Salat, kleine Süßspeisen; als Ablageteller und *kleinster Trageteller* zum Aufsetzen von Tellern, Tassen, Cocktailgläsern, Glasschalen	
Teller, klein *assiette, petite* *plate, small*	Ø 13–17 cm; Brotteller aus Porzellan bei erweitertem Couvert, Ablage von Gebäck; kleine Teller aus Glas für Kuchen, Salate, Desserts	
Teller, tief *assiette creuse* *soup plate, dessert/salad plate*	Ø 24–25 cm; für gebundene Suppen, Eintöpfe, National-, Regionalsuppen, Kaltschalen Ø 13–18 cm; für Kompotte, Salate	
Untertasse *soucoupe* *saucer*	Suppen: Ø 17 cm (zusammen mit Suppentasse) für klare Suppen und Brühen; Kaffee: Ø 13–15 cm (zusammen mit passender Tasse); auch für Kakao, mit Teeglas für Tee; Mokka: Ø 10–12 cm (zusammen mit passender Tasse) für Mokka Espresso	
Platzteller *assiette de présentation* *place plate/platter*	Ø 28–31 cm; dekorativer Teller aus Porzellan oder Metall, mit Deckchen in der Mitte; bezeichnet den Platz des Gastes und kann während des gesamten Menüs stehen bleiben. Mitunter wird der Platzteller vor dem Dessert (bei kleinen Serviergefäßen) ausgehoben.	

223

Räume, Textilien, Arbeitsmittel und ihre Pflege

Tassen, Kannen, Kännchen

🇫🇷 *tasses, pots, burettes*
🇬🇧 *cups, jugs/pots*

Bezeichnung	Merkmale, Verwendung
Suppentasse *tasse à consommé* consommé cup, soup cup	0,05 l–0,2 l Inhalt; 1 oder 2 Henkel; für klare Suppen, Brühen; als Consommé-Schale etwas kleiner; in Stahltassen angerichtete Suppen werden am Tisch des Gastes ausgegossen
Getränketasse *tasse* cup	0,05–0,15 l Inhalt; verschiedene Formen für Kaffee, Kaffeespezialitäten, Schokolade, Tee und Mokka
Saucengießer *saucière* sauce boat, gravy boat	0,1–0,2 l Inhalt; unterschiedliche Größen und Formen, teils als Gießer; für warme und kalte Saucen sowie für flüssige Buttermischungen
Kanne *pot* pot	0,1–1,5 l Inhalt; für 2, 4 und mehr Tassen Tee (bauchig), Kaffee, Kakao
Kännchen *burette* small pot	0,02–0,1 l Inhalt; für Sahne; Porzellan, Metall, Glas; eingesetzt auf Gästetisch für Frühstück und Kaffeegeschäft

Formen, Platten, Verschiedenes

🇫🇷 *moules, plats, divers*
🇬🇧 *baking tins, dishes, various*

Bezeichnung	Merkmale, Verwendung
Auflauf-, Backform *moule à soufflé, à gratin* soufflé mould *moule à gâteaux* mould, baking mould	Runde oder ovale feuerfeste Formen zum Zubereiten und Servieren von Aufläufen, zum Gratinieren und Anrichten; für Gemüse, Fisch, Teigwaren, Kartoffeln, Fleisch
Platte *plat* platter, plate	Porzellan, Silber, Edelstahl; zum Vorlegen oder für den Nachservice von Fleisch, Fisch (kein Silber)
Ragout-fin-Schale *cocotte, ramequin* cocotte	Kleine runde feuerfeste Form; zum Anrichten und Überbacken von Würzfleisch und Ragouts
Schüssel *plat (Suppe: soupière)* dish (Suppe: tureen, Salat, Dessert: bowl)	Verschiedene Größen, aus Glas, Porzellan, Metall; zum Anrichten und Servieren von Gemüse- und Sättigungsbeilagen, Salaten und Desserts; als Suppenschüsseln/-terrinen zum Anrichten und Servieren von Suppen mit grober Einlage sowie von Eintöpfen
Zuckerdose *sucrier* sugar bowl	Behältnis aus Porzellan, Metall, Glas; für Zucker, eingesetzt bei Kaffee, Tee, Grog

Besteck, Geschirr

Tafelgeräte

🇫🇷 *service de table*
🇬🇧 *table utensils*

Bezeichnung	Merkmale, Verwendung
Glocke *cloche* *cover, cloche*	Metallabdeckung, für Platten und Teller zum Warmhalten; gleichmäßiges Abheben beim Service (Überraschungseffekt)
Fischwanne *poissonnière* *fish poacher*	Mit regelbarem Brenner (zum Warmhalten durch Dampf) beim Portionieren von gar gezogenem Fisch
Sekt-/Weinkühler *seau à champagne* *champagne bucket, wine bucket, wine cooler*	Tisch- oder Standkühler; attraktive Gefäße zum Kühlen von Schaumwein und Wein durch Zugabe von Kristalleis; einfache Geräte als Thermobehälter
Tablett *plateau* *tray*	Kunststoff, Metall; zum Auf- und Abtragen von Gläsern, Geschirr und Besteck
Tranchierbrett *planche à découper* *carving board, cutting board*	Hartholz- oder Kunststoffplatte mit umlaufender Fleischsaftrinne; zum Tranchieren von Fleisch und Geflügel am Gästetisch; Aussparung in der Rinne ermöglicht Entnahme des Fleischsaftes mit Löffel
Warmhaltepfanne *réchaud bain-marie* *chafing-dish*	Warmhaltevorrichtung mit Brenner; mit Speisen gefüllte Einsätze werden über Wasserdampf warm gehalten; Anwendung z. B. bei warmen Büfetts
Würzmittelständer, Menage *ménage* *cruet stand*	Halterung mit Salz, Pfeffer, Gewürzpaprika, Essig, Öl und anderen Würzmitteln, wie Senf, Würzsaucen zur Selbstentnahme; neuerdings gehören Pfeffer- und Salzmühlen dazu; Spezialitätenrestaurants: Menagen mit reichhaltigem Würzmittelsortiment (➔ 234)

Geschirr- und Besteckpflege

🇫🇷 *entretien de la vaisselle et des couverts*
🇬🇧 *tableware and cutlery maintenance*

Geschirrpflege

Die Spülmaschine erfordert **sortiertes** Reinigungsgut. Geschirr- und Besteckteile werden manuell oder maschinell zunächst kalt gespült. Dadurch gerinnen Eiweißreste nicht und lassen sich leichter ablösen. Fettbestandteile lassen sich danach **heiß abspülen**. Nach dem Abwasch stets **polieren,** um Wasserflecke zu vermeiden. Das Poliertuch wird zum Anfassen benutzt, damit **keine Fingerabdrücke** auf dem Geschirr entstehen. Angeschlagenes Geschirr aussortieren.

Besteckpflege

Da Besteckteile mit Lebensmitteln in Berührung kommen und auch zum Mund geführt werden, dürfen sie nur mit sauberen Händen angefasst werden. Bestecke werden in der Spülmaschine oder manuell gereinigt und ebenfalls poliert. Silberbesteck muss von Zeit zu Zeit besonders behandelt werden, da das Material durch Verbindung mit in der Luft enthaltenen Schwefelverbindungen einen dunkelbraunen Belag bekommt.

Aus Omas Zeiten:

Das galvanische Bad wird auch heute noch angewandt. Silberteile werden in heißes Wasser gelegt. Auf dem Boden des Beckens liegt Aluminiumfolie. Wenn das Silber das Aluminium berührt, entsteht ein galvanischer Strom, und die Sulfidflecken lösen sich. Das Silber in klarem, warmem Wasser nachwaschen, mit weichen Bürstchen behandeln und polieren.

Silbertauchbad	Silberputzmaschine	Silberputzpaste
• Häufigste Anwendung • Silber wird in Lösung getaucht • Belag lässt sich heiß abspülen • Nachpolieren	• Anwendung in Restaurants selten • Maschine mit kleinen Metallkügelchen und Spezialmittel • Durch Drehen der Trommel wird das Silber gereinigt	• Anwendung sehr aufwendig • Paste auftragen • Eintrocknen lassen • Mit weichem Tuch abreiben • Besteck anschließend mit klarem Wasser spülen • Polieren

1 *Vergleichen Sie die Form eines Suppenlöffels mit der eines Gourmetlöffels. Begründen Sie die Unterschiede.*
2 *Eierlöffel werden aus Kunststoff oder Horn hergestellt. Nennen Sie die Gründe dafür.*
3 *Beurteilen Sie die Notwendigkeit für die Verwendung von Tafelgeräten.*
4 *Beschreiben Sie eine festliche Speisenfolge, bei der mindestens fünf Tafelgeräte eingesetzt werden.*

🇫🇷 *tables, fleurs*
🇬🇧 *tables, flowers*

🇫🇷 *tables*
🇬🇧 *tables*

12 Tafelformen, Tischblumen

12.1 Tafelformen

Zu unterscheiden sind **runde, quadratische** und **rechteckige Tische**. Mehrere Tische, entsprechend zusammengestellt, ergeben **Tafelformen**. Die Gestaltung richtet sich insbesondere nach der Veranstaltungsart, den Räumlichkeiten, der Gästezahl und der Bewirtungsform. **Jedem Gast** sollte eine Tischbreite von 70–80 cm zur Verfügung stehen.

| Standard-Tischmaße: quadratisch 80 × 80 cm; rechteckig 80 × 120 cm

Tafel	Merkmale, Verwendung
Tafelformen	
Rund *ronde* *round*	Beste Kontaktmöglichkeiten für kleine Gesellschaft, auch als Stammtisch geeignet, 4–10 Personen
Oval *ovale* *oval*	Aus runden Tischen durch Klappeinlage (Allonge) leicht herstellbar, weniger üblich, 8–16 Personen
Lang *longue* *long*	Für längliche Räume; Länge je nach Personenzahl, guter Kontakt, geringe Dekorationsmöglichkeiten; für Familienfeiern und Tagungen, 8–16 Personen
Block *carrée* *square*	Für quadratische Räume; zwei Tischreihen aneinander; für Feiern mit mehreren Ehrengästen; gute Dekorationsmöglichkeiten, 12–20 Personen
U-Form *forme U* *U form*	Geeignet für quadratische Räume; für Platzierung von Ehrengästen, eines Präsidiums; gute Übersicht für den Gastgeber; für Festlichkeiten und Tagungen, 26–40 Personen
E-Form *forme E* *E form*	Für großen Personenkreis, wenig Dekorationsmöglichkeiten; geeignet für große Galerie, Familienfeiern, 40–90 Personen
T-Form *forme T* *T form*	Für quadratische Räume; empfehlenswert für Gesellschaften mit mehreren Ehrengästen; für Hochzeiten und Tagungen, 16–26 Personen
Bankettformen	
Fischgrätenform *arêtes* *fishbones*	8-er- oder 10-er-Tafeln in Reihen, im Fischgrätenmuster gestellt; für große Veranstaltungen ab 60 Personen; nur geeignet in großen Sälen
Sternform *en forme d' étoile* *star*	8-er- oder 10-er-Tafeln, in einem Sternmuster gestellt; Mittelpunkt kann ein runder Tisch mit den Ehrengästen und den Gastgebern sein oder ein großes dekoratives Blumenbukett; geeignet für Veranstaltungen ab 60 Personen
Blumenform *en forme de fleur* *flower*	8-er- bis 10-er-Tische in runder Form, versetzt angeordnet, für große Veranstaltungen, nur geeignet in großen Sälen, ab 60 Personen

226

Tischblumen

12.2 Tischblumen

🇫🇷 *fleurs*
🇬🇧 *flowers*

Den Gesamteindruck einer Tafel bestimmen nicht nur die akkurat eingedeckten Besteck- und Geschirrteile.
Blumen unterstreichen Stimmungen, lösen eine feierliche Atmosphäre aus und geben der Tafel Farbtupfer (➔ 274).

Blumenwahl
Ausschlaggebend bei der Wahl der Blumen sind **Anlass** und **Gästewünsche**.
Die **Blumenfarbe** sollte auf die Tischwäsche und die Kerzen abgestimmt sein.
Giftige und stark **duftende** Blumen sind ungeeignet: Bukett- und Geschmacksstoffe im Menü würden durch den Blütenduft sonst übertönt.
Stark duftende Blumen: Maiglöckchen, Hyazinthen, Freesien, Lilien, Flieder usw.
Giftige Blumen: Maiglöckchen, Lupinen usw.

Beim Blumenkauf stets **frische Blumen** wählen. Knospen sollen leicht geöffnet sein, da sie sonst eventuell nicht aufblühen. Blätter dürfen nicht welk und vertrocknet, Stängel müssen fest und ungefärbt sein.

Blumenpflege
Blätter brauchen viel Wasser und Nährstoffe, weshalb übermäßige Blätter entfernt werden. Bei langen Blütenrispen (Rittersporn) kann die Spitze gekürzt werden, weil sie meistens nicht aufblüht. Wasser und Nährstoffe dienen der vollen Entfaltung der Blüten.

Um Blumen länger frisch zu halten, werden sie bei Anlieferung folgendermaßen behandelt:
- Stiel-Enden schräg mit einem scharfen Messer anschneiden, damit eine größere Fläche zur Wasseraufnahme entsteht.
- Blätter innerhalb der Vase entfernen (verhindert Bildung von Mikroben).
- Bei Rosen die Dornen entfernen.

Ins Wasser sollte ein Frischhaltemittel gegeben werden: Zusätze zum Blumenwasser schützen vor Mikroben und verlängern die Haltbarkeit der Blumen. Blumen werden abends kühl gestellt. Servierkräfte reinigen zum Dienstbeginn die Vasen und Blumenstiele, schneiden sie bei Bedarf erneut an und füllen frisches Wasser auf. Bei Verwendung von Frischhaltemittel bleiben die Blumen 2–3 Tage im Wasser stehen.

Ungünstig für Blumen sind Zugluft, direkte Sonne und Kälte.

„Lasst Blumen sprechen."
Dieses Sprichwort besagt, dass Gefühle durch den Symbolgehalt der Blumen zum Ausdruck gebracht werden können:
rote Rosen = Leidenschaft, passione
rosa Rosen = Liebe,
weiße Rosen = Reinheit. purezza

1. Nennen Sie Tafelformen, die sich für eine gute Raumausnutzung eignen. Begründen Sie!
2. Empfehlen Sie für kleine Familienfestlichkeiten eine Tafelform, die besonders gute Gesprächsmöglichkeiten bietet.
3. Für ein Arbeitsessen mit 30 Personen soll Regine eine Tafel eindecken.
3.1 Welche Tafelform ist geeignet?
3.2 Berechnen Sie die Anzahl der benötigten Tische.

Größenverhältnis Blume zur Vase

Tafelgestaltung zur Einschulung

227

🇫🇷 *travaux au buffet*
🇬🇧 *buffet tasks*

13 Büfettarbeiten

Büfettaufbau

Das **Getränkebüfett** besteht aus einer **Schankanlage** mit Zapfsäule, fließendem warmen und kalten Wasser. Es hat einen Abfluss, getrennte Abwasch- und Spülbecken, ein Glasreinigungsgerät oder eine Gläserspülmaschine. Zum **Lagern** von Flaschen, Wein- und Sektkühlern, Bar-Utensilien, Öffnern und Ausgießern sowie Waren für den Straßenverkauf sind **ungekühlte** und **gekühlte** Lagerschränke sowie **Gefrierlagerschränke** vorhanden. In einigen Restaurants steht die Kaffeemaschine (➔ 248 f.) am Büfett.

Die Büfettkraft hat eine große Verantwortung bei der Ausgabe der Getränke. Ein zum Getränk passendes Glas (➔ 219), die angegebene Füllmenge und richtige Temperierung sind zu gewährleisten. **Wünsche des Gastes sind dabei zu berücksichtigen.** Ein wichtiger Aspekt ist außerdem der Alkoholgehalt.

Alkoholgehalt in %vol (➔ 39)

Bier		Wein		Spirituosen		Aperitifs	
Alkoholfrei	unter 0,5	Weiß- und Rotwein	8–14	Eierlikör	14	Einfache, z. B. Byrrh,	15–18
Vollbier	5,5	Schaumwein	12–14	Likör mind.	15	Mittlere, z. B. Campari,	etwa 25
Pilsner	bis 4,9	Likörwein	15–20	Kümmel	30	Starke, z. B. Pernod,	45–50
Starkbier	bis 10			Korn	32	Wermuth	17–20
				Obst-, Tresterbrand	37,5		
				Weinbrand	36		
				Cognac	40		
				Whisky, Whiskey	40		

Schankanlage

Gläser vorbereiten

Am Büfett werden die Gläser bereitgestellt. Es dürfen nur mit Füllstrich versehene Gläser zum Ausschank verwendet werden; (➔ Eichgesetz 305).
Der Gast soll die Füllmenge kontrollieren können. Dagegen dürfen zu Flaschen Gläser ohne eine solche Kennzeichnung gereicht werden.

Ausgabe der Getränke

Flaschenware	Glasweiser Ausschank
• Flasche abwischen • Flasche öffnen (außer Wein/Schaumwein) • Ein unbeschädigtes, sauberes Glas bereitstellen	• Prüfen, ob Glas unbeschädigt und sauber ist • Glas bis zum Füllstrich füllen

Maßeinheiten

*Angaben auf Verpackungen und die Ausschankmaße werden in Litern (l), Zentilitern (cl) und Millilitern (ml) angegeben.
Beispiel: 0,05 l = 5 cl = 50 ml (Glas Dessertwein)*

Kennen Sie den Unterschied?

*Füllstrich: bei der Herstellung des Glases angebrachter Strich, der die Mindestfüllmenge vorschreibt.
Eichstrich: Messglas, bei dem der Inhalt geeicht ist.*

Für das sachgerechte Arbeiten am Büfett ist die Beachtung der richtigen Ausschanktemperatur wichtig. Getränke werden etwa 2 °C unter der Trinktemperatur gelagert. Der Gast erhält sein Getränk nach dem Eingießen durch die höhere Raumtemperatur somit richtig temperiert. Spirituosengläser können durch Lagern im Kühlschrank oder mit Eiswürfeln vorgekühlt werden.

Büfettarbeiten

Temperierungsregel

Je kälter das Getränk, desto geringer die Aromaempfindung beim Trinken.
Ausschanktemperatur unter 10 °C:
erfrischende bukettarme Getränke oder Getränke mit einem besonders ausgeprägten Eigengeschmack sowie mit hohem Kohlendioxidgehalt.
Ausschanktemperatur über 10 °C:
Getränke, bei denen sich die Bukettstoffe entfalten sollen, qualitativ hochwertige Getränke.

Alkoholfreie Getränke, Bier		Wein, Schaumwein	Spirituosen
	18–20 °C		
	16–18 °C	Schwere Rotweine	Weinbrand, Cognac, Armagnac Schwere Liköre, Whisky, Rum, Marc, Calvados Leichte Liköre
	14–16 °C	Süße Likörweine	
	13–16 °C	Leichte Rotweine Mittelschwere Rotweine	
Mineralwasser Fruchtgetränke Limonaden, Cola	8–14 °C		
	10–12 °C	Schwere Weißweine Trockene Likörweine	Geiste, Kirschwasser, Grappa, Sliwowitz, Gin, Williamsbirne, Mirabelle, Enzian usw.
Dunkle Biere	9–12 °C		
	9–11 °C	Leichte Weißweine Rosé-Weine	
	7–10 °C	Rote Schaumweine	
Helle Biere	6–9 °C		
	6–8 °C	Weiß- und Rosé-Weine, Schaumweine	
	1–2 °C		Wacholder, Korn, Genever, Wodka, Steinhäger

Zubereitung und Ausschank von Aufgussgetränken (→ 245 ff).

Ausschank	
Trinkgefäße	0,1 l; 0,2 l; 0,25 l; 0,3 l; 0,4 l; 0,5 l; 1 l; 1,5 l; 2 l; 3 l (Stiefel)
Schankgefäße	0,2 l; 0,25 l; 0,5 l; 1 l; 2 l; 3 l; 4 l; 5 l

1 Die Füllmenge einer Flasche beträgt 0,75 l. Der Schankverlust wird mit 0,03 l angenommen. Wie viele Gläser können bei einer Füllmenge von
1.1 2 cl,
1.2 4 cl verkauft werden?
2 Bei einem Arbeitsessen für 23 Personen werden Weingläser mit 0,15 l eingesetzt und zu $^2/_3$ gefüllt.
Wie viele Literflaschen Wein müssen für die erste Füllung bereitgestellt werden, wenn der Schankverlust mit 5 % angegeben wird?
3. Für eine Kaffeegesellschaft von 36 Personen soll Restaurantfachfrau Regine Kaffee zubereiten.
3.1 Wie viel gemahlenen Kaffee benötigt sie, wenn 8 g/Tasse (125 ml) eingesetzt werden und jeder Gast 2 Tassen trinkt?
3.2 Ermitteln Sie die benötigte Wassermenge.
4 Eine Hochzeitsgesellschaft bestellt zum Empfang der Gäste Sekt. Wie viele Flaschen benötigt die Büfettkraft für 30 Personen bei einer Füllmenge von 0,1 l je Glas?
5 Wie viele Gläser Weinbrand (2 cl) kann Restaurantfachfrau Regine aus einer Flasche Weinbrand (0,7 l) ausschenken?
6 Restaurantfachmann Erich bedient eine Gesellschaft von 15 Personen. Zur Begrüßung haben sie ein Glas Sekt bestellt. Wie viele Flaschen Sekt (0,75 l) benötigt er, wenn in einem Glas
6.1 0,15 l,
6.2 0,1 l ausgeschenkt werden?

Handelsübliche Verpackungen

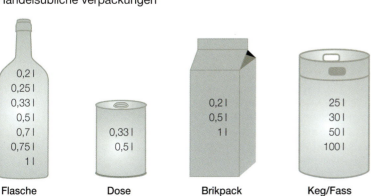

Flasche: 0,2 l; 0,25 l; 0,33 l; 0,5 l; 0,7 l; 0,75 l; 1 l
Dose: 0,33 l; 0,5 l
Brikpack: 0,2 l; 0,5 l; 1 l
Keg/Fass: 25 l; 30 l; 50 l; 100 l
Tank: 500 l; 1000 l

🇫🇷 office
🇬🇧 pantry

 Was bedeuten die Begriffe?
Office:
officio ist lateinisch und heißt:
Dienst leisten
Mise en place?
Aus dem Französischen:
mis, mise: gestellt, gesetzt, gelegt
en: an
la place: der Platz

Arbeiten im Office

- Polieren von Geschirr und Besteck
- Lagern der Servierausstattung
- Säubern und Lagern technischer Geräte
- Pflegen (Polieren) und Auffüllen der Menagen

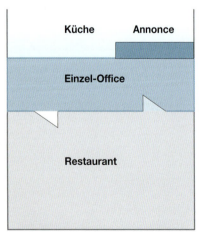

Einzel-Office

14 Arbeiten im Service

14.1 Office

Das Office ist der Verbindungsraum zwischen Küche und Gastraum. Im Office erledigen die Restaurantfachleute alle **Vor- und Nachbereitungsarbeiten**, die auch als *Mise en place* bezeichnet werden. Gute Arbeitsorganisation ist die Voraussetzung für einen reibungslosen Arbeitsablauf. Zu unterscheiden sind das Einzel- und das Zentral-Office. Das **Einzel-Office** ist nur an einen Gastraum angeschlossen. Das **Zentral-Office** ist an mehrere Gasträume angeschlossen, vom Zentral-Office aus werden mehrere Gasträume bewirtschaftet. Kleinere Restaurants werden auch ohne Office betrieben.

Im Office wird die Servierausstattung, die für einen reibungslosen Arbeitsablauf erforderlich ist, gelagert und gepflegt.

Vergleich von Einzel- und Zentral-Office

	Vorteile	Nachteile
Einzel-Office	Kurze Wege zum Gast	Platzkapazität des Gastraumes im Verhältnis zum Office geringer.
	Platz zum Lagern der Servierausstattung	Bei mehreren Gasträumen in einem Haus mit je einem Office wird die Servierausstattung in mehreren Ausführungen benötigt. Betriebskosten sind höher.
Zentral-Office	Ein Office für mehrere Gasträume, teilweise auch unterschiedliche Gaststättenarten.	Lange Wege zum Gast.
	Rentabler, da Betriebskosten geringer und mehr Plätze im Restaurant im Verhältnis zur Office-Größe sind, Servierausstattung kann in allen Gasträumen eingesetzt werden.	Wenig Stellmöglichkeiten für Schränke und Regale.
	Bessere Koordinierung des Personals. Geringerer Reinigungsaufwand.	

Arbeitsmittel im Office

Arbeitsflächen werden benötigt zum Polieren, Auffüllen, Reinigen, Sortieren von Geschirr, Besteck, Menagen und der übrigen Servierausstattung und zum Abstellen des Geschirrs. **Behältnisse** zum Sortieren von schmutzigem Besteck und zum Einwerfen des Abfalls, der schmutzigen Tischwäsche und der Servietten stehen im Office bereit.
Dispenser sind Warmhaltevorrichtungen zum Lagern und Vorwärmen von Tassen und Kännchen.
Geschirr- und Servierwagen dienen dem Transport von Geschirr, zur Präsentation von Getränken, Kuchen, Desserts und Vorspeisen.

Office

Handwaschbecken mit Seifenspender und Papierhandtücher oder Handtuchrolle erleichtern das öftere Händewaschen. Für die **Kommunikationstechnik** sind Kellnerrufanlage, Telefon, Rohrpost, Lautsprecher, Mikrofon und Informationstafel geeignet. Je nach der Lage des Office und der Küche werden unterschiedliche Kommunikationstechniken angewandt. Befinden sich Küche und Restaurant auf unterschiedlichen Etagen, kann darauf nicht verzichtet werden.

In **Rechauds** (beheizt, unbeheizt) werden Geschirr, Teller, Schüsseln und Platten gelagert und vorgewärmt.

Mit **Computerkassen** werden Bons erstellt, somit Speisen und Getränke registriert, Gastrechnungen (Guest Checks), Tages-, Monats- und Jahresabrechnungen erstellt.

In **Schränken** und **Regalen** werden Tischwäsche und Servietten, Menagen, Dekorationsmittel, Bestecke, Kassenrollen, Blumenvasen, Kerzenständer, Speisen- und Getränkekarten gelagert. Die **Abwaschmaschine**, die meistens in einem Nachbarraum steht, dient zum Reinigen von Geschirr, Besteck und der übrigen Servierausstattung.

Zentral-Office

Umgang mit den Menagen

Generell gilt: Alle Menagen (→ 225) täglich feucht abwischen und nach Bedarf gleichmäßig füllen (1/2–3/4). Die Behälter der Würzmittel müssen stets in einem sauberen und ordentlichen Zustand gehalten werden. Sie kommen in direkten Kontakt mit dem Gast und sind Teil der Gesamtpräsentation des Restaurants. Eindecken → 234.

Mülltrennung – Sortieren nach Bio-Müll (gelbe Tonne bzw. grüner Punkt) und nicht verwertbarem Müll, Tabakreste in feuerfeste Behältnisse; → 93 ff.

Menagenfüllungen	Warenkunde
Salz sel salt	Gewinnung in Salinen, im Bergbau und aus dem Meer. Siedsalz ist besonders feinkörnig. Zunehmend wird Jodsalz verwendet (→ 30).
Pfeffer poivre pepper	Aus Indien: Beeren werden getrocknet, gemahlen. Schwarzer Pfeffer: unreife, gedörrte Beeren, würzig, scharf; Weißer Pfeffer: reife Beeren, mild; Grüner Pfeffer: rohe Beeren, konserviert, würzig.
Öl huile oil	Oliven, Sonnenblumenkerne, Nüsse usw. werden entweder kalt oder warm gepresst und danach gereinigt (raffiniert).
Essig vinaigre vinegar	Natürliche Herstellung von Weinessig: Essigsäurebakterien setzen Wein bei Sauerstoffzufuhr in Weinessig um; Chemische Herstellung ebenfalls möglich: Essigsäure 40 % wird verdünnt.
Senf moutarde mustard	Herstellung aus Senfkörnern; Most, Essig oder Meerrettich geben geschmackliche Abrundung.
Worcestershire-Sauce sauce Worcestershire Worcestershire sauce	Englische Würzsauce, bestehend aus Tomatenmark, Sojabohnen, Walnuss- und Champignonextrakt, Knoblauch, Pfeffer, Portwein, Tamarinden, Sardellen, Curry, Chili, Piment, Zitronen, Meerrettich, Sellerie, Fleischextrakt, Ingwer, Lorbeer, Muskat, Salz, Zucker, Estragon- und Malzessig.

1 Speisen und Getränke werden durch Kassen boniert. Begründen Sie den Arbeitsgang.
2 Warum gehört ein Handwaschbecken ins Office?
3 Menagen werden täglich gereinigt. Ist das ein zu hoher Arbeitsaufwand?
4 Nennen Sie die Ausrüstungsgegenstände im Office und beschreiben Sie ihre Funktion.
5 Beurteilen Sie die Feststellung, dass ein gutes Mise en place sowohl den Gästen als auch dem Servierpersonal dient.
6 Regine räumt einen Frühstückstisch ab: Eierbecher mit Schalen, Portionsverpackung von Butter, Margarine, Konfitüre usw., Wursthüllen, Orangenschalen, Apfel-Kerngehäuse, Teller mit Rest Müsli, Aschenbecher mit Kippen, Servietten, Käsereste, leere Orangensaft-Flaschen (ohne Pfand).
Ordnen Sie den Müll nach dem Prinzip der Mülltrennung (→ 94 f).
7 Weshalb werden Tabakreste extra entsorgt?

🇫🇷 *restaurant*
🇬🇧 *restaurant*

14.2 Restaurant

Ein böser Traum!
Neulich fuhr Restaurantfachfrau Regine müde vom Dienst mit dem Bus nach Hause. Die Fahrgäste hinter ihr unterhielten sich über einen Gaststättenbesuch. Sie waren erbost über viele kleine Dinge, die nicht in Ordnung waren: angeschmutztes Geschirr, Lippenstift am Glas, verstopfte Salzstreuer, schlechte Luft usw. Auch die Serviererin war nicht gerade höflich, das passte zum lieblos gedeckten Tisch …
Als der Bus bremste, wachte sie auf.

Vorbereitungsarbeiten im Restaurant durch das Servicepersonal sind sehr wichtig für eine gute Atmosphäre im Gastraum.
In erster Linie ist auf **Sauberkeit** im ganzen Restaurant zu achten. In einigen gastronomischen Einrichtungen werden Dienstleistungsunternehmen während der Schließzeiten eingesetzt. Sie sind verantwortlich für saubere Fenster, Möbel und Fußböden. Oft werden Pflanzen und Blumen von Gärtnern ausgewählt und gepflegt.
In kleineren und mittleren Unternehmen ist es durchaus üblich, dass für die Sauberkeit im Gastraum die Restaurantfachleute zuständig sind. Restaurantfachleute lüften und reinigen, bevor das Restaurant geöffnet wird. Sie entstauben alle **Möbel, Lampen** usw. und fegen, wischen oder saugen die **Fußböden** je nach Art des Bodens. Spinnweben, die in den warmen Jahreszeiten sichtbar vermehrt vorkommen, müssen täglich beseitigt werden.
Fenster werden regelmäßig geputzt. **Grünpflanzen** werden entstaubt, gegossen und gedüngt. Tischblumen → 227.
Ist das Restaurant sauber, werden alle Tische und Stühle ausgerichtet. Hilfsmittel zum Ausrichten von Tischen und Stühlen sind zum Beispiel Bindfaden, Fugen von Fliesenböden, Teppichkanten oder geradlinige Muster auf Fußböden. Die Servierkräfte bringen im Restaurant Presseerzeugnisse durch Aussortieren älterer Exemplare täglich auf den aktuellen Stand. Angebotskarten und Vitrinen sind ständig auf Aktualität und Sauberkeit zu prüfen (→ 265 ff).

14.2.1 Auflegen und Abdecken der Tischtücher

Die **Größe** der Tischtücher, die quadratisch, rechteckig, mitunter rund sein können, richtet sich nach der Tischoberfläche. Nach dem Auflegen soll ein gleichmäßiger Überhang von 25-30 cm entstehen.
Neben Tischtüchern in festlichem **Weiß** werden auch **farbige Tücher** verwendet. Das fachgerechte Auflegen und Abdecken setzt exaktes Bügeln und Legen der Tischwäsche (→ 215) voraus. Beim Ausbreiten werden Brüche (→ 234) sichtbar, die bei eckigen Tischen stets parallel zu den Tischkanten liegen müssen.

Beschreiben Sie Arbeiten, die Sie in Ihrem Ausbildungsbetrieb erledigen, bevor das Restaurant öffnet.

Auflegen des Tischtuches

🇫🇷 *mettre les nappes*
🇬🇧 *putting on the tablecloth*

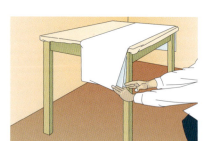

1 **Mittelbruch und Webkanten** als die **offene Seite** zeigen zur Servierkraft. Dabei wird das Tischtuch so ausgerichtet, dass die beiden **herabhängenden Seiten gleich lang** sind.

2 Mit seitlich gestreckten Armen legt die Servierkraft die **Handspitzen auf den Mittelbruch** und erfasst dabei mit **Daumen und Zeigefingern** die darunter liegende Webkante.

3 **Unteren Tischtuchteil** mit Schwung zur hinteren Tischkante nach hinten, **zu der Servierkraft abgewandten Seite**, legen.

Restaurant

  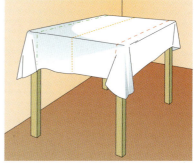

4 Daumen und Zeigefinger ziehen die **festgehaltene Webkante nach vorn,** zur vorderen Tischkante.

5 Durch Ziehen an den Kanten mit den Fingerspitzen und Glattstreichen mit dem Handrücken, der Tischbürste oder der Handserviette **Lage korrigieren; nicht mit der flachen Hand glatt streichen** (Hygiene).

6 Bei Abschluss sollen die **Brüche** des Tischtuches **parallel** zur Tischkante verlaufen.
Tischtuch glatt ziehen.

Tischtuchwechsel

🇫🇷 *changer les nappes*
🇬🇧 *changing the tablecloth*

  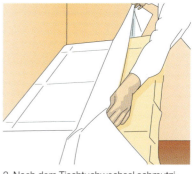

1 Sauberes Tuch ablegen. Beschmutztes Tuch an der Längsseite etwas hochziehen.

2 Sauberes Tuch nach dem gleichen Prinzip auflegen und beim Vorziehen das untere beschmutzte Tuch mit aufnehmen.

3 Nach dem Tischtuchwechsel schmutziges Tuch zusammenfalten.

Abdecken des Tischtuches

🇫🇷 *enlever les nappes*
🇬🇧 *removing the tablecloth*

1 **Mittelfinger** und **Daumen** von rechts und links am Mittelbruch **heben das Tischtuch nach oben.**

2 Tuch zur Servicekraft ziehen, wodurch die **Längsbrüche übereinander** liegen.

3 Mit Mittelfingern Längsbrüche erfassen, dann das **Tuch nochmals hochheben,** wodurch es korrekt in den Brüchen liegt. Tischtuch quer zusammenlegen.

233

Arbeiten im Service

14.2.2 Eindecken

 mettre le couvert
setting the table

Bevor die Restauranttische eingedeckt werden, müssen alle Vorbereitungsarbeiten erledigt sein.

Tischausrüstung im A-la-carte-Geschäft

 équipement des tables pour le service à la carte
table outfit for à la carte service

Nachdem die Standfestigkeit des Tisches (→ 210) überprüft worden ist, werden bei Bedarf Tischtuchunterlage (→ 215) und danach das Tischtuch (→ 232) aufgelegt. Beim Auflegen der Tischwäsche steht die Servierkraft mit dem Rücken zum Eingang, damit ist ein richtiger Bruchverlauf auf dem Tisch gewährleistet. Auf das Tischtuch wird die Tischausrüstung gestellt, bestehend aus:

- Blumenschmuck
- Menage
- z.T. Aschenbecher (in Rauchergaststätten)

Bei Frühstücks- und Kaffeeangebot gehört des Weiteren die Zuckerdose dazu. Der Blumenschmuck steht in der Tischmitte. Grundsätzlich muss die Anordnung der Tischausrüstung auf jedem Tisch gleich sein. Steht auf einem Tisch der Salzstreuer links, gehört er auf allen Tischen auf die linke Seite. Der Aschenbecher sollte beim Eintreten ins Restaurant nicht im Blickpunkt stehen.

 Quadratische Tücher werden beim schrankfertigen Nachbehandeln (→ 216) der Wäsche zweimal längs und zweimal quer gefaltet. Beim Aufdecken entstehen dann 3 Längs- und 3 Querbrüche, wobei die Längsbrüche durchgehend sichtbar sind. Auflegen des Tischtuches (→232f).

Querbrüche
—·—·— Oberbruch
············ Mittelbruch } Längsbrüche
— — — Unterbruch

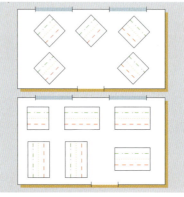

Verlauf der Längsbrüche bei der Tischwäsche im Restaurant

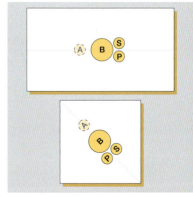

Mögliche Anordnung der Tischausrüstung:
Blumen, Salz, Pfeffer, evtl. Aschenbecher

Menagen

 huiliers
cruet stands

Menagen (franz. *ménager* = sparen, schonen, wirtschaften, *ménage* = Haushalt), die mindestens aus **Pfeffer- und Salzstreuer** bestehen (→ 225), sollen dem Gast die individuelle Würzmitteldosierung ermöglichen. Damit kann einer gesundheitsfördernden Ernährung durch Vermeidung des Überwürzens entsprochen werden. Salz- und Pfefferstreuer werden auf Restauranttischen eingedeckt. Alle anderen Menagen stehen sauber und gefüllt (→ 231) auf dem Servicetisch bereit.

1 Fertigen Sie eine Skizze zum Bruchverlauf eines rechteckigen Tischtuches an.
2 Nennen Sie die Tischausrüstung, die in Ihrem Ausbildungsbetrieb verwendet wird.

Restaurant

14.2.3 Gedecke
 couverts
c4 covers

Grundgedeck
couvert de base
basic cover

Im **A-la-carte-Service** besteht das Gedeck zunächst aus **großem Messer, großer Gabel und Mundserviette.** Während man sich in einfachen gastronomischen Einrichtungen auf das Grundgedeck beschränkt, wird es in der gehobenen Gastronomie um Platzteller, Brotteller, Buttermesser, Löffel und/oder Glas erweitert. Brotteller und Buttermesser gehören auf die linke Seite des Gedecks. Bei Bedarf deckt das Servierpersonal für spezielle Wünsche nach oder deckt um, beispielsweise bei Fischspeisen. Das **Eindecken** trägt nicht nur zur rationellen Arbeitsgestaltung bei, sondern verstärkt auch den gastlichen Gesamteindruck des Restaurants. Das **Grundgedeck** wird in der folgenden Reihenfolge eingedeckt:
1. Platzmarkierung (Platzteller, Deckteller, Serviette)
2. Messer
3. Gabel
4. Serviette, wenn nicht mit ihr der Platz markiert wurde

Grundgedeck

Erweitertes Gedeck
couvert élargi
enlarged cover

Dieses Gedeck ist für Speisenfolgen von **drei und mehr Gängen** vorgesehen. Bei einem mehrgängigen Menü wird mit dem Besteck für den Hauptgang begonnen. Die Bestecke für die Gänge, die davor gereicht werden, erhalten ihren Platz in **umgekehrter** Reihenfolge, wie sie verzehrt werden. Also liegen die Besteckteile für den ersten Gang ganz außen auf der rechten und der linken Seite.
Bestecke für Speisen, die nach dem Hauptgang serviert werden, z. B. Käsegang, Dessert, erhalten ihren Platz über dem Teller.

Um ein rationelles Arbeiten zu ermöglichen, dürfen auf der rechten Seite bis 4, auf der linken Seite bis 3 und über dem Teller 2, mitunter 3 Besteckteile eingedeckt werden.

Erweiterte Grundgedecke: Beim A-la-carte-Service entscheidet die Gästebestellung, ob das einfache **Grundgedeck ergänzt, ausgetauscht** oder **abgeräumt** werden muss.
Nicht benötigte Besteckteile und Gläser werden nach der Gästebestellung stets sofort abgeräumt.

Ergänzt werden kann das Grundgedeck durch weitere Grundbestecke (Mittelbesteck, Löffel, Dessertbesteck), durch Spezialbestecke (Fischbesteck, Steakmesser), Gläser (Wein- und Wassergläser), Brotteller (zusammen mit dem Buttermesser) sowie durch einen Platzteller.

Menübeispiel

Rahmsuppe aus grünen Erbsen

*

Geschmorte Rehkeule mit Steinpilzen

*

Crêpes Suzette

***

Rotwein, Dessertwein

Menügedeck
couvert de Menu
menu cover

Das Menügedeck, auch als **Festgedeck** bezeichnet, ist eine besondere Form des erweiterten Gedecks.
Menügedecke richten sich grundsätzlich nach der vorgegebenen Speisen- und Getränkefolge. Da ein Menü üblicherweise mindestens drei Gänge hat, werden dafür folglich neben der Serviette bzw. dem Platzteller die Besteckteile für diese drei Gänge eingedeckt. Der Brotteller ist fester Bestandteil eines Menügedecks. Bei einem Menügedeck sollten alle Besteckteile eingedeckt werden, soweit das fachlich korrekt ist.

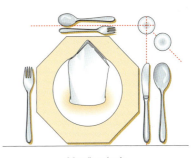
Menügedeck

Arbeiten im Service

Frühstücks- und Brunchgedecke

Traditionell wird die vorgewärmte Tasse beim Service der Getränke eingesetzt.

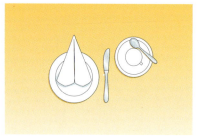
Einfaches Frühstücksgedeck

Erweitertes Frühstücksgedeck

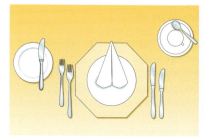
Gedeckvariante für Brunch

Regeln für das Eindecken

🇫🇷 *règles pour mettre le couvert*
🇬🇧 *rules for setting the table*

Um einen guten optischen Eindruck zu erhalten, müssen die Bestecke und die Geschirrteile der sich gegen-überliegenden Plätze in **einer Linie** liegen.
Der Abstand zur Tischkante aller Geschirr- und Besteckteile, mit Ausnahme der vorgeschobenen Gabel, beträgt ungefähr einen Zentimeter.

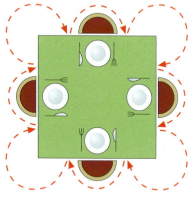

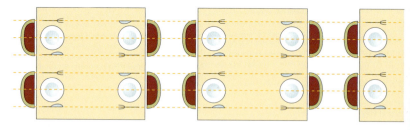

Speisen, Getränke, Geschirr und Bestecke vor oder rechts vom Gast sind von der rechten Seite und Speisen, Geschirr und Bestecke links vom Gast sind links einzudecken. Beim Eindecken muss beachtet werden, dass den am Tisch sitzenden Gästen nicht über das Gedeck gefasst werden darf.
Generell gilt, die Gäste durch Eindecken und Servieren so wenig wie möglich zu stören.

Bei Tischen, die in einer Linie im Restaurant stehen, ergeben so alle **Gedecke einer Platzreihe eine gerade Linie.** Um dieser Forderung gerecht zu werden, ist darauf zu achten, dass die Platzmarkierung der Gedeckmitte den gleichen Abstand zur Tischkante hat.
Der **Abstand zwischen Messer und Gabel** muss so groß sein, dass der größte Teller des Services dazwischen gestellt werden kann, so dass zwischen Besteck und Teller wenig Platz bleibt und das Besteck nicht verdeckt wird. Steht ein **Platzteller** zur Verfügung, kann das problemlos beachtet werden, da alle nachfolgenden Speisen darauf gestellt werden. Wird kein Platzteller benutzt, kann ein **Deckteller** zu Hilfe genommen werden. Dieser wird nach dem Eindecken der Besteckteile wieder ausgehoben. Bei einer weiteren Variante wird die Gedeckmitte mit der **Serviette** gekennzeichnet, wofür ein gutes Augenmaß erforderlich ist.

Restaurant

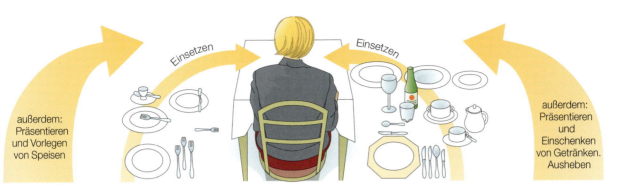

Beim Eindecken wird **vorwärts** im Uhrzeigersinn um den Tisch gegangen.
Von **rechts** werden alle Speisen und Getränke eingesetzt, die vor dem Gast oder rechts von ihm stehen, und alle Bestecke, die auf der rechten Seite des Gedeckes liegen.
Von **links** können Speisen, Geschirr und Bestecke eingesetzt werden, die sich links vom Gedeck befinden. Werden Bestecke (Gabeln) von links eingedeckt, werden sie mit der **rechten Hand** von links eingedeckt. Bei dieser Variante besteht die Möglichkeit eines besseren Ausrichtens der Bestecke und der Geschirrteile mit der gegenüberliegenden Seite.

14.2.4 Abdecken

🇫🇷 *débarrasser la table*
🇬🇧 *clearing the table*

Auch beim Abdecken sollen die Gäste möglichst wenig gestört werden. Die Servierkräfte arbeiten deshalb rationell und nach ästhetischen Gesichtspunkten:

- Auf dem ersten Teller, zwischen Daumen und Zeigefinger gehalten, wird das Besteck abgelegt. Gabeln und Löffel werden mit dem Daumen gehalten und die Messer darunter geschoben.
- Der zweite Teller, im Untergriff, nimmt Speisereste und Servietten auf.
- Servietten, die nicht auf dem Gästeteller liegen, werden extra ins Office getragen.
- Auf dem dritten Teller, im Obergriff, können bis zu 5 Teller ohne Auflage getragen werden.
- Suppenteller analog abräumen:
  1. Variante: Wenn mit Trageteller eingesetzt wurde, dann ebenso abtragen; Stapeln ist nicht erlaubt.
  2. Variante: Ersten Teller auf Trageteller, darauf Löffel sammeln, zweiten Teller mit Speisenresten im Untergriff tragen, dritten bis sechsten Teller im Obergriff gestapelt tragen oder ganz ohne Trageteller, wenn keine Speisenreste vorhanden.
- Suppentassen so abräumen, wie sie eingesetzt worden sind. Erstes Gedeck zwischen Daumen und Zeigefinger, zweites Gedeck im Untergriff, drittes Gedeck im Obergriff, viertes Gedeck in die rechte Hand oder wie im Bild stapeln.
- Gläser auf dem Tablett abtragen.
- Flaschen so abräumen, wie sie eingesetzt worden sind.
- Kaffeegeschirr und Teegläser auf dem Tablett abtragen.

Arbeiten im Service

14.2.5 Tragetechniken

🇫🇷 *techniques du service*
🇬🇧 *service techniques*

Bestecke

🇫🇷 *couverts*
🇬🇧 *cutlery*

Besteck soll nicht nur sauber und poliert, sondern auch ohne Fingerabdrücke dem Gast vorgelegt werden. Durch zwei unterschiedliche Tragetechniken wird das gewährleistet:
1. Haben noch keine Gäste am Tisch Platz genommen, kann das Besteck links in der Handserviette getragen werden. Mit der rechten Hand wird dann eingedeckt.
2. Im Beisein von Gästen wird das Besteck auf einem Mittelteller (kleinster Trageteller) oder auf einem Tablett mit Stoffserviette getragen.

Tragen von Besteck

Geschirr

🇫🇷 *vaisselle*
🇬🇧 *tableware*

Geschirr wird mit Hilfe der Handserviette, die auch vor Verbrennungen oder unhygienischen Berührungen des Geschirrs schützen kann, getragen. Die Tragetechniken unterscheiden sich nach der Anzahl der Teller.

Tellerstapel
Kleinere Stapel auf der linken flachen Hand, Handserviette liegt unter den Tellern; größere Stapel mit der Handserviette umschlagen, mit beiden Händen.

1 Teller
Zwischen Daumen und Zeigefinger tragen. Der Daumen darf nur leicht am Tellerrand aufliegen. Eine Serviette liegt bei heißem Geschirr zwischen Daumen und Zeigefinger.

2 Teller
Im **Untergriff** ersten Teller zwischen Daumen und Zeigefinger, zweiten Teller in hohle Hand, so dass der Tellerrand unter den oberen Teller, gegen den Zeigefinger, gedrückt wird. Mittel-, Ring- und kleiner Finger stützen den Teller von unten. Weitere Variante: Im **Obergriff** ersten Teller wie im Untergriff tragen, den zweiten Teller auf Handballen und Unterarm stellen. Ring- und kleiner Finger stützen den Teller von unten.

Restaurant

3 und 4 Teller
Zwei Teller werden im Untergriff getragen, der dritte Teller auf Handballen, Unterarm und Tellerrand des unteren Tellers stellen. Den vierten Teller, wie oben, in der rechten Hand tragen.

Tiefe Teller
Ersten Teller auf einem Trageteller (großer Teller), zweiten Teller im Untergriff tragen, dritten Teller auf Handballen, Unterarm und Tellerrand des unteren Tellers stellen. Der Trageteller wird in diesem Falle nicht mit eingesetzt.

Werden alle tiefen Teller mit Trageteller serviert, wird dieser mit eingesetzt. Nachteilig sind der Mehraufwand an Geschirr, der größere Kraftaufwand beim Tragen und die Nichtstapelbarkeit beim Abräumen.

Tassen, Kaffeegeschirr, Teegläser

🇫🇷 *tasses, service à café, verres à thé*
🇬🇧 *cups, coffee service, tea glasses*

Sie werden auf einem Tablett mit Papiermanschette getragen. Das Tablett der Größe nach aufbauen: großes, schweres Geschirr immer zum Körper der Servierkraft stellen, kleines, leichtes Geschirr davor.
Kleine ovale Tabletts werden an der breiten Seite gehalten (Hebelgesetz).
Große Tabletts auf der linken flachen gespreizten Hand tragen, so dass die gespreizten Finger das Tablett balancieren.

Assietten, Saucieren, Terrinen, Eierbecher

🇫🇷 *assiettes, saucières, soupières, coquetiers*
🇬🇧 *plates, sauce boats, tureens, egg cups*

Sie werden auf Trageteller gestellt. Die Größe des Tragetellers muss der Größe der darauf stehenden Geschirrteile angemessen sein.
Kleinster Trageteller ist der mittelgroße Teller.

Suppentassen

🇫🇷 *tasses à consommé*
🇬🇧 *consommé cups, soup cups*

Sie werden mit **Untertassen** auf Tragetellern getragen und komplett beim Gast eingesetzt. Mehrere Suppentassen, beispielsweise bei Gesellschaften, werden auf einem Tablett bis zum Servicetisch gebracht, dort auf die vorbereiteten Untertassen und Mittelteller gestellt und bei den Gästen eingesetzt. Wege der Servierkräfte verringern sich (rationelles Arbeiten).

Arbeiten im Service

Platten
🇫🇷 *plats*
🇬🇧 *platters*

Kleinere Platten mit Daumen und Zeigefinger an der breiten Seite tragen. Große Platten auf der linken gespreizten Hand tragen. Zwischen Platte und Hand die Handserviette ausbreiten.

Gläser
🇫🇷 *verres*
🇬🇧 *glasses*

Gläser werden stets auf einem Tablett mit der Vignette zum Gast hin getragen. Unterschiedliche Gläser auf einem Tablett nach Sorte und Größe ordnen. Gläser mit Stiel dürfen umgedreht am Fuß zwischen gespreizten Fingern getragen werden. Allerdings kann dann ein Fingerabdruck am Glasfuß entstehen. Sie werden, sowohl sauber als auch benutzt, stets im unteren Drittel angefasst, jedoch niemals im Trinkbereich.

Flaschen
🇫🇷 *bouteilles*
🇬🇧 *bottles*

Flaschen mit Wasser, Erfrischungsgetränken und Bier werden auf einem Tablett getragen, wobei die Etiketten zum Gast zeigen.
Wein- und Schaumweinflaschen werden in der Hand getragen. Mehrere Weinflaschen trägt das Servierpersonal am Flaschenhals. Die einzelne Flasche wird am Flaschenbauch, das Etikett zum Gast gewandt, getragen. Eine Handserviette dazwischen verhindert die Wärmeübertragung durch die Handfläche. Mitunter wird die Flasche auf die Füße der zwischen den gespreizten Fingern gehaltenen Stielgläser gestellt. Weinflaschen erst am Tisch des Gastes öffnen.

1 Nennen Sie die Bestandteile des Grundgedecks. In welcher Reihenfolge wird es eingedeckt?
2 Womit kann das Grundgedeck erweitert werden?
3 Nennen Sie Regeln, die beim Eindecken beachtet werden müssen.
4 Nennen Sie Speisen und Getränke, die
4.1 von der rechten Seite des Gastes eingesetzt werden,
4.2 von der linken Seite des Gastes eingesetzt werden.
5 Welche Richtlinien gibt es beim Tragen und Abräumen von Gläsern, Flaschen und Kaffeegeschirr?
6 Welche Möglichkeiten gibt es, Besteck zu tragen?
7 Beschreiben Sie den Service von mehreren Suppentassen, beispielsweise bei Gesellschaften.
8 Beschreiben Sie die beiden Möglichkeiten für das Tragen von Suppentellern.
8.1 Nennen Sie ein Beispiel, wie Sie ohne Trageteller servieren würden.
8.2 Welchen Nachteil bringt das Tragen von Suppentellern mit Tragetellern?

Einfacher Speisen- und Getränkeservice

14.3 Einfacher Speisen- und Getränkeservice

🇫🇷 *service des mets et des boissons*
🇬🇧 *dish and beverage service*

Nachdem die Vorbereitungsarbeiten abgeschlossen sind, kann der Service rationell und für die Gäste zufrieden stellend durchgeführt werden.
Die **Speisen** werden in der Küche angerichtet. Damit leistet das Küchenpersonal die Voraussetzung für einen fachgerechten Service. Mit Art und Umfang der Speisen muss das Servicepersonal gut vertraut sein. Dadurch können richtige Serviertemperaturen, das vorausgehende Bereitstellen von Geschirr und das zügige Eindecken gewährleistet werden.

Beim Servieren von **Getränken** sind besondere Regeln zu berücksichtigen.
Der Service beginnt stets mit der fachlichen Beratung (➔ 278 ff). Ein gutes Fachwissen ist dafür Grundvoraussetzung.

14.3.1 Speisen

Geschirr- und Besteckwahl

Speiseteil	Servierhinweise	Speiseteil	Servierhinweise
Suppe *potage soup*			
Klare Suppe *consommé* *clear soup, consommé*	Suppentasse auf Untertasse und mittelgroßem Teller Mittellöffel	**Kaltschale** *soupe froide* *cold soup*	Tiefer Teller, großer Löffel oder Suppentasse auf Untertasse mit mittelgroßem Teller, Mittellöffel
Gebundene Suppe *potage lié* *thick soup*	Tiefer Teller mit oder ohne Trageteller einsetzen Großer Löffel	**National- und Regionalsuppe** *potage national, potage régional national soup, regional soup*	Tiefer Teller mit oder ohne Trageteller Großer Löffel
Eintopf *potée* *pot-stew*	Tiefer Teller, Terrine mit Kelle und Ablageteller, bei umfangreicher Einlage auch Messer und Gabel oder Fischbesteck eindecken Großer Löffel	**Ausnahmen: Borschtsch, Bouillabaisse** **Franz. Zwiebelsuppe**	Auch in Terrine mit tiefem Teller möglich, großer Löffel, Fischbesteck Suppentasse mit Untertasse auf mittelgroßem Teller Mittellöffel
Exotische Suppe Spezialsuppe Essenz *potage exotique, potage spécial, essence exotic soup, special soup, essence*	Kleine Spezialtasse (5 cl, Essenz auch in Spezialtasse 10 cl) mit Untertasse auf mittelgroßem Teller Kleiner Löffel		

241

Arbeiten im Service

Speiseteil	Servierhinweise	Speiseteil	Servierhinweise
Kalte Vorspeise *hors-d'œuvre froid / cold hors-d'oeuvre*			
Salat, Mayonnaise *salade, mayonnaise* *salad, mayonnaise*	Großer Teller, mittelgroßer Teller, Glas-, Porzellan-, Stahl-, Holzplatte, mitunter sehr großer Teller, tiefer Teller,	Cocktail *cocktail* *cocktail*	Cocktailschale auf mittelgroßem Teller und Manschette Mittelgabel (Fischgabel) kleiner Löffel
Aspikspeise, Pastete *chaud-froid, pâté* *chaud-froid, pâté*	Glasteller auf Trageteller Mittelmesser Mittelgabel	Belegte Brote *canapés / canapés*	Platten (Steh-Empfänge) Ohne Besteck
Räucherfisch, Fischmarinaden *poisson fumé, poisson mariné* *smoked fish, marinated fish*	Großer Teller, mittelgroßer Teller Mittelmesser und Mittelgabel	Cocktailhappen, -spieße, Canapés *amuse-bouche, brochettes, canapés* *amuse-bouche, skewers, canapés,*	Platte mit Vorlegebesteck *(franz. service),* mittelgroßer Teller Mittelmesser Mittelgabel
Räucherforelle, *truite fumée* *smoked trout*	Zarter Räucherfisch bildet eine Ausnahme. Aufgrund der Konsistenz im geräucherten Zustand kann er mit Fischbesteck gegessen werden. Beispiele: Räucherforelle, Bückling Mittelbesteck, wenn auf Toast gereicht		
Warme Vorspeise, Zwischengericht *hors-d'œuvre chaud, entrée / hot hors-d'oeuvre, entrée*			
Allgemein *en général* *generally*	Vorgewärmter großer Teller oder ovale Platte Mittelmesser Mittelgabel	Ragout Eier im Näpfchen *ragoût, œufs en cocotte* *stew, eggs in cocotte*	Kokotte, Muschel auf mittelgroßem Teller mit Manschette Mittelgabel (Fischgabel) Kleiner Löffel
Teigwaren Auflauf *pâtes alimentaires, soufflé, gratin* *pasta, soufflé*	Vorgewärmter großer Teller, ovale Platte oder tiefer Teller Mittelgabel, Mittelmesser		
Fischspeise *mets de poisson / fish dish*			
Fischspeise, warm Meeresfrüchte *mets de poisson chaud, fruits de mer* *hot fish dish, seafood*	Großer Teller, ovaler Teller, Stahlplatte, Fischkessel, dazu Grätenteller (außer bei Filet) Fischbesteck Gegebenenfalls Gourmetlöffel	Fischmarinaden *poisson mariné* *marinated fish*	Großer Teller, ovaler Teller Großes Messer Große Gabel
Hauptspeise *plat principal / main dish*			
Allgemein *en général* *generally*	Sehr großer Teller, großer Teller, Stahlplatte, bei Bedarf Ablageteller, Finger-Bowle, Menagen Großes Messer Große Gabel Gegebenenfalls Gourmetlöffel Steakmesser		
Spaghetti *spaghetti* *spaghetti*	Sehr großer Teller, tiefer Teller, großer Teller Große Gabel Großer Löffel	Hauptspeise, kalt *plat principal froid* *cold main dish*	Beilagen separat in vorgewärmten Beilagenschüsseln auf Trageteller mit Vorlegebesteck, großer Teller Großes Messer Große Gabel

242

Einfacher Speisen- und Getränkeservice

Speiseteil	Servierhinweise	Speiseteil	Servierhinweise
Käse *fromage / cheese*			
Allgemein *en général* *generally*	Großer Teller, mittelgroßer Teller Holzbrett, Stahlplatte Mittelmesser Mittelgabel, auch Käsemesser	Käsehappen Käsespieße *amuse-bouche de fromage, brochettes de fromage* *cheese appetizers, cheese skewers*	Großer Teller, mittelgroßer Teller Holzbrett, Stahlplatte Ohne Besteck
Käsespeise, warm *mets de fromage chaud* *hot cheese dish*	Stahlplatte, dazu angewärmter großer Teller Mittelmesser Mittelgabel		
Süßspeise *entremets / sweet dishes*			
Creme, Gelee, Sorbet, Kompott, Eis ohne Früchte *crème, gelée, sorbet, compote, glace sans fruits* *custard sauce, jelly, stewed fruits, ice-cream without fruit*	Schale oder Glas auf mittelgroßen Teller als Trageteller Kleiner Löffel (Eislöffel)	Parfait, Eisbombe, Eis mit Früchten Obstsalat, Baumkuchen Windbeutel *parfait glacé, bombe glacée, glace aux fruits, macédoine de fruits, pièce montée, choux* *ice-parfait, ice-bomb, ice-cream with fruit, fruit salad, pyramid (layer) cake, cream puff*	Mittelgroßer Teller, Glasteller Kleiner Löffel Kleine Gabel (Dessertbesteck) Sehr großer Teller, großer Teller Mittellöffel Mittelgabel (Entremets-Besteck)
Petits fours, Kuchen, Torten *petits fours, gâteaux, tartes* *petits fours, cakes, tarts*	Mittelgroßer Teller, kleiner Glasteller auf Trageteller Kuchengabel	Süßspeisen, warm Omelette, süß *entremets chauds, omelettes douces* *hot sweet dishes, sweet omelets*	Vorgewärmter großer oder sehr großer Teller Mittellöffel Mittelgabel (Entremets-Besteck)
Obst *fruits / fruit*			
Äpfel, Orangen, Mandarinen, Birnen *pommes, oranges, mandarine oranges, poires* *apples, oranges, mandarins, pears*	Mittelgroßer Teller, Stahlplatte Obstkorb, Etagere, Ablageteller Finger-Bowle Obstmesser (Mittelmesser) Obstgabel (Mittelgabel)	Süßkirschen, Bananen *cerises, bananes* *cherries, bananas*	Mittelgroßer Teller Kirschen in der Schale auf Trageteller, Ablageteller, Mundserviette und/oder Finger-Bowle Ohne Besteck
Weintrauben *raisins* *grapes*	Bei kalten- oder Obstbüfetts, wenn ganze Trauben serviert werden Traubenschere	Kiwis, Erdbeeren *kiwis, fraises* *kiwis, strawberries*	Mittelgroßer Teller oder Glasschale, Streuzucker Kleiner Löffel
Grapefruits *pamplemousses* *grapefruits*	Mittelgroßer Teller, Streuzucker Grapefruitbesteck (Mittelbesteck) Kleiner Löffel		

Arbeiten im Service

14.3.2 Getränke

 boissons
beverages

Aufgussgetränke (→ 245) *infusions / infusions*
Kaffee, Tee und Kakao werden auf dem Tablett getragen und von der rechten Seite mit oder ohne Tablett eingesetzt. Beim Aufbau des Tabletts auf die Schwerpunktverlagerung achten.

Alkoholfreie Getränke *boissons sans alcool*
non-alcoholic beverages, soft drinks

Sie werden in Flaschen, Gläsern oder Krügen serviert. In Gläsern oder Krügen werden die alkoholfreien Getränke ausgeschenkt, wenn

- das Getränk in großen Flaschen abgefüllt ist,
- Sirup zu Limonaden oder Cola im Getränkeautomaten fertig gestellt,
- Konzentrate zu Fruchtsäften in Dispensern bereitet oder
- Früchte ausgepresst werden.

1 Ordnen Sie Besteck und Geschirr zu Crêpes Suzette, großem Salatteller, Spaghetti bolognese, Kompott, frischen Erdbeeren, Vanilleparfait, Ragoût fin.
2 Nennen Sie Speisen, die mit dem Mittelbesteck verzehrt werden.
3 Was ist eine Finger-Bowle?
4 Nennen Sie Speisen, die ohne Besteck serviert werden.
5 Nennen Sie die unterschiedlichen Löffelgrößen, und ordnen Sie jeweils eine Suppenart zu, die damit verzehrt wird.
6 Nennen Sie die Bestecke für folgende Speisenfolge: Geflügelcocktail mit Toast; klare Ochsenschwanzsuppe; Seezungenfilet mit Kräutern und Reis; glasierter Lammrücken, Speckbohnen, Bäckerinkartoffeln; Pfirsich Melba.

Beim **glasweisen Ausschank** ist der Füllstrich erforderlich. Gläser werden an Bars, Getränkebüfett oder -stützpunkt gefüllt, auf einem Tablett an den Tisch des Gastes getragen und von rechts über der Messerspitze des großen Messers eingesetzt. Wird das Getränk in einem Krug ausgeschenkt, werden kleine Krüge auf dem Tablett und große Krüge in der Hand getragen. Das Glas wird von rechts eingesetzt und $1/3$ bis $1/2$ voll eingeschenkt. Den Krug rechts über dem Glas (in einem Winkel von 45°) einsetzen.

Beim **Ausschank in Flaschen** können Gläser ohne Füllstrich verwendet werden. Die geöffneten Flaschen werden mit den Gläsern auf dem Tablett zum Gästetisch getragen. Das Glas wird jeweils von der rechten Seite über die Messerspitze eingesetzt, $1/2$ bis $1/3$ voll gefüllt und wie der Krug rechts über dem Glas abgestellt. Das Etikett zeigt dabei immer zum Gast. Die Möglichkeit, auf dem Tablett einzuschenken, besteht dann, wenn der Gast durch das Einschenken gestört würde. In solchen Fällen wird das halb gefüllte Glas ebenfalls zuerst eingesetzt. Beim Aufstellen der Flaschen und der Gläser ist zu beachten, dass das Etikett zum Gast zeigt, die Flaschen am Körper der Servierkraft und die Gläser davor stehen. So gelangen die Getränke sicher zum Gast, da der Schwerpunkt bei der servierenden Person liegt.

Gemüsesäfte, zum Beispiel Tomatensaft, die mit Salz und Pfeffer gewürzt werden können, auf einen Mittelteller mit Manschette stellen, kleinen Löffel anlegen und Würzmittel separat dazu servieren.

Bier *bière / beer*
Bier wird in **Flaschen**, wie oben beschrieben, oder in **Gläsern** serviert. Beim Flaschenservice füllt das Servierpersonal das **Glas zu etwa einem Drittel** bis zur Hälfte. Das Etikett zeigt beim Einschenken und Hinstellen zum Gast. Zuerst immer das Glas abstellen. Weißbiere werden am Büfett ins Glas eingeschenkt.

Wein *vin / wine*
Offene Weine werden entweder in Gläsern oder in Karaffen serviert. Beim glasweisen Ausschank wird ein Glas mit Füllstrich benötigt. Es wird über die Messerspitze gestellt. Wird der Wein in der Karaffe serviert, ist wie bei alkoholfreien Getränken im Krug zu verfahren.

Spirituosen *spiritueux / spirits*
Sie werden in 2-cl- oder 4-cl-Gläsern am Büfett eingeschenkt, mit dem Tablett getragen und von der rechten Seite des Gastes eingesetzt.

15 Herstellung von Aufguss- und Mischgetränken

🇫🇷 *infusions et boissons mélangées*
🇬🇧 *infusions and mixed drinks*

15.1 Kaffee

🇫🇷 *café*
🇬🇧 *coffee*

Kaffee, das Pulver der gerösteten Kaffeebohnen, ist Grundlage für anregende Getränke.

Physiologische Wirkung

Der Genusswert des Kaffees ist vorrangig im Geschmack begründet. Als Aromaträger kommen **etherische Kaffeeöle** und **Mineralstoffe** in Betracht. Etherische Öle sind leicht flüchtig, was die Empfindlichkeit des Aromas erklärt. Die anregende und belebende Wirkung der Kaffeegetränke beruht auf dem Gehalt von **Coffein** (etwa 70 mg/Tasse). Ermüdungserscheinungen werden verdrängt. Coffein regt Herz und Kreislauf an und führt zu einer Steigerung der geistigen Leistung. Die Nierentätigkeit (harntreibende Wirkung) und die Darmtätigkeit werden aktiviert (➔ 41). Empfindliche Menschen verspüren beim reichlichen Genuss von starkem Kaffee Schwindel (Kaffeerausch) oder gar Übelkeit. Zudem kann die im Kaffeegetränk enthaltene **Chlorogensäure** Magen- und Darmreizungen hervorrufen. Solche Menschen vertragen mitunter schwarzen Tee besser. **Gewarnt** werden muss vor der Behauptung, Kaffee könne die Wirkung des Alkohols vermindern.

„Zum Kaffeebaum"
Kaffeehaus 1690 in Leipzig begründet

Anbau und Arten

Etwa 70 verschiedene Kaffeepflanzen sind bekannt. **Kaffeepflanzen**, auf Kaffeeplantagen in etwa 2 m hohen Büschen kultiviert, haben immergrüne kurzstielige Blätter mit weißen Blüten und kirschenartigen Früchten.
Arabica-Kaffee gedeiht bei Temperaturen zwischen 25 und 35 °C, ist empfindlich gegenüber zu heißem, zu feuchtem Klima, auch gegenüber Kälte.
Robusta-Kaffee ist weniger empfindlich und kann auch im Flachland angebaut werden. Kaffeekirschen sind 1,5–2 cm lang. Während der 6- bis 14-monatigen Reifungszeit wechseln die Farben in „Ampelfolge" von Grün über Gelb zu Rot. Die reifen Kaffeekirschen haben unter lediger Haut süßes Fruchtfleisch, in dem mit den glatten Seiten aneinander, von fester Silber- und Pergamenthaut umgeben, meist zwei Kaffeebohnen liegen. **Arabica-Bohnen** sind schlank (0,8–1,5 cm), während **Robusta-Bohnen** rundlicher sind (0,5–0,8 cm). Nur 10 % enthalten **eine runde Kaffeebohne**, den **Perlkaffee**.

Als Ursprungsland des Kaffees gilt **Äthiopien**. Von Arabien kam der Kaffee über die Türkei (Konstantinopel) und Venedig nach ganz Europa. Die **Kaffeeanbaugebiete** haben sich entlang des Äquators von Süd- und Mittelamerika über Afrika bis nach Asien ausgedehnt. Brasilien liefert etwa 90 % der Weltproduktion. Nach der Anbaulage wird unterschieden:

Hochlandkaffee   600 bis 2 000 m über Meeresspiegel
Tieflandkaffee   unter 600 m über Meeresspiegel

Rohstoffqualitäten

Die klimatischen Bedingungen, insbesondere die **Höhenlage** der tropischen Anbaugebiete, bestimmen die **Kaffeequalität** maßgeblich. Die bekanntesten international gehandelten Kaffeearten, die 99 % der Weltproduktion ausmachen, sind: Coffea arabica und Coffea robusta.

Kaffeekirsche im Querschnitt

245

Herstellung von Aufguss- und Mischgetränken

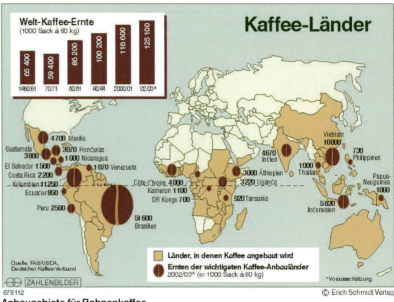

Anbaugebiete für Bohnenkaffee

Allein 65 % der Welternte stammen von **Coffea arabica**; er wird in Amerika, Ostafrika und Indien angebaut. Hochlandkulturen erbringen einen aromatischen Kaffee bester Qualität.

Coffea robusta wächst in mittleren Lagen und macht etwa 35 % der Welternte aus. Als Tieflandkaffee wird er in West- und Mittelafrika, in Indien und Indonesien als mittlere Qualität mit höheren Erträgen angebaut.

Rohkaffee

Reife Kaffeekirschen werden in den Erzeugerländern sofort nach der Ernte zu **Rohkaffee** verarbeitet und dann exportiert. Die Gewinnung des Rohkaffees (grüner Kaffee) kann durch **trockene** oder durch **nasse Verfahren** erfolgen.

Trockenes Verfahren: Kaffeekirschen mit einer Gutsfeuchte von 70 % lagern bis 6 cm hoch ausgebreitet auf Zementböden, trocknen im Freien an der Sonne und, teils vor Regen geschützt, unter häufigem Umwenden in 4–20 Tagen. Nach dem Abtrocknen des Fruchtfleisches werden die Kaffeekirschen maschinell geschält, wobei Pergament- und Silberhaut entfernt werden.

Nasses Verfahren: Die Kaffeekirschen kommen in Wassertanks zum Quellen. Reißmaschinen entfernen das Fruchtfleisch grob. Das noch anhaftende Fruchtfleisch gärt danach 24–36 Stunden, wobei sich noch anhaftende Fruchtfleischreste vollständig ablösen. Beim Waschen in Schwemmkanälen können an der Oberfläche schwimmende Hohlbohnen ausgesondert werden. Anschließend wird der „gewaschene" Rohkaffee im Freien an der Sonne getrocknet. Pergament- und Silberhaut werden maschinell abgetrennt. Rohkaffee hat eine gelbbraune bis blaugrüne Farbe, riecht und schmeckt wie Getreide.

Sortierung: Anschließend wird der Kaffee maschinell nach der Größe sortiert, gesiebt und von Hand oder in elektronischen Anlagen verlesen, um weitere Fehlbohnen auszusondern.

Aufbereitung

Für die Gastronomie wird Kaffee nach **besonderen Verfahren** aufbereitet. Die Kaffeequalität wird jedoch auch von den unterschiedlichen **Brühsystemen** beeinflusst.

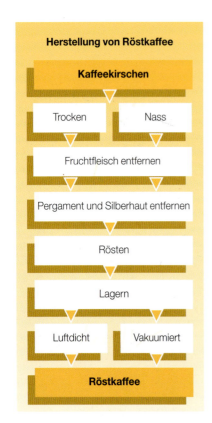

Kaffee

Röstung	Mischung	Abpackung	Dosierung
Hochwertige Arabica-Sorten werden stark geröstet. Dadurch wird ein besseres Extraktionsverhalten erreicht. Die dunkle Röstung garantiert auch bei geringerer Dosierung (als für den privaten Verbrauch) einen guten Geschmack und selbst bei längerer Standzeit bleibt das Aroma erhalten. Der Mahlgrad ist gröber als bei Haushaltsmischungen.	Es werden spezielle Gastronomiemischungen gemahlen oder als geröstete Bohnen angeboten: • ganze Bohnen für Frischbrühung, für Kaffeespezialitäten • Kaffeebohnen und Pulver für Filterkaffee, für Espresso und ebenfalls für magenfreundliche oder coffeinfreie Kaffeegetränke	Sie erfolgt bedarfsgerecht für unterschiedliche Brühmengen und Kaffeemaschinen, von der Einzeltasse bis zur Zubereitung von 3 bis 5 l Kaffeegetränk.	Je nach Anbieter und Röstmischung sind zwischen 5 bis 8 g je Tasse zu veranschlagen. Allerdings sollte die folgende Regel beachtet werden: Die Kaffeemehl-Dosiermenge je Liter Wasser sinkt bei großen Brühmengen.

Röstung

Das **Rösten** erfolgt traditionell in sich drehenden Rösttrommeln oder großindustriell durch moderne Heißluftverfahren. Bei Temperaturen von etwa 200 °C verändert der Rohkaffee beim Rösten Aussehen und Volumen:

- Das **Wasser im Rohkaffee verdampft**, wodurch sich das Gewicht um 20 % vermindert. Der größte Anteil (bis 70 %) an Chlorogensäuren wird zerstört.
- Das **Volumen der Bohnen vergrößert** sich um etwa 1/3. Die spröde Beschaffenheit, die den Kaffee mahlfähig macht, entsteht.
- **Geschmacksmindernde Stoffe** werden freigesetzt. Etwa 800 flüchtige Stoffe machen das gesamte Kaffeearoma aus.
- Aus Zucker entsteht **Karamell**, insbesondere kommt es zur Maillard-Reaktion (→ 10), die zum angenehmen Kaffeebraun führt.
- **Aromastoffe** entstehen. Der Bittergeschmack ist auch auf die **Maillard-Reaktion** zurückzuführen. Röststoffe können zusammen mit den über 50 verschiedenen enthaltenen Säuren eine Reizwirkung im empfindlichen Magen verursachen.
- Der Röstvorgang muss durch Kühlen unterbrochen werden, sonst würden die Kaffeebohnen verbrennen.

Helle Röstung von Arabica wird in Europa geschätzt, während die **dunklere Röstung** mit Robusta-Anteilen im Orient, auch in Italien beliebt ist.

Mischung

Kaffee wird bereits als Rohkaffee gemischt. Damit kann besonderen Geschmacksansprüchen am besten Rechnung getragen werden. Mit der Mischung gewährleisten Kaffeefirmen auch eine **gleich bleibende Qualität** ihrer Kaffeemarken über ein Erntejahr hinaus.
In Deutschland bestehen die Kaffeemischungen hauptsächlich aus verschiedenen Arabica-Sorten.

Handelsformen

Röstkaffee muss frisch und luftdicht verpackt zum Verbraucher gelangen.
Im **Handel** werden die Kaffeesorten nach der Kaffeeart und dem Verschiffungshafen bezeichnet. Beispiele: Santos arabica, Togo robusta.

Kaffee-Extrakt (*extrait de café, coffee extract*): Gewonnen durch Ausziehen von Röstkaffee unter ausschließlicher Verwendung von Wasser als Extraktionsmittel,

Ungeröstete Costa-Rica-Bohnen

Geröstete Costa-Rica-Bohnen

Schwach geröstete Arabica-Bohnen

Voll geröstete Mocca-Bohnen

Herstellung von Aufguss- und Mischgetränken

 Wesentliche Bestandteile des Röstkaffees

Karamellzucker	1,5 %
Etherische und fette Öle	12,5 %
Proteine	10,0 %
Coffein	1,5 %
Organische Säuren	3,5 %
Mineralstoffe	5,0 %
Cellulose	43,5 %
Wasser	2,5 %

anschließend durch Wasserentzug konzentriert. Er muss alle löslichen Bestandteile des Kaffees enthalten. Meist gefriergetrocknet angeboten, für Kaffeeautomaten auch als flüssiger Kaffee-Extrakt. Als Instant-Erzeugnis ist dieser Kaffee schnell löslich.

Kaffee mit vermindertem Coffeingehalt: Kaffee wird nach weiterer Bearbeitung als **coffeinarmer** (unter 0,2 % Coffein) oder **entcoffeinierter** Kaffee (unter 0,1 % Coffein) angeboten. Dazu wird der Rohkaffee **bedampft**, wobei die Bohnen anschwellen. Danach werden die Bohnen im Druckbehälter bei 40 °C unter Druck mit verdichtetem (komprimiertem) CO_2 **extrahiert**. Dann wird der Rohkaffee **getrocknet**.

Schonkaffee ist eine nicht eindeutig festgelegte Bezeichnung. Allgemein ist darunter ein durch **Dämpfen** des Rohkaffees besser **bekömmlicher**, aber auch **entcoffeinierter** Kaffee oder Kaffee aus milden, **besonders bekömmlichen Kaffeesorten** zu verstehen.

Convenience-Erzeugnisse

Kaffee-Extrakte mit Geschmacksstoffen wie Vanille, Nugat oder mit Milchpulver und Zucker. Diese Erzeugnisse werden nur mit siedendem Wasser übergossen. Sie bestehen aus Kaffee-Extrakt, Milchpulver, Kakaopulver oder anderen Geschmacksstoffen.

Lagerung

Gemahlenen Kaffee gut verschließen, trocken und kühl lagern, getrennt von geruchsintensiven Lebensmitteln. Bei der Lagerung besteht die Gefahr, dass durch Zutritt von Wärme, Sauerstoff oder Luftfeuchte die etherischen Öle verfliegen und sich damit der Aromagehalt des Kaffees vermindert. Bei hoher Luftfeuchte kann der Röstkaffee Wasser aufnehmen. Durch Oxidationsvorgänge können die etherischen Öle ranzig werden.

Ungemahlene Kaffeebohnen sind bei 10–20 °C und einer relativen Luftfeuchtigkeit von 40–50 °C nicht länger als 14 Tage zu lagern.

Brühsysteme

Bei der Kaffeezubereitung lösen die ersten **40 % des Brühwassers** bereits **80 % der wasserlöslichen Bestandteile** (Extraktivstoffe) aus dem Kaffeepulver heraus. Bei großen Einzelbrühungen ist es deshalb notwendig, den Kaffee vor dem Servieren umzurühren.

 Den richtigen Kaffee für das angewandte Brühsystem:
Für Frischbrüh-Automaten, die jede Tasse innerhalb von 10–20 Sekunden frisch zubereiten, dunklere Röstung und feinsten Mahlgrad auswählen.

❶ **Dampfdrucksystem:** Mittels Druck wird das Brühwasser auf das Kaffeemehl im Siebträger gedrückt.

❷ **Filtersystem:** Wasser überbrüht das Kaffeemehl, Kaffee fließt in den Vorratsbehälter.

❸ **Frischbrühautomat:** Basiert auf dem Filtersystem. Jede Tasse wird frisch gebrüht. Das Kaffeemehl gelangt aus dem Vorratsbehälter mit dem Brühwasser in den Brühzylinder und durch einen Filter in die Tasse.

❹ **Boilersystem:** Wasser wird mittels eines Thermostats auf Brühtemperatur gebracht und über Leitungswasserdruck in die Brühkammer transportiert.

❺ **Espresso- oder Kolbensystem:** Kaffeebohnen werden gemahlen, Kaffeemehl wird in einen Siebträger transportiert, frisches Wasser auf Brühtemperatur gebracht und mit hohem Druck durch das Kaffeemehl gepresst.

248

Kaffee

❻ **Vakuum-Methode:** Cona-Tisch-Kaffeemaschine: Wasser wird in der Kaffeekanne über einen Spiritusbrenner erhitzt. Wasserdampf steigt nach oben. Heißwasser läuft in den Glas-Kaffeefilter auf das Kaffeepulver, vermischt sich, entzieht dabei Aromastoffe. Wenn sämtlicher Wasserdampf sich im Filter befindet, wird die Flamme abgedeckt, dadurch entsteht ein Unterdruck, der gebrühte Kaffee läuft ohne Kaffeesatz in die Kanne zurück. Diese Methode ist sehr zeitaufwendig. Sie bietet sich für eine gemütliche Kaffeerunde mit bis zu fünf Gästen an.

Maschinenpflege

Kaffeemaschinen täglich nach Betriebsende reinigen. Je nach Kaffeemaschinentyp werden vom Hersteller Reinigungspulver oder -tabletten angeboten. Bei elektronisch gesteuerten Kaffeemaschinen wird im Display der Hinweis für die Reinigung angezeigt.

Zubereitungshinweise

1 Frisch gerösteten Kaffee bester Qualität verwenden.
2 Kaffeebohnen erst kurz vor Gebrauch mahlen, dabei Mahlgrad beachten: grob zum Brühen, mittel für Kaffeemaschinen, fein zum Filtern.
3 Kaffee frisch zubereiten, filtern oder überbrühen.
4 Frisches, sprudelnd siedendes Wasser verwenden. Wenn das Wasser über den Kaffee läuft, darf es nicht mehr kochen (90–95 °C). Im geschlossenen Behälter der Kaffeemaschine Temperaturen von 80–85 °C.
5 Vorgewärmtes Geschirr verwenden, schnell servieren, nicht aufwärmen.

Mengeneinsätze

Angebotsform		Kaffeemenge	Wassermenge
Tasse Kaffee	tasse de café / cup of coffee	6– 8 g	0,15 l
Tasse Espresso	tasse d'espresso / cup of espresso	6– 7 g	0,04 l
Portion Kaffee	portion de café / portion of coffee	16–18 g	0,3 l
Portion Mokka	portion de moka / portion of moca	18–20 g	0,125 l

Faktoren für die Qualität eines Kaffeegetränks

Das Kaffeegetränk täglich auf die Qualität überprüfen, um Reklamationen zu vermeiden.

Die Qualität des Kaffeegetränks ist abhängig von:
- der Kaffeepulverqualität
- der Wahl der richtigen Kaffeemaschine, je nach gastronomischem Anspruch
- der für das verwendete Brühsystem richtigen Kaffeesorte
- der sorgfältigen Pflege und dem guten Umgang mit der Kaffeemaschine
- der Wasserqualität: stets frisch, kalt und nicht zu hart. Zu hartes Wasser schmälert das Aroma. Deshalb können, wenn nötig, Wasserentkalkungspatronen vor die Kaffeemaschine angeschlossen werden.
- dem richtigen Geschirr, am besten eignen sich Porzellan, Keramik und Glas
- dem Warmhalten des zubereiteten Kaffees in Thermoskannen oder Wärmebehältern. Frisch zubereiteter Kaffee schmeckt stets am besten.

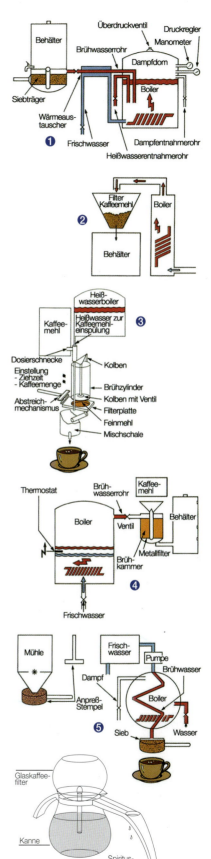

249

Herstellung von Aufguss- und Mischgetränken

Heiße Kaffeespezialitäten

🇫🇷 *spécialités chaudes de café*
🇬🇧 *hot coffee specialities*

Für die Herstellung von Kaffeespezialitäten sind, wenn nicht anders vermerkt, stark gekochter Kaffee oder Mokka erforderlich.

Name	Zubereitung
Baltimore	Schwarzer Kaffee, Eigelb, Zucker. Eigelb mit Zucker quirlen.
Cappuccino (Kapuziner) *cappuccino/cappuccino*	Italienische Kaffeespezialität, wörtlich „Kapuze aus Milchschaum". Ursprünglich Espresso mit aufgeschäumter Milch, dazu Zucker, Schokoladenpulver darüber. In Deutschland wird wahlweise eine Sahnehaube angeboten.
Espresso *espresso/espresso*	(pl. *Espressi*) Italienische Kaffeespezialität, dunkel geröstetes Kaffeepulver mit Dampfdruck in Spezialmaschinen brühen, filtern, stark konzentriert in kleinen Spezialtassen servieren.
Flambiert *flambé/flamed*	Im vorgewärmten Spezialglas Würfelzucker mit flambiertem Weinbrand übergießen, mit Mokka aufgießen, mit vanillierter Sahnehaube, versehen mit Schokoladenspänen, garnieren. Die Herkunft des Weinbrands ist namensgebend.
Französischer *français/French style*	Cognac angewärmt separat servieren. Üblich ist auch, den Cognac zu flambieren.
Irischer *Irish Coffee/Irish coffee*	Verschiedene Varianten: Mit **entzündetem Whiskey**: In feuerfestem Spezialglas braunen Zucker karamellisieren, mit handwarmem Whiskey über Flamme erwärmen, bis sich das Ethanol entzündet. Dann mit heißem Kaffee auffüllen. Geschlagene Sahne – ohne zu sinken – behutsam über Löffelwölbung auf die Kaffeeoberfläche gleiten lassen. **Unflambiert**: 1-2 Kaffeelöffel braunen Zucker mit 4 cl Irish Whiskey im vorgewärmten Originalglas durch Drehen auflösen, dann heißen Kaffee auffüllen, mit Sahne wie oben garnieren.
Kaisermelange	Mit heißer Sahne verquirltes Eigelb, mit heißem Mokka auffüllen.
Komplett *complet*	Mit Zucker und Sahne, in Kaffeetasse servieren, Untertasse mit kleinem Löffel.
Macchiato	Espresso mit gefleckter Oberfläche. Espresso mit wenig heißer Milch aufgießen. Obenauf ein Tupfer Milchschaum (➔ Latte macchiato 251).
Mafiosi	Doppelter Espresso mit Amaretto und Schlagsahne.
Melange *mélange/mélange*	Kaffee mit heißer Milch (2:1 oder nach Wunsch) und Milchschaum oder Sahnehaube, dazu Zucker separat oder im Getränk verrühren.
Mexikaner *mexicain/Mexican style*	Kaffee- und Kakaogetränk im Verhältnis 1:1 mischen.
Milchkaffee *café au lait/coffee with milk*	Große Tasse mit Kaffee und Milch etwa zu gleichen Teilen füllen, nach Belieben Milchhaube obenauf, Zucker dazu reichen.
Pharisäer	Angewärmten Rum (4 cl) mit heißem Kaffee auffüllen, zuckern, mit halbsteifer Sahnehaube garnieren, in Sockeltasse anbieten.
Rüdesheimer Kaffee	Wie flambiert, als Weinbrand Asbach Uralt.
Russischer *russe/Russian style*	Wodka und brauner Kandis separat.
Mit Schuss *à l'eau-de-vie/with spirits*	Mit Spirituosen (Weinbrand, Cognac, Armagnac, Obstwasser, Likör), Zucker separat.
Schümli	Kaffee mit cremigem Kaffeeschaum bedecken, der durch Brühen unter Druck entsteht.
Schweizer *suisse/Swiss style*	Jeweils Kaffee und Milch zur Hälfte auffüllen.
Türkischer *turque/Turkish style*	Dunkel gerösteter, staubfein gemahlener Kaffee (etwa 4 g Kaffeemehl je Portion) und Puderzucker nach Belieben (in Jesve = Kupferkännchen) geben, mit kaltem Wasser auffüllen und über offener Flamme kurz aufkochen. Sofort vom Feuer nehmen; Schaum soll erhalten bleiben. Mit Schaum und Kaffeesatz in vorgewärmte Tassen geben. Ohne Zucker: sade; wenig Zucker: urza; viel Zucker: sekerli.
Verkehrt *renversé/upside-down*	Heiße Milch mit wenig Kaffee, z.B. im Verhältnis 3:1, mischen.
Wiener *viennois/Viennese style*	Kapuziner: Dunkelbrauner Kaffee mit wenig Schlagsahne.

Kaffee

Kalte Kaffeespezialitäten

🇫🇷 *spécialités froides de café*
🇬🇧 *cold coffee specialities*

Name	Zubereitung
Mazagran	Kalter gesüßter Mokka mit Maraschino oder Läuterzucker und Rum in großem Tumbler (→ 219), mit Mundeisstückchen.
Eiskaffee *café glacé/ice-coffee*	
• Berliner Art *berlinoise/Berlin (style)*	Kaffeeeis, mit Mokka auffüllen, obenauf Sahnehaube, dazu Trinkhalm und Löffel.
• französische Art *française/French style*	Kaffee mit Vanilleeis, Rum, Mundeisstückchen.
• Granita	Eiskaffee mit Kirschwasser und Sahne.
• Wiener Art *viennoise/Viennese style*	Mokka mit Vanilleeis, obenauf Sahnehaube, mit Trinkröhrchen und Löffel servieren.

Eiskaffe

Cappuccino

Irish Coffee

Latte macchiato

Servicehinweise

Für heiße Kaffeegetränke: Verwendet wird grundsätzlich **angewärmtes Geschirr**, damit das Kaffeegetränk heiß und aromatisch bleibt. Kaffee wird in Kaffeetasse mit Untertasse und Kaffeelöffel auf einem Tablett zusammen mit Sahne und Zucker serviert.
Meist werden für Kaffeespezialitäten besondere **Tassen oder Gläser** verwendet.
Frisch zubereiteter Kaffee schmeckt stets am besten.

Reklamationsgründe

Kaffeesatz in der Tasse – Brühsieb ist defekt oder Filterblatt lag nicht bündig bis zum Filterrand.
Kaffee ist bitter – es wurde eventuell die falsche Kaffeemischung verwendet.
Kaffee ist nicht heiß – Brühdauer zu kurz oder zu lang; Tasse nicht vorgewärmt, Wärmebehälter defekt oder nicht eingeschaltet.
Kaffee ist zu stark – Dosierung zu hoch.
Kaffee ist zu schwach und ohne Aroma – Dosierung zu gering, Brühdauer zu kurz, Mahlgrad zu grob.
Kaffee schmeckt bitter oder wird nach Sahnezugabe grau – Kaffee zu lange warm gehalten.

1. Begründen Sie die Beliebtheit des Kaffeegetränks.
2. Beurteilen Sie die Qualität der beiden hauptsächlich gehandelten Kaffeearten.
3. Erläutern Sie die Tatsache, dass Kaffee im Handel meist als Mischung verkauft wird.
4. Nennen und begründen Sie Zubereitungsregeln für Filterkaffee.
5. Was verstehen Sie unter Vakuum-Methode bei der Kaffeebrühung?
6. Beschreiben Sie die Herstellung 5 heißer Kaffeespezialitäten.
7. Erklären Sie die Unterschiede zwischen coffeinarmem, entcoffeiniertem Kaffee und Schonkaffee. Nennen Sie die unterschiedlichen Coffeingehalte.
8. Was zeichnet eine gute Tasse Kaffee aus?
9. Weshalb empfiehlt es sich, nach einem Menü Kaffee anzubieten?
10. Nennen Sie mögliche Mängel, wenn ein Kaffe nicht heiß genug ist.

Herstellung von Aufguss- und Mischgetränken

Kombinationen mit Speisen
- Kaffeespezialitäten werden meist als Sologetränk nur mit Milch und Zucker serviert.
- Kaffee kann mit einer süßen Aufmerksamkeit, z. B. Schoko-Täfelchen oder Keks, vervollständigt werden.
- Kaffee bietet sich zu allen Gebäckvarianten (Sahnetorte, Obstkuchen, Kekse, Torteletts), Eisdesserts und Süßspeisen an.
- Kaffee ist ein typisches Frühstücksgetränk.
- Milchkaffee mit Croissant und Brioche kombinieren.
- Kaffee, Mokka oder Espresso können den Abschluss nach einem Menü oder einer Mahlzeit bilden.
- Heiße Kaffeespezialitäten mit Alkohol bieten sich für die kalte Jahreszeit an, da sie wärmen und gleichzeitig durch ihre Zubereitung für eine gemütliche Atmosphäre sorgen.
- Sirupzusätze bei Kaffeespezialitäten finden immer größeres Interesse.

Beratung und Verkaufsargumente
- Servicemitarbeiter bieten den Gästen nach jedem Essen Kaffee oder Espresso an.
- Kaffee und Mokka sind für die Verdauung förderlich.
- Durch das Vorlegen separater Kaffeekarten das Interesse und die Lust auf etwas Besonderes wecken.
- Servicekräfte sollten die Wirkung des Kaffees unterstreichen: „Darf ich Ihnen einen Kaffee oder Espresso zum Abschluss Ihres Essens anbieten? Er ist verdauungsfördernd und regt den Kreislauf an."
- An heißen oder kalten Tagen kann auf die Kaffeespezialitäten hingewiesen werden.
- Besonders bei Kennern die frische Zubereitung unterstreichen.
- Wichtig ist auch der Hinweis auf magenfreundliche oder coffeinfreie Kaffeeangebote.

Berechnen Sie den Kaffeeverbrauch in kg, wenn im Restaurant 96 Tassen Kaffee mit je 7 g Kaffeepulver hergestellt wurden.
Wie viele Tassen Kaffee können aus einem Kilogramm gemahlenem Kaffee hergestellt werden, wenn man je Tasse 6,25 g rechnet?

🇫🇷 thé
🇬🇧 tea

15.2 Tee

Bereits 2700 Jahre v. Chr. wurde Tee getrunken, zuerst als Heilmittel, später vorwiegend als Genussmittel. Über **China** und **Japan** kam das Teetrinken nach Europa, wo es vor allem in England zur festen Tradition wurde.

> Als **Tee** werden Aufguss-Getränke bezeichnet, die aus aufbereiteten Trieben, Blattknospen und Blättern des Teestrauches hergestellt werden.

Teezubereitungen aus anderen Pflanzenteilen werden → Kräuter- oder Früchtetees genannt.

Tein (Thein), was ist das eigentlich? Im Tee liegt Coffein an Gerbsäure gebunden vor. Tein ist der veraltete Name für das im Tee enthaltene Coffein.

Physiologische Wirkung
Tee ist wegen des **Geschmacks** und als **anregendes Getränk** beliebt. Die anregende Wirkung beruht auf dem Gehalt an **Coffein**. Eine Tasse Tee enthält durchschnittlich 50 mg Coffein. Durch das Coffein werden Ermüdungserscheinungen verdrängt. Verglichen mit Kaffee beginnt die anregende Wirkung langsamer, hält aber länger an. Empfindliche Menschen sollten abends auf den Genuss von Tee verzichten. Der herbe Geschmack ist durch den **Gerbstoff Tannin** begründet, der außerdem die Durchblutung günstig beeinflusst. Durch die Gerbstoffe wird die Wirkung des Coffeins verzögert. Gerbstoffe können beruhigend auf den Magen-Darm-Trakt wirken.

Tee

Anbau

Die immergrünen heckenartigen, bis zu 9 m hohen **Teesträucher** werden in Teegärten bis in 2400 m Höhe in tropischem und subtropischem Klima angebaut. **Junge Triebe, Knospen und Blätter** der Teesträucher werden 6- bis 9-tägig geerntet, wobei die Teehecken auf 1,5 m Höhe beschnitten sind. Wie beim Kaffee wachsen die Teesorten, die ein besonders feines Aroma haben, in Hochlagen. Nach dem Pflücken werden die Blätter fermentiert und getrocknet.

Anbauländer für Tee: Indien (Darjeeling, Assam, Nilgiri), China, Sri Lanka (Ceylon), Kenia, Russland

Für europäische Verbraucher sind Indien und Sri Lanka (Ceylon) die wichtigsten Teelieferanten. Zunehmend finden auch grüner Tee, Frucht- und Kräutertees sowie Tees aus ökologischem Anbau bei uns ihre Liebhaber.

Ganze Blätter	
Golden Tips	Oberste Blattknospen
Flowery Orange Pekoe (FOP)	Noch nicht voll entwickelte Blätter
Orange Pekoe (OP)	Erste zarte Blätter
Pekoe (P)	Zweite Blätter, kurz, grob, nicht fein gerollt
Pekoe-Souchong (PS)	Dritte gröbere Blätter, kugelförmig, grob
Gebrochene Blätter	
Broken	Unterschiedliche geschnittene Blattarten; gutes Aroma, kräftiger Aufguss
Fannings und Dust	Feinste Aussiebungen, meist stark färbend, für Teebeutel geeignet

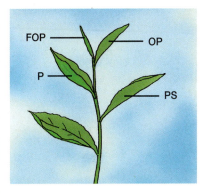

Aufbereitung

Die geernteten Jungtriebe, Blattknospen und Blätter erhalten den Genusswert durch die Aufbereitung im Anbaugebiet zu schwarzem Tee oder zu grünem Tee. Beim **schwarzen Tee** werden frische Pflanzenteile durch Vorwelken in Welkhäusern oder -trommeln behandelt. Bei Umgebungstemperatur reduziert sich in 4–18 h die Gutsfeuchte auf 75 bis 50 %. Dadurch elastisch, lässt sich das Erntegut rollen, ohne dass es bricht. In Rollmaschinen wird der Zellsaft ausgepresst und die Zellstruktur gelockert. So kann während des → Fermentierens (→ 38), bei dem das Gut bei 35–40 °C in bis 10 cm hohen Schichten ausgebreitet ist, Luftsauerstoff einwirken. Tannin wird oxidiert, Coffein aktiviert. Etherische Öle kommen ebenfalls zur Wirkung. Der Tee verfärbt sich kupferbraun und riecht etwa wie saure Äpfel. Das Fermentieren dauert 1–4 Stunden und wird durch 20- bis 25-minütiges Trocknen (Rösten) bei 90 °C abgeschlossen, wodurch der Rohtee seine typische Farbe und mit 3 % Gutsfeuchte seine Haltbarkeit erhält. Rohtee wird abschließend durch Rüttelsiebe nach Blattgraden sortiert. Bei **modernen Verfahren** wird der gerollte Tee in rotierenden Dornenwalzen zerrissen, wodurch eine intensivere Fermentation erreicht wird.

Allerdings zerstören die Walzen auch die natürliche Teeblattstruktur. Stengel und Blattgerippe werden ausgeschieden und nur das „Blattfleisch" wird verarbeitet.

Herstellung von Aufguss- und Mischgetränken

 Extraktstoffe im Tee

Gerbstoffe	5–12 %	Herber Geschmack, durststillend
Mineralstoffe	4–6 %	Geschmackgebend, basische Reaktion
Coffein	2–4 %	Anregend
Etherische Öle	bis 1 %	Aromagebend

Einteilung der schwarzen Tees:
- nach den Ursprungsländern bzw Anbaugebieten (z. B. „Darjeeling" oder „Ceylon")
- nach der Blattgröße und dem Aussehen der Blätter (z. B. Broken Orange Pekoe)
- nach Markennamen

Kleinblättriger Tee eignet sich als Beutelware.

> Für 1 kg schwarzen Tee sind etwa 4 kg frische Teeblätter erforderlich.

Handelsformen

Um gleich bleibende **Qualität** zu ge-währleisten, wird Tee **gemischt**. Tee (Blatt-Tee) wird lose oder in Teebeuteln (kleinblättrige Tees) angeboten. Letztere werden wegen der einfachen Handhabung bevorzugt. Allerdings wählt der **Teekenner lose Tees**, möglichst aus Originalpackungen. Tee sollte nur bis zu einem Jahr in verschlossener Dose gelagert werden.

Blattgrößen

Blatt-Tees (ganze Blätter)	FOP	Flowery Orange Pekoe
	GFOP	Golden Flowery Orange Pekoe
	TGFOP	Tippy Golden Flowery Orange Pekoe
	OP	Orange Pekoe
	P	Pekoe
	PS	Pekoe Souchong
Kleinblättrige Tees (gebrochene Blätter)	FBOP	Flowery Broken Orange Pekoe
	GFBOP	Golden Flowery Broken Orange Pekoe
	TGFBOP	Tippy Golden Flowery Broken Orange Pekoe
	BOP	Broken Orange Pekoe
	BP	Broken Pekoe
	BPS	Broken Pekoe Souchong
Fannings, Dusts	OF	Orange Fannings
	BOPF	Broken Orange Pekoe Fannings
	PF	Pekoe Fannings
	F	Fannings
	D	Dust

Grüner Tee *(green tea)* ist ein unfermentierter Tee. Durch Dämpfen wird die Oxidation der Gerbstoffe verhindert und das Chlorophyll, also die grüne Farbe, erhalten. Danach wird der Tee an der Sonne gerollt und getrocknet. Bei **modernen Verfahren** wird das frische Erntegut in rotierende Druckbehälter gegeben, darin im eigenen Saft gedämpft, mehrfach gerollt und getrocknet. Der grüne Tee hat einen schwach grasigen Geruch, einen **höheren Gehalt an Gerbstoffen und Coffein**. Teekenner schätzen grünen Tee als erfrischend, durststillend und anregender als schwarzer Tee.

Sorten: Chun Mee (lang gedrehtes Blatt)
        Sow Mee (geringere Qualität)
        Gunpowder (kugelig gerolltes Blatt)

Oolong-Tee ist nur halb fermentiert. Farbe und Geschmack des Teegetränkes liegen zwischen grünem und schwarzem Tee.

Mengeneinsätze

Angebotsform	Teemenge			Wassermenge
Glas Tee	2 g	1 Beutel zu 2 g	1 Telöffel	0,2 l
Portion Tee	4–5 g	1 Beutel zu 4 g	≙ 2–2,5 g Tee	0,4 l

Tee

Earl Grey: mit ätherischen Ölen der Bergamotte (saure Zitrusfrucht).
Rauchtee: chinesischer schwarzer Tee, der durch die Verwendung harzreicher Hölzer bei der Röstung einen Rauchgeschmack angenommen hat.
Puerh Tea: ungestutzter Teestrauch in den Bergen von Südchina (Provinz Yunnan). Teeblätter besonders groß und inhaltsreich, kräftiger Geschmack.

Grüner Tee kann mit **Jasminblüten aromatisiert** werden. Bei uns sind meist nur **schwarze Tees** im Angebot, die mit Vanille, Mango, Maraschino, Brombeeren, schwarzer Johannisbeere, Pfirsich usw. aromatisiert sind. Als Aromastoffe werden natürliche Pflanzenteile, etherische Öle, aber auch Aromastoffe verwendet. **Entcoffeinierter Tee** wird in den USA angeboten.

Lagerung der Tees
Dunkel und luftdicht verschlossen, trocken, nicht neben Gewürzen oder stark riechenden Lebensmitteln. Lose Tees oder Teebeutel nur in Dosen aufbewahren.

Zubereitungshinweise
Bei der **Dosierung** entspricht 1 Teelöffel etwa 2 g je Tasse/Glas. Bei der Zubereitung von Tees sollte bereits am Büfett mit größter Sorgfalt vorgegangen werden. Nur Markenware von anerkannten Fachhändlern verwenden. Teekannen aus Porzellan, Glas oder Ton. Geschirr nicht für andere Getränke (Kaffee) verwenden.
Blatt-Tee etwas großzügiger dosieren. **Grüner Tee** kann zweimal aufgebrüht werden.
Schwarzer Tee thé noir/black tea
- Gläser oder dünnwandiges, schalenförmiges Porzellan verwenden. Teekanne vorwärmen.
- Mit frischem, sprudelndem, möglichst weichem Wasser übergießen.
- Nach dem Aufgießen sofort servieren. Der Gast entscheidet dann selbst über die Zeit des „Ziehenlassens". Zugabe von klarem Zucker oder Kandis ist üblich.

Grüner Tee thé vert/green tea
- Grünen Tee mit etwas abgekühltem (60–85 °C), vorher frisch aufgekochtem Wasser übergießen, 2–3 min ziehen lassen, im Glas ohne Zucker oder Zitrone servieren; geringere Teemenge erforderlich: 1–1,5 Teelöffel/l.

Aromatees haben eine Ziehdauer von etwa 3 Minuten. **Grüner Tee** enthält mehr Bitterstoffe und hat dadurch allgemein eine kürzere Ziehdauer.
Beigaben: Zitrone verändert den Geschmack. Nur auf Bestellung servieren. Braunen Zucker und Kandis nicht für Spitzentees verwenden. Geeignet ist weißer Kandis, da er raffiniert und deshalb geschmacksneutral ist. Sahne wird von Ostfriesen und Engländern bevorzugt.

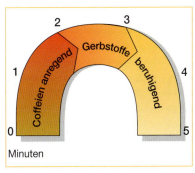

Wirkung des Tees bei unterschiedlich langem Ziehenlassen

Heiße und kalte Teespezialitäten
🇫🇷 spécialités chaudes et froides de thé
🇬🇧 hot and cold tea specialities

Name	Zubereitung
Tee mit Schuss *à l'eau-de-vie* with spirits	Spirituosen (Weinbrand, Rum, Arrak, Whisky, Calvados) angewärmt, im typischen Spirituosenglas oder Flakon
Schottischer Tee *thé écossais* Scotch tea	1 Teelöffel Zucker in angewärmtes Teeglas geben, 3 cl Whisky zugießen, mit frisch gebrühtem Tee zu 2/3 aufgießen. Umrühren, bis der Zucker restlos aufgelöst ist. Esslöffel Sahne obenauf.

1. Die 3 kg eines Tees zu 14,10 €/kg werden mit einem anderen Tee zu 7,60 €/kg gemischt. Die Mischung soll 10 €/kg kosten.
1.1 Ermitteln Sie das Mischungsverhältnis.
1.2 Wie viele kg der geringeren Qualität müssen verwendet werden?
2. Zwei Teesorten sollen zu einer Spezialmischung zusammengestellt werden. Teesorte 1 kostete 1,75 €/100 g, Teesorte 2 kostet 1,50 €/100 g. Wie viel Tee muss von jeder Sorte verwendet werden, damit 250 g der Teemischung zum Preis von 4 € verkauft werden können?

Herstellung von Aufguss- und Mischgetränken

Eistee

Name	Zubereitung
Fruchtsafttee *thé à l'extrait de fruit* *tea with fruit extract*	Fruchtsaftextrakt von Weintrauben, Orangen oder Grapefruit im Glas mit kaltem Tee verrühren.
Champagnertee *thé au champagne* *champagne tea*	Tee (4 Teelöffel auf 0,25 l Wasser) brühen, Würfelzucker auflösen, verrühren, ziehen und abkühlen lassen, absieben, Zitronensaft zugießen, ungespritzte Zitronenschale zugeben, kühlen, mit 2 Flaschen trockenem Champagner auffüllen, Zitronenscheiben zugeben, mit Kelle in vorbereitete gekühlte Gläser gießen.
Eistee *thé glacé* *iced tea*	Kalten starken Tee mit Mundeiswürfeln. Zitrone und Zucker à part. 1 Kugel Zitroneneis mit Zitronensaft in hohes Glas geben, mit kaltem starkem Tee auffüllen, Sahnehaube obenauf. Außerdem Convenience-Erzeugnisse mit Fruchtgeschmack.

Qualität des Teegetränks
Die Qualität des Tees hängt von verschiedenen Faktoren ab:
- der Teepflanze und den verwendeten Teilen
- dem Anbaugebiet, seinem Klima und seiner Bodenbeschaffenheit
- der Erntezeit
- der Art und Sorgfalt bei der Bearbeitung und beim Aufguss

Service-Hinweise
Zum Teetrinken gehört eine gepflegte Atmosphäre: ein ansprechendes Gedeck, zarte Teetassen oder Teegläser, Kännchen vorwärmen, Ablageschälchen für Teebeutel oder Sieb, Tassen temperiert (Zimmertemperatur). Tee frisch aufgießen, Ziehdauer beachten und den Gast informieren.
Tee kann in attraktiven Behältern in Sichtweite der Gäste aufbewahrt werden.

Tee wird stets auf dem Tablett serviert. Das Teeglas steht auf einem Unterteller mit Papiermanschette. Der Teelöffel liegt rechts vom Glas. Je nach Wunsch werden Zitrone oder Milch/Sahne separat gereicht. Zum Süßen eignen sich vorteilhaft brauner und weißer Kandiszucker, brauner Rohrzucker in Schälchen oder in einer Dose, auch Honig. Eine Ablageschale für Teebeutel vervollständigt den Service. Zum Eistee gehören Trinkröhrchen und langstieliger Löffel.

Reklamationsgründe
Tee ist kalt – keine vorgewärmte Servierkanne, oder das Wasser hat nicht gekocht.
Tee schmeckt bitter – Ziehdauer zu lang oder Tee nicht richtig dosiert.
Teesatz in der Tasse – Siebeinsatz oder Filterbeutel ist defekt.

1. Vergleichen Sie Tee mit Kaffee hinsichtlich Wirkung, Zubereitung, Selbstkostenpreis und Beliebtheit bei den Gästen.
2. Erläutern Sie die Herstellung von drei Teespezialitäten.
3. Nennen Sie die Unterschiede zwischen schwarzem, grünem und Oolong-Tee hinsichtlich Geschmack und Aufgussfarbe.
4. Wie wirkt sich das „Ziehenlassen" auf Geschmack und Wirkung des Tees aus?
5. Erkundigen Sie sich in Ihrem Restaurant, welche Teesorten dort im Angebot sind.
6. Nennen Sie den Unterschied zwischen aromatisiertem und durch Aromastoffe hergestellten schwarzen Tee.
7. Nennen Sie die verschiedenen Reklamationsgründe, die es beim Teeservice gibt.
8. Welche Teesorten eignen sich für das Frühstück?
9. Was müssen Sie beim Teeservice beachten?
10. Ein Glas Tee wird für 1,10 € angeboten. Errechnen Sie die Materialkosten, wenn der Gesamtzuschlag 475 % beträgt.

256

Teeähnliche Getränke

Kombinationen mit Speisen
Kontinentales Frühstück: Darjeeling, Assam, Ceylon oder Indonesischer Tee, Kräutertees
Erweitertes Frühstück: Ceylon, Assam Tee, Kräutertees
Pikante Speisen: Ceylon, Darjeeling, Oolongs und grüner Tee
Fischgerichte: Oolongs, Earl Grey, Rauchtee, Grüner Tee
Fleisch und Fischgerichte: Earl Grey, Jasmintee
Nach dem Essen: Darjeeling, Grüner Tee und Oolongs

Zur Teezeit „Tea Time" können alle im Angebot befindlichen Tees serviert werden.

Beratung und Verkaufsargumente
- Mit Teekarten die Gäste zum Probieren anregen.
- Eine gut gestaltete Teekarte weckt die Aufmerksamkeit der Gäste. Es sollte aber darauf geachtet werden, dass ein reichhaltiges Angebot vorhanden ist.
- Dem Wunsch des Gastes nach Tee sollte vom Servierpersonal mit der Frage nach der Teeart begegnet werden. Anschließend ggf. die Angebotspalette nennen und erläutern.
- Gästen mit gesundheitlichen Problemen und Kindern Kräuter- und Früchtetees anbieten.
- Gast über anregende oder beruhigende Wirkung durch die Ziehdauer informieren.
- Erläutern, dass Tee für Diabetiker gut geeignet ist, da er mit Süßstoff gesüßt werden kann.
- Dem Gast verschiedene Angebote für Teespezialitäten unterbreiten.
- „Wenn Sie keinen Kaffee vertragen, wünschen Sie evtl. einen guten Tee?"
- Als Gutenachttrunk: „Darf ich Ihnen unsere neue Kreation eines Mitternachtstees anbieten? Danach werden Sie sicher gut einschlafen."
- Als Erfrischungstrunk mit Zitrone und Eis.

15.3 Teeähnliche Getränke
🇫🇷 *boissons analogues au thé*
🇬🇧 *teelike beverages*

Im Rahmen der **gesundheitsbewussten Lebensweise** gewinnen teeähnliche Getränke immer größere Bedeutung. Ausgewählte Sorten sollten deshalb auf den Getränkekarten zu finden sein.

Kräutertee besteht aus **getrockneten Blüten, Früchten, Blättern** usw. von Heil- und sonstigen Kräutern. Angeboten werden etwa 500 verschiedene Teekräuter. Davon sind Pfefferminze, Hagebutte, Kamille, Malve und Fenchel die bekanntesten. Teeähnliche Getränke enthalten weder Alkaloide noch Gerbstoffe und sind deshalb auch für Kinder gut geeignet (Ausnahme ➔ Mate 258). Verschiedenen teeähnlichen Erzeugnissen wird eine **gesundheitsfördernde Wirkung** zugeschrieben.

Pfefferminztee *(infusion de menthe (poivrée), peppermint tea)*: Blätter der mehrjährigen Pfefferminzstaude, vor der Blüte geerntet, der Gehalt an etherischen Ölen (Hauptbestandteil Menthol) ist dann am höchsten. Importiert hauptsächlich aus Bulgarien, Spanien, Griechenland. Auch *frisch verwendet:* gezupfte und gewaschene Minzeblätter in siedendes Wasser geben, einige Minuten ziehen lassen. Kräutertee mit besonderem Duft und besonderer Farbe.

Pfefferminztee

Herstellung von Aufguss- und Mischgetränken

Kamillentee

Fencheltee

Grüner Matetee

Rotbuschtee

1 Zählen Sie Kräutertee-Arten auf. Begründen Sie, dass die Kennzeichnung als einheimischer Tee meist unzutreffend ist.
2 Beurteilen Sie die Bedeutung von Kräutertee im Angebot.
3 Beschreiben Sie die Besonderheiten des Mate-Tees.

Hagebuttentee *(infusion de cynorrhodons/d'églantines, rosehip tea):* Scheinfrucht der Heckenrose, wird im höchsten Reifezustand gepflückt. Für Tee eignen sich nur die Fruchtschalen, also sind Kerne und anhaftende Härchen abzutrennen. Fruchtzucker und Fruchtsäuren bedingen den typischen Geschmack. Bedeutungsvoll ist der Vitamin-C-Gehalt. Mischungen mit Hibiskusblüten sind beliebt. Aus China und Chile importiert.

Kamillentee *(infusion de camomille, camonile tea):* Die früher auch in Deutschland verbreitete einjährige Kamille wird heute aus Argentinien und Ägypten importiert. Verwendet werden die maschinell gepflückten, getrockneten Blütenköpfe. Typische etherische Öle geben das Aroma.

Malven-Hibiskus-Tee *(infusion de mauve/d'hibiscus, mallow/hibiscus tea):* Die verbreitete Bezeichnung „Malve" ist botanisch falsch. Der Kräutertee-Grundstoff ist mit den als Zierpflanze gehandelten Arten nicht identisch. Verwendet wird nur der Blütenkelch nach dem Abfallen der Blütenblätter. Typisch sind Rotfärbung und Fruchtsäuregehalt. Aus Sudan und Thailand importiert.

Fencheltee *(infusion de fenouil, fennel tea):* Fenchel, eine zwei- bis mehrjährige Pflanze, deren Früchte zur Teeherstellung reif geerntet werden. Etherische Öle sind in den Früchten enthalten, deshalb geben diese ungeschnitten erst beim Aufbrühen die Aromastoffe frei. Der Geschmack ist bitter, kampferartig und außerdem süß. Nach dem Anteil der etherischen Öle wird der mehr kampferartige Blätterfenchel vom süßen römischen Fenchel unterschieden. Importiert aus den Balkanländern, Ägypten und China.

Hinweise für die Kräuterteezubereitung

Kräutertees dürfen nicht Fremdgeruch ausgesetzt werden und müssen aromadicht verpackt, kühl, trocken und belüftet gelagert werden. Für das Gastgewerbe ist die Verwendung von Convenience-Erzeugnissen in Form von Aufgussbeuteln am günstigsten.

Sprudelnd siedendes, frisches Wasser aufgießen, mindestens 5 min ziehen lassen.

Tee aus Kräuter- und Früchtemischungen *(infusion d'herbes aromatiques et de fruits, tea of herb and fruit mixtures):* Neben den bereits genannten Kräutern können Kräuterteemischungen noch Apfelstückchen, Orangenschalen, Holunderbeeren, Brombeerblätter, Süßholz, Zitronenschalen, Zitronengras usw. enthalten.

Rotbuschtee /Rooibostee: Gewonnen aus den Blättern und Ästen eines südafrikanischen Strauches. Das Teegetränk hat eine rotbraune Farbe, ist koffeinfrei und schmeckt mild-süßlich aromatisch. Für die gesundheitsfördernde Wirkung werden Flavonoide (→ bioaktive Substanzen 45f.) genannt. Bei der Zubereitung einen gehäuften Teelöffel je Tasse verwenden, darauf siedendes Wasser, je nach Geschmack zwischen 2 und 8 min ziehen lassen.

Mate *(maté, mate):* Aus den getrockneten, zerkleinerten Blättern des immergrünen Mate-Baumes bereiten die Indianer Tee, der in einigen Ländern zum Nationalgetränk wurde. Der Tee schmeckt herb, würzig bis rauchig und wirkt auf Grund des Coffeingehaltes belebend, durstlöschend und unterdrückt das Hungergefühl. Handelsformen: unbehandelt, grün oder geröstet (abgerundet würzig-rauchig).

15.4 Kakao

cacao
cocoa

Unter **Kakao** versteht man ein Aufgussgetränk aus dem Pulver von Kakaobohnen. Kakaopulver wird aus den fermentierten, gerösteten **Samenkernen des Kakaobaumes** hergestellt.

Physiologische Wirkung
Kakao hat einen beachtlichen Nährwert durch seinen Gehalt an Fett (Kakaobutter 8 bis über 20 %), Kohlenhydraten (17 %) und Eiweißstoffen (13 %). Dazu kommen noch andere energiereiche Zutaten bei der Getränkeherstellung (z. B. Milch, Zucker). Die anregende Wirkung entsteht durch den Gehalt an Theobromin, ein Alkaloid vergleichbar mit Coffein, jedoch mit viel geringerer Wirkung. Deshalb sind Kakaogetränke gerade für Kinder geeignet. Den Genusswert bestimmen außerdem Aromastoffe, insbesondere Röststoffe und Kakaobutter. Die im Kakao enthaltenen Gerbstoffe können bei übermäßigem Verzehr zu Verstopfung führen.

Kakaofrüchte

Gewinnung
Haupterzeugerländer der Kakaobohnen sind Brasilien, Venezuela und Ecuador. Eine Frucht des Kakaobaumes enthält 40–60 Samenkerne. Ihr Hauptbestandteil ist die **Kakaobutter** (50 % Fett). Die mandelförmigen Samenkerne sind in frischem Zustand weiß. Sie müssen für 3–7 Tage fermentieren → 38 (gären oder rotten). Dabei erhalten sie eine **rotbraune Farbe**. Gleichzeitig bilden sich Aromastoffe, die Bitterstoffe verändern sich.
Daran schließt sich bei Temperaturen von 100–135 °C das Rösten mit dem Ziel der **Farb- und der Aromabildung** an. Durch Zerkleinern und Reinigen entsteht **Kakaobruch**. Etwa 80 % der Kakaobohne bilden den verwendbaren Kern. Schalen und Keime werden entfernt. Nach dem Mahlen und dem Walzen liegt die pastenartige **Kakaomasse** vor. Sie bildet ein Zwischenerzeugnis, aus dem bis zu 56 % Kakaobutter abgepresst werden kann. Der Kakaopresskuchen bleibt zurück. Die wertvolle **Kakaobutter** ist gelb, hat einen aromatischen Geschmack und schmilzt bei 34 °C. Sie wird vor allem für Schokolade verwendet. Nach dem Vermahlen des Kakaopresskuchens entsteht Kakaopulver, das langsam abgekühlt wird, damit es nicht durch den noch enthaltenen Kakaobutteranteil klumpt.

Handelsformen, Lagerung, Qualitätskontrolle
Kakaopulver: Die Kakaoqualität wird durch die Art der Kakaobohnen, die Fermentation und den Gehalt an Kakaobutter bestimmt. Je nach dem Rest an verbliebener Kakaobutter wird zwischen schwach und stark entöltem Kakao unterschieden.
Kakaopulver (*cacao en poudre; cocoa powder*), *schwach entölt:* dunkel, volles Aroma. Fettgehalt mindestens 20 %.
Kakaopulver (*chocolat en poudre; chocolate powder*), *stark entölt:* heller, geringeres Aroma. Fettgehalt mindestens 8 %.
Neben dem Kakaopulver sind Kakaogranulate (Instanterzeugnisse) im Angebot. Diese Fertigerzeugnisse können auch andere Geschmacksrichtungen aufweisen. Vitamine, Proteine, Lecithin und Zucker können enthalten sein.
Schokoladenpulver, auch als **Trinkschokolade** bezeichnet, ist ein leicht löslich gemachtes (aufgeschlossenes) Kakaopulver mit Zucker.
Kakao muss **lichtgeschützt**, **trocken** und **kühl** in verschlossenen Dosen gelagert werden. Besonders schwach entölter Kakao neigt bei ungünstiger Lagerung wegen des Kakaobutteranteils zum Ranzigwerden.

Herstellung von Aufguss- und Mischgetränken

*Beim **Alkalisieren** wird der Kakaomasse eine alkalische (basische) Flüssigkeit (z. B. K_2CO_3) zugegeben und sie dadurch **aufgeschlossen**. Im **Ergebnis** lassen sich eine höhere Benetzbarkeit des Kakaopulvers und damit Vermischung mit Wasser oder Milch erreichen. Außerdem können dadurch **Geschmack** und **Farbe** beeinflusst werden.*

Qualitätskontrolle

Ware nur vom Fachhändler beziehen, da er eine fachgerechte Lagerung gewährleistet, Kontrolle der Lagerung in der Kaffeeküche. Niemals mit feuchtem Löffel das Kakaopulver der Dose entnehmen, Kontrolle ob, die Dosen verschlossen sind.

Herstellung von Kakaogetränken

- Den relativ leicht klumpenden Kakao mit wenig kaltem Wasser anrühren (mit oder ohne Zucker), dann mit heißer Milch aufgießen bzw. aufkochen.
- Instant-Getränkepulver ist aufgussfertig. Es enthält 20–35 % meist stark entölten Kakao, Zucker und zusätzlich 1–2 % Lecithin, das als Emulgator die Benetzung und die Auflösung fördert. Instant-Getränkepulver kann deshalb sowohl warm als auch kalt aufgegossen werden.

Mengeneinsätze

Angebotsform		Kakao	Schokolade	Milch	Zucker für Kakao
Tasse	Kakao/Schokolade	6 g	20 g	0,15 l	10 g
Portion	Kakao/Schokolade	12 g	40 g	0,3 l	20 g

1. Begründen Sie die Notwendigkeit der Fermentierung von Kakaobohnen.
2. Beurteilen Sie die Notwendigkeit des Alkalisierens von Kakaopulver.
3. Erläutern Sie Eigenschaften von schwach und stark entöltem Kakaopulver.
4. Begründen Sie, weshalb kakaohaltige Getränke, obwohl sie Theobromin enthalten, für Kinder geeignet sind.
5. Beurteilen Sie die anregende Wirkung des Kakaos. Gehen Sie auf entsprechende Inhaltsstoffe ein.
6. Erkundigen Sie sich in Ihrem Ausbildungsbetrieb nach dem Kakao-Angebot.
7. Nennen Sie den Unterschied zwischen Kakaogranulat und Trinkschokolade.
8. Begründen Sie, weshalb Kakaopulver entweder dunkel, mild und sehr nahrhaft oder hell, sehr fein und herber ist.
9. Eine Tasse Kakao wird für 1,35 € angeboten. Errechnen Sie die Materialkosten, wenn der Gesamtzuschlag 420 % beträgt.
10. 24 Tassen Trinkschokolade sollen zubereitet werden.
10.1 Wie viele Tafeln Bitterschokolade zu 200 g müssen dazu verwendet werden? Aufrunden auf ganze Tafeln.
10.2 Welche Menge Kakaopulver in kg wäre notwendig, wenn anstatt Trinkschokolade Kakao serviert würde?

Kakaospezialitäten

spécialités de cacao
cocoa specialities

Für die heiße oder kalte Herstellung sind Kakaopulver, Schokoladenpulver oder Blockschokolade erforderlich.

Name	Zubereitung
Kakaogetränk *cacao/cocoa*	Kakaopulver mit Zucker und kalter Milch/Wasser glatt rühren, siedende Milch zugießen, rühren, dabei kurz aufkochen.
Russische Schokolade *chocolat russe* *chocolate Russian style*	Trinkschokolade, dazu 4 cl Wodka je Tasse separat; als Convenience-Erzeugnis in Portionsfläschchen gehandelt.
Heiße Schokolade *chocolat chaud* *hot chocolate*	Vanillestange in Milch aufkochen, dazu Schokoladenpulver geben, Weinbrand separat servieren.
Trinkschokolade *chocolat à boire* *drinking chocolate*	Bitterschokolade (etwa 25 g), Zucker mit heißer Milch aufgießen oder Schokoladen-Instant-Pulver mit Milch, aufgeschäumt mit der Heißdampfdüse auflösen, dazu Schlagsahne, Löffelbiskuits.
Eisschokolade *chocolat glacé* *ice chocolate*	In hohem Glas 1–2 Kugeln Vanilleeis mit kalter Trinkschokolade aufgießen, obenauf Sahnehaube mit Kuvertüre-Spänen, mit Trinkhalm und Löffel serviert.
Wiener Schokolade *chocolat viennois* *viennoise chocolate*	Schokoladencreme, heiße Milch auffüllen, verrühren, 2 cl Weinbrand dazugeben, Sahnehaube aufsetzen.
Schokolade Marnier	Im feuerfesten Glas Grand Marnier erhitzen, heiße Trinkschokolade aufgießen, angeschlagene Sahne darüber heben.
Schokoladenkaffee *café au chocolat* *chocolate coffee*	Je zur Hälfte gesüßte Milchschokolade und starken Kaffee heiß vermischen, Sahnehaube aufsetzen. Der Schokoladenkaffee kann an heißen Tagen gut gekühlt serviert werden.

Mischgetränke

Service
Kakaogetränke werden in dafür geeigneten Schokoladentassen mit Saugdeckchen und Untertasse sowie Kaffeelöffel serviert. Für Spezialitäten können auch feuerfeste Gläser mit Henkel, Saugdeckchen und Untertasse sowie Kaffeelöffel verwendet werden.
Gedeck servieren. Kleiner Löffel rechts von der Tasse, auf Untertasse liegend. Tassen und Gläser sollen vorgewärmt sein, Zucker, heiße Milch oder Sahne sind eventuell separat einzusetzen.
Während Trinkschokolade mit Sahnehaube und Schokoladenspänen obendrauf angeboten wird, serviert man zum Kakao ein Kännchen mif flüssiger oder wenig geschlagener Sahne.

Kombination mit Speisen
Frühstück: Kakaogetränk besonders für Kinder
Weiß- und Milchgebäck: Kakaogetränk, Trinkschokolade
Dessert: Kakaogetränk, Trinkschokolade anstelle von Kaffee
Eis: Kakaospezialitäten
Vesper: alle Kakaogetränke
Kalte Jahreszeit: heiße Kakaogetränke, Trinkschokolade, Spezialitäten
Heiße Jahreszeit: kalte Kakaogetränke, Eisschokolade

Beratung und Verkaufsargumente
- Gästen, die gern ein anregendes Getränk zu sich nehmen, aber Kaffee ablehnen, ein Kakaogetränk empfehlen.
- Da Kakao auf Grund seines Theobromingehalts nur ein leicht anregendes Getränk ist, kann es auch für Kinder empfohlen werden.
- Verschiedene Kakaogetränke und Kakaospezialitäten als eine Abwechslung anbieten.
- „Für das Kind Kakao?"

Reklamationsgründe
Kakaogetränk hat Klümpchen – das Kakaopulver nicht gut verrührt oder die Milch war nicht heiß genug. **Kakao flockt aus** – war nicht frisch.

15.5 Mischgetränke

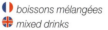
boissons mélangées
mixed drinks

Zu unterscheiden sind **alkoholfreie** und **alkoholische Mischgetränke**. Die wichtige Gruppe der alkoholfreien Mischgetränke sind **Milchmixgetränke**. Eine besondere Gruppe, die auch in der Küche hergestellt wird, sind **alkoholische Heißgetränke**.
Verschiedene Mischgetränke-Arten können sowohl mit als auch ohne Zugabe von Alkohol zubereitet werden. **Bargetränke** mit oder ohne Alkohol gehören ebenfalls zu den Mischgetränken.

Einteilungsgesichtspunkte

Temperatur	Gehalt an Genussstoffen	Zuckergehalt	Charakter	Menge	Zubereitung	Zeitpunkt des Verzehrs
Kalt Heiß	Alkoholfrei Alkoholhaltig	Süß Trocken	Anregend Erfrischend	Shortdrink Longdrink	Gebaut Gerührt Geshaket Gemixt	Aperitif Digestif

Herstellung von Aufguss- und Mischgetränken

15.5.1 Milchmischgetränke
🇫🇷 *boissons à base de lait*
🇬🇧 *milk drinks*

Milchmischgetränke, auch als **Milchmixgetränke** bezeichnet, werden vor allem in Milchbars, Eiscafés **kalt** oder **warm** mit der Heißdampfdüse erhitzt angeboten. Getränke aus Milch und Joghurt eignen sich auch für das Frühstücksbüfett. Milch- und Milchmischgetränke stellt man unter Verwendung von Frischobst, Fruchtsäften, Fruchtsirup, Speiseeis, Schokolade, Kaffee, Nüssen, Mineralwasser, Eigelb, Honig, Spirituosen, Wein usw. her.

Bekannte Milchmischgetränke, wie **Egg-Noggs** oder **Shakes, Frappés, Flips**, werden heute auch ohne Alkohol hergestellt, so dass sie auch Kindern und Kraftfahrern angeboten werden können.

Kalte Milchmischgetränke
🇫🇷 *boissons froides à base de lait*
🇬🇧 *cold milk drinks*

Die Milchmischgetränke werden meist mit dem Elektromixer (Blender) hergestellt. Sie werden gut gekühlt und je nach Art in Gläsern serviert.

Fruchtmilch *lait aux fruits / fruit milk*	**Milch-Shakes** *milk-shakes / milk-shakes*	**Frucht-Frappés** *frappés aux fruits / fruit frappés*	**Egg-Noggs** *egg-noggs / egg-noggs*	**Milch-Flips** *flips de lait / milk flips*
Milch und Fruchtzubereitung mischen. Zucker nach Bedarf. Saure Fruchtzubereitungen nach der Milch zugeben.	Früchte, Milch, Zucker und Speiseeis mischen.	Speiseeis und Früchte mischen, mit kalter Milch auffüllen.	Vollei, Milch, Sahne und Fruchtsirup mischen.	Eigelb, Milch, Sahne, Zucker, Fruchtzubereitung mischen.

Ausgewählte Rezepturen

Art	Rohstoffe
Aprikosenmilch *lait aux abricots / apricot milk*	0,125 l Vollmilch, 0,100 g Aprikosenmark, Zucker nach Bedarf
Erdbeer-Shake *shake aux fraises / strawberry shake*	6–8 Erdbeeren, 0,125 l gekühlte Vollmilch, 3 Barlöffel Zucker, 2 Esslöffel Erdbeereis, mit Schlagsahne garnieren
Orangen-Egg-Nogg *egg-nogg à l'orange / orange egg-nogg*	0,04 l Orangensirup, 0,02 l Sahne, 0,02 l gekühlte Vollmilch, 1 Ei
Bananen-Flip *flip à la banane / banana flip*	0,125 l gekühlte Vollmilch, 0,02 l Sahne, 1 Eigelb, 1/2 Banane, 3 Barlöffel Zuckersirup

Heiße Milchmischgetränke
🇫🇷 *boissons chaudes à base de lait*
🇬🇧 *hot milk drinks*

Ausgewählte Rezepturen

Art	Rohstoffe
Honigmilch *lait au miel / honey milk*	Heiße Milch mit Honig verrühren
Milch-Grog *grog de lait / milk grog*	Milch mit Zucker erhitzen, Rum zugeben

Mischgetränke

15.5.2 Alkoholfreie Mischgetränke

🇫🇷 *boissons mélangées non alcoolisées*
🇬🇧 *soft drinks*

Alkoholfreie Mischgetränke gewinnen im Rahmen einer bewusst gesundheitsfördernden Lebensweise an Bedeutung. Auch für Kinder, Schwangere und Kraftfahrer bilden sie gute Alternativen zu den alkoholischen Getränken. Zu ihrer Herstellung werden vor allem Fruchtsäfte, Gemüsesäfte, Fruchtmark, Fruchtnektar, Fruchtsirupe, Früchte, Trinkwasser, Mineral- oder Sodawasser, Limonaden, aber auch Milch, Eier und Speiseeis verwendet.

Ausgewählte Rezepturen

Getränk		Rezeptur	Zubereitung/Verwendung
Florida		Mundeis 1 cl Zitronensaft 8 cl Orangensaft 12 cl Ananassaft 1 cl Grenadine	Shaker; Longdrink
Golden Ginger		Mundeis 2 cl Orangensaft 2 cl Grapefruitsaft 2 cl Ananassaft 16 cl Ginger Ale (alkoholfreies Erfrischungsgetränk mit Ingwergeschmack)	Shaker; Longdrink

15.5.3 Alkoholische Mischgetränke

🇫🇷 *boissons mélangées alcoolisées*
🇬🇧 *mixed alcoholic drinks*

In diese Gruppe gehören die alkoholischen Heißgetränke Feuerzangenbowle, Glühwein, Grog und Punsch. Weiter zählen dazu die kalt zubereiteten weinhaltigen Getränke: Bowle, kalte Ente und Schorle.

Kaltgetränke

🇫🇷 *boissons froides*
🇬🇧 *cold beverages*

Bowle

🇫🇷 *bol*
🇬🇧 *cup, bowl*

Longdrink, bestehend aus Wein, Schaumwein, auch gemischt. Zur Geschmacksgebung werden Früchte (Erdbeeren, Ananas, Pfirsiche), Kräuter (z.B. Maibowle aus unaufgeblühtem Waldmeister, Weißwein, Mundeis und Sekt), sogar Gemüse (Gurken, Melone) sowie Zuckersirup verwendet. Mit Wein und Sekt oder Mineralwasser auffüllen; in Bowlengläsern servieren.

Maibowle

Herstellung von Aufguss- und Mischgetränken

Kalte Ente

Besteht aus Wein (auch Perlwein, Schaumwein) mit natürlichen Zitronenbestandteilen. CO_2-Zusatz ist erlaubt. Der Schaumweinanteil muss mindestens 25 % betragen.

 Schorle darf nicht unter der Rubrik Wein aufgeführt werden.

Schorle
🇫🇷 *vin giclé*
🇬🇧 *spritzer (wine with soda water)*

Besteht aus Wein (auch Perlwein, Schaumwein). Zugesetzt wird kohlensäurehaltiges Wasser. Inzwischen gibt es auch Apfelschorle als alkoholfreies Getränk, anstatt Wein wird Apfelsaft verwendet.

Heißgetränke
🇫🇷 *boissons chaudes*
🇬🇧 *hot beverages*

Einige der alkoholischen Heißgetränke, wie Punsch und Feuerzangenbowle, gehören lebensmittelrechtlich zu den weinhaltigen Getränken.

Feuerzangenbowle
🇫🇷 *punch chaud flambé*
🇬🇧 *burnt punch*

Rotwein erhitzen, nicht sieden; Zuckerhut mit Rum oder Arrak flambieren.

Glühwein
🇫🇷 *vin chaud*
🇬🇧 *hot wine, mulled wine*

Rotwein mit Würzmitteln, wie Zitrone, Nelken, Zimt und Zucker, erhitzen, nicht aufkochen. Glühweißwein muss besonders gekennzeichnet werden. Heiß trinken!

Grog
🇫🇷 *grog*
🇬🇧 *grog, toddy*

In Spezialkaraffe (Flakon) vorgewärmter Rum, mitunter auch Weinbrand, sehr heißes Wasser und Zucker separat; Glas mit Henkel.

Punsch
🇫🇷 *punch*
🇬🇧 *punch*

Longdrink, ursprünglich aus folgenden fünf Zutaten hergestellt: Wasser, Zucker, Arrak oder Rum, Tee und Zitrone. Später hat sich die Zutatenpalette erweitert. Wein, andere Spirituosen und Gewürze können verwendet werden. In kleinen Mengen appetitanregend, als Begrüßungstrunk vor den Mahlzeiten oder zum Aufwärmen geeignet. Punsche eignen sich auch zum Dessert. Attraktives Zubereiten vor den Gästen: Punsch kann auch kalt serviert werden.

Rezepturbeispiel: **Punsch Lady Rose:** Arrak, Rum oder Wein, Wasser, Zitrone, Nelke, Zimt. Alkohol erhitzen, nicht kochen. Mitunter werden Anis, zum Süßen Streuzucker, Würfelzucker, Kandis oder Honig verwendet.

16 Angebotskarten

🇫🇷 cartes d'offres
🇬🇧 offer cards

| Speisekarten | Getränkekarten | Menükarten | Sonderkarten |

Aus **römischer Zeit** – so schrieb Horaz (65–8 v. Chr.) – ist bekannt, dass Küchensklaven die Vielzahl der Gänge schriftlich fixierten, um sie ihren Herren zu überreichen. Solche „Küchenzettel" benutzten die Sklavenhalter auch dazu, um ihren Gästen kulinarische Erläuterungen geben zu können.
Im **Mittelalter** verkündeten Herolde oder Haushofmeister der adligen Gesellschaft, was an Speis und Trank zu erwarten war. Es wird aber auch darüber berichtet, dass Küchenmeister mitunter Aufzeichnungen über Speisen und Getränke der Herrschaft übergaben.
Erst ab dem **19. Jahrhundert** wurden in der bürgerlichen Gastronomie Angebotskarten als allgemeine Tischsitte eingeführt. Berühmte Künstler, wie beispielsweise der französische Maler Toulouse-Lautrec (1864-1901), gestalteten Angebotskarten künstlerisch.

Heute stellen Angebotskarten wichtige Informations- und Werbemittel dar. Sie sind in ihrer Gesamtheit die Visitenkarte des Hauses.

Inhalt und Form bilden bei jeder Angebotskarte eine Einheit. Der Gastronom muss auf bestimmte Kriterien bei der Angebotsgestaltung, auf Rechtsvorschriften und auf einen angemessenen Gewinn achten.

Anforderungen
- sauber, aktuell, übersichtlich
- Auswahl erleichtern
- Arbeitserleichterung für das Servicepersonal
- den Gästewünschen entsprechen
- gut leserlich
- in den Sprachen der Gäste
- ansprechende Gestaltung
- einheitliche Sprache
- Wortverstümmelungen und Abkürzungen vermeiden
- reformierte Rechtschreibung verwenden
- keine Trennstriche und Kommas an das Zeilenende

Grundforderungen: Klarheit, Wahrheit, Zweckmäßigkeit

Ziele

| Verkaufsangebot | Preisinformation | Werbemittel | Verkaufs- und Ernährungsberatung |

Verkaufsangebot
Die aufgeführten Angebote müssen den Tatsachen entsprechen. Irreführende oder falsche Bezeichnungen dürfen nicht aufgenommen werden.

Märkische Spezialitäten
Local Specialities from Brandenburg

Gegrillter Kalbskopf
mit Tomaten-Schnittlauch Vinaigrette
Grilled Calf's Head with Tomato Chive Vinaigrette
€ 8,00

Leichte Kartoffelsuppe mit geräuchertem Aal
Light Potato Soup with smoked Eel
€ 6,50

Havelzander in der Kartoffelkruste an Schmorgurken
Pike-Perch in Potato Crust with Braised Cucumber
€ 14,50

Brandenburgische Masthähnchenbrust
mit Rübchen und Röstkartoffeln
*Chicken Breast "Brandenburg Style"
with Turnips and Onion Potatoes*
€ 12,50

Geschmorte Ochsenbacken mit Wurzelgemüse
- aus der Kupferpfanne
*Braised Ox Muzzle with Roots Vegetable
- served in the Copper Pan*
€ 14,50

Schafs- und Ziegenkäse
aus der Brandenburgischen Landkäserei "Boonstra"
Local Goat and Sheep's Cheese from "Brandenburg"
€ 8,00

❗ *Wovon hängt die inhaltliche Gestaltung der Angebotskarten ab?*
- *Charakter der gastronomischen Einrichtung (Restauranttyp)*
- *Regionale und jahreszeitliche Besonderheiten (Einkaufsmöglichkeiten, aktuelle Preise)*
- *Anspruchsniveau der Gäste, Gästewünsche, Beliebtheitsgrad, ernährungsphysiologische Ansprüche*
- *Preisniveau der gastronomischen Einrichtung*
- *Gestaltung und Ausstattung der Governmenträume*
- *Personalbestand und -kosten*
- *Qualifikationsniveau der Mitarbeiter*

- *Am Eingang einer gastronomischen Einrichtung sind Preisverzeichnisse für Speisen und Getränke anzubringen.*
- *Angebotskarten für Speisen und Getränke sind in ausreichender Anzahl auf den Tischen auszulegen bzw. auf Verlangen vorzulegen.*
- *Bei Getränkekarten ist auch das Volumen der verzeichneten Getränke anzugeben.*
- *Alle angegebenen Preise sind Inklusivpreise. Alle Zuschläge sind darin enthalten.*
- *Aufbewahrungspflicht eines Exemplars 1 Jahr (→ 335).*

265

Angebotskarten

Preisinformation
Angebotskarten sind gesetzlich vorgeschriebene Preisinformationen. Die aufgenommenen Preise sind stets Inklusivpreise. In den verzeichneten Preisen sind alle Preisaufschläge oder Preisabschläge enthalten. Preisänderungen müssen stets exakt eingetragen werden.

 Rechtsbestimmungen (→ 305)
- Endpreise ausweisen. Verkaufspreise einschließlich gesetzlicher Mehrwertsteuer und Bedienungsgeld angeben (→ Preisangaben-VO).
- Speisekarten mit Datum auszugsweise an der Außenfront sichtbar machen.
- Zusatzstoffe kenntlich machen (→ Zusatzstoffzulassungs-VO).
- Karten vom 1. und 15. des Monats je 1 Jahr aufbewahren.
- Angebote im Aushang sind freibleibend.
- Speisekarten-Angebote auf dem Tisch sind feste Angebote – der Service muss sie aktualisieren.
- Schankgefäße dürfen nur die gesetzlich erlaubten Volumen haben (→ Schankgefäße-VO).

Werbemittel
Die Angebotskarte stellt eine Visitenkarte der gastronomischen Einrichtung dar. Art und Umfang geben Aufschluss über die gastronomischen Leistungen, im positiven wie auch im negativen Sinne. Format und Ausstattung sollten angemessen und zweckmäßig sein. Der Verkauf von Angebotskarten an Gäste stellt eine sinnvolle Werbemaßnahme dar und wirkt gleichzeitig der unerlaubten Mitnahme entgegen.

Verkaufs- und Ernährungsberatung
Verschiedene Karten geben auch Hinweise auf den ernährungsphysiologischen Wert, insbesondere auf den Energiewert, auf die Broteinheiten (Kohlenhydrat-Einheiten → 65 f.), aber auch auf die Bekömmlichkeit oder bei Getränken auf den Alkoholgehalt.

Die erste Verbindungsform der gastronomischen Einrichtung zum Gast stellt die Angebotskarte als **schriftliches Leistungsangebot** dar. Letztlich trägt die Angebotskarte zur emotionalen Einstimmung des Gastes auf den geplanten Restaurantbesuch bei.

Die Wirkung der Angebotskarten kann nach der in der **Werbung** üblichen Formel „AIDA" dargestellt werden.

16.1 Speisekarten

 cartes des mets
 menus

Je nach der gastronomischen Aufgabe werden unterschiedliche Speisekarten aufgestellt. Die Bezeichnung „groß" oder „klein" weist auf den Speisenumfang, nicht auf das Format der Karte hin.

Speisenkarten-Arten

Kleine Speisekarten	Große Speisekarten	Sonderkarten
Karten außerhalb der Hauptessenszeiten z. B. Abendkarte für kalte Speisen	Karten für Mittag- und Abendessen	Karten für *Tagesangebote* (Tageskarten), Frühstück, Menüs, Brunch, *Saisonangebote*; Karten für besondere *Gästegruppen* wie Kinder, Vegetarier, Senioren

 Ein Gast möchte den Energiegehalt seines englischen Frühstücks wissen. Ermitteln Sie diesen mit Hilfe der Nährwerttabelle (→ 346 oder CD-ROM Küchenprofi).
1 Glas Orangensaft (100 g)
Cornflakes (25 g)
Vollmilch (0,25 l)
2 Spiegeleier mit Schinken (60 g Frühstücksspeck) → 167
Toastbrot (80 g)
Butter (40 g)
Bitterorangenmarmelade (30 g; Energie: 1100 kJ/100 g)

Nach der Geltungsdauer lassen sich insbesondere bei Speisen **Standardkarten** und **Tageskarten** unterscheiden. Speisekarten können auch Speisenfolgen enthalten. Dabei ist mitunter das passende Getränk zugeordnet.

Tageskarten werden täglich neu erarbeitet und ausgelegt. Mitunter können auch Tagesmenüs oder Gedecke darauf angeboten werden. Sie bieten dem Betrieb und den Gästen eine Reihe von Vorteilen:
- Abwechslungsreichtum und frische Herstellung
- Preiswerte Saison- und Marktangebote
- Rationelle Zubereitung, kurze Bestellzeiten

266

Speisekarten

Standardkarten können als große oder kleine Speisekarten herausgegeben werden. Diese Speisekarten werden für einen längeren Zeitraum erstellt.
Sonderkarten richten sich mit Inhalt und Form nach dem Charakter der gastronomischen Einrichtung. Dazu gehören die **Menükarten**. Menükarten bieten zu besonderen Veranstaltungen und für Feiertage vollständige Menüs an. Üblich ist das Angebot von Gedecken (3 Gänge) und umfangreicheren Menüs.

> **Wie ermittelt man den Beliebtheitsgrad von Speisen?**
> Der Absatz einzelner Speisen kann durch den Computer leicht erfasst und ausgewertet werden. Besonders beliebte Speisen können weiterhin auf den Speisekarten erscheinen, andere mit geringerer Nachfrage werden nicht weiter angeboten.

Ordnung auf Speisekarten

Durch die Gliederung in **Angebotsgruppen** erhält der Gast eine gute Übersicht. Die Ordnung entspricht im Wesentlichen der Ordnung bei den klassischen Speisenfolgen.

	🇫🇷	🇬🇧
Kalte Vorspeisen	hors-d'œuvre froids	cold hors-d'oeuvres
Warme Vorspeisen	hors-d'œuvre chauds	hot hors-d'oeuvres
Klare Suppen	consommés	clear soups
Gebundene Suppen	potages liés	thick/bound soups
Eierspeisen	mets aux œufs	egg dishes
Fischspeisen	mets de poisson	fish dishes
Vegetarische Speisen	mets végétariens	vegetarian dishes
Leichte Vollkost, Vollwertkost	alimentation complète légère, alimentation complète	light wholefood, wholefood
Teigwaren	pâtes alimentaires	pasta
Fertige Schlachtfleischspeisen	mets de viande de boucherie	dishes of butchered meat
Kurz gebratene und gegrillte Fleischspeisen	mets de viande sautée et grillée	dishes of sautéd and grilled meat
Geflügel- und Wildspeisen	mets de viande de volaille et de gibier	dishes of chicken and game
Gemüsebeilagen, Gemüseplatten	légumes	vegetables
Sättigungsbeilagen	garnitures (mets féculents)	garnishes
Salate	salades	salads
Kalte Speisen	mets froids	cold dishes
Kompotte, Süßspeisen	compotes, desserts	stewed fruit, sweet dishes

Spezialitäten wie Regionalspeisen, aber auch **Speisen für Kinder**, **Gedecke** und **Schnellgerichte** sollen auf den Speisekarten besonders hervorgehoben werden. Zunehmende Bedeutung gewinnt die Gruppe der **vegetarischen Speisen**.
Geltungsdauer: Verschiedene Speisekarten weisen Speisen für bestimmte Tageszeiten aus, Frühstückskarte bis 11 Uhr, „nur von 12 bis 14 Uhr", ab 18 Uhr usw.

Fachliche Regeln

Bezeichnung von Gerichten: Bei der Bezeichnung von Gerichten ist folgende Reihenfolge einzuhalten:

1. Namengebender Speisenteil (Hauptmaterial) mit Garnitur und Sauce
2. Warme Gemüsebeilage
3. Sättigungsbeilage
4. Salat

❶ Schweineschnitzel mit Champignonrahmsauce
❷ Rosenkohl
❸ Petersilienkartoffeln

Angebotskarten

  Beispiele

Bachforelle oder Zuchtforelle, Jungschweinerücken oder Schweinerücken
Unklar sind die Bezeichnungen: Kartoffeln, Salat, Nachtisch, Tagessuppe, Käseauswahl

Anstatt Salate nach der Art des Hauses besser: Blattsalate aus dem Hausgarten

Bündner Fleisch muss aus Graubünden stammen, original Dresdner Christstollen muss aus der Region Dresden kommen.

Die Aufzählung kann jeweils mit Binde- oder Verhältniswörtern erfolgen: Kasselerbraten in Rotwein mit Sauerkraut und Kartoffelklößen

Klarheit, Wahrheit, Aktualität
Die Bezeichnungen sollen hinsichtlich Rohstoffqualität, Zubereitung und Service eindeutig sein. Auf eine ständige Aktualisierung der Speisekarte ist in dieser Hinsicht Wert zu legen.
Auch Übertreibungen sind zu vermeiden, ebenso Doppelbenennungen (Pleonasmen): Beispiele dafür sind Edellachs, Mastpoularde. Falls Fantasiebezeichnungen unbedingt notwendig sind, müssen sie erläutert werden.

Wildspezialitäten

Hirschschinken
mit Preiselbeer-Ingwer-Sauce an Feldsalatbukett in Rotwein-Essig-Marinade € 8,90

Wildcocktail Hubertus
mit Apfelstreifen, Johannisbeergelee, Meerrettich und Wacholder pikant gewürzt, mit 2 halben Wachteleiern und Toaststecken € 7,90

Fasankraftbrühe
mit altem Sherry und Pfifferlingen € 3,80

Gebratene Rehkeule
in Enzianrahm, Schinkenrosenkohl, gedünstete Apfelhälfte mit Schattenmorellen und Schupfnudeln € 16,10

Hasenrückenfilet
– auf Wunsch rosa gebraten – mit Morcheln in Sahne, Herbsttrompeten und Herzoginkartoffeln € 16,30

Gespickte Hasenkeule
in Wacholderrahmsauce mit Maronen und Kartoffelbällchen € 15,00

Liebe Gäste, alle Speisen bereiten wir für Sie aus frischen Rohstoffen.
Haben Sie bitte Verständnis für die erforderliche Zubereitungszeit.

Cordon bleu muss aus Kalbfleisch sein. Ansonsten ist folgende Kennzeichnung notwendig: Cordon bleu vom Schwein oder die Speise ist unter der Rubrik „Schweinefleischgerichte" aufgeführt.

auf Basler Art, nach Schweizer Art, Schwarzwaldforelle Müllerinart

Eiklar oder Weißei oder Eiweiß, in Butter gebraten oder gedünstet, in Butter geröstet oder gebraten

Karree anstatt Carré, Mokka anstatt Mocca. Nicht zu übersetzen sind: Rumpsteak, Pommes frites, Sauce, Chateaubriand, Tournedos

Klassische Bezeichnungen
Klassische Bezeichnungen sind nur dann gerechtfertigt, wenn die Zubereitung der betreffenden Speise fachlich original erfolgt.

Garnituren
Die französische Bezeichnung **à la** wird im Deutschen mit dem Verhältniswort **auf** oder **nach** übersetzt. Das Weglassen des Bindewortes ist weniger üblich, widerspricht jedoch nicht den Rechtschreiberegeln. In diesem Falle darf jedoch kein Komma gesetzt werden.

Fachwissenschaftliche Exaktheit
Auch die fachwissenschaftliche Aussage muss beachtet werden. Das bezieht sich auf Rohstoffbezeichnungen und auf Zubereitungsverfahren.

Verdeutschte Fachbegriffe
Fachbegriffe, für die sich deutsche Bezeichnungen eingebürgert haben, sollten auch so geschrieben werden. Andererseits gibt es fremdsprachige Fachbezeichnungen, die sich in unseren Sprachschatz eingebürgert haben. Übersetzungen würden dann nur ungeschickt oder gar lächerlich wirken.

Speisekarten

Fremdsprachige Bezeichnungen und Eigenschöpfungen
Soweit möglich, sollte die Speisekarte **deutsch** geschrieben werden. Das übertriebene Verwenden von fremdsprachigen Bezeichnungen kann kaum als Ausdruck des gehobenen Niveaus eines Hauses angesehen werden. Außerdem ist das Vermischen unterschiedlicher Sprachen zu vermeiden. Vorrangig ist auf **allgemein verständliche Darstellungen** Wert zu legen. Ausgefallene, ungebräuchliche Bezeichnungen und solche der klassischen Küche bedürfen einer Erklärung. Gleiches gilt für Speisen, die in dem betreffenden Haus erdacht wurden.
Kleindruck und **Erklärungen** auf der Speisekarte sind meist ausreichend. Fremdsprachige Bezeichnungen sind stets nach den Rechtschreibregeln der betreffenden Fremdsprache zu verfassen.

 Beispiele

Corned Beef, Worcestershire-Sauce, Crêpes
Üblicherweise heißt es Basler Art, nicht Baseler Art; Dresdner Art, nicht Dresdener Art; Zürcher Geschnetzeltes, nicht Züricher Geschnetzeltes

Personennamen
Personennamen, die eine **Ehrung** bzw. Widmung darstellen, werden der Speisenbezeichnung ohne jegliche Bindung nachgestellt.

Birne Helene, Hammelkoteletts Nelson, Rumpsteak Mirabeau

Zusammenschreibung
Berufsbezeichnungen, Rang- oder Standesbezeichnungen werden zusammen mit „art" als ein Wort geschrieben.

Hausfrauenart, Gärtnerinart, Diplomatenart
Falsch: Müllerin Art

Groß- und Kleinschreibung
Bei Garnituren oder anderen Speisenbezeichnungen, die geografische Begriffe sind, ist die Groß- und Kleinschreibung zu beachten. Geografische Begriffe, die auf **-er** enden, werden stets **groß** begonnen.
Geografische Begriffe, die auf **-isch** enden, beginnt man demgegenüber stets **klein**.

Schwarzwälder Art, Thüringer Art, sächsische Art

Anführungsstriche
Häufig ist eine **unangebrachte Verwendung** von Anführungsstrichen zu beobachten. Schreibt man beispielsweise: Das ist ein „feiner" Mensch, dann will man zum Ausdruck bringen, dass der Genannte in Wirklichkeit ganz andere Eigenschaften hat. Bei eindeutigen Zuordnungen entfallen demzufolge solche Anführungsstriche, insbesondere bei den klassischen Garnituren oder bei Personennamen.

Richtig: Kotelett Robert, Birne Helene
Falsch: Pfirsich „Melba", Karpfen „blau", Rinderlende „Gärtnerinart", Schweinebraten „flämische Art"

Verhältniswörter
Die Verwendung von Verhältniswörtern sollte sparsam erfolgen. Sie sind dann erforderlich, wenn besondere gastronomische Hinweise gegeben werden sollen.

Hechtklößchen in Dillsauce, Steinpilze in Sahne, Jakobsmuscheln auf Blattsalat, Lachsforelle auf Salatbukett, Wachteleier auf Salatbett, Lachssteak mit Zitronenbutter

Einzahl und Mehrzahl
Die Bezeichnung des Speisenangebots muss auch in der Zahl den Gegebenheiten entsprechen.

Rehkoteletts, gedünstete Wachteln (wenn jeweils zwei oder mehrere Stücke serviert werden sollen)
Falsch: Zander im Wurzelsud, Salzkartoffel

Komma
Der übermäßige Gebrauch des Kommas wirkt sich ungünstig auf das Verständnis aus. Richtig ist das Komma bei nachgestellten Beifügungen. Geht die Bezeichnung danach weiter, so ist diese mit Komma einzuschließen.

Rumpsteak, gegrillt, mit Kräuterbutter; besser: Gegrilltes Rumpsteak mit Kräuterbutter; Rehrücken, gebraten, mit Pfifferlingen, besser: Gebratener Rehrücken mit Pfifferlingen

Abkürzungen
Abkürzungen tragen nicht zu einer attraktiven Speisekarte bei. Sie wirken schlampig und sind darüber hinaus oft unverständlich. Sie müssen vermieden werden.

Falsch: M.-Salat, geb. Hühnerbrust, gem. Salat, zerl. Butter, div. Salate

269

Angebotskarten

🇫🇷 cartes des boissons
🇬🇧 beverage lists

Kennen Sie den Unterschied zwischen Aperitif und Digestif?
Aperitif: Getränk, das appetitanregend ist und vor dem Essen getrunken wird. Deshalb wird er auch als „Before Dinner Drink" bezeichnet.
Digestif: Getränk, das als verdauungsfördernd gilt und deshalb als „After Dinner Drink" gereicht wird.

Mosel-Riesling, duftig, frisch
✻
Burgunder, samtig, vollmundig
✻
Buzbag, türkischer Landwein
✻
Retsina, trockener griechischer Weißwein mit Aleppo-Kiefernharz

1 Erläutern Sie die Aufgaben des Weinkellners (Sommelier).
2 Beurteilen Sie die Bezeichnung auf einer Kaffeekarte:
Schümli-Kaffee mit Sahnehaube,
Russische Schokolade mit Weinbrand,
Grüner Tee, mild und beruhigend
3 Fertigen Sie eine Weinkarte mit den Weinspezialitäten Ihrer Region oder Ihres Geschmacks an.
4 Erläutern Sie einem Gast den Unterschied zwischen Aperitif und Digestif an selbst gewählten Getränkebeispielen.
5 Ermitteln Sie die Mehrwertsteueranteile der in der Weinkarte angegebenen Endpreise. Eventuelle Rundungen bleiben unberücksichtigt (→ 290).

16.2 Getränkekarten

Getränkekarten gehören zum guten Service und sind wie die Speisekarten ein **Werbemittel**, das der Umsatzsteigerung dient. Sie bilden mit den Speisekarten eine gestalterische Einheit. Deshalb gelten auch die gleichen Gestaltungsprinzipien. Daneben gilt es auch, Besonderheiten zu beachten.
Getränkekarten verzeichnen alle im Gastgewerbebetrieb **angebotenen Getränke**, also neben **Küchengetränken** und **alkoholfreien Arten** alle **alkoholischen Getränke**. Getränkekarten können bei entsprechender Notwendigkeit für **einzelne Getränkearten** aufgestellt werden:

Weinkarte	**Barkarte**	**Kaffeekarte**	**Teekarte**
carte des vins	*carte du bar*	*carte des cafés*	*carte des thés*
wine list	*bar list*	*coffee list*	*tea list*

Weinkarten

Jeder Betrieb, der **Wein ausschenkt**, ist verpflichtet, diesen auf der **Angebotskarte** aufzuführen. Bei Gastronomiebetrieben, die **hauptsächlich Weine** anbieten, wird eine spezielle Weinkarte notwendig sein. Die Weinkarte der gemütlichen Weinstube oder des Weinrestaurants sollte attraktiv sein.
Schoppenweine können auf einer Seite aufgeführt werden, wenn sie aus verschiedenen Regionen stammen. Der Hinweis auf das **jeweilige Weinanbaugebiet** ist empfehlenswert.

Weißwein / White Wine		Flasche 0,75 l
Deutschland / Germany		
1995	Oberbergener Bassgeige Müller-Thurgau, Qualitätswein, trocken Erzeugerabfüllung Weingut Franz Baur, Weißer Adler, Baden	22,00 €
1996	Würzburger Stein Riesling, Kabinett, trocken Gutsabfüllung Weingut Gartner, Franken	32,00 €
1996	Maximin Grünhäuser Abtsberg Riesling, Qualitätswein, trocken Gutsabfüllung C. Schloßkellerei, Ruwer	31,00 €
1995	Schloss Vollrads Gutsabfüllung Graf von Greit Rheingau	29,50 €
1996	Wachenheimer Gerümpel Riesling, Kabinett, trocken Gutsabfüllung Weingut Bürgli, Rheinpfalz	25,50 €
1997	Deidesheimer Herrgottsacker Riesling, Kabinett, halbtrocken Gutsabfüllung Weingut Karl Wilhelm, Rheinpfalz	23,50 €
1996	Meißen Edition Müller-Thurgau, Qualitätswein, trocken Weingut Friedrichsruh, Sachsen	32,00 €

Flaschenweine ordnet man unter der jeweiligen Regionsbezeichnung aufsteigend **nach der Qualität**.
Gleiches gilt für **ausländische Weine**. Neben der eindeutigen Deklaration erlaubt die Weinkarte auch weitere Charakterisierungen, die den Genusswert der Weine betreffen.

Um eine **eindeutige Bezeichnung** der Weine zu übernehmen, ist es zweckmäßig, die Charakterisierungen der Lieferanten zu verwenden. Das betrifft nicht solche Betriebe, die einen Weinkellner (Sommelier) angestellt haben, der die Weine nach dem Geschmack der Speisen empfiehlt. Besonders angebracht sind diese Erläuterungen beim Angebot wenig bekannter, beispielsweise ausländischer Sorten.

Dekoratives Gestalten

Kaffeekarten, Teekarten

🇫🇷 *cartes des cafés, cartes des thés*
🇬🇧 *tea lists*

Auf besonderen Karten werden **Kaffee- und Teespezialitäten** angeboten. Je nach Art und Größe der gastronomischen Einrichtung wird das Angebot gestaltet. Auf **Kaffeekarten** werden häufig auch Kuchenspezialitäten, Eisspeisen, kleine Speisen, alkoholische und alkoholfreie Getränke verzeichnet. Da in Cafés vorwiegend kleine Tische stehen, sollten die Angebotskarten handlich sein. Oft werden sie in Ständern auf den Tischen aufgestellt.

Teespezialitäten

Gern bereiten wir Ihnen von unserem Teewagen folgende Teespezialitäten zu.

Portion ostfriesische Mischung
im Tea-caddy   2,25 €

Portion Darjeeling first flush   2,00 €

Portion grüner Tee Chun Mee   2,00 €

Glas Kräutertee   1,25 €
(Hagebutte, Pfefferminze,
Fenchel oder Kamille)

Zum Tee Zitrone, Milch, Sahne, brauner und weißer Kandis, brauner oder weißer Zucker und Honig nach Wunsch.

Preise inklusive Mehrwertsteuer.

16.3 Dekoratives Gestalten

Voraussetzung für den Verkauf von Speisen und Getränken ist das klare, übersichtliche Angebot. Gastronomen müssen dafür Angebotsschilder und Angebotskarten hin und wieder selbst schreiben.
Handgeschriebene Speisekarten beispielsweise, sorgfältig ausgeführt, wirken persönlicher und vornehmer als etwa kopierte Vorlagen. Auch durch den Einsatz von PCs können Angebotskarten ästhetisch gestaltet werden.

Computererstellte Angebotskarten

Mit Hilfe des **PC** lassen sich Angebotskarten wie gedruckt anfertigen. Der PC-Einsatz ermöglicht eine flexible Reaktion auf Angebots- und Preisänderungen. Ein Nachteil ist der anfängliche Zeitaufwand zum Erlernen des Gestaltungsprogramms. Große Zeiteinsparungen werden bei Überarbeitungen wirksam.
Aus den Text- und Zeichenprogrammen kann eine gut lesbare Schrift verwendet werden, Variationen sind durch Größe, kursive oder fette Schrift möglich. Damit Beträge genau untereinander stehen, Rechts-Tabulatoren nutzen.

Was versteht man unter Ästhetik?
Dieser Begriff stammt aus dem Griechischen. Ästhetik ist die Lehre vom Schönen, von der Harmonie in Natur und Kunst. Ästhetisch heißt demzufolge: geschmackvoll, ansprechend, schön und auch stilvoll.

Handgeschriebene Angebotskarten

Die Grundlage bilden zwei Schriftarten: die gerade Blockschrift und die schräge Blockschrift.

Gerade Blockschrift

Konstruktion der Hilfslinien

0,5 cm	¼
1,0 cm	²⁄₄
0,5 cm	¼

2 cm

Die mittleren zwei Viertel sind für die Kleinbuchstaben bestimmt. Das obere und das untere Viertel bleiben den Buchstaben mit Ober- oder Unterlängen vorbehalten.
Geeignet:
2,5-mm-Schnurzugfeder

Faustregel: Die Zeile wird dazu in vier gleich große Flächen (⁴⁄₄) aufgeteilt (¼ + ²⁄₄ + ¼).

Neujahrsbrunch 2004

Marmelade, hausgemachte Konfitüren,
Honig, Müsli, Früchtequark und Joghurt
Ananas- und Melonenschiffchen
Wurst- und Käseauswahl
Brotsortiment
Butterbrezeln

* * *

Deftige Erbsensuppe mit Mettwurst

* * *

Rühreier mit Schinken, Nürnberger
Würstchen
Münchner Weißwürste, Leberkäse
Barsch- und Lachsfilets im Pommerysenf
Geschmorte Kalbsbacken mit Pilzen
Andalusische Paella
Kartoffel-Lauch-Auflauf
Gebackenes Gemüse mit Dips

* * *

Quarkschaum mit roter Grütze
Fruchtmousse
Blechkuchen
Eisparfait

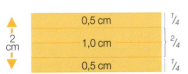

Angebotskarten

⚠ Blockschriftarten richten sich nach den vom Deutschen Institut für Normung e.V. festgelegten Regeln. Diese Regeln bezeichnet man auch als DIN („Das Ist Norm" oder Deutsche Industrie-Norm). Eine Norm ist eine allgemein anerkannte, verbindlich geltende Regel. Im engeren Sinne stellt sie eine Größenanweisung für die Technik dar.
Im Jahre 1917 begann das Gemeinschaftswerk DIN (Deutsche Industrie-Norm).
Im Bereich der Ernährungswirtschaft werden beispielsweise Normdosen, Normgläser, Normflaschen oder Normbehälter (Gastro-Norm) verwendet.

Schräge Blockschrift

Die schräge Blockschrift hat eine Schräglage von 75 Grad.
Vier Hilfslinien werden mit Bleistift dünn und schwach gezogen, damit sie wieder ausradiert werden können.

Konstruktion der Hilfslinien
- Neigung 75 Grad
- Faustregel: $\frac{1}{4} + \frac{2}{4} + \frac{1}{4}$

Geeignet:
2,5-mm- oder 2-mm-Schnurzugfeder

Ziel ist ein **richtig konstruiertes, gleichmäßiges, fehlerfreies Schriftbild** ohne Flecken und ohne Radierspuren. Beim Schreiben sind zu beachten:
- Lesbarkeit, Ausgewogenheit und gleichmäßige Stärke der Schrift
- Gleichmäßige Buchstabenneigung
- Harmonie von Schriftstärke und Buchstabengröße
- Richtiges Größenverhältnis von Groß- und Kleinbuchstaben
- Angemessene Buchstaben-, Wort- und Zeilenabstände

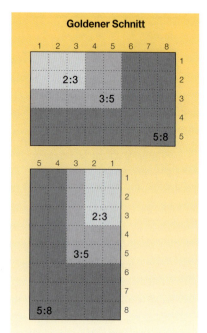

Flächen

Eine Fläche wirkt dann harmonisch, wenn die Seitenflächen etwa im Verhältnis 2:3, also auch 3:5, 4:6, 5:8, 6:9, 8:13 usw. gestaltet sind und damit dem **Gesetz des goldenen Schnitts**, das bei einem Seitenverhältnis von etwa **0,6:1** liegt, entsprechen.

Beschriebener und unbeschriebener Raum bilden stets ein Ganzes und müssen miteinander harmonieren.
Auf Plakaten überwiegt der freie Raum gegenüber der Schrift. Plakate und Schilder, die nur wenig Text aufweisen, sind wirksamer als mit Text überladene Flächen. Des Weiteren wirken Flächen mit breiten Rändern besser als Flächen mit schmaler oder ohne Umrandung.

Anordnung von Schriftzeilen
Mittelachse (zentriert)

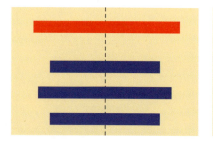

Rechtsbündig

Linksbündig

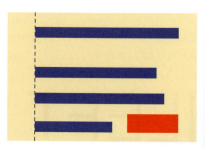

Dekoratives Gestalten

Buchstaben- bzw. Schriftgröße

Die Buchstaben- bzw. die Schriftgröße ist abhängig von der Werbeaussage. Wichtige Teile, insbesondere die **Verkehrsbezeichnungen,** werden durch größere Schrift hervorgehoben.

Farben

Nach der Art der Entstehung der elektromagnetischen Schwingungen (Lichtquellen) unterscheiden sich **Lichtfarben** und **Körperfarben**.

Lichtfarben

Farben, die von **selbstleuchtenden Körpern** ausgesandt werden. Diese Körper vermögen selbst elektromagnetische Schwingungen im Farbbereich zu erzeugen. Solche Lichtquellen sind beispielsweise die Sonne, elektrische Glühlampen, glühende oder brennende Heizstoffe.
Durch Lichtbrechung lassen sich die einzelnen Farben des ausgesandten Lichtes in ihrer natürlichen Anordnung als Farbspektrum sichtbar machen.

Grundfarben, Mischfarben: Ausgegangen wird im Farbspektrum von drei reinen Grundfarben:

Bei diesen Grundfarben ist kein Anteil von anderen Farben zu erkennen. Durch Mischung der drei Grundfarben entstehen folgende Mischfarben:

Gelb und Rot = Orange
Rot und Blau = Violett
Blau und Gelb = Grün

Zusammen mit den drei Mischfarben lässt sich ein Farbkreis oder ein Sechseck bilden: Gelb – Orange – Rot – Violett – Blau – Grün – Gelb. Nach dem Anteil der jeweils gemischten Farben sind weitere Farbabstufungen zu erreichen.

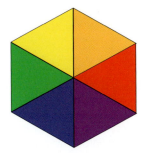 

Physikalische Grundlagen

Elektromagnetische Schwingungen in einem bestimmten Wellenbereich (Lichtquellen mit sehr kleinen Wellenlängen) nimmt das gesunde Auge als Farben wahr.
Der sichtbare Bereich elektromagnetischer Schwingungen: (nm: Nanometer, 1 nm = 0,000001 mm).

Wellenlänge (nm)	Farbwirkung
400 bis 450	violett
450 bis 500	blau
500 bis 570	grün
570 bis 590	gelb
590 bis 620	orange
620 bis 760	rot

Meist werden elektromagnetische Schwingungen mit unterschiedlichen Wellenlängen gleichzeitig ausgesandt. Auch weißes Licht entsteht durch die Abstrahlung von elektromagnetischen Strahlen mit unterschiedlichen Wellenlängen (→ Spektralfarben).

 *Im abgedunkelten Zimmer lässt man einen Lichtstrahl zunächst durch ein Prisma, danach auf einen weißen Schirm fallen. Auf dem Schirm entsteht ein farbiges Band aus den Farben Rot, Orange, Gelb, Grün, Blau und Violett. Das Farbband bezeichnet man als **Spektrum** (lateinisch: spectare = anschauen), die einzelnen Farben als Spektralfarben.*

Spektralfarben, Versuchsanordnung

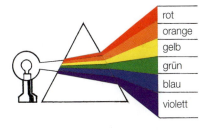

Der Versuch zeigt, dass weißes Licht eine Mischung aus verschiedenfarbigem Licht darstellt. Die einzelnen Farben werden unterschiedlich gebrochen: Rot hat die kleinste und Violett die größte Lichtbrechung.

Angebotskarten

Komplementärfarben (Ergänzungsfarben) stehen sich im Farbkreis gegenüber und ergeben vermischt stets Weiß (Grauton). Zu unterscheiden sind sechs komplementäre Farben, die sich im sechsteiligen Farbkreis gegenüberstehen.

Gelb	Komplementärfarbe	Violett
Blau	Komplementärfarbe	Orange
Rot	Komplementärfarbe	Grün

> ⚠ Nach einem intensiven „Grün-Eindruck" sind anschließend Rottöne wahrnehmbar.
> Bei Color-Verglasung (grünlich) im Auto erscheint der Himmel stets rosa, sobald man durch das geöffnete Fenster schaut.

Durch die Komplementärfarben lässt sich auch der Simultaneffekt erklären. Wenn man einen intensiven Farbeindruck hat, nimmt man gleichzeitig die Komplementärfarbe wahr, die in Wirklichkeit gar nicht vorhanden ist.

Körperfarben,

auch als Pigmentfarben bezeichnet, sind körpereigene, **nicht selbstleuchtende Farben**, die durch Farbpigmente hervorgerufen werden.
Sie erscheinen farbig, weil sie auf Grund ihrer chemischen Zusammensetzung das einfallende Licht einer Lichtquelle (Sonne oder Glühlampe) entweder zurückstrahlen (reflektieren) oder verschlucken (absorbieren).

> ⚠ Ein grüner Körper sendet bei Bestrahlung durch eine Glühlampe (vorwiegend weißes Licht) vor allem grüne Strahlen in unser Auge. Das auftreffende weiße Licht muss demzufolge die Komplementärfarbe zu Grün – also Rot – verschlucken (absorbieren).

| Ein farbiger Körper verschluckt (absorbiert) einen Teil des auftreffenden weißen Lichtes, insbesondere die Komplementärfarbe.

Farbige Lebensmittel enthalten Farbpigmente, zum Beispiel Kakao, Eigelb, Gurkenschale, Schlachtfleisch.

Zu den Pigmentfarben zählen alle Lebensmittelfarben sowie Mal- oder Druckfarben.
Als schwarz wird ein Körper vom Auge wahrgenommen, wenn er alle Lichtstrahlen absorbiert.
Ein Körper ist dann weiß sichtbar, wenn er alle Lichtstrahlen (einer weißen Lichtquelle) reflektiert.
Reine Farben werden weniger verwendet. Meist kommen **Mischfarben** vor.

Hinsichtlich der Dekoration von Festtafeln und Räumen wirken sowohl dezente als auch kräftigere Farben. Ausschlaggebend für die Farbwahl ist der Anlass.

Entstehung von Licht- und Körperfarben

> ⚠ Bei starkem Sommersonnenschein eignet sich deshalb helle Kleidung besonders gut, da sie die Sonnenstrahlen fast vollständig reflektiert.

Jahreszeiten			
Frühling	**Sommer**	**Herbst**	**Winter**
Farben der erwachenden Natur sind sonnig, leuchtend, klar und warm	Pudrige, von der Sonne ausgebleichte Pastellfarben im Licht eines flimmernden Sonnentages	Satte Erd- und Laubtöne eines sonnigen Herbsttages	Klare, kontrastreiche Grundfarben, glitzernde und durchsichtige Eisfarben

Farbwirkungen

Jeder Betrachter empfindet Farben anders. Sie vermögen beim Menschen unterschiedliche Gefühle und Empfindungen auszulösen. Farben können beruhigend (Grün) oder beunruhigend (Rot) wirken. Sie sind in der Lage, Wärme oder Kälte zu vermitteln (kalte und warme Farben). Verbraucher in unserer Zeit empfinden bei Lebensmitteln natürliche, dezente Farben als angenehm.

274

Dekoratives Gestalten

Weiß	Reinheit, Frische, Unverdorbenheit, Sauberkeit	– Milch
Rot	Liebe, Wärme, Feuer, Gefahr	– Tomaten
Orange	Sonne, Wärme, Süden	– Orangen
Gelb	Freundlichkeit, Leben, Klarheit, Weisheit	– Eigelb
Braun	Wärme, Wohlstand, Geborgenheit	– Schokolade
Grün	Natur, Frische, Erholung	– Blattsalat
Violett	Pracht, Geheimnis	– Auberginen
Schwarz	Eleganz, Würde, Luxus, Trauer	– Trüffel

Durch die Lebensmittelverarbeitung verändern sich **natürliche Lebensmittelfarben**. Naturfarben der Lebensmittel verlieren sich, zum Beispiel beim Garen von Obst und Gemüse.
Bei der farbigen Gestaltung des Angebots müssen die Besonderheiten der Ernährungswirtschaft beachtet werden.
Der **Symbolgehalt** der Farbe und ihre psychologische Wirkung sind zielgerichtet zu nutzen. Die Farbgestaltung in der Ernährungswirtschaft unterliegt ästhetischen Gesichtspunkten, die durch **Farb- und Geschmacksvorstellungen** der Verbraucher maßgeblich mitbestimmt werden.

Johann Wolfgang von Goethe meinte, dass Menschen durch Farben große Freude empfinden können. Nach Goethe braucht das menschliche Auge Farbe genauso notwendig wie das Licht.

Durch das Backen entstehen neue Farbtöne (braune Röststoffe), die vom Verbraucher als angenehm empfunden werden. Farbige Zutaten (Aromastoffe), wie Kakao, Früchte, Würzkräuter usw., bedingen die Farben von Cremes, Speiseeis, Buttermischungen und anderen Erzeugnissen. Diesbezüglich hat der Verbraucher eine bestimmte Erwartungshaltung.
Auf Farben, die weder in den Lebensmitteln natürlicherweise vorkommen noch bei der Be- und der Verarbeitung entstehen, ist allgemein zu verzichten. Die Farben Schwarz, Grau oder Blau gibt es in Lebensmitteln kaum. Sie werden deshalb nur ausnahmsweise verwendet.

Farbkontrast: Die Farben Rot, Blau und Gelb bilden einen starken Farbkontrast, der sich bei gleichzeitiger Anwesenheit von Schwarz, Weiß oder anderen Farben verstärkt. Gelb und Rot erzielen beim Betrachter den größten Aufmerksamkeitswert. Rot ist die aktivste, Grün die passivste Farbe.

Kalte Farben (hoher Blau-Anteil)	**Warme Farben (hoher Gelb-Anteil)**
Aubergine, Flaschengrün, Himbeer, Kirschrot, Ocker, Pflaume, Stein, Tannengrün, Türkis, Violett, Zitronengelb	Apfelgrün, Apricot, Braun, Beige, Koralle, Kupfer, Lachs, Orange, Sand, Sonnengelb, Tomatenrot

Kalt-Warm-Kontrast

Kalt-Warm-Kontrast: Vom Farbeindruck her werden warme und kalte Farben unterschieden. Orange, Rot und Gelb sind warme Farben. Sie erinnern an Feuer, Sonne und Süden. Blau, Blaugrün und Violett wirken kalt. Diese Farben symbolisieren Wasser und Eis. Orange gilt als wärmste, Blau als kälteste Farbe.

Angebotskarten

Ein Plakat ist ein zum Zwecke der Information und der Werbung grafisch gestaltetes Papier (Pappe).
Beispiele
Angebotsschilder, Aufsteller

Grafische Gestaltung

typographie
typography

Von der rein gastronomischen Seite einmal abgesehen, wird sich der Gast von der **grafischen Ausstattung** der Speise- und der Getränkekarte mehr oder weniger beeindrucken lassen. Diesen wichtigen verkaufspsychologischen Aspekt sollte man hinreichend berücksichtigen. Eine schlecht vervielfältigte Karte oder ein mit schlecht lesbarer Handschrift auf minderwertigem oder zu dunklem Papier hingeschmiertes Speisenangebot ist selbst der einfachsten Gaststätte unwürdig.

Speise- und Getränkekarten sollen angemessen, zweckmäßig, geschmackvoll und originell sein. Nach der **gastronomischen Aussage** richten sich Form, Illustration und Farbgestaltung, verwendete Embleme und Symbole.

Im Gastgewerbe haben Speise- und Getränkekarten sowie Angebotsschilder Bedeutung.

Format, Ausstattung

Angebotskarten können in Größe und Form recht unterschiedlich sein. Zu große Karten können die Auswahl behindern und den Service erschweren.

Format und Ausstattung sollen angemessen, zweckmäßig und geschmackvoll sein. Die Aufmachung soll Leistung und Angebot der gastronomischen Einrichtung widerspiegeln, insbesondere muss sie Originalität aufweisen und die Übereinstimmung mit der gastronomischen Aussage dem Gast nahe bringen. Danach richten sich Format, Illustration, Farbgestaltung, verwendete Embleme oder Symbole usw.

DIN-Formate sind herstellungsmäßig günstig, da das die Vervielfältigung erleichtert. **Sonderformen** können den Charakter einer gastronomischen Einrichtung unterstreichen und sind in diesem Sinne trotz höherer Herstellungskosten akzeptabel.

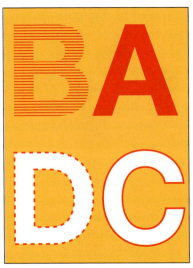
Größter Aufmerksamkeitswert oben rechts. Der untere Plakatteil findet die geringste Beachtung.

Übersichtlichkeit

Aber selbst eine grafisch noch so gut hergestellte Karte würde ihren Zweck verfehlen, wenn die **Anordnung** unübersichtlich, unruhig und unzweckmäßig ist. Man vermeide eine zu große Speisenauswahl und teile die einzelnen Kategorien so ein, dass der Gast sofort und ohne langes Suchen das Gewünschte finden kann. Speisen, die fertig vorgehalten werden, sind als solche zu bezeichnen, und bei denen, die frisch zubereitet werden, ist gegebenenfalls die Zubereitungsdauer hinzuzufügen. Spezialitäten des Hauses sollten stets an **bevorzugter Stelle**, womöglich in der Mitte der Karte, genannt und darüber hinaus noch hervorgehoben werden. Eine **eigene Rubrik** sollte für leichte Vollkost und Kinderkost und für vegetarische Speisen reserviert bleiben.

Schriftart und Schriftanordnung

Die Schrift soll sauber und gut lesbar sein. Handgeschriebene Speisekarten können eine persönliche Note vermitteln, sind aber doch recht arbeitsintensiv. Für gedruckte Speisekarten soll nur eine Schriftart in verschiedenen Größen und Auszeichnungen (fett, kursiv) verwendet werden.
Der Schriftsatz soll linksbündig oder zentriert, nur in Ausnahmefällen rechtsbündig angeordnet sein. Spezialitäten sind hervorzuheben. Dagegen ist für Menüs die zentrierte Anordnung üblich.

Dekoratives Gestalten

Daten
Speisekarten enthalten im Allgemeinen folgende Angaben: Name und Signet des Betriebes, Art der gastronomischen Einrichtung, Datum bzw. Geltungsdauer, logisch gegliederte Angebote mit Preisen (einschließlich Bedienungsgeld und Zuschlägen) und eventuell zugehörigen Produktinformationen, Erklärungen, Öffnungszeiten, Küchenschluss, Unterschrift des Inhabers bzw. des Küchenchefs.

Anfertigen einer Angebotstafel

1. **Festlegen der Seitenverhältnisse**
   Die Gesamtfläche soll dem goldenen Schnitt entsprechen.
2. **Ordnen des Textes, Schriftverteilung**
   Die hervorzuhebenden Punkte müssen bei der Gestaltung beachtet werden.
3. **Schrifthöhe und Strichstärke festlegen**
   Engschrift, Breitschrift, magere Schrift oder fette Schrift können angewandt werden.
4. **Festlegen der Zeilenabstände**
   Zeilenbänder werden extra geschrieben, ausgeschnitten und dann entsprechend gelegt, damit man einen endgültigen Eindruck gewinnt.
5. **Beachten der Rechtschreibung**
   Bedauerlich ist, wenn beim Abschreiben von vorgegebenen Texten Schreibfehler auftreten, die ein Plakat wertlos machen.

Aufsteller entstehen durch Umknicken von Doppelkarten. Geeignete Maße sind 5 x 8 cm oder 6 x 9 cm. Andere Abmessungen nach dem goldenen Schnitt sind möglich.

Figürliche Elemente vermögen **Werbeflächen aufzulockern** und sie ansprechender zu gestalten. Sie sollten stets sparsam und zielgerichtet verwendet werden. Durch figürliche Elemente können Werbeaussagen unterstrichen werden. In eigenen Übungen können diese Wirkungen leicht erkannt werden. Grafische Computerprogramme bilden dabei wertvolle Hilfsmittel.

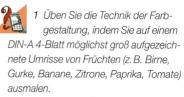

1 *Üben Sie die Technik der Farbgestaltung, indem Sie auf einem DIN-A 4-Blatt möglichst groß aufgezeichnete Umrisse von Früchten (z. B. Birne, Gurke, Banane, Zitrone, Paprika, Tomate) ausmalen.*
- *Gurke, Birne: Die Buntstiftfarbe gleichmäßig durch Schraffur auftragen, dann evtl. mit Papiertaschentuch verreiben.*
- *Banane, Paprika: Die von der Mine abgeschabte Farbe mit dem Papiertaschentuch gleichmäßig verreiben.*
- *Tomate: Mit angefeuchtetem Farbstift ausmalen.*
- *Zitrone: Eine strukturierte Unterlage unter das Blatt schieben und mit weichem Holzfarbstift ausmalen (ausreiben).*

2 *Fertigen Sie einen Aufsteller mit einem selbst gewählten Tagesmenü an.*

3 *Gestalten Sie eine besondere Angebotskarte zum Thema Spargelzeit mit etwa 10 verschiedenen Angeboten.*

4 *Schreiben Sie eine Abendkarte mit dem Speisenangebot Ihres Ausbildungsbetriebes auf dem Computer.*

5 *Handgeschriebene Menükarten können die Individualität eines Festessens unterstreichen. Stellen Sie eine Karte für ein Tagesmenü nach eigenen Vorstellungen her.*

6 *Bringen Sie jeweils eine Standardkarte und eine Tageskarte mit. Diskutieren Sie die Vor- und Nachteile der vorgelegten Angebotskarten.*

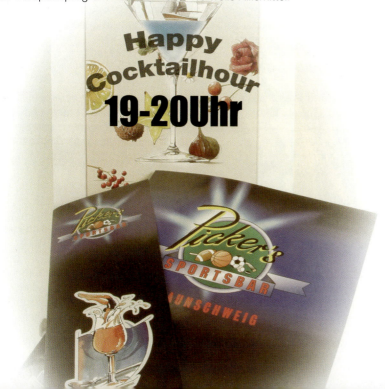

◉ rapports avec le client
◉ contact with the guest

17 Umgang mit den Gästen

Gastlichkeit beinhaltet Gastfreundschaft und optimalen Service. Gästeerwartungen sind nicht nur zu erfüllen, sondern zu übertreffen. So können Wettbewerbsvorteile gegenüber Mitbewerbern erzielt werden.

Gästebedürfnisse
Im Mittelpunkt aller Überlegungen und Aktivitäten steht der Gast. Er soll optimal betreut werden.
Mehr denn je ist die vorzügliche Gästebetreuung ausschlaggebend für den wirtschaftlichen Erfolg eines Gastronomiebetriebes.

Entwicklungsrichtungen
Der Begriff **Gastlichkeit** ist dem Zeitgeist unterworfen. Für den erfolgreichen Gastronomen ist es daher wichtig, Entwicklungslinien (Trends) zu erkennen und zu berücksichtigen.

Aktuelle Richtungen in den Gästebedürfnissen sind durch folgende Gesichtspunkte beschrieben:
- Genuss und Erlebnis
- Qualität und Preis
- Liefer- und Mitnahme-Service
- Ursprünglichkeit
- Gesunde Ernährung
- Umwelt und Ernährung

Der Gast ist König

Erlaubt ist, was den Gästen gefällt. Gästegeschmack und Gästewünsche haben den Vorrang vor fachlichen Regeln.

Gäste nehmen ernährungsphysiologische und gesundheitliche Grundsätze zunehmend zum Maßstab.

Gäste werden – wenn sie es wünschen – gern beraten, jedoch niemals belehrt.

Genuss und Erlebnis: Die Zeit, in der die Gäste lediglich Hunger und Durst befriedigen wollten, in der große Portionen ein Maßstab für die gastronomische Leistung waren, ist längst vorbei. Gäste erwarten ein **geschmackvolles Ambiente, künstlerische Umrahmungen** (z. B. Musik). Viele Gäste wünschen sich Abwechslung und Entspannung in Kombination mit erstklassigem Service und besonderen Küchenleistungen.

Qualität und Preis: Gäste werden zunehmend anspruchsvoller. Sie erwarten auch das „Gewöhnliche" in bester Qualität. Sie achten besonders auf das Preis-Leistungs-Verhältnis. Für das Besondere, für Spitzenleistungen sind Sie bereit, auch höhere Preise zu zahlen. In dieser Hinsicht ist es für den wirtschaftlichen Erfolg schädlich, sich nur an Preisen der Mitbewerber und nicht an ihrer Gesamtleistung zu orientieren.

Gastlichkeit
Jedem Gast ist als **Persönlichkeit** eine besondere Wertschätzung entgegenzubringen. In erster Linie ist es wichtig, seine **Bedürfnisse** zu erkennen und seine gastronomischen **Vorstellungen** zu übertreffen.

Gastronomen sollen stets perfekte **Gastgeber** sein. Zur Gastlichkeit gehören zunächst das persönliche **Erscheinungsbild** (→ 207) aller Mitarbeiter, die niveauvolle Einrichtung des **Gastronomiebetriebes**, eine angemessene **Gästebetreuung** und insbesondere die Leistungen von **Service** und **Küche**.

Gästetypen

Gäste einschätzen

Oft ist es schwierig, Gäste auf den ersten Blick richtig einzuschätzen. Die Kleidung ist nicht immer ein eindeutiges Kennzeichen. Auch Gäste in legerer Kleidung haben mitunter höchste Qualitätsansprüche.

Andere Merkmale, wie **Umgangsformen, Alter, Geschlecht** oder die festgestellte **Kaufkraft**, genügen in vielen Fällen ebenfalls nicht zur eindeutigen Beurteilung. Zutreffende und dadurch verwertbare Gästeeinschätzungen erfordern allgemein menschliches **Einfühlungsvermögen** und große **Berufserfahrung**.

Die **Körpersprache** (→ 284) gibt dem erfahrenen Gastronomen Hinweise zur Persönlichkeit des Gastes. Diese Erfahrungen muss ein guter Gastgeber berücksichtigen, denn jeder Gast erwartet einen angemessenen Umgang.

Die Erwartungen des Gastes sind geprägt von der Zugehörigkeit zu einem bestimmten **Gästetyp** (→ 279f.) oder zu einer bestimmten **Gästegruppe** (→ 282) und nicht zuletzt von den ganz besonderen Persönlichkeitsmerkmalen.

Durch das gesamte Verhalten werden dem aufmerksamen Servicemitarbeiter Erwartungen und Stimmungen signalisiert (z. B. Hochzeit, Trauer, Dinner für zwei, Geschäftsessen, Kaffeekränzchen).

Kaufmotive

Kaufmotive geben Auskunft über **Beweggründe**, die zum Kauf führen.

Kaufmotive entstehen aus Bedürfnissen. Bei **verstandesgeprägten Kaufmotiven** hat der Gast bestimmte Vorstellungen vom **Nutzen** seiner Wünsche. Er überlegt sich die Vorteile seiner Bestellung vorher genau.

Gefühlsgeprägte Kaufmotive kommen aus dem **Unterbewusstsein**. Der Verstand wird beim Kaufwunsch weniger einbezogen. Der Gast war in „guter Stimmung und hat sich einmal etwas geleistet".

Triebhafte Kaufmotive kommen ebenfalls aus dem **Unterbewusstsein** und sind auf Dauer **wenig steuerbar**. Ein Mensch hat Hunger und „muss sofort etwas essen" oder er ist todmüde und „muss unbedingt schlafen".

Durch **positive Reize**, die auch durch eine gezielte Werbung vermittelt werden, können Kaufmotive verstärkt werden. Andererseits verhindern oder erschweren **negative Reize** Kaufentscheidungen.

Kaufmotive

Verstandesgeprägte Kaufmotive
Preiswürdigkeit, Zweckmäßigkeit, Bequemlichkeit, Gesundheitsbewusstsein, Sparsamkeit

Gefühlsgeprägte Kaufmotive
Schönheitsempfinden, Gesundheitsstreben, Geruch, Geschmack

Triebhafte Kaufmotive
Nachahmung, Neugierde, Geltungsbedürfnis, Genusssucht

17.1 Gästetypen

🇫🇷 types d'hôtes
🇬🇧 types of guests

Menschen haben unterschiedliche **Eigenschaften** und **Verhaltensweisen**. So gibt es Personengruppen, die wir gern als unsere Gäste sehen. Solche Gäste sind umgänglich, lassen sich von uns beraten, übersehen kleinere Mängel verständnisvoll und zeigen sich darüber hinaus bei der Bezahlung großzügig. Als Gäste kommen aber auch Menschen mit anderen Eigenschaften zu uns, die uns mitunter in **schwierige Situationen** bringen, die aber von uns als Gastgeber ebenfalls angemessen zu behandeln und zufrieden zu stellen sind.

Für die **gastronomische Praxis** hat sich die Einteilung in **Gästetypen** nach ihrem äußeren Verhalten, wie es bereits auf den ersten Blick sichtbar ist, als zweckmäßig bewährt.

Reizarten

positiv
Lob, Anerkennung, Dank, Freundlichkeit, Zuwendung, Hervorhebung, Bestätigung, Beratung, Ermunterung

negativ
Tadel, Nichtbeachtung, Arroganz, Nachlässigkeit, Vergesslichkeit, Unfreundlichkeit, Phrasen

Umgang mit den Gästen

 Der Angetrunkene
ist leicht zu erkennen. Seine Handlungen können unberechenbar sein:
Das reicht von der Verletzung einfacher Anstandsregeln bis zu Beleidigungen und Tätlichkeiten.
Kontakte auf ein Mindestmaß beschränken, Verhaltensverstöße, so weit wie möglich übersehen, bei Bestellung alkoholischer Getränke Vorgesetzten befragen. Bei Volltrunkenen für sicheren Heimweg sorgen.

Gästetyp		Fachgerechter Umgang
Der Entschlossene tritt selbstsicher auf und hat feste Vorstellungen. Er nennt seine Wünsche eindeutig und fordernd.		Flott bedienen, seine Bestellungen loben, auf längere Beratungen verzichten.
Der Anspruchsvolle will nur Spitzenerzeugnisse. Der Preis ist zweitrangig. Er erwartet eine zuvorkommende Bedienung.		Speisen und Getränke der gehobenen Preisklasse anbieten. Fachgerechte Beratung, Demonstrationen, neue Erzeugnisse vorstellen.
Der Ernährungsbewusste hat klare Vorstellungen von der Art seiner Ernährung und verfügt meist über Fachkenntnisse. Gründe dafür können besondere Lebensauffassungen oder Krankheiten sein.		Eine differenzierte fachbezogene Beratung mit Hinweis auf den Ernährungswert; Begründungen geben.
Der Geruhsame nimmt sich Zeit bei der Bestellung und bei der Speiseneinnahme. Er wirkt gelassen, ausgeglichen und gemütlich.		Mehr Zeit als gewöhnlich einräumen, Empfehlungen geben, keine Entscheidungen unmittelbar abfordern.
Der Schüchterne kennt sich im Gastgewerbe meist nicht aus. Er hat mitunter ein ängstlich wirkendes Auftreten.		Nicht zu lange warten lassen, freundlich Hilfe anbieten, Vorschläge unterbreiten, um Unsicherheiten abzubauen.
Der Unentschlossene macht einen hilflosen Eindruck und weiß nicht genau, was er will. Er bittet ggf. um Beratung.		Gezielte, kurze Beratung mit Alternativen. Zeit zum Nachdenken lassen.

Gästetypen

Gästetyp	Fachgerechter Umgang
Der Eilige wartet ungeduldig. Er wirkt hektisch, nervös und kann dadurch einen unhöflichen Eindruck machen. Er spricht schnell und hört nicht richtig zu. 	Zügiges Bedienen, kurze Beratung mit Hinweis auf kurze Zubereitungszeiten. Unhöflichkeiten übergehen.
Der Sparsame fragt zunächst nach dem Preis, hat möglicherweise wenig Geld oder gibt es nicht gern aus (Geiz). Er will die Vorzüge der Angebote wissen. 	Bescheidene Wünsche respektieren, keine preisintensiven Angebote machen.
Der Kritische fragt nach, möchte Begründungen. **Der Misstrauische** schaut skeptisch abwartend und ist oft wortkarg. Er hinterfragt prüfend die Verkaufsargumente. 	Verkaufsargumente durch Begründungen erläutern.
Der Redselige sucht ständig Gespräche, verwickelt Servicepersonal in Gespräche, ohne auf deren Arbeiten Rücksicht zu nehmen. 	Im angemessenen Umfang zuhören, Stellungnahmen vermeiden, niemals Fragen stellen, die das Gespräch verlängern würden.
Der Geltungsbedürftige kann auch rechthaberisch und überheblich auftreten, zeigt übersteigertes Selbstbewusstsein oder weiß über alles Bescheid. 	Fachdiskussionen vermeiden, nicht zum Widerspruch reizen, gut zuhören, Empfehlungen geben, die dem Geltungsbedürfnis entsprechen, gegebenenfalls Anerkennung aussprechen und nach Möglichkeit Meinung bestätigen; fachlich begründete Verkaufsargumente werden meist akzeptiert.
Der Nervöse ist erkennbar an einer inneren Unruhe. Er kann sich schlecht konzentrieren. 	Versuchen, Ruhe auszustrahlen, zügig bedienen. Angebote machen.

1. Nennen und erläutern Sie die drei Arten von Kaufmotiven.
2. Wie verhalten Sie sich bei Meinungsverschiedenheiten mit Gästen?
3. In welcher Weise können beim Gast erkennbare Kaufmotive im Verkaufsgespräch nützlich sein?
4. Erläutern Sie positive Reizarten, die Kaufmotive verstärken.
5. Familie Müller mit zwei Kleinkindern möchte bei Ihnen zu Mittag essen. Welchen besonderen Service bieten Sie an?
6. Erläutern Sie den besonderen Service für zwei Herren, die offensichtlich geschäftliche Absprachen treffen wollen.
7. Ein Stammgast bringt zum Ausdruck, dass er sich am liebsten von Restaurantfachfrau Helga bedienen lässt. Diese Feststellung ist personenbezogen und erlaubt keinen Rückschluss auf die Dienstleistungen des Gastgewerbebetriebes.
7.1 Ist aus der Bemerkung des Stammgastes zu entnehmen, dass Helga bei allen beliebt ist?
7.2 Kann das Lob als eine Abwertung des anderen Bedienungspersonals verstanden werden?

Umgang mit den Gästen

🇫🇷 groupes de clients
🇬🇧 guest groups

17.2 Gästegruppen

Gäste können, unabhängig vom Gästetyp, besonderen Gruppen angehören, die von Seiten des Servicepersonals einen besonderen Umgang erforderlich machen.

Gästegruppe		Fachgerechter Umgang
Einzelgast (Single) legen besonderen Wert auf die Platzierung		Bei ihnen ist die Platzierung besonders sorgfältig vorzunehmen. Falls es nicht ausdrücklich anders gewünscht wird, sollte der Einzelgast einen Tisch separat bekommen, der weder zu stark im Mittelpunkt noch in einer Ecke steht. Ein kleines Gespräch kann durchaus als angenehm empfunden werden. Gegebenenfalls ist auf ausliegende Presseerzeugnisse hinzuweisen bzw. sie sind zu präsentieren.
Kinder sind die Gäste der Zukunft, die vom Servicepersonal entsprechend gewürdigt werden sollten. Kinder haben eigene Wünsche und Vorstellungen, die nicht immer mit einer gesundheitsfördernden Kost übereinstimmen. Kinder können je nach Alter nicht lange still sitzen und langweilen sich bei Tisch. Fühlen sie sich im Restaurant wohl, drängen sie die Eltern zu weiteren Besuchen.		Kindern das Essen vor den Erwachsenen servieren. Eltern bei der Beratung der Kinder unterstützen. Kinder in das Verkaufsgespräch einbeziehen und ihnen Aufmerksamkeit schenken (Kinderstühle, -sitze, -speisekarte, -speisen usw.). Kleine Belohnungen geben. Wünsche nach zusätzlichen Tellern, Besteck erfüllen. Mal- und Spielsachen gehören mittlerweile zum Standardservice.
Frauen legen Wert darauf, vollkommen gleichberechtigt akzeptiert zu werden.		Sie wählen den Wein selbst aus, sie verkosten ihn gegebenenfalls und sie begleichen natürlich auch die Rechnung in Anwesenheit des männlichen Begleiters. Das sind Selbstverständlichkeiten, die die Gleichberechtigung von Mann und Frau praktisch ausdrücken und die vom Servicepersonal diskret zu berücksichtigen sind.
Senioren sind eine Personengruppe mit starken Unterschieden, die von beeindruckender Vitalität bis zur Gebrechlichkeit reichen. Oftmals sind die Seh- und die Hörfähigkeit beeinträchtigt. Auch hier gilt eine gleichberechtigte Behandlung.		Behandlung mit Respekt und Geduld. Durch zuvorkommende Behandlung lassen sich mitunter Stammgäste gewinnen. Das Servicepersonal sollte mehr als sonst behilflich sein. Seniorenteller anbieten. Leichte, bekömmliche Speisen, die gut zu kauen sind, werden bevorzugt. Oft benötigen sie besondere Kostformen oder wünschen auch nur verminderte Portionen. Die Übernahme des für ältere Gäste mitunter beschwerlichen Wegs zum Selbstbedienungsbüfett sollte das Servicepersonal anbieten.
Menschen mit Behinderungen möchten zuvorkommend und gleichberechtigt behandelt werden.		Diskret, dem Grad der Behinderung entsprechend, Hilfe anbieten und Geduld aufbringen. Übertriebene Hilfsbereitschaft oder gar Mitleidsäußerungen sollten unterbleiben. Die Platzierung sollte angemessen sein, das betrifft insbesondere Rollstuhlfahrer. Mitunter – bei Sprachstörungen oder geistig Behinderten – kann das Verkaufsgespräch über die Begleitperson erfolgen.

Gästegruppen

Gästegruppe		Fachgerechter Umgang
Feinschmecker (Gourmets) gehören zu den gewandten und informierten Gästen, die Wert auf Tischkultur und Tischsitten legen. In der Bekanntschaft wird ihr kulinarisches Urteil geschätzt. Sie werden oft zu Multiplikatoren über Lob und Kritik an gastronomischen Betrieben.		Feinschmecker werden besonders akkurat bedient und über aktuelle Spezialitäten fachgerecht informiert.
Stammgäste möchten betont freundlich oder herzlich behandelt werden. Sie erwarten, dass das Servicepersonal ihre Gewohnheiten und ihre besonderen Wünsche kennt. Diese Gästegruppe kommt, weil sie sich wohl fühlt. Stammgäste erwarten eine persönliche Wertschätzung. Sie legen Teile ihrer Persönlichkeit offen und erwarten, dass Mitarbeiter diese im Gedächtnis haben.		Sie werden mit Namen und gegebenenfalls mit Titel begrüßt. Das Gespräch darf eine angemessen persönliche Note haben. Besondere Gewohnheiten werden sofort berücksichtigt (Plätze, Speisenzusammenstellungen, Getränke usw.). Hier ist die Zusatzfrage durchaus angebracht: „…, so wie immer?" Günstig ist es daher, wenn Stammgäste stets von gleichen Mitarbeitern bedient werden. Stammgäste zahlen mitunter nach größeren Zeitabschnitten.
Geschäftsleute Sie zählen, insbesondere tagsüber, zu den „eiligen Gästen", während viele Personen dieser Gästegruppe abends durchaus zu den Gourmets zu rechnen sind, beispielsweise wenn sie Geschäftspartner kulinarisch verwöhnen wollen.		Geschäftsleute können durchaus zum Gästestamm gehören und sind dann hinsichtlich der Abrechnungen entsprechend zu behandeln.
Ausländer haben mitunter Verständigungsprobleme, dann ist besondere Umsicht geboten. Oft können die üblichen Fremdsprachenkarten weiterhelfen.		Das Servicepersonal sollte sich um die fremdsprachliche Beratung bemühen. Besondere Tischsitten (Tonstärke, Gestik) tolerieren, wenn dadurch die anderen Gäste nicht übermäßig gestört werden.
Raucher werden immer weniger von der Gesellschaft toleriert. Im Sinne der gesundheitsfördernden Lebensweise können viele Gäste nicht mehr verstehen, dass sie sich durch Tabakrauch belästigen lassen müssen. Andererseits raucht ein Großteil der Gäste.		Sie würden ihrerseits ihre Entspannung gestört sehen, wenn sie auf das Rauchen verzichten müssen. Auch hier ist wieder die Einfühlsamkeit des Servicepersonals erforderlich. Mancherorts haben sich „Raucher- und Nichtraucherzonen" bewährt.
Hundehalter wählen vielfach Restaurants, in denen auch ihre Vierbeiner willkommen sind. Der Gastwirt sollte deshalb schon am Eingang für alle Gäste deutlich machen, ob Hunde im Hause willkommen sind. Neuerdings werden sogar „Hundebars" (doggy bars) eingerichtet, wo die Vierbeiner in abgetrennten Räumlichkeiten fachgerecht betreut und versorgt werden.		Ansonsten ist es üblich, für Hunde Wasser und Futter bereitzuhalten. Die Versorgung sollte – auch abhängig von der Größe des Hundes – nicht im Restaurant erfolgen. Das Servicepersonal muss eine geschickte Platzierung vornehmen.

 vente
sales

Umgang mit den Gästen

17.3 Verkaufsgrundlagen

Körpersprache 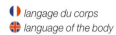 *langage du corps*
language of the body

Unser Körper sendet stumme Signale aus, die dem aufmerksamen Mitmenschen Empfindungen, Gefühle und Interesse offenbaren. Solche Signale sind: Körperhaltung, Blicke, Mimik, Gestik.
In der Körpersprache drücken sich unbewusst **Persönlichkeitseigenschaften** aus. Natürlich kann die Körpersprache auch dem menschlichen Willen unterworfen sein. Mit festem Willen ist man beispielsweise in der Lage, „gute Miene zum bösen Spiel" zu machen oder „sich nichts anmerken zu lassen", wie das volkstümlich heißt. Ein geübter, aufmerksamer Beobachter vermag jedoch zwischen Bewusstem und Unbewusstem zu unterscheiden.

Körperhaltung, Blick
Zunächst gilt es, die Körperhaltung insgesamt und die besonderen Haltungen von Kopf und Händen zu unterscheiden.
Die gespannte Haltung drückt Selbstbeherrschung, Willenskraft, Stolz oder gar Überheblichkeit aus. Die nachlässige Haltung deutet auf Desinteresse, Teilnahmslosigkeit, Schwäche oder Müdigkeit hin. Aus der **Kopfhaltung** können seelische Vorgänge erschlossen werden. Jedem ist bekannt, dass bei uns Kopfnicken als Zustimmung, Kopfschütteln dagegen als Ablehnung zu werten ist. Der gesenkte Kopf drückt Niedergeschlagenheit, Betroffenheit oder Trauer aus, während der zurückgeworfene Kopf, der Blick „von oben", Überheblichkeit, Stolz, Herausforderung signalisiert. Als Desinteresse können Hände in den Hosentaschen ausgelegt werden, es verrät auch Unsicherheit.

Mimik, Gestik
Sobald Blickkontakt zum Gast besteht, ist es die Aufgabe des Gastronomen, die körpersprachlichen Signale richtig zu deuten. Dazu müssen **Gesichtsausdruck** und **Körperbewegungen** des Gastes aufmerksam wahrgenommen und richtig gewertet werden. Andererseits sollte der Gastronom selbst mit angemessenen körpersprachlichen Signalen reagieren.

Der Gesichtsausdruck des Servierpersonals ist für den Verkaufserfolg mitbestimmend. Durch die Beobachtung der Mimik erhält der Gastronom Aufschluss über die innere Einstellung des Gastes.
Aus dem Gesichtsausdruck in seiner Gesamtheit lassen sich beim Verkaufsvorgang Interesse, Aufnahmebereitschaft oder auch Ablehnung, Unbehagen, Unsicherheit oder Verärgerung ablesen. Besonders aufschlussreich sind dabei der Ausdruck der Augen (Pupillen, Augenbrauen) und des Mundes.
Beim Servierpersonal ist auf eine Gestik zu achten, die dem Verkaufsauftrag entspricht. Beim Gast können Handbewegungen aussagekräftig sein. Ständige Handbewegungen bringen Nervosität oder auch Temperament zum Ausdruck. Den ruhigen Menschen mit Selbstbeherrschung erkennt man dagegen auch an sparsamen, zielgerichteten Handbewegungen. Auf dem Rücken oder vor der Brust zusammengeschlagene Hände drücken Unbehaglichkeit und Befangenheit aus. Aufmerksames Beobachten und auch Erfahrungen bilden die Grundlage für die Einbeziehung der Körpersprache in den Verkaufsablauf.

Servicepersonal kann durch angemessene Körpersprache einen gastronomischen Verkaufsabschluss fördern oder hemmen.

 Was ist Mimik?
Mimik ist das Gebärden- oder Mienenspiel des Gesichts. In ihm drückt sich das seelische Empfinden eines Menschen aus.

 Was ist Gestik?
Gestik ist die Gesamtheit der menschlichen Ausdrucksbewegungen (Gebärden). Oft wird die Aussage des Menschen dadurch unterstrichen. Gestik drückt wie die Mimik das seelische Empfinden aus.

Verkaufsgrundlagen

Stimme, Sprache

 voix, langage
voice, language

Für den Gastronomen ist die Sprache nicht nur Verständigungsmittel, sondern wichtiges Werkzeug. Durch eine geeignete Sprache und Wortwahl können verkaufsfördernde Gespräche geführt werden. Andererseits gibt es Wendungen, die Gespräche erschweren. Gesprächsstörende Aussagen sind unbedingt zu vermeiden. Die Sprache muss für den Gast verständlich sein. Deutlich, aber nicht zu laut sprechen. Dialekt ist bei Auswärtigen zu vermeiden, dagegen bei einheimischen Stammgästen durchaus angebracht. Neben Wortwahl und Dialekt beeinflusst die Tonhöhe das Verkaufsgespräch. Tiefe Stimmlagen beispielsweise empfinden viele Menschen als sympathisch oder beruhigend.

Verkaufstechniken und Kommunikationsregeln

techniques de vente et règles de communication
selling techniques and communication rules

Kommunikation heißt so viel wie Umgang und Verständigung. Zu unterscheiden sind die **verbale** und die **nonverbale** Kommunikation.

Die **verbale** oder sprachliche Kommunikation äußert sich insbesondere im Verkaufsgespräch. Daneben ist die **nonverbale** oder nichtsprachliche Kommunikation für einen erfolgreichen Umgang mit den Gästen ebenfalls wichtig. Darunter ist die ➔ **Körpersprache** zu verstehen.
Das gesamte Verkaufsgespräch hat eine **sachliche** und eine **gefühlsmäßige** Seite. Beide Seiten tragen zum Entwickeln von zwischenmenschlichen Kontakten zwischen Gastronomen und Gästen bei.
Aussehen, Körpersprache des Servicepersonals sowie die Form der Anrede und der Gesprächsanbahnung beeinflussen die Gäste zunächst vorwiegend gefühlsmäßig.
Fachberatung, Empfehlung, Präsentation sowie das Kassieren gehören zur sachlichen Seite des Verkaufsgespräches.

Gesprächsfördernd

- **Zuhören**
- **Nachfragen**
- **Zustimmen**
- **Denkimpulse**

„Was haben Sie sich vorgestellt?"
„Sie haben sachkundig gewählt!"
„Eine sehr gute Wahl!"

Gesprächsstörend

- **Schlagworte, Phrasen**
- **Anweisungen**
- **Vorwürfe**
- **Überredungskünste**
- **Dämpfen von Kundenerwartungen**
- **Selbstdarstellungen**

„Als Fachmann muss ich Ihnen das sagen…!"
„Können Sie das beurteilen?"

285

Umgang mit den Gästen

Verkaufsarten 🇫🇷 *sortes de vente* 🇬🇧 *kinds of selling*

Innerhalb der Verkaufsabläufe ergeben sich insbesondere hinsichtlich der Ermittlung und der Erfüllung von Gästewünschen Unterschiede. Drei Verkaufsarten sind zu unterscheiden: Aushändigungsverkauf, Impulsverkauf, Beratungsverkauf.

Aushändigungsverkauf
Beispiel: Ein Gast kommt in typischer Arbeitskleidung ins Bistro. Er verlangt am Büfett, ohne sich lange zu besinnen, eine Portion warmen Fleischkäse mit Brot. Offensichtlich will er eine Zwischenmahlzeit. Längere Beratungen erübrigen sich, sie würden sicher lästig, aber nicht verkaufsfördernd wirken.
Die Speise ist auf den ausdrücklichen Wunsch hin ohne weitere Erklärung zu servieren.

Impulsverkauf
Beispiel: Ein Gast hat Obsttorte bestellt. Die Serviererin fragt, ob er Sahne dazu wünscht. Nach diesem kleinen Hinweis bestellt der Gast zusätzlich eine Portion Schlagsahne.
Hierbei ist keine Beratung erfolgt. Die Verkäuferin hat lediglich eine kleine Information, einen Hinweis gegeben.

Beratungsverkauf
Beispiel: Ein Gast wünscht ein leicht verdauliches Gericht ohne Schweinefleisch. Eine genauere Vorstellung über seine Mittagsmahlzeit hat er noch nicht. Die Restaurantfachfrau schlägt ihm deshalb verschiedene Gerichte aus der Kalbfleisch-, Fisch- und Geflügelkarte vor und erläutert sie dem Gast.

Von einer Fachkraft erwarten Gäste eine angemessene Beratung.
Die Beratung ist mit dem Ziel verbunden, zu verkaufen und gleichzeitig den Gast zufrieden zu stellen. Bei der Beratung vertieft der Gastronom durch erklärende Worte den Eindruck, den das Angebot im Hinblick auf Aussehen, Qualität, Preis usw. vermittelt.

Fragestellungen 🇫🇷 *formes interrogatives* 🇬🇧 *questions*

Zu unterscheiden sind vier Arten der Fragestellung:
offene Fragen, geschlossene Fragen, Suggestivfragen, Alternativfragen.

Offene Fragen
Durch die offene Frageform wird der Gast veranlasst, sich **frei zu äußern**. Dadurch erhält der Gastronom im Verkaufsgespräch wichtige Informationen.
Vielfach werden die so genannten W-Fragen verwendet: was, wann, wer, wie, warum, wo, womit, wozu, wie viel, weshalb.
Offene Frageformen werden bei der **Bedarfsbestimmung** verwendet, um Wünsche und Vorstellungen kennen zu lernen. Auch bei Einwänden ist diese Frageform sinnvoll, um Bedenken zu erfahren.

Beispiele
Was darf ich bringen?
Wie möchten Sie das Steak gebraten haben?

Verkaufsgrundlagen

Geschlossene Fragen
Durch diese Fragestellung wird das Gespräch von vornherein eingeschränkt und eine spezielle Antwort herausgefordert.
Geschlossene Fragen beginnen häufig mit einem Verb: Wollen Sie …?, Probieren Sie …?, Können Sie …?, Nehmen Sie …?
Geschlossene Fragen werden angewandt, wenn eine kurze, eindeutige Antwort vom Gast zu erwarten ist. Dadurch kann ein bestimmter Sachverhalt geklärt werden. Diese Frageform dient auch zur Bestätigung.

Suggestivfragen
Suggestivfragen sind geeignet, **Gemeinsamkeiten** mit dem Befragten hervorzukehren. Der Fragesteller lässt sich ganz einfach die eigene Meinung vom Gesprächspartner bestätigen.
Die Frage kann entweder eine positive oder eine negative Reaktion bewirken:

Negativ: Der Fragesteller erwartet eine Verneinung.
Positiv: Der Fragesteller erwartete eine Bestätigung.

Suggestivfragen können Entscheidungen schneller herbeiführen und unentschlossene Gäste zu einer Meinung bringen. Mit solchen Fragen sollte nur sparsam umgegangen werden. Sie ersetzen nicht die Überzeugung durch Sachargumente.

Alternativfragen
Alternativfragen werden auch als **Entscheidungsfragen** bezeichnet. Sie weisen auf zwei bestehende Möglichkeiten hin.
Die Alternativfrage sollte erst am Schluss eines Verkaufsgesprächs stehen, wenn das Interesse des Gastes bereits in eine bestimmte Richtung geht. Die Alternativfrage führt eine letzte Entscheidung herbei. Damit kann das Verkaufsgespräch zügig abgeschlossen werden. Es besteht jedoch die Gefahr, dass die Alternativfrage zu zeitig gestellt wird. Dann wird der Befragte in seiner Wahl eingeschränkt, was letztlich zur Unzufriedenheit nach dem Kaufabschluss führen könnte. Möglicherweise kommt es aber gar nicht erst zum Kaufabschluss, da der Gast eine ihm nicht angebotene Speise verzehren wollte.

Suggestion, was ist das?
Suggestion ist die Beeinflussung der Gedanken und der Gefühle eines Menschen.

Beispiele:
Das war doch noch nicht alles?
Sie wollen doch nichts Kaltes?
Das wäre doch nicht das Richtige?
Aber:
Das ist sicher gut angekommen?
Ihren Kindern hat das bestimmt geschmeckt?
Das Zimmer entspricht sicher Ihren Wünschen?

Entweder – Oder
Eine Alternative ist die freie, aber unabdingbare Entscheidung zwischen zwei Möglichkeiten, die „Entweder-Oder-Entscheidung".

Beispiel
Der Gast möchte Pilsner …
Radeberger oder Bitburger?

Fachberatung
🇫🇷 *conseils spécialisés*
🇬🇧 *technical advice*

Für eine erfolgreiche Verkaufshandlung sind zutreffende Verkaufsargumente und Verkaufsempfehlungen außerordentlich wichtig.

> Verkaufsargumente sind Warenkenntnisse, die dem Gast vermittelt werden, um zu informieren und Interesse zu wecken.
> Verkaufsempfehlungen sind begründete Verkaufshinweise des Gastronomen auf ein besonderes Erzeugnis.

Beim Beratungskauf geht dem Kaufabschluss eine **Fachberatung** mit **Argumentation oder Empfehlung** voraus.
Vorhandene Eindrücke und Vorstellungen beim Gast sollen durch fachgerechte Beratung in positivem Sinne vertieft werden. Auskünfte und Wertungen über das Angebotssortiment sollen sachlich, angemessen und überzeugend sein. Am Schluss der Fachberatung muss der Gast von den Vorteilen des Angebots selbst überzeugt sein.

Für das Servicepersonal ist es wichtig, Ansprüche der Gäste zu kennen. Solche Ansprüche beziehen sich auf
- *das tägliche Nahrungsbedürfnis,*
- *die Erhaltung und die Förderung der Gesundheit,*
- *die Esskultur,*
- *Genuss und Lebensfreude,*
- *soziale Anerkennung,*
- *Einsparung von Zeit und Geld,*
- *französische und englische Fachbezeichnungen.*

Umgang mit den Gästen

🇫🇷 procédure de la vente gastronomique
🇬🇧 course of gastronomic selling

17.4 Gastronomischer Verkaufsablauf

Der Umgang mit Gästen beginnt mit dem Empfang und endet mit der Verabschiedung. Im Grunde genommen läuft eine Verkaufshandlung ab, bei der Gastronomen die besondere Verantwortung des Gastgebers übernehmen.

Verkaufsanbahnung		Verkauf		Kaufabschluss	
Empfang	Platzeinnahme	Beratungsgespräch	Servieren	Rechnungserstellung	Verabschiedung
Begrüßung		Bestellungsannahme Präsentation		Kassieren Dank	

Eindrücke des Gastes

Servierpersonal
- Erscheinungsbild
- Verhalten

Betrieb
- Einrichtung
- Beleuchtung
- Ambiente

Speisen- und Getränkeangebot
- Umfang
- Darstellung des Angebots
- Qualität und Quantität

Nachfolgend wird der gastronomische Verkaufsablauf am Beispiel eines Speiserestaurants mit gehobenem Niveau dargestellt.

Empfang

Der **erste Eindruck** ist für den Gast oftmals mit entscheidend für die Beurteilung einer gastronomischen Einrichtung. Jeder Gast muss sofort das Gefühl haben, dass er **willkommen** ist und dass man sich um ihn bemüht.

Der Gast wird mit Blickkontakt freundlich, in möglichst persönlicher Form **begrüßt.** Falls bekannt, wird er mit Namen und Titel angesprochen.
Beim **Ablegen der Garderobe** ist das Personal behilflich, wobei Damen den Vorrang haben. Bei Damen in Herrenbegleitung übernimmt der Herr allgemein die Hilfeleistung. Möglicherweise zeigt das Servierpersonal zunächst durch eine Geste seine Absicht zur Mithilfe an und wartet auf die Reaktion des Herrn.

Platzeinnahme

Bei **Platzreservierung** wird der Gast an seinen Tisch geführt. Dabei geht die Servierkraft voraus und fragt schließlich nach, ob der reservierte Platz wunschgemäß ist und ob die angekündigte Gästezahl sich nicht verändert hat. Wurde **nicht vorher bestellt,** muss man sich zunächst nach der Personenzahl erkundigen und nach den besonderen Wünschen fragen. Dann wird ein freier Tisch, möglichst zur Auswahl, angeboten. In jedem Falle sind besondere Gästewünsche möglichst zu erfüllen. Das können Plätze in einem besonderen Raum oder mit besonderen Sichtverhältnissen (Fensterplätze) sein, wobei die Tischgröße der Personenzahl angemessen sein soll.
Gäste zunächst **Platz nehmen** lassen. Zur Platzeinnahme wird der Stuhl vom Tisch ein wenig weggerückt. Während des Hinsetzens wird der Stuhl leicht nachgerückt. Dabei ist gleichzeitig die Ordnung am Tisch zu überprüfen.
Im Speiserestaurant werden, wenn vorgesehen, Kerzen angezündet, Butter, Schmalz o. Ä. und Brot eingesetzt.

Gastronomischer Verkaufsablauf

Bestellungsannahme

Zunächst werden dem Gast die **Speise-** und die **Getränkekarte, einschließlich Sonderkarten**, möglichst geöffnet, überreicht, jedoch noch nicht unmittelbar Getränkewünsche erfragt. Dann kann ein **Aperitif** angeboten werden. Unaufdringlich wird der Gast auf besondere **Angebote** oder **Dienstleistungen** hingewiesen.
Der Gast muss genügend Zeit haben, die Angebotskarten zu studieren. Zur Bestellung nicht aufdringlich am Tisch verweilen. Eine voreilige oder unvollkommene Bestellung wäre für beide Seiten fatal.
Servicemitarbeiter befindet sich in **Blicknähe**, um die Bestellung entgegennehmen zu können. An Mimik und Gestik (→ 283f.) des Gastes sowie an der wieder zur Seite gelegten Karte kann die endgültige Bestellungsabsicht erkannt werden.
Bestellung im Uhrzeigersinn entgegennehmen, dabei kein aufdringliches Anbieten, keine anmaßende Bewertung der Bestellung. Empfehlenswert ist die verständliche, nicht zu schnelle **Wiederholung der Bestellung**, um Missverständnisse oder Hörfehler zu vermeiden. Bestellungen **ohne Rückfrage** servieren.

> Beim Gespräch mit dem Gast stets eine **korrekte Haltung** bewahren. Niemals darf beim Gast das Gefühl aufkommen, ihm werde etwas „aufgeschwatzt".

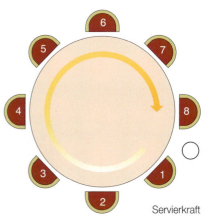

Kreislauf bei der Bestellungsaufnahme

Nach einer Bestellung durch den Gast und nach Bestellungsannahme ist ein Bewirtungsvertrag geschlossen. Der Wirt ist zur Lieferung in angemessener Zeit und in vereinbarter Qualität verpflichtet. Der Gast muss die bestellten Speisen und Getränke annehmen und nach Lieferung oder vor dem Verlassen der gastronomischen Einrichtung bezahlen. Was an Getränken oder Speisen nach Verlassen des Restaurants zurückbleibt, gehört dem Wirt.

Beratungsgespräch

Das Verkaufsgespräch sollte in der Regel stets ein Beratungsverkauf (→ 286) sein. **Gästefragen** korrekt und freundlich beantworten. Kritische Fragen sind stets wahrheitsgetreu zu beantworten. Das gesamte Auftreten des Servicepersonals sollte verkaufsfördernd sein.
Beim Beraten werden die Angebote so anschaulich wie möglich und dabei vorteilhaft beschrieben. Garnituren oder Zubereitungsformen erläutern, fachgerecht und verständlich beraten. Dabei zeigt das Servierpersonal auf unauffällige Weise, dass es über das **Speisen-** und das **Getränkeangebot** gut Bescheid weiß und darüber hinaus über ausgezeichnete Fachkenntnisse verfügt.
Verkaufsempfehlungen sollten nur nach einer Beratung gegeben werden, wenn der Gastronom die besonderen Vorstellungen bereits kennt. Sie stehen deshalb allgemein am Ende eines Verkaufsgespräches. Nur bei unentschlossenen Gästen führen Sie zur Verkürzung der Beratungszeit.

Informationen durch das Servierpersonal
- Typische Speisenamen, Garnituren, auch ortsübliche Bezeichnungen, Tagesspezialitäten
- Herkunft und Qualität der verwendeten Grundrohstoffe
- Herstellungsprinzip und wesentliche Zusammensetzung der Speisen
- Frischezustand, Geschmack
- Zubereitungsverfahren, Kombinationsmöglichkeiten mit anderen Speisenteilen, Zubereitungsdauer der Speisen und Getränke
- Angebot besonderer Kostformen
- Geschmackliche Harmonie von Speisen und Getränken
- Komplettierung von Speisen zum Menü
- Qualität und Preis
- Ernährungsphysiologischer Wert (Energie, Verdaulichkeit, Fett, Salz, Zusatzstoffe usw.)

> Das Servierpersonal muss die Inhalte der Angebotskarte kennen und dem Gast erläutern können. Rückfragen in der Küche bilden eine Ausnahme.

Wie sollte das Servierpersonal auftreten?

Verkaufsfördernd
- Geschicklichkeit, korrektes Aussehen, freundliche, ruhige, verbindliche Art
- Klare, verständliche Sprache, Anpassen an den Dialekt, nur wenn der Gast ein Landsmann ist
- Klare, fachgerechte Erläuterungen
- Interesse dem Gast gegenüber

Verkaufshemmend
- Ungeschicklichkeit, Überheblichkeit, Unruhe, Nervosität, Hektik
- Ungleiches Sprach- oder Verständigungsniveau, mangelhafte Redegewandtheit
- Missverständliche Äußerungen, nichts sagende Schlagworte
- Vorurteile, Gleichgültigkeit, Abneigung

Umgang mit den Gästen

Präsentation von Speisen und Getränken

Unter **Präsentation** ist in der Gastronomie das anschauliche und vorteilhafte Darbieten der Speisen und der Getränke zu verstehen.

Die Präsentation unterstreicht die besonderen Eigenschaften von Speisen und Getränken. Eine gute Präsentation wirkt verkaufsfördernd. Durch sie entwickeln sich beim Gast weitere Wünsche und Bedürfnisse.
Die Präsentation erfolgt in der Gastronomie durch Servierpersonal sowie durch eine geeignete Platzierung in den verschiedenen Verkaufseinrichtungen (Kuchenbüfetts, Schaufenster, Vitrinen usw.).

Die Präsentation durch das Servierpersonal beschäftigt sich mit der Art und Weise des Vorlegens der Speisen und der Getränke. Das Servicepersonal bringt bei der Präsentation immer die eigene Persönlichkeit mit ein. Wesen und Ausstrahlung des Servicepersonals können beim Gast Sympathie auslösen.
Es gelten besondere Präsentationsregeln:
- Der Gästewunsch bestimmt die Form der Warenpräsentation.
- Speisen und Getränke stets vorteilhaft, aber wahrheitsgemäß beschreiben.
- Beim Präsentieren den Gast möglichst durch Aufforderung zum Betrachten, Prüfen usw. mit einbeziehen.

 Präsentation
Präsentiert wird Wein von der rechten Seite des Gastes.

Rechnungserstellung

Auf **Verlangen** wird dem Gast die Rechnung umgehend ausgestellt (→ 292). Die Rechnung ist auf einen Teller oder zunächst in eine Serviette bzw. in eine Mappe zu legen.
Dem Gast lässt man einige **Zeit zum Überprüfen** und zum Bereitlegen des Zahlbetrages. Das Geld wird zusammen mit der Rechnung in Empfang genommen. Außerhalb des Blickfeldes des Gastes legt man das Wechselgeld zurück. Das **Wechselgeld** wird zusammen **mit der Rechnung** an den Tisch zurückgebracht. In jedem Falle wird dem Gast nach dem Bezahlen der Rechnung herzlich gedankt. Die Form des **Dankes** ist nicht von der Höhe des Trinkgeldes abhängig. Zahlungsverkehr (→ 292 ff.)

Verabschiedung

Das Servierpersonal ist bei der **Aufnahme der Garderobe** behilflich. Gleichzeitig schaut man auf den Gästetisch, um **liegen gebliebene Gegenstände** der Gäste zu erfassen.
Gäste werden allgemein bis zum Ausgang des Restaurants **begleitet**. Bei der angemessen freundlichen Verabschiedung wird dem Gast für den Besuch **gedankt**, wobei Verabschiedungen mit Handschlag stets vom Gast auszugehen haben. Den Abschluss bildet der **Wunsch für einen angenehmen Heimweg, guten Abend** usw. **Vorausreservierungen** werden eingetragen.

Abschlussarbeiten

Bevor neue Gäste Platz nehmen, muss der frei gewordene **Tisch neu vorbereitet** werden. Nachdem das Geschirr zügig **abgeräumt** worden ist, wird die **Tischdecke ausgewechselt** (→ 233 f.), oft eine neue Deckserviette (→ 218) aufgelegt oder die verbliebene Tischdecke mit der Tischbürste gereinigt. Dann wird wieder **eingedeckt**. Die Stühle sind auf Sauberkeit und Standort zu prüfen und gegebenenfalls auszurichten.

1. Beschreiben Sie die äußere Erscheinung eines guten Gastronomen.
2. Erklären Sie die Begriffe „Gesprächsförderer" und „Gesprächsstörer" an Beispielen.
3. Beurteilen Sie folgende Anreden: Guten Tag! Hallo, Bernd! Guten Abend, Herr Direktor! Mahlzeit, Herr Weber! Guten Morgen, Frau Meier!
4. Nennen Sie Möglichkeiten, um den Namen des Gastes in Erfahrung zu bringen.
5. Nennen und erläutern Sie die drei verschiedenen Verkaufsarten.
6. Für 16 Gäste wird ein festliches Abendessen bestellt. Pro Person stehen 75 € zur Verfügung.
6.1 Wie viel Euro entfallen auf den Getränkeanteil gesamt und pro Person, der $1/3$ der Gesamtkosten ausmachen soll?
6.2 Als Aperitif wird ein Glas Sekt zu 3,70 € und zum Menüabschluss ein Espresso zu 1,60 € geplant. Ermitteln Sie den Betrag, der insgesamt von den Getränkekosten abzuziehen ist.
6.3 Ermitteln Sie die auf ganze Flaschen abgerundete Anzahl Weißwein zu 24 €/Flasche, die noch ausgeschenkt werden können.
6.4 Wie viel Geld bleibt für das Menü übrig, wenn für musikalische und die sonstige Ausgestaltung 275 € benötigt werden?

290

17.5 Reklamationen

◖ réclamations
⬣ complaints

Jede Reklamation ist **gastorientiert** zu bearbeiten. Selbstverständlich sind Reklamationen, egal ob berechtigt oder unbegründet, unangenehm. Reklamationen sind andererseits kein Unglück, denn sie können sehr aufschlussreich sein, da sie
- über Fehler informieren
- Fehlerquellen beseitigen helfen
- weitere Missverständnisse von vornherein vermeiden helfen können
- dazu beitragen, Gästeerwartungen künftig besser zu erfüllen.

Jede Reklamation sollte der **Beginn einer Qualitätsverbesserung** sein.

Inhalt von Reklamationen
Natürlich können Reklamationen inhaltlich nicht vorher abgegrenzt werden, denn dann wären sie auch größtenteils vermeidbar. Dennoch gibt es eine Reihe von Reklamationen, die sich immer aufs Neue wiederholen:
- Eine Bestellung wurde vergessen, von der Küche nicht ausgeführt oder die Wartezeit war zu lang
- Die falsche Speise oder ein falsches Getränk wurde serviert
- Der Gast erhält nicht die erwartete Qualität oder Menge
- Speisen haben keine angemessene Verzehrtemperatur
- Die Abrechnung ist falsch

Behandlung einer Reklamation
Das Management einer gastronomischen Einrichtung sollte die Mitarbeiter auch in diesen Fragen schulen. Insbesondere müssen Reklamationen ausgewertet werden, kein Aufsehen oder Unruhe erregen. Sie sollten möglichst nicht vor anderen Gästen geklärt werden. Reklamationen sind **fachlich überzeugend** und **menschlich einfühlsam** zu behandeln. Dabei spielt es eine untergeordnete Rolle, ob eine Beschwerde oder ein Einwand berechtigt ist oder nicht.

Ablauf des Reklamationsgesprächs
- Reklamationen ohne Zeitverzug **klären**
- Wartezeiten können den Frust des Gastes verstärken; der Gast muss den Eindruck gewinnen, dass seine Reklamation bedeutungsvoll ist
- **Ruhig zuhören,** den Gast beim Vortrag nicht unterbrechen
- Gast ernst nehmen; durch das Reden und das aufmerksame, ernsthafte Zuhören wird Frust abgebaut
- **Freundlich bleiben,** eigenen Widerwillen unterdrücken
- **Niemals laut werden,** auch dann nicht, wenn der Gast provozierend laut ist
- **Stets Verständnis** ausdrücken, bei berechtigter Reklamation sich klar und deutlich ohne Unterton **entschuldigen**
- Geringfügige Beanstandungen stets **kulant behandeln**
- Keine unakzeptablen Entschuldigungen vorbringen, Fehler eingestehen
- Bei berechtigten Reklamationen sich im Namen des Hauses und persönlich entschuldigen
- Ersatz, Preisminderung, eine andere Aufmerksamkeit anbieten (Getränke, Eisbecher usw.), auch bei unberechtigten Reklamationen
- Verständnis und Fingerspitzengefühl zeigen
- In jedem Falle Bloßstellung des Gastes vermeiden

1 Schildern Sie eine vollständige Verkaufshandlung von der Begrüßung bis zur Verabschiedung.

1.1 Beurteilen Sie die ankommenden Gäste nach Gästetyp und Gästegruppen.

1.2 Beschreiben Sie den Verkaufsablauf aus der Sicht des Servierpersonals.

2 Gruppenarbeit: Stellen Sie den Besuch eines Gastes im Rollenspiel dar. Falls technisch möglich, zeichnen Sie das Verkaufsgespräch per Video auf, um es später innerhalb der Ausbildungsgruppe besser auswerten zu können.

2.1 Beurteilen Sie den Gästetyp.

2.2 Werten Sie das Verhalten des Servierpersonals.

2.3 Beurteilen Sie das Verkaufsgespräch in zwei Gesprächsgruppen nach Pro und Kontra. Was war gut (Pro), was war schlecht (Kontra)?

3 Nennen Sie Möglichkeiten, wie das Servierpersonal die Speisen- und die Getränkeangebote kennen lernen kann, um den Gast umfassend zu beraten.

4 Eine Familie mit zwei kleinen Kindern erhält das bestellte Mittagessen nach unverhältnismäßiger Wartezeit und erst nach einer Nachfrage. Wie verhalten Sie sich?

5 Ein Gast bestellt ein Filetsteak ohne nähere Bezeichnung der Garstufe. Nachdem er bereits die Hälfte gegessen hat, reklamiert er, dass das Fleisch nicht richtig durchgegart sei, und will den Küchenchef sprechen.
Wie sollte der Küchenchef Ihrer Meinung nach reagieren?

6 Ein älteres Ehepaar reklamiert das nach seiner Ansicht zu kalte Mittagessen beim Restaurantchef. Wie wird er sich verhalten?

◉ *factures et modes de paiement*
◉ *bills and modes of payment*

18 Gästerechnungen Zahlungsmöglichkeiten

18.1 Gästerechnungen

Im Restaurant erhält der Gast eine **Abrechnung** für die verzehrten Speisen und Getränke, geordnet nach den einzelnen Positionen in Menge und Preis. Außerdem muss die Rechnungssumme die Mehrwertsteuer enthalten. Bei Geschäftsessen ist auch das Trinkgeld zu quittieren.

Zur **steuerlichen Anerkennung** ist eine gedruckte Rechnung erforderlich. Die Rechnung ist für den steuerpflichtigen Gast ein Fremdbeleg, dem er noch einen Eigenbeleg hinzufügen muss. Dies geschieht durch Angabe des Anlasses und der Teilnehmer am Essen auf der Rückseite der Rechnung.

❶ Name, Ort und Straße des Restaurants (Stempel genügt) Umsatzsteuer - Identifikationsnummer z. B. DE 123456789
❷ Name und Adresse des Gastgebers
❸ Tag der Bewirtung
❹ Auflistung aller Speisen und Getränke mit Preisen
❺ Gesamtpreis (brutto)
❻ Mehrwertsteuerbetrag (bei Rechnungen unter 100 € kann er entfallen) und Nettobetrag
❼ Tag und Ort der Bewirtung
❽ Name und Adresse der Gäste
❾ Bewirtungsanlass
❿ Ort, Datum, Unterschrift des Gastgebers

Vorderseite

Hotel International ❶
04020 Leipzig • Am Gewandhaus
St Nr. DE 123456789
RECHNUNG

Herr Bruno Schmidt ❷
Blumberg
10. Oktober ..... ❸

2 Tassen Kaffee	á 1,70 €	3,40 €
1 Flasche Mineralwasser	á 1,20 €	1,20 €
2 Kraftbrühen	á 2,05 €	4,10 €
2 Wiener Schnitzel	á 5,70 €	11,40 €
2 Eisbecher	á 4,10 €	8,20 € ❹

Summe (Bruttobetrag) ❺		28,30 €
darin enthalten 16 % Mehrwertsteuer ❻		3,90 €
Nettobetrag		24,40 €

Rückseite

Angaben zum Nachweis der Höhe und der betrieblichen Veranlassung von Bewirtungsaufwendungen (§ 4 Abs. 5 Nr. 2 EStG)

Tag der Bewirtung	10. 10. .....
Ort der Bewirtung (genaue Bezeichnung, Anschrift)	Leipzig ❼
Bewirtete Person(en)	Frau Gerda Müller Fa. Milo, ❽ Leipzig
Anlass der Bewirtung	Produktwerbung ❾ Leipzig 10.10. ..... Schmidt
Ort, Datum Unterschrift	Leipzig 10.10. ..... ❿ Schmidt

18.2 Zahlungsverkehr

◉ *trafic des paiements*
◉ *money transfer*

Ein effektiver Zahlungsverkehr ist für das Funktionieren von Kaufabschlüssen im Gastgewerbe erforderlich (➔ 337 ff).

Zahlungsmittel

Gäste erwarten, dass ihre **Zahlungsmittel** nach kurzer Prüfung angenommen werden. Der Gastronom seinerseits muss die **Echtheit** der Zahlungsmittel und den **rechtmäßigen Umgang** damit möglichst schnell und unauffällig überprüfen.

1 Berechnen Sie die Inklusivpreise folgende Nettoverkaufspreise:
1,60 €, 11,59 €, 34,13 €, 93,63 €
2 Ermitteln Sie die Mehrwertsteueranteile folgender Rechnungsbeträge:
54,20 €, 217,55 €, 2,60 €, 138,28 €
3 Ermitteln Sie die Inklusivpreise folgender Mehrwertsteueranteile:
1,26 €, 6,57 €, 15,32 €, 38,71 €

292

Zahlungsverkehr

Der Gastgewerbebetrieb ist gesetzlich nur zur Annahme **inländischer Währung** in Form von Bargeld verpflichtet. Bei der Entgegennahme von Schecks und ausländischem Bargeld entstehen mitunter erhebliche Abrechnungskosten.

In die Euro-Banknoten wurden eine Reihe von Sicherheitsmerkmalen eingearbeitet, damit eine echte Banknote leicht erkannt werden kann. Die Euro-Banknoten werden auf Papier aus reiner Baumwolle gedruckt, das sich spürbar von normalem Papier unterscheidet. Durch die Verwendung einer speziellen Drucktechnik sind einige Bildelemente auf der Vorderseite der Banknoten ertastbar.

❶ Stichtiefdruck ❸ Sicherheitsfaden ❺ Spezialfolie/Spezialfolienelement
❷ Wasserzeichen ❹ Durchsichtsregister ❻ Perlglanzstreifen/Farbwechsel

Weitere Sicherheitsmerkmale kann man erkennen, wenn die Banknote gegen das Licht gehalten oder gekippt wird. Zwei der Sicherheitsmerkmale auf den 50-€-, 100-€-, 200-€- und 500-€-Banknoten unterscheiden sich von denen auf den niedrigeren Banknotenwerten.

Barzahlung

Barzahlung ist die **häufigste Zahlungsart**, die beim Einkauf und im Dienstleistungssektor einschließlich in der Gastronomie üblich ist. Die Zahlung erfolgt von **Hand zu Hand**, wobei der Zahlende eine Quittung, einen Kassenbon oder eine Rechnung verlangen kann, auf der folgende Angaben vorhanden sein müssen:
Rechnungsbetrag (brutto und netto), Name des Zahlers, Zahlungszweck, Quittungsformulierung „bescheinigt, erhalten zu haben", Tag und Ort der Zahlung, Unterschrift des Leistungserstellers.

Gutscheine (Vouchers) können vom gastronomischen Betrieb oder vom Reisebüro ausgestellt werden. Sie sind dem Bargeld gleichgestellt. **Wertbons** erlauben keine Wechselgeldrückgabe und werden allgemein bis zur Höhe des Rechnungsbetrages entgegengenommen.

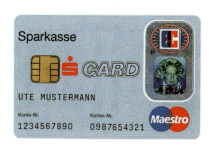

ec-Karte

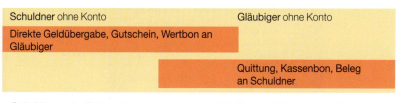

- Schuldner = der Zahlende
- Gläubiger = Zahlungsempfänger

Kreditkarte

Gästerechnungen Zahlungsmöglichkeiten

Halbbare Zahlung
Halbbare Zahlung erfolgt als Gutschrift auf das Empfängerkonto als Bareinzahlung, bei einer Bank oder mit Barscheck (Abbuchung vom Konto des Zahlers) und Bargeldübergabe an den Zahlungsempfänger.

Schuldner ohne Konto	Gläubiger mit Konto
Zahlschein + Bargeld	
	Gutschrift auf Gläubigerkonto
Schuldner mit Konto	Gläubiger ohne Konto
Barscheck + Lastschrift vom Schuldnerkonto	
	Bargeld

Elektronische Bearbeitung:
Karte durchziehen (einlegen) ▶ Betrag eingeben ▶ PIN eingeben ▶ Beleg entnehmen und unterschreiben lassen ▶ Unterschriften vergleichen ▶ Beleg Gast übergeben ▶ Durchschrift ablegen

Bargeldlose Zahlungen
Bargeldlose Zahlungen haben im Gastgewerbe zunehmend Einzug gehalten. Zu unterscheiden sind **Kredit- und Scheckkarten, Verrechnungsschecks, Überweisungen.**

Schuldner mit Konto	Gläubiger mit Konto
Überweisung, Scheck, Dauerauftrag, Lastschrifteinzugsverfahren + Lastschrift vom Schuldnerkonto	
	Gutschrift auf Gläubigerkonto

Kreditkarten: Sie haben den Vorteil, bei Verlust jederzeit gesperrt werden zu können. Vom Gastronomen ist vorab zu prüfen, ob der eigene Betrieb mit dem Kreditkartenunternehmen zusammenarbeitet. Anschließend ist bei **manueller Bearbeitung** die Gültigkeit, insbesondere die Sperrliste, der Karte zu prüfen. Codierte Kartennummer und Prägenummer müssen übereinstimmen. Auf Terminals ist das einfach abzulesen.

Schecks: Verbreitet sind die Reiseschecks *(Travellercheques).*
Vor Reiseantritt werden in wahlweise **12 unterschiedlichen Währungen** Reiseschecks von den Gästen gekauft, unterschrieben und mit dem Datum versehen. Bezahlt wird gegen Vorlage des Passes und einer zweiten Unterschrift. Die Erst- und Zweitunterschrift muss verglichen werden. Bei **Diebstahl** oder Verlust wird innerhalb von 24 h gegen Vorlage der Kaufquittung Ersatz geleistet.

Bei der Entgegennahme von **eurocheque- und Kreditkarten** entstehen Kosten für die Einrichtung zur elektronischen Zahlungsabrechnung für **Terminals** oder für entsprechende Handmaschinen. Darüber hinaus wird vom Kartenaussteller ein **Agio (Aufgeld)** zwischen 2,5 und 4,5 % einbehalten.

1 Am 30. 4. ..... verkauft der Weinhändler Liebeskind aus Mosel an den Hotelier Großmann aus Döbeln, Gästeweg 13, 13 Kartons Weißwein im Werte von 461,50 €. Schreiben Sie für diesen Verkauf eine Quittung aus.
2 Portier Meier möchte dem bereits abgereisten Gast Müller einen Geldbetrag in Höhe von 60,15 € für nicht in Anspruch genommene Leistungen zurückerstatten. Eine Kontoverbindung ist nicht bekannt. Welche Möglichkeiten gibt es?
3 Gerlinde Mäßig hat sich von ihrer Freundin Geld geliehen, das sie ihr per Post zurücksenden möchte. Füllen Sie ein entsprechendes Formblatt aus, welches Sie sich bei der Post holen.

Währungsrechnen

18.3 Währungsrechnen

Unter Währung sind gesetzliche Zahlungsmittel eines Staates zu verstehen. Zu unterscheiden sind **Sorten** und **Devisen**.

Sorten: ausländisches Bargeld in Form von Banknoten und Münzen
Devisen: Zahlungsmittel in ausländischer Währung in Form von Schecks, Kreditkarten oder Guthaben

Währungen werden in Banken, Börsen oder im Handel international ausgetauscht. Der **Wechselkurs** ist das Austauschverhältnis, der Preis der ausländischen Währung.

Das Verhältnis vom Euro zu anderen Währungen wird als **Kurs** bezeichnet.

Währungstabelle eines deutschen Bankinstituts

Sortenkurse vom 18.06.20..		Bargeld	
1 Euro entspricht		**Ankauf**	**Verkauf**
Australien	A-$	1,54	1,74
Dänemark	dKr	7,11	7,79
Großbritannien	brit. £	0,66	0,71
Japan	Yen	129,30	138,30
Norwegen	nKr	8,28	9,23
Schweden	sKr	8,75	9,75
Schweiz	sfrs	1,54	1,60
Südafrika	Rand	7,20	10,70
Tschechische Republik	Kr.	34,15	28,15
Tunesien	T-Dinar	1,68	0,93
Türkei	T-Lira	1490000,00	1950000,00
Ungarn	Forint	210,00	310,00
USA	$	1,15	1,25

Als **Bankgewinn** bezeichnet man die Differenz zwischen Ankaufs- und Verkaufskurs.

Währungsumrechnung

Beim Umrechnen der Währungen ist zunächst zu entscheiden, ob der **Ankaufskurs** oder der **Verkaufskurs** angewandt werden muss.

Ankauf: Will man **Fremdwährung erwerben**, wird der Euro von der **Bank angekauft**.

Verkauf: Möchte man Fremdwährung in **Euro tauschen**, dann **verkauft die Bank** Euro.

Beispielaufgaben

Aufgabe 1: Ein deutscher Tourist kauft bei seiner Sparkasse für einen Ausflug in die Schweiz 150 sfrs. Wie viel € muss er bezahlen?
Information aus einer Kurstabelle: Ankauf 1,54; Verkauf 1,60
Lösung 1: 1,54 sfrs ⟶ 1 €;   150,00 sfrs ⟶ 97,40 €
Der Tourist muss 97,40 € bezahlen.

Aufgabe 2: Eine amerikanische Geschäftsfrau bezahlt ihre Restaurantrechnung über 90 € in US-Dollar. Wie viel US-Dollar bezahlt sie ohne Trinkgeld?
Information aus der Kurstabelle USD: Ankauf 1,15; Verkauf 1,25
Lösung 2: 1 € ⟶ 1,25 USD;   90 € ⟶ 112,50 USD
Die Geschäftsfrau muss 112,50 US-Dollar bezahlen.

1. Gerhard plant den ersten Urlaub, um Norddeutschland kennen zu lernen. Auf die Reise möchte er kein Bargeld mitnehmen. Er lässt sich bei der Bank beraten. Welche Informationen wird er dort erhalten?

2. Nennen Sie Vorteile und Nachteile der Zahlung mit Schecks für Gäste und Gastgewerbebetriebe.

3. Erklären Sie den Unterschied zwischen Scheck und Überweisung.

4. Ein Gast beklagt beim Portier den Verlust seiner EC-Karte. Was ist zu tun?

5. Eine Familie aus den USA erhält in einem deutschen Speiserestaurant folgende Rechnung:
   4 Menüs 22,80 €/Menü
   2 Flaschen Orangensaft 1,90 €/Fl.
   2 Glas Pilsner 4,10 €/Bier
   3 Kännchen Kaffee 3,80 €/Kännchen
   2 Eisbecher 4,00 €/Eisbecher

   5.1 Ermitteln Sie Inklusivpreis und Mehrwertsteueranteil.
   5.2 Die Familie zahlt in US-Dollar. Ermitteln Sie den Rechnungsbetrag.

6. Für eine Reise werden in Köln 550 € in sfrs umgetauscht. Wie viele sfr erhält man?

7. Eine Reisegesellschaft hat in einem dänischen Hotel Folgendes verzehrt:
   8 Menüs zu 82 dKr
   2 Menüs zu 45 dKr
   15 Glas Bier zu 12 dKr

   7.1 Wie viel dKr sind zu zahlen?
   7.2 Die Reiseleiterin bezahlt mit Euro. Ermitteln Sie die Rechnungssumme in Euro, bei einem Hotelkurs: 1€ ≙ 7,45dKr.

19 Beratung fremdsprachiger Gäste

🇫🇷 Conseiller les hôtes de langue étrangère
🇬🇧 Advicing foreign-speaking guests

 Grundregeln der französischen Sprache
- Verschiedenheit von Schreibweise und Aussprache (Fonetik)
- Aussprachezeichen und Lautarten (Nasallaute, weichgemachte Laute, Doppelvokale) beachten
- Keine Betonung, wobei der Auslaut des Wortes meist nicht gesprochen wird
- Adjektive und Partizipien stehen überwiegend hinter dem Substantiv, richten sich in Geschlecht und Zahl nach dem Substantiv, zu dem sie gehören
- Zusammengesetzte Substantive werden mit Hilfe einer Präposition gebildet

Grundregeln der englischen Sprache
- Besondere Aussprachegeln bei Selbst-, Um- und Zwielauten
- Adjektive sind in Geschlecht und Zahl unveränderlich, außer der unregelmäßigen Steigerung; sie stehen vor dem Substantiv, zu dem sie gehören.

Wichtige französische Aussprachegeln
Aussprachezeichen (Akzente) werden stets gesprochen
- é accent aigu: geschlossener Laut (*café*)
- è accent grave: offener Laut (*à la crème*)
- ê accent circonflexe: gedehnter Laut: â, ê, î, ô, û (*rôti*)
- ç cédille: scharfes, stimmloses „ß" (*français*)

Aussprache der Konsonanten (Mitlaute)
- c vor e, i wie ß (*merci*), sonst wie k (*carte*)
- g vor e, i wie weiches sch (*gelée*)
- h wird nicht gesprochen
- j wie sch (*jour*)
- q wie k (*boutique*)

Aussprache der Vokale (Selbstlaute)
- u wie ü (*menu*)

Aussprache der Nasallaute
- am/an nasaliert wird „a" (*chambre*)
- im/in nasaliert wird „ä" (*vin*)
- om/on nasaliert wird „o" (*bon*)
- um/un nasaliert wird „ö" (*parfum*)

Der Gastronom sollte seine ausländischen Gäste in den Weltsprachen **Englisch** oder **Französisch** beraten können. Dies ist ein Zeichen der Gastfreundschaft, führt zur Zufriedenheit der Gäste und letztlich zum geschäftlichen Erfolg. **Französisch** gilt zudem als internationale Küchensprache und Sprache der Gourmets.
Einfache Kenntnisse über Aussprachegeln, notwendige Redensarten und Fachausdrücke gehören zur gastronomischen Grundausbildung.

19.1 Angebotskarten   🇫🇷 carte   🇬🇧 card

Die folgende Speisenauswahl ermöglicht Übungen zur Fachberatung der Gäste in französischer und englischer Sprache.

Vorspeisen	€	Hors-d'œuvre	Appetizers
Schinkencocktail, Toast	3,70	Cocktail de jambon, toast	Ham cocktail, toast
Geräuchertes Seelachsfilet, Sahnemeerrettich, Schwarzbrot	4,10	Filet de lieu noir fumé, crème de raifort pain noir	Smoked saithe, horseradish cream, black bread
Muscheln vom Grill, Knoblauch-Baguette	4,40	Moules grillées, baguette à l'ail	Grilled mussels, garlic baguette
Überbackenes Kalbsragout in Blätterteigpastetchen	4,50	Bouchées au ragoût fin gratiné	Patties with gratinaded veal stew
Suppen		**Potages**	**Soups**
Klare Ochsenschwanzsuppe, Käsestange	2,20	Oxtail clair, bâtonnet au fromage	Clear oxtail soup, cheese stick
Brokkolirahmsuppe mit Weißbrotwürfeln	2,20	Crème de brocoli aux croûtons	Broccoli cream soup with croutons
Hauptgerichte		**Plats principaux**	**Main courses**
Spiegeleier, Spinat, Rahmkartoffeln	5,20	Œufs sur le plat, épinards, pommes de terre à la crème	Fried eggs, spinach, creamed potatoes
Forelle Müllerinart, Petersilienkartoffeln	9,30	Truite meunière, pommes de terre persillées	Trout meuniere, parsley potatoes
Chicorée-Salat mit gerösteten Mandeln, Vollkornbrötchen	5,80	Salade d'endives aux amandes, petit pain complet	Chicory salad with toasted almonds, whole-meal roll
Kalbsbraten mit Sahnesauce, Karotten, Spätzle	9,–	Rôti de veau à la crème, carottes, spetzli	Veal roast with cream sauce, carrots, spätzle

296

Angebotskarten

	€		🇬🇧
Rinderrouladen, Apfelrotkraut, Kartoffelklöße	7,50	Paupiettes de bœuf, chou rouge aux pommes, noques allemande de pommes de terre	Beef paupiettes, red cabbage, potato dumplings
Schweinekotelett, Grilltomate, Folienkartoffel mit Sauerrahm	8,80	Côte de porc, tomate grillée, pomme de terre en papillote à la crème acidulée	Pork rib chop, grilled tomato, baked potato with sourcream
Rosa gebratene Entenbrust, Orangensauce, Butterreis	10,30	Magret de canard rôti anglaise, sauce à l'orange, riz au beurre	Rare duckling breast, orange sauce, butter rice
Nachspeisen		**Desserts**	**Desserts**
Vanilleeis mit gemischten Früchten	2,80	Glace à la vanille aux fruits	Vanilla ice-cream with fruits
Heiße Himbeeren mit Schlagsahne	2,80	Framboises chaudes Chantilly	Hot raspberries with whipped cream
Getränke		**Boissons**	**Beverages**
Mineralwasser 0,25 l	1,30	Eau minérale	Mineral water
Zitronenlimonade 0,2 l	1,30	Limonade	Lemonade
Bier 0,33 l	1,50	Bière	Beer
Weißwein 0,2 l	3,–	Vin blanc	White wine
Rotwein 0,2 l	3,–	Vin rouge	Red wine
Schaumwein 0,1 l	3,50	Vin mousseux	Sparkling wine
Weinbrand 2 cl	3,80	Eau-de-vie de vin	Brandy
Likör 2 cl	3,50	Liqueur	Liqueur

Frühstückskarte	**Carte du petit déjeuner**	**Breakfast card**
		🇬🇧
Getränke	**Boissons**	**Beverages**
Kaffee	café	coffee
Tee	thé	tea
Kakao	cacao	cocoa
Milch	lait	milk
Orangensaft	jus d'orange	orange juice
Tomatensaft	jus de tomates	tomato juice
Speisen	**Mets**	**Dishes**
Frühstücksei	œuf à la coque	soft-boiled egg
Rührei mit Speck, Wurst oder Schinken	œuf brouillé au lard, au saucisson ou au jambon	scrambled egg with bacon, sausage or ham
Brot	pain	bread
Brötchen	petit pain	roll
Hörnchen	croissant	croissant
Haferbrei	porridge	porridge
Müesli	müesli	muesli
Butter	beurre	butter
Käse	fromage	cheese
Joghurt	yogourt	yogurt
Honig	miel	honey
Konfitüre	confiture	jam

Aussprache der Doppelvokale
- au wie o (*sauce*)
- ou wie u (*ragoût*)
- eu wie ö (*beurre*)
- oi wie oa (*boisson*)
- ui wie üi (*cuisine*)
- oy wie oaj (*royal*)

Aussprache der weich gemachten Laute
- gn wie nj (*cognac*)
- ill wie ij (*vanille*)

Wichtige englische Ausspracheregeln
Aussprache der Konsonanten
- r nicht rollen (*reception*)
- v wie stimmhaftes f (*very*)
- s wie stimmloses scharfes s (*stay*) oder wie sch (*television*)
- sh wie sch (*shop*)
- th wie gelispeltes ß (*thank*)

Aussprache der (Doppel-)Vokale
Internationale Lautschrift
- a reines langes a (*car*)
- ʌ kurzes dunkles a (*butter*)
- ei halboffenes e nach i auslaufend (*date*)
- i langes i (*sea*)
- u langes u (*you*)
- u halboffenes halblanges u (*pool*)

1. Sprechen Sie unter Beachtung der Ausspracheregeln vor: parfait, jus, brunoise, pomme, garniture, entrée, bain, bouillon, waiter, cook, kitchen, lady, bath, food, their, book.
2. Nennen Sie französische (englische) Begriffe, die im deutschen Sprachgebrauch zum Alltag gehören.
3. Lesen Sie die französische (englische) Speisekarte vor.
4. Stellen Sie aus der Speisekarte 3-Gang-Menüs in englischer und französischer Sprache zusammen.

Beratung fremdsprachiger Gäste

19.2 Im Restaurant

 au restaurant
at the restaurant

	🇫🇷	🇬🇧
Begrüßung	**Salutation**	**Greetings**
Guten Morgen/Tag/Abend. Herr/Frau/Fräulein verehrte Gäste	Bonjour/bonsoir Monsieur/Madame/ Mademoiselle/chers hôtes	Good morning/afternoon Sir/Madam/Miss/ dear guests
Darf ich Ihnen einen Platz anbieten?	Puis-je vous offrir une place?	May I offer you a seat?
Getränkeauswahl	**Choix des boissons**	**A selection of beverages**
Darf ich Ihnen einen Aperitif anbieten?	Puis-je vous offrir un apéritif?	May I offer you a before-dinner drink?
Was möchten Sie trinken?	Que désirez-vous prendre comme boissons?	What would you like to drink?
Hier sind Ihre Getränke.	Voici vos boissons.	Here are your drinks, please.
Speisenauswahl	**Choix des mets**	**A selection of meals**
Hier bitte, die Speisenkarte, mein Herr.	Voilà la carte des mets, Monsieur.	Here is the menu, Sir.
Mögen Sie typisch deutsche Speisen? Ich empfehle Ihnen, ... zu wählen, eine Spezialität unseres Küchenchefs.	Aimeriez-vous des plats typiquement allemands? Je vous recommande ..., c'est une spécialité de notre chef de cuisine.	Would you like to try a typical German dish? I can recommend ..., a chef's speciality.
Wir haben ein Salatbüfett. Bitte bedienen Sie sich.	Nous avons un buffet de salades. Choisissez, s'il vous plaît.	We have a salad bar. Please help yourself.
Ich danke für Ihre Bestellung.	Merci de/pour votre commande.	Thank you for your order.
Guten Appetit.	Bon appétit.	Enjoy your meal.
Hat es Ihnen geschmeckt?	Est-ce que c'était à votre goût?	Did you like it?
Haben Sie noch einen Wunsch?	Désirez-vous encore quelque chose?	Is there anything else I can do for you?
Bezahlung	**Paiement**	**Payment**
Hier ist Ihre Rechnung. Es kostet ... Mark und ... Pfennige.	Voilà, l'addition. Ça fait ... Mark et ... Pfennig.	Here is your bill, please. That's ... Mark and ... Pfennig.
Ich wünsche Ihnen einen schönen Tag/Abend.	Je vous souhaite une bonne journée/soirée.	Have a nice day/evening.
Wir freuen uns, wenn Sie uns wieder besuchen.	Nous serions heureux de vous revoir dans notre maison.	We would be glad to see you again.

Mögliche Antworten der Gäste im Restaurant

Was können Sie uns empfehlen?	Quel plat pouvez-vous nous recommander?	What do you recommend?
Wir nehmen ... / Ich möchte ...	Nous prenons ... / Je voudrais...	We take ... / I would like ...
Bringen Sie uns bitte die Rechnung.	(Apportez-nous) l'addition, s'il vous plaît.	May I have the bill, please.

1 Begrüßen Sie Französisch und Englisch sprechende Gäste.
2 Überreichen Sie mit französischen und englischen Worten die Speisekarte.
3 Weisen Sie in französischer und in englischer Sprache auf das Salatbüfett hin.
4 Empfehlen Sie ein Fischgericht auf Französisch und auf Englisch.
5 Antworten Sie einem Französisch (Englisch) sprechenden Gast auf die Frage, welche alkoholfreien Getränke im Angebot sind.

An der Rezeption

19.3 An der Rezeption.
🇫🇷 à la réception
🇬🇧 at the reception

Anreise

Herzlich willkommen im Hotel …

Kann ich Ihnen helfen?

Unsere Zimmer sind ausgestattet mit Telefon, Fernsehgerät, Fax, Weckradio, Minibar, Bad, Dusche, WC.

Ein Einzelzimmer kostet … Mark.

Natürlich können Sie sich ein Zimmer ansehen.

Gestatten Sie, dass ich vorangehe?

Wie lange möchten Sie bleiben?

Füllen Sie bitte den Meldeschein aus.

Ihr Zimmer befindet sich in der … Etage.

Hier sind Ihr Schlüssel und Ihr Hotelausweis.

Ich begleite Sie auf Ihr Zimmer.

Frühstück (gibt es) von … bis … Uhr.

Möchten Sie geweckt werden?

Ihr Gepäck bringe ich Ihnen in Ihr Hotelzimmer.

Ihr Auto können Sie in der Tiefgarage/auf dem Parkplatz abstellen.

Ich wünsche Ihnen einen angenehmen Aufenthalt.

Arrivée

Soyez le bienvenu/la bienvenue/les bienvenu(e)s dans l'hôtel …

Puis-je vous aider?

Nos chambres sont équipées de téléphone, télévision, fax, radio réveil, mini-bar, bain, douche, WC.

Une chambre à un lit coûte … Mark.

Bien sûr, vous pouvez voir une chambre.

Permettez que je passe devant.

Combien de temps resterez-vous?

Veuillez, s'il vous plaît, remplir le formulaire d'inscription.

Votre chambre se trouve au … étage.

Voilà votre clé et votre carte d'hôtel.

Je vous accompagne jusqu' à votre chambre.

Le petit déjeuner est servi de … à … heures.

Aimeriez-vous être réveillé demain matin?

Je vous porte les valises dans votre chambre.

Vous pouvez garer votre voiture dans le garage/ sur le parking.

Je vous souhaite un bon séjour.

Arrival

Welcome in the hotel …

May I help you?

Our rooms are equipped with telephone, TV, fax, radio-alarm clock, minibar, bath, shower, WC.

The rate for a single room is … Mark.

You may have a look at a room, naturally.

Do you allow that I lead the way.

How long will you be staying?

Please, fill in the registration form.

Your room is on the … floor.

Here is your key and your hotel card.

I'll show you to your room.

Breakfast is from… to …

Would you like an early call?

I'll take your suitcases to your room.

You can leave your car in the underground car park or in the car park.

Have a nice stay.

1 Stellen Sie eine Szene im Restaurant nach, indem Sie die Rolle des Gastronomen übernehmen und ein weiterer Mitschüler den Gast spielt. Benutzen Sie die oben aufgeführten französischen (englischen) Redewendungen. Inhalt soll sein: Begrüßung, Getränkeempfehlung, Überreichen der Speisekarte, Empfehlung eines Schweinefleischgerichtes, Hinweis auf das Salatbüfett, guten Appetit wünschen.

2 Welche Redewendungen in französischer (englischer) Sprache sind bei der Verabschiedung von der Servierkraft den Gästen gegenüber anwendbar?

3 Erstellen Sie handschriftlich eine Rechnung in Französisch und Englisch über den Verzehr von: einem Schinkencocktail, zwei Brokkolirahmsuppen, einer Forelle Müllerinart, einem Kalbsbraten und einem Schweinekotelett, drei Flaschen Mineralwasser, einem Glas Bier und einem Schoppen Weißwein.

4 Heißen Sie Herrn Müller auf Französisch (Englisch) in Ihrem Hotel willkommen.

5 Bitten Sie ihn auf Französisch (Englisch), den Meldeschein auszufüllen.

6 Überreichen Sie ihm mit französischen (englischen) Worten den Zimmerschlüssel und den Hotelausweis.

7 Wünschen Sie Herrn Müller auf Französisch (Englisch) einen angenehmen Aufenthalt.

8 Mit Herrn Müller wird die Unterhaltung in französischer (englischer) Sprache geführt.

8.1 Begrüßen Sie Herrn Müller am Morgen im Restaurant.

8.2 Empfehlen Sie ihm ein kleines Frühstück, bestehend aus einem warmen Getränk, Brot, Butter und Konfitüre.

8.3 Stellen Sie ein Zimmerfrühstück für Herrn Müller zusammen. Er wünscht – außer Tee mit Honig – Rührei mit Schinken, dazu Brötchen.

299

Beratung fremdsprachiger Gäste

19.4 Gästebetreuung

🇫🇷 soins des clients
🇬🇧 guest relations

Gäste erwarten während ihres Hotelaufenthaltes Wissenswertes und Informatives über die Sehenswürdigkeiten der Umgebung. Die aufgeführten Redewendungen stellen einen elementaren Wortschatz für die Unterhaltung mit den Gästen dar.

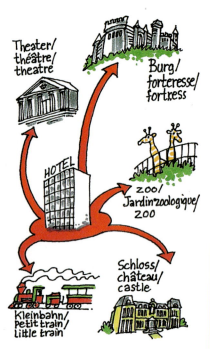

Wegbeschreibung

🇫🇷 déscription de l'itinéraire
🇬🇧 description of the route

🇫🇷	🇬🇧
Freizeit	**Loisirs**	**Vacancy**
Im Theater wird zur Zeit … gespielt.	Au théâtre, il y a …	In the theatre you can see …
Im Kino läuft der Film …	Au cinéma, il y a le film …	In the cinema you can see the film …
Unser Zoo ist besonders Kindern zu empfehlen.	Pour les enfants je vous recommande notre jardin zoologique.	For children I recommend our zoo.
Sie können das Schloss und die Burg besichtigen.	Vous pouvez visiter le château et la forteresse.	You can visit the castle and the fortress.
In der Nähe fährt eine Schmalspurbahn.	Près d'ici passe un chemin de fer à voie étroite.	Nearby there drives a narrow-ga(u)ge railway.
Die Stadtrundfahrt/der Stadtrundgang ist sehr schön.	La visite de la ville (en car/à pied) est très belle.	The sightseeing tour/trip is very exciting/good/nice.
Für den Abend kann ich Ihnen das Tanzlokal/die Diskothek/das Nachtlokal … empfehlen.	Pour le soir, je peux vous recommander le dancing/la discothèque/la boîte de nuit …	For the evening, I recommend you the dancing/the discotheque/the night club …
Dienstleistungen	**Service**	**Service**
Darf ich Ihnen ein Taxi bestellen?	Puis-je vous faire venir un taxi?	May I call you a taxi?
Möchten Sie einen Hotelprospekt/Stadtplan?	Désirez-vous un prospectus de l'hôtel/plan de la ville?	Would you like a hotel brochure/city map?
Möchten Sie Ihr Gepäck deponieren?	Aimeriez-vous déposer vos bagages?	Would you like to leave your luggage?
Geben Sie mir bitte Ihre Telefonnummer.	Donnez-moi votre numéro de téléphone, s'il vous plaît.	Please give me your (tele)phone number.
Monate	**Mois**	**Month**
Frühling März, April, Mai	printemps mars, avril, mai	spring March, April, May
Sommer Juni, Juli, August	été juin, juillet, août	summer June, July, August
Herbst September, Oktober, November	automne septembre, octobre novembre	autumn September, October November
Winter Dezember, Januar, Februar	hiver décembre, janvier, février	winter December, January, February
Datum	**Date**	**Date**
Heute ist der 3. Mai.	Aujourd'hui, c'est le trois mai.	Today is the third of May.
Am 10. April findet eine Messe statt.	Une foire exposition commence le dix avril.	The fair begins on the tenth of April.
Sie bleiben vom 15. bis 20. August.	Vous restez du quinze au vingt août.	You are staying from the fifteenth to the twentieth of August.

300

Tage, Zahlen, Termine

19.5 Tage, Zahlen, Termine

🇫🇷 *jours, nombres, dates*
🇬🇧 *days, numbers, dates*

Für Gespräche mit dem Gast im Restaurant und im Hotel müssen zur eindeutigen und korrekten Verständigung Tage, Zahlen, Termine in französischer und englischer Sprache beherrscht werden.

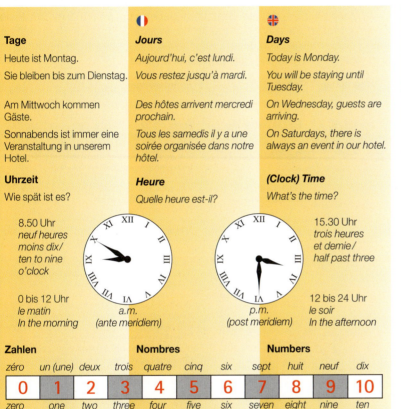

Tage
Heute ist Montag.
Sie bleiben bis zum Dienstag.

Am Mittwoch kommen Gäste.

Sonnabends ist immer eine Veranstaltung in unserem Hotel.

Uhrzeit
Wie spät ist es?

8.50 Uhr
neuf heures moins dix /
ten to nine o'clock

0 bis 12 Uhr
le matin
In the morning

Jours
Aujourd'hui, c'est lundi.
Vous restez jusqu'à mardi.

Des hôtes arrivent mercredi prochain.

Tous les samedis il y a une soirée organisée dans notre hôtel.

Heure
Quelle heure est-il?

a.m.
(ante meridiem)

Days
Today is Monday.
You will be staying until Tuesday.

On Wednesday, guests are arriving.

On Saturdays, there is always an event in our hotel.

(Clock) Time
What's the time?

15.30 Uhr
trois heures et demie /
half past three

p.m.
(post meridiem)

12 bis 24 Uhr
le soir
In the afternoon

• Montag	*lundi*	Monday	1
• Dienstag	*mardi*	Tuesday	2
• Mittwoch	*mercredi*	Wednesday	3
• Donnerstag	*jeudi*	Thursday	4
• Freitag	*vendredi*	Friday	5
• Samstag	*samedi*	Saturday	6
• Sonntag	*dimanche*	Sunday	7

Zahlen / Nombres / Numbers

zéro	un (une)	deux	trois	quatre	cinq	six	sept	huit	neuf	dix
0	1	2	3	4	5	6	7	8	9	10
zero	one	two	three	four	five	six	seven	eight	nine	ten

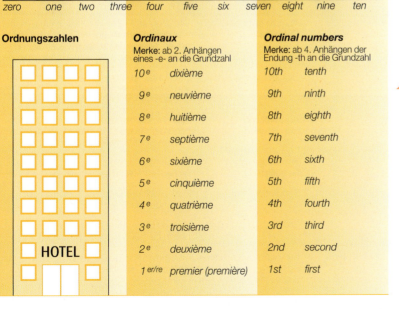

Ordnungszahlen / Ordinaux / Ordinal numbers

Merke: ab 2. Anhängen eines -e- an die Grundzahl
Merke: ab 4. Anhängen der Endung -th an die Grundzahl

10ᵉ	dixième	10th	tenth
9ᵉ	neuvième	9th	ninth
8ᵉ	huitième	8th	eighth
7ᵉ	septième	7th	seventh
6ᵉ	sixième	6th	sixth
5ᵉ	cinquième	5th	fifth
4ᵉ	quatrième	4th	fourth
3ᵉ	troisième	3rd	third
2ᵉ	deuxième	2nd	second
1ᵉʳ/ʳᵉ	premier (première)	1st	first

1 Geben Sie dem Französisch (Englisch) sprechenden Gast die aktuelle Uhrzeit an.
2 Teilen Sie Madame Keller auf Französisch (Englisch) mit, dass das Taxi um 9 Uhr vor dem Hotel sein wird.
3 Die französischen (englischen) Gäste möchten wissen, in welchem Stockwerk die Zimmer 222 bis 235 liegen. Antworten Sie.
4 Sagen Sie auf Französisch (Englisch), dass der Lift nur bis zum achten Stockwerk fährt.
5 Teilen Sie der französischen (englischen) Reisegruppe mit, dass am Freitag die Stadtbesichtigung geplant ist.

🇫🇷 base juridique
🇬🇧 legal base

20 Grundlagen des Gaststättenrechts

Grundlegende Rechtsvorschriften

Lebensmittelrecht	Gewerberecht
Lebensmittel- und Futtermittelgesetzbuch	Gaststättengesetz
Arbeits- und Tarifrecht	**Strafrecht**
Jugendarbeitsschutzgesetz	Strafgesetzbuch

Gaststättengesetz (Auszug)

Je nachdem, in welcher Form kleine Speisen und Getränke angeboten werden, muss der Betriebsinhaber die Bestimmungen des Gaststättengesetzes beachten.
§ 1 Gaststättengesetz definiert, wer ein Gaststättengewerbe betreibt. Gesetzlich werden unterschieden:
– **Schankwirtschaften**, in denen Getränke zum Verzehr an Ort und Stelle verabreicht werden;
– **Speisewirtschaften**, in denen zubereitete Speisen zum Verzehr an Ort und Stelle verabreicht werden;
Um einen entsprechenden Betrieb zu eröffnen und zu führen, bedarf es folgender Voraussetzungen:
– Der Betriebsinhaber muss für die im Gaststättengesetz vorgeschriebenen Betriebsarten eine Erlaubnis zum Führen der Gaststätte besitzen.
– Die Räumlichkeiten müssen den entsprechenden Vorschriften genügen.
– Eine ausreichende wirtschaftliche und finanzielle Basis muss vorhanden sein.
– Die Rechtsform des Unternehmens muss festgelegt sein, der Betrieb ist anzumelden.

Folgende Einrichtungen bedürfen seit 1. Juli 2005 keiner Erlaubnis mehr:
– Einrichtungen, in denen nur alkoholfreie Getränke verabreicht werden
– Einrichtungen, in denen unentgeltliche Kostproben gegeben werden
– Einrichtungen, die nur zubereitete Speisen verabreichen
– Einrichtungen, die in Verbindung mit einem Beherbungsbetrieb Getränke und zubereitete Speisen an Hausgäste verabreichen.
Damit benötigen nur noch solche Betriebe eine Gaststättenerlaubnis, die Alkohol ausschenken. Wer Gäste beherbergt, fällt nicht mehr unter das Gaststättengesetz.

20.1 Gaststättengesetz

In der Gastronomie bildet das **Gaststättengesetz vom 5.5.1970** mit den in der Zwischenzeit erfolgten Änderungen (letzte Änderung am 1.7.2005 in Kraft getreten) eine wichtige Grundlage für die Gewerbeausübung. In 38 Paragraphen sind wichtige Pflichten und Rechte zusammengefasst.

Paragraphen	Inhalte	Erläuterungen
1	Begriffsbestimmung	Siehe Auszug linke Spalte
2 bis 4, 8, 9, 11 bis 14	Erlaubniserteilung	Erlaubnis für bestimmte Betriebsart und für bestimmte Räume
6	Getränkeangebot	Neben alkoholischen müssen stets alkoholfreie Getränke angeboten werden
7	Nebenleistungen in der Gastronomie	Während der Ladenschlusszeiten dürfen Getränke (z.B. Flaschenbier), Speisen, Tabak und Süßwaren über die Straße verkauft werden
10	Führung einer Gaststätte	Ehegatten dürfen nach dem Tode des Erlaubnisinhabers den Betrieb weiterführen
15	Rücknahme/Widerruf der Konzession	Die Konzession kann widerrufen werden, wenn gegen Paragraphen des Gaststättengesetzes verstoßen wird
18	Sperrzeiten	Durch Rechtsverordnungen der Landesregierungen können Sperrzeiten allgemein festgelegt werden. Für bestimmte Bereiche finden Sperrzeiten keine Anwendung, z. B. in Betriebskantinen und Verpflegungseinrichtungen der Eisenbahn oder in Flugzeugen.
19	Einschränkungen des Ausschanks alkoholischer Getränke	Im Interesse der öffentlichen Ordnung kann der Ausschank zeitweise für bestimmte Bereiche untersagt werden
20	Abgabe alkoholischer Getränke	Verboten ist, Branntwein usw. an Automaten anzubieten, an erkennbar Betrunkene abzugeben, oder die Abgabe von Speisen und Getränken voneinander abhängig zu machen
21	Beschäftigungsverbot	Dem Unternehmer kann die Beschäftigung von unzuverlässigen Personen für die Tätigkeit im Gaststättenbetrieb untersagt werden
22	Auskunft und Nachschau	Verantwortliche haben den Überwachungsbehörden Auskunft zu erteilen und den Zutritt in die Geschäftsräume zu gewähren
23	Ausschank von Getränken	Vorschriften über den Ausschank alkoholischer Getränke durch Vereine gelten analog
25, 26	Sonderbestimmungen	Für bewaffnete Organe, Verpflegungseinrichtungen der Eisenbahn
28	Ordnungswidrigkeiten	Können im Sinne des Gesetzes mit Geldbußen bis 5 000 € geahndet werden
29 bis 38	Verwaltungsvorschriften, Ausnahmen von Berufsausübungsregelungen bei Existenzgründungen und Betriebsübernahmen, Zuständigkeiten Andere Rechtsvorschriften mit Bezug zur Gastronomie, Inkrafttreten	

Gaststättengesetz

Betriebsarten
Zu unterscheiden sind **Betriebe** und **Unternehmen**. Ein **Unternehmen** kann mehrere Betriebe haben, wie beispielsweise bei Hotelketten.

Betriebseröffnung
Die Voraussetzungen für eine **Betriebseröffnung** im Gastgewerbe schreiben die Gewerbeordnung und das Gaststättengesetz vor.

1. Die Erlaubnis (auch **Konzession** genannt) zur Betriebseröffnung muss vorliegen.
2. Den Vorschriften entsprechende **Räumlichkeiten** müssen vorhanden sein.
3. An der Betriebseröffnung muss ein **öffentliches Interesse** bestehen.
4. Die **Rechtsform** muss klar sein und eine **Anmeldung** muss vorliegen.

Betriebsarten
Gastgewerbebetrieb: Standort, wo das Gastgewerbe ausgeübt wird.
Gastgewerbeunternehmen: Rechts- und Organisationsform eines Gastgewerbebetriebes
- Beherbergungsbetriebe
- Bewirtungsbetriebe
- Unterhaltungsbetriebe

Erlaubnis (Konzession)

Eine Erlaubnis wird stets **persönlich erteilt** und ist nicht übertragbar. Sie wird für eine **bestimmte Betriebsform** und für **bestimmte Räume** erteilt.
Von der Erlaubnis ausgenommen sind Einrichtungen, die nur alkoholfreie Getränke oder zubereitete Speisen oder unentgeltliche Kostproben verabreichen. Beherbergungsbetriebe fallen nicht mehr unter das Gaststättengesetz. Eine Erlaubnis benötigt auch nicht mehr, wer im Zusammenhang mit einem Beherbungsbetrieb Getränke und zubereitete Speisen an Hausgäste abgibt. Hier kann das Hotel sogar Alkohol an seine Hausgäste ausschenken, ohne dafür eine Erlaubnis beantragt zu haben. Anders sieht das bei Hotelrestaurants aus, die jedermann zugänglich sind – hier wird eine Gaststättenerlaubnis benötigt. Weiterhin ausgenommen von der Erlaubnispflicht sind Einrichtungen, die nicht unter § 1 des Gaststättengesetzes fallen (z. B. Betriebskantinen sowie Besen- und Straußwirtschaften, Reisebusse).

Für die Erlaubniserteilung ist die **persönliche** Zuverlässigkeit des Antragstellers eine notwendige Bedingung, die durch ein Führungszeugnis, eine Belehrung laut Infektionsschutzgesetz durch das Gesundheitsamt oder durch einen vom Gesundheitsamt beauftragten Arzt, einen Auszug aus dem Gewerbezentralregister sowie durch eine Bescheinigung des Finanzamtes belegt werden muss. Nach dem Gesetz gibt es Gründe, Antragstellern eine Erlaubnis zu verweigern. Dazu gehören: Trunksucht, Leichtsinn, Willensschwäche, Gesetzesmissachtung, Spielsucht (Glücksspiele), Missachtung von Arbeits-, Jugend- und Gesundheitsschutz, Hehlerei. Der Antragsteller muss mit den **Grundlagen des Lebensmittelrechts** vertraut sein. Die zuständigen Industrie- und Handelskammern führen **Unterweisungen in maximal 6 Stunden durch**.

Warum gibt es eine Erlaubnispflicht?
Die Erteilung von Erlaubnissen dient dem Schutz der Bevölkerung, insbesondere dem Schutz vor Alkoholmissbrauch.
Grundlagen des Lebensmittelrechts
Zu den Grundlagen gehören u. a. Rechtsvorschriften wie das Lebensmittel- und Futtermittelgesetzbuch, die Hackfleischverordnung und das Infektionsschutzgesetz.

Räumlichkeiten
Bei Erlaubniserteilung werden die für das Gastgewerbe vorgesehenen **Räume festgelegt**. Veränderungen der Räumlichkeiten bedingen eine Neubeantragung der Erlaubnis.

Öffentliches Interesse
Ein öffentliches Interesse muss vorliegen, zumindest darf der Betrieb dem öffentlichen Interesse nicht entgegenstehen. In einem Kurzentrum beispielsweise wird man keiner gastronomischen Einrichtung zustimmen, die die Ruhe stören könnte.

Anmeldung und Rechtsformen
Anmeldung des Gewerbes erfolgt beim zuständigen Ordnungsamt. Als Rechtsformen kommen in Betracht: **Einzelunternehmen, Personengesellschaften, Kapitalgesellschaften**. Dabei wird gleichzeitig die Anmeldung beim Gewerbe- oder beim Steueramt, beim Finanzamt, bei der Industrie- und Handelskammer und bei der Berufsgenossenschaft durchgeführt.

Gerd will eine Gaststätte eröffnen. Innerhalb der letzten drei Jahre wurde er einmal wegen einer Trunkenheitsfahrt und einmal wegen Körperverletzung verurteilt.
Beurteilen Sie die Chancen, die Gerd für die Erlaubniserteilung hat.

🇫🇷 *protection de la jeunesse, jeux*
🇬🇧 *protection of children and young people, gaming/gambling*

20.2 Jugendschutz, Spiele

Jugendschutz

Sittliche und gesundheitliche Gefahren, einschließlich der Gefahr von Verwahrlosung, sollen von Jugendlichen und Kindern fern gehalten werden.

Bestimmungen aus dem Gesetz zum Schutz der Jugend			
Kinder / Jugendliche	unter 14 Jahren	unter 16 Jahren	16 und 17 Jahre
Aufenthalt in Gaststätten ohne Erziehungsberechtigte	Erlaubt, wenn eine personensorgeberechtigte oder erziehungsberechtigte Person sie begleitet oder wenn sie zwischen 5 und 23 Uhr eine Mahlzeit oder ein Getränk einnehmen, erlaubt bei jugendfördernden Veranstaltungen		Erlaubt bis 24 Uhr
Besuch von öffentlichen Tanzveranstaltungen ohne Begleitung von sorgeberechtigten oder erziehungsbeauftragten Personen	Verboten	Verboten	Erlaubt bis 24 Uhr
Rauchen in Governmenträumen/ Tabakverkauf	Verboten	Verboten	Erlaubt
Genuss von Spirituosen	Verboten	Verboten	Verboten
Genuss von anderen alkoholischen Getränken (Bier, Wein, Sekt usw.)	Verboten	Erlaubt in Begleitung von Sorgeberechtigten	Erlaubt
Glücksspiele, Besuch von Varietés, Kabaretts oder von Revue-Veranstaltungen	Verboten	Verboten	Verboten

 Nach § 6 des Gaststättengesetzes ist mindestens ein **alkoholfreies Getränk** anzubieten, das **nicht teurer ist als das billigste alkoholische Getränk.** Der Preisvergleich erfolgt auf der Grundlage des hochgerechneten Preises für jeweils einen Liter der betreffenden Getränke.

Beurteilen Sie die Einhaltung dieser Bestimmung, wenn als preiswertestes alkoholfreies Getränk 0,2 l Mineralwasser für 1,40 € und als preiswertestes alkoholisches Getränk 0,33 l Bier für 2 € angeboten werden.

In den Gasträumen muss der Gesetzestext gut sichtbar ausgehängt sein. Von Jugendlichen kann zur Altersermittlung der Personalausweis verlangt werden.

Spiele

In Gaststätten ist das Spielen **ohne** oder mit **nur geringem Einsatz** erlaubt, beispielsweise Spiele um die nächste Getränkerunde.
Geschicklichkeitsspiele wie Skat, Rommée oder Doppelkopf, bei denen weder hohe Eintrittsgelder noch Gewinne vorkommen, sind ebenfalls erlaubt.
Öffentliche **Glücksspiele**, beispielsweise Pokern, Würfeln, Lotto oder Tombola, sind ohne behördliche Erlaubnis dagegen grundsätzlich verboten. Das Verbot erstreckt sich auch auf die **Duldung** oder die **Bereitstellung** von Spielgeräten. Einer **Tombola** muss die zuständige Behörde zustimmen, wobei eine Lotteriesteuer zu entrichten ist. Für Glücksspiele wie Roulette gibt es in **Spielbanken** Ausnahmegenehmigungen. Selbst die Aufstellung von **Spielautomaten** mit Gewinnausschüttung muss behördlich genehmigt werden und ist steuerpflichtig. Der Betreiber muss sicherstellen, dass die Spielgeräte nur von Personen über 18 Jahren genutzt werden. Zuwiderhandlungen können nach dem Strafgesetzbuch mit Geldstrafen oder Gefängnis bis zu 2 Jahren bestraft werden.

Speisen- und Getränkeangebote

20.3 Speisen- und Getränkeangebote

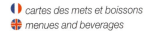
cartes des mets et boissons
menues and beverages

Schankgefäße (Schankgefäße-VO): In Angebotskarten dürfen Schankgefäße nur mit bestimmten Volumen angegeben werden:
Bier: 0,2 l   0,25 l   0,3 l   0,4 l   0,5 l   1 l   1,5 l   2 l   3 l
Wein: 0,1 l   0,2 l   0,25 l
Spirituosen: 2 cl   4 cl   5 cl   10 cl
Alkoholfreie Getränke: 0,2 l   0,25 l   0,3 l   0,4 l   0,5 l

Eichen von Messgeräten: Das Eichgesetz, nach dem alle Messgeräte, die im Geschäftsverkehr verwendet werden, geeicht werden müssen, dient dem **Schutz der Verbraucher**. Zu eichen sind Hohlmaße, Waagen und Gewichte zum Abmessen und Abwiegen von Portionen für Kunden oder Gäste. Schankgefäße zum Trinken müssen mit Füllstrich, versehen mit Volumenangabe und amtlich genehmigtem Herstellerzeichen, gekennzeichnet sein. Das gilt nicht für alkoholische Mischgetränke, die aus mehr als zwei Getränken gemischt werden, sowie für Kaffee-, Tee-, Kakao- oder Schokoladengetränke oder für Getränke, die auf ähnliche Art zubereitet werden.
Das **Eichamt** ist zuständig für Zulassung, Eichung und für andere Prüfungen von Messgeräten. Außerdem trägt es die Verantwortung für die Kontrolle (Stichproben) von Füllmengen bei Fertigpackungen.

Zusatzstoffe (Zusatzstoffzulassungs-VO): Einige wichtige Zusatzstoffe müssen in den Angebotskarten gut lesbar kenntlich gemacht werden. Das kann in Form von Fußnoten erfolgen.

Preisangaben (Preisangaben-VO): Wer Letztverbraucher gewerbsmäßig **Waren oder Leistungen anbietet**, muss nach der **Preisangabenverordnung** Preise mit allen Preisbestandteilen ohne eventuelle Rabattgewährung nennen. Der Gast soll durch die Preisauszeichnung die Möglichkeit des **Preisvergleichs** erhalten. Auszuzeichnen sind stets **Endpreise** einschließlich aller **Auf- und/oder Zuschläge** (Konzertzuschlag) und der Mehrwertsteuer (Umsatzsteuer). Preisschilder dürfen aus hygienischen Gründen nicht in Lebensmittel, beispielsweise in Kuchen am Kuchenbüfett, eingesteckt werden.
In Gaststätten sind **Speisen- und Getränkekarten** in genügender Anzahl auszulegen oder jedem Gast vor Entgegennahme von Bestellungen vorzulegen oder gut lesbar anzubringen. Außerdem ist ein Preisverzeichnis für die wesentlichen angebotenen Speisen und Getränke am Eingang der Gaststätte anzubringen.

Kennzeichnungspflichtige Zusatzstoffe
Benzoesäure, Sorbinsäure mit Konservierungsstoff … konserviert mit …
Schwefeldioxid geschwefelt
Farbstoffe mit Farbstoff, Carotin
Eisenglukonat geschwärzt
Coffein, Chinin nur in alkoholfreien Erfrischungsgetränken: coffeinhaltig, chininhaltig
Phosphate, Milcheiweiß, Eiklar mit Phosphat, mit Milcheiweiß, mit Eiklar
Geschmacksverstärker z. B. Glutamat

20.4 Automaten

distributeurs
automats

Gastronomische Betriebe schließen mit **Automatenaufsteller-Firmen** Verträge ab. Sie sind damit berechtigt, Automaten in den Betriebsräumen aufzustellen: Zigaretten-, Musik-, Spiel-, Präservative- oder Schuhputzautomaten, Getränkeautomaten. Der gastronomische Betrieb erhält dafür im Allgemeinen eine **Umsatzbeteiligung**. Dabei müssen über Aufstellung und Vertragslänge seitens des Gastgewerbebetriebes klare Vorstellungen bestehen, die dem Versorgungskonzept entsprechen. Bestimmte Automaten erfordern eine **besondere Genehmigung** durch die örtlichen Behörden.

 Alkoholautomaten?
Alkoholische Getränke dürfen nicht in Getränkeautomaten angeboten werden. In der Hotellerie zeichnet sich der Trend ab, an Stelle von Minibars in den Hoteletagen Getränkeautomaten aufzustellen.

Grundlagen des Gaststättenrechts

20.5 Wettbewerb

concurrence
competition

Soweit vertraglich keine besonderen Vereinbarungen gelten, besteht kein Rechtsanspruch auf Rabatt- und Zugabegewährung. Kein Kunde kann also einen Rabatt oder eine Zugabe verlangen!
Die allgemeinen Regeln des Wettbewerbsrechts, insbesondere die Grundsätze der Preiswahrheit und Preisklarheit (§ 4 und § 5 UWG und PreisangabenVO), sorgen dafür, dass Irreführungen und sonstigem Missbrauch bei der Rabattgewährung begegnet werden kann.

Unlauterer Wettbewerb liegt vor, wenn der Wettbewerb zum Nachteil der Mitbewerber, der Verbraucher oder sonstiger Marktteilnehmer erheblich beeinträchtigt wird. Nach diesem Gesetz sind alle gegen diesen Personenkreis gerichteten Handlungen unzulässig und damit verboten.
Geschädigte können Beseitigung und Unterlassung, Schadenersatz und Gewinnherausgabe durch den Schädiger verlangen. Die Strafvorschriften sehen Geld- und Freiheitsstrafen, in schweren Fällen bis fünf Jahre vor.

Das Gesetz nennt Beispiele für:
- unlauteren Wettbewerb
- irreführender Werbung
- unzumutbare Belästigungen

Rabatte und Zugaben
- Barzahlungsnachlass
- Preisnachlass
- Sondernachlass
- Gutscheine
- Rabatte
- Zugaben
- Mengennachlass

hospitalité, resquille, objets trouvés
hospitality, bill-dodging, lost properties

20.6 Bewirtung, Zechprellerei, Fundsachen

Die Bestellung der Speisen und der Getränke ist der **Antrag** zum Abschluss eines **Bewirtungsvertrages**, den der Wirt annimmt oder auch ablehnen kann.

- Der **Wirt** muss die vereinbarten Speisen und Getränke herstellen, servieren und dazu die Verweilzeit im Restaurant sichern.
- Der **Gast** ist verpflichtet, den Preis für die vereinbarten Speisen und Getränke zu bezahlen und das Inventar schonend zu behandeln.
- Der **Gast** kann bei Mängeln Nachbesserung oder Ersatzlieferung verlangen. Ist dies nicht möglich, kann er Minderung verlangen oder vom Vertrag zurücktreten, unter Umständen auch Schadenersatz fordern.

Zechprellerei ist die **vorsätzliche Nichtbezahlung** der vom Wirt in Rechnung gestellten Forderung für in Anspruch genommene Leistungen.

Die **Betrugsabsicht** muss vom Wirt nachgewiesen werden. Wirkungsvoll ist das Hinzuziehen der **Polizei**. Im Rahmen der Selbsthilfe kann der Gast bis zum Eintreffen der Polizei zurückgehalten werden (§ 229 BGB), wenn er sich nicht ausweisen kann. Ein **Pfandrecht** an den Sachen des Gastes **besteht nicht**.

Fundsachen: Im Gastgewerbe liegen gelassene Gegenstände werden vom Personal nicht gefunden, sondern **entdeckt**. Es besteht deshalb **kein Anspruch auf Finderlohn**. Vom Entdecker müssen sie den Verantwortlichen abgeliefert werden, die sie kostenlos und sorgfältig aufbewahren. Entstehende Kosten können dem Gast in Rechnung gestellt werden.

1 Charakterisieren Sie unterschiedliche Arten von Gastgewerbebetrieben.
2 Begründen Sie die Notwendigkeit von Konzessionserteilungen.
3 Erläutern Sie den Sinn von Sperrzeiten durch Beispiele.
4 In welchen Fällen kann die Bewirtung eines Gastes verweigert werden?
5 Sammeln Sie negative Erfahrungen, die sich aus dem Bewirtungsvertrag ergeben, und versuchen Sie, die Ursachen aufzudecken.
6 Nennen Sie Vorteile, die die am Eingang von Gaststätten gesetzlich geforderten Preislisten auch für den Gaststättenbetrieb selbst haben.
7 Erläutern Sie den Tatbestand der Zechprellerei.

21 Beurteilung der Servicetätigkeit als Erfolgskontrolle

🇫🇷 *jugement du service comme contrôle du rendement*
🇬🇧 *judg(e)ment on service as profit control*

Die Servicetätigkeit unterliegt im Geschäftsverlauf ständig der Bewertung durch **Gäste** und durch **betriebliche Vorgesetzte**.
Zahlreiche Untersuchungen bestätigen, dass Urteile der Gäste überwiegend sachlich und treffend sind. Erfolgreich ist die Servicetätigkeit dann, wenn **zufriedene Gäste** verabschiedet werden können.

| **Zufriedenheit** und das **Wohl des Gastes** sind Auftrag und Ziel im Service.

Fachliche Bewertung
Qualität und **Niveau** des Service hängen von den vorausgehenden Vorbereitungsarbeiten ab. Eine gründliche Vorbereitung sichert die fachgerechte Durchführung des Service. Also muss die fachliche Beurteilung der Servicetätigkeit schon bei der Vorbereitung beginnen. Für den Gast sichtbar ist jedoch nur die Einhaltung der **fachlichen Regeln** beim Servieren und beim Abräumen.

Zwischenmenschliche Bewertung
In erster Linie kommt es auf die zwischenmenschliche **Kommunikation mit den Gästen** an. Durch die gute Zusammenarbeit von Service und Küche können die **Wünsche der Gäste** umfassend erfüllt werden. Sonderwünsche der Gäste stellen kein Problem dar und bedürfen nicht erst einer Rückfrage in der Küche.

| Eine freundliche und zuvorkommende Bedienung garantiert die **Erhaltung von Stammgästen** und ist eine kostenlose **Werbung** für neue Gäste.

Hygienische Bewertung
Hygiene gilt als eine der **Grundbedingungen** für den einwandfreien Service. Schon ein einziger negativer Sachverhalt kann alle anderen positiven Anstrengungen im Service zunichte machen. Bekannt ist, dass mangelnde Sauberkeit Ablehnung und Ekel auslösen können: „Hier kann man doch nichts essen."

Sicherheitsmäßige Bewertung
Auch die Sicherheit der Gäste und der Mitarbeiter gehört zu den Grundbedingungen des Service. Die Einhaltung der Sicherheitsbestimmungen ist zumeist gesetzlich geregelt.

Rechtliche Bewertung
Selbstverständlich gilt es, über Sicherheitsbestimmungen hinaus rechtliche Forderungen zu berücksichtigen. Zunächst ist die Ehrlichkeit der **Mitarbeiter** zu nennen. Die im Bewirtungsvertrag übernommenen Verpflichtungen müssen erfüllt werden. Dann müssen weitere Bestimmungen zu Schließzeiten, Anmeldung von Tanzveranstaltungen, GEMA, Polizeistunde, Alkoholausschank und Jugendschutz beachtet werden.

So beurteilt der Gast die Servicetätigkeit:
- *Bekleidung und Aussehen des Servierpersonals sind korrekt.*
- *Freundlichkeit, Höflichkeit.*
- *Klare verständliche Sprache.*
- *Geduld, Zuhören, Wünsche aufnehmen und berücksichtigen.*
- *Erfüllung von Sonderwünschen.*
- *Sauberkeit der Tischdecken.*
- *Besteck und Geschirr sind einwandfrei sauber und poliert.*
- *Gäste haben das Gefühl von Sauberkeit und Geborgenheit.*
- *Die Bestellung wird weitergegeben.*
- *Das bereitgestellte Essen oder Getränk kommt sofort.*
- *Speisen und Getränke haben die richtigen Verzehrtemperaturen.*
- *Essen wird für alle Gäste am Tisch gleichzeitig serviert.*
- *Qualität und Mengen entsprechen den Erwartungen.*
- *Kinder werden besonders aufmerksam betreut.*
- *Der Gast ist vor Belästigungen geschützt.*
- *Die Sicherheitsvorkehrungen hinsichtlich Brandschutz scheinen umfassend.*
- *Personal weist die Gäste gegebenenfalls auf Unfallquellen hin.*
- *Die Abrechnung hinsichtlich Preisen und Menge ist korrekt.*
- *Die Abrechnung ist übersichtlich und leicht nachzuvollziehen.*

Beurteilung der Servicetätigkeit als Erfolgskontrolle

Projektorientierte Aufgabe
Festessen zum Erntedankfest

Restaurantfachfrau Regine bereitet ein abendliches **Festessen zum Erntedankfest** für 36 Personen vor. Unterstützen Sie Regine bei der Vorbereitung und der Ausgestaltung des Festes.

1. Regine überlegt zunächst, ob das von den Gästen gewünschte Menü den gastronomischen und ernährungsphysiologischen Anforderungen entspricht. Unterbreiten Sie Regine Ihre Vorschläge.
2. Zum Menü müssen die korrespondierenden Getränke zusammengestellt werden. Denken Sie daran, dass Kinder und Antialkoholiker am Fest teilnehmen.
3. Gestalten Sie eine Menükarte mit der Speisenfolge und den Getränken.
4. Planen Sie die Tafelform. Wie viele Tische werden gebraucht, damit jeder Gast genügend Platz hat?
5. Ermitteln Sie die Tischwäsche, die am Abend benötigt wird.
6. Schlagen Sie Dekorationsmöglichkeiten für die Tafel vor. Fertigen Sie dazu eine Skizze an.
7. Erarbeiten Sie eine Aufstellung über den Bedarf an Geschirr, Besteck und Gläsern.
8. Überlegen Sie, welche Menagen und sonstige Tischausrüstung vorbereitet werden müssen.
9. Erläutern Sie am Beispiel der Tätigkeiten beim Festessen zum Erntedankfest den Grundsatz „Servicearbeit ist Team-Arbeit".
10. Zählen Sie die am Ende der Veranstaltung zu erwartenden Nachbereitungsarbeiten auf.
11. Restaurantfachfrau Regine verwechselt beim Servieren die von zwei Gästen nachbestellten Getränke: 1 Glas Birnenmost, 1 Flasche Mineralwasser. Reagieren Sie auf die nachfolgende Beanstandung in einem Rollenspiel.
12. Zum Erntedankfest kommt ein Gast mehr als geplant. Regine legt ein Gedeck nach. Welche Möglichkeiten hat sie, das Besteck zu tragen? Begründen Sie.
13. Denken Sie über Sicherheitsmaßnahmen beim geplanten Tanz nach.
14. Nennen Sie gesetzliche Bestimmungen, die bei der geschlossenen Veranstaltung zum Erntedank zu berücksichtigen sind.
15. Bilden Sie zwei Gruppen, in denen Sie in Pro und Kontra zu folgender Szene Stellung nehmen: Regine sagt ziemlich ungehalten, nachdem ein Gast zwei Mal ein Weinglas umgestoßen hatte und dazu noch lautstark wurde: „Sie bekommen von mir keinen Alkohol mehr, weil sie betrunken sind. Einen Kaffee können Sie noch haben." Denken Sie an Ihre Gastgeberrolle und an rechtliche Gegebenheiten.
16. Durch das engagierte Verhalten von Regine wurden 25 Gläser Sekt (0,1 l) zu 3,80 €/Stück als Begrüßungsgetränk verkauft. Dadurch stieg der Getränkeumsatz um durchschnittlich 25 %.
16.1 Wie hoch war der Getränkeumsatz je Person und insgesamt?
16.2 Wie viele $^2/_1$-Flaschen Sekt mussten geöffnet werden, wenn man mit einem Schankverlust von 10 % rechnet?

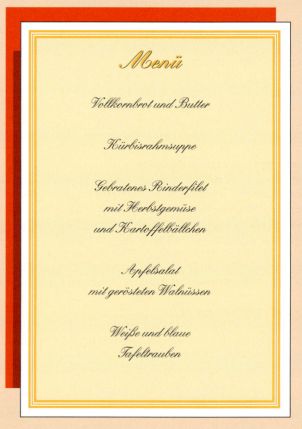

Menü

Vollkornbrot und Butter

Kürbisrahmsuppe

*Gebratenes Rinderfilet
mit Herbstgemüse
und Kartoffelbällchen*

*Apfelsalat
mit gerösteten Walnüssen*

*Weiße und blaue
Tafeltrauben*

MAGAZIN

Aufgaben eines Magazins und Arbeitsabläufe erklären. Waren prüfen, Bestellungen und Lieferscheine kontrollieren. Waren entsprechend den Warenanforderungen einlagern und Warenbestände kontrollieren. Arbeitsplatzbezogene schriftliche Arbeiten erledigen, Karteien und Daten führen.
Formen des Kaufvertrages unterscheiden, Möglichkeiten der Datensicherung kennen und Kommunikationsmedien nutzen.
(nach dem Bundesrahmenlehrplan)

magasin/entrepôt
store room

22 Arbeiten im Magazin

Sinnvolle Lagerhaltung beeinflusst die Wirtschaftlichkeit eines Gastgewerbebetriebes. **Hohe Lagerbestände** binden Geld und erhöhen die Lagerkosten. Zu **niedrige Lagerbestände** gefährden den Betriebsablauf. Außerdem können durch ungünstige Nachkäufe Kosten entstehen.

> Im Gastgewerbebetrieb heißt das Lager für Lebensmittel und Gebrauchsgegenstände Magazin.

Magazin als Teil des Gastgewerbebetriebes

Ein **größerer Gastgewerbebetrieb** lässt sich in die zwei Teilbereiche **Verwaltung** und **Dienstleistung** einschließlich **Küchenproduktion** gliedern. Die beiden Teilbereiche sind von der Versorgungsaufgabe und der Produktionsstruktur des Betriebes geprägt. Die **Verwaltung** sichert den effektiven Betriebsablauf eines Unternehmens. Die rationelle Verwaltung im Gastgewerbe erfordert zukunftsorientierte, moderne Abrechnungs-, Kontroll- und Kommunikationssysteme. Leistungskennziffern aller Betriebsbereiche müssen ständig abrufbereit sein, um sofortige Entscheidungen zu ermöglichen.

Die Warenwirtschaft, zu der das Magazin gehört, ist ein Teil der Verwaltung. In **kleineren Gastgewerbebetrieben** sind die Arbeitsabläufe zwar komplexer, aber prinzipiell mit Großunternehmen vergleichbar.

Was ist ein F+B-Manager?
Der Food and Beverage Manager ist als Wirtschaftsdirektor allgemein für Küche und Restaurant verantwortlich.

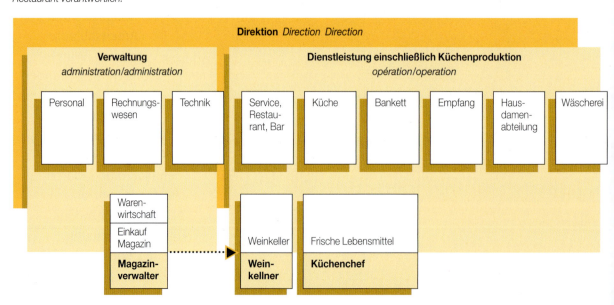

Gliederung des Magazins

Das Lagergut wird in die zwei Hauptgruppen **Lebensmittel** *(denrées alimentaires, food)* und **Nichtlebensmittel** *(marchandises non alimentaires, non-food)* eingeteilt. In der Praxis haben sich die englischen Begriffe **food** und **non-food** durchgesetzt.

Arbeiten im Magazin

Food	Non-Food
Frische Lebensmittel	Geschirr
Trockenware (Mehl, Reis usw.)	Schreibwaren
Konserven	Bettwäsche, Tischwäsche
Getränke	Reinigungsmittel, Sanitärartikel
	Werkzeug
	Einrichtungsgegenstände

Aufgaben im Magazin

Die Magazinverwaltung umfasst:
- Bestellung und Einkauf mittels Marktlisten
- Führung von Warendateien
- mengen- und wertmäßiges Erfassen der Lagerbestände durch Wareneingänge und Warenausgänge
- Bestandsüberwachung und Verbrauchsfeststellung
- fachgerechte Lagerverfahren einschließlich der Warenpflege
- jährliche Bestandsaufnahmen (Inventuren), die von der Finanzverwaltung gefordert werden

Das traditionelle Formularwesen im Magazin, ist nach wie vor ein Hilfsmittel für die funktionierende Lagerorganisation. Es wird aber zum Teil durch die elektronische Datenverarbeitung ersetzt.

Systemlösungen stehen für die Lagerbestandshaltung, für den Rohstoffverbrauch in der Küche, für Zahlungsarten sowie für andere Bereiche bereit.

Im Gastgewerbebetrieb, also auch im Magazin gilt das Prinzip, dass jede Veränderung im Warenbestand durch einen Beleg nachgewiesen werden muss:

Kosten im Magazin

Warenfluss im Gastronomiebetrieb

Erfassen des Warenflusses durch Belege

Anforderungen an Beschäftigte im Magazin

1 Beschreiben Sie die Aufgaben des Magazins und erläutern Sie typische Arbeitsabläufe.
2 Informieren Sie sich über die Arbeitsabläufe im Magazin Ihres Ausbildungsbetriebes und berichten Sie in Form eines Kurzvortrages.
3 Übersetzen Sie die Funktionsbezeichnung Food and Beverage Manager.

◉ gestion de la marchandise
◉ management of goods

23 Warenwirtschaft

Zur Warenwirtschaft gehören **Einkauf, Lagerung** und **Warenumschlag**. Der Magazinverwalter *(magasinier, stock-keeper)* mit seinen Mitarbeitern ist für Wareneingang, Warenpflege, Warenausgabe und Bestandskontrolle verantwortlich. In **großen Hotels** oder in speziellen Weingaststätten können ein Kellermeister (Küfer) oder der Weinkellner (Sommelier) für Weineinkauf und Weinlagerung verantwortlich sein. Dem Küchenchef wird zumeist die Verantwortung über frische Lebensmittel übertragen.

In **kleineren gastronomischen Einrichtungen** liegt die gesamte Warenwirtschaft in den Händen des Chefs oder des Küchenchefs.

Technische, organisatorische sowie ökonomische Gesichtspunkte spielen in der Warenwirtschaft eine große Rolle.

Kennen Sie den EP?
Erich hat gehört, dass sich ein Fleischlieferant wegen unlauteren Wettbewerbs verantworten muss, da er Waren unter dem Einstandspreis verkauft hat. Er erkundigt sich deshalb nach der Ermittlung des Einstandspreises:

    Wareneinkaufspreis
    (Listeneinkaufspreis)
– *Rabatte*
= *Zieleinkaufspreis*
– *Skonto*
= *Bareinkaufspreis*
+ *Bezugskosten*
= *Einstandspreis*
    (Bezugspreis)

Einkauf	Lagerung	Lagerbestände
Bestellung	Lagerverfahren	Lagerkennzahlen
Warenannahme	Warenpflege	Schwund
		Warenumschlag
		Warenausgabe
		Bestandskontrollen

23.1 Einkauf

◉ achat
◉ purchase

Der **Einkauf** hat ausschlaggebende Bedeutung für die Speisen- und die Getränkequalität, für die Angebotsgestaltung und schließlich für die Erwirtschaftung von Gewinn. Je nach Betriebsart liegen Zuständigkeit und Verantwortlichkeit beim Warenwirtschaftsleiter oder beim Küchenchef sowie beim Kellermeister/Weinkellner.

Mit dem Einkauf betraute Mitarbeiter gelten als Vertrauenspersonen, die fundierte Waren-, Rechts- und Marktkenntnisse benötigen. Sie zeichnen sich durch Organisationstalent und Verhandlungsgeschick aus und sollten mit regionalen Handelsbräuchen vertraut sein.

Rechnen Sie richtig?
Bei Bestellungen ist es von Bedeutung, ob die Gewichtsangabe sich nur auf den Inhalt bezieht oder ob die Verpackung mitgewogen wurde:
• **Brutto** – Gewicht **mit** Verpackung
• **Netto** – Gewicht **ohne** Verpackung
• **Tara** – Gewicht der **Verpackung**
Brutto für netto ist ein „Preisverschnitt", der besagt, dass die Verpackung mitgewogen und mitgerechnet wurde. Der Preis brutto für netto (bfn) bezieht sich auf Ware und Verpackung.

> Durch den Einkauf sollen dem Gastgewerbebetrieb die benötigten **Waren** in erforderlicher **Menge und Qualität** zur gewünschten **Zeit** möglichst **kostengünstig** bereitgestellt werden.

Bedarfsermittlung, Marktanalyse, Auswertung von Angeboten, Schaffung eines Lieferantenkreises und **Vertragsverhandlungen** gehören zu den Tätigkeiten von Einkäufer und Lagerverwalter.

Einkaufsgüter

Zutaten	Hilfsstoffe	Handelsware	Betriebsstoffe	Investitionsgüter
Rohstoffe	Folie	Tabakwaren	Elektroenergie	Einrichtungen
Convenience-Erzeugnisse	Blumen Servietten	Postkarten	Kraftstoff	Arbeitsmittel

312

Einkauf

 23.1.1 Bestellung   *commande* / *order*

In der Bestellung müssen folgende Angaben eindeutig und klar festgelegt werden:
- Warenart (Qualität)
- Menge und Preis
- Verpackung
- Liefer- und Zahlungsbedingungen (→ 339)

Der Kaufentscheid wird außerdem durch Aufmachung, Beschriftung und eindeutige Deklaration der Ware beeinflusst. Bei nicht ständig wiederkehrenden Bestellungen werden **Anfragen** abgegeben und **Angebote** entgegengenommen. Eine fehlerhafte Bestellung muss rechtzeitig vom Käufer widerrufen werden.

Vergleich der Angebote

Qualität	Menge/Preis	Verpackung	Lieferkosten	Zahlungsbedingungen
			Lieferzeiten	Erfüllungsort/Gerichtsstand
				Rabatte/Vergütungen

Bestellungen können **mündlich** (telefonisch, bei Vertreterbesuch) oder **schriftlich** (Fax, E-Mail, Brief), mitunter auf Bestellformularen der Lieferanten, abgegeben werden. Durch schriftliche Bestellungen können Irrtümer und Falschlieferungen besser ausgeschlossen werden.
Menge und **Häufigkeit** einer Bestellung richten sich nach dem Bestell- oder Meldebestand (→ 322). Die Bezugsquellen sind der **Lieferkartei/-datei** zu entnehmen. Neue Lieferanten können auf unterschiedliche Weise gewonnen werden: durch Branchenverzeichnisse („Gelbe Seiten"), Telefonbücher, Internet, Messebesuche und Vertreterbesuche.

| Beim Einkauf von Waren entsteht stets ein Kaufvertrag (→ 337).

▶ Bei einer Bestellung die Daten (Adresse, Tel., Fax, E-Mail) vom Käufer und Verkäufer angeben, auf Angebot oder Anfrage Bezug nehmen,

▶ Gewünschte Qualität, Art, Menge und Preise genau angeben,

▶ Zahlungs- und Lieferbedingungen vereinbaren,

▶ Sonderwünsche vorbringen,

▶ Auch bei ständig wiederkehrenden Bestellungen sind die Konditionen zu überprüfen.

Hotel zum Löwen

TELEFAX

Sehr geehrter Herr Koscnetzky,

Bezug nehmend auf unser Telefongespräch am 14.10... und Rücksprache mit unserem Restaurantleiter entscheiden wir uns für Ihr Angebot wie folgt:

60 Flaschen Riesling, Q.b.A. trocken, 1998 zu 5,70 €/Flasche.

Sie gewähren uns vereinbarungsgemäß 2 % Skonto bei Bezahlung der Rechnung innerhalb von 7 Tagen.

Mit freundlichen Grüßen

Küster

Magazinverwalter
Hotel zum Löwen

```
********SENDEBERICHT********
DATUM/UHRZEIT   :  15.10.....
AN              :  0354645789
DAUER           :  00:00:47
SEITEN          :  001
STATUS          :  O.K.
```

Hotel zum Löwen

Büroservice Gerstner
– Empfänger –

16. September 200..

Bestellung

Sehr geehrte Frau Schumann,

wir bestellen folgende Artikel zur baldmöglichsten Anlieferung:

– 10 breite Ordner, einfach
– 10 schmale Ordner, einfach
– 2 x 100 Stück Einbanddeckel A4, elfenbein (Art. 09103402)
– 2 x 100 Stück Einbanddeckel A4, transparent, klar, für Bindesystem 200 my
– 5 x Ordnerrückenschilder Falken 1602 breit sk, weiß
– 10 Packungen Disketten Super-A 3,5"

Für Ihre Bemühungen vielen Dank.

Mit freundlichen Grüßen

Küster

Magazinverwalter
Hotel zum Löwen

 Schreiben Sie als Magazinverwalter des Dresdner Hotels „Goldener Reiter" eine normgerechte Bestellung (→ 329 ff.) für 120 Dosen „Pfifferlinge, 1. Wahl" zum Stückpreis von 2,95 € bei der Firma Schwarzwald-Feinkost in 79539 Lörrach, Struwestr. 9a.

313

Warenwirtschaft

23.1.2 Warenannahme

🇫🇷 réception des marchandises
🇬🇧 receiving of goods

Bei der Warenannahme werden **Qualität, Menge, Mindesthaltbarkeit, Verbrauchsdatum, Verpackung** und **sichtbare Schäden** kontrolliert.
Bestellung und Lieferung sind mit den Transportpapieren zu vergleichen. Bei der Einlagerung werden die Zugänge gebucht und die Rechnung überprüft.

- Keine Warenannahme ohne Lieferschein, Nichtbestelltes ablehnen
- Kontrolle der Warenbegleitscheine
- Kontrolle der Ware, Mängel auf Lieferschein bestätigen lassen
- Einlagerung und Buchung der Zugänge
- Rechnungsprüfung

Erkannte Mängel müssen beim Transporteur reklamiert und schriftlich bestätigt werden. Danach ist die Ware mit Hilfe des Lieferscheins weiter zu prüfen. Dabei sind der einseitige und der zweiseitige Handelskauf zu unterscheiden:
Beim **einseitigen Handelskauf** sind offene und versteckte Mängel innerhalb von 2 Jahren zu rügen.
Beim **zweiseitigen Handelskauf** ist unverzüglich, also ohne schuldhafte Verzögerung zu prüfen. Offene Mängel müssen sofort gerügt werden, verdeckte Mängel unverzüglich nach Entdecken innerhalb von 2 Jahren. Diese Frist kann vertraglich verkürzt werden.

Warenbegleitscheine
enthalten oft differenzierte Informationen über die Eigenschaften der Ware, Warenpflege, Gebrauchshinweise oder Garantieleistungen des Herstellers.
einseitiger Handelskauf
Kaufvertrag zwischen Kaufmann und Privatperson.
zweiseitiger Handelskauf
Kaufvertrag zwischen Kaufleuten

23.2 Lagerverfahren

🇫🇷 méthodes de stockage
🇬🇧 storage methods

Nach der Warenannahme werden die Waren umgehend eingelagert. Ziel der Lagerverfahren für **Lebensmittel** ist:
- gute Verfügbarkeit durch bessere Haltbarkeit
- mitunter ein erhöhter ernährungsphysiologischer Wert durch Reifungsvorgänge

Gelagert werden können frische Rohstoffe, Halbfertigerzeugnisse, Fertigerzeugnisse.
Verschiedene leicht verderbliche Lebensmittel sind nur begrenzt lagerfähig. Dazu gehören Pilze, Salat, Beerenobst, Frischmilch, Krebse und Weichtiere.

1 Als Auszubildender sollen Sie eine Lebensmittellieferung annehmen.
Beschreiben Sie Ihre Aufgaben.
2 Nennen Sie die Angaben auf dem Lieferschein, die von Ihnen zu kontrollieren sind.
3 Zählen Sie Angaben auf, die bei Fertigpackungen zu beachten sind.
4 Ermitteln Sie den Materialwert der Gemüselieferung laut Lieferschein.
5 Pfifferlinge werden im Spankörbchen mit einem Gesamtgewicht von 950 g angeboten und kosten 9,90 €. Das leere Körbchen wiegt 120 g.
Wie viel kostet 1 kg Pfifferlinge?
6 25 kg Kabeljaufilet werden in Eis gepackt angeliefert. Der Preis beträgt brutto für netto 9,30 €/kg. Die Tara beträgt 18 % des Gesamtgewichts. Berechnen Sie den Nettopreis je kg.

Lagerverfahren

Beim Lagern gibt es sowohl **erwünschte** als auch **unerwünschte** Veränderungen. Lagergüter im Non-Food-Bereich sind allgemein gut lagerfähig. Bis auf einige Ausnahmen (Sanitärartikel, Schreibwaren) gibt es keine Lagerzeitbegrenzung.

Erwünschte Zustandsänderungen	Unerwünschte Zustandsänderungen
Erhöhung des ernährungsphysiologischen Wertes und des Genusswertes	Verminderung des Nährwertes, Schwund, Qualitätsmängel, Verderb
Beispiele: Fleischreifung, Käsereifung, Obstreifung, Alterung des Weines	Beispiele: Geschmacksveränderungen, Verlust an Aromastoffen, Verlust der Gebäckkrösche, Austrocknen, Abbauvorgänge bis zur Genussuntauglichkeit

Um hohe Lagerbestände (→ 319) zu vermeiden, werden Lebensmittel heute meist in bester Verbrauchsqualität angeliefert. Damit entfallen die Reifungsvorgänge im Gastronomiebereich.

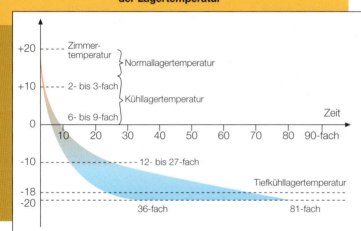

Weinkeller

Werten Sie die nebenstehende Grafik aus. In welcher Beziehung steht die Haltbarkeit zur Lagertemperatur?

Man unterscheidet drei Lagerverfahren:

Normallagern **Kühllagern** **Tiefgefrierlagern**

Während der Lagerung muss das Lagergut **überwacht** und **behandelt** werden. Ständig zu kontrollieren sind insbesondere Lagertemperaturen, Luftfeuchte, Lichteinfluss, Befall durch Mikroorganismen und Schädlinge sowie mechanische Beschädigungen und die Einhaltung der Lagerfristen. Auf Sauberkeit und Ordnung im Lagerraum ist besonderer Wert zu legen.
Während der Lagerzeit können die Erneuerung von Verpackungen, das Aussortieren von Lebensmitteln mit ablaufender Mindesthaltbarkeits- bzw. Verbrauchsdauer oder schließlich auch die Beseitigung nicht mehr verwendbaren Lagerguts erforderlich sein.
Diese Maßnahmen fasst man auch unter der Bezeichnung **Warenpflege** zusammen.

*Unter **Luftfeuchte** versteht man den Wasserdampfgehalt der Luft. Absolute Luftfeuchte = Gramm Wasserdampf je m³.
Unter **relativer Luftfeuchte** versteht man den maximal möglichen Wasserdampfgehalt bei der bestehenden Lufttemperatur in Prozent.*

Warenwirtschaft

 23.2.1 Rechtsvorschriften   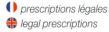 *prescriptions légales* / *legal prescriptions*

Auf der Grundlage von gesetzlichen Bestimmungen haben sich Grundsätze und fachliche Regeln für die Gestaltung und die Ausrüstung der Lagerräume, für die persönliche Hygiene und für die Lagerung der einzelnen Warengruppen ergeben. Lagerhinweise für Gemüse, Kartoffeln, Obst, Eier, Milch, Käse, Fleisch und Fisch wurden bei der Behandlung der Zutaten und der Herstellung ausgewählter Speisen (➔ 140ff.) gegeben.

Lagerung von Lebensmitteln
In DIN 10501 sind Höchsttemperaturen zusammengestellt, die bisher in den Hygiene-Verordnungen der Bundesländer aufgeführt waren.

Höchsttemperaturen

Lebensmittelgruppe	Höchsttemperatur
Milch und Milcherzeugnisse	8 °C
Käse	8 °C
Torten	8 °C
Fisch-, Krusten-, Schal- und Weichtiererzeugnisse	7 °C
Mayonnaise, Feinkostsalate u. Ä.	7 °C
Frischfleisch, Wildbret (Haarwild)	7 °C
Gemüse, Obst	6 bis 8 °C
Hackfleisch	2 bis 4 °C
Geflügel, Kaninchen, kleines Haarwild	4 °C
Innereien und andere Schlachtnebenwerte	3 °C
Krusten-, Schal- und Weichtiere, frisch	2 °C
Frischfisch	2 °C / Kristalleis
Eier	kühlen (➔ 164)
Tiefgefrorene Lebensmittel	−18 °C
Gegarte Speisen, Salate, Desserts	4 °C

Bei verpackten Lebensmitteln ist neben der Temperaturangabe auf das Mindesthaltbarkeits- oder Verbrauchsdatum zu achten.

> Zum Abdecken von Lagergut werden aus hygienischen Gründen Lebensmittelfolien anstatt feuchte Tücher verwendet.

Warenpflege
Zur Warenpflege gehören folgende Tätigkeiten:
- Inspektion der Lagerräume, Kontrolle der Transportfahrzeuge, Prüfung der Lagerbestände mit Probenentnahme
- Prüfung der Schrift- und Datenträger, darunter der Ein- und Ausgangsbücher
- Kontrolle von Etiketten, Aufklebern und Verpackungsmaterialien
- Prüfung der betrieblichen Kontrollsysteme (Thermometer, Hygrometer u. a.)
- Protokolle über Reinigung und Schädlingsbekämpfung (Hygienepläne ➔ 76ff.)

Mindesthaltbarkeitsdatum oder Verbrauchsdatum?

Das **Mindesthaltbarkeitsdatum** ist kein Verfallsdatum. Nach Ablauf der Frist kann das Lebensmittel noch verkauft werden. Der Anbieter hat dann eine erhöhte Sorgfaltspflicht.
Im Gegensatz steht das **Verbrauchsdatum**. Es bezeichnet den Termin, bis zu dem das Lebensmittel verzehrt werden sollte. Danach darf es nicht mehr verkauft werden. Verbrauchsdaten werden bei risikoreichen Lebensmitteln verwendet, z.B. Hackfleisch, frisches Geflügelfleisch. Ansonsten entscheidet der Händler oder Erzeuger über die Kennzeichnung.

Mindesthaltbarkeitsdatum (MHD)

Mindestens haltbar bis:

Mindesthaltbarkeit nicht mehr als drei Monate
Es reicht die Angabe von Tag und Monat, zum Beispiel „21.5."

Mindesthaltbarkeit mehr als drei Monate:
Es reicht die Angabe von Monat und Jahr, zum Beispiel „Ende Mai 2006".

Mindesthaltbarkeit mehr als 18 Monate:
Es reicht die Angabe des Jahres, allerdings nur bezogen auf das Ende des Jahres, zum Beispiel „mindestens haltbar bis Ende 2006".

Lagerverfahren

Treten bei der **Sichtkontrolle** folgende Mängel auf, sind weiter gehende Prüfungen erforderlich:
- starke Rostbildung
- Schimmel am Verpackungsmaterial
- Klumpenbildung und Farbveränderungen am oder im Lebensmittel
- übermäßige Schnee- oder Eisbildung, Gefrierbrand bei tiefgefrorenen Lebensmitteln

Die genannten Mängel können Hinweise für Qualitätsverlust oder gar Verderb sein.

Lebensmittel oder Verpackungen dürfen zur weiteren Verarbeitung nicht verwendet werden, wenn folgende Mängel festgestellt werden:
- bombierte Dosen oder Deckel, Gläser mit losen Deckeln
- fehlendes Vakuum, undichte Behältnisse, so genannte Leckagen
- untypische Trübungen von Aufguss, Geruchsabweichungen
- Verflüssigungen oder aufgeweichter Feststoffanteil

Reinigungs- und Desinfektionsmittel müssen außerhalb des Lebensmittellagers aufbewahrt werden.

Rechtsbestimmungen zur Vermeidung von Verpackungsabfällen
Rücknahme- und Verwertungspflichten. Umverpackungen müssen vom Vertreiber selbst entfernt oder vom Verbraucher entfernt werden können. Hierzu sind Sammelbehälter, getrennt nach Wertstoffgruppen, aufzustellen. Der Vertreiber verpflichtet sich, die Umverpackungen einer erneuten Verwendung oder der stofflichen Verwertung außerhalb der öffentlichen Abfallentsorgung zuzuführen.

Verkaufsverpackungen müssen vom Vertreiber kostenlos zurückgenommen werden. Dazu zählen Becher, Beutel, Dosen, Eimer, Fässer, Flaschen, Kanister, Kartonagen, Schachteln, Säcke, Schalen und Tragetaschen. Dazu gehören auch Einweggeschirr und Einwegbesteck. Die Rücknahmepflicht ist aufgehoben, wenn sich der Vertreiber an einem System zur Erfassung, Sortierung und stofflichen Verwertung der Verpackungen beteiligt (→ 94 ff).

Die Qualität gelagerter oder konservierter Lebensmittel ist abhängig von
- *der Lagerdauer,*
- *dem Lagerklima,*
- *der Verpackung,*
- *der Warenpflege.*

Lebensmittel ohne Herstellungs- oder Haltbarkeitsangaben sind entsprechend zu kennzeichnen.

Prüfungspflichten
Zur Warenpflege gehört eine ständige Kontrolle nach folgenden Gesichtspunkten:
- *Temperaturen*
- *Licht*
- *Luft*
- *Gerüche*
- *Qualitätsverlust*
- *Nachteilige Beeinflussungen*
- *Hygiene, Schädlingsbekämpfungsmittel*

23.2.2 Normallagern

🇫🇷 *stockage normal*
🇬🇧 *normal storage*

Normallagern ist das Aufbewahren unter klimatischen Normalbedingungen bei Temperaturen unterhalb von 18 bis 20 °C, jedoch über 5 °C.
Die optimalen Lagertemperaturen liegen im Bereich von 10 bis 15 °C.
Die Lagerung erfolgt in Lagerräumen ohne zusätzliche Klimatisierung unter Ausnutzung natürlicher klimatischer Bedingungen.

Die Normallagerung dient dem Aufbewahren von Trockenerzeugnissen, Konserven sowie von einigen Obst- und Gemüsearten, die keine besonderen Klimaansprüche haben.
Waren des Non-Food-Bereichs werden ebenfalls unter Normalbedingungen aufbewahrt.

Als Lagerräume eignen sich kühle, trockene, abgedunkelte, frostsichere und gut lüftbare Räume.
Solche Forderungen erfüllen Kellerräume, insbesondere gegen Schwankungen des Außenklimas geschützte Kellergewölbe von Altbauten.

Trockenlager

317

Warenwirtschaft

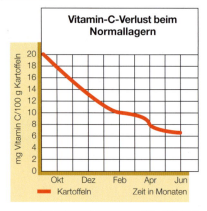

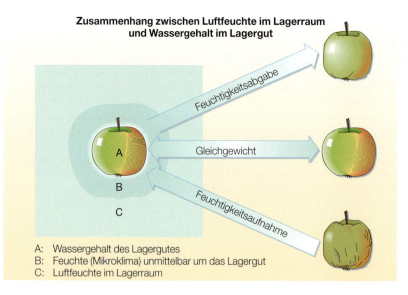

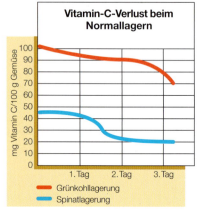

A: Wassergehalt des Lagergutes
B: Feuchte (Mikroklima) unmittelbar um das Lagergut
C: Luftfeuchte im Lagerraum

Wichtige Regeln für die Warenpflege während der Normallagerung sind stets zu beachten. Das Lagergut ist zu schützen vor:

- Wärme
- Kälte
- Feuchtigkeit
- Austrocknung
- Sonnenlicht
- Fremdgeruch
- mechanischen Beschädigungen
- Überlagerung
- Mikroorganismen und tierischen Schädlingen

Anwendung

Trockenerzeugnisse, wie Mehl, Grieß, Zucker und Hülsenfrüchte; Konserven wie Obst- und Gemüsekonserven, Sauergemüse, Fischmarinaden; Gemüse (Zwiebeln, Möhren), Kartoffeln, Waren des Non-Food-Bereichs.

23.2.3 Kühllagern

🇫🇷 stockage au froid
🇬🇧 cold storage

Kühllagerung ist ein Lagerverfahren im **Temperaturbereich von 5 bis −2 °C** (im Allgemeinen oberhalb von 0 °C) **in kältetechnisch ausgerüsteten Räumen mit Luftumwälzung**. Die relative Luftfeuchte bei diesem Lagerverfahren ist vom Lagergut abhängig.

Lebensmittel erhalten eine verlängerte Lagerfähigkeit. Durch die Verlangsamung von Abbaureaktionen in diesem Temperaturbereich verringern sich die Verluste sowohl an Masse als auch an Nährstoffen.
Inhaltsstoffe des Lagergutes werden bei diesem Lagerverfahren nur gering beeinträchtigt.

Temperatur: Sie soll möglichst tief sein, darf aber das Lagergut ernährungsphysiologisch nicht schädigen. Aus hygienischen Gründen und wegen der Qualitätserhaltung eignen sich für frische und zubereitete Lebensmittel niedrige Lagertemperaturen, am besten **Temperaturen von 0 bis 1 °C**. In diesem Bereich vermehren sich die Lebensmittelvergifter, wie Salmonellen, Clostridien und Staphylokokken, nur sehr langsam (➔ 69 ff).

Reifungsbeschleunigung

Die Anwesenheit des gasförmigen ungesättigten Kohlenwasserstoffs Ethen (Ethylen) im Lagerraum bewirkt eine beschleunigte Obstreifung. Ethen hat deshalb auch die Bezeichnung „Reifungshormon" erhalten. Natürlicherweise entsteht Ethen u. a. als Stoffwechselprodukt bei der Apfellagerung. Ausgenutzt wird die Ethen-Wirkung bei der Reifung grüner Bananen, indem man durch Ethen-Begasung die Reifungszeit verkürzt.

Lagerverfahren

Enzymatische und oxidative Vorgänge in den Lebensmitteln laufen ebenfalls verlangsamt ab. Lediglich kälteempfindliche Arten von Frischobst und Gemüse (Ananas, Bananen, Zitrusfrüchte, Auberginen, Gurken, Kartoffeln, unreife Tomaten) erfordern Lagertemperaturen zwischen 7 und 1 °C.

Luftfeuchte: Die optimalen Werte für die Luftfeuchte unterscheiden sich bei unterschiedlichem Lagergut und liegen bei 85 bis 90 % relativer Luftfeuchte. Eine hohe Luftfeuchte ist wichtig, um das Verderben durch Austrocknen oder Verwelken zu vermeiden. Sie kann auch durch geeignete wasserdampfundurchlässige Verpackungen erzielt werden.
Ein Abdecken des Lagergutes reicht oft für die Erzielung der gleichmäßigen Luftfeuchte aus. Die Luftfeuchte wird mit dem Hygrometer gemessen.
Luftbewegung: Eingebaute Ventilatoren sorgen für gute Luftzirkulation. Diese Luftbewegung bewirkt eine gleichmäßige Kühlung und eine gleich bleibende Luftfeuchtigkeit. Die sinnvolle Raumausnutzung verhindert „tote" Ecken und Winkel. Lagergut in solchen von der Luftbewegung abgeschnittenen Teilen des Lagerraumes kühlt unzureichend und ist außerdem meist einer ungünstigen Luftfeuchte ausgesetzt. Es verdirbt schneller.
Luftzusammensetzung: Lagerluft soll einen neutralen Geruch haben. Kühlgüter mit arteigenem Geruch müssen eine ständige Frischluftzufuhr erhalten.

Kühl gelagerte Lebensmittel sind sauber und bei den speziellen Klimaten zu lagern. Beeinflussung durch Eigengerüche anderer Lebensmittel ist auszuschließen. Auf das Mindesthaltbarkeits-/Verbrauchsdatum von Packungen achten. Temperatur der Kühlschränke kontrollieren. Auf echte Bombagen (→ 134) durch Bakterientätigkeit achten.
Temperaturen und Verbrauchsfristen bei Anlieferung prüfen. Waren über Maximaltemperatur (→ 316) sind abzulehnen. Neu angelieferte Ware wird von bereits vorhandener getrennt gelagert.
Es ist nachzuweisen, dass die Kühlkette nicht unterbrochen wurde.

Aus hygienischen Gründen sollen Fleisch, Fisch, erdhaltige Gemüse (einschließlich Salaten), Eier, Molkereierzeugnisse und selbst produzierte Speisen räumlich getrennt kühl lagern. Kühllager gibt es außerdem für Getränke (Mineralwasser, Säfte usw.) und Bier (Kegs, Fässer, Container).

Kühllager

Prinzip der Kompressionskühlung

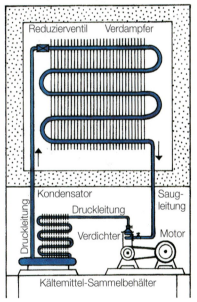

Wirkungsweise der Kompressionskühlung: Kältemittel befindet sich im geschlossenen Kreislauf. Der **Verdichter** saugt das gasförmige Kältemittel an, presst es mit hohem Druck zusammen und leitet es zum **Kältemittel-Sammelbehälter** weiter. Durch eine große Oberfläche und Abkühlung verflüssigt sich das Kältemittel. So fließt es in den Kühlraum und wird durch ein **Reduzierventil** in den **Verdampfer** gesprüht. Dadurch dehnt es sich aus, entzieht der Umgebung (dem Kühlraum) Wärme und wird gleichzeitig gasförmig. Der **Verdichter** saugt das gasförmige Kältemittel an und der Kreisprozess setzt sich fort.

Lagerung im Kühlschrank

Kennzeichnung von Kühl- und Gefriergeräten

4-Sterne-Fach, −18 °C oder kälter Lagerzeit über 3 Monate

3-Sterne-Fach, wenigstens −18 °C Lagerzeit 2 bis 3 Monate

2-Sterne-Fach, etwa −12 °C Lagerzeit 3 bis 14 Tage

1-Stern-Fach, etwa −6 °C Lagerzeit 1 bis 3 Tage

Warenwirtschaft

23.2.4 Lagern von tiefgefrorenen Lebensmitteln

 stockage à temperatures de congélation  deep-frozen storage

Die Tiefgefrierlagerung ist ein Verfahren zur Aufbewahrung tiefgefrorener Lebensmittel in kältetechnisch ausgerüsteten Räumen bei einer Temperatur von mindestens −18 °C und darunter. Die relative Luftfeuchte sollte bei 85 bis 90 % liegen.

Gefrierbrand und Eisschnee

*Beim **Gefrierbrand** kommt es durch beschädigte Verpackungen an einzelnen Stellen zum Austrocknen, ähnlich der Gefriertrocknung. Sichtbar wird dieser Qualitätsmangel durch Verfärbungen an den beschädigten Verpackungsstellen. Das tiefgefrorene Lebensmittel ist unter diesen Stellen durch Wasserentzug strohig.*

***Schneebildung** wird durch Lagertemperatur-Schwankungen verursacht. Das Lagergut wurde zeitweise zu warm gelagert. Dadurch verdunstet Wasser und setzt sich später wieder als Schnee auf dem Gefriergut bzw. auf der Verpackung ab.*

Beide Erscheinungen sind auf mangelhafte Warenpflege zurückzuführen. Das Lagergut ist qualitativ stark gemindert.

Die Tief**gefrierlagerung** schließt sich an das **Tiefgefrieren** (→ 134 f.) an. Durch die Tiefgefrierlagerung ist eine langfristige Haltbarkeit zu erreichen. Da bei sachgerechter Verfahrensführung nur geringe chemische und physikalische Veränderungen auftreten, steht der ernährungsphysiologische Wert dem von frischen Lebensmitteln nur wenig nach.

Als empfehlenswert gilt die Verwendung von tiefgefrorenen Lebensmitteln, wenn Saisonware ganzjährig verwendet werden soll, wenn die Qualität der Frischware auf Grund aufwendigen Transports gemindert sein kann (z. B. Seefisch) oder wenn wechselnder Bedarf eine geplante Bestellung erschwert.

Tiefgefrorene Lebensmittel müssen ständig bei mind. −18 °C gelagert werden. Lagereinrichtungen für tiefgefrorene Lebensmittel sind in Abständen zu überprüfen. Licht- und Alarmsignale erleichtern die Warenpflege. Aufgetaute oder angetaute Lebensmittel erleiden beim Wiedereinfrieren Qualitätsverluste.

Faustregel: Bei Ausfall der Tiefkühllager reicht die Kühlkapazität 10 bis 12 Stunden, bei modernen Geräten sogar 36 Stunden. Die Wertminderung ist während dieser Zeit geringfügig.

Lagerdauer tiefgefrorener Lebensmittel (−18 °C)

Lebensmittel	Lagerdauer in Monaten
Schlachtfleisch	6 bis 12
Gemüse	9 bis 12
Obst	8 bis 12
Speiseeis	1 bis 3
gegarte Speisen	3

Was ist eigentlich ein Tiefkühllager?

Kühlen von Lebensmitteln ist nur oberhalb des Gefrierpunktes möglich. Wasser gefriert bei Temperaturen unter 0 °C. Deshalb ist die übliche, werbewirksame Bezeichnung Tiefkühlen für das Lagern bei −18 °C physikalisch falsch. Die fachgerechte Bezeichnung lautet Tiefgefrierlagern.

1. Wegen Platzmangel stellt Gerd Frischeier in den Fleischkühlraum. Beurteilen Sie diese Handlungsweise.
2. Zu viel geschlachtete Karpfen sollen unverpackt in den Gefrierlagerraum gebracht werden. Beurteilen Sie diese Absicht.
3. Erläutern Sie die Durchführung der Warenkontrolle.
4. Nennen Sie besondere hygienische Vorschriften bei der Lagerung.
5. Gruppenarbeit: Erarbeiten Sie einen Hygieneplan für den Lagerbereich Ihres Ausbildungsbetriebes. Konsultieren Sie dazu zunächst den Verantwortlichen für den Lagerbereich (→ 76).

Tiefgefrierlager

Gefrierbrand bei Geflügel

Lagerbestände

23.3 Lagerbestände

🇫🇷 *stocks et chiffres de stock*
🇬🇧 *stocks*

Der Lagerbestand (Warenbestand) stellt eine Vorratsmenge dar, die den betrieblichen Erfordernissen angemessen sein muss. Zu **geringe Lagerbestände** würden das Speisen- und Getränkeangebot gefährden, Mehrkosten bei Nachkäufen ergeben und zu einem Ansehensverlust bei Nichterfüllung zugesicherter Leistungen führen.

Zu **große Lagerbestände** erhöhen die Lagerkosten und binden Betriebskapital, erfordern unnötig große Lagerräume, führen zu Qualitätsverlust, Schwund und Verderb. Übergroße Warenbestände können auch zu „Ladenhütern" werden. Qualitätsverbesserungen beim Lagern (➜ 314f.) treten in der Praxis selten auf. Deshalb wird eine möglichst **kurze Lagerdauer** angestrebt. Eine höhere Lagerdauer wird nur bei besonders günstigen Einkaufspreisen und bei Beschaffungsproblemen in Kauf genommen.

Differenzen im Lagerbestand werden durch den Vergleich des tatsächlichen Bestands (Ist-Bestand) mit dem Sollbestand, der rechnerisch vorhanden sein müsste, sichtbar. Durch **ständige Überprüfungen** können Verderb und Verluste gering gehalten werden.

In jedem Magazin sind Lagerbestände verbindlich festgelegt. Dabei handelt es sich um Durchschnittswerte, die auf Erfahrungen oder auf Statistiken beruhen. Eine Hilfe bei der Festlegung von Lagerbeständen bieten **Lagerkennzahlen**, die Warenbestände, Warenumschlag und Bestellmengen messbar machen. Außerdem können Schwund und andere Lagerverluste berechnet werden. EDV-Dateien vereinfachen das ständige Abgleichen der Warenbestände.

23.3.1 Lagerkennzahlen

🇫🇷 *chiffres de stock*
🇬🇧 *stock keys*

Warenbestände können durch folgende Lagerkennzahlen näher bestimmt werden:
- Durchschnittlicher Lagerbestand
- Reservebestand
- Bestellbestand

Durchschnittlicher Lagerbestand

Der durchschnittliche Lagerbestand ist so gering wie möglich zu halten. Der optimale Lagerbestand ist betriebsabhängig, weshalb Vergleiche nur unter gleichen Bedingungen vorgenommen werden können.

> Der durchschnittliche Lagerbestand zeigt die durchschnittliche Höhe des im Lager gebundenen Kapitals, ausgewiesen durch den Kaufpreis der Waren.

Bei einmaliger Inventur gilt folgende Formel:

$$\text{Durchschnittlicher Lagerbestand (€)} = \frac{\text{Warenanfangsbestand (€)} + \text{Warenendbestand (€)}}{2}$$

321

Warenwirtschaft

1. Zwei Dauerwürste wiegen bei der Warenannahme 1,2 kg und 0,950 kg. Vor der Abgabe in die kalte Küche werden sie nochmals gewogen, wobei folgende Gewichte ermittelt werden: 1,090 kg und 0,905 kg. Ermitteln Sie den gesamten Schwund in Gramm und in %. Beurteilen Sie den Gewichtsverlust hinsichtlich der Qualitätsveränderung.
2. Ein Roggenmischbrot wiegt nach 2 Tagen 998 g. Der tägliche Lagerverlust wird mit 4 % angenommen. Berechnen Sie das Frischgewicht des Brotes.

Beispiel
Der Warenanfangsbestand beträgt 22 800 €. Der Warenendbestand liegt bei 22 160 €. Ermitteln Sie den durchschnittlichen Lagerbestand in dem Betrieb, in dem nur am Jahresende eine Inventur durchgeführt wird.

Lösung: (22 800 € + 22 160 €) : 2 = 22 480 €
Der durchschnittliche Lagerbestand liegt bei 22 480 €.

In der Auswertung muss geprüft werden, ob der gleiche Umsatz auch mit einer geringeren Lagermenge zu erreichen gewesen wäre.
Kontrollen der Lagerbestände sollen insbesondere Fehlbestände, Verderb, Bruch oder Unregelmäßigkeiten sichtbar machen.

Reservebestand (Mindestbestand)
Ein **Reserve-** oder **Mindestbestand**, auch **eiserner Bestand** genannt, der in der Regel einem zweiwöchigen Warenverbrauch entspricht, muss für einen risikolosen Betriebsablauf stets vorrätig sein. Er ist für Notfälle gedacht, beispielsweise bei Lieferschwierigkeiten. Der Restbestand ist eine betrieblich vereinbarte Warenmenge, die immer vorhanden sein soll. Besonders bei Sonderessen muss bekannt sein, bis zu welcher Personenzahl Zusagen ohne Rücksprache mit der Küche gemacht werden können.

> Reservebestand ist die Lagermenge, die für den risikolosen Geschäftsablauf erforderlich ist.

Reservebestand (ME) = Tagesverbrauch/Durchschnittsverbrauch (ME) × Sicherheitszuschlag in Tagen

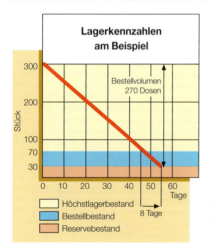

- Tagesverbrauch 5 Dosen Tomatenmark
- Lieferzeit 8 Tage
- Reservebestand 30 Dosen
- Höchstbestand 300 Dosen

Beispiel
Täglich werden durchschnittlich 0,5 kg Zitronen verarbeitet.

Lösung: 0,5 kg Zitronen × 14 Tage = 7,0 kg
Der Reservebestand beträgt 7,0 kg Zitronen.

Bestellbestand (Meldebestand)
Es handelt sich um den Lagerbestand, bei dem durch Meldung eine neue Bestellung ausgelöst wird, damit die neue Ware rechtzeitig eintrifft. Dadurch soll ein Fehlbestand vermieden werden.

> Der **Bestell-** oder **Meldebestand** ist der Bestand, bei dem nachbestellt werden muss.

Der Bestellbestand muss so groß sein, dass die Vorräte aufgefüllt werden können, bevor der Reservebestand angegriffen wird. Der Meldebestand wird bestimmt durch den Reservebestand, den durchschnittlichen Tagesverbrauch und die Lieferdauer.

Bestellbestand (ME) = Tagesverbrauch (ME) × Lieferzeit (Tage) + Reservebestand (ME)

ME ≙ Abkürzung für Mengeneinheit

Lagerbestände

Beispiel
Der Tagesverbrauch an ungarischer Salami beträgt 1,2 kg. Die Lieferzeit beträgt 4 Tage. Der Reservebestand beträgt 3 kg.
Ermitteln Sie den Bestellbestand.

Lösung: 1,2 kg × 4 Tage + 3 kg = 7,8 kg
Der Bestellbestand beträgt 7,8 kg Salami.
Sind noch 7,8 kg Salami im Lager, so muss neue bestellt werden.

Der **Höchstbestand** wird im Lager allgemein nach Eintreffen der Warenbestellung erreicht. Er ist von den Bestellmöglichkeiten der Lieferanten abhängig. So werden mitunter nur bestimmte Mindestmengen geliefert.

23.3.2 Schwund

🇫🇷 rétrécissement
🇬🇧 shrinkage

Bei der Lebensmittellagerung treten Verluste auf, die unterschiedliche Ursachen haben. Beim Verdunsten von Wasser treten Masseverluste auf, ebenso bei Reifungs- oder Stoffwechselvorgängen. Diese Verluste heißen Schwund und müssen in Kalkulationen einbezogen werden.

> Masseverluste, die durch Wasserverdunstung oder durch Stoffwechselvorgänge entstehen, werden Schwund genannt.

Beispiel
Ein Kalbsfrikandeau wiegt frisch bei der Anlieferung 3,21 kg und verliert während der Kühllagerung 2,2 % seines Gewichtes. Ermitteln Sie den Schwund in kg.
Lösung: 100 % ≙ 3,21 kg
            2,2 % ≙ x
                 x = 0,071 kg
Der Schwund beträgt 71 g.

23.3.3 Warenumschlag, Warenausgabe und Bestandskontrollen

🇫🇷 rotation de stocks, sorties et contrôles des stocks
🇬🇧 turnover, giving-out of goods and stock taking

Je länger Waren lagern, desto höher werden die Lagerkosten. Für das Gastgewerbe sind Durchschnittsrechnungen die Praxis. Günstig ist deshalb eine hohe Lagerumschlagshäufigkeit.

Der Warenumschlag kann durch folgende Lagerkennzahlen bestimmt werden:
- Lagerumschlagshäufigkeit
- Durchschnittliche Lagerdauer
- Bestellmengen
- Durchschnittliche Kapitalbindung

Lagerumschlagshäufigkeit

> Die durchschnittliche Lagerumschlagshäufigkeit gibt an, wie oft im Jahr die durchschnittliche Lagermenge umgeschlagen, also verkauft wurde.

Die Lagerkosten sinken mit steigender Lagerumschlagshäufigkeit.

Beachte: Punktrechnung geht vor Strichrechnung!

1 Gemischtes Trockenobst wird zum Kilopreis von 3,10 € eingekauft. Ermitteln Sie den Warenwert je Kilogramm, wenn Auslese- und Lagerverluste von 4,8 % zu berücksichtigen sind.

2 Am 1. April lagerten im Magazin Spirituosen im Werte von 2655 €. Im Mai erfolgten Nachlieferungen für 625 € und für 345 €. Bei einer Bestandsprüfung Ende Juni lagerten noch Spirituosen im Werte von 1746,50 € im Magazin. Der Umsatz April bis Mai betrug nach Buchführung 1870 €. Prüfen Sie die Richtigkeit der Eintragungen.

3 Mischgemüse wird in 2-kg-Beuteln geliefert. Die Lieferfrist beträgt 6 Tage, der Tagesverbrauch 10 Beutel. Der Sicherheitszuschlag beträgt 3 Tage. Ermitteln Sie den Reservebestand und den Bestellbestand.

First in – First out
*Damit wird der Lagergrundsatz beschrieben, zuerst das länger aufbewahrte Lagergut zu verwenden.
Beurteilen Sie die Bedeutung dieses Lagergrundsatzes.*

Warenwirtschaft

 1 Im Hotel „Goldener Reiter" ergaben sich im vorletzten Kalenderjahr folgende Lagerkennzahlen:
durchschnittlicher Lagerbestand 86 000 €;
Lagerumschlagshäufigkeit 13;
Durchschnittliche Lagerdauer 28 Tage.
Die Lagerkennzahlen für das letzte Jahr werden auf folgender Grundlage berechnet: Warenanfangsbestand des letzten Jahres 72 000 €.
Endbestände von 12 Monaten zusammen 968 000 €.
Wareneinsatz 1 200 000 €.

1.1 Ermitteln Sie den durchschnittlichen Lagerbestand, die Lagerumschlagshäufigkeit und die durchschnittliche Lagerdauer für das letzte Jahr.

1.2 Bewerten Sie die Veränderungen gegenüber dem Vorjahr.

2 Der Sommelier stellt fest, dass bei einigen Weinen eine Umschlagshäufigkeit unter 1 zu verzeichnen ist.
Unterbreiten Sie Vorschläge, die zu höherer Umschlagshäufigkeit führen.

3 Täglich werden 9 Dosen Champignons verbraucht. Die Lieferzeit beträgt 6 Tage und der Reservebestand ist mit 126 Dosen angegeben.
Ermitteln Sie den Bestellbestand.

$$\text{Lagerumschlagshäufigkeit} = \frac{\text{jährlicher Wareneinsatz (€)}}{\text{durchschnittlicher Lagerbestand (€)}}$$

Beispiel
Der Wareneinsatz eines Betriebes betrug 218 115 €, während der durchschnittliche Lagerbestand bei 24 235 € lag.

Lösung: 218 115 € : 24 235 € = 9
          Die Umschlagshäufigkeit beträgt 9.

Durchschnittliche Lagerdauer

> Die durchschnittliche Lagerdauer zeigt die durchschnittliche Einlagerungszeit einer Ware an.

Besonders bei Frischware ist im Interesse der Qualitätssicherung die Lagerdauer gering zu halten.

$$\text{Durchschnittliche Lagerdauer (Tage)} = 360 \text{ Tage} : \text{Umschlagshäufigkeit}$$

Beispiel
Die Umschlagshäufigkeit bei Gemüsekonserven beträgt 9. Errechnen Sie die durchschnittliche Lagerdauer.

Lösung: 360 Tage : 9 = 40 Tage
          Die durchschnittliche Lagerdauer beträgt 40 Tage.

Bestellmengen
Die optimale Bestellmenge liegt vor, wenn Bestellkosten und Lagerkosten am geringsten sind.

> Bestellmengen sollen den Bedürfnissen des gastronomischen Betriebes entsprechen.
> Beim Einkauf günstige Preisentwicklungen und Preisnachlässe nutzen.
> Günstige Zahlungsbedingungen verhandeln.

Warenausgabe
Die Warenausgabe erfolgt gegen Beleg an Küche und Büfett, auch an Etage, Bar oder Kioske.
Küchen haben oft Tagesvorratsräume. Fisch-, Fleisch- und Gemüselager können der Küche direkt zugeordnet werden. Eingehende Ware wird dann direkt an die Küche geliefert. Die anderen Waren werden vom Küchenchef je nach Bedarf nach einer schriftlichen Warenanforderung bezogen. Bei mengen- und wertmäßiger Lagerbuchführung werden auf den Anforderungsscheinen nur die Mengen eingetragen. Erst beim Eintragen in die Lagerkonten der einzelnen Abteilungen werden die Werte berechnet.
Durch Datenverarbeitung können Wareneingang, Warenverteilung und Warenverbrauch übersichtlich erfasst und verwaltet werden. Dazu werden die Waren zum schnellen Abgleich mit Schlüsselnummern versehen.

Beispiel einer Warenanforderung

Lagerbestände

Durchschnittliche Kapitalbindung
Diese Lagerkennzahl weist den Geldwert, der in Form von Waren im Magazin gebunden ist, aus. Jeder Betrieb wird versuchen, die durchschnittliche Kapitalbindung möglichst gering zu halten.

Durchschnittliche Kapitalbindung (€) = Durchschnittliche Lagerdauer (Tage) x Einkaufspreis/Einheit

Inventur ist die körperliche Bestandsaufnahme als Teil ordnungsgemäßer Buchführung. Die Inventur wird durch Messen, Zählen und Wiegen in der Regel am Ende des Wirtschaftsjahres vorgenommen.

Beispiel
Der Einkaufspreis für 50 Gläser Cornichons beträgt 58,00 €. Der Lieferant gewährt einen Barzahlungsrabatt von 3 %. Die durchschnittliche Lagerdauer beträgt 14 Tage. Ermitteln sie die durchschnittliche Kapitalbindung durch die Gurkenkonserven.

58,00 €	davon 97 %	Die durchschnittliche Kapitalbindung beträgt bei Cornichons 787,64 €.
56,26 € x 14 =	787,64 €	

Bestandskontrollen
Bei **Inventuren** wird der Bestand einer jeden Ware festgestellt. Dabei soll der tatsächliche Bestand mit dem in der Lagerkartei übereinstimmen. Differenzen werden vorteilhafterweise besonders gekennzeichnet als Zugang oder Abgang verbucht. Wichtig ist, gleichzeitig auch die Bestandsangaben rechnerisch zu überprüfen.

```
   Anfangsbestand
+  Zugänge
-  Abgänge
   Sollbestand
```

Betriebe, die eine mengen- und wertmäßige Lagerbuchführung haben, können das Magazin leicht kontrollieren. Zudem ist es möglich, auch andere Kostenstellen, beispielsweise die Küche, einfach zu kontrollieren.

Beispiel für Ermitteln des Warenverbrauchs
Der Küchenumsatz laut Rechnungswesen betrug im Zeitraum vom 1.5. bis 10.5. 6 522,00 €. In diesem Zeitraum wurden Lieferungen gemäß Lieferschein-Nr. 1328 bis 1834 mit insgesamt 506,00 € entgegengenommen. Der Anfangsbestand der Küche einschließlich der Frischerzeugnisse betrug 2 937,50 €. Am 10.5. ergibt die Inventur einen Bestand von 1 472,90 €. Der Materialeinsatz ist mit 30 % des Nettoverkaufspreises vorgegeben. Überprüfen Sie die korrekte Arbeit in der Küche.

Rechenweg	Anfangsbestand am 01.05. ...	2 937,50 €
	+ Zugänge	+ 506,00 €
	– Endbestand am 10.05. ...	– 1 472,90 €
	= Warenverbrauch (-einsatz)	= 1 970,60 €

Küchenumsatz (vom 01.05. bis 10.05.) 6 522,00 € 100,00 %
Warenverbrauch (vom 01.05. bis 10.05.) 1 970,60 € 30,21 %

Der vorgegebene Materialeinsatz ist von der Küche geringfügig überschritten worden. **Die Küche hat korrekt gearbeitet.**

---

1 Erläutern Sie den Inhalt einer Warenanforderung.
2 Überprüfen Sie die Eindeutigkeit folgender Artikelbezeichnungen:
Rindfleisch mager; Spargel frisch; Öl
3 Beurteilen Sie die Bedeutung von Lagerkennzahlen.
4 Führen Sie Argumente an für die Tatsache, dass verschiedene Gastgewerbebetriebe ohne Lagerkennzahlen arbeiten.
5 Nennen Sie Faktoren, die den Höchstbestand eines Warenlagers begrenzen.
6 Erläutern Sie die drei Lagerkennzahlen: Reservebestand, Bestellbestand, Höchstbestand.
7 Nennen Sie weitere Angaben, die auf die Lagerfachkarte gehören.
8 Begründen Sie die Notwendigkeit zur Führung von Lagerfachkarten und Lagerdateien.

Warenwirtschaft

Der Begriff Logistik wurde aus dem militärischen Sprachgebrauch übernommen. Allerdings gab es darüberhinaus seit jeher logistische Meisterleistungen. Ein Beispiel dafür ist der Bau der Pyramiden in Ägypten.
Um diese errichten zu können, mussten über hunderte von Kilometern meist tonnenschwere Steine über den Nil transportiert werden. Diese Arbeiten wurden ohne Motorkraft nur mit Hilfe von Sklaven bewältigt.

 23.4 Warenlieferung   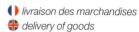 🇫🇷 *livraison des marchandises* 🇬🇧 *delivery of goods*

 23.4.1 Just-in-Time-Logistik   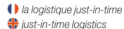 🇫🇷 *la logistique just-in-time* 🇬🇧 *just-in-time logistics*

> **Logistik** ist die Bezeichnung für alle Tätigkeiten, die sich auf die bedarfsgerechte Bereitstellung von Waren zum erforderlichen Zeitpunkt, in der richtigen Menge und am gewünschten Ort beziehen.

Die Just-in-Time-Logistik (just in time: *engl.* = gerade zur rechten Zeit) wurde Ende der Fünfzigerjahre in Japan entwickelt: Die japanische Wirtschaft baute wegen hoher Zuwachsraten in Verbindung mit knappen Produktions- und Lagerräumen ein System auf, damit genug Rohstoffe und Halbfertigerzeugnisse zur Weiterverarbeitung immer erst dann in die Produktionsbereiche gelangten, wenn sie benötigt wurden. Dadurch wurden Lagerflächen verringert und Lagerkosten gesenkt.
Nach dieser Methode versorgen heute große Restaurantketten ihre Niederlassungen in Deutschland, Europa und sogar weltweit.

23.4.2 Warentransport zur Gastronomie   🇫🇷 *transport des marchandises à la gastronomie* 🇬🇧 *delivery*

Transportsysteme
Die Belieferung der gastronomischen Betriebe, insbesondere der Restaurantketten, erfolgt zunehmend durch **Logistikfirmen**, die moderne Transport- und Lagertechnologien anwenden.

Die Waren werden bereits bei der Abholung beim Lieferanten überprüft. Die strengen Qualitätsprüfungen erstrecken sich auf Verpackungsbeschädigungen, Warenkennzeichnung (Herstellername, Inhalt, Gewicht, Mindesthaltbarkeits- oder Verbrauchsdatum).
Bei gekühlten und tiefgefrorenen Waren wird besonders Wert auf die **Temperaturprüfung** gelegt.

Die **Logistikfirmen** übernehmen folgende Aufgaben:
- Warentransport von den Herstellern in die Verteilungszentren
- die Warenzusammenstellung anhand der Warenbestellungen
- die ständige Qualitätskontrolle der Waren vor, während und nach dem Transport
- die pünktliche Anlieferung in die Gastronomiebetriebe

Transportmittel
Zum erzeugnisgerechten Warentransport werden Lastkraftwagen eingesetzt, die durch variable Trennwände in drei Temperaturzonen aufgeteilt werden können. Dies ermöglicht den gleichzeitigen Transport unterschiedlich temperaturempfindlicher Erzeugnisgruppen.

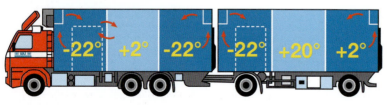

LKW mit unterschiedlichen Temperaturzonen

Warenlieferung

Gefrier- und Kühlkette

Die **Kühl- und Gefrierlagerkette** darf beim Transport und während der Lagerung nicht unterbrochen werden, da Temperaturerhöhungen zu Qualitätsverlusten und zum Verderb der Lebensmittel führen können (➔ 74ff).
Gefrierware erhält zusätzlich den Vermerk „Angetaute Ware nicht erneut einfrieren".
Bei erntefrischem Salatgemüse ist die Einhaltung der Kühlkette unerlässlich. Dieses Frischgemüse baut Wirk- und Aromastoffe nach der Ernte sehr schnell ab. Um ein solch empfindliches Lebensmittel ohne nennenswerte Verluste zu verarbeiten und zu transportieren, bedarf es eines rationellen Verarbeitungs- und Transportsystems, bei dem eine Temperatur von +4 °C nicht überschritten werden soll.

Einfluss der Lagertemperatur auf den Vitamingehalt

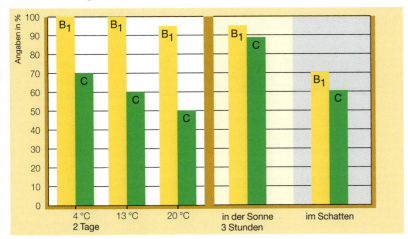

Kühlkette Kopfsalat (Beispiel)

■	Erntegut transportieren zum Vakuumkühler, Kühllagern	Vakuumpumpe entzieht den Salatköpfen Luft. Innerhalb von 20 min wird die Luft auf 1–2 °C abgekühlt.
■	Kühl transportieren zur Verarbeitung	Max. 4 °C
■	Putzen, Schneiden	Temperatur während der Verarbeitung 1–3 °C
■	Waschen	Wassertemperatur 1–3 °C
■	Abtrocknen	In Zentrifugen den Salat schonend trockenschleudern, ohne die Zellwände zu verletzen.
■	Verpacken	Folienbeutel mit leichtem Vakuum. Durch den Sauerstoffentzug wird Braunfärbung verhindert.
■	Kühl zwischenlagern	Lagertemperatur 2–4 °C; Salat spätestens am nächsten Morgen ausliefern.
■	Gekühlt transportieren	2–4 °C
■	Kühl lagern beim Abnehmer	Kühlraum Lagertemperatur 2–4 °C

1 Erläutern Sie die Funktion der Logistik in der Gastronomie.
2 Erläutern Sie die Einhaltung der Gefrierlagerkette am Beispiel.
3 Erklären Sie den Zusammenhang von Warenqualität und Lagerung.

🇫🇷 information et communication
🇬🇧 information and communication

 Information und Kommunikation

🇫🇷 échange d'informations dans le magasin
🇬🇧 information exchange in the storeroom

Information und Kommunikation sind bei der Erfüllung der Versorgungsaufgaben im Gastgewerbe von grundlegender Bedeutung.

| Information | Auskunft, Nachricht, Belehrung oder Aufklärung für einen Empfänger |
| Kommunikation | Verständigung untereinander, Verbindung miteinander |

24.1 Informationsaustausch im Magazin

Die Abteilungen des Gastgewerbebetriebes informieren das Magazin über den Warenbedarf in Art, Menge und Zeitpunkt. Das Magazin kann dann alle erforderlichen Maßnahmen einleiten. Die benötigten Waren müssen bestellt, bereitgestellt und an die Verbraucherstellen abgegeben werden. Das erfordert einen gut funktionierenden **Informationsaustausch** im Betrieb (z. B. über Tageserlöse ➔ Bild Tagesumsätze) und mit den Lieferanten.

Information und Kommunikation unter den gastronomischen Mitarbeitern sind wichtig für einen reibungslosen Betriebsablauf. Die Übermittlung präziser Informationen an das Magazin ist die Grundlage weiterer Maßnahmen bei den Lieferanten, z. B. bei Bestellungen.

Information und Kommunikation erfolgen in mündlicher oder schriftlicher Form durch das Gespräch oder durch Schriftstücke, wobei technische Hilfsmittel genutzt werden.

Informations- und Kommunikationsformen

Information	Form	Kommunikation
Auskunft Beispiel Kommen die Hummer noch heute?	mündlich	Informationsaustausch Küchenchef über Haustelefon an Magazin
Nachricht Beispiel Das Minibar-Sortiment wird wie folgt geändert…	schriftlich	Hausmitteilung Besprechung mit dem Hotelchef
Mitteilung Beispiel Reservebestand Teigwaren wird abgerufen	technisch	Dialog mit dem Computer Kontrolle der gespeicherten Warenbestände

Beispiel eines EDV-Ausdrucks

```
            MÄRKISCHES HOTEL
         * Ausdruck vom 08.10..... *
      TAGESUMSÄTZE GASTRONOMIE vom: 07.10......

Erlöse in DM      Tag        Monat    Budget  % Ist/Soll

Brutto gesamt   3.644,78   19.995,12
  MwSt. 16%       583,20    2.631,93
  MwSt. 7%          0,00        5,47
Netto gesamt    3.061,62   17.357,72    0,00    0,00

nach Hauptgruppen:
  Speisen       2.458,74   13.961,85
  Getränke        602,88    3.393,72
  sonst.            0,00        2,15

nach Bereichen:
  Frühstück     1.052,68    3.984,33
  Hotelrestaurant   0,00    1.410,09
  Bierbar         241,11      966,44
  Wintergarten  1.005,00    7.203,44
  Bankettsaal       0,00        0,00
  *Zw.-Summe   *1.246,11   *9.579,97
  Veranstaltungs-
  service         762,83    3.793,42
  Café              0,00        0,00
```

Wichtige Informationsmittel und -unterlagen

- Telefon, Telefon- und Branchenbücher
- Faxgerät
- Computer
- Angebotskataloge
- Preislisten
- Bestellformulare
- Lieferscheine
- Frachtbriefe
- Rechnungen, Quittungen
- Briefe
- Verträge

328

Informations- und Kommunikationsmittel

 24.2 Informations- und Kommunikationsmittel

🇫🇷 *moyens d'information et de communication*
🇬🇧 *means of information and communication*

Grundkenntnisse über Informations- und Kommunikationsmittel gehören selbstverständlich zum Berufsalltag jedes Gastronomen, ob im Magazin, in der Küche, im Service oder in der Beherbergung.

Informations- und Kommunikationsmittel

Sprache	Schrift	Bild
Telefon	Telefax (kurz Fax)	Videotext
Wechselsprechanlage	Onlinedienste	Bildkonferenz
Rufanlage		Festbildübertragung
		Internet

Für die Arbeit im Magazin werden **Telefon**, **Telefax** und das **Internet** als Informations- und Kommunikationsmittel verwendet.

Telefon

Das meistbenötigte, weltweit einsetzbare Nachrichtenübermittlungsgerät ist das Telefon. Im Gastgewerbe hat das Telefon eine besondere Bedeutung nicht nur für die Kommunikation innerhalb des Betriebes und für die Verbindung zu den Geschäftspartnern, sondern auch für verkaufsfördernde Maßnahmen. Anfragen erfolgen ebenfalls per Telefon. Es ist unentbehrlich zur schnellen mündlichen Information innerhalb der Abteilungen, bei Anfragen und kurzfristigen Bestellungen bei den Lieferanten.

Hilfreich beim Telefonieren sind Schreibzeug, Notizblöcke und Telefonformulare, Verzeichnisse der Abteilungen, Namen der verantwortlichen Mitarbeiter (Ansprechpartner), hausinterne Anschlüsse sowie das Beherrschen der Buchstabiertafel bei besonders komplizierten Begriffen oder Namen.

Regeln beim Telefonieren

1. Nehmen Sie nach dem Signalton möglichst schnell das Gespräch an.
2. Melden Sie sich mit dem Namen Ihrer Einrichtung, dem gültigen Tagesgruß und dem eigenen Namen.
3. Achten Sie auf deutliche und freundliche Sprechweise.
4. Merken Sie sich den Namen des Anrufers und sprechen Sie ihn mit seinem Namen an.
5. Erkundigen Sie sich nach seinen Wünschen und erledigen Sie diese zur Zufriedenheit des Anrufers und im Interesse Ihres Unternehmens.
6. Wenn Sie weiterverbinden, melden Sie den Anrufer an.
7. Erstellen Sie eine kurze Telefonnotiz mit Namen des Anrufers, Telefonnummer, Anliegen.
8. Bieten Sie Ihrem Gesprächspartner einen Rückruf an wenn das Anliegen momentan nicht geklärt werden kann. Der Gesprächspartner wird diese Geste, die ihm Telefongebühren erspart, zu schätzen wissen.
9. Fassen Sie die wichtigsten Gesprächsinhalte zusammen.
10. Bedanken Sie sich für den Anruf und verabschieden Sie sich.

Telefax

Durch Telefax, kurz Fax, können Schriftstücke und grafische Darstellungen über Telefonleitungen in kürzester Zeit weltweit übermittelt werden. Dieses ein-

---

Telefonnotiz

Abteilung: *Magazin*
Datum: *14.10....*
Uhrzeit: *10.15 Uhr*

Anrufer: *Herr Koscnetzky, Weingut Schloss Wachenstein*
Telefon: *00111 123456*

Anliegen: *Besteht Interesse an einer Lieferung von 60 Flaschen Riesling, trocken, Q.b.A. 20.. zum Aktionspreis. Rückruf bitte bis 18.00 Uhr*

Hinweis: *entgegengenommen von M.Hein Azubi, 1. Ausbildungsjahr*

Unterschrift: *Martina Hein*

Buchstabiertafel für den Inlandsdienst

A	= Anton	O	= Otto
Ä	= Ärger	Ö	= Ökonom
B	= Berta	P	= Paula
C	= Cäsar	Q	= Quelle
Ch	= Charlotte	R	= Richard
D	= Dora	S	= Samual
E	= Emil	Sch	= Schule
F	= Friedrich	T	= Theodor
G	= Gustav	U	= Ulrich
H	= Heinrich	Ü	= Übermut
I	= Ida	V	= Viktor
J	= Julius	W	= Wilhelm
K	= Kaufmann	X	= Xanthippe
L	= Ludwig	Y	= Ypsilon
M	= Martha	Z	= Zacharias
N	= Nordpol		

Information und Kommunikation

1 Nennen Sie Bestandteile und Bedeutung einer Telefonnotiz.

2 Wenden Sie die deutsche Buchstabiertabelle beim Namen des Anrufers vom Weingut Schloss Wachenstein an.

3 Bei der Telefonauskunft wollen Sie neben der Telefonnummer auch die genaue Anschrift eines Gastes, die nicht im Telefonbuch steht, erfahren. Beurteilen Sie Ihr Vorhaben (Datenschutz ➔ 343).

fache, aber sehr effektive Kommunikationsmittel hat sich inzwischen im Geschäftsverkehr durchgesetzt.

Zum Senden muss das Schriftstück in das Faxgerät eingelegt und die Faxnummer des Empfängers eingegeben werden, bevor der Sendebefehl erteilt wird. Im Faxgerät des Empfängers erfolgt die Ausgabe auf Papier.

Wird ein PC zum Faxen eingesetzt, so kann direkt aus dem Computer gefaxt werden. Auch wenn eine größere Anzahl von Rundschreiben übermittelt werden soll, kann mithilfe des PC die Anwahl der Nummern vorgenommen werden. Zeitversetztes Senden ermöglicht darüber hinaus die Nutzung tarifgünstiger Sendezeiten.

Im **Magazin** ist das Versenden von Bestellungen und das Anfordern von Angeboten über Telefax dann angebracht, wenn etwas kurzfristig benötigt wird, wenn die Portogebühren von Briefen höher sind als die Faxkosten und vor allem, wenn ein schriftlicher Beleg nötig ist, wie z. B. Mitteilung über Stornierungen an Lieferanten.

Internet

Das Internet ist ein weltweites Datennetz. Texte, Statistiken, Waren- oder Dienstleistungsangebote, Bilder, Tondokumente usw. werden über das Internet bereitgestellt, ausgetauscht und/oder abgerufen. Hierfür verfügt das Internet über verschiedene Dienste wie z. B:

- **Electronic Mail (E-Mail)** zur Übermittlung kleinerer Datenmengen von Texten, Bildern, Musikdateien usw.
- **File Transfer Protocol (FTP)** zur Übermittlung größerer Datenmengen
- **World Wide Web (WWW)** z. B. zur Bereitstellung von Internetseiten
- **Usenet** für Diskussionsforen und **Telnet** für Remotezugriffe auf entfernt stehende Computer

Um all diese Aufgaben erfüllen zu können, verbindet das Internet länderübergreifend Computernetze oder Einzelcomputer z. B. von Hochschulen, Schulen, Behörden, Banken, Betrieben und Privatpersonen über das Telefonnetz entweder dauerhaft mit Hilfe einer Standleitung oder zeitweilig mit Hilfe einer Einwählverbindung. Um die Möglichkeiten des Netzes zu nutzen ist für den PC ein Modem oder eine ISDN-Karte erforderlich. Wird eine DSL-Breitbandverbindung zur schnelleren Übertragung großer Datenmengen angestrebt, ist eine Netzwerkkarte unerlässlich.

Um einen Zugang zum Internet mit all seinen Diensten zu erhalten, muss man mit einem Provider oder Onlinedienst einen Vertrag schließen. Vom Provider bzw. Dienstanbieter erhält man die Zugangsdaten zum Internet, wie z. B. Einwählnummer, Benutzername, Passwort und ggf. E-Mail-Adresse. Der im Vertrag festgelegte Tarif regelt das Entgelt für Umfang und Dauer der in Anspruch genommenen Internetdienste.

Damit der Benutzer das Internet mit all seinen Diensten nutzen kann, muss auf seinem Computer ein Internetbrowser wie z. B. „Internet Explorer", „Netscape" oder „Opera" installiert sein. Ferner sind E-Mail-Programme hilfreich, um die Möglichkeiten des E-Mail-Dienstes sinnvoll zu nutzen.

Für einen **Gastgewerbebetrieb** ist das Internet eine unverzichtbare Werbeplattform. Der Kunde/Gast begrüßt es, wenn er auf seinem Bildschirm schon einmal die Speisekarte oder das Kulturangebot studieren kann, das ihn in seinem Ferienort erwartet. Anfragen, Reservierungsbestätigungen oder Rechnungen werden elektronisch versandt und sind damit schnell, kostengünstig und Papier sparend. Aber nicht nur mit dem Kunden, sondern auch mit Anbietern und Lieferanten verkehrt der Gastgewerbebetrieb zunehmend über Internet.

25 Schriftstücke

🇫🇷 documents
🇬🇧 documents

Bedingt durch Geschäftsverbindungen mit Lieferanten, Firmen und den innerbetrieblichen Informationsaustausch fallen im Magazin viele unterschiedliche Schriftstücke an. Deren sachgerechte Behandlung umfasst das Wissen über Erstellen, Versenden und Verwahren von Schriftgut.

Wichtige Schriftstücke im Magazin
- Briefe
- Verträge
- Bestellungen
- Rechnungen
- Lieferscheine
- Frachtbriefe
- Innerbetriebliche Informationen

Für Briefe und Bestellungen sind grundlegende Kenntnisse des allgemeinen Geschäftsverkehrs verbindlich. Innerbetrieblicher Informationsfluss ist im Unternehmen jeweils betriebsspezifisch geregelt, wobei festgelegt wird, was schriftlich zu erfolgen hat und wer verantwortlich zeichnet.
Die Handhabung im Umgang mit Rechnungen, Lieferscheinen, Frachtbriefen und Verträgen unterliegt den auferlegten Pflichten durch das Handelsgesetzbuch. Beispielsweise erhält das Gastgewerbeunternehmen stets ein Original der Rechnung und eines Vertrages, jedoch von Lieferscheinen und Frachtbriefen nur einen Durchschlag.

25.1 Briefe

🇫🇷 lettres
🇬🇧 letters

In der schriftlichen Korrespondenz des Gastgewerbes kommen immer wieder gleiche Briefarten vor. Das betrifft den Briefverkehr mit Gästen, Lieferanten und Anbietern sowie Behörden.
Aus betriebswirtschaftlicher Sicht beinhalten Geschäftsbriefe häufig vertragliche Sachverhalte. Deshalb kann schriftliche Korrespondenz als Beweis bei Rechtsstreitigkeiten nützlich sein, besonders im Umgang mit Behörden und Lieferanten.
Für alle Briefarten gilt der Grundsatz, den betreffenden Sachverhalt genau, kurz und präzise zu schildern. Vorgedruckte Formulare oder der Einsatz programmierter Textverarbeitung (➔ 341) erweisen sich als zeit- und kostensparend für das Unternehmen.
Bei Briefen an Gäste ist ein kontaktfreudiger, freundlicher und Vertrauen erweckender Briefstil zu wählen.
Korrespondenz im Bereich **Magazin** betrifft vorwiegend den Lieferanten und Anbieter. Dabei handelt es sich stets um Geschäftsbriefe, die sich in Inhalt und Anliegen unterscheiden.

Was ist ein Frachtbrief?
Der Frachtbrief ist ein Direktbeförderungsnachweis im nationalen und internationalen Frachtverkehr. Durch den Frachtbrief wird auch die Haftung des Transporteurs/Spediteurs geregelt. Im Frachtbrief sind die Daten der Spedition, wie Autonummer, Frachtzeiten usw., festgeschrieben, außerdem die Lieferbedingungen.
Der Frachtbrief kann durch die Behörden geprüft werden, z. B. auf Bundesstraßen und Autobahnen. Bei Waren im grenzüberschreitenden Verkehr wird anhand des Frachtbriefes Zoll oder die Mehrwertsteuer vom Grenz- oder vom Binnenzollamt erhoben. Lieferscheine bilden meist eine Anlage zum Frachtbrief.

331

Schriftstücke

Für die Aktionswoche „Schweizer Spezialitäten" erhalten Sie ein Sortiment ausgewählter Käsesorten, Wein, Schokolade und Fleischwaren direkt aus der Schweiz. Begründen Sie, weshalb außer dem Lieferschein auch der Frachtbrief eine wichtige Unterlage ist.

Anforderungen an Geschäftsbriefe

Inhalt
Sachverhalt; Inhaltsprinzip: Was ist für den Empfänger wichtig?

Stil und Ausdruck
höflich, klar, eindeutig, prägnant, kurz, überzeugend

Form
DIN 5008
einheitliche Grundgestaltung hinsichtlich Briefkopf, Firmenschriftzug, Logo

Schriftbild
fehlerfrei in Orthografie, Grammatik und Interpunktion, gut lesbar, möglichst nach den Regeln der reformierten Rechtschreibung

Der Inhalt der DIN 5008 in Kürze

Die Regeln für das Maschineschreiben werden darin auf die Schreib- und Gestaltungsregeln für die Textverarbeitung angewandt. Die überwiegende Zahl aller Schriftstücke wird derzeit bereits mit Textverarbeitungssystemen erstellt. Wichtig sind die Besonderheiten für Absenderpositionen, Anschriftenfeld, Freizeilen, Hervorhebung von Schriftarten und Bezüge zur Textverarbeitung.

Genormte Briefformate

Das Deutsche Institut für Normung (DIN) regelt u.a. Briefformate, die internationalen Bestimmungen der ISO (International Organization for Standardization) entsprechen.

Typische Briefarten
- **Bestellung** von Waren
- **Anfrage** bei Lieferanten, Anbietern, Behörden
- **Mahnung** bei Liefer- und Zahlungsverzug
- **Reklamation** bei Mängeln
- **Angebot** unterbreiten

Inhalte ausgewählter Briefarten

Bestellung von Waren (→ 312)
1. Bezugnahme auf Angebot, Vertreterbesuch o. Ä.
2. Genaue Angabe der Ware: Artikelnummer, Menge, Güte, Preis
3. Liefertermin festlegen
4. Zahlungsbedingungen nennen

Anfrage bei Lieferanten oder Anbietern
1. Auskunft über allgemeines Sortiment oder bestimmte Waren erbitten
2. Versand- und Verpackungsbedingungen erfragen
3. Verbindlichkeiten, Vertragsbedingungen klären
4. Liefertermine erkunden

Mahnung bei Liefer- oder Zahlungsverzug
1. Auf Bestellung/Lieferung Bezug nehmen
2. Überschrittenen Liefer-/Zahlungstermin mitteilen
3. Nachtermin nennen
4. Rechtsfolgen bei weiterem Verzug benennen

Reklamation (→ 291, 333)
1. Bestätigung der Warenüberprüfung
2. Mängel genau erläutern
3. Stellungnahme einfordern
4. Rechtslage laut Kaufrecht (→ 337 ff.) deutlich machen

Allgemeine Anforderungen an den Schriftverkehr
Geschäftsbriefe sind als Visitenkarte des Unternehmens anzusehen. Sie dienen der Geschäftsverhandlung, der Information und der Repräsentation.
Inhalt, Stil und Form unterliegen den Regeln des kaufmännischen Schriftverkehrs.

Einteilung und Anordnung des Briefinhaltes
Ein Geschäftsbrief wird bevorzugt im A4-Format nach den geltenden DIN-Vorschriften für Schreib- und Gestaltungsregeln für die Textverarbeitung verfasst.

Formate für Briefsendungen
Briefsendungen, die im Umschlag versandt werden, sind im Format genormt. Die gebräuchlichsten Formate sind: **A4** und **A5**. Dazugehörig gibt es die passenden Umschläge (Briefhüllen/Couverts), um Schriftstücke vor äußeren Einflüssen und Unberechtigten zu schützen.

Papierformat	Maße	Umschlagformat[1]	Maße	Hinweis
A4	210 mm × 297 mm	C4 (Couvert)	229 mm × 324 mm	ungefaltet
		DL (DIN lang)	110 mm × 220 mm	Leporello
		C6	114 mm × 162 mm	Kreuzfalz

[1] mit/ohne Fenster

Briefe

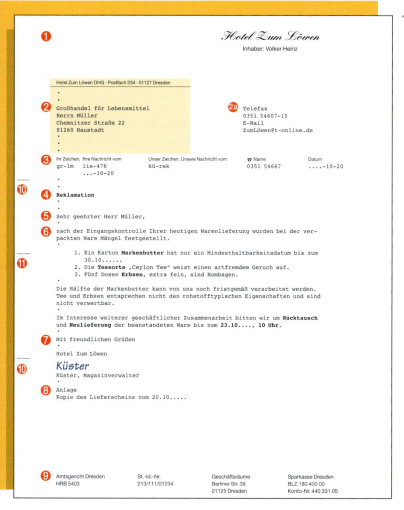

 Regeln für Stil und Ausdruck

1. **Adressaten direkt mit Titel und Namen ansprechen oder eine höfliche allgemeine Anrede wählen.**
   Beispiel:
   Sehr geehrte Frau Merker
   Sehr geehrter Herr Dr. Sachse
   Sehr geehrte Damen und Herren

2. **Wesentliches gehört an den Anfang des Satzes.**
   Beispiel:
   Das von Ihnen gelieferte Dekorationsmaterial ist unvollständig.

3. **Überflüssiges und geschwollene Wendungen weglassen.**
   Beispiel:
   Wir sehen uns leider gezwungen, Ihnen mitteilen zu müssen, dass die von Ihnen gelieferte Ware …

4. **Bevorzugt kurze Sätze, Wörter mit kurzen Silben, keine Umschreibung.**
   Beispiele:
   Liefern Sie uns innerhalb der nächsten Woche…
   Für weitere Auskünfte stehen wir gern zur Verfügung.

5. **Sich aktiv dem Empfänger zuwenden, Vermeiden der häufigen „wir"-Form.**
   Beispiel:
   Sie haben in uns einen zuverlässigen Abnehmer…

6. **Gesamtbrief soll nicht mehr als eine DIN-A4-Seite betragen.**

Briefbestandteile nach der DIN 5008 und DIN 676

❶	Briefkopf	Er enthält auf maximal 7 Zeilen Angaben des Absenders wie Firmenname, Geschäftszweig, Firmenlogo ggf. Werbetext; frei gestaltbar
❷	Anschrift	Die zur Verfügung stehenden 9 Zeilen gehören den vollständigen Empfängerangaben und der Versendungsform. Briefe ins Ausland werden mit dem Nationalitätenkennzeichen bzw. dem Bestimmungsland versehen.
❷a	Kommunikationszeile	Telefax und E-Mail des Absenders können hier neben dem Anschriftenfeld eingefügt werden, oder am Briefbogenfuß ❾
❸	Bezugszeichenzeile	Sie weist auf vorangegangenen Schriftverkehr, die Bearbeiter und das Datum hin.
❹	Betreff	Stichwortartige Angabe des Sachverhaltes (Briefanliegen).
❺	Anrede	Analog der Anschrift, d.h. persönlich oder allgemein, Kommasetzung beachten.
❻	Text	Mit kleinem Anfangsbuchstaben beginnen. Guter Stil und Ausdruck. Linksbündig und fortlaufend schreiben. Hervorhebung bestimmter Textstellen ist sinnvoll, ebenso Einfügen von Absätzen bei neuen Gedanken.
❼	Briefabschluss	Grußworte sowie hand- und maschinengeschriebene Unterschrift. Zur Beachtung: i.V. unterzeichnet nur der Stellvertreter; i.A. unterzeichnet jede andere Person, die im Auftrag handelt, beispielsweise auch Auszubildende.
❽	Anlagen	Angeführt werden Art und Anzahl der beigefügten Anlagen.
❾	Geschäftsangaben	Am Briefbogenfuß befinden sich Adresse, Telefon-, Fax, E-Mail- und in der Regel 2 Bankverbindungen und gesellschaftsrechtliche Angaben (Ort der Handelsniederlassung; Registergericht; Nummer, unter den die Firma im Handelsregister eingetragen ist), Unternehmensform, Steueridentnummer (St.-Id.-Nr.)
❿	Faltmarken	
⓫	Lochmarken	

333

Schriftstücke

1. Beurteilen Sie folgende Anreden: Werte Frau Bellmann, Bester Gast, Hallo Gerlinde, Sehr geehrter Dirk.
2. Formulieren Sie drei verschiedene Grußformeln für den Abschluss eines Geschäftsbriefes.
3. Situation: Für das Restaurantpersonal wurde Berufskleidung der Firma „Chic im Beruf", Uferstraße 4, Postfach 345, 02123 Laubenstadt, geliefert. Bei der Warenüberprüfung werden folgende Mängel festgestellt: Das Innenfutter einer Herrenweste weist Webfehler auf, zwei Damenblusen sind anstatt in Konfektionsgröße 38 in 42 geliefert worden, ein Reißverschluss am Kostümrock ist defekt.
3.1 Erstellen Sie ein Reklamationsschreiben. Beachten Sie dabei die Anforderungen an die Gestaltung eines Geschäftsbriefes.
3.2 Berücksichtigen Sie die Rechte des Käufers laut Kaufvertrag (→ 337), wenn Sie Vorschläge zur Mängelbeseitigung unterbreiten.
3.3 Adressieren Sie fachgerecht die Briefhülle vom Format C6.

🇫🇷 traitement du courrier
🇬🇧 mail treatment

Falten von Briefbögen A4

Kreuzfalz

Leporello

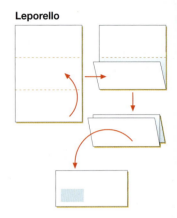

Beispiele für formgerecht adressierte Briefhüllen DL ohne Fenster

C6, C4

Auszug aus Posteingangsbuch

Datum	Empfänger	Absender	Entgegennahme	Bemerkung
14.10. ...	Herr Küster	Fa. Blank	M. Hein	Angebot
14.10. ...	Herr Küster	Fa. Chic	M. Hein	Rechnung
14.10. ...	Frau Hofer	Herr Veith	M. Hein	an Empfang weitergeleitet

Auszug aus Postausgangsbuch

Datum	Empfänger	Sendungsart	Porto	Gezeichnet
			235,50 € Übertrag	
15.10. ...	Fa. Chic	Express	9,00 €	Hein
15.10. ...	Fa. Blank	Normal	0,55 €	Hein

Das **Postausgangsbuch** wird zusätzlich mit Postgebühren geführt.

25.2 Postbearbeitung

Jeglicher Schriftwechsel und Güterverkehr, der durch die Deutsche Post AG oder private Unternehmen befördert wird, nennt sich umgangssprachlich „Post". Betriebsinterner Schriftwechsel wird als „Hauspost" bezeichnet.
Im Gastromieunternehmen ist der Postverkehr als Form der Kommunikation mit Gästen, Behörden, Lieferanten und anderen Geschäftspartnern trotz elektronischer Informationsträger traditionell üblich.

Bei der Bearbeitung von Post ist grundsätzlich zwischen eingehender und ausgehender Post zu unterscheiden. Post wird stets im Posteingangs- oder im Postausgangsbuch eingetragen.
Das ist erforderlich
- als Nachweis für Portogelder;
- als Beweismittel für tatsächlich bearbeitete Post;
- zur Aufklärung von Irrtümern und Fehlern beim Frankieren und beim Adressieren.

Tätigkeiten, wie das Postbuch führen, die Portokasse verwalten, ankommende Post sortieren und weiterleiten, ausgehende Post adressieren und frankieren, verlangen Gewissenhaftigkeit und Ehrlichkeit von den beauftragten Mitarbeitern.

Geschäftspost wird nur mit Befugnis geöffnet und bearbeitet. Vom Geschäftsführer erhalten Mitarbeiter dafür eine ausdrückliche Erlaubnis.

Verwaltung von Schriftstücken

Postkreislauf – Weg der Geschäftspost

Adressieren und Frankieren
Wichtige Voraussetzungen für eine schnelle Beförderung und das Erreichen des richtigen Empfängers bilden das sorgfältig nach DIN-Vorschriften ausgeführte Adressieren und Frankieren.
Adressieren und **Frankieren** können manuell, maschinell oder mit Computern erfolgen.

Die Höhe des Portos hängt von der Einhaltung vorgegebener Mindest- und Höchstmaße, dem Gewicht, der Versendungsart und dem Bestimmungsort ab. Im Bereich Magazin gelten als häufigste Sendungsarten:

Normalsendungen
- Standardbriefe   C6, DL   bis 20 g
- Großbriefe   C4, bis   500 g

Eilige Sendungen
Express-Briefe bis 2000 g, am nächsten Tag bis 12 Uhr beim Empfänger.

Gesicherte Sendungen
- Einschreiben
  - mit Rückschein: Empfänger persönlich bestätigt den Erhalt auf separaten Beleg – dem Rückschein, den Rückschein erhält der Absender
  - Eigenhändig: Sendungsübergabe nur an den Empfänger persönlich oder besonders Bevollmächtigten
- Einschreiben-Einwurf: keine persönliche Übergabe, Zusteller bestätigt auf Auslieferungsbeleg, wann er die Sendung (in Briefkasten oder Postfach) zugestellt hat.

Postämter und private Brief-Dienstleister geben dazu Informationshefte heraus und erteilen Auskünfte. Sie beraten bei der Nutzung von Frankiermaschinen.

Was ist eine Frankiermaschine?
Frankiermaschinen sind so genannte Freistempelgeräte, die der Genehmigung durch die Post bedürfen. Das Porto wird als Wertkarte im Voraus bezahlt. Somit können Briefe selbst frankiert werden. Der gesamte Aufwand, den man mit Besorgen und Aufkleben von Briefmarken hat, entfällt. Die Portokasse muss nicht geführt werden, da die Frankiermaschine Portogebühren und Briefanzahl addiert. Portosatz und Datum können sowohl bei handbetriebenen als auch bei elektrischen Frankiermaschinen eingestellt werden.

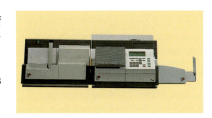

🇫🇷 *gestion des documents*
🇬🇧 *document administration*

25.3 Verwaltung von Schriftstücken

Die Lagerwirtschaft erhält, erstellt oder besitzt Schriftstücke unterschiedlicher Art. Diese können von aktuellem oder von bleibendem Wert für das Unternehmen sein.

Wertigkeit des Schriftstückes	Merkmale	Beispiele
Tageswert	einmaliger Wert, informativ, nach Erledigung wertlos	Inserate, Werbeprospekte von Firmen
Prüfwert	über bestimmten, festgelegten Zeitraum von Bedeutung, veränderlich, oft saisonal abhängig	Betriebsstatistiken zu Umsatz, Kosten u. a., Kataloge, Preislisten, Prospekte, Angebote für Waren, Bestellungen
Gesetzeswert	vom Gesetzgeber festgelegte Unterlagen mit vorgeschriebener Aufbewahrungspflicht laut Abgabenordnung §§ 146 und 147 sowie HGB § 257	Geschäftsbriefe, Inventur- und Inventarlisten, Bilanzen, Rechnungen, Quittungen, Lieferscheine, Frachtbriefe, Geschäftsbücher
Dauerwert	rechtliche Unterlagen, die Eigentums- und Besitzverhältnisse nachweisen und damit Urkundencharakter haben	Kauf-, Leasing-, Miet-, Pachtverträge

Schriftstücke

§ 38 im *Handelsgesetzbuch (HGB)* besagt: „ Jeder Kaufmann ist verpflichtet ... ordnungsgemäß ... Bücher zu führen."

Ordnungsprinzipien

Alphabetisch
Meistverwendetes Ordnungsprinzip nach Anfangs- und Folgebuchstaben.
Beispiel: alphabetische Ordnung der Lieferantennamen: Adam, Birkner, Clemens, Dunker usw.

Chronologisch nach Daten
Ordnen nach Tagen, Wochen, Monaten, Jahren.
Kann als Vergleichsmaterial für bestimmte Zeiträume dienen.

Numerisch
Ordnen nach Rechnungsnummern, Kundennummern

Alphanumerisch
Kombinieren von alphabetischer und numerischer Ordnung.
Beispiel: alphabetische Ordnung der Lieferanten und Kunden, dann weitere Ordnung nach Rechnungs- und Kundennummern

Stichwortartig
Angewandt bei speziellen betrieblichen Angelegenheiten.
Beispiel: Statistik der Beherbergungsauslastung, Veranstaltungskalender, Aktionen, Bankette, Personalwesen

Schriftstücke sind entsprechend ihrem Wert nach der Bearbeitung abzulegen, zu registrieren, zu archivieren oder zu vernichten.

Ablegen und Registrieren

Um schnell und sicher auf benötigte Unterlagen zurückgreifen zu können, werden diese an bestimmten Stellen im Betrieb geordnet verwahrt. Man spricht von einer Registratur.

> Die Registratur ist eine Aufbewahrungsstelle für Akten.

Registraturen können unmittelbar am Arbeitsplatz, innerhalb der Betriebsabteilung, an einer zentralen Stelle z. B. im Büro oder in der Betriebsverwaltung eingerichtet sein. Der jeweilige Aufbewahrungsort ist abhängig von der Häufigkeit des benötigten Zugriffs und der dafür verantwortlichen Person sowie der Betriebsgröße und Betriebsstruktur.

Entscheidend für die Auswahl des Ordnungsprinzips ist der Umfang an Schriftgut im Betrieb und die Art vorgesehener Registratur-Hilfsmittel. Bewährt haben sich im täglichen Umgang:

- Karteikarten
- Akten- oder Faltdeckel
- Mappen
- Schnellhefter
- Ordner

> Für alle verwalteten Schriftstücke gilt grundsätzlich:
> Sortieren nach Abteilung oder Geschäftsvorfall (abheften; beschriften).

Unabhängig vom Standort ist es wichtig, Schriftgut zu ordnen, damit es bei Gebrauch schnell aufzufinden ist. Folgende Ordnungsprinzipien sind anwendbar: alphabetisch, chronologisch nach Daten, numerisch, alphanumerisch, stichwortartig.

Archivieren

Sobald Schriftgut als bearbeitet bzw. erledigt gilt und einen längeren Wert hat, wird es **archiviert**. Es kommt zur **Altablage (Archiv)**.
Auch hier sind Ordnung, Übersichtlichkeit und Sicherheit maßgebend. Die Einhaltung der Aufbewahrungspflicht muss gewährleistet sein. Neben den herkömmlichen Methoden bedient man sich in Betrieben mit elektronischer Datenverarbeitung zunehmend der Speicherung auf Disketten, CD-ROMs oder Mikrofilmen.

Der § 257 im **Handelsgesetzbuch** sowie die §§ 146 und 147 der **Abgabenordnung (AO)** verlangen Aufbewahrungspflichten, die jeweils am Ende des Kalenderjahres beginnen:

1 Jahr: Speise- und Getränkekarten sowie Meldescheine
6 Jahre: Reklamationen, Auftragsbestätigungen, Lohnkonten, Geschäftsbriefe (das Original der Eingangspost, die Kopie der Ausgangspost)
10 Jahre: Bücher (Wareneingangs-, Kassen-, Inventur-, Bilanzbuch, evtl. Wein-, Bier-, Wildhandelsbuch, Betriebsbuch für Getränkeschankanlagen, Hoteljournal, Fremdenstatistik), Jahresabschlüsse, Rechnungen, Belege

Vernichten

Nicht mehr benötigtes bzw. fristgemäß abgelaufenes Schriftgut wird entsorgt. Mit einem Aktenvernichter wird sichergestellt, dass die Unterlagen nicht in unbefugte Hände geraten.

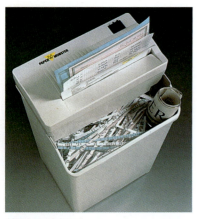
Aktenvernichter

26 Kaufverträge

🇫🇷 contrats d'achat
🇬🇧 contracts of purchase

Für die meisten Rechtsgeschäfte in der Warenwirtschaft eines Gastgewerbebetriebes sind keine besonderen Formen erforderlich. Durch vertragliche Beziehungen sind jedoch Beweisführungen nötig. Deshalb werden insbesondere Kaufverträge, Bierlieferungsverträge, Mietverträge und Leasing-Verträge schriftlich abgeschlossen.

> Verträge sind Rechtsgeschäfte, denen mindestens zwei übereinstimmende Willenserklärungen zu Grunde liegen.

Beim Kaufvertrag sind zwei übereinstimmende **Willenserklärungen** erforderlich. Antrag und Annahme müssen inhaltlich übereinstimmen. Die Willenserklärung kann in mündlicher, schriftlicher oder fernmündlicher Form erfolgen. Sie kann aber auch durch bloßes Handeln, z. B. durch Handzeichen oder sogar durch Schweigen, erfolgen. Wird einem eindeutigen Vorschlag nicht ausdrücklich widersprochen, kann dies als Zustimmung gewertet werden.
Der Kaufvertrag setzt sich jeweils aus einem Verpflichtungs- und einem Erfüllungsvertrag zusammen.

Verpflichtungsgeschäft

Erfüllungsgeschäft

Pflichten der Vetragspartner

Der Kaufvertrag verpflichtet den Verkäufer, dem Käufer das Eigentum an der Sache abzutreten. Erst nach der Einigung und der Übergabe an den Käufer gehen die Eigentumsverhältnisse an den Käufer über. Der Verkäufer ist durch den Kaufvertrag zur Beschaffung des Gegenstandes ohne Rechts- und Sachmängel und zur Übertragung des Eigentums verpflichtet. Der Käufer seinerseits ist zur Abnahme der Ware und zur Zahlung des Kaufpreises verpflichtet.

337

Kaufverträge

Anfrage
Die Anfrage ist rechtlich unverbindlich. Sie dient der Anbahnung von Geschäftsbeziehungen oder der Weiterführung bereits bestehender Geschäftsbeziehungen.

Arten von Angeboten

Feste verbindliche Angebote	Angebote ohne oder mit eingeschränkter Bindung
Unbefristete Angebote Befristete Angebote	Angebote mit ausgeschlossener Bindung Angebote mit eingeschränkter Bindung

Geht der Antrag vom Verkäufer aus, macht er also dem Käufer ein Angebot, so ist er grundsätzlich an das Angebot gebunden.
Größere Angebote werden üblicherweise schriftlich verfasst. Dann sind folgende Inhalte der Willenserklärung zu beachten:
- Daten des Verkäufers (Adresse, Tel., Fax)
- Art, Güte, Beschaffenheit der Ware
- Menge
- Preis
- Zahlungsbedingungen
- Lieferbedingungen, Lieferzeit
- Erfüllungsort und Gerichtsstand
- Allgemeine Geschäftsbedingungen
- Datum des Angebots

Arten von Kaufverträgen
Die Vertragspartner können die Inhalte von Kaufverträgen frei wählen. Spezielle Regelungen werden oft in Allgemeinen Geschäftsbedingungen (AGB) schriftlich formuliert.

Wichtige Unterscheidungsmerkmale der Kaufverträge

Vertragspartner
Nach den Vertragspartnern wird zwischen Handelskauf und bürgerlichem Kauf unterschieden.
- **einseitiger Handelskauf:** Ein Vertragspartner ist Kaufmann; insbesondere Verbrauchsgüterkauf: Ein Verbraucher kauft von einem Unternehmer eine bewegliche Sache (§ 474 BGB).
- **Zweiseitiger Handelskauf:** Beide Vertragspartner sind Kaufleute.
Es gelten neben den Regelungen des Bürgerlichen Gesetzbuches (BGB) spezielle Vorschriften des Handelsgesetzbuches (HGB).
- **bürgerlicher Kauf:** Beide Vertragspartner sind Privatpersonen.
Für diesen Kaufvertrag gelten ausschließlich die Bedingungen des BGB.

Kaufgegenstand
- **Kauf auf Probe** enthält ein Rückgaberecht innerhalb einer vertraglich festgelegten Frist. Schweigen wird bei Überschreiten dieser Frist als Billigung bewertet.
- **Kauf zur Probe** heißt Kauf einer kleinen Menge mit der Zusicherung, bei Gefallen eine größere Menge abzunehmen.
- **Kauf nach Probe** heißt, dass beim Einkauf eine Verkostung ein Probieren, ggf. mit Muster stattfindet. Die ermittelten Eigenschaften werden für die gesamte Bestellung als verbindlich angenommen.

 Der Sommelier Dirk kauft im Auftrag seines Betriebes in einem Weingut Rotwein.
Beschreiben Sie die Pflichten, die Käufer und Verkäufer eingehen.

Vertragspartner	Kaufgegenstand
einseitiger Handelskauf zweiseitiger Handelskauf bürgerlicher Kauf	Kauf auf Probe Kauf zur Probe Kauf nach Probe Kauf mit Umtauschrecht

Liefer- /	Zahlungsbedingungen
unfrei ab Werk frei frei Haus	Kauf gegen Vorauszahlung Barkauf Kreditkauf Ratenkauf Kommissionskauf

Lieferzeit
Terminkauf Fixkauf Sofortkauf Kauf auf Abruf

Kaufverträge

- **Kauf mit Umtauschrecht** beinhaltet das Recht, die Ware in eine andere umzutauschen, wenn die gekaufte Ware nachträglich nicht zusagt. Das Umtauschrecht sollte bei Vertragsabschluss ausdrücklich vereinbart werden.

Lieferbedingungen
In den Lieferbedingungen wird die Übernahme der Transportkosten festgelegt.
- **ab Werk:** Der Käufer trägt alle Transportkosten vom Lieferanten bis zum Empfänger.
- **unfrei (Kaufmännisch unfrei):** Die Transportkosten trägt der Käufer ab dem Versandort des Lieferanten.
- **frei:** Der Käufer trägt die Transportkosten ab dem Empfangsort.
- **frei Haus:** Der Verkäufer übernimmt alle Transportkosten.

Die Kosten der Transportverpackungen muss der Käufer tragen. Die Vertragspartner können davon abweichen und etwas anderes vereinbaren (z. B. Preis einschließlich Verpackung).

So werden Rabatte geltend gemacht:

  Listenpreis
– **Rabatt**
= Nettorechnungsbetrag
+ Mehrwertsteuer
= Bruttorechnungsbetrag
– **Skonto**
= Überweisungsbetrag

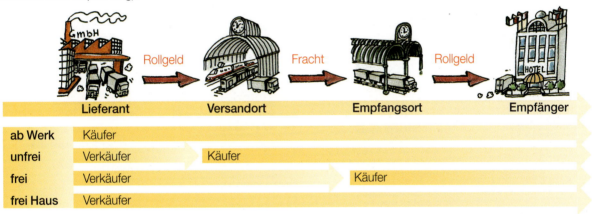

Zahlungsbedingungen
- **Kauf gegen Vorauszahlung** heißt, dass der Käufer die Ware vor Lieferung bezahlen muss.
- **Barkauf** ist dann gegeben, wenn die Ware bei Lieferung („Zug-um-Zug") bezahlt wird.
- **Kreditkauf** ist gegeben, wenn die Bezahlung der Ware nach der Lieferung innerhalb einer vereinbarten Frist erfolgt.
- **Ratenkauf** heißt, zur Bezahlung der Gesamtschuld werden vertraglich festgelegte Teilbeträge geleistet.
- **Kommissionskauf** bedeutet Übernahme der Ware durch einen Kommissionär, der mit dem Verkäufer (Kommittent) erst abrechnet, wenn die Ware verkauft ist.

Zu den Zahlungsbedingungen zählen die vereinbarten **Preisnachlässe** Rabatt und Skonto. Rabatt kann für die Abnahme größerer Mengen (Mengenrabatt), für langjährige Kunden (Treuerabatt) sowie für Mitarbeiter (Mitarbeiterrabatt) gewährt werden.
Skonto ist ein Preisnachlass, der bei sofortiger Bezahlung oder bei Einhaltung eines Zahlungszieles (z. B. Zahlungsziel netto 14 Tage) gewährt werden kann.

Magazinverwalter Gerd erhält bei der Beschaffung von Geschirr zwei qualitätsgleiche Angebote:
Angebot 1: Listenpreis 340 € mit 2 % Skonto innerhalb von 14 Tagen und einem Zahlungsziel von 30 Tagen. Lieferung frei Haus. Außerdem wird ein Treuerabatt von 5 % gewährt.
Angebot 2: Listenpreis 316,25 € zahlbar netto Kasse und Lieferung frei Haus. Die Lieferzeit beträgt bei beiden Angeboten 10 Tage.
Für welches Angebot würden Sie sich entscheiden? Vergleichen Sie die Bruttopreise.

Kaufverträge

Lieferzeit
Falls nicht anders vereinbart, muss umgehend geliefert werden.
- **Terminkauf** (Zeitkauf): Der Verkäufer muss bis zu einem bestimmten Termin oder innerhalb einer bestimmten Frist liefern.
- **Fixkauf:** Für das Geschäft ist das Einhalten des Termins oder der Frist von großer Bedeutung. Die Lieferung zu einem späteren Zeitpunkt ist nicht mehr sinnvoll. Der Käufer kann sofort vom Kaufvertrag zurücktreten.
- **Sofortkauf:** Der Verkäufer liefert unverzüglich.
- **Kauf auf Abruf:** Bei Vertragsabschluss vereinbaren Käufer und Verkäufer, dass der Liefertermin vom Käufer zu einem späteren Zeitpunkt festgelegt wird.

Beim Verbrauchsgüterkauf gilt Beweislastumkehr (§ 476 BGB), d. h. werden Mängel innerhalb der ersten sechs Monate gerügt, wird unterstellt, dass die Mängel bereits bei Übergabe vorlagen. Danach muss der Käufer nachweisen, dass er die Mängel an der Ware nicht verursacht hat.

Leistungsstörungen
Kommt ein Vertragspartner den Bedingungen im Kaufvertrag nicht nach, entstehen Leistungsstörungen. Der Geschädigte kann seine Rechte nach dem BGB, dem HGB und den AGB geltend machen.

Leistungsstörungen

durch den Verkäufer		durch den Käufer	
Mangelhafte Lieferung (Schlechtleistung)	Lieferungsverzug (Nicht-rechtzeitig-Lieferung)	Zahlungsverzug (Nicht-rechtzeitig-Lieferung)	Annahmeverzug

Rechte des Vertragspartners

Nachbesserung/Ersatzlieferung mit/ohne Schadenersatz	Forderung der Lieferung mit/ohne Schadenersatz	Forderung der Zahlung mit/ohne Schadenersatz	Forderung der Annahme
Minderung	Rücktritt vom Vertrag	Rücktritt vom Vertrag	Lagerung auf Käuferkosten
Rücktritt vom Vertrag	Schadenersatz statt der Lieferung	Schadenersatz statt der Zahlung	Rücktritt vom Vertrag
Schadenersatz statt Ware	Ersatz vergeblicher Aufwendungen		Selbsthilfeverkauf
Ersatz vergeblicher Aufwendungen			

Mangelhafte Lieferung (§§ 434, 437, 438 BGB)
Die gelieferte Ware weist Sach- oder Rechtsmängel auf. Sachmängel können sich auf die Art, die Qualität, die Beschaffenheit, die Menge, die Montage oder Montageanleitung oder auf die Werbeaussage beziehen.
Der Käufer hat die gelieferte Ware sofort zu prüfen und ggf. Mängel dem Verkäufer anzuzeigen. Beim zweiseitigen Handelsgeschäft ist der Käufer verpflichtet, einen offenen Mangel unverzüglich und einen verdeckten Mangel unverzüglich nach Entdecken innerhalb von zwei Jahren zu rügen. Arglistig verschwiegene Mängel unterliegen einer Verjährungsfrist von drei Jahren.
Bei nachgewiesenem Mangel kann der Käufer zunächst auf Mängelbeseitigung (Nachbessern, Reparatur) oder Nachlieferung (mangelfreie Ware, Ersatz) bestehen. Erst wenn diese Rechte nicht möglich sind oder eine angemessene Frist abgelaufen ist, kann der Käufer zwischen den Rechten Minderung, Rücktritt vom Vertrag und/oder Schadenersatz oder dem Ersatz vergeblicher Aufwendungen wählen.

Amanda möchte einen Kaufvertrag mit Ratenzahlung zum Erwerb eines Mopeds abschließen. Ihr Freund gibt ihr vorher den Rat, das Kleingedruckte genau zu lesen. Was hat er damit gemeint?

Lieferungsverzug (§§ 280, 281, 284, 323 BGB)
Lieferungsverzug liegt vor, wenn der Verkäufer schuldhaft gar nicht oder nicht rechtzeitig liefert. Höhere Gewalt oder Streik müssen nicht vom Verkäufer vertreten werden. Der Käufer kann auf sofortiger Lieferung und eventuell auf Schadenersatz bestehen. War kein eindeutiger Liefertermin festgelegt, muss zu-

Kaufverträge

nächst der Käufer den Verkäufer mahnen und eine Nachfrist für die Lieferung setzen. Ist die Nachfrist erfolglos abgelaufen, kann der Käufer die Lieferung verweigern (Rücktritt vom Vertrag) oder Schadenersatz oder den Ersatz vergeblicher Aufwendungen verlangen.

Zahlungsverzug (§§ 280, 281, 286, 288, 323 BGB)
Zahlungsverzug liegt vor, wenn der vereinbarte Kaufpreis nicht rechtzeitig entrichtet wird. Der Verkäufer wird zunächst auf Zahlung durch den Käufer bestehen. Es ist möglich, dass der Verkäufer (mehrere Male) mahnt oder ein gerichtliches Mahnverfahren eröffnet oder Klage erhebt. Ist eine gesetzte Nachfrist abgelaufen, kann der Verkäufer vom Vertrag zurücktreten und/oder Schadenersatz statt des vereinbarten Kaufpreises beanspruchen.

Annahmeverzug (§§ 304, 323, 372, 383, 433 BGB)
Annahmeverzug liegt vor, wenn der Käufer die Lieferung nicht oder nicht rechtzeitig abnimmt. Bei Annahmeverzug geht das Verlustrisiko auf den Käufer über. Der Verkäufer kann auf der Annahme der Ware durch den Käufer bestehen, ggf. den Käufer verklagen. Kosten, die durch die Aufbewahrung der nicht angenommenen Ware entstehen (z. B. für Lagerung, öffentliche Versteigerung, Notverkauf, Hinterlegung), trägt der Käufer.

Allgemeine Geschäftsbedingungen
Allgemeine Geschäftsbedingungen sind Klauseln, die vom Verkäufer einseitig vorgegeben werden. Durch seine Unterschrift werden sie vom Käufer angenommen. Sie stehen vielfach auf der Rückseite der Vertragspapiere in Kleindruck, weshalb sie leicht übersehen werden können.
Das Gesetz über die allgemeinen Geschäftsbedingungen (ABG) soll die Kunden vor Missbrauch oder Benachteiligung schützen. Es enthält u. a. folgende Bestimmungen:
- Allgemeine Geschäftsbedingungen werden nur dann Vertragsgegenstand, wenn der Verkäufer ausdrücklich darauf hinweist und sie vom Käufer zur Kenntnis genommen werden können.
- Persönliche Absprachen, die als Sondervereinbarungen gelten, haben den Vorrang vor den allgemeinen Geschäftsbedingungen.
- Die Fristen von der Vertragsannahme bis zur Lieferung müssen angemessen sein.
- Preiserhöhungen sind erst 4 Monate nach Vertragsabschluss erlaubt.
- Bei mangelhafter Lieferung gelten die Bestimmungen aus dem Bürgerlichen Gesetzbuch.
- Bei Nachbesserung muss die Reparatur unentgeltlich erfolgen.

Was heißt eigentlich Produkthaftung?
Nach dem Gesetz haftet der Hersteller für Schaden, wie Tod, Verletzung von Körper oder Gesundheit, Vergiftungen, Beschädigung einer Sache, der durch Fehler seines Produktes verursacht wurde.
Der Schaden kann ohne die Schuld des Verkäufers entstanden sein. Ausgenommen von dieser Rechtsvorschrift sind landwirtschaftliche Naturprodukte und unbearbeitete Jagderzeugnisse.

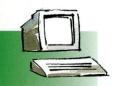

27 Datenverarbeitung im Gastgewerbe

🇫🇷 *traitement des données dans l'hôtellerie et la restauration*
🇬🇧 *data processing in the restaurant business*

Der Einsatz der **elektronischen Datenverarbeitung** (EDV) ist im Gastgewerbe mittlerweile selbstverständlich. Der Gastronom muss sich allerdings zuerst die Frage beantworten, welche Leistungen nach einem **Kosten-Nutzen-Vergleich** mit EDV-Systemen besonders effektiv erbracht werden können.

Grundkenntnisse aller Gastronomen und Verwaltungsmitarbeiter in der Bedienung des Computers und der Programme sind Voraussetzung für den effektiven Einsatz der EDV.

Im Gastgewerbe sind täglich große Datenmengen zu verarbeiten. Je nach Unternehmensgröße müssen in den Bereichen Magazin, Küche, Service, Beherbergung und Verwaltung umfangreiches Zahlen- und Informationsmaterial bewältigt werden.

EDV-Einsatz ist sinnvoll, wenn betriebliche Abläufe damit übersichtlicher, schneller und wirtschaftlicher gestaltet werden können und eine Leistungssteigerung gewährleistet ist.

27.1 EDV im Magazin

🇫🇷 *traitement électronique des données dans le magasin*
🇬🇧 *electronic data processing in the storeroom*

In der **Warenwirtschaft** können Warenbewegung und Lagerung effektiv durch die elektronische Datenverarbeitung (EDV) unterstützt werden.
Die Magazinverwaltung kann durch EDV-unterstützte Arbeitsplanung viele Arbeitsschritte der **Warenbewegung** beschleunigen und übersichtlicher gestalten.
Als rentabel und zuverlässig erweist sich die EDV bei der Bearbeitung von Lieferantenrechnungen und der Buchung innerbetrieblicher Warenbewegungen. Von den Abteilungen angeforderte Waren können zeitgenau in erforderlicher Menge bereitgestellt und sofort abgebucht werden. Ankommende Waren werden nach Eingang bestands- und wertmäßig aufgenommen.

Wareneinsätze und Warenverbrauch lassen sich jederzeit ermitteln und kontrollieren. Rechenoperationen können sehr schnell durchgeführt werden.
Alle Waren werden in einer **Warenkartei** gespeichert, wobei die Informationen nach bestimmten Merkmalen erfasst werden. Bei jeder Ware werden der aktuelle Lagerbestand und der Meldebestand (Bestellbestand) erfasst. Durch die EDV werden die aktuellen Lagerbestände automatisch mit dem Meldebestand verglichen. Danach erstellt das Warenwirtschaftssystem selbständig eine Bestellliste mit den notwendigen Waren und Lieferanten.

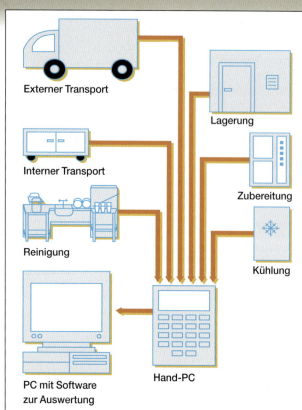

342

Datenschutz und Datensicherung

Bereiche	Erläuterungen
Wareneinkauf	Erstellen von Bestell- und Preislisten, Lebensmittel-Übersichten, Lieferantenkarteien
Lagerung	Aufstellen von Lagerkarteien (Food, Beverage, Non-Food), Lagerkennziffern, Kostenstellen, Erfassen des Warenumschlags (Zu- und Abgänge), der Lagerbestände (mengen- und wertmäßig, Reservebestände, Verfalldaten), Berechnen von Lagerkosten, Aufstellen von Inventarverzeichnissen

Küchen-Software für die Betriebsführung
- Rohstoffverwaltung
- Warenwirtschaft
- Bestellsystem
- Kalkulation, Lagerhaltung
- Lagerverwaltung und Inventur
- Lieferanten- und Kundenverwaltung
- Fakturierung
- Mahnwesen
- Schnittstelle zur Kassen-Software
- Rezepturverwaltung
- Speisen-, Menüplanung
- Nährwertdatei
- Vorkalkulation
- Überwachung von Produktions- und Lagerprozessen
- Hygienepläne nach HACCP
- Nachkalkulation
- Entsorgung
- Personaldaten-Verwaltung
- Erstellung von Dienstplänen
- Verwaltung von ausrüstung
- Marketing-Maßnahmen
- Statistiken
- Öffentlichkeitsarbeit

27.2 Datenschutz, Datensicherung

Rechtliche Grundlagen
Unter Datenschutz ist die Gesamtheit aller Maßnahmen zu verstehen, die einen unberechtigten Zugriff auf die Veränderung von personenbezogenen Daten verhindern sollen.

Gesetzliche Grundlage hierfür bildet das **Bundes-Datenschutzgesetz** (BDSG) seit 1978.
Durch ein **Datenschutzgesetz** sollen personenbezogene Daten von Bürgern vor Missbrauch geschützt werden. Das betrifft ihre Speicherung, ihre Übermittlung, ihre Veränderung oder ihre Löschung.

Im Gastgewerbe fallen Daten an, die des Schutzes bedürfen.
Für einen ausgewählten Mitarbeiterkreis sollte der Zugriff zu personenbezogenen Daten nur mit Passwort möglich sein.
Vom Gast werden nur die Daten erfasst, die ausdrücklich zur Erfüllung der gastronomischen Aufgaben erforderlich sind. Dabei muss dem Gast mitgeteilt werden, dass eine Speicherung seiner Daten erfolgt. Alle Mitarbeiter sind damit zur Wahrung des **Datengeheimnisses** verpflichtet.

Schutzwürdige Daten
Namen, Titel, Anschriften, Telefonnummern, Berufe, finanzielle Verhältnisse, Branchen- und Geschäftsangaben von Gästen

Rechtsvorschriften allein können den Missbrauch von Daten nicht verhindern. Jeder Mitarbeiter in der Gastronomie muss in seiner täglichen Arbeit umsichtig und verantwortungsbewusst mit vorhandenen Daten umgehen.

Maßnahmen zur Datensicherung
Datensicherung umfasst alle Maßnahmen zum Schutz der Datenbestände vor Diebstahl, Zerstörung und Missbrauch.

In erster Linie hat das Unternehmen die Pflicht, Daten vor Diebstahl und Manipulation zu schützen. Es ist dafür vertrauenswürdiges Personal einzusetzen und regelmäßige Kontrollen sind durchzuführen. Externe Speichermedien (u. a. Wechselfestplatten, USB-Laufwerke, Disketten, USB-Sticks, Bandlaufwerke) sind zu sichern und vom Missbrauch auszuschließen. Regelmäßige und planvolle Datensicherungen (Backups) sind vorzunehmen.

1 Äußern Sie sich zu der Feststellung:
Der Computer ist aus dem Geschäftsleben des Gastgewerbes nicht mehr wegzudenken.
2 Erklären Sie die Begriffe Hard- und Software.
3 Erläutern Sie Vorteile für den EDV-Einsatz im Magazin.
4 Begründen Sie die Notwendigkeit der Datensicherung und nennen Sie Möglichkeiten zur Datensicherung im Gastgewerbe.
5 Was verstehen Sie unter Datenschutz? Nennen Sie Ziele des Datenschutzes.
6 Streichen Sie angegebene Daten, die nicht unter das Datenschutzgesetz fallen:
Frau Dr. Erika Kunze,
geb. am 1.1.47 in Schweidnitz,
kaufm. Direktorin, ledig,
wohnhaft in 01111 Sandow, Dorfstr. 42,
Hotelgast vom 24.12. bis 5.1.,
Appartement Nr. 6,
Rechnung geht an die Firma „Immergrün"

28 Beurteilung der Arbeiten im Magazin

🇫🇷 évaluation du magasin, de l'entrepôt
🇬🇧 store room evaluation

Das Magazin gewährleistet **reibungslose Arbeitsabläufe** im gastronomischen Betrieb und spielt eine wichtige Rolle bei der Erwirtschaftung von Gewinnen. Es nimmt Einfluss auf die Gestaltung der Speisekarten und auf die Qualität der Speisen und Getränke. Deshalb ist die Tätigkeit in der Magazinverwaltung verantwortungsvoll. Durch fachgerechte Warenpflege können nicht nur Verluste vermieden, sondern auch Lebensmittel mit besten Eigenschaften der Küche und dem Büfett übergeben werden.

Jeder Gastgewerbebetrieb hat eine mehr oder weniger umfangreiche Vorratshaltung, je nach Art und Größe der Versorgungsaufgaben. Organisatorische und kalkulatorische Gesichtspunkte bestimmen Umfang und Zusammenstellung der Warenlager.

Die Beschäftigten im Gastronomiebetrieb müssen die effektive Lagerung im Magazin gewährleisten.

Beurteilungsgesichtspunkte für das Magazin	
Wirtschaftlichkeit	Sinnvoll ist allgemein nur eine kurze Lagerdauer. Die Lagerbestände sollten den Erfordernissen entsprechen. Warenumschlag beurteilen.
Lagerbedingungen	Durch eine fachgerechte Lagerung soll die Qualität des Lagergutes von der Einlagerung bis zum Verbrauch erhalten werden. Die Lagerbedingungen hängen vom Lagergut ab.
Lagergut	Biologisch-ökologisch, Markenprodukte (Eier, Fleisch). Ungenutzter Kühlraum bedeutet Energieverschwendung, ebenso die unnötige Kühllagerung von Lebensmitteln, z. B. von Konserven.
Verpackung	Auf Mehrwegverpackungen ist zu achten.
Transportwege	Möglichst Angebote von regionalen Erzeugern berücksichtigen.
Arbeitssicherheit	Die Gestaltung des Lagers und alle Arbeiten in Magazin und Verwaltung müssen die **Arbeitssicherheit** gewährleisten.
Hygiene und Recht	Der Warenverkehr unterliegt besonderen hygienischen und rechtlichen Bedingungen. Bereits kleine Fehler können schädigende Folgen haben. Sie können zur Wertminderung der Speisen und der Getränke oder gar zu Lebensmittelvergiftungen führen. Hygiene ist eine wichtige Voraussetzung für die Herstellung qualitativ hochwertiger Erzeugnisse. Das Lagerpersonal hat deshalb eine große Verantwortung. Die **Hygiene** der Lebensmittel im Lebensmittelverkehr muss gewährleistet sein. Besondere **Rechtsvorschriften** in Magazin und Verwaltung betreffen beispielsweise Verbrauchsfristen oder Lagerklima (→ 84).

Beim Einkauf *regionale Angebote* möglichst aus ökologischem Anbau berücksichtigen:
Kartoffeln, Gemüse, Salate, Kräuter *vom Erzeuger*; Schlachtfleisch, Süßwasserfisch *aus der Direktvermarktung*.

Ermitteln Sie die Herkunft von 10 ausgewählten, in Ihrem Betrieb verwendeten Rohstoffen nach der Etwa-Entfernung (km) vom Erzeugungsort.
Beispiel:
Schweinefleisch aus dem Allgäu   250 km
Gartenkräuter vom Gärtner   1,5 km

344

Beurteilung der Arbeiten im Magazin

Projektorientierte Aufgabe
Einkauf und Lagerung von Geflügel

Nach der Analyse von Gästewünschen erarbeitet das Speiserestaurant „Zur Einkehr" eine spezielle Geflügelkarte. Das Geflügel soll von einem regionalen Anbieter, der Geflügelfarm „Bioland-Geflügel", 00112 Waldesruh, PF 1234, die Hühner, Perlhühner, Puten, Gänse und Enten artgerecht züchtet, bezogen werden.

1   Informieren Sie sich in *Gruppenarbeit* mit Hilfe von Fachbüchern über Arten, Haltungsformen, Qualitätsmerkmale, Zusammensetzung und Verarbeitungsgrundsätze von Hausgeflügel.

2   Führen Sie in der Ausbildungsgruppe (Klasse) eine *Pro- und- Kontra-Diskussion* über die Verwendung von artgerecht gezüchtetem Geflügel. Stellen Sie das Ergebnis in Form einer Verkaufsargumentation zusammen.

3   Nennen Sie Bearbeitungsstufen (Herrichtungsformen) für Geflügel im Ganzen und für Geflügelteile, die der Handel anbietet.

4   Erläutern Sie die unterschiedlichen Handelsformen:
  • *„Frischgeflügel"* • *„Tiefgefrorenes Geflügel"*
  Gehen Sie dabei auf die übliche, jedoch unzutreffende Bezeichnung „tiefgekühlt" ein.

5   Informieren Sie sich anhand von Preislisten aus Ihrem Ausbildungsbetrieb oder durch Befragungen über aktuelle Preise und erkundigen Sie sich über das eventuelle Angebot von Saisonware.

6   Verlangen Sie von der Gelügelfarm schriftlich ein Angebot für die wöchentliche Abnahme von 30 Poularden, grillfertig, 10 Perlhühnern, 20 kg Putenbrust, jeweils 10 Hafermastgänsen und Frühmastenten.

7   Worauf achten Sie bei der Warenannahme? Bei der Warenannahme von Frühmastgänsen und Hähnchen sollten Sie auch die Qualität der Lieferung prüfen. Welche Merkmale beurteilen Sie?

8   Prüfen Sie die Aktualität der Lagerfachkarte. *Beachten Sie:* In verschiedenen Betrieben werden Frischerzeugnisse sofort auf das Küchenkonto gebucht.

9   Beschreiben Sie die hygienische Voraussetzung für den Bezug von frisch geschlachtetem Geflügel. Nennen Sie besonders räumliche Erfordernisse.

10   Beschreiben Sie die Lagerbedingungen für tiefgefrorenes Geflügel.

11   Der Lagerverwalter zeigt Ihnen drei tiefgefrorene Hähnchen mit Gefrierbrand und starker Schneebildung. Beurteilen Sie diese Erscheinung hinsichtlich der Qualität und der Ursachen.

12   Reklamieren Sie die drei Hähnchen in einem entsprechenden Geschäftsbrief.

13   Köchin Kornelia bleibt gelassen, als sie hört, dass sich auf der Oberfläche von tiefgefrorenen Brathähnchen meist Salmonellen befinden. Ist diese Gelassenheit berechtigt?

14   Vergleichen Sie die Lagerzeiten von Gefrierware und Frischware.

15   Nennen Sie Absprachen, die der Küchenchef beim Angebot von Geflügelspeisen mit dem Magazin und dem Service treffen wird.

16   Für ein besonderes Gourmetessen wird eine lebende Martinsgans mit 5,120 kg bezogen. Bratfertig wiegt die Gans 4,110 kg.

16.1   Berechnen Sie den Schlachtverlust in g und %.

16.2   Ermitteln Sie die Anteile an Brustfleisch ohne Knochen und Keulen in g, wenn mit 17 % Brustfleisch und 21 % Keulen zu rechnen ist.

16.3   Wie hoch ist der Materialpreis für die Gans, wenn der Kilopreis bei 4,05 € liegt?

17   In der Küche werden 21 Hähnchen mit einem Gesamtgewicht von 20,125 kg verarbeitet. Der Rechnungspreis beträgt je kg 2,40 €. Auf Innereien entfallen 14 %, die mit einem kg-Preis von 1,03 € bewertet werden.

17.1   Wie viel kg Innereien fallen an?

17.2   Ermitteln Sie das Portionsgewicht und den Materialpreis für ½ Hähnchen.

18   Im Magazin ist bei Gänseleber ein Bestand von 28 Dosen. Die Inventur ergibt jedoch 27 Dosen. Suchen Sie Gründe für die Differenz.

Nährwerttabelle

🇫🇷 *tableau des valeurs nutritives*
🇬🇧 *table of nutritional values*

Lebensmittel je 100 g verzehrbarer Anteil	Eiweiß g	Fett g	Kohlen-hydrate g	Ballast-stoffe g	Cholesterin mg	Natrium mg	Kalium mg	Calcium mg	Eisen mg	Vitamin A µg	Vitamin B₁ µg	Vitamin C mg
Brote												
Roggenbrot, -brötchen	6,04	0,95	43,82	5,48	0	441	218	19	2,06	0	158	0
Roggenmischbrot	5,86	0,83	44,61	4,64	0	445	168	24	1,70	0	141	0
Weißbrot, Brötchen, Toast	7,43	1,34	48,50	2,84	0	517	124	18	1,57	4	99	0
Weizenmischbrot	7,11	0,88	44,86	3,94	0	508	157	22	1,70	0	158	0
Knäckebrot	11,11	2,01	72,59	4,25	0	774	186	27	2,35	6	148	0
Pumpernickel	6,47	0,97	37,45	8,53	0	562	289	22	2,65	1	102	0
Eier												
Hühnerei, ganz (Größe M)	12,90	11,20	0,70	0	396	144	147	56	2,10	278	100	0
Hühnerei Eigelb	16,10	31,90	0,30	0	1260	51	138	140	7,20	886	290	0
Hühnerei Eiklar	11,10	0,20	0,70	0	0	170	154	11	0,20	0	22	0,30
Fette und Öle, pflanzliche												
Margarine	0,20	80,00	0,40	0	7	101	7	10	0,06	608	7	0,10
Olivenöl	0,00	99,60	0,20	0	1	1	0	1	0,10	157	0	0
Distelöl (Safloröl)	0,00	99,50	0	0	0	0	1	0	0	0	0	0
Pfl. Öle Linolsäure 30-60 %	0,00	99,80	0	0	1	1	1	1	0,03	4	0	0
Mayonnaise 80 % Fett	1,49	82,50	2,00	0	237	481	25	18	0,60	84	40	0
Fette und Öle, tierische												
Butter	0,67	83,20	0,60	0	240	5	16	13	0,09	653	5	0,20
Butterschmalz	0,25	99,50	0	0	340	2	3	6	0,20	883	0	0
Schweineschmalz	0,10	99,70	0	0	86	1	1	1	0,06	9	0	0
Frittierfett (überwiegend pfl.)	0,00	99,98	0	0	30	0	0	0	0,01	0	0	0
Fische (Seefische)												
Flunder	16,50	3,20	0	0	50	92	332	27	0,54	10	220	0,80
Heilbutt	20,10	1,70	0	0	32	84	216	14	0,55	32	78	0
Hering	18,20	15,00	0	0	91	117	360	57	1,10	28	40	0,70
Kabeljau (Dorsch)	17,40	0,67	0	0	50	77	320	16	0,44	12	55	2,00
Rotbarsch	18,62	3,61	0	0	42	80	308	22	0,69	14	110	0,80
Seelachs (Köhler)	18,30	0,90	0	0	71	86	356	14	0,50	11	47	1,00
Fische (Süßwasserfische)												
Aal	15,00	24,50	0	0	142	65	217	17	0,60	980	180	1,80
Forelle (Bachforelle)	20,55	3,36	0	0	56	63	413	12	0,69	19	84	3,60
Karpfen	18,00	4,80	0	0	67	30	387	63	0,70	44	68	1,00
Lachs (Salm)	18,40	6,34	0	0	35	51	371	13	1,00	41	170	0
Geflügel												
Ente	18,10	17,20	0	0	76	38	210	14	2,40	51	300	0
Gans	15,70	31,00	0	0	86	86	420	12	1,90	65	120	0
Brathähnchen	19,90	9,60	0	0	81	70	260	12	0,70	39	108	0
Pute	20,60	15,00	0	0	74	63	300	25	1,40	13	100	0
Gemüse u. Gemüseerzeugnisse												
Artischocken	2,40	0,12	2,63	10,79	0	47	350	53	1,50	17	140	8,00
Blumenkohl	2,46	0,28	2,34	2,90	0	16	328	20	0,63	2	110	73,00
Chicoree	1,30	0,18	2,34	1,30	0	4	194	26	0,74	572	58	8,69
Erbsen, grün	6,55	0,48	12,30	5,00	0	2	304	24	1,84	72	300	25,00
Gurken	0,60	0,20	1,81	0,54	0	8	141	15	0,50	66	20	8,00
Gewürzgurken	0,35	0,07	1,02	0,19	0	263	82	14	0,36	20	4	1,43
Kartoffeln, ungegart	1,63	0,09	11,85	1,8	0	2	329	5	0,33	1	88	13,60
Salzkartoffeln	1,99	0,10	14,46	2,31	0	323	338	8	0,40	1	85	12,23
Pellkartoffeln	2,04	0,11	14,80	2,25	0	42	411	6	0,40	1	110	16,98
Pommes Frites	1,91	5,82	13,88	2,11	0	205	385	7	0,38	1	103	15,94
Sellerie	1,20	0,20	2,18	2,55	0	132	344	80	0,50	483	48	7,00

Nährwerttabelle

		Grundnährstoffe								Vitamin		
Lebensmittel je 100 g verzehrbarer Anteil	Eiweiß g	Fett g	Kohlen- hydrate g	Ballast- stoffe g	Cholesterin mg	Natrium mg	Kalium mg	Calcium mg	Eisen mg	A µg	B₁ µg	C mg
Knollensellerie	1,70	0,30	2,25	4,20	0	77	321	68	0,53	3	36	8,25
Möhren (Karotten)	0,98	0,20	4,80	3,63	0	60	290	41	2,10	1574	69	7,00
Paprikafrüchte, grün	1,17	0,30	2,91	3,59	0	3	177	11	0,75	180	52	139,00
Petersilienblatt	4,43	0,40	7,38	4,25	0	33	1000	245	5,50	902	140	166,00
Rote Rübe (Bete)	1,53	0,10	8,38	2,50	0	58	336	29	0,93	2	22	10,00
Rotkohl	1,50	0,18	3,54	2,50	0	4	266	35	0,50	3	68	50,00
Sauerkraut, abgetropft	1,50	0,30	0,77	3,50	0	355	288	48	0,60	3	27	20,00
Spargel	1,90	0,14	2,04	1,40	0	4	203	26	0,65	87	110	19,90
Tomate	0,95	0,21	2,60	0,95	0	6	242	14	0,50	84	57	24,54
Tomatenmark	4,50	0,20	12,90	2,80	0	240	1150	48	1,60	217	220	38,00
Weißkohl	1,37	0,20	4,16	2,96	0	12	208	46	0,50	12	48	45,80
Zwiebeln	1,25	0,25	4,91	1,81	0	9	135	31	0,50	1	33	8,13
Getränke, alkoholische												
Bier Pils Hell	0,50	0	3,12	0	0	4	55	4	0,01	0	3	0
Weißwein (10-12 %vol)	0,20	0	0,10	0	0	2	95	10	0,60	0	1	0
Rotwein (10-12 %vol)	0,22	0	2,40	0	0	3	105	9	0,60	0	1	1,80
Sekt (11-12 %vol)	0,16	0	3,50	0	0	3	50	10	0,50	0	1	0
Reis, Mehl, Stärke, Flocken												
Reis	6,83	0,62	77,73	1,39	0	6	103	6	0,60	0	60	0
Reis, ungeschält	7,22	2,20	74,06	2,22	0	10	150	23	2,60	0	410	0
Weizengrieß	9,56	0,79	68,91	7,12	0	1	112	17	1,00	0	120	0
Maisgrieß	8,80	1,10	73,76	5,00	0	1	80	4	1,00	44	130	0
Weizenmehl Type 405	9,80	1,00	70,90	4,00	0	2	108	15	1,54	0	60	0
Weizenstärke	0,40	0,14	85,76	1,20	0	2	16	0	0	0	0	0
Cornflakes	7,15	0,60	79,07	4,00	0	938	120	13	2,00	28	60	0
Müsli	10,39	7,22	60,07	8,11	0	100	421	51	3,31	10	419	1,73
Hülsenfrüchte												
Bohnen, weiß	21,30	1,60	39,82	17,00	0	4	1336	113	6,17	67	503	2,50
Erbsen	23,75	1,74	42,37	18,13	0	7	936	79	5,67	130	817	36,26
Linsen	23,50	1,40	49,30	10,60	0	36	840	71	7,50	17	446	1,00
Sojasprossen, frisch	5,30	1,20	4,68	2,30	0	30	235	32	0,90	4	157	19,63
Käse												
Camembert 30 % F. i. Tr.	23,00	13,00	0	0	90	300	100	1100	0,30	342	50	0
Emmentaler 45 % F. i.Tr.	28,70	30,00	0	0	90	300	100	1100	0,30	343	50	0
Gouda 45 % F. i. Tr.	25,50	29,20	0	0	114	600	100	800	0,30	305	40	0
Parmesan 40 % F. i. Tr.	34,30	30,20	0	0	71	1200	100	1200	0,60	360	30	0
Quark, Magerstufe	13,50	0,20	4,00	0	1	40	140	120	0,40	1	40	0,70
Milch												
Trinkmilch 3,5 % Fett	3,30	3,50	4,76	0	13	50	150	120	0,05	33	40	1,70
Trinkmilch 1,5 % Fett	3,40	1,60	4,90	0	6	50	150	120	0,05	14	40	1,00
Trinkmilch, entrahmt	3,50	0,10	5,00	0	2	50	150	120	0,06	2	40	1,00
Milcherzeugnisse												
Joghurt 3,5 % Fett	3,30	3,80	4,00	0	14	50	160	130	0,05	33	40	1,00
Joghurt, entrahmt	4,30	0,10	4,20	0	1	50	170	140	0,06	1	30	1,00
Kondensmilch 7,5 % Fett	6,50	7,50	9,70	0	28	100	320	240	0,10	82	0	1,00
Kondensmilch 10 % Fett	8,80	10,00	12,50	0	38	140	410	330	0,14	120	80	1,40
Sahne 10 % Fett	3,10	10,00	4,00	0	39	40	140	110	0,11	120	40	1,00
Schlagsahne 30 % Fett	2,50	30,00	3,20	0	90	30	100	80	0,11	360	30	1,00
Saure Sahne 10 % Fett	3,10	10,00	3,30	0	37	40	140	110	0,10	120	40	1,00
Saure Sahne 20 % Fett	2,80	20,00	3,40	0	65	40	130	100	0,10	240	40	1,00

Nährwerttabelle

Lebensmittel je 100 g verzehrbarer Anteil	Grundnährstoffe									Vitamin		
	Eiweiß g	Fett g	Kohlen- hydrate g	Ballast- stoffe g	Cholesterin mg	Natrium mg	Kalium mg	Calcium mg	Eisen mg	A µg	B$_1$ µg	C mg
Saure Sahne 30 % Fett	2,50	30,00	2,40	0	90	30	100	80	0,11	360	30	1,00
Obst und Obsterzeugnisse												
Ananas	0,46	0,15	13,12	1,40	0	2	173	16	0,40	10	80	19,00
Apfel, geschält	0,30	0,40	12,40	1,80	0	3	144	3	0,40	3	30	4,00
Apfel	0,34	0,40	11,43	2,00	0	3	144	7	0,48	8	30	12,00
Banane	1,15	0,18	21,39	2,00	0	1	393	9	0,55	38	44	12,00
Birne	0,50	0,30	12,40	2,80	0	2	125	9	0,26	3	30	5,00
Erdbeere	0,80	0,40	5,50	2,00	0	3	145	25	0,96	8	30	65,00
Himbeere	1,30	0,30	4,80	6,70	0	1	170	40	1,00	3	25	25,00
Johannisbeere, rot	1,10	0,20	7,30	7,40	0	2	240	30	0,90	7	40	36,00
Kiwi	1,00	0,63	10,77	3,90	0	4	295	38	0,80	62	17	71,00
Orange	1,00	0,20	9,19	2,20	0	1	177	42	0,40	15	79	50,00
Orange Fruchtsaft	0,93	0,17	8,79	0,23	0	1	155	43	0,40	15	65	30,86
Papaya	0,52	0,09	2,40	1,90	0	3	211	21	0,42	93	30	82,00
Pfirsich	0,80	0,10	8,90	2,30	0	1	176	7	0,48	73	27	10,00
Weintrauben	0,70	0,30	15,60	0,80	0	2	190	18	0,50	4	45	4,00
Rosinen	2,46	0,55	66,20	5,40	0	21	782	31	0,30	5	120	1,00
Zitrone Fruchtsaft	0,56	0,43	19,85	0,12	0	2	111	10	0,43	2	36	28,14
Pilze und Pilzerzeugnisse												
Champignon	2,74	0,24	0,56	2,03	0	8	422	11	1,19	2	100	4,90
Pfifferlinge, frisch	1,57	0,50	0,20	5,60	0	3	507	8	6,50	217	20	6,00
Nüsse												
Erdnuss, geröstet	25,63	49,60	9,45	11,35	0	11	777	65	2,32	0	250	0
Haselnuss	11,96	61,60	10,54	8,22	0	2	635	225	3,80	5	390	3,00
Walnuss	14,40	62,50	10,60	6,14	0	2	544	87	2,50	8	340	2,60
Schlachtfleisch, Wild												
Schafskotelett	18,60	14,20	0	0	65	66	280	10	1,77	0	130	0
Kalbsfleisch	19,79	3,00	0	0	70	92	311	22	1,40	1	90	0
Kalbsschnitzel	21,28	1,76	0	0	70	64	372	5	2,30	1	80	0
Rindfleisch, mager	20,60	4,25	0	0	70	66	360	6	2,16	20	230	0
Schweinefleisch, mager	21,20	5,60	0	0	70	75	300	2	1,09	6	900	0
Speck durchw./Frühstückssp.	4,70	76,70	0	0	57	18	39	4	0,29	0	130	0
Schweineschnitzel	21,20	5,60	0	0	70	75	300	2	1,09	6	900	0
Rehfleisch	21,40	1,25	0	0	60	60	309	5	3,00	0	100	0
Schlachtfleischerzeugnisse												
Leberwurst Ia, fein	15,90	32,34	1,52	0,14	185	814	215	14	7,36	5305	420	23,40
Leberwurst, grob	17,45	27,74	1,33	0,14	159	825	216	13	6,09	4151	548	23,17
Salami	17,16	27,78	0,19	0,06	65	1273	314	13	0,92	3	644	0
Schinken	22,10	4,87	0	0	61	39	174	1	1,20	6	417	0
Schinkenspeck	4,70	76,70	0	0	57	18	39	4	0,29	0	130	0
Rauchfleisch	16,84	6,39	0,89	0	59	3165	276	28	1,87	12	187	0
Wiener Würstchen	15,14	26,28	0,29	0,10	53	978	248	12	0,78	16	501	22,80
Süßwaren												
Honig	0,38	0	75,07	0	0	7	47	5	1,30	0	3	2,40
Konfitüre extra	0,15	0,18	65,19	0,90	0	1	66	4	0,39	3	12	4,87
Zucker	0	0	99,80	0	0	0	2	1	0,29	0	0	0
Teigwaren												
Teigwaren, Spätzle	12,34	2,78	68,29	5,00	94	17	164	27	1,60	63	170	0
Teigwaren, eifrei	10,12	0,85	69,38	7,67	0	15	239	43	1,83	158	128	9,41
Vollkorn-Teigwaren	13,40	2,50	60,60	11,50	0	5	390	34	3,90	0	670	0

Sachwortverzeichnis

A (Vitamin) 31 ff., 35, 46
Abdecken 237
Abkürzungen 269
Abrechnung 292
Abschlussarbeiten 290
Abziehstahl 110
Adressieren 335
Aerobe Mikroorganismen 73
Aflatoxin 161
Aggregatzustände 25
AIDA 266
Aktivitätsgrad, körperlicher 56
Alkalisieren 260
Alkoholfreie Getränke 244
Alkoholgehalt 39, 40, 228
Alkoholische Gärung 39
Allergien 47
Alternativfragen 287
Ameisensäure 47
Amylopectin 8
Amylose 8
Anaerobe Mikroorganismen 73
Anbraten 128
Anfrage 337 f.
Anführungsstriche 269
Angebote 313
Angebotskarten 265 ff., 296 f.
Angebotstafel 277
Ankaufskurs 295
Anlagen 104
Annahmeverzug 341
Anrichtefertige Lebensmittel 141
Aperitif 270, 289
Apfel-Ananasaussstecher 117
Apfel im Schlafrock 163
Apfelrotkraut 156, 202
Aprikosenmilch 262
Arachidonsäure 13
Arbeits- und Tarifrecht 302
Arbeitsabläufe 102 ff., 344
Arbeitsarten 99
Arbeitsbeleuchtung 101
Arbeitselemente 99
Arbeitsgestaltung 98 f.
Arbeitshöhe 101
Arbeitskraft 99
Arbeitsmittel 100 f., 104
Arbeitsorganisation 208
Arbeitsplatz 100 f.
Arbeitsraum 100 f.
Arbeitssicherheit 89 ff.
Arbeitsverfahren 105 ff.
Aromastoffe 5, 42, 48
Artikelnummerierung 142
Artischockensalat 157
Ästhetik 271
ATP 54
Aufbewahrungspflicht 265, 266
Auflaufform 224
Aufgussgetränke 244 ff.
Aufschnitt- und Brotschneide-
maschinen 110, 111
Aufwertung 34
Ausbeinmesser 112
Ausbessern 218
Aushändigungsverkauf 286
Ausländische Währung 295
Auslaugverluste 28
Ausmahlungsgrad 29
Ausstecher 117
Automaten 104, 305
Avitaminose 35
Aw-Wert 23, 73

B-(Vitamine) 31 ff., 35
Backdauer 130
Backen 130, 177 f.
Backform 224
Backgut 130

Backmittel 178
Backpulver 49
Baguette-Schnittchen 182
Bakterien 70 f.
Ballaststoffe 46
Bananen-Flip 262
Bankett 209
Bankettformen 226
Bankgewinn 295
Banknoten 293
Bardieren 115
Bargeldlose Zahlung 294
Bargläser 219
Barkarte 270
Barzahlung 293
Baumwollfasern 214
Baustoffe 5
Bearbeitungsgrad 140
Béchamel-Sauce 173
Bedarfsgegenstände 78, 84
Beerenobst 158
Begasen 136
Bekömmlichkeit 57
Belegte Brote 180 ff.
Beliebtheitsgrad von Speisen 267
Benzoesäure 47
Beratung fremdsprachiger Gäste 29 ff.
Beratungsgespräch 289
Beratungsverkauf 286
Berufsgenossenschaft 89 f.
Besondere Kostformen 62 ff.
Bestandsaufnahme 325
Bestandskontrollen 323, 325
Besteckauswahl 241 ff.
Bestecke 221 f.
Besteckpflege 225
Bestellbestand 322
Bestellmengen 324
Bestellung 313
Bestellungsannahme 289
Bestrahlen 136
Beta-Carotin 13, 32
Betriebe 302
Betriebsabteilungen 209
Betriebs- und Arbeitsmittelhygiene 77 f.
Bewirtung 306
Bezahlung 298
Bfn 312
Bier 38, 244
Biergläser 219
Binden 116
Bindenadel 116, 117
Bioaktive Substanzen 5, 45 f.
Biologische Wertigkeit 22
Bitterstoffe 44
Blanchieren 108
Blick 284
Blumenkohl 154
Blumenpflege 227
Blutzuckerspiegel 11
BMI 64
Body–Mass–Index 64
Bohnern 213
Bombagen 134
Botulinus 76, 134
Bowle 263
Braten 126
Bratkartoffeln 148
Bratpfanne 127
Bräunungsvermögen 10
Brennstoffe 5
Briefbestandteile 333
Briefe 331
Brieftformate 332
Broken 253, 254
Brot 177 ff.
Brotarten 178 f.
Brötchen 178 f.
- ,mit Schweinehackfleisch 196
Broteinheit 65

Brühsystem für Kaffee 248 f.
Brühwürste 193
Brunchgedeck 236
Brutto 312
BSE 191
Buchstaben 271 f.
Büfettarbeiten 228 f.
Büfettaufbau 228
Bügeln 218
Bulimie 63
Buntmesser 112
Butter 170, 172
Butterherstellung 172
Buttermesser 222
Buttermischungen 174
Butterschmalz 173
Buttersorten 173
Butterverpackung 172

C (Vitamin) 31 ff., 35
Calcium 30
Calciumoxid 25
Canapés 181
Cappuccino 250, 251
Carotin 13
Carotinoide 46
CCP 81
Célestine 168
Cellulose 8
Champagnertee 256
Chemiefasern 214
Chemisch konservieren 136
Chemische Lockerungsmittel 49
Chicoréesalat 156
Chlor 30
Cholesterin 13
Chun Mee 254
CMA-Gütezeichen 143
Coffein 41, 245, 252, 258
Coli 76, 86
Computer 341
Convenience-Erzeugnisse 47, 141
Cook and chill 137
Cook and freeze 137
Cook and hold 138
Couleur 10
CP 81
Crêpes 168

D (Vitamin) 31, 32, 35
Dampfdrucktopf 124
Dämpfen 124
Datenverarbeitung 341 ff.
Deckservietten 216
Dekoratives Gestalten 271 ff.
Desinfektion 79 f., 213
Deutscher-Adler-Gütezeichen 143
Deutsches Lebensmittelbuch 85
Devisen 295
Dextrine 8
Diabetiker-Diät 65 f.
Dichte 14
Digestif 270
Dillbutter 174
DIN 272
Dipeptidbildung 18
Dipol 24
Disaccharide 6, 7
Doppelbindung 13
Dreieckstest 45
Dressieren 116
Dünndarmzotte 53
Dünsten 125
Dust 253, 254

E (Vitamin) 31, 35
EAN-Code 142
EDV 341 ff.
Ehec 75
Eichamt 305
Eier 164 ff.
Eierlöffel 222
Eierpfannkuchen 168
Eierspeisen 166 ff.,
Eierverordnung 164
Eigenkontrolle 82
Eignungswert 142
Eindecken 234, 236 f.
Einfache Proteinenzyme 36
Einfaches Frühstück 180
Einfrieren 135
Einkauf 312 ff.
Einkaufsgüter 312
Einstandspreis 312
Einstecken 116
Eisen 30
Eislöffel 222
Eisschokolade 260
Eistee 256
Eiterstaphylokokken 75
Eiweißbedarf 22, 59
Eiweißgerinnung 121
Eiweißstoffe 17 ff.
- ,Aufbau 17
- ,Eigenschaften 19 ff.
- ,Struktur 18
- ,Vorkommen 17
Eiweißstoffwechsel 21
Eiweißzufuhr 22
E-Mail 330
Empfang 209, 288
Emulgierbarkeit 15
Emulgieren 119
Emulsionen 15, 119, 169
Energiebedarf 55 f., 66 f.
Energiebilanz 56
Energietransport 120
Energiewert 10, 16, 22, 66
Entkoppeltes Zubereiten 137
Enzyme 36 f.
Erbsenmus 188
Erdbeer-Shake 262
Erfolgskontrolle 307
Erfüllungsgeschäft 337
Ergonomie 99
Ernährungsberatung 265
Ernährungsgewohnheiten 56
Ernährungsphysiologie 3
Ernährungspyramide 58
Erste Hilfe 91 f.
Erweiterte vegetarische Kost 63
Erweitertes Frühstück 180
Espresso 250
Essentielle Aminosäuren 17
Essentielle Fettsäuren 13
Essig 231
Essiggemüse 153
Ethanol 39, 40, 136
Etherische Öle 42, 43
Eurobanknoten 293
Europäisches Lebensmittelrecht 83
Exotische Früchte 159 f.

F Fachberatung 287
Fachliche Regeln für Speisekarten
267 ff.
Fachsprache 3
Fannings 253, 254
Farben 273 f.
Farbkontrast 275
Farbwirkung 273, 274 f.
Faserstoffe 214
Fax 328, 330
F+B-Manager 310

349

Sachwortverzeichnis

Feinere Schnittformen 149
Fencheltee 258
Fermente 36
Fertigerzeugnisse 2, 140 f.
Fertigungs-Endküche 103
Festessen 308
Fettabbau 15
Fettbedarf 16
Fettbegleitstoffe 13
Fette 12 ff.
Fetteigenschaften 14
Fettfisch 197
Fetthärtung 14
Fett i. Tr. 171
Fettsäuren 12 f.
Fettspaltung 16
Fettstoffwechsel 16
Fett- und Stärkeentsorgung 95
Fettverdauung 16
Fettzersetzung 16
Feuerzangen-Bowle 264
Filetiermesser 112
Filtrieren 136
Finderlohn 306
Fisch 197 ff.
- ,blau 199
Fischbesteck 222
Fischfiletierbesteck 222
Fischkessel 123
Fischspeisen 197 ff.
Fischwanne 225
Flambierter Kaffee 250
Flaschenweine 270
Flavonoide 46
Fleisch 189 ff.
Fleischbasen 43
Fleischbeschau 190
Fleischbrühe 194
Fleischermesser 112
Fleischqualität 190
Fleischreifung 191
Fleischspeisen 189 ff.
Fleischwaren 193
Fleischwolf 113
Fleischzerlegung 192
Florida 263
Flowery Orange Pekoe 253, 254
Fluor 30
Flüssigkeitsverluste 60
Food 140, 311
FOP 253
Forellenfilets 199
Formen 224
Frachtbrief 331
Fragestellung 286
Frankieren 335
Freies Wasser 23
Frische Vollmilch 170
Frischkäse 170 f.
Fritteuse 129
Frittieren 129
Frittierte Kartoffelspeisen 148
- ,Kartoffelwürfel 149
Früchtequark 176
Fruchtester 43
Frucht-Frappés 262
Fruchtmark 161
Fruchtmilch 262
Fruchtnektar 161
Fruchtsaft 161
Fruchtsafttee 256
Fruchtspeisen 161 ff.
Fructose 7
Frühstücksgedeck 236
Frühstücksspeisen 180 ff.
FSH-Verfahren 170
Fundsachen 306
Funktionsfördernde Stoffe 5

Galactose 7
Garautomat 138
Garderobe 290
Garfertige Lebensmittel 141
Garnituren 268
Gärung, alkoholische 39
Gärungsgemüse 153
Gärzeit 177
Garziehen 123
Gast 278 ff.
Gästebetreuung 300
Gästegruppen 282 ff.
Gästetypen 279 ff.
Gastgeber 206
Gastro-Norm-Behälter 138
Gaststättengesetz 302
Gaststättenrecht 302 ff.
Gebäckalterung 179
Gebäckart 130
Gebackener Camembert 176
Gebäckherstellung 177
Gebratene Kartoffelspeisen 148
Gedecke 235 f.
Gefrierbrand 320
Gefrieren 134 f.
Gefriergemüse 153
Gefriergeschwindigkeiten 135
Gefrierkonservierung 134 f
Gefrierlagern 135, 315
Gefrierlagerung 135, 320
Gefriertrocknung 136
Gefrier- und Kühllagerkette 327
Gel-Bildung 9
Gelee 161
Gemüse 150 ff.
Gemüsearten 150 ff.
Gemüsecocktail 153
Gemüseerzeugnisse 153
Gemüsemesser 112
Gemüsesaft 153
Gemüsespeisen 154 ff.
Gemüsesterilkonserven 153
Gentechnische Verfahren 143 ff.
Gentechnologie 143 ff.
Genussmittel 4
Genussreife 142
Genussstoffe 5, 39 ff.
Genusswert 142
Gerade Blockschrift 271 f.
Gerbsäuren 46
Gerbstoffe 44, 252
Gerichte 3, 267
Gerinnung 20, 21
Geruchsstoffe 42 f, 45
Gesamttrockenmasse 171
Gesamtumsatz 55
Geschäftsbriefe 332
Geschäftspost 335
Geschirr 223 f
Geschirrauswahl 241 ff.
Geschirrpflege 225
Geschlossene Fragen 287
Geschmacksstoffe 42, 45
Geschmacksverstärker 48
Gestik 284
Getränke 244 ff.
Getränkekarten 270 f.
Getränketasse 224
Getreidebeilagen 188
Gewerberecht 302
Gewichte 203, 305
Gläser 219 f.
Gläserformen 219
Gläserpflege 220
Glasieren 125
Glatt streichen 218
Gläubiger 293 f.
Glocke 225
Glücksspiele 304
Glucose 7

Glucosinolate 46
Glühwein 264
Glycerin 12
Glycogen 8
Golden Ginger 263
Golden Tips 253
Goldener Schnitt 272
Gourmetlöffel 222
Grafische Gestaltung 276
Gratinieren 131
Grießflammeri 175
Grillen 131
Grobe Schnittformen 149
Grog 264
Große Speisekarten 266 f.
Großes Besteck 221
Groß- und Kleinschreibung 269
Grundbestecke 221
Grundfarben 273
Grundgedeck 235
Grundgeschmacksrichtungen 44 f.
Grundnährstoffe 5
Grundumsatz 55
Grüne Bohnen 155
Grüne Erbsen 155
Grüner Punkt 94
Grüner Tee 254
Gunpowder 254
Güteklassen 159
Gütesiegel 143
Gütezeichen 142 f.
Gutscheine 293

HACCP 81 f.
Hackepeter 196
Hackfleischverordnung 196
Hagebuttentee 258
Halbbare Zahlung 294
Halbconvenience 140
Halbfertigerzeugnisse 2, 140 f.
Ham and eggs 167
Handelskauf 314, 338
Handservietten 215
Handwerkzeuge 104 ff.
Happen 183
Hartkäse 171
Hausdamenabteilung 209
Hausmittel 211
Heben 101
Hefen 70, 71
Hefesprossung 71
Hefeteig 38
Hefezellen 71
Heilbuttschnitte 200
Heiße Schokolade 260
Heißgetränke 245 ff., 264
Heißluftofen 127
Hellbraundünsten 125
Herd 122
Heringssalat 200
Herz- Kreislauf- Erkrankungen 197
Hirschhornsalz 49
H-Milch 170
Hobeln 114
Hochlandkaffee 245
Höchsttemperaturen 316
Homogenisierte Milch 169
Honigmilch 262
Hotelbetrieb 209
Hülsenfrüchte 188
Humane Arbeitsgestaltung 98
Hürdenkonzept 133
Hydratation 24
Hydrolyse 7, 10, 21
Hygiene 3, 68, 76 ff.
Hygienekontrollen 81 f.
Hygienemaßnahmen 76
Hygienerichtlinie 93/43/EWG 85

Hygienische
- ,Beurteilung 68
- ,Bewertung 307
Hygroskopizität 9
Hypervitaminose 35
Hypovitaminose 35

Impulsverkauf 286
Induktionsherd 122
Infektionsschutzgesetz (FSG) 86
Information 328
Informationsaustausch 328
Informationsmittel 328, 329
Infrarotgrillen 131
Inländische Währung 293
Insekten 74
Instant-Lebensmittel 141
Internet 330
Inventur 325
Iod 30, 197
Irischer Kaffee 250, 251

Jod → Iod
Joghurtcreme mit Früchten 175
Jugendschutz 304
Just-in-Time-Logistik 326

Kabeljaufilet 200
Kaffee 245 ff.
Kaffeeanbaugebiete 245 f.
Kaffeebohne 245
Kaffee-Extrakt 248
Kaffeekarte 270, 271
Kaffeequalität 249
Kaffeespezialitäten 250 f.
Kaisermelange 250
Kakao 259 f.
Kakaoanbau 259
Kakaobruch 259
Kakaobutter 259
Kakaogetränk 260
Kakaopulver 259
Kakaospezialitäten 260
Kalb 190 ff.
Kalbsfrikassee 194
Kalium 30
Kalte Ente 264
Kalte Farben 275
Kaltgetränke 263
Kalt-Warm-Kontrast 275
Kamillentee 258
Kännchen 224
Kannelierer 117
Kannen 224
Kapitalbindung 325
Karotten 155
Kartoffelbrei 148
Kartoffel-Convenience-Erzeugnisse 147
Kartoffelformen 149
Kartoffellagerung 146
Kartoffeln 146 ff.
Kartoffelpüree 148
Kartoffelsahneschnee 148
Kartoffelsalat 149
Kartoffelscheiben 149
Kartoffelschnittformen 147
Kartoffelspeisen 147 ff.
Kartoffelstock 148
Käse 38, 170 f.
Käsebällchen 176
Käsehappen mit Früchten 183
Käsemesser 112, 222
Käsespätzle 185
Käsetoast 176
Kaufmotive 279
Kaufvertrag 337 ff.

350

Sachwortverzeichnis

Kehren 213
Kelle 222
Kernobst 158
Kinderkost 59
Kippbratpfanne 127
Klassische Bezeichnungen 268
Kleindruck 269
Kleine Speisekarten 266
Kleines Besteck 221
Kleingebäck 178 f.
Klima 101
Klingenprofile 111
Knäckebrot 179
Kneten 118, 177
Koch 208
Kochbutter 173
Kochen 122
Köchin, Koch 208
Kochkessel 122
Kochmesser 112
Kochpökelwaren 193
Kochreis 186
Kochwürste 193
Kohlenhydrate, 6 ff.
- ,Eigenschaften 9 f.
Kohlenhydratbedarf 11
Kohlenhydrateinheit 65
Kohlenhydratstoffwechsel 10 f.
Kombiheißluftdämpfer 124
Komma 269
Kommunikation 285, 328 ff.
Kommunikationsmittel 329 f.
Kommunikationsregeln 285
Komplementärfarben 274
Kompressionskühlung 319
Konfitüre 161
Konservierung 10
Konservierungsstoffe 47
Konservierungsverfahren 133 ff.
Konsistenz 14
Kontakt 120
Kontrollpunkt 81
Kontrollverfahren 203
Konvektion 120
Konvektomat 127
Konzentrationstest 45
Konzentrieren 136
Konzession 302, 303
Körperbestandteile 29, 34
Körperfarben 274
Körperhaltung 284
Körperlicher Aktivitätsgrad 56
Körpersprache 284
Korrespondenz 331 f.
Kostformen 51 ff., 56 ff.
Kost für Diabetiker 65
- für Jugendliche und Erwachsene 57
- für Kranke und Genesende 63 ff.
Kräuterbutter 174
Kräutertee 257 f
Krautsalat 157
Krebse 197
Kritischer Kontrollpunkt 81
Küchenbrigade 102 f.
Küchengetränke 245 ff., 270
Küchenmesser 112
Kühllagern 318 f.
Kühlschrank 319
Kulinarischer Wert 201
Kurse 295
Kurzzeitbraten 126
Kutter 110

Lachsmesser 112
Lactose 7
Lacto-vegetabile Kost 62, 63
Lagerbestand 321 f.
Lagerdauer 320, 324
Lagerkennzahlen 321

Lagern 218
Lagerumschlagshäufigkeit 323 f.
Lagerung 2
Lagerverfahren 314 f.
Landmilch 170
Langkornreis 186
Langzeitbraten 126
Lebensmittel 4, 84
Lebensmittelbestandteile 4 f.
Lebensmittelbuch, deutsches 85
Lebensmittelfarbstoffe 49
Lebensmittelhygiene 68 f.
Lebensmittelkennzeichnungs-
  verordnung (LKMV) 86 f.
Lebensmittelkontrolle 87 f.
Lebensmittelqualität 142 f.
Lebensmittelrecht 3, 83, 302
Lebensmittelrechtliche Bestimmungen
  84 ff.
Lebensmittelschädigungen 74 ff.
Lebensmittelüberwachung 87 f.
Lebensmittel- und Futtermittelgesetz-
  buch 68, 84 f.
Lebensmittelveränderungen 38
Lebensmittelverderb 68, 69, 74 ff.
Lebensmittelvergifter 70, 74 ff.
Lebensmittelverunreinigung 68, 74
Lecithin 13
Legen 218
Leichte Vollkost 64
Leinenfasern 214
Leistungsangebot 266
Leistungskurve 100
Leistungsstörungen 340
Leistungsumsatz 55
Lichtfarben 273, 274
Licht- und Körperfarben 273, 274
Lieferzeit 340
Linolensäure 13
Linolsäure 13
Lipide 12 ff.
LMBG 84
LMHV 85
Lockerungsmittel 49
Löffelausstecher 117
Löslichkeit 9, 14, 19, 32
Lösungsarten 9, 24
Lösungsmittel 14, 24, 26
Luftbewegung 319
Luftfeuchte 315, 319
Luftzufuhr unterbinden 136
Luftzusammensetzung 319
Lyoner Kartoffeln 148

Magazin 209, 310 ff., 342 f.
Magerfisch 197
Magersucht 63
Magnesium 30
Mahlmühlenerzeugnisse 177
Mahlzeit 3, 58
Mahnung 332
Maltose 7
Malven-Hibiskus-Tee 258
Mandoline 114
Mangeln 218
Marinieren 108 f.
Markenbutter 173
Marmelade 161
Maschinen 104 ff.
Maße 203, 305
Mate 258
Matjes-Baguette 182
Mayonnaise 119
Mayonnaisesalat 149
Mechanische Zubereitungsverfahren
  119
Meerrettichbutter 174
Melange 250
Meldebestand 322

Menage 225, 231, 234
Mengeneinsätze 249, 254, 260
Mengenelemente 27
Menü 3
Menügedeck 235
Messerarten 112
Messerpflege 111
Messerschnitt 111
Messgeräte 305
Mexikaner 250
Mikrobiologische Grundlagen 69 ff.
Mikroorganismen 69 ff.
Mikroorganismenwachstum 73
Mikrowellengaren 132
Mikrowellengerät 132
Milch 169 f.
Milcherzeugnisse 169 f.
Milch-Flips 262
Milch-Grog 262
Milchkaffee 250
Milchmischgetränke 262
Milchmixgetränke 262
Milchpasteurisation 133
Milchreis 187
Milchsäure 10
Milch-Shake 262
Milchsorten 170 f.
Mild gesäuerte Butter 173
Mimik 284
Mindestbestand 322
Mindesthaltbarkeit 316
Mineralstoffe 27 ff., 30
- ,Tagesbedarf 30
Mischbrot 178 f.
Mischfarben 273
Mischgetränke 261 ff.
Mischkost 57
Mittelbesteck 221
Mittelkornreis 186
Mixer 113
Mixerwirkung 113
Mobiliar 211
Möhren 155
Mokka 249
Molkereibutter 173
Monosaccharide 6, 7
Moppen 213
Mundservietten 214 f.
Mürben 110
Muscheln 197
Muskelfleisch 189

Nagetiere 74
Nährstoffbedarf 66 f.
Nährstoffe 4, 5
Nährstoffgehalt 140, 142
Nahrungsmittel 4
Nährwert 142
Natrium 30
Naturfaserstoffe 214
Netto 312
Neuartige Lebensmittel 143 f.
Neue Kartoffeln 146
Niacin 35
Nikotin 41
Nitratgehalt 23
Nitrosamine 127
Non-Food (-Bereich) 311
Normallagern 315, 317
Novel-Food-Lebensmittel 143
Novel-Food-Verordnung 143
Nudeln 184 f

Obst 158 ff.
Obstbesteck 222
Obsterzeugnisse 161
Obstsalate 162 f.
Obstsorten 158

Offene Fragen 286
Öffentliches Interesse 303
Office 230 f.
Officemesser 112
Ökologie 3
Ökonomie 3
Öl 231
Omega-Fettsäuren 13, 197
Online 329
Oolong-Tee 254
Orange Pekoe 253 f.
Organische Säuren 42
Ovo-lacto-vegetabile Kost 62, 63

Paddy-Reis 186
PAL 56
Panieren 115
Panierungen 115
Pantothensäure 35
Parboiledreis 186
Parieren 107
Pasteur 133
Pasteurisieren 133
Pectine 8
Pekoe 253, 254
Personennamen 269
Persönliche Hygiene 68, 76 f.
Persönlichkeitsmerkmale 207 f.
Pfeffer 231
Pfefferminztee 257
Pflanzenstoffe, sekundäre 46
Pflanzliche Rohkost 63
Pflege 211 ff.
Pflegemittel 211 f.
Pflegeverfahren 217
Pharisäer 250
Phenolsäuren 46
Phosphor 30
Photosynthese 6
PH-Wert 73
Phytinsäure 46
Phytoöstrogene 46
Phytosterine 46
Platten 224
Plattieren 110
Platzeinnahme 288
Platzreservierung 288
Platzteller 223
Pochieren 123
Pochierte Eier 167
Poëlieren 125
Polieren 213, 220
Polysaccharide 6, 8
Postbearbeitung 334 f.
Postenküche 102, 103
Pottasche 49
Präsentation 290
Präserven 134
Preisangaben 305
Preisinformation 266
Produktionsküche 102, 103
Protease-Inhibitoren 46
Proteine 17 ff.
Prüfungen / Analysen 142
Prüfungspflichten 317
Prüfverfahren 142
Punsch 264
Putzen 106 f

Qualitätsbeurteilung 142
Quellbarkeit 9
Quellfähigkeit 20
Quellungsmittel 24

Sachwortverzeichnis

Radikale 45
Ragout-fin-Schale 224
Raspeln 113 f.
Rauchpunkt 15
Räume 210 f.
Räumlichkeiten 303
Raumpflegearbeiten 211
Rechnungen 292
Rechnungserstellung 290
Rechtsbestimmungen 142, 317
Rechtsformen 304
Rechtsvorschriften 81 f., 83 ff., 302 ff.,
   316 f.
Recycling 95
Reduktionskost 63, 64
Regenerierzeit 139
Reiben 113 f.
Reifungsbeschleunigung 318
Reinigung 79 f.
Reinigungsmittel 97, 211 f.
Reinigungs- und Desinfektionsplan 80
Reis 186
Reisbeilagen 186 f.
Reisescheck 294
Reizarten 279
Reklamationen 291
Relative Luftfeuchte 315
Reservebestand 322
Resorption 53
Restaurant 209, 232 ff., 298
Restaurantfachmann 208
Rezeption 299
Rezepturen 3
Rind 190 ff.
Rinderroulade 195, 202
Risotto 187
Roggenbrote 178 f.
Roggenmischbrote 178 f.
Rohkaffee 246
Rohpökelwaren 193
Rohstoffe 2, 140
Rohwürste 193
Röstarten 247
Rösten 131, 247
Röstkaffee 246 f.
Röstung 247
Rotbuschtee 258
Rote-Bete-Salat 157
Rote Grütze 162
Rote-Rüben-Salat 157
Rotkohl 155
Rotkraut 155
Rückstellproben 82
Rühreier 168
Rundkornreis 186
Russische Schokolade 260

Saccharose 7
Saisonangebote 266
Salamander 131
Salatbesteck 222
Salate 156 f.
Salmonellen 75
Salz 231
Salzkartoffeln 202
Sandwiches 181
Sättigungswert 57
Saucengießer 224
Sauerbratenmarinade 109
Sauerkohl 156
Sauerkraut 156
Sauermilchkäse 170
Sauerrahmbutter 172 f.
Sauteuse 127
Schabefleisch 196
Schädlinge 74
Schadstoffe 5, 50, 197
Schaf 190 ff.
Schälen 106 f.

Schalenobst 158
Schälmühlenerzeugnisse 177
Schankanlage 228
Schaschlik 195
Schaumweingläser 219
Scherschnitt 112 f.
Schimmelpilze 70, 71
Schinken-Spargel-Toast 183
Schinkenteller 196
Schlachttiere 190
Schlachttierzerlegung 192
Schlagbesen 118
Schlagen 118
Schlagmesser 112
Schmoren 128
Schmorpfanne 128
Schmutzentfernung 211 f.
Schneebesen 118
Schneiden 110 ff.
Schneid-Mahl-Zerkleinerung 113
Schnellkochreis 186, 188
Schnittkäse 171
Schnitzeln 113 f.
Schockgefrieren 135
Schockkühler 138
Schokoladenpulver 259
Schonkaffee 248
Schonkost 64
Schorle 264
Schottischer Tee 255
Schräge Blockschrift 272
Schriftanordnung 276
Schriftart 276
Schriftgröße 273
Schriftstücke 331, 335
Schrotbrot 179
Schuldner 294
Schümli 250
Schüssel 224
Schwarzer Tee 252 ff.
Schweflige Säure 47
Schwein 190 ff.
Schweinehackfleisch 196
Schwund 323
Seefisch 197 ff.
Seide 214
Sekrete 52
Sektkühler 225
Senf 231
Seniorenkost 61
Sensorik 142
Service 206
- von Speisen und Getränken 241 ff.
Servicebereiche 206 f.
Servicepersonal 206 f.
Servierhilfsgeräte 222
Serviertische 210
Servierwagen 210
Servietten 214 f.
Setzeier 167
Shortdrinks 261
Sicherheitsmäßige Bewertung 307
Siedepunkt 25
Silberputzmaschine 225
Silberputzpaste 225
Silbertauchbad 225
Sitzflächen 210
Skirtings 216
Sonderkarten 265, 266
Sondermüll 95
Sorbinsäure 47
Sorgfaltspflicht 75
Sortenkurse 295
Sortieren 217, 218
Sous-vide 138
Sow Mee 254
Spargel 156
Speisekarten 266 ff.
Speisekarten-Arten 266
Speisen 3, 290

Speisenangebot 305
Speisenfolge 3
Speisepilze 150
Spektralfarben 273
Spezialbestecke 222
Spezialitäten 193, 267
Spicken 114
Spicknadel 114
Spickrichtung 114
Spickstab 114
Spielautomaten 304
Spielbanken 304
Spiele 304
Spirituosen 244
Sportlerkost 60
Sprache 285
Spülmaschinen 225
Spurenelemente 27
Stäbchenkartoffeln 147, 149
Stammgäste 383
Standardkarten 266
Stärke 8
Stärkeverkleisterung 121
Staubsaugen 213
Staubwischen 213
Steaken 110
Steakmesser 222
Steamer 124, 125
Steinobst 158
Sterilisieren 134
Sterilisierte Milch 170
Steuerliche Anerkennung 292
Stielbratpfanne 127
Stielkasserolle 127
Stimme 285
Stoffwechsel 51 ff.
Strafrecht 302
Strahlung 120
Streichholzkartoffeln 149
Stühle 210
Sublimieren 136
Südfrüchte 158
Suggestivfragen 287
Sulfide 46
Suppeneinlage 194
Suppentasse 224
Süßkraft 9
Süßrahmbutter 172, 173
Süßstoffe 48
Süßungsmittel 47 f.
Süßwasserfische 197 ff.

Tablett 225
Tafelformen 226
Tafelgeräte 225
Tafelobst 162
Tage 301
Tagesangebote 266
Tagesbedarf 30
Tagesenergiebedarf 55
Tagesenergierichtwerte 55, 58
Tageskarten 266
Tagesnährstoffbedarf 59
Tannin 252
Tara 312
Tassen 224
Tatar 196
Tauglichkeitsstempel 190
Technische Reife 142
Technologischer Prozess 2, 3, 98 ff.,
   201
Tee 38, 252 ff.
Teeähnliche Getränke 257 f.
Teeanbau 253
Teekarte 270, 271
Teespezialitäten 255 f.
Teesträucher 253
Teiglockerung 177, 178
Teigwaren 184 f.

Teilprozess 2
Tein 252
Telefax 330
Telefonieren 329
Teller 223
Tellerarten 223
Teller- Bankettsystem 139
Temperierungsregel 229
Tenside 212
Termine 301
Terpene 46
Textilien 213 f.
Textilpflege 216 ff.
Text- und Zeichenprogramme 271
Textverarbeitung 331
Theobromin 41, 259
Tiefgefrieren 134 f., 320
Tieflandkaffee 245
Tischausrüstung 234
Tischblumen 227
Tische 210
Tischtücher 216, 232 f.
Tischtuchunterlagen 215
Toasts 182
Tombola 304
Tournieren 117
Tourniermesser 112
Tragen 101
Tragetechniken 238 ff.
Tranchierbesteck 222
Tranchierbrett 225
Tranchiermesser 112
Transportmittel 26
Triglyceride 12
Trinkschokolade 260
Trockengemüse 153
Trockengewürze 116
Trockenobst 161
Trocknen 135, 218
Typenzahl 29

Übersichtlichkeit 276
Überziehen 136
Umgang mit Gästen 278 ff.
Umgebungseinflüsse 101
Umluftgaren 126
Umweltengel 94
Umweltschutz 89, 93 ff.
Umweltschutzmaßnahmen 94 ff.
Umweltverschmutzung 50, 93
Unbarzahlung 294
Unfallanzeige 90
Unfallgefahren 91
Unfallquellen 101
Unfallschutz 90 ff.
Unfallverhütung 3, 91
Universalhobel 114
Universalküchenmaschine 114
Unternehmen 303
Unterschiedsprüfungen 45
Untersuchungsämter 87 f.
Untersuchungspflicht 86
Untertasse 223

Vakuumieren 136
Vakuumiergerät 136
Vanillesauce 175
Vegane Kost 62, 63
Vegetarische Kost 62
Verabschiedung 290
Verdampfungstrocknung 136
Verdauung 51
Verdauungsdrüsen 52
Verdauungsorgane 51, 52, 53
Verdauungsvorgang 53
Verdeutschte Fachbegriffe 268
Verdunsten 135
Verdunstungstrocknung 136

Sachwortverzeichnis

Vergärbarkeit 10
Verhältniswörter 269
Verkaufsablauf 288
Verkaufsanbahnung 288
Verkaufsangebot 265
Verkaufsarten 286
Verkaufsgrundlagen 284 f.
Verkaufskurs 295
Verkaufstechniken 285
Verpackungen 229
Versplichtungsgeschäft 337
Verweildauer 52
Verzehrfertige Lebensmittel 141
Verzehrfertige Speise 201
VIP 209
Vitamine 31 ff.
- ,Löslichkeit 32 f.
- ,Verluste 32, 33
Vollconvenience 140
Vollkonserven 134
Vollkornfrühstück 181
Vollkornreis 186
Vollwert-Ernährung 62
Vollwertigkeit 57
Vorbereitungsfertige (küchenfertige)
   Lebensmittel 141
Vorgefertigte Lebensmittel 141
Vouchers 293

Wachsen 213
Währungsrechnen 295
Währungsumrechnung 295
Waldorf-Salat 157
Warenannahme 314
Warenausgabe 323 f.
Warenlieferung 326 f.
Warenpflege 316 f.
Warentransport 326 f.
Warenumschlag 323
Warenwirtschaft 312 ff.
Warme Farben 275
Wärmeregulator 26
Wärmeübertragendes Medium 120 f.
Warmhaltepfanne 225
Waschen 105 f., 217
Wasser 23 ff.
- ,freies 23
- ,Körperbestandteil 26
Wasserbedarf 26
Wasserbindevermögen 19 f.
Wasserhärte 25
Wässern 106
Wechselgeld 290
Weichen 109
Weichkäse 171
Wein 244
Weingläser 219

Weinkarte 270
Weinkühler 225
Weiße Wurstware 193
Weißreis 186
Weizenbrote 178 f.
Weizenkorn 177
Weizenmischbrote 178 f.
Wellenlänge 273
Werbemittel 266
Werbung 265 f., 306
Wertstoffe 94
Wertstufen 62
Wettbewerb 306
Wiener Schnitzel 195
Wildreis 186
Wirkstoffe 5
Wischen 213
Wohlstandsmüll 93
Wolle 214
Worcestershire-Sauce 231
Wurstwaren 193
Würzen 115
Würzgemüse 116
Würzkräuter 116
Würzmittel 115
Würzmittelständer 225

Zahlen 301
Zahlungsmittel 292
Zahlungsmöglichkeiten 292 ff.
Zahlungsverkehr 292 ff.
Zahlungsverzug 341
Zechprellerei 306
Zerstäubungstrocknung 135
Zink 30
Ziselieren 117
Zubereitungsverfahren 119 ff.
Zuckeraustauschstoffe 48
Zuckerdose 224
Zuckern 136
Zunge 45
Zusammengesetzte Proteinenzyme 36
Zusammenschreibung 269
Zusatzstoffe 5, 47 ff., 305
Zutaten 2, 140 ff.
Zwiebelkartoffeln 148
Zwischenmenschliche Bewertung 307
Zwischenstoffwechsel 54

Literaturverzeichnis

Bayrisches Staatsministerium für Landesentwicklung und Umweltfragen	**Der umweltbewusste Hotel- und Gaststättenbetrieb – Ein Leitfaden für das Gastgewerbe** 2., überarbeitete und erweiterte Auflage
Deutsche Gesellschaft für Ernährung	**Ernährungsbericht 2004**
Deutsche Gesellschaft für Ernährung	**Referenzwerte für die Nährstoffzufuhr** Frankfurt 2001
Duboux	**Rechtschreibehilfe Gastronomie, Hotellerie, Touristik** 4., überarb. und erweiterte Auflage, CH 3601, Thun-Schweiz 2002
ecoX, Herrmann, F. J.	**CD-ROM Küchenrpofi: Rezepturverwaltung zum Lehrbuch für Köche** Hamburg 2000
Elmadfa, I.	**Die große GU-Nährwert-Kalorien-Tabelle** Neuausgabe 2006/07 München 2005
Fuchs, H.; Müller, M.; Rachfahl, G.; Wolf, K.	**Meister im Gastgewerbe** Hamburg 2005
Herrmann (Hrsg.)	**Die Lehrküche** Hamburg 2005
Herrmann	**Fachrechnen im Gastgewerbe** 18. Auflage, Haan-Gruiten 2004
Herrmann (Hrsg.)	**Herings Lexikon der Küche** 24. Auflage, Haan-Gruiten 2005
Maincent, M.; Labat, R.; Leman, R.	**Technologie culinaire** Paris 2002
Ministerium für Ernährung und Gesundheit	**Bundeslebensmittelschlüssel**
Müller, M.; Rachfahl, G. (Hrsg.)	**Das große Lexikon der Hotellerie und Gastronomie** Hamburg 2004
Schmee r, G.; Meiser, A.	**Fachpraxis Gastronomie** Düsseldorf 1994
Täufel, A.; Ternes, W.; Tunger, L.; Zobel, M.	**Lebensmittellexikon** Hamburg 2005
Zobel, M.; Fischer, G.; Schwericke, U.	**Lexikon der Gemeinschaftsverpflegung** Hamburg 2000

Nützliche Internetadressen

Aid:	**www.aid.de**
Bundesministerium für Verbraucherschutz, Ernährung und Landwirtschaft:	**www.verbraucherministerium.de**
Bundeszentrale für gesundheitliche Aufklärung:	**www.bzga.de**
Deutsche Gesellschaft für Ernährung:	**www.dge.de**
Deutscher Fleischer-Verband:	**www.fleischerhandwerk.de**
Deutscher Hotel- und Gaststättenverband:	**www.dehoga.de**
Deutsches Institut für Ernährungsforschung:	**www.dife.de**
Deutsches Tiefkühlinstitut:	**www.tiefkühlinstitut.de**

Bildquellenverzeichnis

aid, Bonn: S. 58; 258/1,2; 320/2
Alexanderwerk Aktiengesellschaft, Remscheid: S. 107/2; 110/6; 113/4; 114/1–4
Amt für ländliche Räume, Dr. Feil, Kiel: S. 69
Bartscher GmbH, Salzkotten: S. 122/4
Belimed GmbH, Augsburg: S. 80
Berufsgenossenschaft Nahrungsmittel und Gaststätten, Mannheim: S. 90/1
Brüggen, H. & J., Mühlenwerke, Lübeck: S. 86
Cimbal, Walter, Hamburg: S. 162/1; 256
CMA-Fotoservice, Bonn: S. 2/1,3; 59; 152; 169; 171; 172; 191
CONVOTHERM Elektrogeräte GmbH, Eglfing: S. 139; 278
Deutsche Gesellschaft für Ernährung e.V., Bonn: S. 57
Deutscher Brauer-Bund e.V., Berlin: S. 39/1
Deutscher Sparkassenverlag, Stuttgart: S. 293
Deutscher Teeverband e.V., Hamburg: S. 257/1
dpa, Frankfurt/M.: S. 93/1 (Sofam); 294/1 (Altwein); 315 (Barone)
Erich Schmidt Verlag, Berlin: S. 246
Fischwirtschaft Marketing Institut (FIMA), Bremerhaven: S. 198; 199/1–4
Focus GmbH, Hamburg: S. 144/1; 145/1 (Crevy)
Fotex Medien Agentur GmbH, Hamburg: S. 60/2 (U. Widmann)
Franck & Nennecke, Hamburg: S. 335
Gauselmann AG, Espelkamp: S. 304
Gay, Claude-Bernard, Hamburg: S. 28; 34; 38/1; 40/1; 43; 50/1; 77/1; 89; 99; 133; 140; 180/1; 204; 207/1; 221/1; 223/1; 227/1; 232/1; 266; 280; 281; 282; 283; 284; 285; 286; 297; 298; 299; 300; 307; 308; 310; 313; 326/1; 331; 337; 338; 339; 340; 341/2; 345
Geschenkideen Steigerwald, Mömbris: S. 258/4
Globus-Infografik, Hamburg: S. 93/2; 145/2
Götz, Philipp, Berlin: S. 154; 156/1; 174/1; 181/2; 182; 183/2; 184/2; 186/5,6; 188
HAGOLA Gastronomie-Technik, Goldenstedt: S. 228
Hailo-Werk, Haiger: S. 218/2

Hecker, Dr. W./Herrmann; F.J.: „Nahrungsgewerbe Gastronomie Hauswirtschaft" (HT 40030), Hamburg: S. 42; 44; 48; 49; 74; 88; 131/2; 141/1-4 (Frank Aschermann); 166; 192
Heimbs & Sohn GmbH & Co. KG, Braunschweig: S. 261/1
Imperial-Werke GmbH, Bünde: S. 125/1
Internationale Fruchtimport-Gesellschaft Weichert & Co., Hamburg: S. 159; 160
Juno-Großküchen-Technik, Herborn: S. 77/2
Alfred Kärcher Vertriebs-GmbH, Winnenden: S. 79
König & König, Zürich: S. 14; 63; 263
Küppersbusch Küchentechnik GmbH, Gelsenkirchen: S. 124/4; 127/5,6; 138/2
Langnese-Iglo GmbH, Hamburg: S. 141/5
Latz, N. u.a.: Der Fleischer (HT 1400), Hamburg: S. 193
Loderbauer, J., Gessler, J.: Bäckerei-/Konditorei-Fachverkäuferinnen (HT 40111), Hamburg: S. 251/2; 251/3 (Konrad Hahn); 252 (Fotohaus Rudolf Scholz)
Lukull Kochinstitut, Bremen: S. 65; 267
Melitta Systemservice, Minden: S. 251/4; 262
Miele & Cie. KG, Gütersloh: 218/1
MULTIVAC, Sepp Haggenmüller GmbH & Co., Wolfertschwenden: S. 136/2
OKAPIA KG, Frankfurt/M.: S. 2/2 (G. Büttner); 4 (Christoph Strom); 41 (M. Meadows/Peter Arnold, Inc.); 61 (Mansell)
OTG Ostfriesische Tee Gesellschaft Laurens Spethmann GmbH & Co., Seevetal: S. 254/4; 255
Palux Aktiengesellschaft, Mergentheim: S. 103; 122/5; 129/1; 138/3; 248
Ritterwerk GmbH, Gröbenzell: S. 107/1; 110/5
Gerhard Röhn Verlag, Heusenstamm: S. 151
Schicker & Schäfer GmbH, Wuppertal: S. 220/1
Schleicher & Co. International AG, Markdorf: S. 336
Schmid, Rudi, Hamburg: S. 12; 17; 38/2,3; 178/1; 184/1
Schöller Direct GmbH & Co. KG, Nürnberg: S. 156/2,3; 162; 163/4; 176/2
Schülke & Mayr GmbH, Norderstedt: S. 78
Soehnle Waagen GmbH & Co., Murrhardt: S. 203/1,2

Stephan + Prausse Designleistungsgesellschaft mbH, Dresden: S. 2/4; 6; 31/1; 94; 95/1; 107/4; 116/1-3; 117/3; 148; 149; 156/4; 157; 167; 175; 176/1; 181/1; 183/1; 194/2; 195; 199/5; 200; 201; 206/2-4; 207/2,3; 208; 209; 220/2,3; 227/2-4; 288; 317; 319; 320/1; 344
Stock Food Eising, München: S. 251/1
Studio für Fotodesign, Andreas Meschke, Dresden: S. 180/2; 244/2; 264; 290
Tack, Jochen, Essen: S. 206/1
Testo GmbH & Co., Lenzkirch: S. 203/3
Travelex Financial Services GmbH, Rödermark: S. 294/2
TÜV Norddeutschland e.V., Hamburg: S. 90/4
VDE, Verband Deutscher Elektrotechniker e.V., Frankfurt/M.: S. 90/3
Verband Deutscher Mineralbrunnen e.V., Bonn: S. 26
Verbraucherschutzamt Altona, Hamburg: S. 82
Verbraucher-Zentrale Hamburg e.V.: S. 46; 47
Verlag Handwerk und Technik GmbH, Hamburg: S. 165/1; 341/1
Wäschekrone, Laichingen: S. 213
Westmark Küchenhelfer, Herscheid: S. 107/3
Wittenborg Automaten GmbH, Hannover: S. 305
WLS GmbH, Duisburg: S. 326/2-4
WMF Württembergische Metallwarenfabrik AG, Geislingen: S. 110/7; 111/1; 123/1; 124/3; 127/1-4
Zwingmann, Konrad, Berlin: S. 38/2; 155; 163/1-3; 168; 187; 194/1; 196; 258/3

Sämtliche nicht im Bildquellenverzeichnis aufgeführten Illustrationen:
Susanne Kleiber, Hamburg
alias of artificial and advertising GmbH, Berlin

Übersetzungen:
Marianne Duboux, Thun (Schweiz)
Silvie Sire, Bergen/Rügen